정경천법
政經天法

정경천법(政經天法)
[The Natural Law of Political Economy]

　인간의 삶이 육신과 정신의 상호작용에 의해 변해 가듯 인간사회도 정치와 경제의 상호작용에 의해 변해 간다. 이런 상호작용은 인간이 정한 인법(人法)이 아니라 하늘이 정한 천법(天法)이다. 하늘이 정한 이 상호작용법을 『정경천법(政經天法)』이라고 한다.

제1권 | 자연력 시대의 정경천법

제2권 | 도구력 시대의 정경천법

제3권 | 기계력 시대의 정경천법

제4권 | 전자력 시대의 정경천법

제5권 | 의인력 시대의 정경천법

지성인을 위한 정치경제학

정경천법
2

| 도구력 시대 |

손영일 지음

지식공감

차례

제1장 도구력 시대의 탄생

01. **도구력 시대의 탄생** · 12
    석기력 시대란? · 12
    원시사회의 특징 · 13
    획득경제 · 15

02. **석기력 시대의 생산 주력** · 18
    무구생산과 유구생산 · 19
    대체력과 생산성 향상 · 19

03. **생산관계의 정립** · 27
    석기력 시대와 무교환 생존양식 · 29
    무교환생존양식의 특징 · 31
    교환생존양식 · 34

제2장 도구력 시대의 경제변화

01. **생산도구의 발달과 경제변화** · 38
    내부적 생산도구 · 39
    외부적 생산도구 · 39
    불의 이용 · 41

02. **생산도구의 발달과 생산력 향상** · 50
    생산력 · 50
    생산관계 · 51
    도구의 발달과 식생활의 변화 · 55
    도구의 발달과 의생활의 변화 · 58
    도구의 발달과 주거생활의 변화 · 69
    도구의 발달과 자녀 양육 · 78

03. **경제재의 종류** · 80

04. **생존환경의 변화와 인간생활의 변화** · 85
　　경제생활의 변화 · 87
　　생산수단의 변화와 경제생활의 변화 · 97
　　생산력의 증가와 신체적 변화 · 100

05. **생산력의 발전과 생활의 변화** · 101
　　동물적 생산요소 · 107
　　인간적 생산요소 · 112
　　생산과 소비 · 114
　　　(1) 생산과 소비의 법칙 · 118
　　　(2) 무계획적 생산과 계획적 생산 · 124

06. **자본사회** · 126
　　자본의 형성 · 130
　　교환사회와 자본의 필요성 · 131
　　자본의 회전기간과 회전속도 · 131

07. **교환과 빈부의 발생** · 136
　　사적 교환과 사회적 교환 · 137
　　생산물의 배분 · 142
　　무형노동의 과대보상경향 · 146

08. **교환의 실체** · 148
　　화폐의 등장 · 149
　　　(1) 절대화폐 · 163
　　　(2) 절대가치의 산정 · 166
　　　(3) 화폐교환 · 168
　　관리통화제도의 등장 · 169
　　자본의 증식과정 · 171
　　자본의 축적과 집중 · 174

　　　　자본의 절대적 과잉·178

09. **인간과 생존** · 182
　　이원일체성과 형질일체성·193
　　상호작용성·194
　　자연물과 인공물·199

10. **만인노동사회** · 203
　　무형노동의 특성과 역할·208
　　유형노동의 특성과 역할·211
　　무형노동과 유형노동의 조화·213

11. **경제결정론** · 214

12. **형주질속론** · 216

제3장
도구력 시대의 사회변화

01. **등가교환과 부등가교환** · 220
　　생존과 신진대사·223
　　교환과 정치의 대두·226

02. **국민총생산** · 228
　　총인구와 총노동인구·229
　　노동가치의 보상·231
　　국민총생산의 계산법·238
　　생산력의 변화와 생활의 변화·246

03. **정치혁명과 사회혁명** · 257
　　경제와 정치의 불가분성·263
　　경제와 전쟁·269
　　경제대국과 정치대국·274
　　인간의 이중성과 전쟁·278
　　전쟁과 식민지·294

사회활동이 야기하는 정치문제·300

제4장
도구력 시대의 정치변화

01. **기변만변론(氣變萬變論)** · 312

02. **소수지배론** · 314

03. **정치와 수사학** · 318

04. **자연법과 성문법** · 323
   석기력 시대와 자연법·324
   인류최초의 법전·336
   동양최초의 법전·340

05. **고대의 죄형전단주의와 죄형법정주의**
   · 343
   고대정치체제·345
   고대의 형벌 ·357
   고대의 정치적 형벌·365

06. **부족국가의 탄생** · 369
   정치체제의 형성이유·372
   청동기시대 ·373
   철기시대·378

07. **정치의 유형** · 382
   공포정치·382
   마키아벨리즘·385
   세도정치·388
   중앙집권체제·391

08. **정치와 사회계약** · 393
   법령의 탄생 ·404

법치주의와 강제력·413

왕권의 확립·415

09. **봉건사회와 신분제도** · 417

유럽 봉건제도의 성립·418

십자군 전쟁과 신분제도·420

프랑스의 신분제도·423

한국의 신분제도·425

10. **납세제도** · 430

11. **도구력 시대의 정치변화** · 444

도구력 초기의 정치변화·444

고대 한국의 정치사상·456

제5장
도구력 시대의 문화변화

01. **도구력 시대의 사고(思考) 변화** · 470

02. **상징물의 정치적 이용** · 503

난생설의 정치적 이용·511

신과 정치·519

제정일치시대·521

신정정치·526

03. **문화와 종교** · 527

주술의 등장·535

종교와 주술·538

종교와 미지의 세계·543

종교의 공통점·548

04. **환경과 문화** · 555

05. **경제와 문화** · 565

06. **도구력 시대의 문화변화** · 571
　　정신문명과 물질문명 · 571
　　물질문명과 물질언어 · 578
　　정신문화와 물질문화 · 581

07. **도구력 시대의 문화변화** · 588
　　도구력 시대의 문화적 의의 · 610
　　도구력 시대의 문화추구목표 · 614

결론 · 617

제6장
결 론

제1장
도구력 시대의 탄생

01 도구력 시대의 탄생

▎석기력 시대란?

　인간이 태어날 때 하늘로부터 부여받은 천부적인 힘은 크게 신체력과 정신력으로 나눌 수 있다. 동물들의 생존 활동을 관찰해보면 이를 잘 알 수 있다. 동물들이 사냥하는 것을 보면 동물들은 상대방과의 거리가 최대한 가까워질 때까지 항상 자기 몸을 숨긴 채 서서히 다가간다. 악어는 물속에서 죽은 듯 꼼짝않고 사냥감이 다가올 때까지 기다리고, 호랑이는 사냥감이 최대한 가까워질 때까지 소리 없이 다가간다. 그런 위장술은 천부적인 것으로서 엄격히 따지면 천부적 정신력이라 할 수 있다. 상황을 판단하는 정신적 사고력이 없다면 그런 위장술은 불가능할 것이기 때문이다.

　그러나 사냥은 그런 위장술만으로는 완성되지 않는다. 사냥행위가 완성되기 위해서는 신체적 힘을 가하여 사정거리에 든 사냥감을 덮쳐야 한다. 만일 덮치는 과정에서 사냥감이 도망치거나 덮치는 힘이 부족하여 사냥감을 물어뜯지 못하면 사냥은 실패로 돌아간다. 이렇게 동물들은 항상 천부적 신체력과 정신력이라는 두 가지 힘을 이용하여 사냥을 한다.

　그런 동물과 크게 다를 바 없었던 원시인들은 영장류 동물들의 경우와 마찬가지로 하늘이 부여한 천부적 신체력과 자연상태에 있는 돌멩이나 나무막대기 등을 이용하여 식물을 채취하거나 동물을 사냥했을 것이다. 그리고 그러는 동안 경험적 지식이 늘어나면서 자연상태의 돌멩이보다는 뾰족하게 깬 돌멩이들이 보다 사냥에 도움이 된다는 사실을 깨닫게 되어 본격적으로 타제석기(깬석기)를 사용하기 시작했을 것이다. 태초의 원시인들이 그렇게 석기를 사용하기 시작했던 시대가 바로 석기력 시대이다. 고고학자들의 연구에 의하면 그런 석기력 시대는 청동기시대가 열리기 전까지 약 399만5천년 동안 지속되었을 것이라고 한다.

▎원시사회의 특징

같은 원인이라도 원인(猿人)은 원숭이적 인간을 말하고 원인(原人)은 인류적 인간을 말한다. 인류의 조상이 동물적 원인(猿人)이었던 오스트랄로피테쿠스에서 인류적 원인(原人)이었던 호모하빌리스로 바뀌고 다시 보다 현생인류에 가까운 호모에렉투스와 호모사피엔스로 바뀌는 동안 원시인류가 살 수 있었던 유일한 방법은 앞에서 말했듯이 천부적으로 주어진 정신적 사고력으로 사냥이나 채집방법을 생각하고, 육체적 신체력으로 그렇게 생각한 방법을 실행하여 식량을 확보하고 맹수들의 공격을 물리치는 것이었다. 그랬을 것이라고 추정하는 이유는 그들의 생활이 영장류 동물들의 생활과 크게 다르지 않았기 때문이다. 오늘날까지도 영장류 동물들은 태어날 때부터 천부적으로 부여받은 정신적 사고력과 육체적 신체력 만으로 먹이를 획득하고 자신을 지켜간다.

그런 동물들의 삶은 세 가지를 가지지 않은 삼무(三無) 생활로 압축

된다. 삼무생활이란 첫째는 무도구 생산이고, 둘째는 무교환 소비이고, 셋째는 무소유 생활이다. 동물들의 이 삼무생존양식은 오늘날까지도 그대로 지속되고 있다. 무도구 생산이란 동물 스스로가 선천적으로 가진 육체적 신체력과 정신적 사고력, 즉 선천적 체뇌력(體腦力)을 제외하고는 아무런 생산도구도 사용하지 않는 생산이다. 바닷속의 물고기들은 아무런 생산도구 없이 오직 자기 몸체만으로 먹이를 생산하고 대를 이어간다. 지상의 마소 같은 가축도 그러하고, 사자, 악어, 호랑이, 늑대 같은 짐승들도 그러하다.

 이런 무도구 생산은 무교환 소비를 전제로 한다. 즉, 즉석소비를 전제로 한다. 모든 동물들은 생산과 동시에 소비한다. 물고기는 먹이를 잡는 것이 곧 먹는 것이고, 마소는 풀을 뜯는 것이 곧 먹는 것이고, 맹수는 약한 동물을 사냥하는 것이 곧 먹는 것이다. 따라서 동물사회에서는 교환이 필요치도 않고 필요치 않으므로 교환하지도 않는다.

 그런 무교환 소비는 무소유로 이어진다. 교환하기 위해서는 뭔가 교환할 대상물을 소유하고 있어야 하는데 즉석생산과 즉석소비를 원칙으로 하는 동물사회에서는 자기 소유물이라고 주장할 만한 것을 가질 방법이 없다. 동물들은 태고의 옛날부터 지금까지 한 번도 변함없이 이 삼무(三無)생존양식을 유지하면서 똑같은 삶을 살고 있다.

 동물생활과 크게 다를 바 없었던 석기력 시대의 원시인들 역시 무도구 생산, 무교환 소비, 무소유 생활이라는 동물적 삼무생활을 했을 것이다. 구석기시대까지를 선사시대로 보고 그때의 사회를 원시사회(原始社會, primitive society)라 칭하는 이유는 그렇게 원시적 힘으로만 살았던 때였기 때문이다. "원시(原始)"라는 단어 속에는 자연 그대로라는 의미가 강하게 내포되어 있다. 그래서 지금도 원시생활, 원시부족, 원시사회라는 말은 동물적 수준의 저급한 생활을 영위하는 미개민족을 지칭한다.

고대 원시사회는 수백만 년이라는 장구한 역사를 가진 사회이다. 영장류 동물로부터 인간적 호모사피엔스가 탄생 되기까지는 자그마치 6,500만 년이라는 기나긴 세월이 걸렸고, 호모사피엔스로부터 시작된 원시생활만 해도 약 20만 년 이상 지속되었을 것이라고 한다. 그런 원시생활은 앞서 언급했듯이 구석기시대와 신석기시대로 크게 나누어진다. 이렇게 볼 때 인류가 원시적 생활을 했던 석기력 시대는 적어도 수백만 년간 지속되었다고 말할 수 있다. 메소포타미아에서 발견된 최초의 문자가 약3,300년 전의 것으로 추정되고 있는 점을 감안할 때 인류의 역사시대는 기껏해야 수천 년밖에 되지 않는다. 따라서 원시인들이 열었던 석기력 시대는 인류 역사의 99% 이상을 차지하는 실로 장구한 세월이라 하겠다.

▎획득경제

원시력 시대는 자연 속에서 경제적 재화를 오직 무상으로 획득하기만 했던 동물적 획득경제 시대였다. 천연의 돌을 쪼개서 도구로 사용하는 법조차 제대로 몰랐던 구석기인들은 오직 있는 그대로의 돌을 무기로 하여 사냥을 하고 불을 사용할 줄 몰랐기 때문에 그렇게 사냥한 짐승들을 오늘날의 동물들처럼 피 흘리며 뜯어 먹었을 것이다. 고고학자들은 그런 구석기시대가 최초의 원인인 오스트랄로피테쿠스가 출현한 250만 년 전부터 신석기시대가 시작되었던 약 1만 년 전까지 지속되었던 것으로 본다.

획득경제는 모든 것이 자연발생적인 것으로 이루어지는 경제이다.

다시 말하면 자연발생적 욕구를 충족시키기 위해 자연발생적 수단으로 자연발생적 물질을 획득하는 것이다. 동물이든 사람이든 배가 고픈 것은 누가 배고픈 시간을 알려주기 때문이 아니라 자연발생적으로 고픈 것이다. 배가 고플 때 무언가를 먹어야겠다는 욕구 또한 누가 가르쳐 주었기 때문에 생기는 욕구가 아니라 자연발생적으로 생기는 욕구이다. 그런 자연발생적인 욕구는 그 욕구가 무엇이든 거부할 수도, 무시할 수도 없는 욕구이다. 그런 자연발생적인 욕구의 거부는 곧 죽음으로 연결되기 때문이다.

인간의 3대 욕구라는 식욕, 성욕, 수면욕만 보아도 그렇다. 식욕의 무시는 아사(餓死)로 연결될 것이고, 성욕의 무시는 멸종(滅種)으로 연결될 것이고, 수면욕의 무시는 고문(拷問)으로 연결될 것이다. 동물들은 그런 자연적 욕구를 모두 자연적 수단을 이용하여 충족시킨다. 자연적 수단 중에서 가장 중요한 생산수단은 입이다. 우선 지구상에 존재하는 동물의 절대적 다수를 차지하는 물고기들은 모두 입이라는 하나의 생산수단만을 이용하여 자연발생적인 식욕을 충족시킨다. 지상 동물들의 경우도 크게 다르지 않다. 마소도 입이라는 단일생산수단만으로 자연발생적인 식욕을 충족시키며, 토끼, 사슴, 염소, 돼지 등도 그러하다. 새나 닭 같은 조류는 발가락으로 쌓인 풀더미나 흙더미를 헤집고 곡식을 찾아내기도 하므로 입과 발이라는 양자생산수단을 사용하여 자연발생적인 식욕을 충족시킨다고 볼 수 있지만 그래도 여전히 입(부리)이라는 생산수단이 가장 중요한 생산수단이다. 원숭이나 고릴라 같은 영장류의 경우는 한 걸음 더 나아가 손과 발을 이용하여 나뭇가지나 풀잎을 붙잡고 잘라내기도 하므로 여러 가지 수단을 동시에 사용하는 복수생산수단을 통해 자연발생적인 식욕을 충족시킨다고 볼 수 있다. 하지만 여전히 입으로 물어뜯는 비중이 절대적이므로 입이라는 생산수단은 항상 중요한 생산수단이 된다.

인간과 동물이 동일한 방법으로 자연발생적 욕구를 채우는 분야는 바로 성욕이다. 인간도 동물도 모두 성욕만은 아무런 도구 없이 선천적으로 주어진 자연적 수단만을 이용하여 채운다. 양성생식을 하는 동물들은 대부분 암수교접을 통해 성욕을 채운다. 물고기들의 경우는 암컷이 알을 낳으면 수컷이 정액을 방사하는 방식으로 그들의 성욕을 채운다. 동물들에게 성욕이라는 단어를 적용할 수 있느냐는 문제는 그리 중요하지 않다. 여기서는 즐기는 의미로서의 성욕이 아닌 종족보존이라는 자연적 욕구를 채워가는 의미의 성욕을 말하기 때문이다. 인간을 포함하여 그런 자연발생적인 성욕을 채우기 위해 도구를 사용하는 생명체는 지금까지 발견되지 않았다. 비록 오늘날 많은 성인용품들이 개발되고 성욕을 채우는 데 활용되고 있기는 하지만 그런 것들은 종족보존을 위한 자연발생적 성욕을 채우기 위한 수단이라기보다는 성행위를 즐기기 위한 쾌락의 수단이라고 보아야 할 것이므로 조금 다른 문제이다.

동물적 생활을 영위했을 원시력 시대에는 위에서 보듯 자연적 욕구를 자연적 수단을 이용하여 달성하였다. 따라서 어디에도 가공적 의미를 가지는 생산은 없었다. 오직 선천적 방법으로 선천적 욕구를 충족해 갈 뿐이었다. 원시력 시대를 획득경제라고 하는 이유는 이렇게 생산 아닌 단순한 획득을 통해 모든 욕구를 충족했던 시대였기 때문이다.

02 석기력 시대의 생산 주력

　동물들의 생산은 지금도 아무런 도구 없이 오직 타고난 신체적 힘만으로 먹이를 구하는 무구(舞具)생산이다. 동물적 생활을 했던 최초의 원시인들 역시 아무런 도구 없이 타고난 신체적 힘만으로 생존물자를 확보했을 것이다. 원시인들은 그런 무구에서 시작하여 타제석기로, 타제석기에서 다시 마제석기로 생산수단을 옮겨가는 동안 본능적 생산에서 이성적 생산으로 옮겨가게 되었고 그 결과 동물적인 신체적 힘으로부터 시작했던 그들의 생산은 인간의 이성적 힘의 산물인 석기력으로 생산주력이 바뀌게 되었다. 그리하여 본능적 생산으로 대변되는 동물적 원인(猿人)사회는 서서히 저물고 이성적 생산으로 대변되는 인간적 원시인(原始人)사회의 문이 활짝 열리게 되었던 것이다.
　이렇게 원시인들이 이성적 힘을 가지면서부터 그들은 돌이나 나무막대 같은 자신의 힘이 아닌 타자 혹은 타물(他物)의 힘을 이용하면 보다 생산력을 높일 수 있다는 사실을 깨닫게 되었고 그러한 깨달음은 인류를 다른 동물과 구분 지워준 획기적인 사건이었다. 일반 동물들은 오직 천부적인 동물적 힘 하나만을 가지고 있는데 반해 원시인들은 천부적인 동물적 힘에 후천적인 이성적 힘까지 보태게 되었던 것이다.

무구생산과 유구생산

원시인들이 동물적 힘과 이성적 힘이라는 두 가지 힘을 가지게 되면서 인류의 생산은 다른 동물들과 확연히 구별되기 시작했다. 그 결정적 차이점은 이성적으로 생각하는 창의적 생산이었다. 즉 생산에 있어서 인간의 이성적 창의가 개입되었느냐 되지 않았느냐 하는 것이 동물적 생산과의 확연한 차이점이었다. 동물적 생산은 이성의 힘이 거의 개입되지 않는 본능적 생산을 의미하지만 이성적 생산은 어떤 형태로든 인간의 이성적 창의적 힘이 개입된 인간적 생산을 의미한다. 다른 동물들의 생산은 예나 지금이나 본능에 의존하는 무(無)생각 생산이다. 그러나 인류는 이성의 힘을 이용하면서부터 동물적 무생각 생산의 틀을 벗어나 인간적 생각생산으로 일대 방향전환을 하게 되었던 것이다.

"무생각 생산"에서 "생각생산"으로의 방향전환은 인류에게 있어서는 참으로 혁명적인 사건이었다. 왜냐하면 인류는 그 순간부터 단순한 동물이 아닌 만물의 영장인 인간으로 자리매김될 수 있었기 때문이다. 만일 인류가 그때 이성적 힘을 이용한 생각생산으로 방향을 전환하지 않았더라면 인류는 지금까지도 다른 동물들처럼 본능적인 무생각 생산을 계속하고 있을지도 모른다. 인류가 오늘날 이렇게 찬란한 문명을 이룰 수 있었던 원동력은 바로 그때부터 사용하기 시작한 이성이라는 생각하는 힘의 덕분이었음은 누구도 부인할 수 없을 것이다.

대체력과 생산성 향상

힘의 논리를 놓고 볼 때 자력(自力)과 타력(他力)은 반비례한다. 자력이 강하면 타력의 필요성은 약해지고 자력이 약하면 타력의 필요성은 강해진다. 나뭇가지 하나를 꺾을 때도 맨손의 힘만으로 충분하면 도끼라는 타력은 필요치 않지만 맨손의 힘만으로 꺾기 어려우면 도끼라는 타력이 필요하다. 도르래나 기중기 같은 간단한 장비도 없었던 고대에는 인간의 신체적 자력으로 할 수 있는 일은 극히 제한되어 있었다. 그들이 자력으로 할 수 있는 일은 기껏해야 삶에 필요한 의식주를 해결하는 정도였을 것이다. 그랬기 때문에 사람의 힘으로는 어찌할 수 없는 천재지변이나 전쟁 같은 재앙이 덮치면 그런 재앙으로부터 자신들을 구해줄 막강한 타력의 필요성이 강하게 제기되었을 것이고 따라서 신력(神力)이라는 강력한 타력을 찾게 되었을 것임은 당연했을 것이다.

현대에도 자력과 타력의 반비례 법칙은 그대로 적용된다. 자력으로 적을 물리칠 힘이 부족한 국가는 동맹군이라는 타력을 찾기 마련이다. 기업의 경우도 자기자본이 부족한 회사는 타인자본을 끌어들이기 마련이다. 물건을 나르는 경우도 자기 힘으로 불가능할 때는 마차나 짐차라는 타력을 이용한다. 자기 힘으로는 아무것도 할 수 없는 어린아이들은 무슨 일이든 엄마라는 타력부터 찾는다. 이렇게 자력과 타력이라는 인간세상의 두 가지 힘은 항상 반비례한다.

이 같은 힘의 법칙은 인간사회의 발전과 깊은 연관을 가진다. 생산에서 노동력은 자력이고 기계력은 타력이다. 그런데 이상하게도 후진국은 자력의 비중이 높은 노동집약적 산업이 강하고, 선진국은 타력의 비중이 높은 기계집약적인 산업이 강하다. 이는 생산에 있어서 자력이 강한 사회는 저속발전하고 타력이 강한 사회는 고속발전함을 의미한다. 그 이유는 간단하다. 자력인 직접노동력은 신이 준 자연적 힘이므로 극히 제한되어 있는 데 반해 타력인 기계력은 인간이 만드는 만큼 생기는 간접노동력이므로 한계가 없기 때문이다.

이런 타력은 자력을 강화하고 고도화하는 역할을 한다. 간단한 예를 하나 들어보자. 맨손으로 땅을 파기보다는 뾰족한 돌이라도 사용하면 땅을 쉽게 팔 수 있다. 돌이라는 타력은 이렇게 자력인 맨손의 힘을 강화시킨다. 구석기인들이 최초로 사용했던 도구는 자연석을 단순히 쪼개기만 했던 타제석기였다. 이 말은 그 이전에는 타제석기마저 사용하지 않았음을 의미한다. 그렇다면 타제석기마저 사용하지 않았던 구석기시대 이전의 원인(原人)들은 무엇을 사용했을까? 당연히 동물들처럼 하늘이 준 천부적 힘만으로 생존에 필요한 재화를 확보했을 것이다. 앞장에서 이미 언급했듯이 인간을 제외한 다른 동물들은 지금까지도 신이 준 천부적 힘만으로 살아간다. 인간 또한 천부적 자력만으로 생존에 필요한 재화를 확보하는 데서부터 삶을 시작했을 것이다. 토끼가 입만으로 풀을 뜯듯 원인들도 손만으로 나물이나 과일을 채취하고 황새가 부리만으로 물고기를 잡아채듯 원인들도 손만으로 물고기를 잡았을 것이다. 고고학자들의 연구에 의하면 그렇게 자력만으로 살아갔던 원인들의 동물적 생활은 적어도 수만 년 이상 계속되었을 것이라고 한다.

자력만으로 살아갔던 인류가 언제부터 자력 아닌 타력을 이용했는지는 분명치 않지만 그 최초의 시기가 구석기시대였음은 분명하다. 왜냐하면 구석기시대부터 타제석기라는 타력으로서의 도구를 사용한 것으로 밝혀졌기 때문이다. 인류는 타제석기를 사용함으로써 자기노동력이라는 자력과 석기노동력이라는 타력을 동시에 사용하는 지구상의 유일한 동물이 되었던 것이다. 물론 구석기인들이 사용했던 도구는 정교하게 가공한 도구가 아니라 지극히 초보적인 자연도구이긴 했지만 그래도 그런 도구를 사용하는 동물은 지금도 없다. 인류가 스스로를 만물의 영장이라고 부르는 이유는 이렇게 도구라는 타력, 즉, 인간의 자연적 힘을 대체하는 대체력을 이용하는 유일한 생명체이기 때문이다.

　인류가 석기라는 대체력을 사용하게 된 이유는 크게 두 가지로 요약될 수 있다. 첫째는 생산성(生産性)을 높이기 위해서였고 둘째는 생산력(生産力)을 높이기 위해서였다. 먼저 생산성(生産性, productivity)이란 노동 투하량과 노동생산량의 비율을 의미한다. 예를 들어 한 사람이 하루 8시간의 노동을 투입하여 100마리의 물고기를 잡을 때 그 노동생산성을 100이라고 가정하면 110마리를 잡는 사람은 10%의 생산성이 증가되었으므로 그의 노동생산성은 110이 될 것이고, 반대로 90마리를 잡는 사람은 10%의 생산성이 감소되었으므로 그의 노동생산성은 90이 될 것이다. 즉, 같은 노동시간에 많이 생산할수록 생산성은 높아지고 적게 생산할수록 생산성은 낮아진다.

　하지만 자력만으로 생산성을 높이는 데는 한계가 있다. 성인의 경우 덩치가 큰 사람도 있고 적은 사람도 있지만 아무리 큰 사람이라 해도 기껏해야 2~3배를 넘지 않듯 노동생산량도 사람마다 차이가 있긴 하지만 기껏해야 2~3배를 넘지 않는다. 자력생산이 지니는 그런 한계를 뛰어넘을 수 있는 유일한 방법은 바로 도구라는 타력을 사용하는 것이다. 타력을 사용하는 경우에는 노동생산성의 한계를 거의 무한대로 끌어올릴 수 있다. 오직 맨손만으로 물고기를 잡을 경우에는 하루 8시간 노동에 100마리를 잡기도 쉽지 않았을 것이다. 그러나 낚시를 사용하거나 그물을 치는 경우에는 그 양이 크게 달라질 것이다. 낚시를 하면 똑같이 8시간 노동을 투하한다 해도 맨손만으로 물고기를 잡을 때보다 두 세배나 많은 200~300마리를 잡을 수도 있었을 것이고, 그물을 친다면 백배나 많은 10,000마리를 잡을 수도 있었을 것이다. 이렇게 타력의 종류에 따라 생산성은 엄청나게 달라진다.

여기서 물고기처럼 인간노동의 직접적 대상이 되는 것을 노동대상(勞動對象, subject of labor)이라고 한다. 이 노동대상에는 두 가지가 있는데 작물을 재배하는 땅으로서의 토지, 인간의 포획대상이 되는 짐승이나 물고기, 채취나 벌채의 대상이 되는 나무와 야생열매, 깊은 땅속에서 채굴하는 광석 등은 자연 속에 존재하는 것이므로 자연적 노동대상이라 하고, 옷감을 짜기 위한 면사, 집을 짓기 위한 목판, 철판을 만들기 위한 강판, 음식 맛을 내기 위한 향료 등은 이미 인간의 노동이 가해진 노동대상이므로 이를 인공적 노동대상이라 한다. 그리고 인간이 이 같은 두 가지 노동대상에 노동력을 가하여 생활에 필요한 재화를 생산함에 있어서 그 효율성과 생산성을 높이기 위해 사용하는 도구로서의 타력을 노동수단(勞動手段, means of labor)이라고 한다. 보다 많은 물고기를 잡게 하는 도구로서의 낚시나 그물은 물론이고 물건을 보다 효율적으로 운반하게 하는 수레, 목재를 보다 쉽게 가공하게 하는 대패, 농사일을 보다 쉽게 할 수 있도록 하는 괭이나 삽 같은 연장들은 모두 노동수단이 된다.

흔히들 노동 3요소를 토지, 노동, 자본이라고 하는 데 이 3요소를 노동력, 노동대상, 노동수단에 대입하면 토지는 나무, 열매, 물고기, 광석, 짐승 등, 인간이 노동력을 가하여 생존재화를 확보할 수 있는 대상이므로 노동대상이 되고, 노동은 인간의 신체력에서 나오는 힘을 이용하는 것이므로 노동력이 되고, 자본은 도구나 연장을 살 수 있는 전제조건이므로 노동수단이 된다. 이렇게 볼 때 구석기인들이 최초로 타제석기를 사용했던 순간 그들은 자기들도 모르는 사이에 노동력, 노동대상, 노동수단이라는 노동 3요소를 갖추게 되었던 것이다. 그리고 그날로부터 수십 만년이 지난 오늘날까지도 노동 3요소는 변하지 않고 그대로 유지되고 있다.

 이 노동 3요소 중 노동력은 신체력으로서의 자력이고 노동수단은 도구로서의 타력, 즉 도구력 및 기계력이다. 자력과 타력은 힘의 종류만 다를 뿐 노동대상에 노동을 가하는 힘이라는 점에서는 동일하다. 신발을 만드는 경우를 예로 들어보자. 사람이 직접 손으로 구두를 만들 수도 있고 기계를 사용하여 구두를 만들 수도 있다. 여기서 손으로 만드는 경우를 수동생산이라 하고 기계로 만드는 경우를 자동생산이라 한다면 수동생산인 경우는 사람의 신체적 힘이 많이 들어가고 자동생산인 경우는 사람의 힘을 대체하는 기계의 힘이 많이 들어간다. 하지만 둘 다 힘이 들어간다는 사실은 동일하다. 따라서 수동생산시의 자력(신체력)과 자동생산시의 타력(기계력)은 힘이라는 동질성을 가지므로 자력이 노동력이라면 타력도 결국 같은 노동력이 된다. 따라서 정경천법적 차원에서 보면 생산요소는 토지, 노동, 자본, 즉 노동력, 노동대상, 노동수단이라는 3요소가 아니라 노동력과 노동대상이라는 2요소가 된다. 다시 말하면 노동대상도 자연적 노동대상과 인공적 노동대상으로 나누어지고 노동력도 자연노동력과 인공노동력으로 나누어진다.

 정경천법적 생산 2요소는 앞서 밝힌 자연의 변화법칙, 즉 천법(天法)과도 일치한다. 앞서 물리력 시대, 화학력 시대, 세포력 시대, 식물력 시대, 동물력 시대에서도 자연의 일관된 법칙을 보았듯이 자연 속에 존재하는 모든 사물의 생존요소는 2요소이다.

 전통경제학적 생산요소와 정경천법적 생산요소의 이런 차이점을 표로 요약하면 다음과 같다.

생산요소의 구분			
구분	대분	중분	세분
전통경제학적 생산요소	노동력	노동력	신체력(자연력)
	생산수단	노동대상	자연물+생산물
		노동수단	기계력(대체력)
정경천법적 생산요소	노동력	자연 노동력	신체력(자연력)
		인공 노동력	기계력(대체력)
	노동대상	자연노동대상	자연물(무가치)
		인공노동대상	생산물(유가치)

물리력 시대에서 보았듯 거대한 우주천체는 수축과 팽창이라는 두 요소로 형성되고, 화학력 시대에서 보았듯 사물의 출발점이 되는 화학물질은 핵과 전자라는 두 요소로 시작되고, 세포력 시대에서 보았듯 생명의 기원인 세포는 세포핵과 세포질이라는 두 요소로 구성되고, 식물력 시대에서 보았듯 모든 녹색생명체는 동화작용과 이화작용이라는 두 요소를 반복하며 살아가고, 동물력 시대에서 보았듯 움직이는 생명체는 노동력과 노동대상이라는 두 요소로 생존 재화를 획득하며 살아간다.

실제로 모든 동물들은 자신의 신체적 노동력과 자연노동대상이라는 두 요소만으로 생명을 이어간다. 토끼는 자기노동력과 들풀이라는 자연노동대상만으로 살아가고, 다람쥐도 자기노동력과 열매라는 자연노동대상만으로 살아가고, 새도 자기노동력과 곤충이라는 자연노동대상만으로 살아간다. 여기서 노동력은 생존에 필요한 주체적 요소이고 노동대상은 생존에 필요한 객체적 요소이다. 생물이든 무생물이든 모든 사물이 존재하는 데는 이렇게 주체적 요소와 객체적 요소라는 두 요소가 필요하다.

인간의 경우는 여기에 도구나 연장처럼 노동수단이라는 제삼의 객체적 요소가 하나 더 첨부될 뿐이다. 그러나 앞서 지적했듯이 도구나 기계 같은 대체력도 힘의 일종이므로 자기노동력과 기계노동력을 합쳐 하나의 요소로 묶을 수 있다. 이렇게 노동력(자기노동력)과 노동수단(기계노동력)을 하나로 묶어 한 요소로 볼 때 이를 전통적 경제학에서는 생산수단(生産手段, means of production)이라고 한다. 따라서 동식물은 그들의 생존을 위해 노동력과 노동대상이라는 두 요소가 필요한 데 반해 인간은 노동력과 생산수단이라는 두 요소가 필요한 셈이다. 이처럼 동식물이든 인간이든 노동주체로서의 힘과 노동객체로서의 대상이라는 생존 2요소가 필요하기는 마찬가지다.

주체적 힘과 객체적 대상이라는 생존 2요소 중 생산에 보다 큰 영향을 미치는 요소는 주체적 힘이다. 동물의 경우 주체적 힘이 강한 동물이 주체적 힘이 약한 동물을 잡아먹듯이 인간의 경우도 주체적 힘이 강한 자는 주체적 힘이 약한 자보다 생산성이 높다. 인간의 경우 주체적 힘은 힘의 크기가 월등한 노동수단이므로 노동수단의 힘이 강한 자는 노동수단의 힘이 약한 자보다 생산성이 높다. 다시 말하면 노동수단과 생산성은 정비례한다. 따라서 노동수단이 고도화되면 될수록 생산성은 늘어난다. 낚시는 초보적 노동수단이고, 그물은 낚시보다 고도화된 노동수단이다. 따라서 낚시라는 노동수단을 이용할 때보다 그물이라는 노동수단을 이용할 때 생산성은 더욱 높아진다. 오늘날의 그물은 냇가에서 작은 물고기를 잡는 정도의 단순한 그물이 아니라 깊은 바다에서 큰 물고기를 대량으로 잡는 거대한 그물이다. 그런 대형그물은 당연히 소형그물보다 고도화된 노동수단이므로 생산량 또한 거대하다.

03 생산관계의 정립

 생산력이 발전하면 왜 생산관계가 형성될까? 생산력이 발전한다는 말은 같은 시간에 더 많이 생산한다는 말이다. 그렇게 더 많이 생산하기 위해서는 최소한 숙련, 협업, 기술개발이라는 세 가지 요소가 필요하다. 숙련은 개인적 생산력의 발전을 위한 길이고, 협업은 다수의 생산력 발전을 위한 길이고, 기술개발은 사회적 생산력 발전을 위한 길이다. 이 중 1차적 생산력 발전단계는 숙련이다. 개인의 숙련도를 높이는 것은 오직 자기 자신의 노력과 의지에 달려있는 것이므로 가장 쉬운 일이다. 2차적 생산력 발전단계는 협업이다. 개인의 숙련은 한계가 있다. 그 한계를 넘어 생산력을 발전시킬 수 있는 길은 여러 사람이 힘을 합쳐 일하는 것이다. 그래야만 시너지효과를 얻을 수 있기 때문이다. 3차적 생산력 발전단계는 기술개발이다. 아무리 여러 사람이 힘을 합쳐도 인간이 할 수 있는 일에는 한계가 있기 마련이다. 예를 들면 광산에서 원광을 캐내거나 가공하는 일은 협업만을 통해서 생산력을 높이는 데는 한계가 있다. 그런 한계를 뛰어넘으려면 반드시 그에 맞는 기계의 힘을 빌려야 한다.
 그런데 협업이나 기술개발의 단계에 들어서면 인간은 어쩔 수 없이 다른 사람과 일정한 생산관계를 맺게 된다. 협업과 기술개발을 위해서는 서로의 역할을 정하고 협력해야 하는데 그 과정에서 시키는 사람과 시킴을 받는 사람이 생기기 때문이다. 여기서 시키는 사람은 그 분야의 일을 잘 아는 사람 혹은 노동력의 대가를 치를 수 있는 사람이 되고, 시킴을 받는 사람은 단순한 노동력뿐인 일반인이 된다. 이때 시키는 사람을 자본소유자라 하고 시킴을 받는 사람을 노동소유자라 하면 사회적 일을 할 때는 반드시 자본소유자와 노동소유자라는 두 계층이 생기게 된다. 이 두 계층의 관계를 보면 자본소유자는 상위에서 생산력을 증진시키기 위한 길을 찾고 명령하는 위치에 있고, 노동소유자는 하위에서 명령을 받고 수행하는 위치에 있다. 이렇게 명령을 하고 명령을 받는 상하관계는 타인의 힘을 필요로 하지 않는 동물적 채집활동에서는 발생하지 않는 관계이다. 오직 여러 사람이 공동으로 일할 필요가 있을 때에만 발생하는 관계이다. 이렇게 생산과정에서 필연적으로 발생하는 인간관계를 생산관계라고 한다.

이 생산관계는 공동활동을 필요로 하는 한 선택의 여지가 없는 불가항력적인 인간관계이다. 인간은 보다 잘 살기 위해 생산력을 높이려 했을 뿐이다. 그러나 그 생산력을 높이는 과정에서 자기도 모르는 사이에 자본소유자와 노동소유자라는 양대 계층이 나누어지고 그 계층적 상하관계에 얽매이게 된다.

더욱이 이 상하관계는 단순한 경제적 생산관계로 끝나는 것이 아니다. 상위자는 대접을 받는 쪽이 되고, 하위자는 대접을 하는 쪽이 되어 상하관계는 계급관계로 굳어지고, 그 굳어진 계급관계는 명령과 복종을 당연시하게 만든다. 그리고 그런 생산관계에 따라 생산물의 분배방식도 달라진다. 상위자는 결정자이므로 자신에게 유리한 결정을 하게 되고, 하위자는 피결정자이므로 어떤 불리한 결정에도 무조건 따라야 한다.

▎석기력 시대와 무교환 생존양식

원시인들의 생산이 비록 무생각 생산에서 생각생산으로 바뀌긴 했다 할지라도 여전히 그들의 생산과 소비는 동물적 수준에 머무는 것이었다. 동물적 생산과 소비는 인간적 생산과 소비와는 다르다. 생산과 소비를 반복하는 생물의 생존양식에는 두 가지가 있다. 하나는 무교환생존양식(無交換生存樣式)이고 다른 하나는 교환생존양식(交換生存樣式)이다.

무교환생존양식이란 각자가 생산한 생산물을 교환하지 않고 각자가 직접 소비하는 생존양식이다. 즉 생산에서 바로 소비로 이어지는 "생산→소비"의 2진법적 생존양식이다. 또 이것은 생산과 소비라는 두 단계만을 반복하는 동물적 생존양식이므로 이를 동물적 생존양식(生産樣式)이라고도 한다. 동물들의 자급자족적 생존양식이 이에 속하기 때문이다. 무교환을 전제로 하는 이런 동물적 생존양식이 만들어내는 사회를 무교환사회라고 하는데 인류의 동물적 무교환사회는 "영장류→오스트랄로피테쿠스→호모하빌리스→호모에렉투스→호모사피엔스"라는 억겁의 진화과정을 거친 후 마침내 인간적 교환사회로 거듭났던 것이다.

이런 무교환 생존양식 하에서는 항상 자기의 생산은 자기의 소비로 이어진다. 즉 자기생산(自己生産)은 자기소비(自己消費)를 의미하며, 자기무생산(自己 無生産)은 자기 무소비(自己 無消費)를 의미한다. 무교환 생존양식 하에서는 생산자와 소비자가 철저히 일치한다. 예를 들면 소나 말은 각자가 뜯은 풀을 교환해서 먹는 법이 없다. 특히 무교환 생존양식은 즉석생산과 즉석소비를 원칙으로 하고 있기 때문에 교환이 발생할 시간적, 공간적 여지가 없다. 무교환 생존양식 하에서는 대부분의 경우 생산시점과 소비시점이 일치한다. 소와 말은 풀을 뜯는 동시에 바로 먹고 사자와 독수리는 먹이를 사냥함과 동시에 바로 먹는다.

이렇게 동물들의 생산과 소비는 즉석생산과 즉석소비를 전제로 하고 있기 때문에 교환이 원천적으로 불가능하다. 비록 어미가 새끼들에게 먹이를 물어다 주고, 일부 동물들의 경우 생산한 먹이를 저장하는 일이 있기는 하지만 그런 일들은 생산물의 교환을 목적으로 하는 것이 아니라 단순히 전달하고 저장하기 위한 목적이므로 교환과는 아무 상관이 없는 일이다. 이 무교환 생존양식은 하늘이 만물을 창조할 때 모든 동식물에게 예외 없이 부여한 생존양식이기도 하다. 그래서 이를 "선천적 생존양식"이라고도 한다. 인간을 제외한 모든 동식물들은 오늘날까지도 선천적 생존양식인 이 무교환 생존양식을 그대로 고수하고 있다. 이렇게 무교환 생존양식은 동물적 생산양식, 선천적 생산양식, 이진법적 생산양식이다.

석기력 시대를 살았던 원시인들의 생존양식은 바로 이 무교환 생존양식이었다. 그들은 음식물을 별도로 저장할 필요도 없었고 저장할 장소도 없었다. 옷을 대신했던 나뭇잎이나 짐승의 털가죽 역시 그랬다. 저장하고 싶어도 금방 썩고 부패했으므로 저장할 수도 없었다. 또 보다 생존환경이 좋은 곳을 찾아 이리저리 옮겨 다녀야 했기 때문에 튼튼한 집을 지을 이유도, 필요도 없었다. 오직 필요한 것이 있으면 그때 그 자리에서 즉석 생산하여 즉석에서 소비했다. 동물들의 식사는 조리과정이 없는 철저한 자연식이듯 원시인들의 식생활도 조리과정이 없는 완벽한 자연식이었다. 불이 발견된 이후부터 고기를 구워 먹는 조리과정이 생기긴 했지만 그것 역시 자연식의 단순한 연장선상에 지나지 않았다.

무교환생존양식의 특징

동물적 무교환생존양식이 만들어내는 무교환사회는 다음과 같은 특징을 지닌다.

첫째, 무교환사회는 자유로운 사회이다. 무교환사회에는 간섭이나 명령이 없다. 오직 자신이 명령하고 자신이 행할 뿐이다. 다시 말하면 동물적 본성을 부여하고 탄생시킨 하늘이 명령하고 하늘이 행할 뿐이다. 이렇게 무교환사회에서의 생산과 소비는 명령이 아닌 개인의 자유의사에 따라 이루어진다. 생산의 필요성도 자신이 결정하고 소비의 필요성도 자신이 결정한다. 무교환사회에서의 나는 나를 다스리는 주인이요 나의 행불행을 결정하는 최종결정자이다. 물론 먹이사슬에 의해 서로 먹고 먹히는 제약된 관계는 피할 수 없다. 하지만 그런 관계는 자연이 부여한 선천적 관계이므로 피조물인 생명체로서는 어찌할 수 없는 선천적, 불변적 운명이다. 그런 불변적 운명은 인간적 의미의 자유라는 개념을 넘어서는 초월적 개념이므로 그런 선천적 제약을 부자유로 규정할 수는 없다. 따라서 무교환 사회는 오직 자연의 섭리라 일컬어지는 하늘의 법, 즉 천법(天法)에 의해서만 제약받는 하늘 아래의 자유로운 사회이다.

둘째, 무교환사회는 평등한 사회이다. 무교환사회에서는 예외 없이 자기가 생산한 것을 자기가 소비한다. 귀한 자도 자기가 생산한 것을 자기가 소비하고, 천한 자도 자기가 생산한 것을 자기가 소비한다. 여기 황제 소와 거지 소가 있다고 가정하자. 황제 소도 자기가 먹을 풀은 자기가 뜯어야 하고, 거지 소도 자기가 먹을 풀은 자기가 뜯어야 한다. 그것이 무교환사회인 동물사회의 생존원칙이다. 무교환사회에는 이처럼 귀한 자도 없고 천한 자도 없으며 따라서 귀천이 문제될 이유도 없고 귀천이 문제되지도 않기 때문에 귀족계급과 천민계급이라는 사회적 계급 역시 존재하지 않는다. 무교환사회는 만인이 오직 천법(天法) 앞에 평등한 평등사회이다.

물론 동물사회에도 이성적(異性的), 노소적(老少的) 불평등은 존재한다. 그러나 그런 불평등은 인위적 불평등이 아닌 선천적 불평등이다. 인간이 문제 삼는 불평등은 그런 선천적 불평등이 아니라 인위적, 법적, 제도적 불평등이다. 불평등은 집단을 전제로 한다. 남과 비교될 때만 불평등이 문제될 수 있기 때문이다. 동물적 무교환 생존양식은 경제적 집단을 필요로 하지 않는 생존방식이므로 불평등이 문제되지 않는다.

셋째, 무교환사회는 빈부가 없는 사회이다. 대표적인 무교환사회인 동물사회를 보면 이러한 사실은 명백해진다. 마소 같은 동물사회에도 빈부가 존재할까? 소와 말은 그들 각자의 필요에 따라 먹이를 생산하고 소비할 뿐이다. 곳간이 꽉 찬 부자 소도 있을 수 없고, 곳간이 텅 빈 가난한 소도 있을 수 없다. 오직 자기가 필요한 만큼 풀을 뜯어 먹는 한 가지 모습의 소만 있을 뿐이다. 다른 소의 풀을 뺏어 먹는 소도 있을 수 없고, 다른 소의 풀을 뺏어 쌓아 놓는 소도 있을 수 없다. 그들은 모두 하늘이 부여해준 능력대로 스스로 생산하고 스스로 소비할 뿐, 착취나 침탈에 의한 빈부는 발생하지 않는다. 적어도 먹이라는 경제적 물질에 관한 한 그들은 동일한 환경을 가진 동일한 존재들이며 따라서 빈부개념 자체가 성립하지 않는다.

인간사회의 빈부는 곳간에 재화를 쌓아 놓을 수 있기 때문에 생기는 것이다. 만일 경제적 재화를 쌓아놓을 경우 1분도 안 돼 모두 썩어

버린다면 천배, 만 배 가진 부자는 있을 수 없을 것이다. 아무리 착취해 모아도 금방 모두 썩어 버리므로 자기 재산이 될 수 없기 때문이다. 무교환 사회는 근본적으로 착취가 불가능한 사회이므로 적어도 착취에 의한 빈부는 발생하지 않는다.

넷째, 무교환사회는 계급 없는 사회이다. 무교환사회는 나의 생존이 남에게 조금도 의존되지 않는 사회이다. 경제적 계급은 나의 경제적 행위가 남의 경제적 행위와 필연적 관계를 가질 때 생긴다. 주종관계는 한 쪽은 시키는 경제행위의 주체이고 다른 쪽은 그 시킴을 받는 속체일 때 생기게 된다. 무교환 사회에서는 내가 살기 위해 남에게 부탁할 일도 없고 구걸할 일도 없다. 오직 나의 생산만이 나의 소비를 보장해 줄 뿐이다. 무교환사회는 이렇게 타인과 어떤 형태의 생산관계도 형성할 필요가 없는 사회이기 때문에 상하관계나 계급관계가 존재하지 않는다. 윗사람도 자기 것 자기 먹고 아래 사람도 자기 것 자기 먹는 사회, 그래서 윗사람이 될 필요도 없고 아랫사람이 될 이유도 없는 사회, 그런 사회가 바로 무교환사회이다.

동물적 생활에 준하는 삶을 살았던 원시인사회는 위의 네 가지 조건을 모두 갖춘 무교환사회였다. 자기가 생산한 것을 자기가 소비하는 동물적 자급자족을 원칙으로 했던 원시인사회는 자유와 평등, 빈부와 계급이 문제되지 않는, 아니 문제될 필요가 없는 사회였다. 따라서 그들은 자유와 평등이 무엇인지, 또 빈부와 계급이 무엇인지, 그 단어조차 모르면서 살았을 것이다. 오직 그들의 생존을 위협하는 폭풍, 홍수, 지진, 폭염, 혹한 같은 자연재해를 내리는 하늘만을 두려워하며 하늘의 천리를 받들고 살았을 것이다.

교환생존양식

교환생존양식이란 각자가 생산한 생산물을 타인과 서로 교환하여 소비하는 생존양식이다. 즉 생산에서 교환을 거쳐 소비로 이어지는 "생산→교환→소비"의 3진법적 생존양식이다. 현존 인류의 생존양식이 여기에 해당한다. 농부는 자기가 생산한 쌀만 가지고는 살 수 없고, 공부(工夫) 또한 자기가 생산한 농기구만 가지고는 살 수 없다. 그래서 농부와 공부는 각자가 생산한 쌀과 농기구를 서로 교환하면서 살아간다.

이러한 교환은 제일 먼저 천부적 재능의 차이에서 비롯된다. 모든 인간은 천부적 재능이 다른 만큼 그들의 능력이 발휘되는 분야도 다르기 마련이다. 의식주 생활에 필요한 물자를 생산함에 있어서도 각자의 천부적 재능이 발휘되는 분야는 그렇지 않은 분야보다 많은 생산을 가능하게 한다. 인구가 늘어나면서 그런 천부적 재능이 발휘되는 분야가 생기기 시작했고 그런 천부적 재능의 차이는 그대로 생산의 차이로 연결되었다. 그 결과 마침내 원시인들은 각자의 천부적 재능에 따라 생산 분야를 나누는 것이 보다 많은 생산을 가져다주는 방편이 됨을 깨닫게 되었다.

또 교환은 생존환경의 차이에서도 비롯된다. 경제활동의 영역이 넓어짐에 따라 강가에 사는 자도 생기게 되고, 산속에 사는 자도 생기게 되었다. 그러한 생존환경의 차이는 서로의 생산 분야와 생산능력을 크게 차이 나게 해주었다. 세월이 흐를수록 강가에 사는 사람은 물고기를 잡는 데 보다 익숙해졌고, 산속에 사는 사람은 짐승을 사냥하는 데 보다 익숙해졌다. 그런 생존환경의 차이는 서로의 생산 분야와 생산능력을 전혀 다르게 해주었다.

천부적 재능에 따라, 또 생존환경의 차이에 따라 서로의 생산 분야와 생산능력이 크게 차이날 수 있음을 알게 된 원시인들은 각자의 생산물을 서로 교환해 사용하는 것이 서로의 의식주 생활을 보다 풍요롭게 하는 훌륭한 방법이 된다는 사실을 깨닫게 되었다. 그때부터 그들의 생산과 소비는 생산에서 바로 소비로 이어지는 2단계적 과정이 아니라 생산한 것을 서로 교환한 후 소비하는 "생산→교환→소비"라는 3단계적 과정으로 바뀌게 되었다. 우리는 이렇게 "생산→교환→소비"라는 3단계 과정을 거쳐 생산과 소비가 반복되는 인간적 생존양식을 3진법적 생존양식 혹은 인간적 생존양식이라고 한다.

삼진법적 생존양식은 이처럼 생산과 소비라는 이진법적 생존양식에는 없는 교환이라는 또 하나의 과정이 첨가되어 이루어지는 생존양식이므로 이를 교환생존양식이라고 한다. 이런 교환생존양식은 하늘이 모든 동식물에게 부여한 무교환 생존양식을 인간이 살아가면서 후천적으로 바꾸어 놓은 것이기 때문에 이를 후천적 생존양식(後天的 生存樣式)이라고도 한다.

교환생존양식은 인간이 스스로 만든 생존양식이므로 다른 동식물들은 가지고 있지 않는 오직 인간만이 가지고 있는 생존양식이다. 교환생존양식 하에서는 생산이 바로 소비로 연결되는 것이 아니라 반드시 교환이라는 중간다리를 거쳐서 이루어진다. 생산과 소비의 반복이라는 생존천법의 기본적인 틀은 변함이 없지만 교환이라는 중간과정이 있다는 점에서 무교환 생존양식과는 다르다. 이렇게 교환생존양식은 인간적 생존양식, 후천적 생존양식, 3진법적 생존양식이다. 이런 생존양식을 표로 구분하면 다음과 같다.

생존양식의 구분		
생존양식	진법적 과정	선후관계
동물적 생존양식	생산→소비	선천적 생존양식
인간적 생존양식	생산→교환→소비	후천적 생존양식

제2장
도구력 시대의 경제변화

01 생산도구의 발달과 경제변화

　변화의 출발점은 생존을 보장하는 경제적 행위이므로 인간의 경제적 행위가 어떻게 변해 왔는지를 알아보는 것은 인간사회가 어떻게 변해왔는지를 알 수 있는 첩경이다. 경제적 행위에 관한 한 태초의 원인(原人)들이 동물적 생활을 했을 것이라는 사실은 의심의 여지가 없다. 그들은 걸음마저 현생인류처럼 꼿꼿하게 서서 걷지 못했을 것으로 추정된다. 그러나 세월이 흐르면서 점차 두 발을 사용하여 곧게 서는 데 익숙해졌고, 그에 따라 손과 발의 기능이 더욱 분화되었다. 두 발로 서서 다니면서 손이 자유로워졌다는 것은 대단히 중요한 의미를 지닌다. 왜냐하면 오늘날도 모든 생산은 손의 역할에 크게 의존하고 있듯 손의 자유로운 사용은 인간의 생산력이 그만큼 향상되었음을 의미하기 때문이다. 손은 그만큼 우수한 생산도구이다.

　생산도구는 내부적 생산도구와 외부적 생산도구로 나눌 수 있다. 내부적 생산도구란 자기 신체의 일부를 사용하는 것을 말하고, 외부적 생산도구란 자기 신체의 일부가 아닌 제삼의 물체를 이용하여 어떤 목적에 맞도록 사용하는 것이다.

▍내부적 생산도구

모든 동물은 내부적 생산도구를 이용하여 살아간다. 동물들이 가지고 있는 내부적 생산도구는 주로 입과 앞다리이다. 동물들이 먹이를 확보하는 과정을 보면 항상 입이 주력 도구가 되고 앞다리가 보조적 도구로 이용된다. 이집트 대머리독수리가 부리로 돌을 들어 올린 다음 떨어뜨림으로써 타조의 알을 깨뜨린다든지, 다윈 핀치(Darwin Finch, 갈라파고스 군도의 멧새)의 일종이 선인장 가시를 부리로 물고 나무속의 곤충을 찔러 나오게 하는 행동이라든지, 수달이 돌로 조개류를 쪼개는 행동 등은 이런 사실을 입증한다.

네발로 걸어 다니는 동물들이 가장 많이 사용하는 생산도구는 이빨이다. 먹이를 사냥할 때도, 서로 싸울 때도 모두 이빨을 사용한다. 소, 말, 토끼는 입으로 풀을 뜯어 먹고, 새는 입으로 곤충을 잡아먹는다. 매나 독수리의 경우는 발로 낚아챈 후 입으로 물어뜯는다. 호랑이나 사자의 경우도 날카로운 이빨로 짐승을 물어뜯는다. 이처럼 대부분의 동물들은 입과 앞다리를 이용하여 먹이를 확보한다.

인간은 직립보행을 하면서부터 일반 동물이 가지고 있는 이빨이라는 공통적인 내부적 생산도구에 손이라는 도구를 하나 더 첨가할 수 있었다. 따라서 손을 사용할 수 있었던 그런 진화과정은 대단히 더디고 힘든 과정이었으면서도 동시에 동물 상태로부터 벗어나는 최초의 전환점이기도 했다.

▍외부적 생산도구

인간이 가지는 또 하나의 특징은 외부적 생산도구를 사용한다는 점이다. 지금까지 밝혀진 바에 의하면 내부적 생산도구가 아닌 외부적 생산도구를 사용하는 동물은 인간과 유인원 같은 고등포유류뿐이다. 유인원에 속하는 침팬지는 손이 닿지 않는 곳에 먹이를 둘 경우 막대를 이용하여 그것을 끌어내린다. 먹이를 천장에 매달아 두고 방 한구석에 상자를 몇 개 놓아두면 상자를 먹이가 달린 밑으로 가져가 발판으로 이용한다. 먹이가 더 높은 곳에 매달려 있으면 몇 개의 상자를 쌓아올려 좀 더 높은 발판을 만들기도 한다. 이렇게 먹이를 얻기 위해 사용하는 별도의 도구를 메타 툴(meta tool)이라고 하는데 침팬지는 그런 도구를 사용한다. 그러나 동물들의 그런 외부적 생산도구의 사용은 인간의 경우처럼 자연상태를 인공상태로 가공하여 사용하는 것이 아니라 단순히 있는 그대로의 자연물을 이용하는 것에 지나지 않으므로 생산도구라 부르기에는 여전히 부족한 것들이다.

인간이 사용하는 외부적 생산도구는 당연히 하루아침에 생기지 않았을 것이다. 인류가 외부적 생산도구를 사용하기까지는 수많은 시간과 시행착오를 겪었을 것이다. 외부적 생산도구가 생기기까지는 외적 여건과 내적 여건이라는 두 요소가 크게 작용했을 것으로 보인다. 외적 여건이란 인간이 생존하기 위해 극복하지 않으면 안 되었던 외적 자연환경을 의미하고, 내적 여건이란 그에 따라 신체구조와 감각기관이 도구의 제작과 사용을 가능하도록 진화했음을 의미한다.

인간이 최초로 사용했던 도구인 돌이나 야생동물의 뼈, 등은 딱딱한 열매를 깨뜨리고 그 속을 발라내기 위한 것이었고, 식물의 뿌리를 캐기 위한 막대는 채식을 확보하기 위한 수단이었을 것이다. 이런 관점에서 볼 때 최초의 도구는 손의 연장선상이었다고 볼 수 있다. 그런 원시적 도구는 곧 잡은 동물의 가죽을 벗기고 살을 잘라 먹는 돌칼 같은 도구로 발전해 갔다. 인간은 다른 동물이 가지지 않는 손이라는 생산도구를 자유롭게 사용하면서부터 먹이를 구하기가 한결 쉬워졌다. 나무막대기나 돌멩이를 사용하면 이빨만을 사용할 때보다 먹이의 생산이 훨씬 쉬웠기 때문이다. 고대인들은 이처럼 일반 동물들이 가지는 입과 앞다리 같은 내부적 생산수단 외에 불, 언어, 도구 같은 외부적 생산수단을 사용하기도 했지만 그들의 생활은 여전히 동물적 수준에 머물러 있었다.

그런 원시사회는 모계사회였다. 모계사회와 모권사회는 다르다. 물론 부계사회와 부권사회도 다르다. 모계사회는 여성을 중심으로 하여 사회적 집단이 구성되는 사회를 의미한다. 하지만 그렇다고 하여 여성이 사회의 지배권을 가졌다는 말은 아니다. 모권사회란 사회적 지배 권력이 여성에게 있는 경우를 말하는데 인류 역사를 통해 단 한 번도 그런 적은 없었다. 원시사회는 어디까지나 혈통을 잇는다는 측면에서 볼 때 여성을 중심으로 하는 모계사회였을 뿐이다. 그 이유는 간단하다. 원시시대의 경우 어머니는 분명히 알 수 있었지만 아버지는 알 수 없는 경우가 많았기 때문이다. 남성들은 주로 사냥을 했으므로 밖에서 죽거나 돌아오지 못하는 경우가 허다했다. 원시적 사냥은 그 성공률도 매우 낮았고 위험성도 대단히 높았기 때문에 사냥은 육체적으로 여성보다 강한 남성의 몫이었다. 반대로 여성의 주요 생산은 채집이었다. 채집은 어렵지도 않았고 성공률도 상당히 높았다. 따라서 자연스럽게 사냥은 남성의 몫이 되었고 채집은 여성의 몫이 되었다.

▎불의 이용

동물적 생활을 했던 인간의 생산력을 획기적으로 바꾸어 놓은 외부적 생산도구는 다름 아닌 불이었다. 불의 사용은 인류를 다른 동물과 구분 짓는 실로 획기적인 사건이었다. 구석기 시대의 인간이 불을 사용했다는 사실은 여러 유적지에서 숯이나 재가 발견되고 있는 것으로 증명되고 있다. 선사시대의 인류는 다른 동물들과 마찬가지로 자연현상으로 일어나는 불을 몹시 두려워하며 피하기에 바빴을 것이다. 그러나 불을 이용하면서부터 맹수들로부터 자신을 보호할 수도 있고, 사냥한 고기를 날것으로 먹을 때보다 훨씬 연하고 맛있게 먹을 수 있다는 사실을 알게 되었다.

실제로 불은 우수한 생산도구였다. 화전민들이 그러하듯 불을 지르면 거대한 숲도 하루아침에 훌륭한 농경지가 되었고, 한꺼번에 맛있게 구워진 고기를 수없이 얻을 수도 있었고, 무서운 맹수들을 쫓을 수도 있었다. 이렇게 불이라는 생산도구는 인류에게 최초로 대자연을 지배할 수 있는 힘을 주었으며 그로 말미암아 인류는 동물적 생활에서 완전히 벗어나게 되었다. 그러나 불은 인류에게 그런 밝은 면만 있었던 것은 아니다. 불은 인류에게 화재라는 무서운 재앙을 안겨주었다. 불은 그렇게 명과 암을 동시에 가지는 것이었다.

인류가 화산, 산불, 번갯불에 의해 자연 발화한 불을 훌륭한 경제적 도구로 사용한 것은 약40~50만 년 전 무렵이었을 것으로 추정된다. 인류가 언제부터 어떤 이유로 불을 사용하기 시작하였는지에 대해서는 아직 분명히 밝혀지지 않았지만 불을 사용한 가장 오래된 증거로는 북경원인이 거주하였던 중국의 저우커우뎬(周口店) 동굴의 발견이었다. 전기 구석기 시대 후반의 유적으로 추정되고 있는 그곳에서 불을 사용한 흔적이 발견되었기 때문이다. 이어 중기 구석기 시대의 유적에서는 원시인이 음식을 끓이고, 따뜻하게 하는 난방용으로 사용하고, 어둠을 밝히는 조명용으로 사용하였던 것으로 추정되는 노지(爐趾)가 발견되었다. 노지(爐趾)란 고대 인류의 주거지로 추정되는 유적지에 남아 있는 불 땐 자리로서 땅이 옴폭 들어간 곳에 불탄 흙만 남아있거나 땅에 토기(土器)를 묻어 놓았거나 둘레를 돌로 둘러친 자리 등을 말한다.

후기 구석기 시대 이후에는 난방, 채광, 조리 및 도구의 제작 등에 불은 더욱 많이 사용되었던 것으로 보인다. 불은 그때부터 인류생활의 주요한 수단이 되었고 그로인해 원시인류는 다른 영장류와 구분되는 만물의 영장이 되었다. 인류는 불이라는 강력한 에너지를 얻게 됨으로써 생존의 큰 숙제였던 난방과 조명(照明)을 해결하게 되었고, 불을 사용하면서부터 자연을 지배하기 시작했던 것이다. 캐나다 토론토 대학을 주축으로 하는 연구팀의 조사에 의하면 인류가 100만 년 전부터 불을 사용한 것으로 증명되는 흔적이 남아프리카의 동굴에서 발견되었다고 한다. 이는 지금까지 인류가 최초로 불을 사용한 것으로 추정되는 가장 오래된 추정치 보다 약 30만 년이나 빠른 시점이다. 연구팀은 원인(原人)으로 분류되는 호모에렉투스 때부터 불을 사용하기 시작했던 것으로 보고 있다. 그들은 남아프리카 북부에 위치한 동굴의 지층을 세밀히 조사한 결과 100만 년 전, 불에 탄 식물의 숯과 동물의 뼛조각을 발견했다. 또 그들은 불에 그을린 바위가 동일 지층에 넓게 분포되어 있는 것으로 미루어 볼때 동굴 내부에서 불을 땐 것이 확실하며 바람이나 빗물에 쓸려 숯이나 재가 흘러 들어온 것은 아니라고 판단했다. 연구팀은 원인들이 동굴에서 요리를 하기위해 불을 사용했을 것으로 보았다. 지금까지도 불을 생산수단으로 사용하는 동물은 없다. 그리스 신화를 보면 프로메테우스(Prometheus)가 신으로부터 불을 훔쳐 인간에게 가져다준 것으로 되어 있는데 불은 그만큼 인간을 신의 경지로 끌어 올린 일등 공신이었다. 인간이 불을 사용함으로써 달라지기 시작한 중요 생활상을 살펴보면 다음과 같다.

첫째, 음식을 익혀 먹게 되었다. 강한 바람에 울창한 산속의 나무와 나무가 부딪쳐 발생하는 불, 혹은 화산에 의한 불같은 자연발화로 인해 산불이 번지고 그로 인해 타죽은 짐승들의 고기가 훨씬 맛있고 부드럽다는 사실을 알게 된 인류는 일상생활에서도 자연스럽게 불을 이용하여 새나 사냥한 짐승이나 어패류를 구워 먹었음은 물론이고, 나뭇잎이나 야채 등을 삶아서 나물로 먹게 되었다. 고기를 구울 때는 바비큐(barbecue)처럼 고기를 나뭇가지에 꿰어 매달아 굽거나 혹은 나뭇잎으로 감싸거나 찰흙을 이겨 발라 뜨거운 불 속에 묻어 익혔을 것이다. 특히 불에 익힌 음식은 생육보다 오래 보관할 수 있었으므로 사냥의 부담이 줄어들어 다른 일을 할 수 있는 여유가 늘어났을 것이다. 따라서 시간이 지나면서 조리 방법은 더욱 발전했을 것이다.

둘째, 불을 사용함으로써 맹수들로부터의 위협을 덜 받게 되었다. 짐승들은 지금도 불을 무서워한다. 짐승들에게 있어서 불은 재앙 자체이다. 산불이 나거나 화산이 폭발하면 불에 타 죽는 동료들을 무수히 보아왔기 때문이다. 따라서 모든 짐승들은 불이 있는 곳에는 가까이 가지 않는다. 하지만 인류에게 있어서 불은 맹수들을 물리치는 우수한 수단이었다. 따라서 불을 지피고 보관하고 운반하는 기술은 날로 발전해 갔을 것이다.

셋째, 불을 사용함으로써 밤에도 동굴에서 뭔가를 할 수 있게 되었다. 불을 사용하기 전까지는 어두운 밤이면 아무것도 할 수 없었다. 비바람이나 눈보라가 몰아치면 동굴 속으로 피해야 했던 원시인들은 오직 밝은 낮에만 일을 할 수 있었다. 그러나 불을 사용하게 되면서 언제

어디서든 주위를 밝힐 수 있게 되자 동굴 속에서도 무슨 일이든 할 수 있게 되었다. 그렇게 조명이 해결되고 작업시간이 늘어나면서 인류의 생산력은 획기적으로 향상되었다.

넷째, 불의 사용은 인간의 생명 연장에도 큰 도움이 되었다. 불은 소독 작용을 했을 뿐만 아니라 불에 구운 음식은 기생충이 없었으므로 인간의 수명을 연장하는데 크게 기여했다. 또 불의 사용으로 추위를 이길 수 있게 됨으로써 비바람이나 추위가 몰고 오는 감기 오한을 방지할 수 있어 건강을 지키는 데도 크게 도움이 되었다. 특히 불의 사용으로 인해 최초의 거주 지역이었던 열대지역을 벗어나 추운 지방으로도 진출할 수 있었다.

다섯째, 불은 생산도구의 개발을 촉진시켰다. 구석기인들은 우연한 기회에 돌을 불에 달구었다가 갑자기 찬물에 넣으면 잘 부서진다는 사실을 알게 되었고, 그로 인해 아주 날카로운 돌 조각을 만들어내는 방법을 터득하게 되었다. 그것은 여러 가지 석기를 만들게 된 시초였다. 불을 사용하였던 원시인들이 터득한 또 하나의 획기적인 기술은 토기라는 기구의 제작이었다. 신석기 시대의 여러 유적지에서 볼 수 있는 원시무문토기나 즐문토기가 바로 그런 것들이다. 토기는 원시인들이 불을 이용하여 만든 최초의 문명 이기(利器)였다. 신석기 시대에 들어서면서 인류는 강한 충격을 가하면 불을 일으킬 수 있다는 사실을 알고 부싯돌 같은 발화기를 발명하였고, 점토를 불에 구워 만든 보다 질 좋은 토기가 발명되었다. 불을 이용한 그런 도구의 제작은 날이 갈수록 활발해져 마침내 아주 높은 온도의 화로에서 금속 기구를 만들어낼 수 있게 됨으로써 석기시대에서 금속기시대로 발전해 갔다.

금속기시대가 되면서는 불을 이용하여 토기나 금속기를 제작하는 전문 직업인이 나타났고, 불의 산업적 이용이 더욱 활발해졌다. 중세에 들면서는 불을 무기로 하는 군사기술, 즉 화약이 발명됨으로서 불과 전쟁은 밀접한 관계를 가지게 되었다. 그 후 증기기관이 발명되어 열에너지를 기계 에너지로 바꿀 수 있게 됨으로써 산업혁명이 일어났고, 오늘날에는 산업의 동력이라 불리는 화력발전까지 하게 되었다. 불은 그만큼 인류 역사의 위대한 공로자였다.

여섯째, 불은 정착생활을 촉진시켰다. 불은 얻기도 어렵고 보관하거나 운반하기도 어렵다는 사실을 알게 되자 불을 지배하려고 했던 원시인들은 오히려 불의 지배를 받게 되고 말았다. 즉, 그들이 보관하여 둔 불로부터 너무 먼 곳으로 이동할 수 없게 되었고, 결국 불이 있는 근처에 정착하여 생활하지 않으면 안 되는 상황에 이르게 되었다. 불의 사용은 이렇게 원시인류로 하여금 일정한 장소에 정착하여 농경생활을 통해 식량을 확보하도록 유도한 계기가 되기도 했다.

불은 그만큼 인류생활에 절대적인 영향을 미쳤으므로 동서고금을 막론하고 불을 신성시(神聖視)하고 영묘시(靈妙視)하는 의식은 세계의 여러 곳에서 찾아볼 수 있다. 불의 기원에 대한 신화나 전설은 복잡하지만 크게 나누면 신(神) 또는 초자연적 존재가 불을 훔쳐내 인류에게 주었다는 신수설(神授說)과 자연상태에서 발생한 불로부터 발화법을 배웠다는 학습설이 있다.

신수설(神授說)의 대표적인 예는 고대 그리스의 프로메테우스(Prometheus) 신화이다. 하지만 북아메리카 인디언, 폴리네시아, 오스트레일리아, 아프리카 등지에서도 비슷한 신화가 있다. 서아프리카 말리공화국의 니제르 강(Niger River) 남방의 산악지대에 사는 흑인 농경민인 도곤족(Dogon族)의 신화에 의하면 불은 태양의 한 조각이었는데 한

대장장이가 천신(天神)에게서 훔쳐내어 인간에게 전했다고 한다. 이는 프로메테우스 신화와 같은 것이다. 이처럼 고대인들은 인간이 불을 사용하게 된 출발점을 신(神)에서 찾고 있고 따라서 불을 훔치거나 얻어 온 자도 신격화되고 있다. 불을 신(神)으로 숭배하는 예는 세계 각지에서 볼 수 있다. 그중에서도 힌두교의 아그니(Agni) 숭배와 조로아스터교의 아타르(Atar) 숭배는 대표적인 경우이다. 두 종교는 모두 불에 어떤 상징적인 의미를 붙여서 숭배하는 것이 아니라 직접 불이나 불길을 숭배한다는 점에 특색이 있다.

반면 학습설의 대표적인 예는 중국, 에스키모, 스리랑카, 아프리카 등지에서 볼 수 있다. 하지만 화신(火神)이 신전에서 높은 지위를 차지한 경우는 거의 없다. 아메리카 인디언들은 불을 숭배하기는 했지만 부엌 아궁이의 불이나 대장간의 불에 대해 여러 가지 제물을 바쳤을 뿐이다. 몽골 유목민들은 가축의 고기나 젖을 먹을 때 반드시 먹기 전에 고기 한 조각과 젖 한 방울을 고수레를 하듯 불에 뿌리고 부정한 것은 일체 불에 넣지 않았다고 한다. 지금의 일본 홋카이도와 러시아 사할린, 쿠릴 열도 등지에 분포하고 있는 소수민족 아이누(Ainu)족은 태양의 여신 다음으로 불의 여신을 숭배하여 어려움에 처할 때마다 화신(火神)에게 기도하고 소원을 빌었다.

가정생활에 반드시 필요한 화로나 부엌 아궁이가 그 집안의 신 또는 상징으로서 숭배된 경우도 고대 로마, 인도, 한국, 일본 등지에서 찾아볼 수 있다. 고대 로마에서는 노(爐), 영(靈), 영웅(英雄), 씨족신(氏族神), 수호신(守護神) 등의 말이 거의 동의어처럼 혼동되며 사용되었다. 즉 노(爐)라 하면 곧 씨족신을 가리키는 것으로 생각하였다. 남인도의 쿠르그(Coorg)족들은 화덕의 불을 대가족의 통합과 힘을 상징하는 것이라

하여 가족은 누구나 화덕의 불에 대하여 특별한 예를 올렸다.

불은 또 생명력과 정화력(淨化力)의 상징으로 숭배되기도 했다. 불과 생명력의 원천인 성(性)이 연결되는 경우는 일본 신화에서 많이 찾아볼 수 있다. 고대 인도의 경전인 베다(Veda)와 브라만(Brahman)에서도 불은 남성 생식력의 원천이라고 보았으며, 따라서 그들에게 있어서 불은 생명력과 부귀영화의 상징이기도 했다. 불은 또 악귀를 쫓아내는 우수한 수단으로 활용되기도 했다. 나아가 불은 일체의 죄와 부정을 태워 없앤다는 정화성(淨化性)의 상징으로도 세계 각지에 퍼져 있다. 그래서 지금까지도 세계 여러 곳에서 불은 생명력과 퇴마력(退魔力)의 화신으로 여겨진다. 불에 대한 숭배는 태양에 대한 숭배와 밀접하게 연관되어 있어서 태양이 숭배되고 있는 지역에서는 거의 예외 없이 불도 숭배되었다.

인류가 불을 이용하여 화식(火食)을 시작한 것은 약 2만 년 전으로 알려져 있으며 10만 년 전이라는 설도 있다. 이렇게 지역에 따라 조금씩 차이를 보인다. 자연발화로 산불이 나서 넓은 지역이 다 타버리면 그 근처에 사는 민족은 사냥을 할 수 없어 다른 지방으로 이동해 가야 했다. 그렇게 이동하는 도중 우연히 발견하게 된 불에 탄 동물이나 들새들을 먹게 되었고 그 맛이 월등히 좋음을 깨닫게 되었다. 화산 근처나 온천 열을 이용할 수 있는 원주민은 일찍부터 가열한 식품을 이용하였다. 또 태양열이 강한 남쪽 지방에서는 그 강한 열을 이용하여 음식을 익혀 먹을 수도 있었다. 식물성 먹이 중에는 감자나 고구마처럼 불에 익은 것이 더 맛있다는 사실도 알게 되었다. 원시인류는 그렇게 우연한 기회에 불에 익힌 화식(火食)이 더 맛있다는 사실을 알게 되었다. 그런 세월을 거쳐 3,000~4,000년 전에 이르러 인류의 요리기술은 두드러지게 진보했다. 당시 중국은 은(殷)나라 시대로 그 무렵의 중국요리는 상당히 발전했던 것으로 보인다. 요리사로 출발하여 재상까지 올랐던 이윤(伊尹)의 저서『본미론(本味論)』은 지금까지도 요리이론의 기준서로 활용될 만큼 유명하다.

중국은 유구한 역사와 광대한 대륙에 걸친 다양한 기후풍토와 생산물을 가진 덕분에 예부터 특징 있는 요리가 많이 발달되었다. 중국요리를 지역적으로 크게 분류하면 북경요리(北京料理), 남경요리(南京料理), 광동요리(廣東料理), 사천요리(四川料理)가 있다. 중국요리는 일본요리나 서양요리와는 달리 화려한 색채의 배합보다는 미각의 만족에 초점을 두고 있으므로 백미향(百味香)이라고 불린다. 그래서 농후한 요리든 담백한 요리든 요리마다 미묘한 맛을 지니고 있었다. 재료를 다양하게 고루 사용하므로 맛뿐만 아니라 영양상으로도 이상적인 요리이다. 또 높은 온도에 단시간에 요리하는 것이 많은데 그런 방법은 재료의 특성을 살리면서 동시에 영양소의 손실을 적게 한다. 요리를 담을 때도 큰 그릇에 수북이 담아 풍성한 여유를 즐기게 하고, 큰 그릇의 요리를 나누어 먹음으로써 친숙한 분위기를 느끼게 한다. 중국요리는 그렇게 풍부하고 다양한 맛을 지니고 있으므로 오늘날 세계 각국에서 남녀노소를 불문하고 자주 찾는 요리가 되고 있다.

02 생산도구의 발달과 생산력 향상

▮ 생산력

생산력이란 경제적 재화를 만들어 낼 수 있는 능력을 의미한다. 이 생산력은 노동력과 노동수단의 양에 의해 좌우되는데 앞서 말한 바와 같이 자기 노동력은 극히 제한되어 있으므로 생산력은 노동력보다 노동수단에 의해 더 크게 좌우된다. 앞서 예를 든 맨손 어획, 낚시 어획, 그물 어획의 생산성을 비교해 보아도 이러한 사실은 명백해진다. 이렇게 볼 때 노동수단은 인간의 자기 노동력으로는 도저히 할 수 없는 불가능한 일을 가능하게 하는 괴력을 지니고 있다. 더욱이 노동수단이 고도화되면 될수록 그 괴력은 더욱 확대된다.

일반인이 자기 신체력으로 나를 수 있는 무게는 기껏해야 50kg 전후이다. 아무리 힘센 장사라 해도 100kg을 나르기는 쉽지 않을 것이다. 그러나 수레를 이용하면 열배인 500kg도 거뜬히 나를 수 있고 자동차를 이용하면 백배인 5,000kg도 쉽게 나를 수 있으며 철도를 이용하면 십만 배인 5,000,000kg도 쉽게 나를 수 있다. 노동수단의 고도화는 이렇게 불가능을 가능으로 바꾸어주는 신비한 힘을 지니고 있다. 구석기인들이 타제석기를 사용하기 시작한 이면에는 이런 경제학적 논리가 숨어 있다. 구석기인들은 타제석기를 사용하면서부터 자기 노동력과 노동수단이라는 인공노동력을 동시에 사용하는 지구상의 유일한 동물이 되었던 것이다.

한 사람의 힘보다 두 사람의 힘이 더 강하듯 생산성에서든 생산력에서든 자기 노동력이라는 한 가지 힘을 가진 자보다 노동력과 노동수단이라는 두 가지 힘을 가진 자가 더 큰 결과를 얻을 것임은 말할 필요도 없다. 오랫동안 동물적 생활을 이어왔던 인류는 마침내 두 가지 힘의 역학관계, 특히 노동수단의 힘이 가져다주는 놀라운 효과에 눈 뜨기 시작했던 것이다. 구석기인들에게 있어서 타제석기라는 노동수단은 현실적 기적을 만드는 마술 도구와도 같았다. 자기 노동력만 사용했을 때는 어떤 주술을 믿고 어떤 기도를 하든 도망치는 짐승을 제자리에 서서 잡을 수는 없었다. 그러나 석기라는 도구가 생기면서 그런 불가능은 가능으로 바뀌었다. 제자리에 서서 돌창 같은 뾰족한 돌을 힘차게 던지기만 하면 도망가던 짐승이 꼬꾸라졌기 때문이다. 신에게 천만번 기도해도 이루어질 수 없었던 불가능한 꿈이 작은 돌창 하나로 간단히 해결되었던 것이다. 그 결과 구석기인들은 생산에 관한한 신의 힘보다 노동수단의 힘이 더 크고 강하다는 사실을 뼈저리게 느낄 수 있었던 것이다.

▎생산관계

물질적 욕구와 정신적 욕구라는 두 욕구 중 물질적 욕구는 생산력에서 비롯되고 정신적 욕구는 생산관계에서 비롯된다. 이러한 상호관계를 가장 잘 파헤친 사람이 바로 마르크스이다. 생산력에 대해서는 이미 설명했으므로 생략하고 생산관계에 대해 설명하면 생산관계(生産關係, relations of production)란 인간이 살기위해 생존 재화를 생산하는 과정에서 객관적으로 맺게 되는 사회적 관계를 말한다.

의식주를 생산하기 위해서는 최소한 두 가지 관계를 맺어야 한다. 첫째는 인간과 자연과의 관계이고, 둘째는 인간과 인간과의 관계이다. 인간의 생존 재화는 자연 속에서 얻어지므로 인간은 어떤 형태로든 자연과 관계를 맺지 않고 살아갈 방법이 없다. 호랑이를 잡으려면 먼저 호랑이 굴로 들어가야 하듯 고대 원시인들이 과일을 따기 위해서는 먼저 자연 속의 과일나무에 올라가야 했을 것이다. 그런 나무 오르기는 곧 인간과 자연이 관계를 맺는 행위이다. 하지만 가장인 아버지가 딴 과일은 반드시 집으로 가져와야만 했을 것이다. 그래야만 온 가족들이 배불리 먹을 수 있었을 것이기 때문이다. 이렇게 집으로 가져와 가족들과 과일을 나누어 먹는 일은 아버지라는 과일 생산자와 가족이라는 과일 소비자가 맺게 되는 인간과 인간과의 관계이다. 인간사회는 그런 가족사회로부터 출발하여 씨족사회, 부족사회, 민족사회, 국가사회로 확대되어 왔다. 아무리 동물적 생활에 가까웠던 고대 원시인들이라 하더라도 그들이 사는 동안 그들은 이 두 가지 관계를 맺지 않고 살아갈 방법은 없었을 것이다.

인간이 살면서 맺게 되는 이 두 가지 관계 중 생산과정에서 발생하는 인간과 인간과의 관계가 바로 생산관계이다. 인간은 사회적 동물이므로 어떤 형태로든 자기 아닌 타인과 관계를 맺으면서 살아갈 수밖에 없다. 모든 사회구성원은 사회 속에서 일자리를 구하며 살아간다. 공무원이 될 수도 있고, 선생님이 될 수도 있고, 회사원이 될 수도 있다. 그러나 그런 직장생활은 필연적으로 고용자와 피고용자, 상사와 부하, 경력자와 신입자, 숙련자와 비숙련자라는 계급을 탄생시키게 된다. 특히 생산의 경우는 생산수단을 누가 가지고 있느냐에 따라

주인과 종업원이 구분된다. 생산수단을 가진 자는 주인이 되고, 가지지 못한 자는 종업원이 된다. 생산관계가 탄생시키는 이러한 인간관계는 생산현장의 관계로 끝나지 않는다. 생산현장을 떠나서도 상하관계는 그대로 유지되고 고용과 피고용의 관계도 그대로 유지된다. 즉 한 번 상사는 영원한 마음의 상사가 되고, 한 번 주인은 영원한 마음의 주인이 된다. 그러나 여기까지는 자연발생적인 인간관계이므로 크게 문제되지 않는다.

생산관계가 만들어내는 가장 중요한 사회적 문제는 분배문제이다. 생산관계는 분배문제를 발생시키는 출발점이 된다. 기업주가 종업원을 고용하는 경우를 생각해 보자. 형식상으로 보면 고용주(雇用主)는 일정액의 대가를 지불하고 피고용자(被雇傭者)에게 노동이라는 일종의 경제적 가치를 구매한다. 바꾸어 말하면 피고용자는 고용주에게 노동이라는 상품을 파는 대신 보수라는 대가를 받고, 고용주는 피고용자로부터 노동이라는 상품을 구매하는 대신 보수라는 대가를 지불한다. 이는 노동이라는 상품을 사고파는 행위이므로 단순한 계약관계로 볼 수 있다. 하지만 좀 더 깊이 생각해 보면 피고용자가 판매하는 것은 노동만이 아니다. 하루 8시간 노동하는 조건으로 취업을 하는 경우 그 노동자는 8시간 노동력을 제공하는 동안 자기 몸도 고용주에게 맡겨 놓아야 한다. 노동력은 노동자와 분리될 수 없는 것이므로 노동자와 분리된 노동력만을 제공할 수는 없기 때문이다.

물론 일반계약인 경우도 계약 물건과 가치는 분리되지 않는다. 금 한 돈을 구매한다는 말은 금이 지닌 가치를 구매한다는 말이므로 당연히 금 한 돈은 대가를 지불한 구매자가 소유하게 된다. 하지만 금은 자기 행위의 주체가 아니다. 금은 물건이므로 한 번 구매하면 계속해서 가질 수 있는 소유물이다. 그러나 노동자는 물건도 소유물도 아니다. 계약된 노동시간이 끝나면 노동자는 다시 완전한 자유인으로 되돌아간다. 즉 계약된 노동시간 동안은 고용주의 소유물이 되었다가 계약된 노동시간이 끝나면 다시 고용주와는 상관없는 개인으로 돌아간다. 노동자는 이렇게 하루 중 일정 시간은 고용주의 소유물이 되었다가 일정 시간이 지나면 소유물에서 해방되는 특수한 상품이다. 노동력이라는 상품은 이런 식으로 소유물이 되었다가 소유물에서 해방되는 유일한 상품이다. 노동력을 제외한 다른 상품은 이런 경우가 없다. 집을 구매하면 집은 24시간 나의 소유물이고, 옷을 구매해도 그 옷은 24시간 나의 소유물이기 때문이다.

고용계약은 노동자를 소유하기 위한 계약이 아니라 노동력을 소유하기 위한 계약이다. 노동을 구매하는 계약에는 두 가지 계약이 있다. 하나는 노동자를 구매하는 계약이고, 다른 하나는 노동력을 구매하는 계약이다. 노동자를 구매하는 계약은 일반매매계약과 같이 소유를 전제로 하는 계약이다. 노예계약이 이에 속한다. 노예는 소나 말 같은 가축처럼 돈을 주고 소유권을 구매하는 것이므로 24시간 주인의 소유물이 된다. 반면 노동력을 구매하는 계약은 사용권을 구매하는 계약이므로 사용하는 동안은 소유할 수 있지만 사용권이 사라지면 소유할 수 없는 것이다. 여기서 소유권 매매인 경우는 착취가 발생하지 않는다. 내가 나를 착취할 수 없듯이 내가 내 소유물을 착취할 수는 없다. 자기 몸을 함부로 쓰면 자기 몸이 쉽게 망가져 병이 들거나 죽듯이 자기 착취는 자기 손해를 불러옴으로 적어도 경제적 의미의 자기 착취는 성립되지 않는다. 소나 말 같은 가축의 경우도 마찬가지이다. 무리하게 일을 시키면 주저앉거나 넘어질 것이므로 결국 자기 손해를 가져올 뿐이다.

노동구매계약의 구분		
계약구분	신분적 구분	차이점
노동자 구매계약	노예	소유권 성립
노동력 구매계약	노동자	사용권 성립

| 도구의 발달과 식생활의 변화

구석기 시대부터 외부적 생산수단인 도구를 만들기 위한 석재의 가공기술과 석기의 사용법을 터득하기까지는 오랜 시간이 걸렸을 것이다. 어쨌든 그런 도구의 제작과 사용은 인류의 생산력을 획기적으로 바꾸어 놓았다. 제일 먼저 도구의 발달은 인류가 획득할 수 있는 식량의 양을 비약적으로 증가시켰다. 도구는 또 환경에 대한 적응력을 높임으로써 환경을 지배하기에 이르렀다. 나무, 뼈, 피혁, 등을 소재로 한 가공이 확대되면서 의식주 면에서도 커다란 변화가 있었다. 동시에 도구의 제작과 사용을 통해 여러 자연물의 특성과 기능을 학습하고 그것을 이용하여 지식을 넓혀갔다. 막대기나 돌을 힘껏 던짐으로써 투창과 부메랑 등이 개발되었고, 마침내 최초의 날아다니는 도구인 활을 발명하기에 이르렀다. 이 시기는 중기와 후기 구석기 시대에 해당한다.

인류가 정착생활을 하면서 본격적으로 도구를 제작하고 이용한 시기는 대략 신석기 시대가 시작되었던 기원전 7000년경으로 짐작된다. 그들은 움막집을 짓고 강가 혹은 바닷가에 거주하였던 것으로 추정된다. 왜냐하면 그들이 살았던 유적지에서 물고기 뼈와 조개껍질 등이 많이 출토되고 있기 때문이다. 그들은 동물을 사냥하고 식물을 채집하기도 했지만 조, 피, 수수 같은 작물을 심으면서 본격적인 농경을 시작하기도 했다.

생산적 측면에서 볼 때 그런 작물을 심기 위한 최초의 도구는 돌과 함께 시작되었다. 농경에 사용했던 도구는 돌괭이, 돌낫, 돌갈판 등이었다. 돌괭이로 땅을 일구고 조와 피 등을 재배하고 돌낫과 뼈낫 등으로 추수하여 돌갈판에 곡식을 갈아 알곡을 만든 후 음식을 조리해 먹었다. 시간이 지나면서 원시수공업도 발달하였다. 가락바퀴로 실을 뽑고 뼈바늘로 옷을 꿰매 입었다. 동물을 사냥할 때는 돌도끼, 돌창, 돌화살촉 등을 사용하였고 음식을 요리할 때는 민무늬 토기, 덧무늬 토기, 빗살무늬토기 등을 사용하였다. 선사시대의 생산도구는 대부분 그렇게 돌과 흙으로 만든 것들이었다.

도구의 발달로 생산력이 증가하면서 제일 먼저 변한 것은 당연히 경제생활이었다. 경제생활 중에서도 가장 먼저 변한 것은 역시 음식이었다. 음식은 먹거나 마실 수 있는 모든 것을 가리키는 말이다. 동물이나 인간이 음식을 먹거나 마시는 목적은 영양소와 만족감을 얻는 것이다. 음식에는 주로 탄수화물, 단백질, 지방, 무기질 등의 영양소와 물이 포함되어 있으며 식물과 동물, 또는 버섯 같은 균류나 알코올 같은 발효물로 만들어진다.

도구가 생기기 전까지 원시인들은 짐승들을 사냥하기가 무척 힘들었으므로 육식보다는 초식이 절대적 비중을 차지했다. 그러나 돌칼, 돌창, 돌도끼 같은 석기가 생기면서 사냥은 한결 쉬워졌고 따라서 육식의 비중은 늘어났다. 원시인들은 음식을 만들어 먹지 않고 사냥을 해서 고기를 잡으면 통째로 굽거나 생선도 꼬치로 꿰어 통째로 구워 먹었다. 주로 열매를 따 먹는 채집생활이었지만 시간이 지나면서 농작물을 재배하거나 동물들을 기르기 시작했다. 그때부터 강 근처에 집을 짓고 사는 정착생활은 시작되었다.

　더욱이 육식의 증가는 먹거리의 변화로 끝나는 것이 아니었다. 육식이 증가하면서 단백질의 섭취가 늘어나자 인류의 신체발육 속도도 그에 비례하여 크게 늘어났다. 도구와 사냥이 밀접한 관계를 가지듯 신체발육과 사냥도 밀접한 관계를 가진다. 몸집이 커지고 완력이 강해지면 사냥의 성공확률도 높아지기 때문이다. 석기가 생산력을 증가시키면 증가된 생산력은 신체발육을 증가시키고 다시 신체발육은 생산력을 증가시키는 상호상승작용을 했던 것이다. 석기라는 도구의 사용은 그런 거대한 상호상승작용 바퀴의 출발점이었다.

　구석기 시대에 이어 등장한 신석기 시대 때는 해안지방에서 많은 조개무지가 발견되고 있음을 감안할 때 이 시대의 초기 식생활은 주로 수렵과 어업으로 이루어졌던 것으로 추정된다. 신석기 시대 후기에 이르면 곡물생산이 본격화되면서 음식문화가 발전하기 시작한다. 선사시대의 유적지에서 여러 종류의 조개무지가 발견되고 도미, 삼치, 상어 등의 물고기 뼈와 고래, 바다표범, 물개 같은 바다 고기의 뼈가 발견되고 있는 점으로 미루어 볼 때, 또 사슴, 멧돼지, 노루, 고라니, 들개, 산토끼 등의 뼈가 발견되고 있는 점으로 볼 때 물고기는 물론이고 여러 야생동물도 식품으로 이용되었음을 알 수 있다. 또 돌가래, 돌낫 등과 함께 탄화된 피나 기장으로 보이는 곡립(穀粒)이 발견되고 있고, 원시농경에 쓰였을 것으로 보이는 순록(馴鹿)의 뿔로 된 괭이와 동물의 치아로 된 낫 등이 발견되고 있음을 볼 때 그 당시 이미 상당한 수준의 농경생활을 하고 있었을 것으로 짐작된다. 그밖에도 도토리, 밤, 마(薯), 칡뿌리 같은 야생식물의 열매와 뿌리도 발견되고 있어 그런 것들도 식품으로 이용되었을 것으로 여겨진다.

| 도구의 발달과 의생활의 변화

　도구의 등장과 함께 식생활 다음으로 변한 것은 의생활이었을 것이다. 사전적 의미로 볼 때 옷이란 몸을 가리거나 외모를 꾸미기 위해 입는 물건의 총칭이다. 지금까지 발견된 것 중 가장 오래된 옷은 러시아에서 발견된 것으로서 약 2만5천 년 전의 것으로 추정된다. 또 모스크바 북쪽의 여러 고대 무덤에서는 가죽옷에 달려 있었던 것으로 추정되는 수천 개의 포유동물 상아와 구슬로 덮여 있는 인골이 발견되었다. 같은 시기의 것으로 보이는 프랑스의 동굴에서도 뼈로 만든 바늘이 발견된 점으로 미루어 볼 때 당시부터 가죽옷을 입었을 것으로 추정된다. 왜냐하면 바늘 없이는 가죽옷을 만들 수 없었을 것이기 때문이다. 그런 옷은 성별, 문화, 지리적 위치, 시대에 따라 달라져 왔다. 그러면 인류는 언제, 어떻게, 왜 옷을 입게 되었을까? 그런 옷의 기원에 대해서는 여러 가지 학설이 있는데 그 주요한 내용을 살펴보면 다음과 같다.

　첫째 기후적응설이다. 다른 짐승들처럼 몸에 털이 없는 인류는 체온을 보존하기 위해 의복을 걸치기 시작했다는 설로서 5~10만 년 전 제4빙하기의 네안데르탈인 때부터 모피를 이용했다고 한다. 이 환경 적응설은 장식설과 더불어 가장 합리적인 학설로 평가받고 있다. 왜냐하면 환경 적응설은 보온설, 신체보호설, 실용설 등을 모두 포함하고 있기 때문이다. 옷을 입으면 입은 부위의 온도는 상승하는데 그렇게 옷에 의해 생기는 국소적 기후(局所的氣候)를 의복 기후라고 한다. 의복 기후는 바깥쪽의 층에 가까울수록 온도가 점차 낮아지고 습도는 올라간다. 예를 들면 추운 겨울이라도 외투나 두꺼운 동복을 입으면 그 밑의 공기층은 봄의 온도가 되며 내의 밑은 초여름의 기온이 되고 속옷과 피부 사이는 한 여름의 기온이 된다.

둘째, 신체보호설이다. 나체의 경우 수렵생활을 하면서 부딪치게 되는 모든 물체로부터 상처를 받기 쉬우므로 자신을 보호하기 위하여 신체의 일부를 덮는 데서부터 의복이 시작되었다는 것이다. 존스 홉킨스 대학의 나이트 던랩(Knight Dunlap) 교수는 옷의 기원을 열대지방에 많이 서식하고 있는 곤충으로부터 몸을 보호하기 시작한 데서 찾는다. 짐승들은 두꺼운 체모가 있기 때문에 신체적 상해를 어느 정도 예방할 수 있지만 인간은 체모가 없기 때문에 곤충이나 나무가시, 뾰족한 돌, 동물 등으로부터 피부를 보호하기 위해 무언가를 걸치지 않을 수 없었다는 것이다. 야만인들의 몸을 감싸는 의복은 그의 주장을 뒷받침해준다. 온갖 곤충이 많은 뜨거운 열대지방이 원시인류의 탄생지였다는 주장도 이를 뒷받침한다. 또 독일의 한 연구팀이 사람의 몸에 붙어사는 이(蝨, sucking lice)의 미토콘드리아 DNA를 관찰한 결과 7만 년 전부터 인류가 옷을 입었을 것이라고 주장하는 연구 결과를 발표해 눈길을 끌었다. 그들의 주장에 의하면 당시에 입었을 것으로 추정되는 옷에서 전염병 발진티푸스를 옮기는 백해무익한 이(蝨)가 발견되었다는 것이다.

셋째, 신체장식설이다. 장식설은 자기 몸을 장식하기 위해 본능적으로 꾸미게 된 것이 인류가 맨 처음 옷을 입게 된 동기라고 보는 학설이다. 이 학설은 옷을 입지 않는 종족은 있으나 신체를 장식하지 않은 종족은 거의 없다는 주장과도 일치하는 학설이다. 신체를 장식하는 목적은 여러 가지가 있다. 이성에게 성적 매력을 보여주기 위한 장식, 자신의 힘과 용기를 과시하기 위한 장식, 적에게 공포감을 주거나 경고하기 위한 수단으로서의 장식, 숭배하는 자연물에 경의를 표하고 악령을 쫓거나 행운을 부르기 위한 수단으로서의 장식, 자신의 출신지, 신분, 직업, 종교 등을 나타내는 표현물로서의 장식 등이 이에 속한다. 실제로 고대유물 중에는 장식품들이 상당히 많다. 이는 모든 계층을 막론하고 장식품이 다양하게 사용되었음을 의미한다.

이 장식설은 환경적응설과 함께 가장 합리적인 이론으로 평가되고 있다. 인간은 누구나 일차적 본능인 식욕과 성욕을 충족하게 되면 장식욕이 발동한다고 한다. 자기 몸을 돋보이게 하고 싶은 것은 인간의 본능이며 그것은 원시인과 어린이일수록 더욱 강하다는 것이다. 장식설은 이 같은 인간의 내재된 장식본능이 옷의 기원이라고 주장한다. 실제로 미개인들의 경우는 지금도 몸에 칠을 하거나 문신 혹은 조형을 하는 것으로 볼 때 장식을 의복의 기원으로 생각할 수 있다.

옷의 역사와 의의를 깊이 고찰했던 영국의 역사학자 토머스 칼라일(Thomas Carlyle, 1795~1881년)도 장식기원설을 주장하고 있다. 그에 의하면 야만인들도 일단 굶주림과 보복에서 벗어나면 관심을 가지는 것은 위락이 아니라 장식이라고 한다. 그는 옷을 입게 된 최초의 목적은 보온이나 예절을 지키기 위해서가 아니라 장식을 위해서였다고 주장한다. 오늘날도 일부 미개사회에는 이 같은 장식 본능이 여전히 남아 있는데 예를 들면 나체에 요란한 색칠을 하고 귀걸이, 코걸이, 팔찌, 발찌 같은 액세서리를 걸치는 행위는 그런 본능적 욕구를 충족시키기 위한 수단이라고 한다. 그런 본능적 장식은 옷이 생기기 이전에 생긴 것이다.

또 석기시대에 이르러 사람들의 수가 늘어나자 자기 씨족 혹은 종족을 구별하는 수단으로서 옷을 입게 되었다고 주장하는 사람도 있다. 즉 다른 종족으로부터 자신들을 쉽게 구분할 수 있도록 하는 장식적 징표로서 옷을 입게 되었다는 것이다. 장식설에 의하면 그렇게 시작된 옷이 개인의 강인함이나 용기를 나타내는 상징물로서의 역할을 하면서 자기 종족의 위상을 과시하는 일종의 수단으로 점점 호화롭게 변해갔다는 것이다.

넷째, 환경적응설이다. 환경적응설은 인간의 신체가 환경에 적응해 온 과정을 중시하는 학설로써 인간은 어떤 경우에도 기후나 풍토적 환경을 떠나서 살 수 없다는 점을 강조한다. 그래서 이 학설은 자연환경으로부터 자기 몸을 보호하기 위해 옷을 입게 되었다는 보온설, 보호설, 실용설과도 맥을 같이 한다. 물론 자연계에 노출된 신체는 자연에 적응하기 마련이다. 따라서 신체를 보호할 필요가 없었다는 라스웰의 주장도 수긍할 수 있다. 하지만 인간의 신체는 자연에 적응하고 단련되는데 한계가 있다. 따라서 필요한 곳에는 필요한 조치를 취해 주어야 한다. 이런 사실은 다음과 같은 예에서도 잘 나타나고 있다. 데라데류후고의 토인은 찬바람이 불어오는 방향의 어깨에만 물고기 가죽으로 만든 작은 조각을 착용하고 파다고니아(patagonia)인은 풍향에 따라 위치를 바꾸어 동물가죽으로 만든 작은 조각을 걸친다고 한다. 또 남녀 모두 전라로 생활하는 오스트레일리아의 한 종족은 날씨가 추워지면 캥거루 가죽을 어깨에 걸친다고 한다.

환경적응설은 음부(陰部)를 가리는 관습을 가진 곳에서도 찾아볼 수 있다. 브라질의 토인 여성들은 부드러운 나무껍질로 음부를 가리고 쓰루마니족의 여성들은 붉은 끈으로 엮어 음부를 가린다. 이를 처음 발견한 사람들은 그런 옷들이 남성을 유혹하기 위한 장신구일 것이라고 생각했다. 그러나 현지를 답사한 결과 그 지역의 수풀에는 음부를 찾아 헤매는 곤충이 있다는 사실을 알게 되었다. 음부는 표면이 지방질이고 항상 체온이 높아 곤충이 찾아들기에 안성맞춤인 장소이다. 지금도 미개종족 중에는 음모를 뽑아내는 관습이 있는데 이는 곤충이 신체 내부로 들어오는 것을 막기 위한 조치이다. 비록 목피(木皮)나 붉은 끈이 음부를 충분히 가릴 만한 크기는 아니었지만 그 벌레가 목피의 냄새와 붉은 색을 싫어하기 때문에 음부를 보호할 수 있었다는 것이다.

여자뿐만 아니라 남자의 경우도 음부는 밀림을 헤쳐 다니는 원시인들의 거친 활동에 장애가 되었다. 그래서 남성들도 음부를 특별히 관리하게 되었다. 이런 사실은 현존하는 오지의 나체족 대부분이 포경이라는 점에서도 잘 나타난다. 동물들은 짝짓기 할 때를 제외하고는 남근을 음낭 속에 넣어두고 있다. 그러나 인간은 그렇게 되어 있지 않으므로 보호할 필요가 있다. 또 아라비아인들은 무더운 기후 속에 살면서도 긴 옷을 입고 다니고 아프리카의 사하라 토인은 뜨거운 햇볕 아래서 일을 할 때에도 옷을 껴입는다. 하지만 저녁이 되어 서늘한 기운이 감돌면 오히려 옷을 벗고 나체로 생활한다. 그 이유는 옷이 강력한 태양열을 차단하는 효과를 가지기 때문이다. 이처럼 자연적 환경에 맞서 신체를 보호하기 위해 옷이 생겼다는 주장은 상당한 설득력을 가진다. 하지만 환경적응설은 다른 동물과 마찬가지로 인간이 환경에 적응해 온 과정만을 지나치게 강조하고 있다는 비판을 받기도 한다.

다섯째, 수치관념설이다. 이 설은 원시인들의 성적 수치심이나 신체적 열등감을 보완하는 수단으로 옷을 입게 되었다는 설이다. 미국의 소설가 데이드 웰레스(David Foster Wallace, 1962~2008년)는 그의 작품에서 민족마다 수치스럽게 생각하는 신체 부위가 다르다는 사실을 지적하고 있다. 그에 의하면 스웨덴, 프랑스, 미국의 벌거벗은 여성이 길을 가다 사람을 만나면 손으로 가장 먼저 가릴 곳은 치부일 것이며 아랍 여성이라면 얼굴을, 중국 여성이라면 발을, 사모아 여성이라면 배꼽을 가장 먼저 가릴 것이라고 한다. 그런 수치심은 자연 발생적인 것이므로 수치심을 느낄 수 있는 신체 부위를 가리고자 했음은 당연하다는 것이다. 따라서 아담과 이브가 뱀의 유혹에 의해 지혜의 나무 열매를 따먹은 뒤 알몸을 부끄럽게 생각하게 되어 나뭇잎으로 치부를 가리게 되었다는 성서의 기록은 믿기 어렵다는 것이다.

몇 가지 실례는 이를 증명한다. 인도 안다만 해(Andaman Sea)의 한 종족과 바론다나로안고 토인의 경우 남자는 장착물(裝着物)을 달고 다니지만 여자는 아무 것도 걸치지 않고 있다. 아프리카 수단흑인의 경우 여자는 약간의 의복 대용물을 몸에 걸치고 있으나 남자는 나체로 생활한다. 또 멕시코의 북서쪽에서 남동쪽으로 뻗은 좁고 긴 캘리포니아 반도의 바이우저 종족은 남녀가 모두 전라의 모습으로 생활했다. 이들 종족 중 일부는 현대문명을 받아들이면서 변화의 과정을 밟고 있지만 과거에 그렇게 생활했다는 사실만은 부인할 수 없다. 심지어 브라질 무구라족의 경우 여자들은 남자들이 사이아(Saia)라는 하의를 걸치면 오히려 수치심을 느낀다고 한다. 그래서 나체로 외출하는 것이 관습화되어 있다는 것이다.

이 같은 사실들로 미루어 볼 때 수치심은 타고나는 것이 아니라 오히려 관습적 생활에서 유발된다고 볼 수 있다. 이런 관점에서 수치심은 가린 부분을 노출시킬 때 비로소 생긴다고 주장하는 사람도 있다. 이는 문명이 어느 정도 발달했을 때 비로소 수치심이 발생하게 되었다는 것이다. 그래서 수치심은 인간만이 가지는 감정이기는 하지만 태어날 때부터 가지는 것은 아니라고 주장하는 사람들도 있다.

원시인들은 현대문명인과는 달리 치부의 은폐가 그리 중요시되지 않았다. 이미 옷을 입고 사는 것이 당연 시 되어버린 현대사회에서 이 수치설은 단순히 벌거벗고 다니는 자체가 수치스럽다는 개념이므로 옷의 기원을 설명해주는 데는 부족하다. 갓난아기는 벗고 있어도 수치심을 느끼지 못하고 어린이들의 경우에도 덥거나 답답할 때 쉽게 옷을 벗어 버린다. 그렇게 수치심을 느끼지 못하는 어린이들도 어른이 꾸짖고 주변에서 비웃기 때문에 옷을 입어야 한다는 것을 깨닫게 된다는 것이다. 물론 이성적 성징이 나타나면서 음부를 가리기 시작한다는 주장도 설득력이 있지만 반복적 관습이 수치심을 가르치게 된다는 사실도 무시할 수 없다.

여섯째, 이성흡인설이다. 이성흡인설은 이성을 끌려는 목적에서 의복이 발생했다는 설로서 성욕설 혹은 종족보호설이라고도 한다. 이 설에 의하면 신체일부를 감추는 것이 오히려 더 매력적이라는 것이다. 특히 여성들의 경우 자신을 돋보이게 하고 싶어 하는 선천적 욕구를 가지고 있으므로 무언가로 장식하여 예쁘게 보임으로서 이성을 유혹하고 싶은 마음이 자연스럽게 생겨난다는 것이다. 이성을 유혹하기 위한 그런 장식은 처음에는 나무껍질이나 잎으로 몸의 일부를 장식하는 정도였을 것이다. 지금도 문명의 손길이 닿지 않는 오지에 가면 원시적 형태의 나뭇잎이나 나무껍질로 만든 옷을 입고 다니는 부족들이 있다. 사냥한 동물의 가죽이나 큰 나뭇잎으로 옷을 만들었던 구석기 시대는 남녀 구분 없이 모두 부끄러운 곳만 가리는 정도였다.

대부분의 동물은 이성을 끄는데 관심이 국한되어 있다는 다윈의 주장은 이성 흡인설을 뒷받침한다. 이성의 관심을 끄는 데는 두 가지 방법이 있다. 하나는 치부를 은폐하여 호기심을 불러일으키는 것이고, 다른 하나는 치부를 장식하여 눈에 잘 띠게 하는 것이다. 미국 뉴욕의 정신과 의사 몬타구(Montague Ullman) 박사의 "세상에는 보여 주고 싶어서 감추고 있는 것도 있다"는 말이나, 몸을 가리지 않고 사는 미개지역 여성들이 춤을 출 때만 치부를 가린다는 사실은 이성흡인설을 시사한다. 이는 보일 듯 말듯 부분적으로 감추는 경우가 완전히 노출하는 경우보다 이성흡인력이 크다는 주장을 뒷받침하고 있다. 이렇게 볼 때 미개인들이 치부를 가리는 것은 수치심에서가 아니라 이성을 끌기 위한 수단으로 볼 수 있다. 하지만 옷이 성적 매력을 강하게 하는 수단도 되지만 반대로 성적 매력을 줄이는 수단도 된다. 작업복과 파티복을 비교해 보라. 옷에 따라 성적 관심이 유발될 수도 있고 사라질 수도 있음을 잘 알 수 있다. 이처럼 옷의 형태에 따라 남성과 여성의 성적 자극은 크게 달라진다. 옷은 그만큼 성과 관련이 있다.

옷으로 신체를 가리는 정도는 지역마다 다르다. 신체의 극히 일부만 가리고 생활하는 미개민족도 있고, 캐나다 북부 마카지방의 인디언들처럼 속살을 내보이는 것을 강한 수치로 생각하여 남녀를 불문하고 손목부터 발끝까지 옷으로 감추는 종족도 있다. 또 동양은 서양보다 신체노출에 관한 한 엄격한 기준을 세우고 있다. 고대 중국에서는 신체 부위를 남에게 보이는 것은 예의가 아니라고 생각하였으므로 자연스럽게 옷은 발밑과 손등을 덮을 정도로 길어졌다. 현대 여성의 경우 젖가슴의 일부나 허리를 내놓는 노출 패션을 즐기는 경우가 많은데 이는 원시시대로의 회기라는 비판적 시각도 있지만 자연과의 접촉이 부족한 현대 여성들이 자연과 가까워지고 싶어 하는 자연적 욕구가 반영되고 있다는 시각도 있다. 동물 중에는 암컷을 유혹하기 위해 아름다운 깃털을 갖는 수컷이 있듯 인간은 옷으로 이성을 유혹하는 경우가 많다고 한다. 옷은 여성을 더욱 여성스럽게, 남성을 더욱 남성스럽게 표현하는 우수한 수단이다. 여성들이 아름다움과 부드러움을 강조하는 옷을 입고 화장을 하는 것도 이성을 끌기 위한 자연발생적 표현이라는 것이다. 이처럼 장식을 하는 궁극적 목적은 이성을 끌어들이는 데 있다는 것이다.

일곱째, 신앙관념설이다. 원시인들은 태양이나 거목, 거암, 거산 같은 거대한 자연물들이 모두 신성을 가지고 있다고 믿었다. 그런 것들은 그들로서는 감히 범접할 수 없는 위대한 힘을 가지고 있었기 때문이다. 따라서 그런 대상은 자연스럽게 신적 대상이 되었고 계절적 변화가 있을 때마다 그런 신에게 제(祭)를 올리게 되었다. 그렇게 제를 올릴 때면 신에 대한 경외심을 나타나기 위해 제사장은 특별난 옷을 준비할 필요가 있었다. 옷은 그런 제의(祭衣)에서 비롯되었다는 것이다.

또 원시 신앙적 관점에서 재해나 질병 같은 악령을 피한다거나 순산(順産)을 기원하는 목적으로 부적을 몸에 지니고 다니는 것에서부터 장식이 시작되었다고 주장하는 학자도 있다. 원시 신앙이었던 토테미즘(Tothemism)도 신앙관념설과 상통한다. 이 설은 인체부착물이 액(厄)으로부터 벗어나게 한다는 미신적 측면에서 의복의 기원을 설명하고 있다. 착용자를 보호하는 마력이 있는 종교적인 토템이나 부적을 사용하는 것에서부터 옷이 시작되었다는 것이다.

그런데 여기서 말하는 토템과 부적은 그 의미가 조금 다르다. 토템이 지니는 힘이나 신비함은 소유주와 관계없이 토템과 함께 존재한다. 그러므로 토템은 사거나 팔거나 매매될 수 있으며 그런 경우에도 토템의 힘은 상실되지 않는다. 반대로 부적은 예정된 소유자에게만 마력을 가지므로 그것은 양도될 수 없다. 만약 다른 사람에게 주거나 다른 사람이 발견하게 되면 그 힘은 모두 상실된다. 즉 어떤 한 사람에게 행운을 주었던 돌이 다른 사람에게 넘어가면 그냥 조약돌이 될 뿐이다. 시험을 칠 때 항상 행운을 가져다주었던 의상이나 스웨터는 부적이 될 수 있으나 그 힘은 착용자에게만 주어진다.

많은 원시인들은 그런 토템이나 부적을 상당히 믿었다. 예를 들면 고대인들은 올빼미 발톱을 가지면 그 발톱만큼 강한 손을 가질 수 있다고 믿었다. 에스키모인들도 부적을 상당히 믿는 사람들이다. 그들은 손목이나 목에 부적을 달고 다니기도 하지만 대부분 속옷에 바느질하여 붙여 다닌다. 그만큼 부적의 상징성은 때와 장소를 불문하고 뚜렷하다. 또 제를 올릴 때 신성을 상징하는 흰색 옷을 입는다든지, 정령이 입안으로 들어올 수 있도록 아프리카인들이 앞니를 뽑는 것도 신앙과 관련이 있다. 고대에는 또 왕이나 신에 대한 믿음의 표시로 삭발을 하기도 했다. 그런 행위들은 모두 종교적인 마력을 믿는 데서부터 시작되었다. 워 페인트(War paint)라 불리는 전쟁 분장, 귀신을 쫓는 각종 가면(假面), 종교적인 목걸이는 모두 신앙과 관련이 있는 장식이다.

여덟째, 기념과시설이다. 이 설은 트로피즘(Trophyism)이라고도 하는데 몸을 장식하는 이유는 자기의 공적과 용기를 영구히 기념하고 과시하기 위한 수단이라는 견해이다. 이설은 단순히 장식만을 목적하는 것이 아니라 자신의 긍지를 지키기 위해 착용하다 보니 결국에는 의복으로까지 발전하게 되었다는 것이다. 즉 착용자의 힘이나 용기나 탁월한 기술을 과시하기 위해 장식을 한데서부터 옷이 시작되었다는 것이다. 사냥꾼은 자신의 용맹성을 보여주기 위해 사냥물의 가죽, 뿔, 이빨, 발톱으로 만든 목걸이를 착용하고 다니는데 그 이유는 그런 목걸이가 많은 사냥을 뜻하기 때문이다. 또 페루 인디언들은 귀걸이나 머리띠를 만들 때 큰 부리새(Toucan)의 털을 많이 사용하는데 이는 사냥꾼으로서의 훌륭한 자질을 가지고 있다는 의미를 내포하고 있으므로 좋은 신랑감이라는 간접적 표시가 된다고 한다.

이 트로피즘은 원시인들만 가졌던 과시욕의 상징이 아니다. 오늘날도 곰 가죽 깔개나 박제한 동물의 머리를 집안에 걸어 놓는 경우가 많은데 이는 모두 자기의 용감성을 나타내는 수단이다. 전쟁에서 공을 세운 사람에게 수여하는 훈장도 과시의 수단인 동시에 과시욕의 충족이다. 보이 스카웃이나 걸 스카웃의 부원들이 너무 많다고 생각될 정도로 유니폼에 여러 현란한 배지를 달고 다니는 것 역시 공로훈장과 마찬가지로 과시욕을 충족시킨다. 일본의 종교순례자들이 입는 오이즈류(Oizuru)라는 도포에서도 트로피즘을 찾아볼 수 있다. 그들은 여러 성지를 방문할 때마다 그 도포에 방문한 성지의 인장을 찍어 달라고 한다. 일생동안 가능한 한 많은 인장을 모으는 것이 순례자들의 영예요 자랑이다. 심지어 자동차에 여러 가지 스티커를 붙이고 다니거나 티셔츠에 온갖 종류의 문구나 그림을 그려 넣는 것도, 여행자들이 여행 가방에 각국의 세관에서 붙여 주는 딱지나 휴양지 같은 곳에서 주는 스티커를 여러 개 붙이고 다니는 것도 트로피즘에서 비롯되었다고 볼 수 있다.

옷의 기원이 무엇이건 옷의 착용은 인간이 동물들과 구분되는 또 하나의 획기적인 사건이었다. 지금까지도 옷을 입는 동물은 없다. 인간은 옷을 입기 시작하면서 자연환경에 보다 쉽게 적응하고 외부위험으로부터 자신을 보호할 수 있게 되었음은 확실하다. 또 옷을 입으면서부터 생활환경도 달라져 갔다. 옷은 맨손으로 만들기 어려운 것이므로 옷을 만들기 위해서는 도구가 필요했다. 옷의 재료가 되는 짐승의 털가죽을 얻기 위해서도 털가죽을 벗길 수 있는 도구가 필요했고, 섬유질의 나무껍질을 벗기기 위해서도 도구가 필요했다. 그런 필요는 돌칼, 돌낫 같은 도구가 더욱 개선되고 발달되도록 하는 자극제가 되었다. 여기서도 도구의 발달은 의생활의 발달을 촉진시켰고, 반대로 의생활의 발달은 도구의 발달을 촉진시켰다. 인간의 문명은 그렇게 모든 생활요소들이 상호작용하면서 발전해 왔다.

| 도구의 발달과 주거생활의 변화

식생활과 의생활 다음으로 인간생활에 중요한 요소는 주(住)생활이다. 고대인들은 동굴주거로부터 주거생활을 시작한 것으로 알려지고 있다. 동굴주거란 자연 그대로의 동굴을 이용하거나 혹은 약간의 손질을 가하여 살았던 장소로서 혈거(穴居)라고도 한다. 자연동굴주거의 역사는 구석기시대까지 거슬러 올라간다. 지금까지 발견된 동굴주거의 유적지 중 대표적인 것은 중국 화북의 저우커우뎬(周口店)이다. 그러나 동굴주거가 본격적으로 시작된 시기는 중기구석기시대로 짐작된다. 왜냐하면 간빙기의 추위를 피하는 데도 도움이 되었을 것이고 비바람과 맹수의 습격으로부터 스스로를 방어하는데도 편리하였기 때문이다.

신석기시대 이후에는 자연동굴보다 인공동굴이 많이 이용되었던 것으로 추측된다. 신석기시대는 이미 어느 정도 도구가 발달되고 공동생활이 증가했으므로 집단거주의 필요성이 제기되었을 것이기 때문이다. 하지만 시간이 흐르고 집단적 사회생활이 더욱 확산되면서 점점 더 큰 마을을 이루게 되자 동굴주거는 서서히 퇴락하여 낮은 신분이나 생활이 어려운 사람들이 이용하게 되었다.

　의식주 생활은 각각 독립적으로 이뤄지는 것이 아니라 상호 밀접한 관련성을 지닌다. 음식을 조리하고 먹는 일도, 옷을 만들고 입는 일도 주거생활을 떠나서 이루어질 수 없다. 쉬고 잠자고 아기를 낳고 기르고 가족끼리 대화하고 즐거운 시간을 보내는 일상생활 또한 주거를 떠나서 생각할 수 없다. 이처럼 식(食)생활과 의(衣)생활은 주(住)생활과 떨어질 수 없는 필연적 연관관계를 가진다. 일반적으로 주거생활은 개인 및 가족 단위의 생활을 전제로 하지만 그 속에는 사회적인 생활요소가 공존하고 있다. 전체적인 사회생활을 떠나서 개인 생활은 이루어질 수 없기 때문이다. 그러므로 개인의 주거생활은 개인이라는 단편적 개념이 아닌 사회라는 전체적 개념을 바탕으로 이루어지고 또 이루어져야 한다.

　사회적 개념을 가진 고대 주거 중 지금까지 온전히 보존되고 있는 대표적인 선사시대 혈거(穴居) 주거지는 1993년에 세계문화유산으로 지정된 마테라(Matera) 주거지이다. 이탈리아 남부의 바실리카타(Basilicata) 지방에 있는 마테라에는 중세 아랍의 지리학자들이 감탄했던 새시(Sassi)라 불리는 바위투성이의 고대 동굴주거가 남아있다. 몇 년 전까지만 해도 많은 이탈리아인들은 이곳이 가난한 이탈리아반도 남부의 낙후성을 상징하는 대표적인 장소라 비난하며 국가의 수치로까지 여겼다. 하지만 지금은 마테라의 응회암(凝灰巖) 암반을 뚫고 지은 혈거와 성당에 대한 인식이 바뀌어 그 문화적, 예술적 가치를 대단히 높게 평가하고 있다. 왜냐하면 마테라 동굴주거는 원시적 고대 생활양식의 한 단면을 보여주는 귀중한 유적이라는 평가가 내려져 정부가 이곳을 중요문화재로 지정했기 때문이다.

마테라는 깊이 파인 그라비나(Gravina) 협곡 서쪽 기슭의 응회암 암반에 있는 도시이다. 맨 처음 동굴집들이 들어선 곳은 마테라 서부의 신(新)시가지에서 협곡을 향해 동쪽으로 불쑥 튀어나온 조금 높은 평지였다. 그 당시의 동굴 집들은 자연적으로 형성된 동굴 입구를 돌덩이로 가려 놓은 단순한 혈거였다. 그 뒤 석공들이 그 연한 응회암을 뚫고 동굴의 둥근 천장을 만들었다. 이런 모양은 사소카베오소(Sasso Caveoso)와 사소바리사노(Sasso Barisano) 지역에서 지금도 볼 수 있다. 움푹 파인 좁은 땅에는 안뜰을 만들었으며 그 안뜰을 둘러싸고 집들이 들어서기도 했다. 돈대(墩臺)[1]와 포루(砲樓)의 역할을 할 수 있도록 만든 높직한 누대(樓臺)에는 성당이 있고 그 주위에는 곡물 창고 등이 있는 석벽(石壁)으로 둘러싸인 작은 마을이 있으며 좁은 통로와 계단을 통해 동굴집들은 서로 연결되어 있다.

  인구가 늘어남에 따라 동굴 집 위쪽에 또다시 동굴을 뚫게 되었고 그런 식으로 마테라 거리는 급속히 확장되었다. 지붕은 높은 곳에 자리 잡은 동굴로 가는 통로가 되었고 르네상스 시대에는 옥상 일부가 농원으로 쓰이기도 했다. 8~13세기에 수도사들은 암반 비탈에 산타 마리아 델레(Santa Maria delle) 토레포르타 성당을 비롯해 동굴에 성당을 몇 채 지었고 벽을 비잔틴 양식의 프레스코(Fresco)화로 장식했다. 12세기에 아랍의 지리학자 엘 이아리시가 감탄이 절로 나오는 훌륭한 촌락이라고 칭찬한 것은 바로 이 동굴주거였다. 그 습기 찬 동굴에는 노동자나 농토가 거의 없는 가난한 사람들이 가족과 함께 살았기 때문에 갈수록 빈민굴이 되었다. 이태리의 소설가 카를로 레비(Carlo Levi,

---

1) 돈대란 성벽 위에 석재 또는 전(塼)으로 쌓아올려 망루(望樓)를 의미한다.

1902~1975년)는 그의 소설에서 다음과 같은 주민들의 독백을 고스란히 담고 있다. "우리들은 그리스도교도도, 인간도 아니다. 동물과 다를 게 없다. 그리스도는 에블리(Aveley)에서 멈추어 이곳에는 오지 않았다."

마테라(Matera) 옛 시가지를 보존하고 복구하기 시작한 사람은 이 도시의 경치에 매료되었던 사업가 아도리아노 올리베티(Adriano Olivetti))였다. 1952년에 이탈리아 정부와 재건 책임자 아르치데 데 가스펠리는 동굴 주거지를 보호하는 조례를 통과시켰다. 그렇지만 바실리카타(Basilicata) 지방정부는 복잡하고 손이 많이 가는 오래된 동굴 주거지를 복구하기보다는 새로운 지역에 주거지를 신설하는 사업을 우선시했기 때문에 마테라(Matera)는 점점 황폐해갔다. 그러나 1970년대에 들어와 그 동굴 주거지가 건축학적으로 귀중한 사료적 가치가 있다고 판명되자 1986년 정부는 마테라(Matera)의 동굴 주거지와 이웃에 있는 국립공원을 보전한다는 새로운 조례를 승인하게 되었다. 자연과 조화를 이루며 살아온 이탈리아 남부의 농업문명을 보존할 역사적 가치가 충분하다고 판단했던 것이다. 이제 마테라(Matera)의 젊은이들은 이 지역에 관심을 가지고 생활환경을 개선하기 위해 노력하고 있다.

고대 푸에블로(Pueblo)족이 살았던 아메리카의 동굴주거도 이와 비슷하다. 서부개척시대 이전까지 푸에블로족이 살았던 리오그란데(Río Grande)강 부근은 건조하고 사막이 많다. 따라서 사람이 살기에는 좋지 않은 환경이었지만 아메리카의 사막은 아프리카 사막과 달리 바위가 솟은 곳이나 절벽 등이 많다. 그저 강수량이 적을 뿐이다. 따라서 사막의 건조함과 햇빛을 피하기 위하여 푸에블로족이 찾을 수 있었던 곳은 바로 절벽지대였다. 그래서 그들은 거대한 절벽 아래를 깎아서 씨족단위로 살 수 있는 주거공간을 만들었다. 그런 동굴 주거공간은 영구히 거주할 수 있을 뿐만 아니라 외부의 환경적 요인에도 영향을 적게 받는 장점이 있었다. 그러나 단단한 암벽을 깎아서 만들어야 했기 때문에 주거공간을 충분히 확보하기가 힘들었다. 동굴주거는 그런 협소한 공간이 문제 되기는 했지만 환경에 적응하여 살 수 있는 우수한 장소이기도 했다.

지금도 보존되고 있는 해발 2,600m에 위치한 평평한 탁자 모양의 고원인 메사버드(Mesa Verde)는 스페인어로 "초록색 테이블"이라는 뜻으로 작은 주거공간을 테이블에 비유해 붙인 이름이다. 푸에블로족은 스페인이 북아메리카 대륙의 남서 지대에 침입했던 16세기경부터 지금의 뉴멕시코주(州)와 애리조나주(州)에 해당하는 지역에 살고 있는데 훨씬 이전에는 이 지역의 북방에 살고 있었던 것 같다. 예를 들면 콜로라도주(州)의 메사 베르데(Mesa Verde)라는 곳의 단애(斷崖)에는 푸에블로족의 취락유적이 있다. 그들은 사냥도 하였지만 백인이 들어오기 전부터 옥수수를 경작하는 농경민이었다. 그곳은 건조지대로서 비가 적게 왔으므로 백인이 들어오기 전부터 이미 관개(灌漑)시설을 가지고 있었다. 옛날부터 점토를 굳혀 만든 아파트식 취락에서 살았으며 지금도 뉴멕시코주의 타오스(Taos)에 있는 푸에블로족의 마을에서 같은 종류의 취락을 볼 수 있다.

한 시대를 살았던 주거환경을 보면 그 시대 전체의 문화를 알 수 있을 만큼 주거문화는 생활환경 및 기후와 밀접한 관계를 가진다. 우선 냉대기후에 사는 사람들의 주거는 추위를 피하는 데 초점이 맞추어져 있다. 냉대기후란 겨울의 최저기온이 월평균 −3℃이하, 여름의 최고기온이 월평균 10℃ 이상으로 온대와 한대의 중간지역에 있는 아한대

(亞寒帶) 지방의 기후를 말한다. 이 기후의 특징은 겨울에는 눈이 많고 춥지만 여름에는 비교적 기온이 높아 작물 재배가 가능하다는 것이다. 이 기후대의 남부는 밀, 귀리, 호밀, 감자 등이 재배되는 혼합림 지대이며 북부는 침엽수가 자라는 타이가(taiga)지대이다. 이 지역의 주요 산업으로는 처음에는 동물사냥과 연안어업이 주종을 이루었으나 오늘날에는 임업이 대규모로 개발되고 있다. 이 지역에 해당되는 나라인 네덜란드는 운하와 풍차, 튤립으로 잘 알려진 나라이며 여름이 짧고 겨울이 길다. 국토가 바다보다 낮아 제방을 쌓아 간척지를 만들고 이곳에 농경지를 조성하였다. 처음에는 곡식을 가루로 빻기 위해 풍차를 사용했으나 그 후에는 낮은 지대의 물을 뽑아내 바다로 보내기 위한 수단으로 이용되었으며 날개 4개짜리 풍차가 가장 많이 사용되었다. 또 낙농업이 크게 발달하였다.

비슷한 지역에 있는 핀란드는 눈과 사우나, 그리고 산타클로스(Santa Claus)로 잘 알려진 북극권의 나라이다. 북위 60~70도 사이에 위치한 핀란드는 발틱해(Baltic Sea)와 대서양에서 불어오는 바람의 영향으로 남(南)그린란드나 시베리아와 같은 유사한 위치에 있는 국가들보다 조금 더 높은 기온을 나타낸다. 날씨는 계절에 따라 차이가 큰데 6월부터 8월 사이의 여름에는 기온이 22도까지 오르는 반면 봄과 가을에는 7~15도 사이이고 겨울인 11월부터 3월 중순 사이에는 기온이 -15도 이하로 크게 떨어지고 눈도 많이 온다.

강우량도 일 년 중 처음 6개월간은 비가 비교적 적은 편이지만 이후 6개월간은 많은 편이다. 지구상에서 아일랜드 다음으로 가장 북쪽에 위치해 있으며 밤이 긴 나라로 북유럽의 다른 나라와 마찬가지로 주거 지역 외에 산림과 호수들이 많으며 세계에서 가장 맑은 물을 가진 나라다. 핀란드에 많은 통나무집은 오래 사용할 수 있으며 사람들이 생활하기에 적당한 습도를 유지해 준다. 통나무집은 외부에 긴통나무로 벽을 쌓고 통풍구를 설치한 후 그 안에 단열재와 방습지를 붙이고 내부에 다시 통나무패널을 대는 식으로 지어진다. 따라서 단열과 습기 차단은 물론이고 결로(結露: 이슬 맺힘)까지 예방할 수 있다. 이런 주거문화는 혹독한 추위라는 환경에 적응한 결과적 산물이다.

 겨울 추위가 혹독한 몽고는 북서쪽으로 갈수록 지대가 높고 남동부는 고비사막(Gobi Desert)으로 둘러싸여 있으며 그 중간에 국토의 대부분을 차지하는 초원지대가 있는 내륙지역이다. 몽고는 그렇게 초원이 넓고 여름에는 덥지만 겨울에는 아주 추운 지방이므로 일찍부터 유목문화가 발달했다. 주민의 대부분은 할하족(Khalkha族)으로서 오랜 유목생활관습이 많이 남아 이동식 텐트모양의 집인 게르(Ger)에서 산다. 게르는 보통 높이 1.2m의 원통형 벽과 둥근 지붕으로 되어 있다. 벽과 지붕은 버드나무나 느릅나무의 가지로 원통형의 측벽과 돔형의 지붕 골조를 만들고 그 위에 양털이나 그 밖의 짐승 털을 원료로 하여 만든 부직포의 일종인 펠트(felt)를 덮어씌운 후 다시 짐승 털로 만든 밧줄을 친다. 입구는 남으로 향하며 중앙에는 화덕이 있고 정면 또는 약간 서쪽에는 불단(佛壇)이 있으며 벽 쪽에는 의장함이나 침구 및 조리용구 등을 둔다. 연령이나 성별에 따라 자리가 정해지는데 안쪽에는 가장(家長)이나 라마승(僧)이 앉는 상석이 있다. 게르(Ger)는 조립이 쉽고 이동하기에 편리하며 바람도 잘 막아주고 여름에는 시원하다는 특징이 있다. 그런 몽고식 주거문화 역시 몽고가 가진 환경적 산물이다.

 열대기후에 사는 사람들의 주거는 통풍과 피서에 초점이 맞추어져 있다. 열대기후는 가장 추운 달의 평균기온이 18℃일 정도로 일 년 내내 기온이 높고 강수량도 많다. 또 햇볕이 강하고 습도도 아주 높아 식물이 자라기에 적합한 기후이므로 셀바스(selvas)와 같은 밀림을 이룬다. 그러나 말라리아, 수면병, 황열병 같은 풍토병이 많아 사람이 살기에 부적당한 곳이어서 오늘날까지도 문화수준이 낮은 주민들이 수렵이나 채집생활 또는 농경생활을 하고 있는 곳이 많다. 백인들이 진출한 이후에는 커피, 카카오, 목화, 사탕수수, 고무 같은 열대작물을 가꾸는 대규모농장이 발달하였다. 그런 지역의 대표적 국가인 말레이시아는 온난 다습한 열대의 낙원이다. 고무와 주석이 가장 많이 나는 곳이긴 하지만 말레이시아 반도는 대부분 산지로 되어 있어 옛날에는 교통이 무척 불편했다. 그래서 강이나 바다에서 고기를 잡으며 집단생활을 했던 말레이시아 사바주(Sabah) 원주민들은 주로 수상가옥에서 살았다. 이 또한 자연환경이 만들어낸 주거문화였다.

　건조기후에 사는 사람들의 주거는 물에 초점이 맞추어져 있다. 일교차가 심하여 풍화작용이 활발하고 강수량보다 증발량이 많아 물이 귀하므로 나무나 식물이 제대로 자라지 못한다. 지구 육지 면적의 약 25%를 차지하는 이 기후 지역은 대체로 남북회귀선을 따라 분포하지만 대륙의 내부지역에도 널리 나타난다. 식물로는 선인장류와 같은 특수식물과 사막여우 같은 일부 동물만 드물게 살고 있을 뿐이다. 선인장은 사막에서 정말 유용한 식물이다. 선인장은 동물들이 쉴 수 있는 그늘이 되기도 하고 몇몇 동물들은 목마름을 해소하기 위해 선인장 줄기에 있는 즙을 빨아 먹기도 한다. 농업은 지하수가 나오거나 하천이 흐르는 오아시스 부근에서만 제한적으로 이루어진다. 예로부터 그런 곳에는 대추야자, 포도, 밀, 목화 등의 관개농업이 발달하였으며 최근에는 사막의 농지화 및 석유개발이 촉진되고 있다. 또 그런 지역은 비가 많이 내리지 않는 지역으로 사막이 많고 고온 다습하다. 여름철은 낮과 밤의 기온 차가 매우 크며 산악지대는 기온이 낮고 건조하다. 여름은 덥다는 표현보다 뜨겁다는 표현이 적절하며 모래바람이 불기 때문에 얼굴을 가리고 다니며 물이 부족하여 물이 있는 곳에 모여 산다.

사계절의 변화가 뚜렷한 온대기후는 가장 더운 달의 월평균 기온이 18℃ 정도, 가장 추운 달의 월평균 기온은 −3℃ 정도로 기온이 온난하고 강수량도 비교적 적합하여 인류가 생활하기에 가장 알맞은 지역이어서 다른 기후지역에 비해 문화가 발달하였다. 그래서 주거문화 역시 농경생활 형태에 따라 다양하게 형성되었다. 한국의 초가는 주로 볏짚을 이용해 지붕을 얹은 집으로 일부에서는 억새나 새풀(purpurea) 등을 사용하기도 하였다. 새풀 이름은 각 지방에 따라 조금씩 다르지만 보통 왕골, 왕새, 세골, 갈대 등이 있다. 그런 새풀(purpurea)을 얹은 집을 샛집이라고 하여 초가와는 구분하기도 한다.

초가(草家)의 기원은 신석기 시대의 움집에서부터 찾아볼 수 있는데 초가는 대체로 부엌 1칸, 방 2칸으로 이루어져 있으며 1자형(一字形)이었다. 그러나 지방에 따라 L자형, 겹집형 등이 있었다. 단열성이 뛰어나 여름에는 시원하고 겨울에는 따뜻하며 구조가 간단하여 농민들이 쉽게 지을 수 있었다. 그러나 짚을 이용한 지붕은 내구성이 좋지 않고 화재에 약하기 때문에 나중에 기와집으로 발전했다. 기와는 내구성이 강하고 건물자체의 경관도 아름다울 뿐만 아니라 부와 권력의 상징으로 인식되기도 했다.

한대기후는 여름의 월평균 기온마저 10℃를 넘지 못하며 1년 중 대부분이 눈과 얼음으로 덮여 있어 나무가 자라지 못하는 기후이다. 남북 양극지방을 중심으로 하는 이 기후 지역에는 백야(白夜)현상과 오로라(Aurora)를 볼 수 있는데 옛날에는 버려지다시피 했으나 오늘날은 기상관측이나 자원개발을 위해, 그리고 군사적 목적으로 중요시되고 있다. 북극지방에서 조금 남쪽으로 가면 짧은 여름 동안만 눈과 얼음이 녹아 땅이 드러나고 풀과 이끼 등이 자라는 곳이 있다. 물론 땅속에는 여름에도 녹지 않는 영구 툰드라(tundra) 층이 있다. 이 지역에는 에스키모족(Eskimo), 라프족(Lapp), 사모예드족(Samoyeds) 등, 소수 민족이 물개, 백곰 등을 수렵하거나 순록을 기르면서 살아가고 있다. 최근에는 항공기지와 군사기지가 건설되고 또 알라스카의 북극해 연안에서는 석유자원이 활발히 개발되고 있다. 알래스카는 춥고 눈이 많은 지방이어서 따뜻한 모피를 입는다. 에스키모인들이 눈으로 만드는 이글루(igloo)라는 집은 그런 환경적 산물이다. 또 춥고 눈이 많은 자연적 환경 때문에 자동차나 기차 같은 교통수단을 이용하기가 어려우므로 개썰매를 이용하여 사람과 물건을 이동시킨다. 이런 생활은 모두 기후적 생활환경이 만들어낸 것이다.

Ⅰ 도구의 발달과 자녀 양육

식생활, 의생활, 주생활이 해결되면 그 다음으로 문제되는 것은 자식의 양육이다. 동식물의 생활을 관찰해보면 그들의 일생은 생존과 번식이라는 두 가지로 압축된다. 식물이 살아 있는 동안 하는 일은 자기가 살고 씨앗을 맺어 종을 번식시키는 두 가지 일 뿐이다. 동물이 살아 있는 동안 하는 일도 역시 동일하다. 인간도 예외가 아니다. 인간은 일생 동안 수많은 우여곡절을 겪지만 그 우여곡절을 모두 요약하면 결국 자기가 살고 후손을 기르는 것뿐이다. 어떤 위인도, 어떤 천인도 이 테두리를 벗어나 살 수 없다. 그 길은 인간의 길이 아닌 하늘의 길이기 때문이다. 동물적 생활을 했던 고대인들은 생존과 번식이라는 두 가지 일을 더욱 벗어날 수 없었다. 따라서 자식의 양육은 가장 소중한 일과 중의 하나였다.

자식의 양육은 크게 두 가지를 필요로 한다. 첫째는 자신과 똑같은 의식주 생활을 제공해야 하고, 둘째는 자신이 터득한 사회적 생존지식과 지혜를 교육해야 한다. 즉 모든 부모는 자식들에게 경제적 교육과 사회적 교육을 제공할 의무를 지닌다. 의식주 생활을 지속하기 위해서는 그에 해당하는 뭔가를 생산해야만 하고, 사회적 집단생활을 하기 위해서는 함께 어울려 사는 지혜를 터득해야만 한다. 살아 있는 인간이라면 누구도 이 두 가지 생활을 벗어날 수 없으므로 부모는 반드시 이 두 가지를 자식들에게 가르칠 의무가 있다.

그런데 의식주 생활은 개인적 차원의 생활이지만 사회적 생활은 집단적 차원의 생활이다. 먹고 입고 잠자는 생활은 혼자 있어도 할 수 있고, 또 해야하는 것이지만 집단생활은 혼자서는 할 수 없는 생활이기 때문이다. 그런 집단생활은 개인 생활이 아닌 사회생활이다. 사회생활이란 여러 사람들이 집단적으로 모여 각자가 그 사회의 구성원이 되어 질서를 유지하며 살아가는 공동생활이다. 그런 사회생활은 제일 먼저 의사소통을 요구한다. 의사가 소통되지 않으면 사회생활은 불가능하기 때문이다. 따라서 사회생활은 제일 먼저 언어를 탄생시킨다. 인류가 언어생활을 시작한 시기가 언제인지는 정확히 알 수 없지만 아기들이 자라는 과정을 보아도 말을 먼저 배운 다음 문자를 배우듯 언어가 문자보다 먼저 생겼을 것임은 확실하다.

03 경제재의 종류

오늘날의 인간사회는 경제적 거래의 대상이 되는 소비재, 생산재, 자본재라는 세 가지 경제적 재화를 필요로 한다. 소비재(消費財, consumption goods)란 인간의 욕구를 충족시키기 위해 일상생활에서 직접 소비하는 재화를 말하고, 생산재(生産財, production goods)란 인간이 필요로 하는 재화를 생산하기 위해 사용하는 중간재를 말하고, 자본재(資本財, capital goods)란 재화를 생산하는데 필요한 기계 설비를 의미한다. 하지만 생산재와 자본재는 결국 둘 다 인간생존에 필요한 소비재를 생산하기 위해 필요한 것이기 때문에 거시적 시각으로 보면 경제재(經濟財)에는 생산재와 소비재라는 두 가지 재화만 있을 뿐이다.

동물사회는 이 두 가지 경제재 중 소비재 한 가지만 필요로 한다. 보는 관점에 따라서는 동물들도 소비재를 만들기 위해서는 원료가 있어야 하므로 생산재가 필요하다고 주장할 수도 있다. 까치가 집을 짓기 위해서는 원료가 되는 나뭇가지가 있어야 하고, 제비가 집을 짓기 위해서는 원료가 되는 진흙이 있어야 한다. 그러나 인간사회에서 말하는 생산재란 소비재를 만들기 위한 가공된 중간재를 의미하는 것이므로 가공하지 않고 직접 소비하는 것을 생산재라 말하기는 곤란하다. 예를 들면 맛있는 술을 빚기 위한 원료로서 지하수를 끌어 올린다면 그것은 생산재가 될 수 있지만 골짜기에 흐르는 시원한 냇물을 그냥 한 모금 마신다면 그것은 생산재가 아닌 소비재이다. 또 통조림을 만들기 위해 잡은 물고기는 생산재에 속하지만 즉석에서 먹기 위해 잡은 물고기는 소비재에 속한다. 마찬가지로 집을 짓기 위해 가공한 목재를 사용한다면 그것은 생산재가 되지만 가공하지 않은 나무를 그대로 땔감으로 사용한다면 그것은 소비재에 속한다. 동물들은 예나 지금이나 골짜기에 흐르는 냇물처럼, 즉석에서 먹기 위해 잡은 물고기처럼, 또 까치가 집을 짓기 위해 물어오는 나뭇가지처럼 자연상태의 재화를 곧바로 소비하므로 소비재만을 필요로 하는 셈이다.

자연 속에서 바로 획득하는 소비재를 인간 사회에서는 자유재(自由財, free goods)라고 한다. 자유재란 아무런 대가 없이 마음대로 사용할 수 있는 자연 재화를 의미한다. 물과 공기는 대표적인 자유재들이다. 비록 오늘날 물은 돈을 주고 사 먹는 경제재가 되긴 했지만 원시시대에는 문자 그대로 아무런 대가 없이 물을 물 쓰듯 했다. 공기는 오늘날까지도 여전히 아무 대가 없이 자유롭게 들이 마신다. 최근 대기오염이 심각해지면서 탄소배출권을 사고파는 지경에 이르러 공기를 마시는데도 대가를 지불해야할 판이긴 하지만 그래도 공기는 여전히 무상으로 공급되는 자유재라 할 수 있다. 동물사회는 오늘날까지도 바로 그런 자유재만을 이용한다.

동물들의 생활을 보면 그런 사실은 명백해진다. 지렁이가 수채구멍에서 빨아먹는 유기물은 대가를 지불하고 먹는 것이 아니라 무상으로 그냥 먹는 것이다. 토끼가 산에서 풀을 뜯어 먹는 것도 대가를 지불하고 뜯어 먹는 것이 아니라 그냥 뜯어 먹는 것이고, 매가 들쥐를 잡아먹는 것도 대가를 지불하고 잡아먹는 것이 아니라 그냥 잡아먹는 것이다. 이렇게 동물들은 죽을 때까지 아무런 대가 없이 무상으로 획득하는 자유재만으로 살아간다.

　동물적 생활을 했던 것으로 믿어지는 구석기인들 역시 동물들처럼 자유재만으로 살았을 것임은 충분히 짐작할 수 있다. 동물적 식욕을 채우기 위해 그들은 원숭이가 그러하듯 손과 발을 이용하여 식물을 채집하거나 동물을 사냥했을 것이다. 초기의 원시인들은 불마저 이용할 줄 몰랐기 때문에 채집하거나 사냥한 동식물을 생식하면서 본능적 식욕을 채웠을 것이다. 그런 식욕의 해결은 모든 본능적 욕구를 충족시키기 위한 출발점이었을 것이다. 왜냐하면 식욕이 해결되지 않는 한 생존할 길이 없고 생존하지 않으면 어떤 본능적 욕구도 더 이상 발생하지 않을 것이기 때문이다.

　식욕이 해결되고 그 다음으로 해결해야 했던 것은 수면욕, 즉 잠자리였을 것이다. 수면욕 역시 동물과 인간에게 공통적으로 나타나는 자연발생적 욕구이다. 동물들은 오늘날까지도 옷을 입지 않는다. 오직 계절에 따라 자연적으로 털갈이를 하면서 자기 몸을 보호해 갈 뿐이다. 따라서 동물들은 옷 욕심을 부리지 않는다. 그러나 동물들도 수면욕을 해결하기 위한 잠자리는 여전히 필요로 한다. 동물들의 그런 잠자리는 예외 없이 천적이나 다른 동물들로부터 쉽게 눈에 뜨이지 않는 곳이거나 비바람을 피할 수 있는 구석진 자리이다.

　구석기인들도 그런 동물적 잠자리가 필요로 했을 것이다. 그래서 찾아든 곳이 바로 동굴이나 바위굴이었다. 그런 식의 동물적 잠자리는 전혀 대가를 필요로 하지 않는 자유재였다. 구석기시대는 돈이라는 개념이 없었던 시대였으므로 대가가 무엇인지도 몰랐을 것이다. 필요로 하는 것을 오직 무상으로 획득하는 획득 경제하에서 살았기 때문에 그들에게 있어서 자유재 아닌 것은 하나도 없었다.

수면욕이 해결되고 그 다음으로 나타난 욕구는 보호욕이었을 것이다. 동물이든 사람이든 위험이 닥치면 자연발생적으로 자기를 보호하고자 하는 욕구가 생기고 따라서 몸을 피하거나 맞서 싸운다. 그런 보호의 첫걸음은 옷을 입는 것이다. 옷을 입으면 강한 풀잎에 살이 베이거나 침엽수 나뭇가지에 찔리는 일이 줄어들 것이기 때문이다. 동물적 입장에서 볼 때 신체부위 중에서도 가장 중요한 부위는 생식기가 있는 부위이다. 따라서 가장 먼저 보호해야 할 부위도 바로 그 부위이다. 혹자들은 부끄러운 부분을 가리기 위해 원시인들도 생식기 부위에만 옷을 걸쳤을 것이라고 주장하지만 동물들은 오늘날까지도 전혀 부끄러워하지 않고 생식기를 들어내 놓고 있는 것을 보면 동물에 가까웠던 원시인들이 부끄러움을 면하기 위해 생식기 부위를 가렸다는 주장은 큰 설득력이 없다.

오히려 가장 중요한 부위를 보호해야 한다는 자연발생적 보호본능이 생식기 부위를 가리도록 하는 원인이 되었다는 주장이 보다 설득력을 지닌다. 왜냐하면 자기 자신을 위해(危害)로부터 보호하고자 하는 본능은 모든 동물들에게 공통되기 때문이다. 또 오늘날도 아마존 밀림에 사는 원시부족인 조에(Zoé)족처럼 문명을 거부하는 일부 원시부족들은 조금도 부끄러워하지 않고 젖가슴 혹은 전신을 들어내 놓고 있는데 그런 것만 보아도 부끄러움을 면하기 위해 옷이 생겼을 것이라는 가정은 설득력이 부족하다. 따라서 추위나 환경적 위험으로부터 자신을 보호하기 위해 옷을 입게 되었을 것이라는 보호본능 충족설이 보다 설득력이 있을 것이다.

고고학자들의 주장에 의하면 구석기인들은 동물의 가죽을 벗겨 말린 후 옷으로 사용했다고 한다. 그런 동물의 가죽 역시 무상으로 획득하는 자유재였다. 동물의 가죽을 벗긴다고 야단치는 사람도, 벗기지 못하게 제재하는 사람도 없었을 것이므로 필요하다고 생각하면 아무런 대가 없이 마음대로 동물의 가죽을 벗기고 새들의 깃털을 뽑아 엮어서 옷으로 사용했을 것이다. 이처럼 식욕도 자유재로 채우고, 수면욕도 자유재로 채우고, 보호욕도 자유재로 채웠던 획득경제시대가 바로 구석기시대였다.

04 생존환경의 변화와 인간생활의 변화

지구환경은 가만히 두어도 공전과 자전이라는 지구 자체의 힘 때문에 변해간다. 지구의 자연환경(自然環境)은 지구의 모든 생물과 무생물이 존재하는 상태를 의미하는 말로써 인간의 손길이 닿지 않는 지형 및 모든 동물과 식물을 포함하여 생태계로서 기능하는 자연경관 및 천연자원이나 공기의 순환, 물의 순환, 기후의 순환 같은 자연적 특징을 총괄한다. 그런 자연환경의 변화는 지구생물체의 생존환경을 변하게 하며 생존환경의 변화는 그 환경 속에서 살아가는 생명체의 신체적 특징과 정신적 사유까지도 변하게 한다. 동물적 생활을 했던 원인들 역시 처음에는 모든 것이 동물과 크게 다를 바 없었을 것이다. 하지만 다른 동물과 다른 사유능력을 가지고 생존환경에 적응해 갔던 원시인들은 얼마 지나지 않아 인류만이 가지는 여러 가지 특징들을 가지게 되었고 따라서 그들의 생활은 점점 변해가기 시작했다.

오스트랄로피테쿠스와 크로마뇽인을 비교해 보면 그런 변화의 흔적을 찾아볼 수 있다. 우선 몸무게와 두뇌 용량에서부터 차이난다. 오스트랄로피테쿠스의 몸무게는 약45kg, 키는 1미터 전후, 두뇌용량은

500cc정도였다. 긴팔원숭이의 두뇌용량은 약100㏄, 침팬지와 성성이는 약400㏄, 고릴라는 약550㏄인 점을 감안할 때 오스트랄로피테쿠스는 유인원에 가까운 동물적 원인(猿人)이라 할 수 있다. 이에 반해 크로마뇽인들의 몸은 성인 남성의 경우 키는 180cm, 여성은 165cm 전후였으며 팔과 다리가 길다. 두개골은 길고 좁으며 평균 두뇌용량은 1,600cc정도로 1,350cc인 현대인보다 오히려 크다. 또 유인원과 달리 머리뼈는 얇은 편이며 현대인과 마찬가지로 이마가 반듯하고 눈썹 뼈가 좁다. 이런 차이점은 자연환경의 변화가 몰고 온 변화였을 것임이 확실하다. 왜냐하면 당시는 자연적 변화 외에는 자연환경과 자연구성원을 변화시킬 아무런 요인도 없었기 때문이다.

변화는 또 다른 변화를 몰고 온다. 그것이 자연의 섭리이다. 예를 들면 무더운 여름이 가고 추운 겨울이 오면 식물들은 앙상한 가지만 남고, 온대동물들은 겨울잠을 잔다. 대신 추위에 강한 사철나무나 침엽수들이 숲의 주인이 되고 겨울 철새들이 날아와 자연은 한대 동물들의 차지가 된다. 이렇게 여름에서 겨울로 계절이 변해가면 겨울 동식물의 종은 풍성해지지만 여름 동식물의 종은 쇠퇴해 간다. 그런 자연환경의 변화는 자연스럽게 종의 변화와 자연 구성원 개체의 신체적, 정신적 변화를 초래한다. 철새가 텃새로 자리 잡기도 하고, 텃새가 철새로 변하는 경우도 모두 이런 자연환경의 변화가 몰고오는 현상이다.

아무런 도구도 사용하지 않는 동물적 무구(舞具)생산에서부터 삶을 시작했던 원시인들 역시 오랜 세월에 걸쳐 다른 동물들보다 한 차원 높은 정신적 지식과 사고력을 이용하여 자연환경에 적응한 결과 일반 동물과는 전혀 다른 생산력과 생산성을 가지게 되었다. 원시인들의 생산성이 획기적으로 바뀌게 된 가장 중요한 이유는 바로 석기라는 도구의 사용이었다. 석기라는 도구의 사용은 원시인들로 하여금 동물적 생활을 벗어나 인간적 생활로 접어들게 한 혁명적인 계기를 마련해 주었다. 즉 도구생산이 가져다주는 획기적인 생산성 증가는 원시인들로 하여금 과거 동물적 생활과는 전혀 다른 오직 인간만이 누릴 수 있는 인간적 생활을 할 수 있도록 새로운 환경을 제공해 주었던 것이다.

예를 들면 고릴라 같은 유인원은 적을 방어하거나 자기를 보호할 일이 생길 때 돌이나 나뭇가지 같은 자연 그대로의 아주 원시적인 천연도구를 사용한다. 원인들도 처음에는 그런 원시적인 도구만을 사용했을 것이다. 즉 사냥을 할때 나무 몽둥이를 휘두르거나 뾰족한 돌을 주워 던지곤 했을 것이다. 그런 시대를 수렵시대라고 한다. 수렵시대란 문자 그대로 강이나 바다에서 물고기를 잡고 산이나 들에서 식물을 채취했던 시대이다. 그런 수렵시대 동안에는 인간도 사실상 다른 동물과 같은 방식으로 먹이를 생산했던 동물적 무구생산시대였다. 왜냐하면 다른 동물들도 강이나 바다에서 물고기를 잡고 산이나 들에서 풀을 뜯어 먹는 수렵생활을 하기 때문이다. 고대유적지에서 발굴된 조개 무덤 속에서 종종 동물의 뼈나 석기, 토기가 발견되고 있는 것은 구석기인들이 단순한 채취생활에서 동물이나 물고기를 잡는 수렵생활로 점점 옮겨 갔음을 입증한다. 이렇게 석기가 자연석기에서 타제석기로 발전되면서 경제생활은 채취생활에서 수렵생활로 변해갔던 것이다.

| 경제생활의 변화

석기가 사용되기 이전의 원시력 시대에는 주로 식물을 채집하거나 조개같이 쉽게 포획할 수 있는 것을 주식으로 하는 채취생활이 주류를 이루었다. 고대 유적지에서 조개더미인 패총(貝塚)이 많이 발굴되고 있는 사실은 고대인들이 그 만큼 많은 조개를 잡아먹고 그 껍질을 모아 한 곳에 버렸음을 의미한다. 그런 패총은 신석기시대부터 만들어졌으며 세계 각국의 얕은 해안지역에 널리 분포되어 있다. 특히 조개더미 주변에서 사람들이 살았을 것으로 추측되는 집터와 무덤터가 대규모로 발견되기도 하고 그 안에서 돌도끼, 돌화살 같은 석기와 낚시용 작살 및 인골(人骨), 골각기, 그물 무늬가 있는 도기 등, 많은 유물이 발견되어 고대인들의 생활모습과 자연환경을 엿볼 수 있게 되었다. 신석기 시대에 대한 고고학적 연구는 1950년대 덴마크의 고고학자 보르사에(Jens Jacob Worsaae, 1821~1885년)가 메르고루 조개더미에서 출토된 뼈로 만든 빗을 발굴함으로서 시작되었다.

석기력 시대 동안 원시인들이 초보적인 도구들을 사용하여 만든 노동생산물 중 가장 먼저 교환을 시작했던 것은 바로 식품과 의복이었을 것이다. 당시의 식품과 의복은 주로 사냥감에서 나왔으므로 먹이로서의 사냥감과 의복으로서의 털가죽을 제일 먼저 교환하기 시작했을 것이다. 예를 들면 씨족사회가 형성되면서 몸이 아프거나 나이가 많아 사냥을 나갈 수 없을 경우 사냥을 나갔던 장정들이 잡아 온 사냥감을 다음에 갚는 조건으로 혹은 무상으로 나누어 먹거나 털가죽을 나누어 가졌을 것이다. 그런 일은 비록 무상이라 해도 교환해서 사용한 것임은 틀림없다. 또 바닷가에 사는 어부와 산골에 사는 산촌 사람들은 서로의 생산물인 수산물과 사냥감을 바꾸어 먹기도 했을 것이다. 그렇게 바꾸어 먹는 교환도 물물교환에 속하므로 교환임은 틀림없다.

타제석기를 생산주력으로 하여 생존에 필요한 재화를 생산했던 원시인들은 세월이 흐르면서 점점 보다 향상된 석기를 사용하기 시작했다. 돌을 갈아서 여러 가지 형태와 용도를 가진 마제석기를 만들어 사용했던 신석기시대는 기원전 약 7000년경부터 시작되었다. 그들은 석기뿐만 아니라 토기를 사용하여 음식을 저장하기도 했는데 초기에는 이른민무늬토기와 덧무늬토기를 사용하다가 뒤이어 빗살무늬토기를 주로 사용하였다. 이른민무늬토기는 신석기시대의 유적에서 많이 발견되고 있다.

고대 한반도에서 토기를 만들기 시작한 것은 신석기시대로 알려져 있는데 이 시대의 대표적 토기로는 이른민무늬토기를 비롯하여 즐문토기(櫛文土器), 주도마연토기(朱塗磨硏土器) 등이 있다. 이 가운데 이른민무늬토기는 원시무문토기(元始無文土器), 후육무문토기(厚肉無文土器)라고도 불린다." 이 토기의 이름이 민무늬토기라고 붙여진 이유는 문양이 아주 단조롭고 가끔 있을 뿐 대체로 무늬가 없고 두꺼운 것이 특징이기 때문이다. 이른민무늬토기는 강석, 운모, 석영 등, 모래가 섞여 있어 표면이 거칠고 흡수성이 강하다. 색깔은 보통 다갈색, 회색, 연흑색이며 크고 작은 여러 가지 모양이 있는데 주로 사발이나 단지로 사용되었다. 이 토기들의 주둥이 부분은 보통 직선으로 올라간 것이 많지만 나팔꽃처럼 밖으로 벌어진 것도 있다. 밑바닥은 평면으로 된 것, 뾰족한 것 등, 여러 가지가 있으며 뿔 모양의 손잡이가 있는 것이 특징인 이 토기는 마제석기와 함께 전국 각지의 내륙 구릉지대에서 발견되고 있어 고지유적(高地遺跡)의 유물이라고도 한다. 이 민무늬토기는 청동기 유적에서 많이 찾아볼 수 있는데 부산광역시 동삼동패총, 함경북도 무산군 서포항(西浦項)패총, 강원도 양양군 오산리 유적 등, 청동기시대의 유적지에서 발견되는 민무늬토기와 구별하기 위해 신석기시대의 것을 이른민무늬토기라 한다.

덧무늬토기는 융기문토기(隆起文土器)라고도 하는데 그릇 표면에 띠

모양의 흙을 덧붙여 무늬를 만든 토기를 말한다. 빗살무늬토기와 함께 신석기시대의 대표적인 토기로 한반도에서는 강원도 양양 오산리(鰲山里), 부산 동삼동(東三洞)과 영선동(瀛仙洞), 경상남도 양산 신암리(新岩里), 통영 상노대도(上老大島) 등지에서 발견되었다. 현재까지 발견된 것은 주로 동해안과 남해안을 따라 집중적으로 분포되어 있는데 넓게는 흑룡강 유역과 일본열도에서도 다수 발견되었다. 이 토기는 빗살무늬토기보다 앞선 신석기시대 전기에 주로 사용되었던 것으로 여겨진다. 그렇게 판단되는 이유는 두 양식의 토기가 함께 출토된 동삼동 패총의 경우 가장 아래층인 제5층에서는 덧무늬토기만이 발견되고 그보다 위층인 제4층부터 빗살무늬토기가 나왔기 때문이다. 오산리에서도 탄소연대측정법에 의해 기원전 5100년까지 거슬러 올라가는 것으로 나타난 최하층에서 입구 둘레에 덧무늬가 새겨진 토기가 발견되어 이 토기가 신석기 시대 중 가장 이른 시기의 토기임을 입증해 주었다. 덧무늬는 흙 띠를 지그재그식으로 배열한 것과 돋은 평행선 바깥쪽에 팥알처럼 돋은 점열을 한 줄씩 배치한 것 등이 있는데 지그재그식 덧무늬가 붙은 토기는 일본 쓰시마 섬의 고시다카 유적에서도 발견되어 양 지역 간에 문화교류가 있었음을 간접적으로 알려주고 있다.

빗살무늬토기는 즐목문토기(櫛目文土器)라고도 하고 겉면에 무늬를 새기고 있기 때문에 유문토기(有文土器)라고도 하며 무늬모양의 특징을 따서 어골문토기(魚骨文土器) 또는 기하학문토기(幾何學文土器)라고도 한다. 이 토기는 그릇 표면을 빗살같이 길게 이어진 무늬새기개로 누르거나 그어서 점, 빗금, 동그라미 등의 기하학적 무늬를 나타낸 신석기 시대의 대표적인 토기이다. 이 토기의 일반적인 형태는 바닥 면이 포탄모양으로 뾰족한 첨저형(尖底形)과 편평한 화분모양의 평저형(平底

形)인 두 종류가 있다. 첨저형 토기는 바탕흙인 점토를 빚어서 만들 때 운모(雲母)를 섞거나 활석 혹은 석면을 섞은 것도 있다. 토기를 제작하는 방법에는 반죽한 점토를 일정한 크기로 된 반지모양의 테를 만들어 쌓아 올려 만드는 법, 길고 납작하게 만든 점토 띠를 아래로부터 위로 감아올려 만드는 법, 점토 덩어리를 그냥 손으로 눌러 빚어 토기 모양을 만드는 법 등, 3가지 방법이 있다. 토기 겉면에는 1개 또는 여러 개의 이가 달린 무늬새기개로 긋거나 눌러서 무늬를 새겼다. 토지 겉면을 평행으로 세 등분하여 위로부터 입구, 몸통, 밑동으로 나눌 때 각 부분에 각각 다른 무늬를 장식한 것이 많다.

위쪽 입구에 해당하는 구연부(口緣部)를 장식하는 주요 무늬로는 평행밀집사단선문(平行密集斜短線文), 점렬문(點列文), 사격자문(斜格子文), 등이 있으나 평행밀집사단선문이 가장 많다. 몸통에 해당하는 기복부(器腹部)에는 평행사선을 어긋나게 그은 물고기 뼈모양의 어골문이 가장 많이 새겨져 있다. 가장 아래쪽 밑동에 해당하는 저부(低部)에는 평행사선문 또는 어골문 등이 새겨진 것이 많다. 그중에서도 입구의 평행밀집사단선문과 몸통의 어골문이 결합한 형태가 수적으로 가장 많다. 또 이러한 입구 부문과 몸통 부문의 사이에 파상점선문(波狀點線文)과 같이 곡선으로 된 특징 있는 문양이 끼어 있는 것도 있으나 수적으로 그리 많지는 않다. 이와 같이 토기의 각 부분마다 각각 다른 무늬로 장식되는 종류 외에 한 가지 무늬로 토기 겉면의 전체 또는 부분을 장식하는 종류도 있다.

평저형 토기는 바탕흙에다 돌을 모래알만 하게 잘게 부숴 섞어 만든 것인데 수적으로 많지는 않지만 조개가루를 섞어 만든 것도 있다. 토기의 색은 갈색이나 흑갈색 계통이 대부분이며 토기 겉면을 반들반들

하게 갈아서 광택이 나는 것도 있다. 이런 토기들은 무늬새기개로 긋거나 눌러서 생긴 선과 점을 배합해 토기 겉면을 장식하고 있는데 토기 겉면의 상반부에만 무늬를 장식하고 있는 것이 보통이다. 첨저형 토기에서 흔히 볼 수 있는 무늬 종류로는 일반적인 무늬 외에 번개무늬같이 특징적인 무늬가 새겨져 있는 것도 있다.

고대 한반도의 빗살무늬토기는 섭씨 600~700°C 정도의 고온에서 구운 것이다. 지금까지 토기를 구워낸 가마 자리가 확인된 곳은 없지만 땅을 판 구덩이에서 별다른 시설 없이 장작불을 피워 구워낸 것으로 짐작된다. 토기의 용도는 크기에 따라 각각 달라 현재의 항아리와 같은 대형은 저장용으로, 중형은 취사용으로, 소형은 식기나 음식 준비과정에 각각 사용되었을 것으로 보인다.

고대 한반도의 빗살무늬토기는 토기의 모양이나 무늬를 새겨 넣은 기법으로 볼 때 시베리아 지방의 영향을 많이 받은 것으로 짐작된다. 이것은 북유럽에서 번성했던 빗살무늬토기가 동쪽으로 전파되어 시베리아를 거쳐 고대 한반도로 들어왔다는 견해로 그 전래중계지로는 바이칼호 지역이나 연해주 지역이 유력시된다. 즉 먼저 연해주 지방에서 한반도 동북해안으로 유입되어 동해안을 따라 남해안을 거쳐 서해안으로 퍼져나간 것으로 추측된다.

빗살무늬토기는 고대 한반도에서도 신석기 시대에 주류를 이루었던 토기로서 1920년대 북유럽의 핀란드와 스웨덴, 독일 북부, 폴란드 등지의 신석기 시대 유적에서 비슷한 토기가 발굴되었는데 핀란드의 고고학자 아일리오(Joonas Ailio)가 그것에 독일어인 캄케라믹(kammkeramik: 빗살무늬토기)이라는 이름을 붙였다. 그 후 북방유럽뿐만 아니라 시베리아 동서쪽의 광활한 지역에서도 같은 토기가 발굴됨으로써 캄케라믹은 빗살무늬토기 전반에 대한 학명으로 굳어졌다. 또 이 빗살무늬토기는 북위 55°이북 지역에 하나의 문화권을 이루고 있어 일명 환북극(環北極) 문화라고도 불리는데 거석문화권, 채도문화권, 그리고 세석기 문화권과 함께 신석기시대 4대 문화권의 하나로 중시된다.

빗살무늬토기란 토기의 겉면에 빗살 같은 기하학적 무늬가 새겨진 토기로 초기의 그릇 형태는 바닥이 뽀족한 반쪽 계란 모양이었으나 점차 깊은 바리바닥 모양으로 바뀌었다. 이러한 토기는 지역에 따라 무늬나 모양에 약간씩 차이가 있고 그 제작 연대가 다르지만 신석기시대의 주요 용기로서 신석기 시대가 지난 뒤에도 오랫동안 사용되었다.

빗살무늬토기는 대체로 기원전 4천년부터 1천년 사이에 산림이 우거진 강하천 주변에서 수렵과 어업을 주업으로 했던 사람들에 의해 만들어졌다. 이 토기의 분포지에 관해서는 의견이 거의 일치하고 있기 때문에 상호교류의 정도를 어느 정도 짐작할 수 있다. 그 분포지를 살펴보면 북유럽의 핀란드로부터 출발하여 서북 러시아의 오카강(Oka River)과 볼가강(Volga River) 상류지방을 거쳐 우랄산맥을 넘은 다음 중부 시베리아 오브강(Ob River) 하류의 지류인 라핀강 유역으로 뻗어나갔다. 이 분포양상은 계속 동진하여 예니세이강(Enisei River) 중류를 지나 바이칼호(Lake Baikal)에 이른다. 거기서 동남쪽으로 꺾어 몽골초원이나 흑룡강(黑龍江)을 지나 한반도로 남하하였는데 그 여파는 일본 규슈 지방까지 파급되었다.

그러나 이것은 분포지에 관한 관찰이지 결코 유동 방향은 아니다. 만일 이것을 유동 방향으로 착각하면 이 토기가 서방에서 발원하여 점차 동방으로 전파된 이른바 서방기원설로 오도될 가능성이 있다. 특히 초기의 연구결과를 보면 고대 한반도의 것이 시베리아의 것보다 천

년이나 앞서 만들어진 경우가 있다. 이렇게 한반도에서 발굴된 빗살무늬토기의 제작 연대가 상대적으로 시베리아의 것보다 더 오랠 수 있다는 추정은 한반도의 빗살무늬토기가 시베리아로 역류되어 빗살무늬토기 문화전반을 더욱 빛나게 했을 개연성도 있음을 시사한다. 이런 개연성을 무시하더라도 분명한 한 가지는 신석기 시대 때 넓은 북방지역에 동서로 빗살무늬토기 문화권이 형성되어 문명교류사의 서막을 장식했다는 사실이다. 고대 한반도는 이 문화권의 동쪽 끝에 자리한 당당한 구성원으로 북방초원지대와 교류하고 문명을 공유했던 것이다. 이러한 주장은 고대 한반도의 빗살무늬토기와 북방 유라시아의 빗살무늬토기 사이에 구체적으로 몇 가지 공통요소가 있다는 데 근거를 두고 있다.

우선 무늬의 공통성과 유사성을 들 수 있다. 가장 보편적인 것은 빗살무늬인데 고대 한반도의 것은 신석기 시대 전반에 걸쳐 보편화되었으나 유럽의 것은 신석기 시대 토기의 제1기에만 지배적인 무늬로 나타난다. 타래무늬의 경우 대(大)타래무늬와 소(小)타래무늬의 2종이 있는데 유럽에서는 주로 토기 제2기에 나타난다. 하지만 한반도에서는 시기에 관계없이 골고루 나타난다. 그밖에 빗살무늬와 타래무늬를 엇바꾸는 교대배열 형식에서도 유사점을 보이고 있다. 다만 다른 점은 고대 한반도 토기에서는 무늬가 입 가장자리에 집중되어 있는 반면 유럽의 것은 배면에 새겨져 있다는 것이다. 그릇 모양에서도 유사성을 찾아볼 수 있다. 한반도에서 발견된 대부분의 빗살무늬토기는 뾰족바닥에 곧은 입술의 반쪽계란 모양으로 이것은 빗살무늬토기의 원초적 형태에 해당한다. 북유럽이나 시베리아의 초기 빗살무늬토기도 대부분 동일한 형태이기는 하지만 한두 개, 또는 그 이상의 비(非)기하학적인 구멍이 뚫려 있는 것은 공통된 수수께끼다. 이러한 구멍은 북방 유라시아의 빗살무늬토기에서도 자주 발견되며 한반도 여러 유적에서도 발굴되었다. 이 구멍의 쓰임새에 관해서는 뚜껑을 매거나 달아매기 위해서라는 주장도 있고 장식용 혹은 깨진 곳을 수리한 자국이라는 설도 있지만 아직 정설은 없다.

현재까지의 연구에 의하면 빗살무늬토기 문화의 주역은 시베리아 초원 일대에서 활약하던 고대 아시아인들이라는 것이 중론이다. 이들에 의해 주도된 문화가 그들의 이동에 따라 북방 유라시아 대륙의 동서로 퍼졌으며 마침내 한반도까지 전해졌다는 것이다. 말하자면 빗살무늬토기의 전파는 고대 아시아인들의 한반도 유입에 따른 것이라고 말할 수 있다. 고대 한민족이 신석기 시대 때 고대 아시아인들과 함께 일구어놓은 이 빗살무늬토기 문화는 적어도 청동기시대 이전까지는 한반도의 고대문화가 중국과는 무관하다는 사실을 입증해준다. 왜냐하면 채도(彩陶)에서 흑도(黑陶)로, 다시 백도(白陶)로 전승되는 중국의 토기는 한반도의 토기와는 다른 길을 걸어왔기 때문이다. 이것은 중국의 중화사상이나 우리의 사대주의 유습에 일침을 놓는 질그릇의 엄정한 증언이다.

고대 아시아지역의 토기도 빗 같은 무늬새기개의 끝으로 눌러서 새기고 그어서 생긴 선으로 토기 겉면을 장식하고 있는 점을 감안할 때 고대 한반도의 것과 공통되는 점이 많다. 따라서 한반도의 빗살무늬토기와 동일계통의 것으로 짐작된다. 현재까지 한반도에서 발견된 빗살무늬토기는 135개에 달하는데 이것들은 주로 해안가, 강가 그리고 도서지방에서 발견되었다. 이것들을 크게 나누면 대동강과 한강을 포함한 서해안지역, 낙동강을 포함한 남해안지역, 두만강을 포함한 동해안지역의 3개 지역군으로 나눌 수 있으며 각 지역군 사이에는 지역별로 뚜렷한 차이가 있다. 서해안 및 남해안지역에서는 뾰족 밑을 기본으로 하는 첨저형 빗살무늬토기가 주를 이루는 반면 동해안지역에서는 밑이 납작한 평저형 빗살무늬토기가 주를 이루고 있다. 첨저형 빗살무늬토기가 출토된 대표적인 서해안 유적지로는 평안남도 온천군 궁산리, 황해도 봉산군 지탑리, 서울 암사동, 경기도 광주군 미사리, 경기도 부천군 시도(矢島) 패총 등이 있고, 남해안지역에서는 부산 동삼동 패총, 경상남도 김해군 수가리 패총 등이 있다. 한편, 평저형 빗살무늬토기가 출토된 동해안 유적지로는 함경북도 무산군 서포항(西浦項) 패총, 강원도 양양군 오산리 유적 등을 들 수 있다.

    방사성탄소연대 측정법에 의하면 빗살무늬토기 중 가장 오래된 연대는 기원전 4000년경이고 늦은 연대는 기원전 1000년경이다. 이처럼 오래전 존속했던 빗살무늬토기 시대를 전기, 중기, 후기로 구분할 때 시간의 흐름에 따라 빗살무늬토기도 변천된 것으로 판단된다. 첨저형 빗살무늬토기의 전기에는 입구와 몸통에 각각 다른 문양을 새겨 넣은 것이 주류를 이루고 있다. 예를 들면 입구에는 평행밀집사단선문(平行密集斜短線文), 몸통에는 어골문(魚骨文)이 혼합되어 새겨진 것이 기본형으로 나타난다. 이것은 무늬를 새김에 있어 각 부위별로 엄격한 규율이 있었음을 의미한다. 빗살무늬토기의 중기에 나타나는 특징은 밑동의 문양이 대부분 생략되어 있다는 점이다. 입구와 몸통에 각각 다른 문양이 새겨진 점은 전기와 마찬가지이다.

▮ 생산수단의 변화와 경제생활의 변화

신석기 시대에 들어와 타제석기가 마제석기로 바뀌게 되자 그만큼 생산 활동이 더 편리해졌기 때문에 그에 따라 경제생활도 많이 바뀌어 갔다. 그 변화 중에서도 가장 큰 변화는 수렵생활에서 정착생활로 변해간 것이었다. 인간의 삶은 자연적 생존환경에 적응하면서부터 시작된다. 사람이든 동물이든 자연적 생존환경 속에 없는 자원을 이용하여 살 방법은 없다. 모든 생물은 항상 자기에게 주어진 생존환경 속에서 이용 가능한 자원을 활용하며 살아간다. 예를 들면 열대지방 사람들은 주변의 나무나 잎을 이용해 집을 짓고, 뜨거운 지열을 피하기 위해 바닥과 일정 거리를 두며 손쉽게 구할 수 있는 쇠똥 등을 흙에 섞어 토담집을 짓는다.

반면 한대지방 사람들은 주변의 얼음을 이용해서 얼음집을 짓고 눈이 많기 때문에 이동할 때 썰매나 스키를 이용하며 한대 동물인 순록이나 물개를 잡아먹는다. 또 사막지방 사람들은 빛을 반사하여 더위를 덜 느끼게 해주는 흰색 옷을 즐겨 입고 이동할 때는 열대 동물인 낙타를 이용하며 물이 있는 오아시스 주변에 모여 산다. 이렇게 모든 인간은 자기에게 주어진 생존환경에 맞추어 살아간다.

그렇게 생존환경에 자기를 맞추어 살아가는 수동적인 삶이 바로 채취 생활과 수렵 생활이다. 동물들은 예외 없이 생존환경에 자기를 맞추어 가는 그런 수동적인 채취생활과 수렵생활을 한다. 새가 숲을 바꿀 수는 없으므로 새가 살 수 있는 길은 숲이라는 생존환경에 적응하는 길뿐이고, 물고기가 물을 바꿀 수는 없으므로 물고기가 살 수 있는 길은 물이라는 생존환경에 적응하는 길뿐이다.

고대인들도 처음에는 그렇게 주어진 생존환경에 적응하며 수동적으로 살 수밖에 없었을 것이다. 그러나 마제석기라는 새로운 도구는 그런 인간의 수동적 적응 생활을 바꾸어 놓는 우수한 수단이 되었다. 오늘날도 스마트폰과 컴퓨터 같은 새로운 문명의 이기들이 인간 생활을 크게 변화시키고 있듯 당시의 마제석기는 모든 동물들을 제압할 수 있는 위대한 발명품으로써 오늘날의 컴퓨터보다 더 크게 그들의 생활을 변화시켰을 것이다. 즉 석기라는 도구가 원시인들이 필요로 하는 경제재를 원활히 공급하게 되자 그들의 생활도 크게 변하게 되었던 것이다.

도구가 생기면서 수동적인 생존환경을 조금씩 바꾸어갈 힘이 생기게 되자 고대인들의 삶은 새로운 생존환경을 개척해 가는 능동적인 삶으로 서서히 바뀌게 되었다. 발굴된 조개무지 속에서 종종 동물의 뼈나 석기, 토기가 발견되고 있는 것은 고대인들이 단순한 채취생활에서 동물이나 물고기를 잡는 수렵생활로 점점 옮겨 갔음을 입증한다. 이렇게 석기가 자연석기에서 타제석기 내지 마제석기로 발전되면서 생활양식은 채취생활에서 수렵생활로 변해갔던 것이다. 그런 생활양식의 변화에도 불구하고 고대인들 역시 처음에는 땅과 바다를 바꿀 수 없었으므로 주어진 땅과 바다에 적응하며 살았을 것이다. 그래서 식물이 많은 평야 지역에서는 채식이 주식으로 자리 잡고, 동물이 많은 산골지역에서는 육식이 주식으로 자리 잡고, 수산물이 많은 어촌에서는 조개나 물고기들이 주식으로 자리 잡게 되었을 것이다.

하지만 그런 동물적인 수동적 경제생활 하에서는 항상 새로운 생산자원을 찾아다녀야 하는 어려움을 감수해야 한다. 오늘날도 감당하지 못할 자연재해가 생기면 고향을 떠나지 않을 수 없듯 채취 생활과 수렵 생활은 새로운 생존자원을 찾아 수시로 옮겨 다녀야 하는 힘든 생활이었을 것이다. 그러나 마제석기가 등장하면서 채취가 쉬워지고 수렵이 편리해지자 그만큼 식량이 늘어나고 생활에 여유를 갖게 되었고, 그런 여유는 이곳저곳을 옮겨 다니면서 힘들게 채취하고 수렵하기 보다는 한곳에 정착하여 생활하는 편이 훨씬 좋다는 생각으로 이어졌을 것이다. 더욱이 채취와 수렵의 경험이 늘어나면서 식용 가능한 식물과 물고기의 종류가 다양해지고 채취와 포획도 익숙해져 생산량은 더욱 증가했을 것이다. 이렇게 석기가 발달하면서 생존환경을 조금씩 바꾸어갈 힘이 생기게 되자 원시인들의 삶은 새로운 생존환경을 개척해 가는 능동적인 삶으로 서서히 바뀌게 되었다.

생산량의 증가로 어느 정도 원시인들의 일차적 욕구가 충족되자 보다 안락한 삶을 즐기고자 하는 상위 단계의 욕구가 생기게 되었을 것이다. 채취 생활과 수렵 생활이 정착 생활로 옮겨간 이면에는 인간의 그런 태생적, 본능적 욕구가 작용했을 것임은 의심의 여지가 없다. 석기라는 도구는 그런 인간의 욕구를 현실화시켜준 가장 우수한 수단이었다. 실제로 경제재의 생산 환경과 정착 생활은 밀접한 관계가 있다. 생산이 편하고 많으면 정착 생활이 가능하지만 그렇지 않으면 정착 생활은 불가능하다. 채취와 수렵 생활 하에서도 경제재의 생산이 풍부해지면 자연스럽게 정착 생활은 자리를 잡을 것이고 그렇지 못하면 어쩔 수 없이 이동 생활을 할 수밖에 없을 것이다.

동물들의 경우는 이를 잘 설명해 준다. 갯벌이라는 생존환경이 사라지면 철새들도 사라지고, 숲이라는 생존환경이 사라지면 산짐승들도 사라진다. 인간의 경우도 마찬가지이다. 화전민들의 경우만 보아도 생산 환경이 좋은 곳에는 오래 머물고, 나쁜 곳에는 빨리 떠난다.

현대사회에서의 노동력 이동 현상도 그렇다. 산업화와 함께 농촌보다 도시의 생활환경이 좋아지자 사람들은 도시로 모여들기 시작했다. 마찬가지로 농경이 시작되면서 정착 생활이 자리를 잡게 된 이유는 농경이 바로 풍부한 경제재의 생산을 보장해 주었기 때문이다.

▎생산력의 증가와 신체적 변화

생산력의 증가와 그에 따른 연구개발의 증가는 인류의 경제적 생활만 바꾸어 놓은 것이 아니다. 인류의 신체적 특징과 정신적 사고력마저 바꾸어 놓았다. 명령을 받고 힘든 일을 하는 노예와 명령을 내리고 감독하는 주인과는 정신적 생각은 물론이고 손마디부터 신체 골격에 이르기까지 크게 다르듯 노동시간이 줄어듦에 따라 원시인들의 신체적 골격과 정신적 사고력은 달라지기 시작했다. 그런 변화는 원시인들로 하여금 동물과는 더욱 멀어지고 현생인류와는 더욱 가깝도록 안내하는 길잡이 역할을 했다.

05 생산력의 발전과 생활의 변화

생산성과 생산력이 향상되면서 구석기인들의 생활은 또다시 새로운 변화를 거듭해 갔을 것이다. 예나 지금이나 생산성과 생산력의 향상은 경제생활의 향상으로 이어진다. 오늘날도 한 국가가 발전하는 데는 일정한 과정이 있다. 한국의 경우만 봐도 1960년대는 어딜 가나 먹을 것이 귀했던 문자 그대로 가난한 나라였다. 그래서 당시의 정권이 내세웠던 구호는 "잘살아 보세"였다. 새마을운동도 잘살아 보자는 국정 목표의 일환이었다. 새벽 별을 보고 일터로 나가 저녁별을 보고 집으로 돌아가는 별보기 운동이 벌어졌던 시절도 바로 그 시절이었다. 그런 피나는 노력으로 먹는 문제가 조금씩 해결되어가자 이번에는 보다 맛있는 집을 찾아 나서는 외식산업이 성장산업으로 떠오르기 시작했다. 도시마다 격조 높은 뷔페식당들이 들어서고 호젓한 시골길 곳곳에는 고급 가든식당들이 생겨나기 시작했다. 사람들은 주말마다 가족끼리 혹은 친구끼리 모여 뷔페식당이나 가든식당을 찾아 외식(外食)하는 즐거움을 누리곤 했다.

그런 외식 나들이는 의복의 변화로 이어졌다. 외식 기회는 외출 기회이기도 했다. 따라서 외출복이 필요해진 사람들은 너도나도 의류시장으로 몰려갔다. 갑자기 외출 기회를 가지게 된 사람들은 며칠씩 기다려야 하는 맞춤복보다 즉석에서 바로 사 입고 나갈 수 있는 기성복을 더욱 선호하게 되었고 그래서 맞춤복이 대세였던 의류시장은 기성복 시장으로 대대적인 변화를 겪게 되었다. 그런 기성복 시장은 의류산업이라는 새로운 산업 분야를 유망산업으로 떠오르게 했고 그로 인해 외출 시 꼭 필요한 의류와 신발은 내수 및 수출산업의 주력으로 자리 잡게 되었다. 특히 의류 및 신발산업이 수출효자 노릇을 하면서 도시공장의 고용이 크게 늘어나자 농촌 젊은이들이 직장을 찾아 도시로 몰려드는 이농(離農)현상이 벌어지기 시작했다.

고용이 늘면서 먹고 입는 것이 해결되자 이번에는 보다 멋진 집을 가지고 싶어 하는 욕구가 치솟았다. 새집을 사고 집들이를 하는 것은 자랑 중의 큰 자랑거리가 되었고, 아파트의 평수는 그 사람의 능력을 가늠하는 척도가 되었다. 그렇게 되자 곳곳에서 부동산투기가 기승을 부리기 시작했다. 아파트를 사놓기만 하면 값이 천정부지로 뛰어올랐기 때문에 부동산투기는 우수한 재테크 수단이 되었다. 돈 있는 사람들은 신규아파트 분양이 있을 때마다 돈다발을 싸 들고 투기꾼대열에 합류하여 몰려다녔다. 돈이 돈을 번다는 말은 점점 진리가 되어갔고 금력은 곧 실력이 되었다. 그래서 금력 있고 실력 있는 사람들은 그들만의 영지를 구축해 가기 시작했다. 강남이라는 부자촌은 그런 과정을 거쳐 탄생된 전형적인 도시의 산물이었다.

한편 직장이 생기고 돈이 생기면서 사람들 마음속에는 조금씩 여가생활을 즐기고 싶어 하는 욕구가 일기 시작했다. 도시의 바쁘고 찌든 생활을 잠시나마 벗어나 한가롭고 여유로운 시간을 갖고 싶어 하는 그런 욕구는 여행산업과 문화산업이라는 새로운 산업분야를 대두시키게 되었다. 특수층만 가는 것으로 여겨졌던 해외여행은 어느덧 누구나 가는 보편적인 여행이 되었고, 연극영화는 물론이고 오페라나 음악회 같은 문화산업도 활기를 띄기 시작했다. 또 TV가 급속도로 보급되면서 드라마와 오락프로그램이 인기를 얻기 시작했고, 그래서 과거 천민분야로 여겨졌던 연예공연분야가 새로운 유망직종으로 떠올랐다. 전자제품의 작동속도만큼이나 빠르게 돌아가는 기계속력에 맞추어 손발을 움직여야 하는 도시노동자들은 자신도 모르는 사이에 "빨리 문화"를 창출하게 되었고 따라서 고무줄처럼 팽팽하게 긴장된 일상생활로부터 벗어나 뭔가 재미있고 즐거운 시간을 보내고 싶어 하는 욕구가 생기기 시작했다. 오락산업, 연예공연산업은 그런 시대적 욕구가 낳은 새로운 성장산업이었다.

한편 전자산업의 발달, 특히 컴퓨터의 발달은 정보시대의 문을 열었고 그에 따라 개인정보유출이라는 새로운 사회적 문제를 야기시켰다. 정보가 돈이 되는 정보시대에 진입하면서 가는 곳마다 정보가 넘치고 광고가 넘치자 그만큼 개인정보의 오남용도 넘쳤다. 또 돈이 곧 힘인 자본주의사회가 고도화되면서 도둑과 강도 같은 강력범죄가 판치기 시작했다. 그 결과 보안산업이라는 새로운 사업이 등장했고 정보보안, 재산보안, 생명보안, 신체보안, 범죄보안을 내세우는 새로운 기업들이 속출하기 시작했다. 그중에서도 정보보안을 내세우는 컴퓨터보안회사, 재산보안과 생명보안을 내세우는 보험회사, 신체보안과 범죄보안을 내세우는 경호회사의 성장은 눈에 띄게 두드러졌다. 불안으로부터 벗어나고자 하는 사람들의 마음은 그런 보안산업에 날개를 달아주었던 것이다.

뿐만아니다. 무엇이든 오직 돈으로 말하는 각박한 자본주의사회는 정신병이라는 사회적 병을 확산시켜 주었다. 경기가 후퇴하고 살기가 팍팍해지자 여기저기서 삶을 비관하여 자살하거나 우울증에 시달리는 사람들이 늘어났다. 또 간편하고 편리하다는 이유로 가공식품이 늘어나고 패스트 푸드와 인스턴트 푸드 같은 정크 푸드(junk food)의 인기가 높아지면서 비만과 그에 따른 질병이 높아만 갔다. 대형종합병원과 대형종교시설은 그런 새로운 사회적 문제를 토양으로 하여 성장해 갔다. 병원에는 신체적 질병으로부터 해방되고 싶어 하는 사람들이 몰려갔고, 종교시설에는 정신적 질병으로부터 해방되고자 하는 사람들이 몰려갔다. 돈이 생기면 해결될 수 있을 것으로 믿었던 육체적 평안과 심리적 평안은 돈이 생기면서 오히려 악화되는 모순을 낳았던 것이다.

이런 사회적 변화의 중심점에는 항상 경제발전과 그에 따른 돈의 위력이라는 꼬리표가 붙어 다녔다. 돈의 힘은 어느 한 곳에 머무르지 않았다. 부자들의 막강한 금력은 자녀교육과 그에 따른 학벌이라는 새로운 분야로 전이되었다. 돈은 곧 학벌이고 학벌은 곧 금력이고 실력이고 권력이 되었다. 그 결과 부익부 빈익빈 현상은 더욱 분명해지고 경제가 발전하면 천국처럼 잘 사는 세상이 될 줄 알았던 서민들은 실망하기 시작했다. 생산수단의 발전이 가져온 경제적 변화는 이렇게 한 사회와 국가의 모습을 송두리째 바꾸어 놓았다.

이런 변화는 고대에도 마찬가지였다. 도구 발달에 의한 생산력의 증가는 의식주 전반에 걸쳐 많은 변화를 가져다주었다. 네안데르탈인이 살았던 것으로 믿어지는 무스테리안 유적지에서는 그런 변화를 읽을 수 있는 여러 흔적들이 발견되었다. 즉 정교한 집 자리, 불 땐 자리, 잘 다듬어진 석기와 골각기의 사용, 다양한 형태의 장신구, 묘제(墓祭)의 사용, 의식행위, 예술행위 등의 흔적을 찾을 수 있다. 다른 유적지에서도 고대인들의 생활상을 엿볼 수 있는 흔적들이 많이 발견되었다. 유고의 크라피나(Krapina)에서는 불구자가 사회적 보살핌을 받은 흔적이 보이며 사냥 중의 사고나 개인 혹은 집단 간의 갈등에서 비롯된 살인도 있었던 것으로 보인다. 또 샤니다르(Shanidar) 동굴유적에서는 시체 위에 꽃을 뿌리고 흙을 덮은 흔적이 보였으며 프랑스의 무스티에(Moustiers) 동굴에서는 피장자의 머리를 수석 덩어리 위에 올려놓았다. 중앙아시아의 테쉭 타쉬(Techik Tash) 유적에서는 염소 뿔이 달린 두개골 6개가 어린 네안데르탈의 주검 둘레에 놓여 있는 것도 발견되었다. 또 알프스 지역에 있는 동굴에서는 곰의 두개골을 인위적으로 배치한 유적이 발견되기도 했다. 이러한 사실은 네안데르탈인이 동굴 속에서 소위 말하는 곰 숭배라는 종교적 행위를 하였다는 추측을 가능하게 한다.

호모사피엔스의 생활상을 보여주는 유적은 아프리카와 유럽에 널리 분포되어 있다. 가장 대표적인 유적으로는 프랑스 니스(Nice)의 테라 아마타(Tera Amata) 유적지이다. 이 유적지에서는 여러 개의 타원형 집터가 발견되었다. 발견된 집터에는 집의 골조를 세웠던 기둥구멍과 화덕자리가 있었으며 그런 유물의 분포양상으로 볼 때 도구를 제작하는 작업공간도 있었던 것으로 믿어진다. 그런 것들은 대부분 아슐리안 석기문화에 속하는 것으로써 창으로 쓰였던 첨두기(尖頭器) 등도 발견되었다. 그밖에도 호모사피엔스가 살았을 것으로 추정되는 유적으로는 페트랄로나(Petralona), 빌징스레벤(Bilzingsleben), 슈타인하임(Steinheim) 및 스완스콤(Swanscomb) 등이 있다.

또 초기 사피엔스의 생활을 보여주는 중요한 유적들 중 하나인 케냐의 올로게세일리에(Ologesailie)와 탄자니아의 이시밀라(Isimila) 유적은 후기구석기에 들면서 인류의 생활이 전문화되고 분화된 양상을 잘 보여준다. 그 이유는 당시 사람들이 살았던 환경적 조건에 따라 조금씩 서로 다른 석기가 발견되는 점과 그들의 작업양식에 따라 도구의 형태와 모양이 차이나기 때문이다. 이런 점을 감안할 때 이미 그 시기의 사람들은 사용 용도에 따라 합당한 석기를 제작하여 사용할 수 있는 지적 능력을 가졌던 것으로 보인다.

약 30만 년 전 플라이스토세 중기부터 본격적으로 호모사피엔스들이 출현하면서 새로운 석기가 등장한 고고학적 증거들은 여러 곳에서 수없이 발견된다. 그중에는 스페인 마드리드의 북동쪽에 있는 토랄바(Torralba) 유적지와 암브로나(Ambrona) 유적지도 있다. 약 30~40만 년 전인 민델 빙기(Mindel glacial period)에 형성된 것으로 추정되는 그 유적지에서는 최소 30마리 이상의 코끼리 뼈가 발굴되었고 네다리가 잘려나간 야생마, 사슴, 코뿔소, 들소 등의 뼈 무덤도 발굴되었다. 또 불을 피운 흔적이 있고 돌과 나무로 만든 도구들의 조각도 발견되었다. 이런 유물들은 당시의 호모에렉투스들이 사냥했던 동물들의 종류가 작은 동물들뿐만 아니라 큰 동물에 이르기까지 다양했으며 사냥한 동물들의 수도 급격하게 증가하였음을 의미한다.

또 그런 유적지는 전기 구석기인들이 제법 조직적으로 사냥하였음을 추정케 한다. 그곳 유적지를 연구한 고고학자들은 호모에렉투스들이 어떻게 동물들을 사냥하고 도살했는지 그 기법을 복원했는데 그 연구 결과를 보면 토랄바는 늪지대였기 때문에 호모에렉투스들은 들판에 불을 놓아 코끼리 떼를 늪에 빠뜨려 사냥을 했다는 것이다. 당시에는 코끼리들이 아주 많았는데 호모에렉투스들은 그 많은 코끼리를 사냥할 수 있는 유일한 포식자였던 것이다. 구석기인들은 그렇게 포획한 코끼리를 도살장으로 끌고 가 잡은 후 뼈와 살을 골라내어 별도의 취식장소로 가져가 먹었던 것으로 보인다. 또 불에 탄 뼈도 많이 출토된 것으로 보아 사냥한 짐승들을 요리해 먹었음을 알 수 있다. 더욱이 그 유적지에서는 바닥이 단단하게 다져진 곳이 10여 군데 발견되었는데 그런 곳은 여러 집단이 공동으로 사용했던 작업공간이었던 것으로 보인다.

| 동물적 생산요소

무교환사회를 살아가는 동물세계를 보면 무교환사회에서는 자연노동력과 자연노동대상이라는 두 가지 요소만으로 생산이 이루어진다는 사실을 잘 알 수 있다. 새는 자신의 강한 부리와 빠른 날갯짓만으로 벌레를 잡고, 사자는 날센 동작과 예리한 이빨만으로 얼룩말을 사냥한다. 이처럼 동물들은 먹이를 확보함에 있어서 자기 몸을 제외한 어떤 도구적 수단도 사용하지 않는다. 새의 경우는 노동력 소유자로서의 새 자신과 노동대상으로서의 벌레만 있으면 먹이가 확보되고, 사자의 경우는 노동력 소유자로서의 사자 자신과 노동대상으로서의 얼룩말이라는 두 요소만 있으면 먹이가 확보된다. 아무런 도구적 수단을 사용하지 않는 동물들의 생산은 이처럼 노동력과 노동대상이라는 두 요소로 이루어진다.

동물적 생활을 유지했을 원시인들의 경우도 자신의 손발만을 이용하여 먹이를 채취 혹은 사냥하고 쉴 곳을 마련했을 것임은 의심의 여지가 없다. 지구 땅에 태어난 태초의 원인이 살았을 과정을 생각해 보라. 야생 열매를 채취할 때도 아무런 도구나 연장 없이 그냥 맨손으로 열매를 땄을 것이고, 강에서 물고기를 잡을 때도 오늘날 곰들이 연어를 사냥하는 것처럼 그저 빠른 손놀림만으로 잡았을 것이다. 그랬기 때문에 원시인들의 생산양식은 노동력으로서의 맨손과 노동대상으로서의 열매 혹은 물고기라는 두 요소 외에는 아무것도 필요치 않은 동물적 생산양식이었다.

무교환 사회에서 필요로 하는 이 생산 2요소는 모두 자연상태에서 얻어지는 것들이다. 인간의 노동력은 인간이 연구개발하여 만든 것이 아니라 자연인으로서의 인간이 저절로 가지게 되는 천부적 노동력이고, 노동대상으로서의 열매나 물고기 역시 인간이 만든 것이 아니라 자연 속에 저절로 생겨나 있는 것들이다. 소가 풀을 뜯어 먹는 경우를 다시 생각해 보자. 소는 노동력이고 풀은 노동대상이다. 여기서 노동력인 소도 자연적으로 생긴 것이고, 노동대상인 풀도 자연적으로 생긴 것이다. 이처럼 무교환 사회에서의 노동력과 노동대상은 모두 자연 상태에서 자연적으로 생긴 것들이다. 그래서 이를 특별히 자연노동력과 자연노동대상이라고 한다. 무교환 사회에서의 생산은 이렇게 자연노동력과 자연노동대상이라는 두 요소만으로 이루어진다. 이 같은 2요소적 생산양식은 모든 동물들이 지니고 있는 일반적인 생존양식이므로 이를 동물적 생산양식이라고 한다.

동물적 생산양식의 첫째 요소인 자연노동력은 다시 자연 체력과 자연 뇌력이라는 두 종류로 나누어진다. 인간이 하늘로부터 생득적으로 부여받은 힘에는 두 종류가 있다. 하나는 팔 힘, 다리 힘 같은 체력(體力)으로서의 육체적 힘이고, 다른 하나는 생각하고 판단하는 뇌력(腦力)으로서의 정신적 힘이다. 인간의 노동력은 이 두 가지 힘, 즉 체력이라는 육체적 힘과 뇌력이라는 정신적 힘이 합쳐진 합력(合力)으로서의 노동력이다.

그런 노동력은 항상 무형적 가치를 생산물에 이전시키는 속성을 지닌다. 사냥을 하여 멧돼지 한 마리를 잡았을 경우 사냥을 하는 데 투입된 노동력은 어디에도 남아 있지 않다. 남아 있는 것은 멧돼지라는 유형물로서의 사냥감뿐이다. 이는 사냥노동이라는 무형의 가치가 멧돼지라는 유형 생산물 속에 내재되어 있음을 의미한다. 목재를 다듬어 가구를 만들 때도 마찬가지이다. 가구를 만드는 데 투입된 노동력은 어디에도 남아 있지 않다. 오직 가구라는 유형생산물 속에 내재되어 있을 뿐이다. 이처럼 노동력이라는 무형가치는 항상 유형적 생산물에 이전된다.

노동력이 지니는 체력과 뇌력이라는 두 가지 힘은 비단 인간에게만 국한된 힘이 아니다. 다른 동식물들도 동일한 체력과 뇌력을 지니고 있다. 사자가 얼룩말을 사냥하는 것을 관찰해 보면 무턱대고 덤비는 것이 아니라 힘없고 무리에서 뒤쳐진 약자를 골라서 덤빈다. 독수리가 짐승을 사냥하는 것을 보아도 하늘 높은 곳에서 선회하며 사냥하기 좋은 장소에 나타난 짐승을 골라서 덮친다. 이렇게 동물들도 나름대로 머리를 먼저 쓰고 몸을 나중에 움직인다. 결코 마구잡이로 몸만 움직이는 것이 아니다. 인간의 경우는 그런 뇌력과 체력의 공조체제가 더욱 확고하다.

자연 노동력: 자연 체력 + 자연 뇌력

이렇게 자연 노동력은 체력과 뇌력이 합쳐진 힘이기 때문에 노동도 체(體)노동과 뇌(腦)노동이 합쳐진 체뇌(體腦)노동으로 나타난다. 즉 정신노동과 육체노동이 합쳐진 하나의 단일노동으로 나타난다. 인간의 노동이 행해지는 과정을 보면 이러한 사실은 명백해진다.

열매를 채취하는 아주 간단한 일만 해도 그렇다. 인간은 먼저 정신적 힘을 이용하여 그 열매가 먹을 수 있을 만큼 잘 익은 것인지 아니면 병들고 상해서 못 먹을 것인지를 판단한 다음 손을 뻗어 그 과일을 따게 된다. 여기서 판단하는 정신적 힘의 행사를 정신노동이라고 하고, 손을 뻗어 열매를 따는 육체적 힘의 행사를 육체노동이라고 한다. 야생과일의 채취는 이처럼 정신노동과 육체노동이 합쳐질 때 가능하다. 우리가 일반적으로 그냥 노동이라고 할 때의 노동은 이같이 항상 정신노동과 육체노동이라는 두 가지 노동, 즉 체노동과 뇌노동을 합친 단일체로서의 체뇌노동을 의미한다.

동물이든 인간이든 노동력이 체력과 뇌력으로 양분되는 것은 자연이 가진 형질일체성 때문이다. 자연 속의 다른 동식물과 마찬가지로 인간은 육체라는 형(形)과 정신이라는 질(質)의 이원적 요소가 하나로 합쳐진 이원일체로서 존재한다. 육체만 있고 정신이 없는 인간도 정상적인 인간이 아니요, 정신만 있고 육체가 없는 인간도 정상적인 인간이 아니다. 그러므로 인간의 노동력은 항상 체력과 뇌력이라는 두 가지 힘의 합력으로 나타난다.

그런데 정신적 힘인 뇌력은 육체적 힘인 체력이 전제되지 않는 한 생길 수 없는 힘이다. 즉 뇌력 없는 체력은 있을 수 있어도 체력 없는 뇌력은 있을 수 없다. 이러한 사실은 쉽게 입증할 수 있다. 갓난아기는 아무런 사회적 판단력이 없다. 그 아기가 사물을 판단하는 힘을 지니기 위해서는 먼저 우유를 먹고 육체적으로 성장해야 한다. 성장이 전제되지 않는 한 그 아기의 정신적 성장은 원천적으로 불가능하다. 이처럼 육체적 힘은 정신적 힘을 키우는 모태인 동시에 정신적 힘이 존속되도록 뒷받침하는 보호자이다.

비록 체력과 뇌력은 형질일체성에 의해 서로 분리될 수 없는 불가분의 단일체이지만 거기에는 이처럼 "체력이 뇌력을 결정한다."는 불변적 원칙이 존재한다. 현실생활 속에서도 이러한 원칙은 쉽게 찾아볼 수 있다. 단식을 하면 체력은 약해져도 정신력은 더욱 뚜렷해진다고 하는 사람들이 많다. 그러나 단식의 계속은 결국 체력의 한계로 이어지며 체력의 한계는 바로 정신력의 한계로 이어지기 마련이다. 굶주려 실신한 자의 정신력이 정상적으로 작동할 수 없음은 과학이요, 의학이다. 더욱이 노동에 관한 한 육체적 죽음은 바로 정신적 죽음을 의미한다. 모든 인간은 육체적 죽음과 동시에 육체적 노동은 물론이고 정신적 노동까지도 멈추고 만다. 지금까지 죽어서 땅에 묻힌 자가 어떤 형태로든 노동한 경우는 없기 때문이다.

"체력이 뇌력을 결정한다"는 이 법칙은 또 한 가지 중요한 사실을 가르쳐 준다. 육체는 구체적 형체가 있는 물질인 반면 정신은 구체적 형체가 없는 비물질이다. 그러므로 체력이 뇌력을 결정한다는 말은 형질상호작용에 의해 "육체가 정신을 결정한다"는 말인 동시에 "물질이 비물질을 결정한다."는 말이 된다. 앞에서 이미 언급한 것처럼 인간은 물질인 노동생산물이 있어야만 살 수 있다. 그러나 노동생산물이라는 물질로부터 시작된 인간사회는 곧 관습과 제도, 규범과 윤리 같은 비물질을 탄생시켰다. 그리고 물질의 도움으로 탄생된 이러한 비물질적 규범은 다시 물질을 탄생시키는 형질상호작용을 한다. 하지만 인간의 목숨을 이어주는 것은 어디까지나 노동생산물이라는 물질이기 때문에 만일 비물질적 규범이 물질의 생산과 소비를 방해하는 경우가 생기면 물질은 그 힘을 잃게 되고 물질이 힘을 잃게 되면 결국 비물질이 곧 힘을 잃게 된다. 물질인 재산의 몰락이 비물질인 가문의 몰락으로 이어지는 것을 보면 이런 이치를 쉽게 이해할 수 있을 것이다. 인류역사를 보아도 가난에 찌든 국가가 세계의 주인공이 되었던 적은 한 번도 없다.

사회도 마찬가지이다. 사회적 물질은 경제요 비물질은 정치이다. 역사가 입증하듯 한 사회의 경제적 힘이 강해지면 정치적 힘도 강해지고, 한 사회의 경제적 힘이 약해지면 정치적 힘도 약해진다. 이는 마치 잘린 나무가 죽어가는 과정과도 같다. 나무의 밑동을 자른다고 해서 금방 나뭇가지와 나뭇잎이 모두 메말라 죽는 것은 아니다. 나뭇가지와 나뭇잎이 말라 죽는 것은 그 나무가 가진 영양분을 모두 소모하고 난 연후이다. 마찬가지로 번창하던 사회의 경제적 힘이 줄어들었다고 해서 당장 그 사회가 망하는 것은 아니다. 그 사회가 비축하고 있는 경제적 힘이 서서히 소진되면서 사회는 힘을 잃게 된다. 개인도 그렇고 국가도 그렇다. 부자가 망해도 3년 먹을 것이 있다는 말은 바로 이런 사실을 두고 하는 말일 것이다.

▎인간적 생산요소

정신노동은 항상 육체노동보다 앞서 행해져야 하며 앞서 행해지기 때문에 만일의 경우 그 정신노동이 잘못되면 육체노동은 덩달아 잘못된다. 예를 들면 속이 썩은 과일을 싱싱한 과일인 줄 잘못 판단했을 경우 그 정신노동은 잘못된 노동이며 따라서 손을 뻗쳐 그 과일을 따는 육체노동 역시 썩은 과일을 따게 되므로 잘못된 노동이 되고 만다. 개인노동은 이렇게 체노동과 뇌노동, 즉 육체노동과 정신노동이 합쳐진 단일노동으로 나타나지만 사회적 분업이 진전되면 사회적 노동은 육체노동과 정신노동으로 노동의 영역이 분리된다.

화이트칼라로 대변되는 정신노동자와 블루칼라로 대변되는 육체노동자는 노동의 종류와 성격을 불문하고 단순히 노동하는 사람이라는 점에서는 같은 노동자이다. 하지만 노동의 성격으로 볼 때 이 둘은 전혀 다른 노동이다. 우선 노동의 장소부터 다르다. 정신노동자는 주로 사무실에서 일하는 반면 육체노동자는 공장이나 작업 현장에서 일한다. 노동의 내용도 다르다. 정신노동자는 주로 머리 쓰는 일을 하는 반면 육체노동자는 몸 쓰는 일을 한다. 이렇게 노동의 장소와 내용이 다르다 보니 정신노동자는 정신노동자끼리 동류의식을 느끼게 되고, 육체노동자는 육체노동자끼리 동류의식을 느끼게 된다. 그 결과 공감대를 이루는 노동자끼리 노동집단을 형성하게 된다. 그리고 그러한 노동집단의 형성은 다른 노동집단에 대한 배타성을 지니게 된다. 생산과정에서 생기는 이러한 인간과 인간 간의 관계를 생산관계라 한다.

인간은 자연노동력과 자연노동대상, 즉 인력과 자연물이라는 동물적 생산 2요소로부터 생산을 시작했다. 이는 곧 인적 요소와 물적 요소를 결합하여 생산을 시작했다는 말이기도 하다. 자연노동력인 인력은 인적 요소이고 자연노동대상인 자연물은 물적 요소이기 때문이다. 인간의 모든 생산은 언제나 인적 요소와 물적 요소라는 두 요소가 합쳐져야만 이루어진다. 어떤 경우에도 인적 요소만으로 구성되는 생산도 있을 수 없고 물적 요소만으로 구성되는 생산도 있을 수 없다.

인간적 생산양식인 생산 4요소의 경우도 마찬가지이다. 생산 4요소 중 자연노동력, 즉 인력을 제외한 모든 다른 요소는 물적 요소라는 공통성을 지닌다. 대체력인 인공노동력, 자연물인 자연노동대상, 그리고 인공물인 인공노동대상은 모두 물적 요소이다. 다시 말하면 대체력인 도구와 연장도 물적 요소이고 자연물인 원목과 석탄도 물적 요소이고 인공물인 합판과 벽돌도 물적 요소이다.

이는 인간적 생산양식이 비록 동물적 생산 2요소를 4요소로 확대시키기는 했지만 그 생산요소의 특성을 요약하면 동물적 생산요소와 똑같이 인력이라는 질적 요소와 원자재라는 물적 요소라는 두 가지 요소로 이루어짐을 의미한다.

생산요소의 구분			
구분	생산요소의 세분		
노동력	자연적 신체력	천부적 육체노동력	인적요소
	인공적 도구력	도구 같은 대체력	
노동대상	자연적 노동대상	자연 속의 원자재	물적요소
	인공적 노동대상	옷감 같은 가공물	

▎생산과 소비

생산이 인간생존의 출발점이긴 하지만 그 출발점인 생산은 항상 소비를 전제로 한다. 왜냐하면 인간은 어떤 경우에도 자신이 생산한 경제적 재화를 소비하지 않고는 살 수 없기 때문이다. 실제로 인간의 생존은 "생산과 소비의 반복"을 통해서 가능해진다. 더욱이 그 생산과 소비는 한 번으로 끝나는 것이 아니라 죽는 날까지 쉼 없이 반복되어야 한다. 이는 어떤 이론으로도 바꾸어 놓을 수 없는 엄연한 현실이다. 적어도 생존에 관한 한 인간의 양보할 수 없는 최소공배수는 자유도 평등도 아닌 생존 재화의 생산과 소비의 반복임을 우리는 부인할 수 없다.

인간은 자유와 평등 없이도 살 수 있다. 고대노예사회에서의 노예들은 아무런 자유도 누리지 못했지만 그래도 평생을 살았다. 또 중세의 엄격한 신분사회 속에서 결코 사회적 평등을 누릴 수 없었던 천민들도 그 천한 대를 이어가며 살았다. 오늘날에도 감옥의 죄수들은 자유가 없다. 그러나 그들 역시 자유는 없지만 계속 살아간다. 이들이 이처럼 자유와 평등이 없음에도 살 수 있는 이유는 바로 의식주 생활에 필요한 물자의 생산과 소비를 반복할 수 있기 때문이다.

인간의 삶은 이렇게 생산과 소비의 반복으로부터 시작되기 때문에 인간의 모든 사회적 문제 또한 생산과 소비의 반복으로부터 시작된다. 빈부와 계급, 대립과 갈등, 전쟁과 평화 등은 바로 인간이 생산과 소비를 반복하면서 목숨을 유지하고 살아가는 과정에서 생기는 것이다.

최초의 원인(原人)이 살았을 까마득한 옛날로 거슬러 올라가 보면 이러한 사실은 더욱 명백해진다. 최초의 원인이 혼자 살았을 때는 빈부니 계급이니 갈등이니 하는 사회적 문제들이 생기지 않았을 것이다. 혼자뿐이어서 사회 자체가 성립되지도 않았을 것이므로 그런 사회적 문제들이 생겼을 리 없다. 그런 사회적 문제들이 생기게 된 궁극적 원인은 태초의 원인(原人)이 생산과 소비를 반복하면서 목숨을 이어가는 동안 자식을 낳고 기르게 되었으며 또 그 자식이 생산과 소비를 반복하면서 다시 자식을 낳고 기르게 됨으로써 씨족사회가 형성되고 나아가 부족사회, 민족사회가 형성되었기 때문이다. 만일 그 태초의 원인이 생산과 소비의 반복을 거부했더라면, 또 그 자식이 이를 거부했더라면 인간의 대는 이어지지 않았을 것이고 그랬으면 오늘날 우리가 문제 삼고 있는 인간사회는 형성되지 않았을 것이며 따라서 정치적, 경제적, 사회적 제반 문제들 또한 생기지 않았을 것이다. 그러므로 인간이 생산과 소비를 반복해온 역사는 곧 인간의 역사요, 문명사요, 사회사이다.

인간이 오랜 역사를 통해 찬란한 문명을 꽃피우고 눈부신 과학을 발전시켜 올 수 있었던 것도 결국은 생산과 소비를 반복하면서 목숨을 이어왔기 때문이다. 이는 앞으로 인간의 문명이 아무리 발전하고 사회형태가 아무리 변해도 인간이 존재하는 한 영원히 변하지 않을 불변적 삶의 원칙이다. 마치 지구가 태양의 궤도를 돌면서 밤과 낮을 반복하며 세월을 만들어 가듯 인간은 생산과 소비라는 불변적 삶의 모습을 되풀이하면서 인간의 역사를 만들어 간다. 이처럼 생산과 소비의 반복은 인간이 살아가는 근본적이고도 영원히 변치 않을 존재의 틀이기 때문에 이를 "인간의 생존양식"이라고 한다.

인간은 누구도 이 생존양식을 벗어나 살 수 없다. 모든 인간은 보이지 않는 사슬과도 같은 생산과 소비의 반복이라는 생존양식에 묶여 살아가는 생존양식의 노예이다. 인간은 먹어야 살 수 있으므로 살아 있는 한 영원히 빵의 생산과 소비를 반복할 수밖에 없다. 어떤 경우에도 빵이 인간에게 먹어 달라고 매달리고 애원하는 법은 없다. 빵에 목숨을 걸고 매달리는 자는 바로 인간이다. 신분의 귀천을 막론하고 빵의 노예가 아닌 자는 이 세상 어디에도 없다. 이런 관점에서 보면 부처도 예수도 그들의 자비와 사랑을 먹고 살았던 것이 아니라 그들이 구제하고자 했던 불쌍한 중생과 어린양들이 생산한 빵을 먹고 살았다. 그러므로 순전히 생존양식적 관점에서만 본다면 그들이 중생과 어린양들을 구원한 것이 아니라 반대로 중생과 어린양들이 그들을 구원했던 것이다. 만일 중생과 어린양들이 생산한 생산물이 없었더라면 그들은 자비와 사랑을 외치다 굶어 죽고 말았을 것이다. 왜냐하면 생산과 소비의 반복이라는 인간의 생존양식은 신도 바꾸어 놓을 수 없는 하늘의 생존법칙이기 때문이다.

실제로 인간은 모든 욕망을 포기할 수 있다. 사랑도 우정도 미련도 모두 포기할 수 있다. 또 인간은 모든 꿈을 다 포기할 수 있다. 벼슬도 명예도 부귀영화도 모두 다 포기할 수 있다. 그런 것들은 인간이 언제든지 내던져 버릴 수 있고 포기할 수 있는 것들이기 때문에 그런 것들이 인간을 그들의 노예로 묶어 놓을 수는 없다. 그러나 빵의 생산과 소비라는 인간의 생존양식은 던져 버릴 수도 없고 포기할 수도 없는, 오직 매달릴 수밖에 없는 것이다. 갓 태어난 아기가 살수 있는 방법을 생각해 보라. 아기에게 필요한 것은 자유와 평등이 아니라 엄마 젖이라는 빵이다. 자유와 평등 없는 아기는 살 수 있어도 엄마 젖이라는 빵이 없는 아기는 살지 못한다. 그러므로 모든 인간은 살아 있는 한 빵의 생산과 소비라는 생존 양식에 얽매여 있는 생존양식의 노예요, 생존 양식의 포로이다. 이를 단적으로 말하면 "인간은 빵의 노예"이다.

예수나 부처 역시 그들의 마음속에서 원수를 용서하고 원수라는 개념을 내쫓아 버리고 살 수 있었을지는 몰라도 그들의 입속에서 빵을 내쫓아 버리고는 살 수 없었을 것이다. 이처럼 인간은 빵의 운명적 노예이기 때문에 인간이 빵의 노예로부터 해방되는 날은 위대한 자유의 날이 아니라 슬픈 죽음의 날이 되고 만다. 빵의 생산과 소비라는 생존양식은 자연이 인간에게 채워놓은 운명적 사슬이다. 더욱이 그 운명적 사슬은 죽음 외에는 그 어떤 방법으로도 풀 수 없는 열쇠가 없는 사슬이다.

인간은 누구도 생산과 소비의 반복이라는 이 생존양식을 선택한 일이 없다. 그것은 하늘이 인간에게 일방적으로 부여한 하늘의 법, 즉 천법(天法)이다. 이 천법은 하늘이 자신의 생존법칙을 그대로 인간에게 물려준 것이다. 선인사회에서 보았듯이 우주는 팽창과 수축이라는 확축반복에 의해 존속한다. 확산은 생기고 커지는 것이므로 생산과 같고 수축은 작아지고 없어지는 것이므로 소비와 같다. 생산과 소비의 반복이라는 인간의 생존양식은 이렇게 하늘의 존속법칙을 그대로 이어받은 것이기 때문에 인간으로서는 영원히 거부할 수 없고, 바꿀 수 없는 생존양식이기도 하다. 그래서 우리는 이를 특별히 생존천법(生存天法)이라고 한다.

(1) 생산과 소비의 법칙

하늘이 정한 생산과 소비라는 음양적 반복에는 다음과 같은 세 가지 법칙이 수반된다.

첫째, 선생산 후소비(先生産 後消費)의 법칙이다. 생산과 소비의 반복에 있어서 생산은 소비보다 반드시 앞서게 된다. 왜냐하면 생산되지 않은 물자를 소비할 수는 없기 때문이다. 자연 속에 아무리 인간의 의식주 생활을 충족시켜 줄 수 있는 대상물이 많다고 해도 인간이 힘들여 생산하지 않는 한 인간은 아무것도 얻을 수 없다. 강물 속에 물고기가 아무리 많아도 인간이 힘들여 그 물고기를 잡지 않는 한 물고기가 저절로 인간의 입속에 들어와 먹이가 될 리 없고, 산속에 아무리 야생 열매가 많아도 인간이 힘들여 야생과일을 채취하지 않는 한 그 야생 열매가 저절로 입속에 들어와 먹이가 될 리 없다. 이처럼 인간의 소비는 항상 생산이 먼저 행해질 때만 가능한 것이다. 이렇게 생산이 앞서고 소비가 뒤서는 법칙을 "선생산 후소비(先生産 後消費)의 법칙"이라고 한다.

인간은 먼저 생산하고 나중 소비하는 "선생산 후소비의 법칙"을 통해서만 살 수 있을 뿐, 어떤 경우에도 먼저 소비하고 나중 생산하는 선소비 후생산(先消費 後生産)의 법칙을 통해서는 살 수 없다. 이 선생산 후소비의 법칙은 하늘의 법칙이기 때문에 비단 인간의 생존양식에만 국한되는 것은 아니다. 생존천법에 얽매여 있는 모든 생물들 역시 선생산 후소비의 법칙을 통해서 살아간다. 식물도 탄소동화작용으로 생존에 필요한 영양분을 먼저 생산한 후 이를 소비함으로써 성장해 가고, 동물도 그들이 하늘로부터 부여받은 힘을 이용하여 생존에 필요한 먹이를 먼저 생산한 다음 그것을 소비하면서 살아간다. 심지어 식물의 씨앗이 싹트기 위해서도 먼저 씨앗 속에 있는 영양분이 있어야 하며, 동물들의 새끼도 어미가 먼저 먹이를 생산하여 물어다 주지 않으면 살 수 없다.

이처럼 원칙적으로 모든 소비는 생산에 종속된다. 즉, 선생산 후소비의 법칙에 의해 생산이 없으면 소비도 있을 수 없다. 누가 생산했건 앞서 생산한 것이 있기 때문에 소비가 가능하다. 도둑이 물건을 훔쳐서 소비하기 위해서도 먼저 훔칠 대상으로서의 생산물이 있어야 한다. 그러므로 개인적 입장에서 보면 생산 없는 소비가 가능하지만 사회적 입장에서 보면 생산 없는 소비는 불가능하다. 이렇게 생산은 항상 소비보다 앞서야 하므로 소비는 결코 생산을 초과할 수 없다. 자기가 직접 생산한 경우는 물론이고 자기가 직접 생산하지 않고 타인이 생산한 것을 나누어 쓰거나 빌려 쓰는 경우에도 누군가가 먼저 생산해 놓지 않는 한 소비할 수 없으므로 소비는 생산을 초과할 수 없다. 이처럼 소비가 생산의 범위를 초과할 수 없는 법칙을 "소비한계(消費限界)의 법칙"이라고 한다. 이 "소비한계의 법칙"은 바꾸어 말하면 "무생산 무소비(無生産 無消費)의 법칙"이다. 그러므로 생산하지 않는 자는 소비할 수 없다. 이 역시 인간으로서는 어찌할 수 없는 하늘이 정한 하늘의 천법(天法)이다.

　둘째, 생산과 소비의 균형법칙이다. 인간의 생산과 소비가 반복되어 가는 과정을 면밀히 살펴보면 생산은 소비를 자극하고 소비는 생산을 자극함으로써 생산과 소비가 항상 균형을 유지해 가고 있음을 알 수 있다. 언제나 생산이 많으면 소비가 늘어나고 반대로 소비가 많으면 생산이 늘어남으로써 생산과 소비가 균형을 이루어 간다. 모든 인간은 동물적 본능에 의해 필요 없는 일을 하지 않는다. 만일 인간이 필요 없는 일을 하는데 체내에너지를 다 소모해 버린다면 정작 생존에 필요한 물자를 생산할 힘이 없어 큰 고통을 당할 것이다. 인간은 물론이거니와 모든 동물들도 본능적으로 그런 고통을 자청하지 않는다. 항상 소비의 필요성이 있으면 생산하고 생산한 것을 소비한 다음 다시 생산한다. 소비의 필요성이 없는데도 생산하거나 생산한 것이 아직 다 소비되지 않고 남아있는데도 생산하는 경우는 없다. 물론 일시적으로 소비되지 않는 과잉생산이 있을 수 있다. 그러나 장기적으로 보면 생산과 소비는 반드시 균형을 이루게 된다. 이렇게 생산과 소비가 균형을 이루어 가는 법칙을 "생산과 소비의 균형법칙"이라고 한다. 이 역시 인간으로서는 어찌할 수 없는 하늘이 정한 천법이다.

　수요와 공급의 법칙은 생산과 소비의 자체조절기능인 이 생산과 소비의 균형법칙 때문에 생기는 법칙이다. 수요와 공급은 언제나 차이 날 수 있지만 그러나 언제나 균형점을 목표로 하여 달려간다. 봄이 되어 풋나물의 생산이 많아지면 나물의 소비가 늘어나고, 여름이 되어 과일의 생산이 많아지면 과일의 소비가 늘어나는 이유도 생산과 소비가 균형을 이루어 가는 자기조절기능을 가지고 있기 때문이다. 생산이 많아지면 균형법칙이라는 이 자체조절기능이 발동하여 소비를 자극시키고, 반대로 소비가 많아지면 다시 이 자체조절기능이 발동하여 생산을 자극시킴으로 해서 생산과 소비는 균형을 이루어 간다. 이는 우주의 별들이 정역학 평형상태(正力學 平衡狀態)에 이르기까지 변화를 계속하고 세포질이 등장액(等張液)이 될 때까지 삼투작용을 계속하는 것과 같은 이치이다.

과잉생산에 의한 경제공황도 이 균형법칙을 통해서 보면 그것은 어디까지나 생산과 소비의 반복과정에서 생기는 일시적 현상일 뿐 그것이 경제를 영원히 파멸시키는 요인이 되는 것은 아니다. 이는 마치 홍수가 기후변화의 일시적 현상인 것과도 같다. 아무리 큰 홍수가 나도 홍수 때문에 일 년 사계절이 완전히 없어지는 것도 아니며 인간이 모두 죽어 없어지는 것도 아니다. 더욱이 홍수가 엄청난 피해를 가져다 주는 것은 사실이지만 그렇다고 이익을 가져다주는 면이 전혀 없는 것도 아니다. 홍수가 지나가면 수많은 도로가 유실되고 건물이 파손되어 엄청난 손해가 발생하지만 그래도 인간은 다시 보다 좋은 도로를 만들고 새로운 건물을 짓게 된다. 또 홍수는 더러운 찌꺼기를 청소해 주기도 하고 토질을 바꾸어 주기도 한다. 고대 나일강 유역이 인류문명의 발상지가 될 수 있었던 이유는 홍수로 강물이 범람할 때마다 기름진 땅을 만들어 주었기 때문이다.

경제공황은 홍수와도 같다. 홍수가 일시적 현상이듯 공황도 경제의 일시적 현상이다. 그러므로 공황 때문에 일시적 고통을 겪을 수는 있지만 공황 때문에 인간의 삶이 끝나는 것은 아니다. 더욱이 공황은 새로운 생산기술을 개발하고 생산성을 향상시킬 수 있는 계기가 되며 그로 인해 경제는 더욱 발전해 간다. 또 공황은 하나의 경제현상에 불과하므로 경제체제에 따라 공황이 생길 수도 있고 생기지 않을 수도 있는 것이 아니라 인간이 사회를 이루고 있는 한 필연적으로 생기기 마련인 것이다.

그러므로 공황을 자본주의적 생산이 지닌 모순 때문에 생기는 자본주의적 산물로 규정하고 공황 때문에 자본주의가 파멸할 것이라고 주장하는 것은 크게 잘못된 시각이다. 그런 시각은 자본주의든 사회주의든 사회체제와는 관계없이 모든 과잉생산과 과잉소비가 자체적으로 조절되어 가는 생산과 소비의 균형법칙이라는 하늘의 법칙을 충분히 이해하지 못한 자의 짧은 단견이라 해야 할 것이다. 공황은 자본주의의 산물이 아니라 경제활동의 산물이며 따라서 공황은 자본주의 체제 하에서만 생기는 것이 아니라 사회주의든 공산주의든 인간의 경제활동이 있는 곳에는 반드시 생기는 하나의 경제현상일 뿐이다.

셋째, 생산과 소비의 불가분법칙(不可分法則)이다. 생산과 소비는 완전히 반대되는 개념이다. 생산은 만드는 것이고 소비는 없애는 것이다. 이렇게 둘은 정반대되는 개념임에도 불구하고 이 둘은 항상 분리될 수 없는 불가분의 관계를 가진다. 인간이 양식을 생산하는 목적은 그 양식을 먹고 소비하기 위해서이며, 반대로 인간이 양식을 소비하는 목적은 새로운 양식을 생산할 수 있는 체내에너지를 얻기 위해서이다. 말하자면 생산은 소비를 전제로 하고 소비는 생산을 전제로 한다. 즉 서로가 서로의 원인이 되고 목적이 되는 것이다. 그러므로 생산만으로 끝나는 생산도 있을 수 없으며 소비만으로 끝나는 소비도 있을 수 없다. 이렇게 생산과 소비는 어느 한쪽이 없어지면 다른 한쪽이 있을 수 없는 불가분의 관계를 가지는데 이를 "생산과 소비의 불가분법칙"이라고 한다.

생산과 소비가 이렇게 불가분의 관계를 가지고 반복될 수밖에 없는 이유는 생산과 소비라는 두 요소가 서로의 외형적 모습만 다를 뿐 내면적으로는 분리될 수 없는 일체적 행위이기 때문이다. 마치 밤과 낮이 서로 떨어질 수 없는 불가분성을 가지듯 인간의 생산과 소비 역시 동일한 불가분성을 가진다. 말하자면 생산은 소비의 그림자가 되고, 소비는 생산의 그림자가 됨으로써 생산과 소비는 영원히 붙어 다닐 수밖에 없는 운명을 타고났다고 말할 수 있다. 더욱이 생산과 소비는 분리될 수 없는 것이기 때문에 그 반복과정 또한 변할 수 없다. 생산과 소비의 반복은 언제나 "생산→소비→생산"의 과정을 밟아간다. 어떤 경우에도 "생산→생산→소비"가 되거나 "소비→소비→생산"이 되는 경우는 없다.

이러한 생산과 소비의 관계를 보다 쉽게 이해하기 위해 식량을 생산하고 소비하는 과정을 예로 들어보자. 인간이 식량을 생산하기 위해서는 우선 생산한 양식을 먹고 체내에너지를 생산해야 한다. 그다음 그 체내에너지를 이용하여 새로운 양식을 생산하게 된다. 이러한 과정을 순서화하면 다음과 같이 정리할 수 있다. 아래 표에서 보듯 양식의 생산과정은 "생산→소비→생산→소비→생산"의 과정이다. 여기서 생산은 소비를 전제로 하고 소비는 생산을 전제로 한다. 만일 이 과정 중에서 생산과 소비가 분리된다면 양식의 생산은 불가능하다. 생산과 소비는 이렇게 떨어지려야 떨어질 수 없는 필연적 상호관계를 가지지만 사회가 복잡해지면 생산과 소비는 마치 서로 떨어져 존재하는 것처럼 보인다. 왜냐하면 생산 분야에 종사하는 사람도 있고, 소비 분야에 종사하는 사람도 있기 때문이다. 그러나 그런 현상은 개개인을 놓고 볼 때 생기는 현상이며 사회 전체를 놓고 볼 때는 여전히 생산과 소비는 떨어질 수 없는 불가분의 관계를 가진다.

생산과 소비는 이처럼 서로 분리될 수 없는 필연적인 상호관계를 가지면서 반복된다.

생산과 소비의 순환체계	
구분	순환체계
생산	생산한 양식을
소비	섭취하고
생산	체내에너지를 생산한 후
소비	그 에너지를 이용하여
생산	새로운 양식을 생산한다

사회를 거대한 한 인간으로 대치시켜 놓고 보면 사회라는 그 거대한 인간은 반드시 생산과 소비를 반복해야만 존속할 수 있기 때문이다. 만일 누군가가 먼저 생산하지 않는다면 그 사회 구성원은 누구도 소비할 수 없을 것이므로 결국 그 사회는 존속할 수 없을 것이다.

(2) 무계획적 생산과 계획적 생산

자본주의사회는 독립된 개별자본으로 구성되어 있기 때문에 그 개별자본들이 무엇을 생산하든 그것은 완전히 개별자본의 결정에 맡겨져 있다. 이 개별자본들은 사회전체가 필요로 하는 것이 무엇이며 당장 공급되어야 할 것이 무엇인지에는 아무 관심도 없다. 오직 이윤이 있는 일이면 덤벼들고 이윤이 없는 일이면 손을 뗄 뿐이다. 자본주의사회에서는 이번 달 사회가 필요로 하는 어떤 생산물을 얼마만큼 생산하라고 명령하는 사람도 없고 그런 사회적 수요와 공급을 일치시키기 위해 사전에 생산을 계획하는 사람도 없다. 말하자면 자본주의사회는 무계획적이고 무정부적인 생산이 이루어지는 곳이다.

그러므로 자본주의사회에서는 사회적 수요와 개별자본의 공급이 일치할 수 없다. 다만 시장원리에 의해 공급이 넘치면 가격이 내려가 공급을 줄어들게 하고, 공급이 부족하면 가격이 올라가 다시 공급을 늘게 함으로써 사후적으로 수요와 공급이 균형을 이루어가도록 한다. 자본주의사회는 이렇게 수요와 공급의 균형이 사후적으로 이루어지므로 항상 불균형의 균형화와 균형의 불균형화가 반복되는 사회이다. 자본주의적 생산은 이렇게 비록 무계획적이고 무정부적인 생산이긴 하지만 바로 이 불균형의 균형화와 균형의 불균형화라는 사후적 조정과정을 통해 자연스럽게 균형을 이루어 가는 생산이다.

반면 공산주의적 생산은 사회적 수요량을 사전에 조사하고 그 수요에 맞도록 사전에 생산을 계획하므로 항상 사회적 수요와 공급이 일치하도록 하는 생산이다. 물론 세상의 모든 일이 계획대로만 되는 것은 아니므로 그러한 계획생산에 차질이 생길 경우에는 당연히 사후적으로 생산을 다시 조정하게 된다. 이렇게 볼 때 공산주의적 생산은 균형상태에서 출발하여 불균형상태에 도달하는 반면 자본주의적 생산은 불균형상태에서 출발하여 균형상태에 도달하는 생산방식이라 할 수 있다. 다시 말하면 자본주의적 생산은 사후적 균형을 추구하는 생산이고, 공산주의적 생산은 사전적 균형을 추구하는 생산이다. 수요와 공급의 사회적 균형을 추구함에 있어서 사전균형원리가 좋으냐 사후균형원리가 좋으냐는 많은 논란의 대상이 될 수 있다. 그러나 가장 위대한 힘은 자연의 힘이므로 자연의 이치에 맞는 쪽이 더 합리적인 방법일 것이다.

06 자본사회

　자본적 생산에 기초하여 자본을 경제생활의 출발점으로 삼는 사회를 자본사회라고 한다. 자본사회는 자본으로 가치를 생산하고 증식하는 사회이므로 자본이 경제활동을 지배하는 핵심요소가 된다. 그렇기 때문에 자본은 결코 자본주의사회의 전유물이 아니다. 자본은 소비되지 않고 남아있는 노동가치와도 같은 것이므로 그것은 화폐형태로 남을 수도 있고 실물형태로 남을 수도 있다. 따라서 화폐가 있거나 실물이 있는 곳에는 반드시 자본이 있기 마련이다. 오늘날은 화폐가 자본의 대명사처럼 쓰이고 있으므로 화폐자본이 자본의 대부분을 차지한다. 하지만 부동산, 기계시설 등은 물론이고 도로, 항만, 전력, 교통, 통신 같은 사회적 편의시설을 사회간접자본이라 하듯이 실물도 분명한 자본이며 모든 생산은 그런 자본을 바탕으로 하여 이루어진다.

　자본주의사회도 생산과 소비가 자본에 의해 이루어지는 자본사회이고, 사회주의사회도 생산과 소비가 자본에 의해 이루어지는 똑같은 자본사회이다. 다만 차이가 있다면 그 자본이 누구에 의해 소유되고 있느냐는 소유관계에 차이가 있을 뿐이다. 자본주의사회에서는 자본이 개인에 의해 소유되고 있는 반면 사회주의사회에서는 자본이 국가에 의해 소유되고 있다. 다시 말하면 자본주의사회는 자본이 사유화되어 있는 사유자본사회인 반면 사회주의사회는 자본이 국유화되어 있는 국유자본사회이다.

양대 교환사회 비교표		
사회구분	자본소유 구분	사회체제구분
자본주의 사회	자본의 사유화	사유자본사회
사회주의 사회	자본의 국유화	국유자본사회

자본사회의 생산은 근본적으로 사회적 생산이다. 이진법적 무교환사회에서는 모든 생산이 자신의 사적(私的) 사용을 전제로 하므로 무교환 사회의 생산은 사적 생산이 되지만 삼진법적 교환사회에서는 모든 생산이 교환을 전제로 하므로 교환사회의 생산은 사회적 생산이 된다. 삼진법적 교환사회에서는 자기가 생산한 것을 자기가 직접 소비하는 것이 아니라 교환에 의해 사회의 불특정 다수가 사용한다. 따라서 교환사회에서의 생산은 정치적 이념과는 관계없이 모두 사회적 생산이 된다.

교환사회의 자본은 바로 그런 사회적 생산을 위한 자본이며 그렇기 때문에 자본의 과다는 증식될 부의 과다를 예측하는 기준이 된다. 자본이 많은 사회는 물질적 부를 증식시켜 갈 수 있는 씨앗을 많이 가진 사회와도 같으므로 갈수록 풍요롭고 부강한 나라가 되지만 자본이 부족한 사회는 물질적 부를 증식시켜 갈 수 있는 씨앗을 적게 가진 사회와도 같으므로 갈수록 가난이 넘치는 사회가 된다. 공산주의사회든 자본주의사회든 사회체제를 불문하고 자본이 많으면 부강해질 것이요 자본이 적으면 가난해질 것이다. 이것은 인류역사를 통해 한 번도 예외가 없었던 엄연한 사실이다. 공산주의사회도 탄광과 유전을 개발해야 하고 발전소를 세우고 공장을 짓고 길을 닦고 항구를 만들어야 하며 자본주의사회도 마찬가지이다. 그런 일들은 어떤 형태로든 자본 없이는 불가능한 일들이다. 이처럼 자본은 한 사회의 경제적 부를 증식시키는 필수요소로서의 역할을 한다.

사회적 갈등은 그런 자본의 주인이 누구이냐에 따라 달라진다. 마르크스적 논리에 의하면 자본가와 노동자로 나누어지는 산업사회에서는 노동자들이 지닌 노동력에 대한 소유권이 자본가들에게 판매되어 있기 때문에 노동의 결과물인 노동생산물도 모두 자본가들의 소유가 된다. 그러므로 노동자들은 자신을 위해 일하는 것이 아니라 자본가를 위해 일하는 셈이 된다는 것이다. 노동자들이 임금 혹은 봉급을 받기 때문에 자기를 위해 자기의 노동력을 사용하는 것으로 오해할 수도 있으나 그들의 노동력은 이미 자본가들에게 노동력상품으로 팔았기 때문에 그 노동력의 소유주는 자신이 아닌 자본가가 된다는 것이다.

하지만 그런 결과는 공산주의사회에서도 마찬가지이다. 공산주의사회에서는 자본가가 없으므로 노동을 파는 일은 없다고 하자. 그러나 노동자가 생산한 노동생산물은 노동자의 소유가 되는 것이 아니라 국가의 소유가 되어 국가가 회수해 간다. 국가는 노동자의 노동생산물을 회수하는 대신 노동가치를 임금과 사회보장제도를 통해 분배해 준다. 이처럼 공산주의사회도 자본주의사회와 마찬가지로 자본을 가지고 생산하는 자본사회이므로 노동자가 노동생산물의 소유권을 가질 방법이 없다. 이렇게 볼 때 자본사회에서는 국가체제를 불문하고 노동자들의 실질적 위치에는 전혀 차이가 없다. 자본주의사회에서는 노동자인 임금노동자들이 자본가들에게 그들의 노동력을 팔고 그 대가로 임금을 받는 데 반해 공산주의 사회에서는 노동자인 인민들이 자본을 가진 국가에 그들의 노동력을 팔고 그 대가를 임금으로 분배받는 형식적 차이만 있을 뿐이다.

 공산주의자들은 국가의 것은 곧 국민의 것이므로 국가에 노동을 파는 것은 자신을 위한 노동이지 노동을 판매하는 것이 아니라고 주장한다. 그러나 그런 논리는 말의 장난에 불과할 뿐 현실과는 너무도 거리가 멀다. 그것은 마치 자본주의사회에서 자본가가 노동자에게 자기 회사의 주식 몇 주를 주고는 노동자가 아닌 주인이라고 선전하는 것과도 같은 짓이다. 주식을 소유한 이상 법적으로 보면 엄연한 주인임이 틀림없다. 그러나 현실적으로 그 몇 주의 주식을 가졌다 하여 그 노동자가 그 회사의 주인이라고 생각할 사람은 아무도 없으며 노동자 자신도 스스로를 주인이라고 생각하지 않는다. 공산주의사회에서 국영회사의 노동자가 주인적 권리를 가질 수 있는 지분율은 총인구분의 1이다. 만일 한 국가의 총인구가 1천만 명이면 자기의 지분율은 1천만분의 1이 되고 2천만 명이면 2천만분의 1이 된다. 물론 2천만분의 1도 주인으로서의 지분율임은 틀림없다. 그러나 그런 지분을 가지고 자신이 주인이라고 생각할 사람은 아무도 없을 것이다.

 민주주의사회도 예외가 아니다. 민주주의사회는 이론적으로는 국민이 주인인 사회이다. 그러나 현실적으로는 그렇지 못하다. 공산주의사회와 마찬가지로 국민다수의 평등한 삶을 위해 대통령 혹은 내각 같은 소수에게 막강한 불평등 권력을 부여하는 사회이다. 불평등을 통해 평등한 민주사회를 만든다는 것은 전혀 앞뒤가 맞지 않는 모순이다. 그러나 그 불합리한 이론은 지금까지 인간이 고안해 낸 것 중에서 가장 합리적인 이론으로 대접받고 있다. 왜 그럴까? 그 이유는 간단하다. 그것이 신의 길이기 때문이다. 신의 작품인 지구 땅 위에 온대, 난대, 한대 같은 불평등이 있듯이, 또 산, 들, 바다, 호수 같은 불평등이 있듯이 인간세상 또한 신의 영역이기 때문에 그런 불평등이 있음은 당연하다.

▎자본의 형성

사회적 생산이 노예를 전제로 하여 이루어졌던 사회를 노예사회라 하듯이 사회적 생산이 자본을 전제로 하여 이루어지는 사회를 자본사회라 한다. 현대적 생산은 대부분 자본을 전제로 하여 이루어지므로 현대사회는 모두 자본사회라 할 수 있다. 자본을 전제로 하는 자본주의사회는 물론이고 사회주의 혹은 공산주의 사회에서도 현실적으로 모든 생산은 자본을 전제로 하여 이루어지고 있으므로 역시 자본사회이다.

자본사회에서는 노동력의 판매가 더욱 활발해진다. 왜냐하면 자본사회는 분업을 전제로 하는 사회이기 때문이다. 자본사회의 출발점인 기업조직만 봐도 그렇다. 기획, 생산, 판매, 관리 등, 기업업무는 바둑판처럼 잘게 나누어진다. 그런 분업적 기업조직은 자본주의사회든 공산주의사회든 크게 다르지 않다. 차이가 있다면 사기업이냐 공기업이냐는 차이뿐이다. 기업업무가 부서별 업무로 세분화되면 세분화된 만큼 부서별 업무의 한계와 차별성을 강조하게 되고 따라서 부서별 이해관계가 강조된다. 그리고 그런 강조는 부서별 경쟁을 촉발시키고 마침내 서로를 전혀 다른 대립적 이해집단으로 만들게 된다. 태생적으로 분업을 전제로 하는 자본사회는 분업이 몰고 오는 이런 대립적 이해관계를 피할 수 없는 사회이다.

▎교환사회와 자본의 필요성

생산은 부를 창출하는 행위이고, 교환은 부를 이전하는 행위이고, 소비는 부를 소진하는 행위이다. 이 세 가지 행위가 톱니바퀴처럼 서로 맞물려 돌아가면서 인간사회는 생성되고 유지되고 변화한다. 그런데 교환사회인 경우 이 세 바퀴의 출발점인 생산은 자본과 관련이 있다. 생산하기 위해서는 자본이 있어야 하기 때문이다. 교환사회에서는 자본이 없으면 사회적 생산이 불가능하다. 어부가 바다에 나가 혼자서 낚시로 물고기를 잡아 식구들끼리 나누어 먹는 자급자족사회는 자본을 필요로 하지 않는 개인적 생산이다. 그러나 교환을 전제로, 즉 판매를 전제로 어부가 배를 타고 바다로 나가 그물을 쳐 고기를 잡는 사회적 생산은 자본을 필요로 한다. 배와 그물을 사기 위해서는 밑천으로서의 자본이 필요하기 때문이다.

▎자본의 회전기간과 회전속도

위와 같은 "생산-유통-소비"라는 3단계를 밟으며 끝없이 반복되는 자본의 주기적 순환과정을 자본의 회전(turn over)이라고 한다. 그리고 자본이 한 바퀴 돌아서 본래의 자본형태로 되돌아가는 데까지 걸리는 시간을 자본의 회전기간이라고 한다. 이 회전기간은 다시 생산기간과 유통기간으로 나누어진다. 자본이 생산과정에 머물러 있으면 생산기간이 되고, 유통과정에 머물러 있으면 유통기간이 된다. 따라서 자본의 회전기간에 따라 자본의 회전속도는 달라진다. 자본의 회전기간이 길면 자본의 회전속도는 느려지고, 자본의 회전기간이 짧으면 자본의 회전속도는 빨라진다.

이 자본의 회전기간은 산업마다 다르고 또 생산과정과 유통과정 간에도 다르다. 이렇게 각각 다른 자본의 회전속도를 비교해 보기 위해서는 시간상으로 통일된 측정 단위가 필요하다. 일반적으로 1년을 측정 단위로 하여 자본의 회전 횟수를 계산하는데 대문자 U를 자본의 회전기간 단위(1년), 소문자 u를 자본의 회전기간, 소문자 n을 연간회전수로 표시하면 자본의 회전속도는 다음과 같은 공식으로 계산할 수 있다.

자본의 회전기간 단위 ÷ 자본의 회전기간 = 연간회전속도
U ÷ u = n

예를 들어 자본의 회전기간 단위를 1년(12개월), 자본의 회전기간을 3개월로 가정한다면 자본의 연간회전수는 1년(12개월)÷3개월=4회가 된다. 또 중공업의 경우처럼 자본의 1회전 기간이 24개월로 길어지면 그 자본의 회전속도는 12개월÷24=0.5회가 된다. 이 공식에서도 알 수 있듯이 자본의 회전기간과 회전속도는 서로 반비례하고 회전 횟수와 회전속도는 정비례한다.

자본의 회전속도를 가늠하는 두 기간 중 자본의 생산기간은 [상품 … 생산과정 … 상품], 즉 [W … P … W']의 기간으로서 이 기간은 생산수단의 비축기간, 노동기간, 자연적 생산기간, 그리고 생산정지기간 등을 모두 포함하는 기간이다. 이 기간들을 순서대로 알아보면 우선 비축기간은 생산수단을 구매하기는 하였으나 아직 생산과정에 투입하지 않은 시간을 의미한다. 예를 들면 원료나 기계부품을 구매한 후 창고에 일시 보관하는 기간이 여기에 속한다. 이 비축기간은 생산이 정상적으로 진행될 수 있도록 하는 데 꼭 필요한 기간이지만 이 기간 역시 가치를 창출하지 않는 시간이다. 이 비축기간이 길면 자본의 회전속도는 느려지고 비축기간이 짧으면 자본의 회전속도는 빨라진다.

　노동기간은 노동자가 노동대상을 가공하는 시간을 의미한다. 이 기간은 자본회전기간의 중요한 구성부분으로서 투입한 자본의 회전속도에 직접적인 영향을 미친다. 노동기간의 길고 짧음은 상품의 성격, 생산기술, 생산성, 경영관리수준 등에 의해 각각 다를 수 있지만 어쨌든 노동기간이 짧으면 자본의 회전기간은 그만큼 짧아지고 노동기간이 길어지면 자본의 회전기간은 그만큼 길어진다. 근본적으로 이 노동기간은 상품의 성격에 따라 크게 좌우된다. 예를 들면 탁자를 만드는 데는 불과 몇 시간이면 되지만 비행기를 만드는 데는 몇 개월이 걸린다.

　자연적 생산기간은 자연력이 독립적으로 노동대상에 작용하여 상품을 생산해 주는 기간으로써 노동대상이 물리적, 화학적, 생리적 변화를 일으키는 데 필요한 시간을 의미한다. 예를 들면 양조장의 발효기간이나 농산물과 임산물이 자라는 기간이 여기에 속한다. 전통적 정치경제학에서는 이 기간을 노동이 가해지지 않는 문자 그대로 자연적 생산기간으로 보고 노동이 가해지지 않으므로 가치가 증식되지 않는다고 보았다. 그러나 이 기간동안에도 비록 인간의 노동이 적게 소모되기는 할망정 반드시 소모되어야 한다. 술이 발효되는 동안에도 온도를 맞추고 일정하게 유지해야 하며 콩나물이 자라는 동안에도 정기적으로 물을 주어야 하고 나무가 자라는 동안에도 가지치기와 솎아내기 같은 가꾸는 노동이 가해져야 한다. 이런 기간은 인간의 노동이 적게 소모되므로 자본 또한 적게 증식되지만 상품의 사용가치를 형성시키는 데 꼭 필요한 기간이다. 이 기간의 장단도 역시 자본의 회전속도에 영향을 미친다. 콩나물의 경우는 불과 수십 일이면 되지만 원목의 경우는 수십 년이 걸리기도 한다. 자본가치가 적게 증식되는 이런 기간은 적으면 적을수록 좋으므로 자본가는 이 기간을 최대한 단축시키기 위해 노력한다. 그런 노력의 결과 발전한 과학기술은 빵이나 술의 발효기간, 닭이나 돼지의 사육기간을 크게 단축시켜 놓았다.

생산정지기간은 노동자들이 휴식함으로써 생산수단의 기능이 발휘되지 않는 기간을 의미한다. 노동자들도 밤에는 잠을 자야하고 식사시간에는 식사를 해야 한다. 노동자들이 휴식하는 이 생산정지기간 중에는 노동이 전혀 투입되지 않으므로 자본의 가치는 증식되지 않는다. 노동 없는 곳에 가치 없다는 것은 경제의 기본원칙이기 때문이다. 이 기간의 장단 역시 자본의 회전속도에 영향을 미친다. 그래서 자본가들은 2교대 혹은 3교대로 작업조를 편성하여 생산정지기간을 최대한 단축시키고자 한다.

이상과 같이 생산기간은 크게 볼 때 비축기간, 노동기간, 자연적 생산기간, 생산정지기간이라는 4가지로 나누어지는데 이 중 기간의 종류를 불문하고 노동이 투입되는 시간은 가치를 생산하지만 노동이 투입되지 않는 시간은 가치를 생산하지 못하면서 자본의 회전속도에만 영향을 미친다.

또 노동이 투입되는 기간이라도 그 기간의 장단은 회전속도에 영향을 미친다. 상품을 생산하는데 걸리는 총시간이 늘어나면 자본의 회전속도가 늦어지므로 결과적으로 상품의 단위당 생산노동시간이 길어져 생산가치는 감소한다. 그렇기 때문에 자본가들은 생산가치의 감소를 막기 위해 생산노동시간을 줄이고자 부단히 노력하게 되며 과학기술의 발전은 바로 그런 노력의 결정체이다. 이처럼 경제는 과학기술개발을 자극하고 보다 나은 내일의 삶을 자극하므로 인간세상의 모든 일은 경제로 통한다고 해도 과언이 아니다.

자본의 유통기간은 노동력과 생산수단을 구매하는 구매기간과 상품을 판매하는 판매기간을 의미한다. 이 두 기간 중 일반적으로 판매기간이 구매기간보다 더 길기 때문에 판매기간은 자본의 회전속도에 더 큰 영향을 미친다. 유통기간의 길고 짧음은 여러 요소에 의해 결정되지만 그중 가장 중요한 요소로는 시장의 수요와 공급 상황, 생산지와 판매지와의 거리, 교통사정 등을 꼽을 수 있다. 자본가들은 자본의 회전속도를 높이기 위해 유통기간을 최대한 단축시키고자 노력하지만 자본주의 하에서는 생산과 판매가 분리되는 것이 일반적이고 자본 간의 과당경쟁이 과잉생산을 부추기며 또 불황시에는 산업예비군의 형성으로 시장수요가 감퇴되기도 하므로 유통기간의 단축에는 상당한 제약이 따른다.

07 교환과 빈부의 발생

신생가치가 생산되면 그 가치를 가진 사람은 부자가 되고 가지지 못한 사람은 빈자가 된다. 예를 들면 쌀농사를 지어 쌀을 가진 사람은 쌀부자가 되고, 사과 농사를 지어 사과를 가진 사람은 사과부자가 될 것이다. 이때의 쌀과 사과는 새로 농사지어 과거에 없었던 것을 얻게 된 것이므로 쌀과 사과가 가지는 가치는 새로 생겨난 신생가치(新生價值)가 되고, 그 신생가치를 가지는 사람은 부자가 된다. 생산하지 않고 부자가 될 길은 없으므로 부자가 되기 위해서는 원칙적으로 그런 신생가치의 생산과정을 반드시 거치게 된다.

그러나 교환사회에서는 내가 생산한 물건과 내 손에 실제로 있는 물건과는 다를 수 있다. 쌀을 많이 생산했다 하더라도 쌀만 가지고는 살 수 없다. 반찬거리도 있어야 하고 옷도 있어야 하고 집도 있어야 한다. 그래서 쌀 부자는 어쩔 수 없이 쌀을 팔아 반찬도 사고 옷도 사고 집도 사게 된다. 그런 과정은 자신이 가진 쌀과 남이 가진 반찬, 옷, 집 등을 교환하는 과정이다. 교환사회에서는 그런 교환을 통해서 살아가게 된다.

그런 교환과정에서 쌀을 팔아 집을 사는 경우를 가정해 보자. 농부가 일 년 동안 농사를 지어 수확한 쌀이 100가마니인데 집 한 채를 사려면 쌀100 가마니가 필요하다고 가정하자. 그러면 농부가 집을 사기 위해서는 일 년 동안 농사지은 쌀 전부를 집장사에게 넘겨야 한다. 이렇게 가진 쌀 전부를 넘기고 나면 농부는 쌀 부자가 아닌 쌀 가난뱅이가 될 것이다. 그러나 이 경우는 쌀 대신 그만한 가치의 집을 가졌으므로 엄격한 의미에서 손해 본 것은 없는 셈이다. 하지만 만일 농부가 집 장사에게 속아서 쌀 50가마니로 살 수 있는 집을 쌀 100가마니를 주고 샀다면 농부는 50%의 손해를 보게 되고 집장사는 50%의 이익을 보게 될 것이다. 그리고 그런 일이 계속적으로 발생한다면 결국 농부는 가난뱅이가 되고 집장사는 엄청난 부자가 될 것이다. 이 간단한 예에서 보듯 부자가 되고 가난뱅이가 되는 과정은 서로 팔고 사는 교환과정에서 생기게 된다.

노동은 가치를 생산할 뿐 가치를 잃지는 않는다. 농부와 집장사가 서로 쌀과 집을 사고팔지 않는 한 서로는 각자의 노동가치를 그대로 가지고 있기 때문에 생산한 시점에서 계산된 시장의 노동가치는 조금도 잃어버릴 것이 없다. 국민총생산(GNP: Gross National Product)은 잃어버리지 않는 바로 이 노동가치를 기준으로 한다.

▎사적 교환과 사회적 교환

교환사회에서 빈부의 원인이 되는 노동가치를 교환하는 유형은 사적 교환과 사회적 교환이라는 두 가지 형태가 있다. 사적 교환이란 개인의 뜻에 따라 교환이 이루어지는 것을 말한다. 이 사적교환은 교환 여부가 개인의 결정에 맡겨져 있으므로 이를 무정부적 교환이라고 한다. 이에 반해 사회적 교환이란 사회적 행위의 주체인 정부의 뜻에 따라 교환이 이루어지는 것을 말한다. 이 사회적 교환은 교환여부가 정부의 결정에 맡겨져 있으므로 이를 정부적 교환이라고 한다.

무정부적 교환인 사적 교환은 정부적 교환인 사회적 교환보다 훨씬 오랜 역사를 지니고 있다. 인류역사에서 정부적 교환이 행해졌던 시기는 공산주의가 존속했던 70여 년밖에 되지 않는다. 반면 무정부적 교환은 태초의 그 날부터 지금까지 계속되고 있다. 이러한 역사적 사실은 이 두 가지 유형의 교환 중 어느 쪽이 더 우수한 교환방식인가를 대변해 주는 중요한 근거가 된다. 굳이 진화론이나 적자생존론을 들먹이지 않더라도 태초의 그 날부터 지금까지 지속되어 온 것은 그렇지 않은 것보다 무언가 자연의 이치에 더욱 합당한 요인이 있었을 것이다. 왜냐하면 만일 그 무엇이 자연의 이치에 합당치 않은 어떤 요인을 안고 있었더라면 벌써 자연도태 되고 말았을 것이기 때문이다.

인간이 산다는 것은 자연의 이치에 순응한다는 말이다. 봄에 씨뿌리고 여름에 가꾸고 가을에 거두는 인간의 생존형태는 바로 자연의 이치에 순응하는 것이다. 인간은 어떤 경우에도 이러한 자연의 이치를 역행하여 존재할 수 없다. 과학의 발달과 기계문명의 발전도 결국은 자연의 이치를 연구하고 이용하는 것이다. 하늘을 나는 비행기는 자연상태의 공기역학을 이용함으로써 날 수 있고, 바다를 떠다니는 배는 자연상태 속에 있는 강과 바다의 부력을 이용함으로써 뜰 수 있다.

인간이 보다좋은 사회를 만들어 가는 것도 마찬가지이다. 보다좋은 사회를 만들 수 있는 유일한 길은 자연이 인간에게 천부적으로 부여해 준 인간존재의 속성과 이치를 연구하고 이용하는 것이다. 남성이 힘든 일을 하고 여성이 가벼운 일을 하는 것은 바로 자연이 그렇게 시켰기 때문이다. 즉 자연이 남성과 여성에게 부여한 속성이 그러하기 때문이다. 힘센 자는 장수가 되고 머리가 좋은 자는 학자가 된다. 이 또한 자연의 이치에 순응하는 것이다. 가장 이상적인 사회는 개개의 사회구성원들이 그들의 능력과 적성에 맞는 일을 할 수 있도록 사회적 환경을 만드는 것이다. 이 또한 자연의 이치에 순응하는 것이다.

만일 인간이 이런 자연의 이치에 역행한다면 자연은 자연의 이치를 거부하는 자를 응징한다. 산에 있는 나무를 함부로 베어내 민둥산을 만들면 자연은 산사태라는 자연재해로 민둥산을 만든 자를 응징한다. 과학의 발달로 인간은 자연의 정복이 가능하게 되었다. 그러나 인간이 자연을 정복하면 할수록 자연은 정복의 부산물인 공해와 환경파괴로 인간을 응징한다. 그러므로 인간은 어떤 경우에도 자연의 이치에 역행하여 살아갈 수 없다.

자연의 생존원리는 개체가 개체의 생존을 책임지는 것이다. 자연생태계를 보면 한 존재가 다른 존재의 생존을 걱정하도록 되어 있지 않다. 한 그루의 나무는 다른 나무가 자랄 수 있도록 공간을 배려하면서 자라는 것이 아니다. 자기의 가지를 뻗을 수 있는 공간이 있는 한 계속 뻗어나가고, 자기의 잎을 키울 수 있는 한 계속 키워간다. 자기가 너무 많은 가지와 무성한 잎을 키우면 그 가지와 잎에 가려 다른 나무들이 자라지 못할 것을 걱정하는 나무는 결코 없다. 사자가 먹이를 사냥할 때 사자에게는 먹이만 보일 뿐 고귀한 생명은 보이지 않는다. 두꺼비가 파리를 잡아먹을 때도, 새가 날아다니는 곤충을 잡을 때도 마찬가지이다. 이처럼 자연은 모든 생물들에게 개체는 오직 개체 자신의 생존을 위해 일하도록 운명 지워 놓았다. 이것이 자연의 본성이요 이치이다.

사적 교환은 그런 자연의 본성과 이치를 바탕으로 하고 있는 교환이다. 즉, 오직 자신의 이익을 챙기기 위해 자신의 최선을 다하는 교환이다. 사적 교환이 태초의 그 날부터 지금까지 지속되고 있는 것은 결코 우연이 아니다. 사적 교환, 그것은 바로 자연의 이치 그 자체이기 때문이다.

사회적 교환도 사실은 사적 교환의 변형에 지나지 않는다. 어느 사회이건 교환의 대상은 개인의 노동가치이지 결코 사회적 노동가치가 아니다. 사회적 교환이란 개인의 노동가치를 한곳에 모아 노동가치의 전체단위를 만들고 그 전체단위를 다시 개인단위로 나누어 분배하는 것이다. 다시 말하면 사적 교환은 개인노동가치에서 바로 개인노동가치로 연결되는 교환형태인 반면 사회적 교환은 개인노동가치가 단체노동가치로 변형된 후 다시 개인노동가치로 환원되는 교환형태이다. 이를 도식화하면 사적 교환은 "개인→개인"의 교환형태라 할 수 있고 사회적 교환은 "개인→전체→개인"의 교환형태라 할 수 있다.

이처럼 어떤 경우에도 개인을 기초로 하지 않는 인간의 생존방식은 존재하지 않는다. 개인에서 시작하여 개인으로 끝날 수밖에 없는 것이 인간의 숙명적 존재방식이요, 자연이 인간에게 부여한 천부적 생존방식이다. 참다운 사회는 바로 그런 자연의 이치에 순응하는 사회이다. 개인의 생존을 개인에게 맡기는 것은 꾸밈없는 자연의 이치이다. 그러므로 인간의 생존단위를 개인화하면 할수록 인간의 행복은 점증할 것이고 반대로 사회화하면 할수록 인간의 행복은 점감할 것이다.

마르크스는 사적(私的) 교환보다 사회적(社會的) 교환이 보다 좋은 사회를 만드는 방편이 된다고 주장했다. 사적 생산과 교환은 개인 계획만 있을 뿐 사회적 계획이 없는 상태 하에서의 생산과 교환이므로 사회적 수요와 공급이 항상 불일치하기 때문에 경제공황이 발생하고, 그 결과 사회가 무너진다는 것이다. 그러나 그의 주장은 한 쪽만 중시한 편견에 지나지 않는다. 개인 계획이 사회적 계획과 일치하지 않을 수도 있지만 사회적 계획이 개인계획과 일치하지 않을 수도 있다. 심지어 사회적 계획은 처음부터 개인 계획을 무시하는 경우도 있다. 사회적 의견일치는 다수의 일치이지 만장일치가 아니다. 또 만장일치가 될 수도 없다. 그러나 개인의 결정은 자신과의 만장일치이므로 개인 계획은 항상 만장일치로 나타난다. 사적 교환은 이런 개인적 만장일치가 모여 사회적 교환으로 연결되는 형태이므로 결국은 만장일치적 교환이 된다. 플러스(+)의 합은 플러스(+)이듯 개인적 만장일치가 모이고 모이면 결국 사회적 만장일치가 될 것이기 때문이다.

이에 반해 사회적 교환은 처음부터 다수의 일치와 소수의 불일치를 전제로 하고 있다. 일치와 불일치의 합은 부분적 일치이지 만장일치가 아니다. 이처럼 사회적 교환은 처음부터 불일치에 의한 소수의 희생자가 있음을 전제로 하고 있다. 이런 점에서 볼 때 개인 계획의 합이 사회적 계획과 일치하지 않을 가능성보다는 사회적 계획의 분할이 개인계획과 일치하지 않을 가능성이 더욱 크다. 이는 사적 계획보다 사회적 계획이 더욱 잘못될 가능성이 높음을 의미한다.

사회적 주요결정이 내려지는 과정을 보면 이러한 사실은 보다 명백해진다. 정부 각료 간의 투표보다는 국민투표가 사회적 의지를 더욱 올바르게 반영할 가능성이 높다. 그렇기 때문에 국가의 중대사는 각료회의에 부치지 않고 국민투표에 부친다. 국민투표는 사회를 단위로 하는 정부적 결정보다는 개인을 단위로 하는 무정부적 결정의 합이 더 완벽한 결정임을 전제로 하는 제도이다.

교환도 마찬가지이다. 사회적 교환인 정부적 교환은 각료투표와도 같고 무정부적 교환인 사적 교환은 국민투표와도 같다. 공산주의가 강조하는 집단농장은 개인노동을 모아 집단노동으로 전환시키고, 그 전환된 집단노동이 생산한 것을 다시 개인에게 분배하는 제도이다. 그러나 이런 공산주의적 분배는 불공정할 가능성이 아주 높은 분배제도이다. 왜냐하면 사람마다 생산능력이 다를 수 있기 때문이다. 사람마다 다른 생산능력을 무시하고 일률적으로 생산물의 몫을 분배하는 것은 누가봐도 합당하지 않다. 이에 반해 민주주의는 처음부터 개인이 개인노동의 대가를 고스란히 받도록 하는 제도이다. 자연의 구성원리는 개체를 출발점으로 하는 것이므로 개인노동을 전제로 하는 민주주의는 집단노동을 전제로 하는 공산주의보다 훨씬 더 자연의 원리에 맞는 제도라 할 수 있다.

┃ 생산물의 배분

부를 이전시키는 교환과정에는 크게 두 가지가 있다. 매매와 분배가 그것이다. 매매와 분배는 모두 생산물이 사회구성원에게 배분되는 과정이다. 이런 매매와 분배 중 분배는 생산자의 의사가 무시되는 강제교환의 의미가 강하고, 매매는 생산자의 의사가 존중되는 자유교환의 의미가 강하다.

생산물의 배분방법			
분배	사회적 교환	강제교환	평등 지향
매매	개인적 교환	자유교환	불평등 지향

분배와 매매는 어느 누가 하루아침에 발명품처럼 만들어 낸 제도가 아니라 교환사회가 성장하면서 자연스럽게 싹트고 열매 맺은 제도이다. 인간의 포기할 수 없는 본능적 욕망은 생존 그 자체이므로 생존을 위협하는 제도는 사라지고 생존을 촉진하는 제도는 생겨나게 되는 것

이 하늘의 이치이다. 분배는 교환제도가 몰고 온 사회적 불평등이 생존 자체를 위협하게 되자 하늘의 이치에 따라 자연발생적으로 생겨난 제도이고 반대로 매매는 분배가 몰고 온 사회적 불평등이 생존자체를 위협하게 되자 똑같은 하늘의 이치에 따라 자연발생적으로 생겨난 제도이다. 매매와 분배는 이렇게 서로를 죽이고 살리는 상호작용을 하면서 발전해 온 제도이다.

매매와 분배는 이처럼 똑같이 자연발생적으로 생긴 제도이긴 하지만 서로 정반대되는 의미를 지닌다. 매매는 불평등을 지향하는 데 반해, 분배는 평등을 지향하기 때문이다. 또 매매는 자유를 전제로 하는 데 반해 분배는 통제를 전제로 하기 때문이다. 매매는 대등한 입장에서 이루어지는 자유교환이다. 살 사람이든 팔 사람이든 매매에 참가하는 사람은 자유로운 자기결정에 따라 참가할 수도 있고, 참가하지 않을 수도 있다. 매매는 그런 자유 결정에 따라 자기의 노동가치를 실현시키고자 하는 과정이고 그런 과정을 거쳐 현실적으로 자기 손에 들어온 노동가치는 사회적 분배를 받은 결과가 된다. 이처럼 자유의사에 따라 각자의 노동력 가치를 정당하게 매매하고 분배받는 과정에는 아무런 불평등도 개입되지 않는다. 그러나 우리는 여기서 한 가지 의문을 가지게 된다. 그것은 매매를 통해서 각자가 창출한 신생가치를 각자의 노동력 가치대로 정당하게 분배받는데도 불구하고 왜 현실적으로 빈부의 차이는 크게 나타나느냐는 것이다. 이 의문에 대한 해답을 얻기 위해 우리는 먼저 가치가 교환되는 구조를 다시 한번 살펴볼 필요가 있다.

자본주의사회에서는 자본가가 생산에 필요한 모든 육체노동과 정신노동을 노동력상품으로 구매하게 되는데 그 노동력상품의 값은 신생가치가 획득되기 이전에 확정되므로 자본가는 신생가치의 획득량과는 관계없이 노동력상품의 가치만 지불하면 노동력상품을 구매한 사용자로서의 의무를 종료하게 된다. 즉 임금만 지불하면 자본가는 자기의 할 바를 다하게 된다. 따라서 자본주의사회에서는 신생가치 중에서 자본가가 구매한 노동력상품의 가치를 지불하고 나면 그다음 남는 가치는 모두 자본가 자신의 노동가치를 보상하는 것이 된다. 예를 들어 A라는 자본가가 생산수단에 10,000원, 노동력 구매에 6,000원을 투자하여 20,000원의 상품을 생산했다고 가정하자. 그러면 상품가치 20,000원 중 생산자본 16,000원을 보상하고 나면 나머지 4,000원은 자본가의 몫이 된다.

이러한 자본주의적 생산과정에서 자본가가 지불해야 하는 16,000원을 비용가격이라 하고, 자본가의 몫이 되는 4,000원을 이윤이라고 한다. 자본가는 이 이윤을 자기의 노동가치를 보상하는 보상가치로 취하게 된다. 자본가도 어떤 형태로든 그의 노동력을 생산에 제공한 사람임은 분명하기 때문에 당연히 생산기여도에 따라 사회적 평균가치를 보상받아야 한다. 그러므로 자본가가 가지는 이윤 4,000원은 자본가가 그의 생산기여도에 따라 보상받는 사회적 평균가치가 된다. 쉽게 말하면 월급쟁이들이 사회적으로 평균화된 월급을 받듯 자본가에 속하는 사장들도 사회적으로 평균화된 이윤을 가지게 된다. 이처럼 자본가의 이윤은 자본가의 노동가치를 보상받는 것이므로 자본가가 자기의 몫인 4,000원의 이윤을 어떤 용도로 사용하건 그것은 완전히 자본가 개인의 결정에 달려 있다. 그것은 마치 노동자들이 임금으로 받은 월급을 어떤 용도로 사용하건 아무도 간섭할 수 없는 이치와도 같다.

생산가치의 분배		
구분	금액	보상내용
노동력	6,000원	노동자 3명의 몫
노동대상	7,000원	원부자재의 값
노동수단	3,000원	공장 시설비
이윤	4,000원	자본가의 몫
계(총생산가치)	20,000원	보상총액

일반적으로 노동자들은 그들의 임금을 가지고 우선 자기들의 개인적 생활을 위해 사용하고 나머지 일부는 보다 나은 미래를 위해 저축하듯이, 자본가들도 이윤의 일부를 우선 개인적 생활을 위해 사용하고 나머지 일부는 미래의 생산에서 보다 많은 이윤을 얻기 위한 자본으로 재투자하거나 아니면 일반노동자들처럼 미래를 위해 저축한다. 말하자면 크게 볼 때 노동자들은 그들의 임금을 개인소비와 미래를 위한 저축에 사용하고, 자본가들은 그들의 이윤을 개인소비와 미래를 위한 재투자에 사용한다. 노동자든 자본가든 개인소비 없이는 당장의 하루하루를 살아갈 수 없으므로 개인소비는 필수적이며 또 그들은 오늘보다 나은 내일을 추구하는 꿈을 가진 사람들이므로 미래를 위한 저축과 재투자 역시 필수적이다. 노동자와 자본가는 비록 사회적 신분과 계급은 다를지언정 똑같은 인간이므로 본질적으로 그들의 기본적 생활 형태는 차이날 수 없다. 노동자가 일할 때는 자본가도 일하고 노동자가 쉬고 잠잘 때는 자본가도 쉬고 잠자는 똑같은 인간이다.

신생가치의 분배와 소비 형태	
분배형태	소비형태
노동자: 임금	개인소비 + 저축
자본가: 이윤	개인소비 + 재투자 + 저축

▎무형노동의 과대보상경향

　무형노동자로서의 자본가와 유형노동자로서의 노동자는 각각의 노동가치를 분배받음에 있어서 무형노동은 유형노동보다 많은 가치를 분배받는 과대보상경향이 있다. 무형노동이 보다 많은 가치를 분배받는 표면적 이유는 분배의 기준이 되는 생산기여도가 다르기 때문이다. 무형노동은 대부분 능동적 정신노동이고 유형노동은 대부분 수동적 육체노동이므로 노동의 양이 동일할 경우 육체노동보다 정신노동의 가치가 더욱 높게 된다. 수동적 유형노동보다 능동적 무형노동의 가치가 높은 이유는 크게 세 가지로 나눌 수 있다.

　첫째, 노동의 생산원가가 다르다. 예를 들면 건물을 짓는 일은 크게 설계와 시공이라는 두 가지 분야로 나누어지는데 이 중 설계는 정신노동에 속하고, 시공은 육체노동에 속한다. 이 두 노동 중 정신노동인 설계는 아무나 할 수 없는 일이다. 설계를 하기 위해서는 그만한 지식을 갖추고 있어야 하며 좋은 설계를 하기 위해서는 더욱 높은 지식이 있어야 한다. 그런 높은 지식은 하루아침에 얻어지는 것이 아니라 설계를 공부하고 연습하는 오랜 동안의 다양한 투자를 통해서 얻어지는 것이므로 설계 노동은 사전투자가 많이 들어가는 말하자면 노동생산원가가 높은 노동이다.

　반면 육체노동인 시공은 사전투자가 별로 필요치 않은 노동이다. 특히 벽돌을 나르고 시멘트를 섞는 단순육체노동은 육체적 힘만 있으면 남녀노소를 불문하고 누구나 할 수 있는 일이다. 따라서 그런 육체노동은 그 노동을 생산하는데 아무런 사전 투자도 필요치 않은 말하자면 노동생산원가가 낮은 노동이다. 상품도 원가가 많이 먹힌 상품은 그 판매가격이 높게 책정되듯 노동도 이렇게 원가가 많이 먹힌 무형노동이 원가가 적게 먹힌 유형노동보다 당연히 높게 보상받게 된다.

둘째, 생산에 미치는 노동의 영향력이 다르다. 즉 생산기여도가 다르다. 노동이 미치는 영향력으로 볼 때 정신노동의 영향력은 육체노동의 영향력보다 크다. 정신노동인 설계가 잘못되었을 경우 육체노동이 이를 고치기는 사실상 어려우므로 설계노동의 잘못은 건축노동 전체의 잘못으로 나타날 만큼 그 영향력이 크다. 그러나 육체노동인 시공이 잘못되었을 경우는 설계도면과 비교해 보면 잘못이 금방 드러나므로 쉽게 고칠 수 있다. 그래서 정신노동에 속하는 설계는 능동적 노동이라 하고 작업에 속하는 육체노동은 수동적 노동이라 한다. 이처럼 정신노동은 노동의 영향력도 크고 노동의 생산원가도 높기 때문에 육체노동보다 그 가치가 높게 된다.

셋째, 노동의 지향하는 바가 다르다. 능동적 정신노동인 설계는 창의성을 지향한다. 즉 어떻게 하면 새롭고 훌륭한 건축물을 지을 수 있을까에 대해 항상 고민하고 연구한다. 반면 수동적 육체노동인 작업은 복종성을 지향한다. 즉 어떻게 하면 설계도면대로 충실히 작업을 할 수 있을까에 대해 항상 고민하고 연구한다. 지향하는 목표는 곧 현실적 가치이기도 하고 지향하는 가치이기도 하다. 누가 봐도 창의성을 지향하는 정신적 설계노동은 단순히 설계도면을 따라 시공만 하는 육체적 작업노동보다는 더 많은 지식과 고뇌를 필요로 하는 노동이다. 그런 고도의 지식과 고민을 요구하는 노동이 단순한 노동보다 높은 보상을 받는 것은 당연하다.

08 교환의 실체

　노동은 눈에 보이지 않는 추상적 비물질이기 때문에 아무리 교환사회라 할지라도 노동자체를 교환할 방법은 없다. 그렇기 때문에 노동과 노동의 교환은 항상 노동의 가치가 숨어있는 구체적 물질인 생산물의 교환을 통해서 이루어진다. 즉 모든 노동 가치는 그 대리자인 생산물을 통해서만 교환된다. 그러므로 노동과 노동의 교환은 항상 생산물과 생산물의 교환으로 나타나게 된다.
　그런데 생산물과 생산물이 직접 교환되는 물물교환은 구매자와 판매자가 모두 각자의 생산물을 일일이 교환 장소까지 가지고 나가야 하는 불편함이 있다. 그런 불편함을 해소하기 위한 수단으로 등장한 것이 바로 화폐이다. 화폐는 가볍고 휴대가 편리해 무거운 생산물을 일일이 교환 장소까지 가지고 가야 하는 불편을 일시에 덜어 주었다. 그 결과 사용이 편리한 화폐가 등장하게 되자 물물교환의 형태는 상품과 화폐와의 교환으로 변하게 되었다. 이처럼 노동과 노동과의 교환인 인간의 사회적 교환은 생산물과 생산물과의 교환인 물물교환에서 시작하여 다시 상품과 화폐와의 교환인 화폐교환으로 변해왔다. 그러나 교환의 대상이 변했다고 해서 교환의 실체까지 변하는 것은 아니다. 변하는 것이 있다면 노동가치의 외형적 모습이 생산물에서 상품으로,

그리고 다시 상품에서 화폐로 변했을 뿐, 교환의 실체는 여전히 노동이다. 왜냐하면 생산물의 실체도 노동이고, 상품의 실체도 노동이고, 화폐의 실체도 노동이기 때문이다.

▎화폐의 등장

고대사회의 물물교환은 많은 불편함이 있었다. 우선 무거운 물건을 먼 교환 장소까지 직접 가지고 가야 했고, 가지고 가더라도 자기 물건을 원하는 사람이 없거나 자기가 원하는 물건이 없으면 상호교환이 불가능했다. 그렇게 되면 같은 물건을 오랫동안 바꾸지 못해 여러 번 교환 장소로 가지고 나가야 했으며, 더욱이 서로 다른 가치를 지닌 물건을 동일가치로 환산하여 교환하는 것은 쉬운 일이 아니었다. 그런 교환의 불편함을 덜기 위해 탄생한 교환수단이 바로 화폐이다.

기원전 25세기 바빌로니아에서는 금과 은같은 천연광물을 물품화폐 또는 평량(坪量)화폐로 사용하였다고 하며, 그 외 여러 나라에서도 물품으로 화폐를 대신하는 물품화폐가 통용되었다고 한다. 동양에서는 기원전 16~15세기경 중국에서 조개를 물품화폐로 사용해오다 춘추시대인 기원전 8~7세기에 들어와 교역이 활발해지자 농기구를 본 딴 포전(布錢)과 칼을 본 딴 도전(刀錢)을 주조하여 사용하였다고 한다.

포전은 대략 기원전 8세기에서 3세기에 이르는 동안 고대 중국의 주(周)나라, 한나라, 위나라 및 송나라 등, 농경위주의 중원지방에서 주조되어 중국 전역에 걸쳐 광범위하게 통용되었던 화폐이다. 물자가 귀했던 고대에는 화살촉이나 귀걸이같이 오래 쓸 수 있고 쓰임새가 있는 물건이면 가치를 인정받아 지불수단으로 사용되었을 것으로 추측된다. 금속제품은 구하기도 어려웠고 장기간 보유하고 있어도 상하거나 훼손되지 않는 장점이 있어 화폐 역할을 하기에는 안성맞춤이었던 것이다. 처음 주조된 포전은 실제 농기구모양과 상당히 비슷했으나 세월이 흐르면서 점차 단순화되어 전국시대 말기에는 실제 농기구 모양과는 상당히 다른 모양으로 변모되었다.

칼을 본떠 만든 고대 중국의 도전(刀錢)은 춘추전국시대에 융성했던 제나라를 중심으로 널리 유통되었던 화폐이다. 대표적인 도전으로는 제나라 산동성의 제도(齊刀, BC685년)를 비롯하여 연나라 평명지방에서 주조된 연도와 명도전(BC450~350년), 조나라의 조도(BC320~220년) 등이 있으며, 제도(製刀)에는 제나라의 법정통화임을 밝히는 "제법화(齊法貨)"라는 글자가 고서체로 양각되어 있어 도전 중에서도 가장 대표적인 것으로 알려져 있다. BC221년 열국을 평정함으로써 400여 년에 걸친 춘추전국시대의 막을 내리게 했던 진시황은 행정체제를 중앙집권체제로 개혁하는 한편 당시까지 지역별로 무질서하게 시행되고 있었던 각종 제도와 도량형을 통일시켰다. 그 일환으로 새로운 화폐체계를 확립하고 원형방공(圓形方孔, 둥근 원형에 각진 구멍)의 엽전을 전국에 유통시켰는데 그 엽전의 모양이 약 2,000년간 유지되면서 동아시아지역에 두루 전파되었다.

인류가 물품화폐 시대를 거쳐 처음으로 사용했던 금속화폐는 금과 은이었다. 금은이 생겨나기 훨씬 이전에 이미 청동기시대를 열었던 인류가 견고하여 아주 쓸모가 많았던 청동을 화폐의 재료로 쓰지 않고 굳이 금은을 화폐로 사용한 것은 고대 천문학과 점성술의 영향 때문인 것으로 보인다. 고대인들은 금은 태양의 신을, 은은 달의 여신을 상징한다고 믿었기 때문이다. 그런 고대의 물품화폐는 화폐주조에 사용된 금이나 은의 가치와 화폐의 실제가치가 똑같은 등가화폐였다.

그런 등가화폐가 유통되기 시작하자 이를 악용하는 사람들이 생겨나게 되었다. 불로소득을 노리는 사람들이 금은 주화의 가장자리를 조금씩 몰래 깎아내어 이익을 보고자 했기 때문이다. 오늘날 주조되는 동전의 가장자리가 대부분 오톨도톨한 톱니바퀴모양을 하고 있는 이유는 그런 불순한 의도를 방지하기 위해 창안된 고뇌의 산물이다. 톱니바퀴의 모양이 닳아 없어진 금은화를 받으면 그만큼 화폐가치를 손해 보기 때문에 사람들은 누구나 그런 불량주화를 받지 않으려 할 것이다. 따라서 주화의 가장자리를 톱니모양으로 하면 금은화의 가장자리를 깎아내는 못된 짓을 예방하는 효과가 있게 된다.

서양에서는 기원전 7세기경 지금의 튀르키예 지역인 리디아(Lydia)에서 처음으로 금속화폐가 주조되었다. 금과 은을 합금하여 만든 일렉트럼 코인(electrum coin)이라고 불렸던 이 화폐는 서양에서 가장 오래된 화폐로 동물모양이 각인되었으며 그 코인은 그리스, 로마 등지로 전파되었다. 그 영향을 받아 기원전 6세기경부터 만들어진 그리스의 코인은 탁월한 예술적 미를 갖추고 있는 아름다운 것으로써 서양 코인의 원형이 되기도 하였다. 금과 은의 합금인 호박금 혹은 황금으로 만들어진 그리스 코인은 처음에는 동전의 한쪽 면에만 각종 무늬가 조각되어 배지(badge)로 쓰이기도 했다.

그러나 시간이 지나면서 그리스 신화에 나오는 여러 신들, 성조(聖鳥), 곡식의 이삭, 통치자의 얼굴 등이 양면에 새겨졌고 심지어 주조자의 사인이 새겨지기도 했다. 헬레니즘의 전성기에는 주변국을 정복했던 지배자의 용맹함을 찬양하는 코인도 만들어졌다. 그리스 지역에서 시작된 서양코인의 역사는 대정복자 알렉산더 대왕이 이룩했던 헬레니스틱(Hellenistic) 왕국들의 시대를 거쳐 로마로 전해졌다. 그랬기 때문에 고대 로마의 화폐는 그리스 화폐의 연장선상에 불과하다고 볼 수 있다. 하지만 서기 1세기경 아우구스투스 황제가 로마화폐제도를 확립한 이후부터는 황제마다 자신의 초상을 주화에 새겨 넣는 독특한 화폐문화를 이루기도 했다.

서구의 코인 역사보다 훨씬 앞선 기원전 16세기경 동양에서는 조개껍질이 교환의 매개수단으로 널리 쓰이게 되어 중요한 화폐기능을 담당하였다. 그 패화(貝貨)는 열대지방의 해안에 서식하는 자안패(子安貝, 여성의 성기모양을 닮은 조개)로 만든 화폐로서 중국 근해에서는 많이 생산되지 않았으므로 아주 귀하게 여겨졌다. 그러나 중국의 경제규모가 팽창하자 천연패화의 공급이 부족해졌고 따라서 짐승의 뼈나 돌, 금속 등으로 만든 인조패화가 나타나게 되었다. 오늘날 화폐관련 단어 및 경제관련 단어에 패(貝)자가 많이 들어가는 것은 고대 중국에서 패화가 광범위하게 유통되었음을 반증한다.

고대에는 지역별로 귀한 물품을 화폐로 사용한 경우가 많았다. 모든 내륙지방이 그러하듯 중국 내륙지방에서도 건어류는 쉽게 손에 넣기 힘든 귀한 상품이었다. 따라서 건어류를 화폐대신 지불수단으로 사용하기도 했다. 그런 식으로 귀한 물건의 모양을 본떠 화폐를 만들었던 중국인의 관습에 따라 청동으로 만들어진 인조건어가 화폐로 사용되기도 했다. 또 주(周) 왕조시대에는 예악(禮樂)을 중시하였으므로 청동으로 제례악기인 경(磬)의 모양을 본떠 만든 청동악기화폐가 사용되기도 했다. 그 악기는 서로 다른 크기의 청동조각을 달아 놓고 두드려 소리를 내는 것으로써 한국의 고궁이나 사찰에서 볼 수 있는 풍경과 비슷한 것이었는데 바로 그 악기에 붙어 있었던 청동조각의 모양을 본떠 청동화폐를 만들었던 것이다.

화폐 이야기가 나온 김에 우리나라의 화폐에 대해서도 잠깐 살펴보기로 하자. 고대의 금속화폐들을 살펴보면 화폐라고 믿어지지 않을 만큼 특이한 모양의 화폐들이 많다. 위에서 말한 고대 중국의 포전(布錢)과 도전(刀錢)도 그렇고 말발굽처럼 생긴 마제은(馬蹄銀), 타원형 모양을 하고 있는 고대일본의 정은(丁銀), 한국의 은병(銀瓶) 등은 그런 대표적인 화폐들이다. 그중에서도 고대 한국의 은병(銀瓶)은 전 세계에서도 유례를 찾아보기 힘든 독특한 형태의 고대화폐이다. 은병(銀瓶)화폐는 고려시대의 지형(地形)을 본떠 병(瓶)의 형태로 주조한 것으로 2종류가 발행되었던 것으로 전해진다. 하나는 고려 숙종(肅宗) 6년(1101년)에 발행된 대은병(大銀瓶)이고, 또 다른 하나는 고려 충혜왕(忠惠王) 원년(1331년)에 발행된 소은병(小銀瓶)이다.

활구(闊口)라고 불리기도 했던 최초의 대은병은 은 1근(16兩)으로 주조하였다. 하지만 시간이 지나면서 은병화를 만드는데 필요한 은의 공급량이 부족해지고 또 조정에서 주조이익을 챙기고자 했기 때문에 AD1105년에는 은의 함량을 줄여 은 12.5량과 동 2.5량을 혼합해 합금 형태의 은병을 주조하였다. 합금으로 된 대은병이 발행되자 얼마 지나지 않아 동이 더 많이 함유된 위조 대은병이 등장하기 시작했다. 위조 대은병이 유통되기 시작하자 대은병의 가치도 계속 하락하여 화폐로서의 기능을 사실상 상실하게 되었다. 그래서 결국 AD1331년에는 대은병의 유통을 금지시켰다. 그 대신 대은병 보다 크기를 작게 하고 은의 함량을 높인 소은병(小銀瓶)을 발행하였는데 소은병도 시간이 지남에 따라 은병(銀瓶)인지 동병(銅瓶)인지 구분할 수 없을 정도로 질이 떨어진 악화로 변질되어 조선 태종(太宗) 8년(1408년)에는 소은병마저 유통을 금지시켰다. 그렇지만 은병은 고려시대와 조선시대에 걸쳐 약 300

년간이나 유통된 고대한국의 중요한 화폐였다.

  우리나라의 화폐역사를 조금 더 거슬러 올라가면 고조선 시대에 이미 자모전(子母錢)을 사용하였다는 기록이 있으며, 삼한시대에 와서는 철이 중요한 교환수단으로 사용되었다. 이 시기에는 금속을 소재로 한 평량화폐 내지 물품화폐가 유통되었으며 특히 동옥저에서는 금은으로 주조된 무문전(無紋錢)이 사용되었다는 설도 있다. 삼국시대에는 야금술을 비롯하여 수공업의 기술 수준이 상당히 우수했고, 신라시대 고분에서 많은 금은 세공품들이 출토된 것을 볼 때 당시 금은의 유통량이 많았음을 알 수 있다. 이처럼 금은이 칭량(秤量)화폐의 기능을 담당했지만 그것이 곧 일정한 형태를 가진 돈으로써의 역할을 했는지는 확실치 않다. 하지만 신라국전무문(新羅國錢無文)이라든지 그 밖의 기록이 있는 것을 보면 신라에서 금은을 소재로 한 무문전이 있었던 것으로 추측된다. 이렇게 추측만 할 수 있는 이유는 그런 화폐가 유통된 사실을 입증할 수 있는 유물이 현재까지 발견되지 않고 있기 때문이다. 하지만 한 가지 분명한 사실은 생산력의 향상은 사회를 변화시키고 생활상을 변화시키기 때문에 금은에 대한 생산기술의 발전은 필연적으로 새로운 화폐를 탄생시켰을 것이라는 점이다.

  우리나라가 실질적인 금본위제도를 시행했던 시기는 화폐개혁이 실시되었던 AD1905년부터였다. 그때의 화폐단위는 환(圜)이었고, 1환은 100전(錢)이었다. 그러나 그 화폐개혁은 일제가 한국의 금융자산을 수탈하려는 의도에서 실시한 것이었으므로 우리나라는 심각한 화폐공황에 빠지고 말았다. 그 뒤 일제 강점기였던 1910년 12월, 조선은행은 처음으로 화폐단위를 환(圜)에서 원(圓)으로 바꾸고 1원권을 발행하였으며 연이어 1911년에는 5원권과 10원권을 발행하였다. 그러나 그

화폐는 앞서 통용되었던 일본제일은행권과 큰 차이가 없었다. 그러다 해방 이후 1950년 6월, 한국은행이 설립되고 1953년 2월 정부가 제1차 화폐개혁을 단행할 때 화폐단위를 원에서 다시 환으로 바꾸었다.

원(圓)이라는 화폐단위는 우리나라가 근대식 화폐제도를 도입한 후 경성전환국 때(1886년) 만든 주화에서 처음으로 사용되었다. 원은 구한말에 발행되었던 일본제일은행권이 국내에 통용(1902년)된 이래 쓰인 단위로써 해방 이후 최초의 한국은행권에서도 그대로 쓰였다. 환(圜)은 해방 이후 1953년 2월 15일, 제2차 통화조치 때부터 통용된 단위이다. 하지만 1962년 6월, 군사혁명정부가 제3차 통화조치를 취할 때 화폐단위는 다시 환에서 한자를 쓰지 않은 순수한 한글 원으로 바꾸었고 그 후 한국 화폐의 기본단위가 되었다. 보조단위는 전(錢)으로 100전이 1원이었다. 하지만 인플레이션으로 화폐의 구매력이 떨어진 1970년대에 들어와서 전(錢) 단위의 화폐는 발행이 중지되고 오직 회계처리 단위로만 쓰이게 되었다. 둥글다는 뜻의 원(圓)이 화폐단위로 쓰이게 된 이유는 동전의 모양이 둥글었던 것을 상징했기 때문이고 다시 "돈다"는 뜻을 가진 환(圜)이라는 단위로 변경된 이유는 돈이 유통단계에서 수없이 돌고 도는 점을 상징한 것이라고 한다.

화폐에 표기되는 언어는 다양하다. 단일 언어로 표기된 화폐로는 미국의 달러(dollar), 영국의 파운드(pound), 프랑스의 프랑(franc), 독일의 마르크(mark) 등, 경제 대국의 화폐 외에 러시아의 루불(ruble), 한글만을 사용하는 북한화폐가 이에 해당한다. 이들 나라는 자국어 한 가지만으로 화폐를 발행하고 있다. 하지만 2개 언어로 표기하는 화폐도 많다. 한국의 지폐에는 한글과 영어가 병기되어 있으며 캐나다 지폐에는 영어와 프랑스어가, 홍콩화폐에는 영어와 한자가, 일본화폐에는 영어와 한자가 병기되어 있다. 한국지폐의 경우 처음에는 한자와 영어만으로 표기하였으나 1953년 2월에 발행한 천원권에서부터 한글표기가 병행되어 3개 언어로 나타났다가 1960년 8월에 발행한 천환권부터 한자가 사라지고 현재 유통되고 있는 것과 같이 한글과 영어 2개 언어로 표기하고 있다. 이에 반해 일본은 자국어로 표기하지 않는 특징이 있다.

다수 언어로 표기된 화폐도 많다. 스위스 화폐는 독일어, 프랑스어, 이탈리아어, 레토로만어 등, 4개 국어로, 싱가포르화폐는 말레이어, 중국어, 타미르어, 영어 등 4개 국어로 표기되어 있다. 7백 개 이상의 언어가 사용되고 있는 인도는 대표적인 15개 언어만을 화폐에 표기하고 있다. 공용어인 힌두어와 영어 그리고 시성 타고르가 사용한 벵갈리어를 포함한 13개 지방 공용어를 함께 사용하고 있다.

위조화폐는 화폐의 역사와 함께 시작되었다고 해도 과언이 아니다. 인류역사상 최초의 금속화폐가 등장한 것은 BC650년경인데 기록상 나타난 최초의 위조화폐는 BC540년 무렵인 것을 감안할 때 위조화폐는 아주 오랜 옛날부터 있었음을 짐작할 수 있다. 그렇게 오랜 옛날부터 조폐기관과 위조범 사이에는 쫓고쫓기는 싸움이 시작되었던 것이다. 조폐기술은 위폐범과의 투쟁 속에서 발전한다거나 조폐의 역사는 위폐범과 투쟁해 온 역사라는 말은 그래서 생겨났을 것이다. 인간이 불로소득과 일확천금의 꿈을 버리지 않는 한 앞으로도 위조화폐는 끝없이 계속 생겨날 것이고 이를 방지하기 위한 기발한 아이디어나 첨단 조폐기술의 개발 역시 끊임없이 계속될 것이다.

중세 중국에서는 위폐 근절을 위해 전국의 뛰어난 위조범을 조폐기관 직원으로 특채하기도 했고, 12세기 영국의 헨리1세는 위폐가 성행하자 조폐기관 직원의 짓으로 단정하고 직원 백여 명의 손목을 자른 일도 있었다. 특정 단체나 특정 국가가 한 사회의 사회적, 경제적 파멸을 몰고 오기 위해 의도적으로 화폐를 위조하는 경우도 있었다. 우리나라의 경우 조선정판사 사건은 유명하다. 외국의 경우를 봐도 독일 나치스는 제2차 세계대전 중 적국인 영국의 파운드화를 위조하기 위해 베를린 근교에 위폐공장을 차렸다. 포로수용소에 수감된 포로 중 인쇄기술자를 차출하여 만들어낸 위폐는 진품과 구별이 안 될 정도로 정밀한 것이었다. 2년여 동안 그 위폐가 통용된 후 발각이 되었기 때문에 위폐로 인한 영국의 국가적 손실은 말할 수 없었다. 그래서 영국은 하는 수 없이 새로운 도안의 파운드를 발행하게 되었다.

그러면 물물교환이 지니고 있었던 불편을 덜기 위해 화폐라는 수단을 창안해 낸 사람은 도대체 누구일까? 흔히들 불, 수레바퀴, 화폐를 고대 인류가 발명한 위대한 3대 발명품이라 부른다. 하지만 화폐 발명자가 누구인지 분명히 알 수 없다는 바로 그 점이 화폐의 기원에 대한 갖가지 추측을 남기고 있다. 동양에서 사용되었던 화폐의 명칭을 보면 위에서 밝혔던 중국 주(周)나라 및 한(漢)나라 때 사용된 칼 모양의 도전(刀錢)은 도(刀)였고, 포(布)가 화폐로 사용되던 때에는 샘처럼 막힘 없이 유통된다는 뜻에서 천포(泉布)라 했고, 비단이 화폐로 사용되면서는 백(帛)이라 했고, 금이 본위화폐로 사용되기 시작한 근대에 나타났던 화폐를 금화(金貨)라 하는 등, 갖가지 명칭이 있다. 한국의 돈이라는 명칭은 고려 말까지 화폐로 사용되었던 "도(刀)"에서 유래되었다는 설과 중국을 거쳐 한국으로 들어온 화폐가 지니는 순환사상에 근거하여 "돈은 돌고 돈다"는 말에서 나왔다는 설이 있다.

이처럼 화폐와 관련된 여러 가지 설이 전해지고 있는 것은 화폐가 그만큼 물품을 교환하는 데 없어서는 안 될 중요한 매개 수단임을 반중한다. 물물교환이 가져다주는 불편함을 느낄 때마다 사람들은 자연스럽게 그 교환을 보다 쉽게 해주는 수단으로서의 그 무엇을 찾게 되었고, 그렇게 해서 찾아진 것이 바로 물품화폐였다. 이렇게 볼 때 물물교환에서 시작된 교환은 "물물교환→물품화폐교환→화폐교환"으로 발전해 온 셈이다. 오늘날 화폐 발행기관으로 지정된 중앙은행이 탄생된 이면에는 화폐를 필요로 했던 옛날 사람들이 그랬던 것처럼 자연스럽게 화폐의 필요성을 강하게 느끼고 보다 편리한 화폐의 탄생을 바랐던 일반인들의 잠재적 욕구가 깔려 있었다고 봐야 할 것이다.

근대 이전의 주화를 엽전(葉錢)이라 부르게 된 것도 주화의 주조과정에서 유래하였다. 주화를 만들기 위한 형틀인 거푸집은 나뭇가지에 여러 개의 잎이 이어져 달린 모양을 하고 있다. 그래서 거푸집 한쪽에 주물을 부으면 각 잎 모양의 형틀로 주물이 흘러들어가 전체적인 모양이 나뭇가지에 매달린 잎처럼 보여 엽전(葉錢)이라고 불렸던 것이다. 그러나 엽전의 참뜻은 그렇지 않다. 고려 숙종 때 의천(義天)은 원형방공(圓形方孔)인 동전의 모양을 두고 "둥근 하늘이 만물을 뒤덮고 네모난 땅이 이를 받치는 모양"라고 해설한 적이 있으며 조선시대의 대표적인 엽전이었던 상평통보(常平通寶)는 "떳떳이 평등하게(常平) 널리 통용되는 보배(通寶)"라는 의미를 지니고 있다고 한다.

이러한 역사적 기록과 의미를 감안하면 엽전이라는 용어가 민족을 비하하는 뜻으로 사용될 수 없는 것인데도 불구하고 엽전이라는 단어가 그 동안 우리민족을 폄하하는 말로 쓰여 온 이유는 조선말기 왕실재정이 궁핍해지자 궁궐과 여러 관청에서 상평통보 등, 엽전의 주조를 남발했고 심지어 일반 백성들까지 엽전을 비밀리에 주조함으로써 당시의 화폐 질서가 극도로 문란해 졌을 뿐만 아니라 개항 이후 외국 주화의 유입 등으로 엽전의 가치가 보잘 것 없어지면서 엽전에 대한 불신이 컸는데 그 원인이 있는 듯하다. 더욱이 일제(日帝)가 식민통치의 일환으로 그렇게 가치가 폭락한 엽전을 한국 민족에 빗대어 비하시킨 것이 지금까지 그대로 남아 전해져 온 것으로 보인다.

돈과 관련된 표현은 시대별 경제상황을 반영한다. "땡전 한 푼"이라는 말만해도 그렇다. "푼"은 우리나라에 근대화폐 즉, 신식화폐가 등장하기 이전에 사용되었던 조선통보, 상평통보 등의 엽전 한 닢을 의미하는 것이었다. 또 "땡전"은 고종 3년(1866년)에 흥선대원군이 경복궁을 중수할 때 막대한 경비를 조달하기 위해 당백전(當百錢)을 유통시킨 데서 유래한다. 당시 당백전의 실질가치는 상평통보의 5~6배에 불과했지만 명목가치는 실질가치의 약20배에 달하여 쌀값을 6배나 폭등케 함으로써 백성들의 생활이 극도로 피폐해졌다. 그로 인하여 당시 사람들이 "당백전"에서 "당전"을 거세게 발음하여 "땅전"으로, 다시 "땅전"을 "땡전"으로 보다 격하게 발음함으로써 그때의 "땡전"이 오늘날까지 이어져 오게 되었다. 이는 돈이 그 가치를 제대로 지니지 못할 경우 국민들의 경제생활과 사회생활에 얼마나 큰 영향을 미치는지를 잘 설명해 주고 있다.

위에서 보듯 화폐의 발전과정은 생산력의 발전과정과 깊은 연관을 가진다. 생산력이 높으면 높을수록 교환의 욕구는 더욱 커지고 따라서 보다 편리한 교환을 위한 화폐의 욕구도 더욱 커진다. 이런 법칙은 구석기시대에도 마찬가지였다. 비록 물물교환마저 거의 이루어지지 않았던 원시시대이긴 했지만 일단 교환할 생산물이 있을 경우 그 교환은 각자의 생산물에 대한 정확한 가치평가로부터 시작되었을 것이다.

모든 상품은 사용가치와 교환가치라는 두 가지 가치를 가지고 있으며 상품이 상호교환되는 이면에는 그 두 가치가 작용하기 때문이다. 상품(商品, commodity)이란 인간의 욕망을 충족시켜 주는 유형, 무형의 노동생산물이다. 그런 상품이 지니는 사용가치는 소비에 의해서만 실현된다. 식품은 먹음으로서 사용가치가 실현되고, 연장은 사용함으로서 사용가치가 실현된다. 또 예술품은 보고 즐김으로써 사용가치가 실현된다. 그러므로 사용가치가 없는 물건은 만들어지지도 않으며 설령 만들어졌다고 하더라도 상품으로 교환되지 못할 것이다.

이렇게 볼 때 사용가치는 교환가치를 보장하는 물적 담지자가 된다. 즉 사용가치는 곧 교환가치의 출발점이 된다. 이렇게 사용가치는 모든 가치의 출발점이 되는 가치이다. 사용가치는 어떤 경우에도 변하지 않는 불변가치요, 인간이 절대적으로 필요로 하는 절대가치이다. 그러면 가치의 출발점인 사용가치는 어떻게 생겨나는 것일까? 무인도에서 살았던 로빈슨 크로스의 경우를 생각해 보면 이를 쉽게 이해할 수 있다. 로빈슨 크로스는 아무도 없는 무인도에서 살았기 때문에 그가 무엇을 생산했던 교환할 수는 없었을 것이다. 따라서 그의 생산물은 어떤 경우에도 교환가치를 가질 수는 없었을 것이다. 하지만 그는 혼자서라도 살아야 했고 따라서 무언가 생존에 필요한 재화를 생산해야만 했을 것이다. 음식으로 대용할 수 있는 물고기나 열매를 따야 했을 것이고 옷으로 대용할 수 있는 나뭇잎이나 짐승의 털가죽을 벗겨야 했을 것이며 집으로 대용할 수 있는 움막을 만들어야 했을 것이다.

그가 매일매일 사용해야만 했던 그런 생존 재화는 그가 살기 위해 매일매일 생산하지 않으면 안 되었던 노동생산물들이다. 따라서 그의 노동생산물은 최소한 사용가치를 지니고 있었고 그 사용가치는 바로 생존으로 직결되었다. 바꾸어 말하면 사용가치를 지닌 노동생산물이 있으면 살 수 있고 없으면 살 수 없다. 모든 노동생산물은 그 같은 사용가치를 지니기 때문에 사용가치는 생존을 가능하게 하는 생존가치가 된다. 이렇게 볼 때 가치의 궁극적 원천은 바로 생존이라 할 수 있다. 직접적이든 간접적이든 생존과 관련이 있으면 가치가 있는 것이고 생존과 관련이 없으면 가치가 없는 것이다.

구석기시대 사람들도 물물교환을 하기 이전에 우선 자기의 생존에 필요한 각종 재화를 생산해야 했을 것이다. 물론 그 재화는 노동생산물로써 자기와 자기 가족들이 사용했을 것이다. 그러므로 구석기시대의 노동생산물은 물물교환의 대상이 되지 않았기 때문에 교환가치는 지니지 않았겠지만 적어도 사용가치는 지니고 있었음이 분명하다. 더욱이 그 사용가치는 생존에 없어서는 안 되는 절대적인 것이었으므로 절대가치를 지닌 것이었다.

그렇게 사용가치로부터 출발했던 노동생산물의 가치는 물물교환이 시작되면서 교환가치를 지니게 되었다. 교환가치는 다른 물건의 사용가치와 교환되는 비율로 표시되는 가치이다. 이때 각각의 노동생산물이 지니는 교환가치는 사용가치와는 조금 다르다. 어떤 노동생산물이 지니는 사용가치는 그 생산물 속에 추상화된 인간노동이 내재되어 있기 때문인데 그 가치의 크기를 측정하는 기준은 그것을 생산하기 위해 투입한 사회적 노동시간이다. 예를 들어 물고기 1kg을 생산하는데 1시간의 노동이 투입되었고, 야생과일 10kg을 채취하는데 1시간의 노동이 투입되었다면 물고기 1kg과 야생과일 10kg은 동일한 양의 사회적 노동이 투입된 동일가치를 지닌 물건이다. 이렇게 동일 기준을 놓고 평가된 가치를 등가가치라 하고 등가가치에 의해 상품이 교환되는 것을 등가교환(等價交換, exchange of equivalents)이라고 한다.

그러나 등가가치와 등가교환은 이론에 불과하다. 현실사회에서는 등가가치도, 등가교환도 성립될 수 없다. 똑같은 1시간의 노동시간이 투입되었다고 해서 똑같은 가치를 가지라는 법은 없기 때문이다. 똑같은 1시간의 노동이라도 숙련노동자와 비숙련노동자의 노동 가치는 크게 다를 것이다. 남녀 간의 노동가치도 다를 것이고 아동과 성인 간의 노동가치도 당연히 다를 것이다. 또 도구를 사용할 경우 도구의 성능에 따라 그 노동 가치는 달라질 것이다. 그러므로 현실적 노동 가치는 항상 부등가 가치가 된다. 등가가치를 바탕으로 하여 교환되는 것이 교환의 법칙이지만 현실적 교환은 전혀 그렇지 않다. 반대로 정도 문제는 있겠지만 어떤 형태로든 모든 교환은 현실적인 부등가 가치를 전제로 하고 있다.

그런 현실적 부등가 가치는 상품가치와 시장가격이 일치하지 않기 때문에 생긴다. 상품가치와 시장가격이 일치하기 위해서는 그 상품에 대한 수요와 공급이 정확히 일치해야 한다. 하지만 자유교환시장에서 양자가 일치하기는 현실적으로 불가능하다. 수요와 공급 사이에 수많은 변수가 있기 때문이다. 날씨가 좋지 않으면 채소류와 생선류의 수요와 공급이 불일치할 것이고, 상인이 사재기를 할 때도, 또 OPEC 회원국들이 원유의 감산을 결정하듯 생산자들이 감산을 담합할 때도 수요와 공급은 불일치할 것이다. 그것이 바로 현실적 교환시장이다.

그러나 그런 부등가교환이 무수히 반복되면 평균적인 그리고 관념적인 등가교환이 성립된다. 사람들은 누구나 부당하다고 생각되면 그 일을 하지 않으려 할 것이므로 시장가격이 너무 높다고 생각되면 그 상품을 구매하지 않을 것이다. 상품을 구매하는 구매자가 적어지면 상대적으로 공급량은 늘어나는 효과가 있고 그런 상호작용이 무수히 반복되면 자연스럽게 수요와 공급의 일치점이 생기게 되는데 그 점이 바로 등가교환을 위한 자유시장가격이 형성되는 점이다.

(1) 절대화폐

추상가치는 어떤 경우에도 변하지 않는 불변적 절대가치이다. 왜냐하면 누가 사용하든 하지 않든 그 제품을 만드는 데 투입된 추상노동의 가치는 불변하기 때문이다. 인간노동은 그런 절대가치를 만들어낸다는 점에서 모두 동일한 노동이다. 따라서 모든 제품은 절대가치라는 동일한 가치를 지니게 된다.

절대가치를 지니는 물건은 그것이 개인적으로 사용되든, 제3자에게 교환되든 모두 인간노동에 의해 만들어진 것임은 분명하므로 이를 통틀어 제품이라고 한다. 제품은 다시 용품과 상품으로 나누어진다. 용품(用品)은 자기의 사용을 목적으로 하여 만드는 제품이고, 상품(商品)은 교환을 목적으로 하여 만드는 제품이다. 따라서 절대가치를 지닌 제품을 자기가 사용하면 사용가치로 전환되고, 제삼자와 교환하게 되면 교환가치로 전환된다. 이는 똑같은 물이지만 온도가 올라가면 증발하여 기체로 전환되고, 온도가 내려가면 얼어서 고체로 전환되는 것과 같은 이치이다. 물 자체가 이중성을 지니고 있기 때문에 그런 이중적 형태로 변하는 것이 아니라 물이 지닌 변화라는 특성이 주위 환경에 따라 그렇게 이중적으로 변해가는 것이다. 제품이 지닌 가치도 이와 같다. 모든 제품은 절대가치라는 오직 한 가지 가치만 지니고 있지만 그 절대가치가 사용이라는 환경에 놓이게 되면 사용가치로 전환되고 교환이라는 환경에 놓이게 되면 교환가치로 전환된다.

가치의 구분		
불변가치	가변가치	목적
절대가치(제품)	사용가치(용품)	사용을 목적으로 하는 제품
	교환가치(상품)	교환을 목적으로 하는 제품

 원칙적으로 모든 노동은 철저한 사적(私的) 노동이다. 자기가 사용하든 남의 제품과 교환하든 모두 자신의 이익이라는 사적 목적을 위해 노동을 투입하여 제품을 생산하기 때문이다. 하지만 자신을 위한 그런 사적 노동은 교환이라는 과정을 거치면서 사회적 노동으로 전환된다. 왜냐하면 사적 노동을 통해 생산된 제품이 교환되면 제품이 지닌 절대가치는 교환가치로 전환되는데 이때 교환의 대상이 되는 타인은 무수한 사회적 대중이기 때문이다. 예를 들어 개인이 생산한 짚신이 사회구성원 모두에게 팔려나간다면 그때의 소비자는 개인이 아닌 사회적 대중이 된다. 이런 교환이 일어날 때 사적 노동이 생산한 제품이 지니는 절대가치는 먼저 교환가치로 전환되고 그 교환가치는 다시 사회적 사용가치로 전환된다.
 모든 교환은 이렇게 절대가치로부터 시작된다. 교환상대방이 아무리 자기 노동과 남의 노동을 비교분석하고 자기노동의 가치를 끌어올리려고 해도 그 제품을 생산하기 위해 투입한 노동가치는 사라지지 않는다. 보다 싼값으로 구매하기 위해 동원하는 여러 가지 수단은 교환가치를 낮게 할 수는 있어도 절대가치를 낮게 할 수는 없다. 100원짜리 제품을 90원에 산다고 하여 그 제품이 지닌 본래의 절대적 가치 100원이 90원으로 내려가는 것은 아니다. 이는 실력 있는 자를 실력 없는 자라고 비방할 수는 있어도 그 실력 자체를 없앨 수는 없는 이치

와도 같다. 모든 교환가치는 원칙적으로 불변적 가치로서의 그 절대가치를 기준으로 하여 책정된다.

이 절대가치는 물품화폐든 법정화폐든 화폐라는 매개수단이 없었던 구석기시대 때의 물물교환에서 큰 역할을 했다. 고대의 농부 A와 어부 B는 어떤 수단을 통해 각자가 생산한 수박과 넙치를 주고받았을까? 거기에는 바로 보이지 않는 화폐, 즉 위에서 말한 사용가치라는 절대화폐가 작용했을 것이다. 절대화폐란 불변가치를 지닌 관념적 화폐를 의미한다. 금은 대표적인 절대화폐 중의 하나이다. 금에는 1,000원 혹은 10,000원 같은 숫자가 적혀져 있지 않다. 하지만 금을 가지고 있으면 언제든지 숫자가 적혀져 있는 법정화폐로 바꿀 수 있으므로 금을 가지고 있다는 것은 곧 돈을 가지고 있는 것과 같다. 역사적으로 볼 때도 금은 절대화폐로서의 기능을 담당해 왔다. 1944년 브래튼우드체제가 출범하여 1971년 달러의 불태환선언이 있기까지 미국의 달러가 세계의 기축통화로서 자리를 잡을 수 있었던 것은 당시 미국의 금보유량이 전 세계 보유량의 70%나 되었기 때문이다. 따라서 당시 미국의 달러는 금과 같은 의미를 지니고 있었다. 그렇게 모두의 마음속에 교환의 기준으로 인식되고 있는 화폐가 바로 절대화폐이다.

하지만 1971년 닉슨 대통령이 달러의 불태환을 선언하자 금값은 급격히 상승했다. 더 이상 달러가 금이 아니었기 때문이다. 미국이 그런 결과가 생길 줄 알고 있으면서도 달러의 불태환을 선언할 수밖에 없었던 이유는 베트남전쟁 때문이었다. 막대한 전비가 필요했던 미국은 보유한 금 이상의 달러를 발행하였고 그 결과 달러를 금으로 바꿔줄 수 없었던 것이다. 그런 불태환선언은 곧 달러의 위상하락으로 이어졌고 이는 상대적으로 유가와 금값을 올리는 단초가 되었다. 그 후 20여년

간 금값은 안정세를 보였지만 2004년부터 다시 상승하게 되었는데 그 이유는 첫째, 미국의 이라크 전쟁(2004~2007)으로 전비충당을 위한 달러가 대량으로 발행되면서 달러가치가 하락되었고, 둘째, 미국의 서브프라임 모기지(subprime mortgage)가 몰고 온 금융위기로 안전자산인 금에 대한 수요가 증가하였기 때문이다. 또 현재의 급격한 금값 상승은 각국 정부가 경기부양을 위해 막대한 통화를 쏟아내었기 때문이다.

　이처럼 화폐는 경기상황에 따라 종잇조각이 될 수도 있지만 실물은 어떤 경우에도 그 가치를 잃는 법이 없다. 수박과 넙치는 실물이므로 어떤 경우에도 가치를 잃지 않는 절대화폐로서의 기능을 가지고 있다. 그러나 금이 그렇듯 수박과 넙치에는 화폐적 가치가 숫자로 적혀 있지 않다. 이렇게 가치를 나타내는 숫자가 없는데도 가치가 인정되는 이유는 실물 속에 사용가치가 내재되어 있기 때문이다. 물물교환은 바로 그 사용가치를 기준으로 하여 이루어진다. 즉 파는 사람이 생각하는 노동가치와 사는 사람이 생각하는 사용가치가 일치할 때 물물교환은 이루어진다. 흥정은 파는 자와 사는 자가 바로 그 일치점을 찾는 과정이다.

(2) 절대가치의 산정

　교환가치의 기준이 되는 절대가치는 어떻게 책정될까? 절대가치는 교환가치의 무수한 사회적 상호작용에 의해 책정된다. 내가 만든 제품을 시장에 내다 팔려고 할 때 나는 우선 내 제품에 대해 가격을 매기게 된다. 이때 내가 매기는 정가는 써 붙일 수도 있고 붙이지 않을 수도 있지만 정가표 유무를 불문하고 자기가 책정한 가격이 있을 것임은 분명하다. 물론 그 가격을 실제 시장교환에서 고스란히 그대로 다

받는다는 보장은 없다. 여러 소비자들이 나의 제품을 보고 판매가격을 물어보는 사이 나는 일반 대중들이 평가하는 내 제품의 교환가치가 어느 정도인지를 깨닫게 된다. 그렇게 내 제품의 사회적 적정교환가치를 깨닫게 하는 과정이 바로 흥정이다. 따라서 흥정이 무수히 진행되면 내 제품의 가장 적절한 사회적 교환가치가 책정될 수 있다. 이는 여러 사람과 수많은 시합을 하다보면 나의 공정한 사회적 실력이 어느 정도인지 스스로 깨닫는 이치와도 같다.

교환가치는 이처럼 무수한 사회적 흥정의 과정을 거쳐 책정된다. 하지만 그 흥정의 과정도 막무가내로 그냥 생기는 것은 아니다. 교환가치가 책정되는 흥정과정에는 노동시간, 노동강도, 노동품질, 노동형태 같은 여러 요인이 작용한다. 노동시간은 교환가치를 책정하는 중요한 기준이 된다. 동물들이 그러하듯 타고난 인간의 신체조건은 대동소이하므로 노동시간의 장단은 제품이 지니는 절대가치에 가장 큰 영향을 준다. 노동강도도 마찬가지이다. 열매를 따는 경우 시간당 백 번 손을 놀린 사람과 오십 번 손을 놀린 사람의 생산성이 동일할 수는 없다. 노동품질도 절대가치에 상당한 영향을 준다. 대장간에서 호미를 만들 경우 숙련공의 노동품질과 미숙련공의 노동품질이 동일할 수 없음은 천하가 알만하다. 노동형태도 역시 그러하다. 최초의 시제품을 창안해 내는 기획노동자와 이미 만들어진 시제품을 보고 그대로 배껴 만드는 일반노동자의 노동이 같을 수 없음은 상식 중의 상식이다.

흥정 과정은 가치를 결정하는 그런 모든 요소가 비빔밥처럼 섞어지고 얽혀지는 과정이다. 그런 과정은 마치 맑은 물에 빨간색, 파란색, 노랑색 물감을 떨어뜨리면 처음에는 각자의 색깔이 선명하게 나타나지만 섞으면 섞을수록 각자의 고유한 색깔은 사라지고 혼합된 통일체로서의 한 가지 색깔로 변하게 되는 이치와도 같다. 그러므로 흥정이 무수히 계속되면 노동시간, 노동강도, 노동품질, 노동형태 같은 구체적 가치기준은 사라지고 교환가치라는 하나의 가치로 나타난다. 교환사회는 그렇게 탄생된 교환가치가 절대가치로 승화되는 사회이다.

(3) 화폐교환

잉여생산물이 늘어나고 교환의 대상이 되는 재화의 종류와 수량이 많아지자 그 많은 재화를 일일이 교환 장소까지 가지고 가는 것은 여간 불편한 일이 아니었다. 그래서 사람들은 보다 간편한 교환방법을 생각하게 되었고, 그 결과 생각해 낸 것이 바로 매개물을 통한 교환이었다. 중요한 가치를 지닌 실물을 매개물로 하면 수많은 종류의 교환 대상물을 일일이 교환현장까지 가지고 나가지 않아도 되었기 때문에 그만큼 교환이 편리해졌다. 최초의 매개물은 지역에 따라 조금씩 달랐다. 중국에서는 조가비와 포백(布帛)이 매개물로 등장했고, 에티오피아에서는 소금이, 남아프리카에서는 가축이, 시베리아에서는 모피가 매개물로 등장했다. 그런 매개물을 실물화폐(實物貨幣)라고 하는데 그 실물화폐가 발달하여 오늘날의 지폐가 되었다.

화폐의 탄생에 대해서는 몇 가지 학설이 있다. 오스트리아의 경제학자 멩거(Carl Menger)는 자주 쓰이는 실용적인 재화, 즉 시장 유통성이 강한 상품이 화폐로 사용되었다는 실용기원설(實用起原說)을 주장했다. 그에 반해 B. 라움(B. Laum)은 종교적인 것에서 기원을 찾는 종교기원설을 주장했다. 또 가치 있는 장식품에서 기원을 찾는 장식기원설도 있다. 이런 화폐기원설은 원시화폐가 오늘날의 화폐와 동일한 기능을 가지면서도 종교적, 의례적(儀禮的), 장식적 기능을 가지고 있었음을 의미한다.

주조화폐가 사용되었던 초기까지만 해도 화폐로 쓰였던 금속의 모양은 상당히 조잡한 것이었다. 『국부론(國富論)』의 저자, 아담 스미스(Adam Smith)에 의하면 초기의 금속화폐는 각인(刻印)도 주조도 되지 않은 단순한 막대기 모양이었다고 한다. 그래서 계량과 측정이 무척 복잡했기 때문에 국가가 금속화폐에 각인을 할 필요가 생겼고 그래서 주조화폐가 등장하게 되었다고 한다. 그런 주조화폐에는 주로 액면가를 나타내는 단위와 주조화폐의 무게를 나타내는 단위가 각인되어 있었다. 물품화폐에서 한 걸음 더 발달한 주조화폐는 더욱 발달하여 화폐의 필요조건인 등질성, 분할성, 보존성, 내구성 같은 특성을 갖추게 되었다.

▌관리통화제도의 등장

국가가 독점자본의 이윤을 보장해 주기 위해서는 금본위제도를 파괴하지 않을 수 없었다. 태환이 보장되는 한 통화의 발행량은 금보유고를 벗어날 수 없었으므로 국가가 임의로 통화량을 조정하고 신용을 부여하여 독점자본을 위한 시장을 창출하거나 독점자본을 살려주기 위한 구제금융을 제공해 줄 수 없었다. 국가가 독점자본의 재생산과 축적을 보장해 주기 위해서는 금의 보유량에 관계없이 자유롭게 통화량을 조절할 수 있고 신용을 부여할 수 있어야 한다. 그러므로 독점자본과 태환통화는 공존할 수 없는 양극이 된다. 독점자본이 극도의 위기에 몰렸던 1929년의 대공황 이후 통화제도로서의 금본위제도가 붕괴되고, 역사로부터 영원히 모습을 감추게 된 것은 이런 관점에서 볼 때 당연한 귀결이었다. 마침내 세계 각국은 태환제도를 포기하고 불환

제도를 바탕으로 하는 관리통화제도를 도입하게 되었다.

　국가마다 관리통화제도를 도입하게 된 직접적 원인은 조금씩 달랐다. 영국과 독일은 주로 국제수지의 적자와 금의 유출을 저지하기 위한 목적이었고, 미국은 국내 물가의 안정과 인플레이션 정책을 통해 경기를 회복시키고자 하는데 주원인이 있었다. 하지만 이 제도하에서는 금의 보유고에 관계없이 통화를 발행할 수 있었으므로 상품유통에 필요한 통화량을 넘어서는 통화가 발행될 수 있다. 태환제도 하에서 상품유통에 필요한 통화량 이상의 통화가 발행되면 화폐의 축장기능이 작동하여 과잉통화를 흡수하기 때문에 통화량이 자동적으로 조절되지만 관리통화제도 하에서는 그러한 기능이 작동할 수 없으므로 유통에 필요한 이상의 과잉통화가 나도는 것을 막을 길이 없다. 따라서 관리통화제도 하에서는 통화가 유통필요량을 초과하여 과잉유통되면 그 가치가 그 만큼 감소될 수밖에 없고 그렇기 때문에 인플레이션이 발생하게 된다.

　그러나 통화가치가 감소해도 통화가 국가의 강제 통용력에 의해 유통되므로 국가로서는 전혀 문제될 것이 없다. 오히려 통화가치가 하락하면 독점자본을 위한 인위적 시장의 창출과 독점자본에 대한 구제자금의 확보가 쉬워지므로 국가와 독점자본은 더욱 긴밀한 관계를 유지하게 된다. 이처럼 관리통화제도 하에서는 국가와 독점자본이 긴밀한 관계를 유지할 수 있기 때문에 금본위제도로의 복귀는 더욱 불가능하게 된다. 독점자본은 대공황이 몰고 온 위기를 탈출하는 과정에서 국가를 이처럼 새로운 체제 속으로 끌어들임으로써 인플레이션을 통한 새로운 활로를 찾게 되었던 것이다. 이렇게 관리통화제도의 도입으로 국가의 힘이 더욱 막강해지고 독점자본과의 관계가 더욱 긴밀해지면서 국가독점자본주의는 본궤도에 진입하게 되었다.

통화제도가 금본위제도에서 관리통화제도로 전환됨에 따라 국가는 통화의 발행량을 아무 제약 없이 자유롭게 증감시킬 수 있게 되었고, 따라서 경제활동에 깊숙이 개입할 수 있게 되었다. 국가가 경제활동에 개입하는 방법은 여러 형태가 있다. 국가독점자본주의의 발전은 국가로 하여금 재정정책을 통해 경제활동을 간섭하고 통제하도록 한다.

자유주의 단계에서는 국가의 역할이 기업의 자유로운 경제활동을 보장하는데 그 무게 중심이 있었다. 국가는 경찰, 소방, 재판 등, 극히 한정된 분야에만 개입했고 경제활동에 대한 개입은 최대한 배제되었다. 그런 국가들을 야경국가라 부르게 된 이유가 여기에 있었고, 국가의 재정지출도 적었으며 적자예산은 원칙적으로 금기시 되었다. 그러나 독점자본주의 단계에서는 국가가 직접 대형사업에 뛰어들 필요성이 제기되었으므로 대규모적인 국책사업자금을 마련하기 위해 세금을 인상하고 적자예산을 편성하며 의도적으로 인플레이션을 조장하는 한편 국가공채까지도 발행하게 되었다. 이런 방법을 통해 모은 거대한 자금으로 국가는 스스로 공공사업, 토목사업, 군수산업 등에 투자하기도 하고 독점자본에 융자하기도 하면서 산업개발을 주도한다. 이렇게 국가는 재정정책을 통해 경제활동에 적극적으로 개입함으로써 경제성장을 주도해 간다.

▎자본의 증식과정

자본은 어떤 과정을 거쳐 자기 가치를 증식시켜 가는 것일까? 가치의 원천은 노동이므로 화폐가 자기 가치를 증식하기 위해서는 반드시 노동이 개입되어야 한다. 이러한 사실은 간단한 예로서 입증할 수 있다. 공장도 가격 100원이 소매점 가격 150원으로 변하는 이유는 공장에서 소매점까지 옮겨가는 과정에 유통노동이 개입되기 때문이다. 또 대중식당과 고급식당의 음식값이 다른 이유는 그 음식을 만드는 데 투입된 노동의 양이 다르기 때문이다. 대중식당과 고급식당은 우선 식당 건물이 다르고 내부 시설 및 음식 재료가 다르고 종업원의 서비스가 다르다. 그런 것들이 다르다는 말은 손님에게 음식을 제공하기까지 투입되는 노동의 양이 다르다는 말이다. 이렇게 노동의 양이 다르기 때문에 그 값이 다를 수밖에 없다.

노동 있는 곳에 가치 있고 가치 있는 곳에 노동 있으므로 노동이 개입되지 않으면 어떤 경우에도 가치는 증식될 수 없다. "화폐→상품→화폐" 같은 화폐유통과정이건 "상품→화폐→상품" 같은 상품유통과정이건 모든 유통과정은 구매과정과 판매과정이라는 두 과정을 거치게 되므로 이러한 유통과정에는 노동이 2중적으로 개입되게 되고 따라서 가치도 2중적으로 증식된다. 부가가치란 이렇게 일정한 노동과정을 거치면서 2중, 3중으로 부가되는 노동가치를 의미한다. 즉, 신생가치가 부가되어 가는 것이 곧 부가가치이다.

경제학의 기초이론에 의하면 [상품→화폐→상품]의 과정을 거치는 상품유통과정은 생산자가 자기의 상품을 우선 판매한 후 획득한 화폐로 다시 필요한 상품을 구매하는 과정으로서 출발점과 종착점의 상품은 서로 같은 상품이지만 종착점의 상품은 새로 생긴 상품이기 때문에 출발점의 상품과는 다른 상품'가 된다. 따라서 인간은 생활에 필요한 온갖 다양한 상품들을 서로 교환할 수 있으므로 이런 유통과정은 의미 있는 과정이 된다. 하지만 [화폐→상품→화폐]의 과정을 거치는 화폐유통과정은 출발점과 종착점이 모두 동일한 화폐이기 때문에 화폐유통과정은 아무런 의미가 없다고 본다. 다시 말하면 출발점과 종착점이 모두 똑같은 화폐일 경우 그것은 아무 과정도 밟지 않은 것이나 마찬가지이며 그렇게 어떤 과정을 거쳐도 전혀 변하는 것이 없다면 그런 무의미한 일을 할 사람은 없을 것이다. 그러므로 [화폐→상품→화폐]라는 화폐유통과정이 의미를 지니기 위해서는 출발점의 화폐와 종착점의 화폐가 가치적으로 달라야 한다. 즉 플러스알파가 붙은 [화폐→상품→화폐']=M→C→M'가 되어야 한다. 이는 출발점의 화폐는 M이고 종착점의 화폐는 M'로서 서로 다른 화폐이기 때문에 의미가 있기 때문이다.

이렇게 [화폐→상품→화폐']라는 도식은 화폐와 상품은 전혀 다른 별개의 것이라는 전제를 깔고 있다. 그러나 화폐와 상품은 이름만 다를 뿐 똑같은 노동생산물이므로 두 유통과정은 실질적으로 조금도 다를 바 없다. [화폐→상품→화폐']도 결국은 [노동생산물→노동생산물→노동생산물]의 유통과정이고 [상품→화폐→상품']도 똑같은 [노동생산물→노동생산물→노동생산물]의 유통과정이다. 따라서 두 과정은 서로 다른 의미를 지니는 것이 아니라 동일한 의미를 지닐 뿐이다. 이 유통과정에서 출발점의 상품과 종착점의 상품 사이에 차이점이 있다면 출발점의 상품에 유통과정이 더해질수록 가치가 부가되어 종착점의 가치가 높아진다는 것뿐이다.

그런 부가가치는 노동이 부가될 때만 생기는 가치이므로 부가노동이 없으면 부가가치도 없다. [상품→화폐→상품']의 과정은 출발점의 상품과 종착점의 상품이 서로 다르기 때문에 가치 있는 과정이 아니라, 출발점과 종착점의 상품이 서로 다른 가치를 지니기 때문에 가치 있는 과정이다. 상품이나 화폐가 가치를 지닌다면 그것은 노동가치이므로 [상품→화폐→상품']의 과정은 노동가치가 부가되어 가는 [노동1+노동2+노동3]의 과정과도 같다. 이런 가치의 부가과정은 많을수록 가치가 높아져 간다.

❙ 자본의 축적과 집중

어떤 상품의 공급이 넘쳐 시장가격이 하락해 가면 당연히 이윤율도 감소해 간다. 그러나 자본가들은 이윤율의 저하로 이윤량이 줄어드는 것을 그냥 보고만 있지는 않는다. 자본가들은 자본의 양을 증가시켜 비록 이윤율은 줄어들 망정 이윤량은 높아지도록 한다. 즉 자본량의 증대를 통한 이윤량의 증대를 도모하게 된다. 예를 들면 자본총액이 100이고 이윤율이 20%라면 이윤량은 20이 되지만 자본총액이 200이고 이윤율이 15%라면 비록 이윤율은 5%가 하락하지만 이윤량은 30이 되므로 오히려 10이 늘어난다. 그러므로 개별자본은 자본량을 증대시키는 경쟁을 벌이게 되고 자본경쟁에서 낙오하는 약소자본은 도산하거나 대자본에 흡수 또는 합병된다. 따라서 자본의 축적과 집중은 갈수록 가속화되어 간다.

자본의 축적(蓄積, Accumulation)이란 생산과정에서 산출된 이윤을 자본가가 개인적 소비에 지출하지 않고 생산과정에 다시 투입하여 자본으로 전환시킴으로써 자본의 총량이 증가하는 것을 말한다. 즉, 개별기업이 이익을 볼 때마다 그 이익금을 조금씩 자본으로 전환해가는 것을 의미한다. 티끌 모아 태산이라는 말처럼 자본축적이란 이윤을 쓰지 않고 조금씩 저축하여 세월이 지나면서 거대 자본으로 거듭나게 되는 현상을 말한다.

이런 자본의 축적은 시초축적(始初蓄積)으로부터 시작된다. 시초축적이란 원시적 축적이라고도 하는데 자본주의적 생산양식의 출발점이 되는 최초의 자본이 형성되는 과정을 말한다. 마르크스는 인클로저운동(enclosure movement)으로 인해 많은 농민들이 토지로부터 축출되어 노동자로 전락하게 되었다고 적시했다. 그렇게 축출된 농민들은 토지라는 생산수단을 상실했기 때문에 생계유지를 위해 어쩔 수 없이 노동력을 팔아야 하는 노동자로 전락하게 되는 반면, 봉건영주들은 노동자를 고용하여 양모를 생산하는 자본가로 변신하게 됨으로써 자본의 시초축적을 이루게 되었다고 보았다.

이런 인클로저운동으로 소작제도가 대두되고 농민에 의한 직접 경작이 활성화되자 자기 토지를 가지고자 하는 사람들이 늘어나 토지의 소유권을 명확히 확립하려는 움직임이 늘어났다. 장원(莊園)시대에는 농민들이 공동으로 쓰는 들이나 숲을 모든 사람이 이용할 수 있도록 공유토지로 두었는데 인클로저 운동이 시작되자 이들 땅은 각각의 다른 소유주에게 분할되었다. 분할된 공유지는 모직을 만들기 위해 목축지로 전용되는 경우도 있었으나 농경지로 개간되는 경우가 더 많았고 공유지의 개간으로 경작지가 늘어나자 식량 생산량이 증가하여 늘어나는 인구를 효과적으로 부양할 수 있었다.

더욱이 소작농이 대두하자 농민층은 비슷한 경제규모를 가지고 균일화되었으나 그 후 시장을 잘 활용하느냐 못하느냐에 따라 부농과 빈농으로 나뉘어졌다. 여기서 자본주의적 차지부농(借地富農)인 요먼(Yeoman)이 대두되었고, 많은 수의 영세농민들이 이 요먼과의 시장경쟁에서 밀려나 농작을 포기하고, 농촌의 임금노동자가 되었다. 이 때문에 농촌에서는 많은 수의 노동자가 생겨났고 이들은 부농에게 고용되거나 농촌의 상업이나 수공업에 종사하는 등, 농촌 지역의 직업분화가 촉진되었다. 결과적으로 농업생산량이 늘어나 인구증가, 특히 식량을 생산하지 않는 도시인구의 증가를 뒷받침하게 되었고 농촌지역에서는 농업분화를 통해 직업분화가 촉진되었다.

이런 축적은 집적이라고도 하는데 자본은 단순한 양적 확대로 끝나지 않는다. 자본의 축적은 생산양식의 변화를 몰고 오는 동시에 노동의 사회적 생산력을 발전시킨다. 그리고 생산력의 발전은 다시 자본축적을 촉진시켜 또 다른 생산양식의 변화를 초래한다. 생산력의 발전과 자본축적이 가지는 이런 상호촉진적 과정이 계속되면 자본의 내적 구성도 달라지게 된다. 마르크스는 자본의 축적과정에서 발생하는 생산양식의 변화를 철강공장이 변해온 역사에서 추적하고 있다. 그에 의하면 한 명의 작업자가 다루는 기계와 원재료의 규모는 매년 비약적으로 확대되어 수십 년 만에 수백 배로 확대되었다고 한다. 이는 그만큼 축적된 자본이 생기게 됨으로써 자동생산기계를 도입할 수 있게 되고, 그런 자동기계의 도입은 생산력의 향상으로 이어진다는 말이 된다.

이러한 기업적 변화는 자본의 유기적 구성의 고도화를 의미한다. 그런데 이런 유기적 구성의 고도화는 자본축적의 속도에 비례하여 노동수요도 끌어올리는 것이 아니라 오히려 노동수요를 감소시킴으로써 노동인구의 고용불안을 초래한다. 자본이 집적되면 될수록 값비싼 자동기계의 도입이 가속화되므로 노동력의 수요는 자꾸만 감소되어 간다. 이는 자본의 본원적 축적으로부터 시작되는 자본의 집적이 생산체계를 노동력 생산에서 기계력 생산으로 부단히 바꾸어 감을 의미한다.

이런 자본의 축적은 신생가치량이 많을수록 축적의 규모도 커진다. 과학기술의 비약적 발전과 경쟁의 심화는 필요한 자본규모를 더욱 확대시킨다. 그러므로 자본규모의 경쟁에서 살아남은 소수 자본가는 규모의 경제에서 낙오한 중소기업들을 집어삼켜 더욱 큰 독점자본이 되고 독점이윤을 챙기게 된다. 그리고 그런 독점이윤으로 자본의 축적을 더욱 가속화하게 된다. 그렇게 자본의 공룡이 되어 세계의 소비시장을 집어삼키려 하는 기업이 바로 세계적 대기업이다.

한편, 자본의 집중이란 사회적 여유자금을 한 곳으로 집중시키는 것이다. 대표적인 집중의 방법은 주식제도이다. 철도망의 발달은 주식제도가 가져온 집중의 위력이 얼마나 엄청난 결과를 가져오는지를 잘 보여준다. 만일 주식제도를 통해 개인이 장롱 속에 숨겨두었던 소액자본을 끌어내어 집중시키지 않았더라면 세계 각국은 단시간 내에 엄청난 자본을 필요로 하는 철도망을 깔기 힘들었을 것이다. 왜냐하면 철도는 거대한 자본을 필요로 하는 사업이기 때문이다.

하지만 그런 자본의 집중은 노동자계급의 운명에 심각한 타격을 가져다주었다. 자본의 집중은 상대적으로 노동력의 구매보다 기계력의 구매를 우선시하게 했기 때문이다. 자동기계가 도입되면 그만큼 노동력의 수요는 줄어들게 된다. 마르크스의 "자본의 집적과 집중이론"은 바로 그런 기계우선사회가 만들어내는 노동자들의 비극을 조명하고 있다.

그러나 개별기업의 입장에서 보면 경쟁에서 살아남기 위해서는 자본을 집적하고 집중하지 않을 수 없다. 기계화는 곧 생산원가의 하락을 의미하므로 살아남아야 하는 개별기업으로서는 살아남기 위해 기계화를 외면할 수 없고, 그런 기계화를 위해서는 어떡하든 자본을 확대하지 않을 수 없다. 따라서 자본의 집중은 빠르게 진행되고 그에 상응하여 신용도가 높은 기업에 자금을 융자하게 되는 은행도 자본의 집중을 가속화시켜 간다. 그렇게 탄생되는 산업 독점체와 은행 독점체는 서로 결합하여 금융과두 지배체제의 핵심 고리가 된다. 자본주의는 발전하는 과정에서 빈익빈 부익부의 원리에 의해 우선 수평적 집적이 진행되고, 그런 수평적 집적은 다시 거대기업이 중소기업을 합병하면서 수직적 집중으로 귀결된다.

그런 집적과 집중에 의해 거대자본을 가지게 된 대기업은 생산설비를 확충하고 자동화하게 되므로 자본의 유기적 구성은 급속도로 고도화된다. 더욱이 개별자본의 이익을 쌓아가는 집적은 자본의 점진적 증대만을 가능하게 하지만 집중은 그런 점진적 한계라는 제약을 넘어 단기간에 대규모 자본을 마련할 수 있게 하므로 사회적으로 큰 의미를 가진다.

| 자본의 절대적 과잉

만일 자본량을 확대시켜도 이윤량이 증가하지 않거나 혹은 감소한다면 자본은 자기증식이라는 본래의 기능을 잃게 되므로 생산을 계속할 수 없다. 왜냐하면 생산을 계속하는 길은 이윤을 깎아 먹는 길이 되기 때문이다. 자본은 그런 길을 가지 않는다. 그러므로 자본은 어쩔 수 없이 생산을 중단하게 된다. 자본이 스스로 생산을 중단하는 것이 아니라 이윤량 감소라는 막을 길 없는 거대한 외부적 힘에 의해 강제적으로 생산이 중단되는 것이다. 말하자면 자본이 더 이상 자본으로서 기능할 수 없을 만큼 자본의 양이 많아진 것이다. 이런 상태를 자본의 절대적 과잉이라고 한다.

이는 마치 물통에 물이 가득 차면 수도꼭지를 잠그지 않을 수 없는 이치와도 같다. 물통에 물이 가득 찼는데도 수도꼭지를 계속 틀어 놓으면 그때부터 나오는 물은 모두 넘쳐 없어지는 물이 되므로 그런 물은 물의 본래기능을 발휘하지 못하고 쓰레기처럼 버려지는 소용없는 물이 된다. 자본도 자본으로써 과잉되면 그것은 이미 자본이 아니라 한낱 휴지조각에 불과하다. 자본이 과잉되어가는 이러한 과정을 간단한 수식으로 나타내면 다음과 같다.

이윤율과 이윤량의 변화과정표		
변화과정	이윤율 상승	이윤량 증가
변화과정 I	100K x 20%P'=120	+20
	110K x 25%P'=137.5	+27.5
변화과정 II	이윤율 저하	이윤량 증가
	120K x 24%P'=148.8	28.8
	130K x 23%P'=159.9	29.9
변화과정 III	이윤율 저하	이윤량 동일
	149.5K x 20%P'=179.4	29.9
변화과정 IV	이윤율 저하	이윤량 감소
	160K x 18%P'=188.8	28.8

위의 변화과정 I의 경우 이윤율이 각각 20%, 25%로 상승하면서 이윤량도 20, 27.5로 상승한다. 이는 자본총액이 100K에서 110K로 증가하면서 이윤율도 상승하고 이윤량도 확대됨을 의미한다. 모든 기업은 바로 이런 상승국면을 유지하고자 한다. 그러나 계산식 II의 경우는 계산식 I과는 달리 자본총액은 120K에서 130K로 증가했음에도 불구하고 이윤율은 각각 24%에서 23%로 감소하고 이윤량만 28.8에서 29.9로 조금 높아졌다. 이는 이윤율이 저하하고 있지만 자본총액의 증가로 이윤량은 여전히 확대되고 있음을 의미한다.

모든 기업은 이윤율이 저하하는 이 변화과정 II의 국면부터 고민이 깊어진다. 비록 이윤량이 여전히 확대되고 있기는 하지만 이윤율이 줄어들고 있으므로 곧 이윤량마저 줄어들 것이 확실하기 때문이다. 계산식 III의 경우는 자본총액은 증가했음에도 불구하고 이윤율은 저하하고 이윤량도 변화과정 II의 경우와 동일하다. 이는 자본총액의 증가에도 불구하고 이윤율이 저하하고 이윤량은 제자리에 머물고 있음을 의미한다. 모든 기업은 이때부터 심각하게 경영혁신에 대해 고민하게 된다. 이윤율 저하와 이윤량 제자리는 기업의 발전이 한계에 이르렀다는 강력한 신호이기 때문이다. 변화과정 IV의 경우는 자본총액이 확대되었음에도 불구하고 이윤율과 이윤량이 모두 저하하고 있다. 이는 아무리 자본총액을 증가시켜도 이윤율과 이윤량이 모두 저하하는 한계기업임을 의미한다. 이때가 되면 기업은 문을 닫거나 신규분야로의 진입을 모색하게 된다.

위의 식에서 보듯 자본의 확대에 따라 이윤율과 이윤량이 변해가면서 점점 사회적 평균이윤율은 저하해 간다. 그런데 사회적 평균이윤율이 저하하면 국민생활이 그만큼 궁핍해지고 사회적 부가 감소되기 시작한다. 이윤은 부를 창출하는 씨앗과도 같다. 기업은 이윤을 모아 기술을 개발하고 설비를 확충하며 기업을 발전시켜가고 국가는 기업이윤의 일부를 세금으로 걷어 도로, 항만, 철도, 공공시설 등을 확충해간다.

그러므로 만일 이윤 없이 생산한 모든 것을 소비해 버린다면 사회는 동물적 사회가 되고 말 것이다. 동물들은 먹거나 사용하고 남는 것을 모아 축적하는 일이 없다. 무엇이든 필요하면 백번이고 천 번이고 새로 취득할 뿐이다. 배가 고프면 사냥하고 배가 부르면 쉰다. 다니기 편하도록 길을 만들고 다리를 놓는 법도 없다. 들판이든 계곡이든, 눈속이든 물속이든 갈 곳이 있으면 그저 네 발로 걸어갈 뿐이다. 그래서 동물사회는 천만년이 지나도 변하지 않는다. 오직 천만년 전의 본능적 생활방식을 그대로 반복할 뿐이다. 축적이 없으면 인간사회 역시 그런 동물적 사회와 조금도 다르지 않을 것이다. 따라서 축적은 인간사회와 동물사회를 구분 짓는 중요한 요소 중의 하나이다.

09 인간과 생존

인간은 자연의 뜻에 의해 태어난다. 이 세상 어디에도 자신의 뜻에 의해 태어난 인간은 없다. 이렇게 모든 인간은 자신의 뜻이 아닌 자연의 뜻에 의해 태어나므로 인간이 살고 죽고 하는 것 역시 자신의 뜻이 아닌 자연의 뜻에 의해 결정된다. 비록 자살하는 사람들이 있기는 하지만 그래도 여전히 인간은 천명을 다하고 죽는다는데 이의를 제기할 사람은 없을 것이다. 그러므로 인간에게 있어서 가장 기본적인 행복은 자연의 뜻에 의해 살다 자연의 뜻에 의해 죽는 것, 즉, 자연생(自然生)하고 자연사(自然死)하는 것이다. 인명재천(人命在天)이라는 말은 바로 그런 자연생 자연사(自然生 自然死)를 단적으로 대변하는 말이다.

인간이 살아가는 현실적 모습은 인간이 자연의 뜻에 의해 태어나고 죽고 함을 대변하고 있다. 인류의 역사는 불평등으로 점철되어왔다. 귀족과 노예, 영주와 농노, 자본가와 노동자로 양분되어 온 인류의 역사는 바로 불평등의 역사이다. 또 인간의 역사는 전쟁으로 얼룩져온 역사이다. 인류 역사를 통해 전쟁이 없었던 시대는 단 한 번도 없었다. 지금 이 순간에도 세계도처에서는 여전히 전쟁이 벌어지고 있다. 이처럼 끝없는 불평등과 전쟁으로 이어지는 인간의 삶은 어쩌면 죽음보다 못한 것인지도 모른다. 그러나 인간은 그 죽음보다 못한 삶을 오늘도 살고 있다.

  그러면 인간은 죽음보다 못한 그 삶을 왜 살아가는 것일까? 그 이유는 오직 하나, 인간의 생사가 하늘의 뜻에 맡겨져 있기 때문이다. 만일 인간이 삶과 죽음을 자유로이 선택할 수 있다면 삶보다 죽음을 택할 사람들이 더 많을지도 모른다. 그러나 우리는 지구상의 모든 인간이 스스로 목숨을 끊음으로써 인간사회가 종식될 것이라는 가정은 하지 않아도 좋다. 왜냐하면 그런 일은 인간이 희망한다고 이루어질 일이 아닌, 오직 자연의 뜻에 의해서만 가능할 수 있는 일이기 때문이다.

  이렇게 인간은 자신에게 주어진 인생을 살면서도 자신의 삶을 선택할 수 없는 모순을 안고 있다. 일반적인 경우 그 무엇이 내 것이라면 나는 내 마음대로 그것을 처분할 수 있다. 그러나 나의 삶은 내 것이면서도 내가 내 마음대로 처분할 수 없다. 인간은 자연으로부터 자기 인생을 자기 마음대로 처분할 수 없는 삶을 부여받고 태어났다. 다시 말하면 인간은 자연으로부터 천명에 따라 살 의무를 부여받고 태어났다. 그렇게 자기 마음대로 처분할 수 없는 자연으로부터 부여받은 삶을 살아가는 것을 우리는 생존이라고 한다.

  생존이란 이처럼 하늘이 준 삶을 살아가는 것이므로 생존은 인간의 천부적 권리인 동시에 천부적 의무이다. 인간은 살 권리도 있지만 살아야 할 의무도 있다. 생존권리와 생존의무는 동전의 앞뒤와도 같이 영원히 분리될 수 없는 하나이다. 이와 반대로 자연으로부터 부여받은 삶을 끝내는 것은 멸존(滅存)이다. 자연사(自然死)이건 자진사(自盡死)이건 삶의 종결은 바로 생존의 종결이다. 그래서 멸존은 생존의 반대말이다. 생존은 생명이 존재하는 것이지만 멸존은 생명이 소멸되는 것이다.

인간사회는 살아있는 인간으로 구성되는 사회이므로 인간사회의 출발점은 생존이다. 생존은 사회구성원을 보장하는 유일한 길이다. 인간이 멸존해 버린 사회는 이미 인간사회가 아니다. 갈수록 사회구성원이 번창하고 세상만물이 풍성할 수 있는 사회는 오직 생존을 전제로 하는 사회이다. 실제로 생존인구가 많은 곳은 번창하고 적은 곳은 쇠퇴한다. 주민이 사라지면 마을도 사라지고 주민이 늘어나면 마을도 넓어진다. 그러므로 생존을 전제로 하지 않은 일은 이미 인간사회의 일이 아니다. 인간이 사회를 형성하는 목적도 생존하는 데 있다. 만일 사회의 형성이 인간의 생존에 도움 되지 않는다면 인간에게 생존을 명령한 자연의 섭리에 의해 사회는 사라지고 말 것이다. 인간이 사회를 이루고 사는 이유는 사회라는 집단공동체가 더욱 행복하고 보람 있는 인간의 삶을 보장하기 때문이다.

그런 생존은 변화를 전제로 한다. 생존한다는 것은 태어나고 성장하고 늙고 병들고 죽어 가는 과정을 거친다는 말이다. 따라서 생존과정은 어떤 형태로든 변해가는 과정이다. 그런 변화를 전제로 하지 않는 한 인간은 생존할 수 없다. 아이가 태어나고 청소년이 되고 어른이 되고 또 늙고 병들어 죽지 않는다면 어떻게 인간사회가 존속될 수 있단 말인가? 그런 변화야말로 인간의 구체적 생존모습이다. 인간은 이처럼 생존하기 때문에 변하고 변하기 때문에 생존한다.

그런 변화에는 시간적 변화와 공간적 변화라는 두 가지 변화가 있다. 나이가 들어가는 것은 시간적 변화요 육신이 성장하고 쇠약해져 가는 것은 공간적 변화이다. 계절이 바뀌는 것은 시간적 변화요 계절이 바뀜에 따라 산천의 모습이 달라지는 것은 공간적 변화이다. 이렇게 볼 때 시간적 변화는 질적 변화로 연결되고 공간적 변화는 양적 변화로 연결된다. 그렇다고 두 변화를 따로 떼 놓을 수 있다는 것은 아니다. 시간적 변화와 공간적 변화는 둘이면서 둘 아닌 하나이다. 예를 들면 한 그루의 나무가 하늘 높이 자라 오르기 위해서는 하늘이라는 공간도 있어야 하지만 자라 오르는 데 필요한 시간도 있어야 한다. 생존이란 이렇게 시간적 변화와 공간적 변화의 혼합적 변화과정이다. 즉 생존한다는 말은 시간적으로 변한다는 말인 동시에 공간적으로 변한다는 말이다. 마찬가지로 인간사회가 변한다는 말은 인간사회가 시간적으로 변하고 공간적으로 변한다는 말이다.

물리학적 시공간 이론도 이를 증명한다. 뉴턴역학을 뿌리로 하는 고전물리학에서는 시공간을 절대적인 것으로 생각하였으나 아인슈타인의 상대성이론에서는 시공간도 상대적이기 때문에 보편성, 균일성, 객관성을 갖추지 않는다고 본다. 쉽게 말하면 시공간도 변한다는 것이다. 상대성이론에 의하면 모든 현상의 추이시간(推移時間)은 그 현상이 놓여 있는 공간의 상태에 따라 영향을 받게 되며 관측자에 대한 상대운동에 따라서도 영향을 받게 된다. 즉, 시간과 3차원 공간은 서로 독립적인 것이 아니라 서로 얽히고 혼합된 4차원적 시공간이라는 것이다. 이 4차원적 시공간의 회전을 로렌츠 변환(Lorentz transformation)이라 하는데 이 변환에서는 시간좌표와 공간좌표가 대등한 변환을 가지게 된다. 따라서 엄밀한 의미에서 보편성, 균일성, 객관성을 갖춘 절대적 시간은 존재하지 않는다는 것이다. 민코프스키 공간 또는 민코프스키의 시공세계라 불리는 이 4차원 시공간은 아인슈타인의 특수상대성이론을 바탕으로 하여 독일에서 활동한 러시아 태생의 수학자 헤르만 민코프스키(Hermann Minkowski, 1864~1909년)가 1908년에 정립한 기하학적 시공간이다.

이런 관점에서 볼 때 생존하는 인간이 있기 때문에 시간적, 공간적으로 변하는 인간이 있고 시간적, 공간적으로 변하는 인간이 있기 때문에 시간적, 공간적으로 변하는 사회가 있다. 그러므로 인간사회의 모든 변화는 생존을 그 출발점으로 하고 있다. 그러면 사회변화의 궁극적 출발점인 인간의 생존은 어떻게 이어져 가는 것일까?

인간의 경우 자신이 가진 천부적 힘만으로 생존에 필요한 재화를 생산했던 원시시대에는 동물의 경우와 똑같이 그 생산력이 극히 미미했다. 그랬기 때문에 원시시대가 계속되는 동안 인간은 다른 동물들과 마찬가지로 선천적 생존방식에 따라 가장 기초적인 의식주 관련 재화만을 생산하며 살았다. 동물적 사회를 살았던 원인(猿人)들이 필요로 했던 경제적 재화는 아주 단순했다. 원인들의 하루생활은 처음부터 끝까지 물질적 삶을 유지하는 것뿐이었다. 그들에게 있어서 가장 중요한 일과는 먹이를 사냥하고 채취함으로써 동물적 생명을 이어가는 것이었다.

또 원인들은 다른 동물들처럼 맹수들로부터 자신을 보호하고 비바람과 추위를 피하기 위해 안전한 동굴을 찾아 들었다. 그렇게 인간이 자연환경에 조응(照應)하면서 살아가기 위해 전개하는 물질적 활동, 즉 인간의 대물(對物)활동을 경제라고 하는데 원시시대에는 모든 활동이 그런 경제에만 국한되었다. 이렇게 경제는 인간의 대물활동이므로 결국 경제는 인간과 물질과의 관계에서 성립된다. 그렇기 때문에 경제적 변화란 인간과 물질과의 관계가 변함을 전제로 한다.

아무런 도구 없이 순수한 인력만으로 생산했던 원시시대는 경제적 변화가 그리 크지 않았다. 즉석생산과 즉석소비를 원칙으로 한 시대였으므로 재화의 저장과 저축이 원천적으로 불가능하고 불필요했다.

동물들의 경제적 생활이 수억 년 동안 변하지 않고 그대로 이어져 오는 것은 신이 부여한 선천적 힘만으로 생산하는 본능적 생산을 반복해 왔기 때문이다. 원시생산은 인간의 본능적 생산이라 할 수 있다. 본능적 생산은 동일한 생산량과 질을 반복하는 생산이다. 소는 예나 지금이나 똑같은 방법으로 똑같은 양의 풀을 뜯어먹고 산다. 생존에 필요한 물질의 종류와 질 또한 전혀 변함이 없다. 만 년 전의 소든 지금의 소든 그들의 생존에 필요한 재화의 양은 똑같이 배를 채우는 것이고 재화의 질은 똑같은 초목이다. 다른 짐승의 경우도 마찬가지이다. 자연구성원으로서의 동물들은 이렇게 만 년 전 그들의 조상이 생산했던 양과 질을 지금도 그대로 되풀이 하며 살아간다.

그런 자연구성원으로서의 경제활동은 개인적, 주관적, 이기적 활동이다. 자연계의 먹이사슬은 타자(他者)를 배려하는 먹이사슬이 아니라 이기적이고 개인적이고 주관적인 먹이사슬이다. 사자가 얼룩말을 사냥할 때 그 얼룩말이 새끼인지, 상처 있는지, 불구인지를 따지지 않는다. 오직 그것이 자신의 먹이가 될 수 있느냐 없느냐 만을 따질 뿐이다. 인간의 경제활동도 궁극적으로는 그와 같다. 사흘 굶은 자가 남의 집 담을 넘을 때 생각하는 것은 오직 자신의 생명을 이어 줄 경제적 재화가 그곳에 있느냐 없느냐 하는 것뿐이다.

이에 반해 정치는 집단적, 객관적, 사회적 활동을 전제로 하는 활동이다. 즉 남과 더불어 사는 사회 속의 개인을 전제로 한다. 사회 속의 개인은 이미 선천적 개인이 아니다. 그 개인은 사회라는 틀 속에 적응되고 순치되고 타협된 후천적 개인이다. 경제는 사적 활동을 전제로 하는 것이기 때문에 개인의 이익추구는 정의가 된다. 하지만 정치는 사회적 활동을 전제로 하는 것이기 때문에 무리의 이익에 반하는 개인의 이익추구는 불의가 된다. 그러므로 선천적 활동을 문제 삼는 경제적 관점에서 보면 자기 이익을 확보하는 일은 그것이 비록 도둑질일망정 당연한 일이 되지만 후천적 활동을 문제 삼는 정치적 관점에서 보면 도둑질은 부당한 일이 된다.

경제는 이렇게 인간의 선천적인 사적(私的) 활동을 문제 삼기 때문에 모든 인간 활동의 출발점이 된다. 선천적인 사적 생명활동이 전제되지 않는 인간의 활동은 있을 수도 없고 실제로 있지도 않다. 각 개인이 자신의 사적 생명활동을 통해 살아남을 때 그들 개인이 모여 집단을 이루는 사회가 형성되고 사회가 형성되었을 때 사회적 인간관계를 문제 삼는 정치가 성립된다. 단적으로 말하면 경제활동을 하는 사적 인간이 전제되는 곳에 사회가 있고 사회가 전제되는 곳에 정치가 있고 정치가 있는 곳에 문화가 있다. 경제적 생명활동이 없는 곳, 사회적 집단생활이 없는 곳에는 결코 정치가 성립되지 않는다. 정치가 이렇게 경제와 사회에 뒤서는 이유는 마치 선천적 본능으로 살아가는 짐승들이 없다면 후천적으로 길들여질 가축도 없을 것임과도 같은 이치이다.

인류는 경제적 재화를 확보함에 있어서 철저히 자연법칙을 이용해 왔다. 자연의 한 구성원인 인간에게 있어서 그것은 당연한 일이기도 했지만 선택의 여지가 없는 유일한 삶의 길이기도 했다. 제한된 지역에서 살았던 원시인들이 살기 위해 제일 먼저 찾아냈던 먹이는 과채류(果菜類)였다. 과채류는 아무 도구 없이 손쉽게 확보할 수 있는 먹이였기 때문이다. 이런 관점에서 볼 때 인류의 조상이 아프리카 열대지방에서 비롯되었다는 것은 상당히 설득력 있다. 열대지방에는 손만 뻗으면 따먹을 수 있는 과일들이 얼마든지 많기 때문에 아무런 도구도 사용하지 않았던 원시시대의 인류가 살기에는 가장 적합한 곳이었을 것이기 때문이다.

인간이 생존영역을 넓혀 감에 따라 손쉽게 확보할 수 있었던 두 번째 먹이는 어패류(魚貝類)였다. 동물사냥은 불확실성이 매우 높았기 때문에 원인(猿人)들이 믿고 의지할 수 있는 식량 확보방안이 될 수 없었다. 더욱이 빙하기가 끝나고 온난한 기후가 시작되자 사냥을 통한 먹이의 확보는 중대한 어려움에 봉착했다. 왜냐하면 기온의 상승으로 인하여 한랭한 기후를 좋아하던 커다란 포유동물들이 북유럽으로 후퇴하거나 때로는 멸종되어 버린 결과 사냥감이 크게 줄어들었기 때문이다. 즉, 빙하기를 거쳐 오면서 성장했던 한대(寒帶)동물을 대신할 수 있는 온대(溫帶)동물들이 미처 나타나지 않았기 때문에 먹이의 확보가 어려웠던 것이다.

이렇게 되자 인간은 부득이 기후의 온난화에 적응하여 나타나기 시작한 작은 동물이나 해산물 같은 어패류를 먹이로 대용하지 않으면 안되었다. 또 어패류는 지구의 모든 곳에 분포되어 있었고 공급도 무제한적이었으며 손쉽게 획득할 수 있었으므로 훌륭한 식량이 될 수 있었다. 인류는 그런 어패류를 먹이로 하면서 기후적 제약과 지역적 한계를 극복하고 해안가, 호숫가, 또는 하천 유역을 따라 이주하며 지상의 여러 곳으로 퍼져나갈 수 있었다. 이러한 사실은 지중해 해역이나 대서양 연안에서 발견되는 수많은 조개무지들이 입증하고 있다.

다른 동물들과 마찬가지로 원인(原人)들의 최대과제는 목숨을 지키는 것이었다. 목숨을 지키는 일은 신이 모든 생물들에게 부여해준 천부적 욕망인 동시에 천부적 의무이기도 했다. 원인들은 그 천부적 의무를 다하기 위해 제일 먼저 생존에 필요한 재화를 생산하고 다음으로 목숨을 위협하는 다른 동물들과 싸워 이겨나가야 했다. 그런 생산과 투쟁에서 태초의 원인들이 사용할 수 있었던 유일한 수단은 그들의 손발이었다. 오늘날 대부분의 동물들이 그들의 손발만으로 먹이를 생산하고 적과 대항하여 자신의 생명을 보호해 가는 것을 보면 이를 쉽게 알 수 있다.

손발만을 수단으로 하여 생필품을 생산하고 적을 물리쳤던 원인들은 세월이 지나면서 무언가 도구를 사용하면 그들의 목적을 보다 쉽게 달성할 수 있다는 사실을 깨닫게 되었다. 원인들은 다른 동물들보다 월등히 높은 이성의 힘을 이용하여 그런 사실을 깨닫게 되었고 그에 따라 도구와 연장을 개발해 내게 되었다. 인간이 동물적 생활을 벗어나 만물의 영장으로 거듭날 수 있었던 밑바탕에는 바로 그런 도구와 연장의 개발이 자리 잡고 있다. 인간은 그렇게 동물적 생활을 벗어나 인간적 생활로 진입하게 됨으로써 원인(猿人)시대를 마감하고 원시인(原始人)시대를 열게 되었다.

예나 지금이나 생산수단의 변화는 경제변화의 출발점이 된다. 예를 들면 그물이라는 생산수단이 생기면 어부의 수는 줄어들고 그물을 만드는 공부(工夫)의 수는 늘어나지만 어부와 공부가 함께 살아가는 데 지장이 없을 만큼 물고기의 생산량이 늘어난다. 그런 생산성의 향상은 경제적 부를 창출하고 경제적 부가 높아지면 인간의 삶은 더욱 윤택해진다. 그렇게 경제적 생활이 윤택해질수록 인간의 활동영역은 더욱 넓어진다. 활동영역이 넓어진다는 말은 그 만큼 자연이 인간에 의해 정복되어 감을 의미한다. 인간은 선사시대부터 지구의 구석구석을 점령하고 있었다. 다른 포유류 동물들은 비교적 제한된 지역에서만 살았지만 인간은 다른 동물들이 가지고 있지 않은 이성이라는 지적 자산 덕분에 세계 곳곳의 환경에 잘 적응하며 모든 지역에서 살 수 있었다.

실제로 인간을 제외한 다른 영장류는 아프리카 열대우림 지역과 사바나 지역 등에 몇몇 종류가 살고 있을 뿐 인간처럼 세계 구석구석에 골고루 분포되어 있는 영장류는 없다.

인간이 이렇게 지구의 구석구석을 지배하는 주인공으로 등장하게 된 가장 중요한 이유는 생산수단을 만들 수 있는 지적(知的) 능력이 다른 동물보다 월등했기 때문이다. 선사시대의 인류는 시베리아 벌판이나 사하라사막 같은 황량한 기후조건 속에서도 의식주를 해결하며 살아가는 우수한 재능을 지니고 있었다. 에스키모족이나 이누이트(Inuit)족들은 지난 4천년 동안 그런 악조건 속에서도 대를 이으며 살아왔다. 그들이 기후적 악조건을 이기고 살아온 역사는 참으로 놀랄 만큼 위대하다. 그것은 인간이 얼마나 위대한 지적(知的) 능력을 가지고 있는가를 잘 보여준다. 개를 훈련시켜 썰매를 끌게 하고 눈으로 이글루(igloo)라는 집을 짓고 모피로 따뜻한 옷을 만들며 순록, 바다표범, 그리고 물고기 등을 잡기 위해 고안해낸 각종 연장과 그 연장을 다루는 능숙한 솜씨는 보는 이로 하여금 절로 탄성을 자아내게 한다. 현대의 북극 탐험가들이 이용하는 개 썰매와 동계올림픽 경기종목인 스키활강경기는 모두 선사시대의 인류가 지금으로부터 7~8천 년 전 동토의 땅에서 살아남기 위해 창안해 냈던 것들이다.

인간이 보다 많은 경제적 재화를 확보하기 위해 넓은 바다를 이용했던 일도 주목할 만하다. 인간은 물에서 살 수 없는 동물이면서도 물에서 사는 물고기보다 더 넓은 바다를 항해하는 기술을 개발하고 익혔다. 인간이 언제부터 바다를 항해했는지는 알 수 없지만 호주에서 발견된 유물을 방사성 탄소연대측정법으로 측정한 결과 동남아시아 사람들이 약4만 년 전에 이미 호주로 건너갔다는 사실이 밝혀졌다. 또 독일 남부지역의 한 동굴에서 발굴된 유물에 의하면 구석기시대 때부터 이미 그 지역 사람들이 600km나 떨어진 대서양과 지중해 지역으로부터 생활용품들을 운반해 왔던 것으로 밝혀졌다. 그 동굴에서 발견된 조개 껍질들이 멀리 떨어진 대서양과 지중해에서 생산된 것으로 밝혀졌기 때문이다. 또 이란과 이라크지역에서 발굴된 구석기시대의 흑요석을 분석한 결과 그것은 400km나 떨어진 터키의 아나톨리아고원의 반(Van)호 서쪽 넴루트 대그(Nemrut Dag)라는 곳에서 생산된 것임이 밝혀지기도 했다.

모든 생물은 신이 준 본능에 따라 생존환경이 보다 좋은 곳으로 이동하거나 자신의 생존환경이 보다 좋아질 수 있도록 바꾸면서 살아간다. 철새들이 보다 좋은 생존환경을 찾아 이동하는 것도, 또 식물들이 따뜻한 남쪽을 향해 가지를 많이 뻗어 가는 것도 모두 보다 좋은 생존환경을 찾는 본능에서 비롯된 것이다. 원시인 역시 보다 좋은 생존환경을 찾아 이동해 갔다. 나일강 유역, 메소포타미아 지역, 간지스강 유역 같은 인류문명의 발상지는 그 당시 인간이 살기에 가장 적합한 생존환경을 갖추고 있었다. 그런 지역의 공통점은 땅이 비옥하고 생활용수가 풍부하며 어패류의 생산이 많아 살기에 적합하다는 것이었다. 보다 좋은 생존환경을 찾아나서는 것은 오늘날도 마찬가지이다. 오늘날 농촌인구가 도회지로 몰리는 것은 산업사회로 접어들면서 도시의 생존환경이 농촌의 생존환경보다 좋아졌기 때문이다.

아무런 생산도구 없이 동물적 맨몸으로 사냥을 했던 원시인들이 비록 어설픈 도구이기는 했지만 타제석기, 마제석기 같은 생산도구를 사용하면서부터 그들의 생산은 동물적인 본능적 생산에서 인간적인 이성적 생산으로 변했고 따라서 동물적 생활은 인간적 생활로 탈바꿈해

갔다. 그런 경제 환경의 변화는 자연스럽게 인간세상을 새로운 모습으로 바꾸어 놓았다.

│ 이원일체성과 형질일체성

인간은 자연을 모태로 하여 자연이라는 산실에서 태어났기 때문에 당연히 자연의 유전인자를 가지고 있다. 그러면 자연이 가진 유전인자는 과연 무엇일까? 결론부터 말하면 자연은 이원일체성(二元一體性)과 상호작용성(相互作用性)이라는 두 가지 유전인자를 가지고 있다.

이원일체성(二元一體性)이란 어떤 사물이나 현상이 서로 다른 두 가지 요소로 구성되어 있음을 말한다. 즉 서로 다른 두 가지 요소가 합쳐져 어떤 하나의 사물이나 현상으로 거듭나는 것을 말한다. 자연은 바로 이런 이원일체성을 가지고 있다.

자연이 가지는 이원일체성은 다시 형질일체성(形質一體性)과 음양일체성(陰陽一體性)이라는 두 가지 종류의 이원일체성으로 나누어진다. 먼저 형질일체성(形質一體性)이란 자연자체를 하나의 거대한 존재물로 볼 때 자연은 형(形)과 질(質)이라는 분리할 수 없는 두 가지 요소로 구성되어 있다는 것이다. 여기서 형이란 눈에 보이는 유형적 요소를 의미하고, 질이란 눈에 보이지 않는 무형적 요소를 의미한다. 지구는 땅덩어리라는 눈에 보이는 형상을 가지고 있는 동시에 무게와 중력 같은 눈에 보이지 않는 질료를 가지고 있다. 하늘에 떠 있는 수많은 별들 역시 모두 눈에 보이는 유형의 형상을 가지고 있는 동시에 눈에 보이지 않는 무형의 질료를 가지고 있다. 만일 이 별들이 눈에 보이지 않는 무게와 중력이라는 무형의 질료를 가지고 있지 않다면 그 별들은 제자리에 떠 있지 못하고 어디론가 사라져 버리고 말 것이다. 이렇게 모든 자연물은 보이는 유형적 요소와 보이지 않는 무형적 요소, 즉 형상과 질료라는 두 가지 요소가 서로 뒤엉켜 떨어질 수 없는 하나가 될 때 존속된다. 따라서 대자연이라는 실체로부터 이 두 가지 요소를 분리시키는 것은 불가능하며 만일 이 두 가지 요소가 서로 분리된다면 이미 대자연이라는 실체는 존재할 수 없다.

음양일체성(陰陽一體性)이란 선인사회에서 이미 설명한 바와 같이 자연은 음과 양이라는 분리할 수 없는 두 가지 요소로 구성되어 있다는 것이다. 여기서 말하는 음과 양이란 밤과 낮, 남과 여, 생과 사, 상과 하, 고와 저, 부정과 긍정, 능동과 수동 같이 서로 정반대되는 개념을 말한다. 음과 양이라는 이 두 개념은 어느 한쪽이 좋고 어느 한쪽이 나쁘다는 구분개념이 아니다. 다만 자연은 음과 양이라는 분리할 수 없는 대등적 두 요소로 구성되고 있다는 사실을 나타낼 뿐이다.

하늘에 밤과 낮이 있듯 자연계에도 반드시 명(明)과 암(暗)이 있다. 또 밤이 다하면 낮이 오고 낮이 다하면 밤이 오듯 흥(興)이 다하면 망(亡)이 오고 망이 다하면 흥이 온다. 자연은 항상 이렇게 정반대되는 두 얼굴을 가지고 존재한다. 명(明)만 있거나 암(暗)만 있으면 이미 자연은 존재하지 못한다. 이런 자연의 존속원리는 억겁의 세월동안 단 한 번도 변한 적이 없다.

| 상호작용성

상호작용성이란 이원일체성을 구성하고 있는 두 요소가 서로 영향을 미침으로써 서로가 서로에게 영향을 미치는 원인이 되고 결과가 되는 성질을 말한다. 이 상호작용성은 이원일체성을 전제로 하는 것이므로 상호작용성 또한 형질상호작용과 음양상호작용이라는 두 종류의 상호작용으로 구분된다.

먼저 형질상호작용이란 유형적 것이 무형적인 것에 영향 미치고, 다시 무형적인 것이 유형적인 것에 영향 미치는 상호작용을 말한다. 이 원일체성에서 보듯 유형적인 것과 무형적인 것이 서로 떨어질 수 없는 하나로 맞물려 있을 수밖에 없는 이유는 서로가 서로에게 영향을 미치는 원인이 되고 결과가 되는 바로 이 형질상호작용 때문이다. 선인사회에서 밝혔듯이 지구는 화학진화를 거듭하면서 그 모습이 크게 변해 왔다. 다시 말하면 질적 변화가 형적 변화를 초래하고 다시 그 형적 변화가 질적 변화를 초래하는 상호작용을 반복하면서 변해왔다. 이렇게 무형적 변화는 유형적 변화의 원인인 동시에 결과가 되고 다시 유형적 변화는 무형적 변화의 원인인 동시에 결과가 되는 것이 바로 자연의 이치이다. 형질상호작용이란 바로 이처럼 형과 질이 영원히 맞물려 돌아가는 현상을 말한다.

음양상호작용이란 양적(陽的)인 것이 음적(陰的)인 것에 영향을 미치고 다시 음적인 것이 양적인 것에 영향을 미치는 상호작용을 말한다. 이 음양상호작용 때문에 음과 양은 서로가 서로에게 영향을 미치는 원인이 되는 동시에 결과가 됨으로써 떨어질 수 없는 하나가 된다. 그러면 이 음양상호작용은 구체적으로 어떻게 이루어지는 것일까? 음과 양은 서로 대립되는 개념이다. 양은 생겨남이요 음은 사라짐이다. 양은 긍정이고 음은 부정이다. 양은 능동이고 음은 수동이다. 양은 생성이고 음은 쇠멸이다. 음과 양이 지닌 이런 특성들은 비록 눈에 보이지는 않지만 모든 사물과 현상 속에 내재되어 있다.

하루는 밤과 낮으로 구성되어 있다. 즉 음과 양으로 구성되어 있다. 하루를 구성하고 있는 이 음과 양은 서로 상호작용을 하면서 하루하루를 만들어 간다. 밤이 가면 낮이 오고 낮이 가면 다시 밤이 온다. 말하자면 한번 음하면 한번 양하고 한번 양하면 한번 음하면서 하루를 만들어 간다. 그것도 폭탄이 터지듯 순식간에 음이 성했다가 또 갑자기 양이 성하는 것이 아니라 젖은 수건의 물기가 말라가듯 서서히 음이 성했다가 서서히 음이 쇠하고 서서히 양이 성했다가 서서히 양이 쇠한다.

예를 들면 하루는 밤과 낮으로 구성되지만 그 밤과 낮이 바뀌어 가는 과정은 "아침→낮→저녁→밤"이라는 점진적 과정을 거치게 된다. 이렇게 하루의 변화는 서서히 날이 밝으면서 한낮이 되었다가 다시 서서히 낮이 기울고 밤이 되면서 한밤이 되는 "생→성→쇠→멸(生→盛→衰→滅)"의 과정을 거친다. 여기서 생(生)과 성(盛)은 양(陽)의 인자이고 쇠(衰)와 멸(滅)은 음의 인자이다. 그러므로 생성쇠멸이라는 네 단계 과정은 결국 음과 양이라는 두 단계 과정의 세분에 지나지 않는다.

대표적인 자연현상인 "봄→여름→가을→겨울"이라는 4계절의 변화도 자연이 "생→성→쇠→멸"이라는 과정을 거치면서 존속해 가고 있음을 말해준다. 봄은 생(生)이요, 여름은 성(盛)이요 가을은 쇠(衰)요 겨울은 멸(滅)이다. 이런 4계절의 변화도 크게 보면 음과 양의 변화과정이다. 즉 추운 한(寒)과 따뜻한 난(暖)의 변화과정이다. 서서히 난기가 오고 그 난기가 절정에 이르렀다가 서서히 한기가 오고 그 한기가 절정에 이르는 변화의 과정이 바로 계절이 바뀌는 과정이다.

이렇게 한번 생성(生盛)하면 한번 쇠멸(衰滅)하고 한번 쇠멸하면 한번 생성하는 것이 바로 자연의 속성이요 이치이다. 이러한 자연의 생성쇠멸의 과정 역시 음양의 반복과정을 4등분한 것에 지나지 않는다. 인간의 생존양식인 생산과 소비의 반복도 생과 멸의 원리이다. 생산은 생이고 소비는 멸이다. 생산과 소비의 반복이 인간의 역사라는 말은 생과 멸의 반복이 인간의 역사라는 말이다.

만물이 살고 죽는 과정도 생성쇠멸의 원리를 그대로 반영하고 있다. 태어나고 성장하고 쇠약하고 사라져 가는 것은 만물의 공통점이요 불변의 존재원리이다. 이 생성쇠멸의 과정 또한 크게 보면 태어나고 자라는 양의 과정과 쇠멸하고 사라지는 음의 과정으로 양분할 수 있다.

이 세상 모든 만물은 이러한 음과 양의 과정을 반복하면서 그들의 역사를 만들어 간다. 다시 말하면 자연의 유전인자를 이어받은 우주 만물은 생성과 쇠멸, 즉 음과 양이라는 대립적 요소의 상호작용에 의해 살아 움직이는 동체로서 존속해 간다. 그러므로 어떤 사물과 현상이 존속하기 위해서는 살아 움직일 수 있도록 생명력을 불어넣어주는 음과 양의 상호작용이 계속되어야 한다.

대자연이 사라지지 않고 존속해 가는 궁극적 이유는 이원일체성과 상호작용성이라는 두 가지 속성이 끝나지 않고 지속되기 때문이다. 이런 2진법적 분화관계를 표로 요약하면 다음과 같다.

	생존천법의 2진법적 분화		
생존천법	이원일체성	형질일체성	유형적 요소
			무형적 요소
		음양일체성	양적 요소
			음적 요소
	상호작용성	형질상호작용성	유형적 작용
			무형적 작용
		음양상호작용성	양적 작용
			음적 작용

이원일체성은 움직이지 않는 정체(靜體), 즉 생명력 없는 물상(物象)으로서의 추상적 사물과 현상이 지니는 특성인 반면 상호작용성은 살아 움직이는 동체(動體), 즉 생명력 있는 물상으로서의 구체적 사물과 현상이 지니는 특성이다. 다시 말하면 이원일체성은 자연의 존재원리를 규정하는 것이요, 상호작용성은 자연의 변화원리를 규정하는 것이다. 따라서 이원일체성이 없으면 자연만물은 존재할 수 없고 상호작용성이 없으면 자연만물은 변할 수 없다.

이원일체성의 해부		
개념적 구분	물상적 구분	원리적 구분
형질 일체성	정체적 사물과 현상	자연의 존재원리
음양 일체성	동체적 사물과 현상	자연의 변화원리

인간도 당연히 이원일체성을 벗어나 존재할 수 없고, 상호작용성을 벗어나 변할 수 없다. 인간은 자연에 의해 잉태되고 분만된 자연의 구성원이다. 다시 말하면 자연의 유전인자를 이어받아 태어난 자연의 자식이다. 그러므로 인간의 모든 행위는 당연히 자연이 지닌 위의 두 가지 속성에 의해 제약받게 되며 따라서 인간사회는 이 두 가지 자연의 속성을 결정인자로 하여 형성된다. 인간은 우선 이원일체로서 존재한다. 인간은 형상으로서의 육체와 질료로서의 정신을 가지고 있다. 만물이 암수로 나누어지는 것도 이원일체성에 기인하는 것이다. 이원일체로서의 남과 여는 서로 다른 둘이면서 동시에 서로 다르지 않은 하나이다. 왜냐하면 개체적, 단절적 의미로서의 남과 여는 서로 분리될 수 있는 둘이지만 사회적, 역사적 의미로서의 남과 여는 서로 분리될

수 없는 하나이어야 하기 때문이다. 남과 여가 서로 구분된 독립개체로 남아 있는 한 인간사회는 형성될 수 없고 인간사회가 형성되지 않는 한 인간의 역사 또한 이어질 수 없다.

또 인간의 삶은 앞서 언급한 바와 같이 음과 양이라는 대립적 개념으로 구성되어 있다. 태어난 인간은 모두 죽게 마련이다. 인생사는 곧 생(生)과 사(死)의 반복사이다. 여기서 생(生)은 양이고 사(死)는 음이다. 또 인간의 삶은 선(善)과 악(惡)이라는 대립적 개념으로 이어진다. 선악에 대한 갈등을 가지지 않는 인간은 아무도 없다. 이때의 선과 악은 바로 음과 양의 다른 표현이다. 인간은 이 두 가지 대립적 개념의 상호작용을 통해 인간의 역사를 만들어 간다. 전쟁은 승자에게는 양이며 선이지만 패자에게는 음이며 악이다. 지배는 지배계급에게는 양이며 선이지만 피지배계급에게는 음이며 악이다. 교환은 익자(益者)에게는 양이며 선이지만 손자(損者)에게는 음이며 악이다.

생산과 소비도 마찬가지이다. 생산은 생기는 것이므로 양이고 소비는 사라지는 것이므로 음이다. 음과 양이라는 대립적 개념으로 구성되는 이러한 인간의 존재원리는 피조물인 인간으로서는 어찌할 수 없는 하늘이 정한 하늘의 법칙인 천법이다. 인간은 태어날 때부터 운명적으로 하늘이 정한 생산과 소비라는 음양의 대립적 반복원리에 얽매여 살아가야 하는 천법(天法)의 노예이다. 인간이 존재한다는 말은 음과 양의 대립적 양대 개념을 어떤 형태로든 반복한다는 말이다.

▎자연물과 인공물

인간적 시각에서 보면 우주에는 인간이 만든 것과 인간이 만들지 않은 것이 있을 뿐이다. 이 둘 중 인간이 만들지 않은 것을 총칭하여 자연물이라 하고 인간이 만든 것을 총칭하여 인공물이라 한다. 따라서 인공물을 제외하면 자연 속에는 오로지 자연물만 남게 된다. 물론 인간도 자연물이다. 왜냐하면 인간 또한 인간이 만들지 않았기 때문이다. 이렇게 볼 때 자연은 인간을 비롯한 자기 속에 존재하는 일체 만상을 만든 창조주라 할 수 있다.

하지만 자연이라는 창조주는 의심의 여지가 없는 창조주가 아니라 우주만물을 만든 자로 자리매김 된 창조주이다. 자기가 자기를 만드는 자연을 확인한 사람은 아무도 없기 때문이다. 우리가 자연을 자기 창조주라 하는 것은 우주만물의 생멸법칙을 기준으로 할 때 자연은 스스로 태어났을 것이라 믿어지기 때문이다. 자연에 대한 아리스토텔레스의 정의는 이를 잘 대변한다. 그는 자연을 "자기 안에 자체 운동의 원리를 가지고 있는 것"이라고 했다. 자연은 누구의 명령을 받고 움직이는 것이 아니라 스스로 입력한 원리에 의해 스스로 움직이는 자기 운동체라는 것이다. 탈레스도 "만물은 신들로 가득 차 있다"고 말한 바 있다. 이는 신(神)이 있다면 자연 밖에 있는 것이 아니라 자연 속에 내재하고 있음을 의미한다. 고대 그리스인들은 이렇게 자연을 우주만물과 신까지도 포함하는 유일체로 보았다. 쉽게 말하면 자연이라는 거대한 통속에 신과 인간과 우주만물이 모두 함께 들어 있다는 범자연주의(汎自然主義)적 인식체계를 가지고 있었다.

그러나 기독교가 전파되기 시작하면서 그리스적 범자연주의는 힘을 잃고 하나님과 인간과 자연은 서로 우주적 위상이 다른 이질적 존재로 자리매김 되기 시작했다. 그들은 우주 존재의 최상위에 하나님이라는 신을 올려놓고 자연만물과 인간은 하나님이 창조한 것이라는 계층적 위계질서를 만들어 갔다. 그 결과 인간과 자연은 하나님에 의해 창조된 전혀 다른 독립존재이며 따라서 자연은 인간과 무관하고 인간은 자연과 무관한 이질적 존재가 되었다. 다시 말하면 인간이 만든 가구와 냉장고는 전혀 다른 목적을 가진 별개의 제품이듯 신이 만든 우주만물과 인간은 전혀 다른 별개의 존재라는 것이다.

이 같은 자연의 비인간화가 추진됨으로써 자연은 일체의 인간적 요소, 즉 의식, 감정, 학습 같은 요소를 가지지 않는 단순한 공간적, 시간적 요소만 가진 기계적 운동체로 변모하게 되었다. 이것이 바로 근대의 기계론적 자연관이다. 중세기독교 우주관에서 태동한 이 기계론적 자연관은 근대철학의 시조라 불리는 데카르트에 의해 더욱 체계화되었다. 그는 자연으로부터 일체의 심적, 영적, 신적 요소를 제거하고 자연을 오직 기하학적 무기체로만 이해했다. 그랬기 때문에 자연을 연구하기 위해서는 수학, 물리학, 화학 같은 비생명 대상 학문이면 충분하고 윤리학, 심리학, 신학 같은 생명 대상 학문은 필요치 않다고 생각했다.

그리스적 자연관과 기독교적 자연관이라는 대표적인 두 자연관 중 어느 것이 보다 진실에 가까울까? 아니 설득력이 있을까? 누구도 쉽게 대답하기는 어려울 것이다. 하지만 한 가지 사실만은 분명하다. 그것은 부분이 전체를 정의하기는 어렵듯 자연의 극히 작은 부분인 인간이 전체로서의 자연을 정의하기는 어렵다는 사실이다. 자동차는 약 2만여 개의 부품으로 조립된다고 한다. 그렇게 완성된 자동차는 사람이 운전하는 대로 달리는 일종의 생명력 있는 유기체와도 같다. 그러나 그 부품 하나하나는 움직이지 않는, 그래서 생명력 없는 차디찬 쇳덩어리일 뿐이다. 생명력 없는 부품 하나를 가지고 생명력 있는 완성차를 정의할 수 있을까? 마찬가지로 자연계의 일개 구성원에 지나지 않는 부품적 존재인 인간이 전체인 자연을 정의할 수 있을까?

　자연의 부품적 존재인 인간이 섬겨 왔던 신은 자연이 만든 자연적 신이 아니라 모두 인간이 신적 의미를 부여해 만든 인간적 신이었다. 시대마다, 민족마다 섬겨 온 신이 모두 다르다는 사실 하나만 보아도 이는 입증되고도 남는다. 자연이 만든 것은 아무리 시간이 지나도 달라지지 않는다. 태양은 아무리 세월이 변해도 그대로 태양이고, 하늘에서 떨어지는 빗방울 역시 아무리 시대가 변해도 변하지 않는 빗방울이다. 그렇기 때문에 시대마다 민족마다 달라지는 신은 이미 창조주로서의 신이 될 수 없다. 진정한 신은 시공에 관계없이 달라지지 않아야 한다. 자연은 시간과 공간에 관계없이 오직 자연일 뿐이다. 자연 자체야말로 우주만물을 창조하고 선인사회를 창조한 진정한 신인 이유가 바로 여기에 있다.

10 만인노동사회

 인간은 어떤 경우에도 노동을 통하지 않고는 살 수 없다. 노동이란 어떤 물질을 자연상태에서 가용상태로 변형시키는 육체적, 정신적 노력이다. 산에 있는 열매는 자연상태에 있는 열매이다. 하지만 그 열매가 산에 있는 한 인간의 배고픔을 달랠 수 없다. 인간의 배고픔을 달랠 수 있는 유일한 길은 그 열매를 따서 집으로 돌아와 식구들과 나누어 먹는 것이다. 이렇게 자연상태에 있는 산의 열매는 인간이 자기용도에 맞는 가용상태로 바꿀 때만 인간적 가치를 지닌다. 그런 인간적 가치를 창출하는 노력이 바로 노동이고 그런 노동을 통해서 창출된 것을 노동생산물이라고 한다.
 인간은 그런 노동생산물을 통해서만 살 수 있으므로 살아있는 인간은 모두 노동자이어야 하며 또 노동자일 수밖에 없다. 현실적으로는 수많은 직업이 있고 수많은 상품이 있어 보기에 따라서는 노동의 산물인 것도 있고 노동의 산물이 아닌 것도 있는 것처럼 보일지 모르지만 엄격한 의미에서 볼 때 인간이 생산하는 재화 중 노동생산물이 아닌 것은 하나도 없다. 왜냐하면 어떤 하찮은 일도 인간의 정신적, 육체적 노동 없이는 이루어질 수 없기 때문이다.
 비록 사회적 분업이 발달하면서 서로의 노동형태와 내용은 크게 달라졌을망정 노동한다는 사실만은 모든 인간의 공통분모임이 틀림없다. 농부는 영농노동을 통해서 살아가고, 어부는 어로노동을 통해서 살아가고, 학자는 교육노동을 통해서 살아가고, 관리는 행정노동을 통해서 살아간다. 살아 있는 인간이라면 어느 누구도 이런 노동을 통하지 않고는 살 방법이 없다. 이렇게 살아있는 인간은 한 사람의 예외도 없이 노동을 통해서 살아가는 동일한 노동자들이다. 그들의 신분적 고하를 막론하고, 또 그들의 능력적 고하를 막론하고 똑같이 노동을 통해 살아가는 사람들이므로 세상 만인은 모두 노동자들이라 할 수 있다. 이렇게 살아 있는 사람은 모두 노동자라는 논리를 만인노동자설(萬人勞動者說)이라고 한다.

　만인노동의 개별적 주체인 개인은 서로 다르며 서로 다르기 때문에 서로의 노동도 다르고 노동의 결과 만들어지는 삶도 다르다. 노동은 크게 구체적 노동과 추상적 노동으로 나누어지는데 구체적 노동은 이질성을 지니고, 추상적 노동은 동질성을 지니므로 구체적 개인노동은 서로 다른 불평등의 원천이 되고, 추상적 인간노동은 서로 같은 평등의 원천이 된다. 예를 들면 농부의 삶과 왕의 삶이 다른 것은 바로 그들의 개인적 노동이 다르기 때문이다. 그러나 농부든 왕이든 바로 그 개인적 노동 없이는 살 수 없다는 측면에서는 농부와 왕은 동일한 노동자이다. 즉 농부도 개인적 노동의 대가를 받아 살아가고 왕이나 관리도 개인적 노동의 대가를 받아 살아간다. 추상적 노동은 이렇게 농부와 군주를 동일한 노동자로 묶어준다. 그런 의미에서 추상적 노동은 평등의 원천이 된다. 따라서 만인노동자설은 개인적 불평등과 인간적 평등의 기원을 밝혀주는 바탕이 된다.

만인노동자설		
사회적 직업	개인적 이질노동	추상적 동질노동
군주	통치노동	노동자
관리	행정노동	노동자
농부	생산노동	노동자

 사회구성원으로의 개인은 영원히 불평등하다. 인간사회가 존속되는 한 윗사람과 아랫사람, 시키는 사람과 시킴을 받는 사람, 정신노동자와 육체노동자라는 구분은 사라지지 않을 것이기 때문이다. 그런 구분이 사라지지 않는 사회는 영원히 평등할 수 없는 사회이다. 하는 일이 다르므로 얻는 결과도 다를 것이며 따라서 삶의 구체적 모습도 다를 것임은 자명하다. 그러나 추상적 차원에서 보면 그들은 동일한 오장육부를 가진 동일한 인간이고 동일한 하늘 아래에서 동일한 감정을 가지고 살아가는 동일한 인간이다. 그런 동일한 인간은 구체적 인간이 아닌 오직 추상세계 속에서만 존재하는 추상적 인간이다. 마치 수많은 동물들의 생존모습이 저마다 달라도 동물적 삶이라는 추상적 측면에서는 동일한 동물적 삶이듯 수많은 개인의 구체적 삶의 모습은 달라도 인간이라는 이름으로 분류된 추상적 삶의 모습은 동일하다.
 이런 구체적 삶과 추상적 삶의 차이는 동물의 경우를 보면 극명해진다. 구체적 거울을 통해서 보면 동물마다 살아가는 모습이 다 다르다. 어떤 동물은 채식을 하고, 어떤 동물은 육식을 한다. 그러나 추상적 거울을 통해서 보면 그들 모두는 무언가 먹이를 찾기 위해 투쟁하고, 생명을 지키기 위해 방어하는 동일한 동물일 뿐이다. 그런 추상적 거울을 통해 볼 때 밀림의 왕인 사자가 행복할까 보잘것없는 작은 풀

벌레 한 마리가 행복할까? 동물들을 객관적 시각으로 볼 수 있는 인간의 입장에서 보면 그들은 경중 없이 똑같은 행불행을 겪으며 살아가는 똑같은 동물들이 아닐까?

식물도 마찬가지이다. 어떤 식물은 양지를 좋아하고 어떤 식물은 음지를 좋아한다. 구체적 거울을 통해서보면 그들은 그렇게 너무 다른 삶을 살아가는 너무 다른 식물들이다. 그러나 추상적 거울을 통해서 보면 양지지향성 식물이건 음지지향성 식물이건 지기(地氣)를 빨아들여 광합성을 하며 살아가는 동일한 식물이다. 이렇게 볼 때 동물들이 풀을 뜯거나 사냥하는 일, 또 식물들이 지기를 빨아들여 광합성 하는 일은 그들의 삶을 보장하는 그들의 노동행위라 할 수 있다.

하늘에 떠있는 별들의 생존형태도 마찬가지이다. 별이란 성운이 모여 수축하고 팽창하면서 열과 빛을 만들어내는 천체이다. 이렇게 별은 팽창과 수축이라는 우주적 노동행위를 통해 생산되는 우주적 노동생산물이다. 이렇게 볼 때 인간사회만 만인노동사회가 아니라 우주사회도 만물노동사회이다. 인간도 우주도 한편으로는 구체적 노동을 통해 영원히 불평등한 사회를 만들어 가면서도 또 다른 한편으로는 추상적 노동을 통해 영원히 평등한 사회를 만들어 간다.

수천 년에 걸친 지금까지의 인류역사는 만인노동자설을 뒷받침하고도 남는다. 자급자족사회는 어떤 일을 계획하는 자와 그 일을 실제로 행하는 자가 동일인이다. 개인이 사냥하는 경우를 예로 들면 자급자족사회에서는 사냥방법을 정하는 자도 자기 자신이고 그 사냥방법에 따라 실제로 사냥을 하는 자도 자기 자신이다. 그러나 분업적 사회가 등장하면서 어떤 일을 계획하는 자와 그 일을 실제로 행하는 자는 서로 다른 사람이 되었다. 예를 들면 무리를 지어 사냥을 할 경우 자연스럽게 사냥경험이 많은 경력자는 사냥전략을 짜고 사냥작전을 지휘하게 되고 다른 사람들은 그의 지시에 따라 사냥활동에 임하게 된다. 이러한 일은 자연스럽게 전쟁행위에도 그대로 적용된다. 전쟁경험이 많고 전략적 두뇌가 뛰어난 사람은 전투를 지휘하게 되고 나머지 사람들은 그의 명령에 따라 전투를 실행하게 된다.

인간이 집단을 이루고 교환사회를 살면서부터 단체노동을 필요로 하는 모든 일은 이렇게 시키는 노동과 시킴을 받는 노동으로 나누어졌고 따라서 사회구성원들은 크게 볼 때 시키는 노동자와 시킴을 받는 노동자로 양분되었다. 즉 능동적 노동자와 수동적 노동자, 혹은 정신적 노동자와 육체적 노동자로 양분되었다. 노예주는 시키는 노동자였고 노예는 시킴을 받는 노동자였다. 또 봉건영주는 시키는 노동자였고 농노들은 시킴을 받는 노동자였다. 인류역사를 통해 그런 능동적 정신노동자와 수동적 육체노동자의 구분은 단 한 번도 사라진 적이 없다.

그러나 시키는 정신노동도 노동임에는 틀림없고 시킴을 받은 육체노동도 노동임에는 틀림없다. 아무리 노예주 혹은 봉건영주라 해도 시키는 정신노동을 제공하지 않는 한 그들의 소득은 결코 보장되지 않는다. 이렇게 시키는 정신노동도 노동이므로 시키는 사람도 분명 노동자이다. 노동 현장에서 일하는 노예나 농노는 항상 시킴을 받아 육체적 노동을 책임지는 사람들이므로 분명한 노동자이다. 여기서 시키는 노동자는 무형의 정신노동을 위주로 하므로 무형노동자라 하고 시킴을 받는 노동자는 유형의 육체노동을 위주로 하므로 유형노동자라고 한다. 이렇게 볼 때 인간사회의 구성원은 무형노동자와 유형노동자로 크게 양분할 수 있다.

| 무형노동의 특성과 역할

정신적 노동으로 분류되는 무형노동의 특성과 역할을 분석해 보면 다음과 같다.

첫째, 무형노동은 능동적 노동으로서 주인적 위치에 있는 노동이다. 주인은 모든 일에서 항상 능동적 역할을 하듯 무형노동은 항상 능동적 역할을 한다. 주인은 스스로 알아서 일을 해야 하듯 무형노동은 스스로 알아서 하는 자생적 노동이요, 자가 발전적 노동이다. 말하자면 무형노동은 자기가 자기에게 명령하는 노동이요, 없는 일을 스스로 만들어내는 노동이다. 간단한 상자 하나를 만드는 일을 예로 들어보자. 상자를 만들기 위해서는 제일 먼저 상자를 도안해야 한다. 가로, 세로, 높이를 어떤 크기로 할 것인지, 판자의 두께는 어느 정도로 할 것인지를 정해야 한다. 그런 노동은 모두 자기가 창안해 내는 능동적 노동이므로 무형노동이라 할 수 있다. 그런 무형노동이 완료되면 그 다음에는 실제로 판자를 자르고 못을 박아 상자를 만들게 되는데 이러한 노동은 주어진 도안에 따라 오차없이 그대로 만들기만 하는 수동적 노동이므로 유형노동이라고 할 수 있다.

이렇게 무형노동은 유형노동을 앞장서 이끌어 가는 능동적 노동이므로 무형노동이 잘못되면 유형노동은 덩달아 잘못된다. 상자를 만들 때 만일 무형노동이 상자의 기본모양을 작은 것으로 설계하면 유형노동의 결과 탄생된 상자도 작은 것이 될 것이고, 반대로 큰 것으로 설계하면 유형노동의 결과 탄생된 상자도 큰 것이 될 것이다. 이처럼 무형노동은 창의성, 독창성, 모험성, 실험성 같은 가변적 가치를 추구하는 노동이다.

이런 예에서 보듯 일반적으로 무형노동은 대부분 정신노동이며 모든 새로운 일은 이 정신노동에서부터 시작된다. 새로운 기계나 새로운 공법을 연구개발하는 것은 모두 정신노동으로써의 무형노동이 하는 일이다. 기존적으로 존재하지 않는 새로운 그 무엇을 만들기 위한 유일한 길은 연구하는 것이며 그 연구는 전형적인 무형노동이다. 물론 유형노동이 뒤따르지 않는 한 무형노동인 연구개발 자체만으로 새로운 기계가 현실화 되지는 못하지만 새로운 기계가 만들어지는 최초의 출발점이 연구개발이라는 무형노동임은 부인할 수 없다.

둘째, 무형노동은 미래지향적 노동이다. 무형노동은 앞으로 유형노동이 담당해야 할 일들을 창안하고 계획하고 입안하는 노동이다. 건설공사에서 설계는 앞으로 유형노동자들이 해야 할 일들을 제시하고 체계화하는 것이고, 정치인들의 정책입안은 앞으로 일반국민들이 몸으로 실천해야할 일들을 체계화하는 것이다. 그런데 그런 설계와 정책 입안은 어디까지나 계획이지 실천이 아니다. 그러므로 무형노동은 어떤 경우에도 그 자체로서는 현실적 가치를 지니지 못한다. 설계만으로는 결코 건물이 생기지 않고, 정책만으로는 결코 국민적 사회문제가 해결되지 않는다. 이처럼 무형노동은 항상 자기가 제시하고 체계화 한대로 유형적 육체노동이 곧 실행하게 될 것이라는 전제를 깔고 있는 노동이므로 미래지향적 노동이다. 즉 무형노동은 미래의 유형적 노동을 전제로 하는 노동이며 또 미래의 유형적 노동이 있어야만 빛을 보는 노동이다.

셋째, 무형노동은 이론 생산적 노동이다. 무형노동은 눈에 보이는 어떤 실물을 생산하는 노동이 아니라 눈에 보이지 않는 오직 머릿속에만 있는 이론적 결과를 생산하는 노동이다. 예를 들어 빌딩을 짓기 위해 무형노동이 아무리 좋은 설계를 한다고 해도 설계한 그 상태에서 멈춘다면 빌딩은 그 사람의 머릿속 이론 세계에만 존재할 뿐 현실 세계에는 존재하지 않는다. 그 빌딩이 현실 세계에 존재하기 위해서는 반드시 벽돌을 쌓고 문짝을 달고 지붕을 올리는 유형노동이 수반되어야 한다. 즉 무형노동이 눈에 보이는 구체적인 생산물로 거듭나기 위해서는 반드시 유형노동을 만나야 한다. 어떤 경우에도 무형노동 자체만으로는 손에 잡히는 구체적 생산물이 탄생되지 않는다. 무형노동은 이렇게 눈에 보이지 않는 이론만을 생산하는 이론 생산적 노동이다. 그러므로 무형노동이 많은 사회는 말과 논쟁이 많을 뿐 현실적 사회를 살리는 실물은 없는 사회가 된다.

이상과 같은 특성을 지닌 무형노동의 담당자들을 우리는 정신노동자라고 한다. 무형노동자는 무형노동의 특성 때문에 항상 능동적이고 미래지향적이며 이론 생산적인 노동을 담당한다. 정치가, 법률가, 기업가, 예술가, 종교가, 역사가 같은 정신노동자들은 모두 여기에 속한다.

이러한 무형노동은 언제나 사회변화를 선도한다. 무형노동은 미래지향적 노동이기 때문에 사회발전의 견인차적 역할을 한다. 무형노동이 우수하고 활발하면 사회도 부강하고 풍요로우며 무형노동이 부패하고 타락하면 사회도 허약하고 궁핍하다. 이는 인류 역사를 통해 단 한 번도 변한 적이 없다. 한 국가를 놓고 볼 때 무형노동자 중에서도 가장 영향력 있는 무형노동자는 국가원수이다. 그러므로 국가원수라는 무형노동자가 잘못할 경우 그 사회는 몰락하게 된다. 폭군과 독재자는 잘못된 무형노동자의 대표적인 인물들이다. 그런 무형노동자는 개인의 말로도 비참하지만 그 국가의 말로도 비참하다.

▮ 유형노동의 특성과 역할

정신적 무형노동과 반대되는 육체적 유형노동의 특성과 역할은 다음과 같다.

첫째, 유형노동은 수동적 노동이다. 유형노동은 무형노동이 시키는 대로 따라하는 수동적 노동이다. 유형노동은 건물을 지을 때도 무형노동이 만든 설계에 따라 지을 뿐이며 상품을 생산할 때도 무형노동이 정한 생산방법과 공정에 따라 생산할 뿐이다. 또 유형노동자로서의 일반 백성은 무형노동자인 관료들이 정한 정책을 성실히 이행할 뿐이다. 이처럼 유형노동은 무형노동이 시키는 일을 오직 수동적으로 따라 하는 수동적 노동이다. 종업원 100명이 일하는 봉제공장을 예로 들어보자. 일반적으로 생산할 옷의 디자인이나 색상이나 생산공정을 정하는 일은 전체 종업원의 불과 10%도 안 되는 10여 명의 무형노동자 몫이고, 그렇게 정해진 디자인과 색상과 생산공정에 따라 실제로 작업을 하는 일은 무려 90%에 이르는 유형노동자들의 몫이다. 이처럼 무형노동을 위주로 하는 정신노동자는 능동적 노동을 담당하고 유형노동을 위주로 하는 육체노동자는 수동적 노동을 담당한다.

둘째, 유형노동은 과거 지향적 노동이다. 무형노동은 노동의 바턴을 유형노동에게 넘기기 위해 일하는 미래지향적 노동이지만 유형노동은 무형노동으로부터 이어받은 노동이라는 바턴을 생산완료라는 결승점까지 끌고 가야하는 노동이다. 그러므로 무형노동은 노동바턴을 유형노동에게 넘길 수 있지만 유형노동은 다시 넘겨줄 자리가 없다. 유형노동은 자신이 이어받은 노동의 바턴을 쥐고 끝까지 뛰어 가야하는 최종주자와도 같다. 최종주자가 결승점에 이르고 나면 남는 것은 기록뿐이듯 유형노동이 현실적 생산을 완료하고 나면 남는 것은 만들어진 상품뿐이다. 따라서 노동이라는 관점에서 볼 때 상품은 과거노동을 의미한다. 노동 없이 상품은 생겨날 수 없으므로 상품은 과거에 노동이 있었다는 명백한 증거물이 되기 때문이다. 이렇게 유형노동은 어떤 상품이 생기기 이전의 과거에 반드시 노동이 있었다는 증거물을 남기기 위한 노동이므로 과거 지향적 노동이다.

셋째, 유형노동은 실물생산적 노동이다. 무형노동은 머릿속에만 존재하는 이론적 상품을 만드는 노동인데 반해 유형노동은 눈에 보이는 현실적 실물을 생산하는 노동이다. 광부는 눈에 보이는 실물로서의 석탄을 생산하고, 공장노동자는 눈에 보이는 실물로서의 공산품을 생산한다. 농부와 어부도 농산물과 수산물이라는 구체적 실물을 생산한다. 이런 유형노동자들은 유형노동의 특성 때문에 항상 수동적이고 과거 지향적이며 실물생산적인 노동을 담당한다. 임금을 받는 피고용자는 대부분 그런 유형노동자에 속한다.

한편, 이 유형노동은 사회의 절대적 다수를 차지하는 노동이다. 그러므로 유형노동의 양과 질은 사회적 생산과 직접적 관계가 있다. 유형노동의 양이 적어지면 사회적 생산도 적어지고 유형노동의 양이 많아지면 사회적 생산도 많아진다. 그렇기 때문에 유형노동의 양과 질은 한 사회의 현실적 부와 직결된다. 하지만 유형노동은 과거 지향적 노동이므로 유형노동자가 득세하는 사회는 제도와 규범이 무너지고 사회적 발전이 후퇴한다. 반면 무형노동은 이론만 생산하는 비현실적 노동이므로 무형노동자가 득세하는 사회는 부정부패가 만연하고 국민들의 생활이 어려워진다. 이는 너무도 당연하다. 무형노동은 사회적 부의 가능성을 높일 수는 있어도 현실적 부를 창출하지는 못하기 때문이다. 우장춘 박사 같은 위대한 육종학자가 백만 명이 있어도 그들이 개발한 신품종을 심고 가꿀 유형노동자로서의 농민이 없으면 풍성한 식탁은 기대할 수 없다.

▎무형노동과 유형노동의 조화

무형노동과 유형노동은 항상 적당한 조화를 이루고 있어야 한다. 유형노동과 무형노동이 적당한 조화를 이루고 있으면 현재의 사회적 부와 미래의 사회적 부가 모두 높아지지만 이 두 노동 간의 조화가 깨지면 사회적 부는 그 부조화의 비율만큼 줄어들기 시작한다. 무형노동의 비율이 높으면 미래적 부의 가능성은 높아지지만 현실적 부는 줄어들고, 반대로 유형노동의 비율이 높으면 현실적 부는 높아지지만 미래적 부는 줄어들게 된다. 이렇게 무형노동과 유형노동의 부조화는 결국 경제생활의 곤궁과 그에 따른 사회적 불안을 가중시키기 때문에 그 사회를 서서히 무너지게 한다.

예를 들면 당장은 잘 돌아가는 기업이라 할지라도 미래의 먹거리를 제대로 발굴해 내지 못하면 머지않아 생산할 아이템이 없어 어려움에 처하게 될 것이다. 즉, 무형노동의 생산적 결과가 부족하면 부족한 만큼 곧 어려움에 처하게 될 것이다. 반대로 무형노동이 아무리 좋은 미래먹거리를 개발해 놓아도 유형노동이 부족하여 개발한 제품을 제대로 생산해내지 못한다면 얼마 지나지 않아 곧 팔 수 있는 생산물이 부족해 질 것이다.

11 경제결정론

무형노동과 유형노동이 얽혀 생기는 인간사회의 생산관계는 사회적 하부구조와 상부구조를 결정한다. 즉, 무형노동은 능동적 노동이므로 상부구조를 결정하고 유형노동은 수동적 노동이므로 하부구조를 결정한다. 이런 생산관계에서 발생하는 상부구조와 하부구조가 얽혀 인생관, 가치관, 세계관이 형성되어 간다. 이렇게 물질적 경제구조로부터 시작한 인간관계가 시간이 지남에 따라 누구도 느끼지 못하는 사이에 자연스럽게 사회적 관념과 제도를 결정하게 된다. 사회적 부를 높여가는 과정에서 보이지 않는 사회적 구속의 그물이 자연스럽게 형성되어 가는 이런 현상을 경제결정론(經濟決定論)이라고 한다. 사회를 이루고 살아가는 인간은 시대를 불문하고 누구도 이 경제결정론에서 벗어날 수 없다.

인간이 경제결정론을 벗어날 수 없는 이유는 간단하다. 인간의 삶은 의식주라는 경제적 실물을 뿌리로 하기 때문이다. 식물이 뿌리로부터 모든 영양분을 공급받아 가지와 잎을 펼쳐가듯이 인간은 경제라는 뿌리로부터 모든 삶의 요소를 공급받아 살아가는 동안 서로 만나기도 하고 헤어지기도 한다. 그리고 그런 과정에서 자연스럽게 시키는 사람과 시킴을 받는 사람이 생기면서 주종관계가 형성되고 노사문제가 발생하게 된다. 이처럼 인간사회의 모든 문제는 경제로부터 출발하여 사회문제가 발생하고 연이어 정치문제와 문화문제가 발생한다.

12 형주질속론

　경제활동은 원칙적으로 눈에 보이는 유형적 사물을 대상으로 하는 일체의 생존행위를 의미한다. 의식주와 관련된 활동부터 그러하다. 의식주 확보와 관련된 활동은 모두 유형적 사물을 대상으로 하는 활동이다. 보이지 않는 음식으로 배를 채울 수 없고, 보이지 않는 옷으로 추위를 피할 수 없고, 보이지 않는 집으로 비바람을 피할 수 없기 때문이다. 이렇게 경제활동은 유형적 사물을 전제로 하므로 인간의 경제활동 대상은 당연히 유형적 사물이다. 그런 유형적 사물을 추상화하여 한 마디로 '형(形)'이라 한다.
　그러나 그런 형은 형(形) 자체로 끝나지 않는다. 보이는 모든 형은 반드시 보이지 않는 질(質)을 내포하고 있다. 질이란 품질, 성질, 갑질처럼 보이지 않는 행위를 의미한다. 제품은 보여도 제품이 가진 성능 혹은 기능으로서의 품질은 보이지 않는다. 그러나 성능이나 기능을 가지지 않는 제품은 있을 수 없다. 냉장고는 보이는 외형을 가지는 한편 반드시 냉장기능이라는 보이지 않는 질을 가지고 있어야 하고, 김치라는 음식은 보이는 외형을 가지는 한편 반드시 맛이라는 보이지 않는 질을 가지고 있어야 한다. 이렇게 모든 제품은 반드시 형과 질이라는 두 요소를 동시에 가지고 있어야 한다. 더욱이 이 두 요소는 음양일체론과 마찬가지로 어떤 경우에도 서로 떨어질 수 없는 일체이다. 김치에서 김치맛을 분리할 수 없고, 냉장고에서 냉장기능을 분리할 수 없다.

이렇게 분리할 수 없는 두 요소 중 형은 반드시 질보다 앞서게 된다. 냉장고라는 형이 먼저 있어야 냉장기능이라는 질이 동반될 수 있고, 김치라는 형이 먼저 있어야 맛이라는 질이 동반될 수 있다. 이런 관점에서 볼 때 형은 주인처럼 항상 앞서고 질은 어떤 물체에 종속되어 나타나는 그림자처럼 항상 형을 따라다닌다고 할 수 있다. 이처럼 형이 주인처럼 앞서고 질이 하인처럼 뒤서는 순서적 현상을 형주질속론(形主質屬論)이라고 한다.

형(形)이 주인적 위치에 서고 질(質)이 종속적 위치에 서는 이 순서는 어떤 경우에도 뒤바뀔 수 없다. 냉장기능이 발휘되지 않는 냉장고는 있을 수 있어도 냉장고가 없는데 냉장기능만 있을 수는 없고, 맛없는 김치는 있을 수 있어도 김치가 없는데 김치 맛만 있을 수는 없기 때문이다. 이는 사람이 없는데 정신만 있을 수 없고, 꽃이 없는데 향기만 있을 수 없는 이치와도 같다. 인간사회의 모든 유형적 실상도 마찬가지이다. 형적 축구시합이 없는데 질적 승패가 있을 수 없고, 부자와 빈자라는 형적 계급의 차이가 없는데 빈부갈등이라는 질적 문제가 생길 수 없다. 심지어 사랑하는 형적 남녀가 없는데 실연이라는 질적 아픔이 있을 수 없고, 바위라는 형적 덩어리가 없는데 무게라는 질적 짓눌림이 있을 수 없다. 이처럼 모든 경제활동은 형이 있으면 생길 수 있고 형이 없으면 생길 수 없다.

모든 사람이 가지는 직업은 경제활동의 주체적 대상이 되는 형이 무엇이냐에 따라 정해진다. 농산물을 경제활동의 주체로 삼으면 농민이 되고, 수산물을 경제활동의 주체로 삼으면 어민이 되고, 행정업무를 경제활동의 주체로 삼으면 공무원이 된다. 그렇게 정해지는 주된 경제활동을 주업이라고 한다. 모든 사람은 그 주업을 통해 소득을 얻고 그 얻어진 소득을 가지고 필요한 생필품을 구매해 소비하면서 살아간다. 이런 관점에서 볼 때 경제활동이란 결국 "주업을 통한 생산, 그 생산을 통한 소득, 그리고 그 소득의 소비"라는 3단계 행위를 반복하는 활동이라 할 수 있다. 그가 누구이든 이 삼 단계 경제활동을 반복하지 않고 살아갈 사람은 아무도 없다. 그러므로 모든 경제적 변화는 이 3단계 경제활동으로부터 생긴다는 결론을 내릴 수 있다.

제3장
도구력 시대의 사회변화

01 등가교환과 부등가교환

　동식물을 불문하고 생산의 대부분은 자연적 생산에 속한다. 지구상에 존재하는 수백만 종의 동식물은 저마다 스스로 태어난 것들, 즉 자연발생적인 생명체들이며 그런 자생적 생명체는 당연히 자연이 부여한 자연적 생산을 한다. 모든 광합성 식물들이 태양 있는 방향으로 가지를 뻗고, 모든 동물들이 저절로 자신의 먹이가 무엇인지를 알고, 모든 풀벌레들이 저마다 다른 풀잎을 갉아먹는 것은 대표적인 자연적 생산이다. 그러한 자연적 생산은 누가 생명체를 창조했느냐는 질문과는 별개의 것이다. 창조론자들은 신이 창조했다고 할 것이고 진화론자들은 자생적으로 태어나 진화했다고 할 것이다. 하지만 생산에 관한 한 그런 논쟁은 중요하지 않다. 신이 창조했건 자생적으로 태어났건 실존하는 생명체는 모두 태어나면서부터 물려받은 본능적 생산행위를 지니고 있다. 그 본능적 생산행위를 계속하면 살고, 중단하면 죽는다. 이것은 누구도 부인할 수 없는 엄연한 현실이다.
　더욱이 창조론은 스스로 모순적 반론을 부른다. 창조론자들은 세상만물은 스스로 태어난 것이 아니라 창조주가 창조했기 때문에 태어난 것이며 따라서 생존을 위한 모든 생산도 창조주가 미리 창조해 놓은 것이라고 주장한다. 하지만 창조했기 때문에 태어났다는 그들의 논리는 창조주 또한 누군가가 창조했기 때문에 태어났을 것이라는 의문을 낳는다. 그렇다면 창조주를 창조한 자는 누구란 말인가? 또 창조주를 창조한 그 자를 창조한 자는 누구란 말인가? 나아가 생산과 소비를 반복하지 않고 사는 존재는 없으므로 창조주가 살아 있다면 무언가를 끝없이 생산하고 소비해야만 하는데 창조주는 도대체 무엇을 생산하고 무엇을 소비한단 말인가? 이러한 질문은 아버지의 아버지가 누구냐는 질문처럼 끝없이 거슬러 올라간다. 창조론은 스스로 그 같은 모순적 질문을 낳는다.

스스로 태어났다는 자생론 또한 창조론에 못지않은 반론을 부른다. 인간이 사용하는 생필품은 모두 인간이 만든 것이다. 만들지 않고 스스로 생겨나는 생필품은 있을 수 없다. 인간은 우주 천체의 유전자를 이어받았으므로 인간이 가진 유전자는 곧 우주 천체가 가진 유전자이다. 그러므로 인간세계에서 존재하는 모든 것이 만들어진 것이라면 우주 천체에 존재하는 모든 것 역시 당연히 만들어진 것이라고 보아야 한다. 따라서 자생론은 만들지도 않고 창조하지도 않았는데 어떻게 스스로 존재할 수 있느냐는 반문을 낳는다.

두 이론이 지니는 이 같은 모순을 인정하면서도 인간적 시각에서 보면 인간이 만들지 않은 것은 모두 저절로 탄생된 것이라 보는 쪽이 더 합리적이다. 왜냐하면 단정적인 의미의 창조론보다 자연의 원리에 맡기는 자생론 쪽이 더 진실에 가깝기 때문이다. 즉 신이 세상만물을 창조했다고 단정할 수는 없어도 대자연이 그런 자연적 생명체를 탄생시킨 모체였을 것임은 의심의 여지가 없기 때문이다. 더욱이 현실적 생명체는 예외 없이 자생적, 본능적 생산을 계속하기 때문에 그런 자생적, 본능적 환경을 제공하는 자연이 없으면 어떤 생명체도 존재할 수 없을 것임은 확실하다.

또 하나의 생산인 사회적 생산은 학습과 훈련을 통해 후천적으로 얻은 지식을 바탕으로 하는 생산으로서 자연적 생산과는 반대되는 개념이다. 대표적인 사회적 생산은 각자의 직업에 종사하는 것이다. 타고난 직업이 있을 수도 있겠지만 일반적으로 직업은 자연적으로 주어지는 것이 아니라 사회적으로 교육받고 훈련받은 결과 주어지는 후천적 산물이다. 공산주의 국가인 경우 국가가 직업을 강제로 할당하는 경우마저 있다. 그렇게 할당받은 직업은 타고난 본성과는 무관한 사회적으로 주어진 일이지 결코 자연적으로 생긴 일이 아니다.

교환사회에 들어선 이후 지금까지의 인류역사 중 직업을 가지지 않고 살았던 사람은 아무도 없다. 교환사회에서의 모든 인간은 자기 직업을 통해 돈을 벌고 그 돈으로 생존에 필요한 재화를 확보한다. 이는 곧 자기 직업을 통해 생존에 필요한 재화를 생산한다는 말이 된다. 물론 직업이라고 보기 힘든 경우도 많다. 하지만 누군가가 그 일을 주업으로 하여 살아간다면 그것은 곧 직업이라 할 수 있다. 평생 구걸만 하고 산 사람은 직업 걸인이고, 평생 남을 등쳐먹고 산 사람은 직업사기꾼이고, 평생 돈 받고 전쟁만 한 사람은 직업 용병이라 할 수 있다. 그들은 그런 직업을 통해 생존에 필요한 재화를 조달한다. 교환사회에서는 이처럼 후천적 생산행위인 직업을 가지지 않는 사람은 아무도 없다. 동물들과 마찬가지로 태어나면서부터 천부적으로 주어진 자연적 생산노동을 통해 삶을 이어갔던 인류는 직업을 바탕으로 하는 인류만의 고유한 사회적 생산을 시작함으로써 동물사회와는 전혀 다른 교환사회의 문을 열었던 것이다.

모든 인간은 하루도 쉬지 않고 위의 두 가지 생산, 즉 자연적 생산과 사회적 생산을 반복하면서 살아간다. 육체와 정신을 모두 활용하여 만들어내는 그런 생산은 인간에게만 국한되는 것이 아니다. 우주만물도 살기 위해 움직인다.

생산의 구분	
생산의 종류	생산활동의 구분
자연적 생산	선천적으로 타고난 자연적 생산활동
사회적 생산	후천적으로 습득한 사회적 생산활동

▎생존과 신진대사

모든 생물은 무언가를 먹고 배설하면서 살아간다. 즉, 입출의 신진대사를 계속하며 살아간다. 채식동물은 과채를 먹고 그 찌꺼기를 배설하고, 육식동물은 다른 동물을 잡아먹고 그 찌꺼기를 배설하면서 살아간다. 또 식물은 뿌리로부터 영양분을 흡수하고 가지와 잎으로부터 그 기운을 발산하면서 살아간다. 모든 동식물들은 이렇게 한편으로는 받아들이고 다른 한편으로는 내보내는 입출대사를 통해서 살아간다. 그러므로 어떤 존재가 생존한다는 말은 그 존재가 무엇이든 한편으로는 받아들이고 다른 한편으로는 내보내는 입출대사 작용을 반복한다는 말이다.

인간도 당연히 한편으로는 음식을 먹고 다른 한편으로는 배설하는 입출대사를 통해서 살아간다. 생물의 이러한 존재방식은 우주가 탄생된 이래 한 번도 변한 적이 없으며 앞으로도 영원히 변하지 않을 것이다. 그러면 도대체 왜 모든 생물은 예외 없이 이런 입출대사라는 생존양식을 가지고 살아가는 것일까? 우주의 탄생과정은 그 해답을 제공한다.

지금까지 밝혀진 우주의 탄생과정을 보면 지구는 우주공간에 떠다니던 먼지구름이 천체의 중력과 압력 작용에 의해 수축과 팽창을 반복하는 과정에서 생긴 것이라고 한다. 수축하기 위해서는 모여들어야 하고, 팽창하기 위해서는 퍼져나가야 한다. 따라서 지구가 생긴 확축(擴縮)의 원리도 궁극적으로 파고들면 들어오고 나가는 입출작용의 반복에 지나지 않는다. 지구의 생존원리가 수축과 팽창이라는 입출대사 작용이므로 지구상에 있는 모든 것은 입출대사 작용을 통해서 존재할 수밖에 없다. 왜냐하면 땅위에 있으면서 땅을 디디지 않을 수 없고 물 속에 있으면서 물을 마시지 않을 수 없듯 우주 속에 있는 한 우주의 생존원리를 벗어날 수 없기 때문이다.

혹자들은 지구는 거대한 땅덩어리로써 생물이 아닌 무생물이므로 생물의 존재양식이 무생물의 존재양식과 같다고 단언할 수 없다고 주장할지도 모른다. 그러나 그것은 좁게 본 시각에 지나지 않는다. 땅에 물을 부으면 그 물은 부어진 주변에만 스며든다. 왜 물이 사방팔방으로 끝없이 번져가지 않고 그 주변에만 스며드는 것일까? 주변의 흙이 물을 빨아들이기 때문이다. 흙이 물을 빨아들인다는 말은 흙이 물을 먹는다는 말이다. 흙은 그렇게 먹은 물을 공기 중에 발산하거나 흙 속에 뿌리를 내리고 사는 식물들에게 공급한다.

이렇게 볼 때 생명 없는 무생물로 알려진 흙도 결국은 한편으로는 끌어들이고 다른 한편으로는 내보내는 입출대사를 통해서 존재한다. 심지어 바위도 마찬가지이다. 바위에 물을 부어도 그 물은 역시 주변만 적신다. 물론 바위의 흡입력이 흙의 흡입력보다는 약하기 때문에 흙보다는 더 많이 번져가겠지만 주변만 적시기는 마찬가지이다. 바위틈에 식물이 뿌리를 내리고 사는 것을 보면 바위 역시 한편으로는 받아들이고 다른 한편으로는 내보내는 입출대사를 통해서 존속하고 있음을 알 수 있다. 이렇게 정도의 차이만 있을 뿐 생물이든 무생물이든 입출대사라는 근본적인 생존양식에는 차이가 없다. 자식이 부모의 유전인자를 이어받아 태어나듯 지구상의 모든 생물, 무생물은 팽창과 수축이라는 우주의 유전인자를 이어받아 태어났으므로 우주가 가진 입출대사 작용을 통해서 존속하는 것은 너무도 당연한 일일 것이다.

더욱이 자연만물이 가지는 그런 입출대사의 반복은 단순한 반복이 아니다. 인간은 먹고 배설하는 입출과정을 통해 어른으로 성장하고 자식을 낳고 키우다 죽는다. 먹이의 종류만 다를 뿐 다른 동물들도 똑같이 먹고 배설하는 입출대사의 반복을 통해 성장하고 새끼를 낳고 키우다 죽는다. 식물도 마찬가지이다. 땅으로부터 영양분을 빨아들여 가지와 잎을 키우고 마침내 꽃과 열매를 만든 후 죽는다. 무생물인 흙이나 바위도 비를 맞고 그 물기를 공기 중에 내뿜는 과정에서 부서지고 뭉쳐져 다시 흙이 되고 바위가 된다. 먹고 배설하는 입출대사의 과정은 이처럼 각각의 개체를 키우고 성장시키고 쇠멸시키는 과정이다.

인간의 부귀영화도 결국 그 입출대사의 과정을 통해 생기는 것이고 선악과 진선미도 결국 그 입출대사의 과정을 통해서 생기는 것이다. 심지어 산천초목들이 봄에는 싹과 잎을 키우고 여름에는 무성히 자라 가을에는 열매 맺고 단풍들면서 아름다운 자연경관을 만들어 가는 것도 결국은 영양분을 만들고 소비하는 입출대사의 과정을 통해서이다. 그러므로 입출대사 과정은 성장하고 쇠퇴하는 과정이요, 선악과 미추가 반복되는 과정이요, 세대와 세대가 이어지는 과정이요, 만물이 순환하는 과정이다.

| 교환과 정치의 대두

고대인들은 경제재의 생산이 풍부해지자 쓰고도 남는 물건을 자기가 원하는 물건과 교환하기 시작했다. 당시의 교환은 물론 먹고도 남는 쌀이 있는 농부는 먹고도 남는 생선을 가진 어부와 교환해 먹는 식의 물물교환이었을 것이다. 그런데 그런 교환이 시작되자 서서히 교환당사자 간에 갈등이 생겨나기 시작했다. 수산물을 가진 어촌사람들은 자기가 잡은 물고기보다 많은 사냥감과 바꾸기를 원했을 것이고, 반대로 산촌사람들은 자기가 잡은 사냥감보다 많은 물고기와 바꾸기를 원했을 것이다.

물론 처음부터 그런 욕심과 갈등이 생긴 것은 아닐 것이다. 처음에는 새로운 것을 맛볼 수 있다는 호기심 때문에 교환자체로 만족하고 욕심 없이 바꾸어 먹기를 서로 원했을 것이다. 그러나 시간이 지나면서 욕심이 생겼을 것이다. 조금이라도 더 많은 이익을 챙기려는 것은 인간의 본능이기 때문이다. 그런 본능적 욕심이 생기면서 갈등은 점점 깊어져 갔을 것이다. 어떻게 하면 상대를 설득할까, 아니 상대를 굴복시킬까를 고민하게 되었고 그 결과 생겨난 것이 바로 정치적 문제였다. 물질적 재화의 교환이라는 경제적 문제가 상대의 설득과 굴복이라는 정치적 문제로 연결되었던 것이다.

고대인들도 경제와 정치의 그런 순서적 관계를 잘 알고 있었을 것이다. 왜냐하면 그것은 누가 가르쳐 주어야만 아는 학습적 문제가 아니라 자연발생적으로 생기는 본능적 문제이기 때문이다. 누가 가르쳐 주지 않아도 저절로 배고픈 것을 알듯이 경제적 욕구는 일차적 욕구이고 정치적 욕구는 이차적 욕구라는 사실도 저절로 알 수 있는 일이다.

현대사회에서는 종종 정치가 경제보다 더 중요한 것처럼 보이는 경우가 있다. 그러나 경제와 정치의 이런 근본적 위상을 분명히 알고 나면 그 중요성의 선후는 명백해진다. 집을 지을 때 기초를 다지지 않고는 기둥을 세울 수 없듯 인간사회에서는 경제라는 기초를 다지지 않고는 정치라는 기둥을 세울 수 없다. 경제토대론은 이런 평범하고도 상식적인 사실을 기초로 하고 있다.

02 국민총생산

    자본주의사회든 공산주의사회든 사회적 총생산은 그 나라 국민들이 생산한 가치의 총합이다. 그러나 교환사회에서는 동일한 생산가치가 2중 혹은 3중으로 계상될 수 있으므로 순수한 사회적 총생산가치를 계산하기 위해서는 그런 2중 혹은 3중 되는 가치를 공제해야 한다. 예를 들면 소비재를 만드는 공장은 원부자재와 연료를 구매하게 되는데 이런 것들은 이미 만들어진 가치물을 그대로 구매하는 것이므로 만일 이런 것들마저 자기공장의 생산 총가치로 계산한다면 이는 이중적 계산이 될 것이다. 이처럼 사회적 총생산물에서 생산에 사용된 원부자재나 연료 같은 노동대상의 가치를 제외한 총생산물의 가치를 국민총생산(Gross National Product)이라고 한다. 이 국민총생산에서 다시 기계설비의 감모가치, 즉 감가상각비를 공제하면 국민소득이 된다. 이러한 관계를 도식화하면 다음과 같다.

사회적 총생산과 국민총생산		
총생산구분	공제가치	실질가치
사회적 총생산	노동대상 가치(원부자재, 연료 등)	국민총생산(GNP)
국민총생산(GNP)	감가상각비(기계설비의 감모가치)	국민소득

▮ 총인구와 총노동인구

일반적으로 한 사회의 총인구를 100으로 볼 때 그 총인구는 어린아이, 노약자, 환자와 같이 노동할 수 없는 비노동인구와 청장년처럼 노동할 수 있는 노동인구로 나누어진다. 예를 들어 노동인구가 60%이고 비노동인구가 40%라면 60%에 속하는 노동인구는 그들의 노동력 상품을 판매한 대가를 받아 비노동인구인 40%의 가족을 부양하며 살아가게 된다.

최근 일본 NHK 특집 프로그램 "축소일본의 충격"이라는 프로그램에서 인구학자들이 2050년 일본의 인구구조가 시신을 담는 관(棺, coffin)형이 될 것이라고 내다보았다. 지금까지 인구구조의 모양을 피라미드형, 방추형, 종형, 표주박형 등으로 표현한 경우는 많지만 관형이라는 표현은 처음이다. 여기서 말하는 관은 흔히 보는 사각형 관이 아니고 어깨 부분이 넓고 발목으로 갈수록 좁아지는 육각관 모양의 서양식 관이다. 이 관형 인구의 피라미드구조에서 가장 많은 인구가 몰린 연령대는 85세 부근이었다. 이런 인구 피라미드는 일본의 미래상을 적나라하게 보여준다. 가장 심각한 것은 국가를 지탱해야 할 일손 부족이다. 일본 방송에서는 2050년까지 전체 인구가 2,000만 명 줄고, 생산연령에 해당하는 16~64세까지의 인구는 최고 정점일 때에 비해 3,500만 명이 줄어들 것으로 내다보면서 그 공백을 메우는 인력은 노인 인력과 외국인 수입 인력이 될 것이라고 내다보았다. 이미 일본 정부는 2015년부터 "1억명 노동사회"를 부르짖으며 여성과 노인의 노동을 독려하고 있다. 일본은 공식적으로는 이민을 인정하지 않고 있지만 이런저런 형태로 이미 많은 외국인들이 일하고 있기도 하다. 일본

재정경제자문회의 의장인 아베 신조 총리가 내놓은 2040년까지의 인구미래추계도 충격을 던져주었다. 이때가 되면 65세 이상의 고령자 인구는 4,000만 명 가까이 되어 정점을 찍게 될 것이라고 한다. 일본인 3명 중 1명이 고령자인 시대가 된다는 것이다.

일본의 이런 추계에 의하면 2040년이 되면 간병, 의료진료, 복지비 등, 사회보장비는 현재보다 60% 정도 늘어나고 간병 일손도 현재의 823만 명에서 1,060만 명을 넘어서게 될 것이라고 한다. 대부분 연금이 유일한 수입원인 노인들은 날로 인상될 건강보험료, 간병보험료 걱정 때문에 벌써부터 "식비를 아낄 수밖에 없다"고 걱정한다.

고령화로 인한 일본사회의 암울함은 도처에서 느껴진다. 정부는 아베노믹스 덕분에 일자리가 늘었다고 애써 강조하지만 실상은 1947~1949년에 태어난 일본의 베이비 부머(Baby Boomers) 세대인 단카이세대(團塊世代)의 은퇴에 따른 빈자리를 메우는 데 불과하며 그런 일자리는 대부분 비정규직으로 대체되고 있다. 앞으로 가장 많이 필요한 인력도 노령화된 단카이세대를 보살펴 줄 간병인력이다. 프랑스의 인류학자 에마뉘엘 토드(Emmanuel Todd)는 최근 그의 저서에서 "일본은 이미 대국이기를 포기했다"고 분석했다. 인구감소가 눈에 뻔히 보이는데도 이민을 받아들이지 않으면서 인구문제해결에 소극적인 나라는 더 이상 국력을 추구하지 않는 나라와도 같다는 것이다. 군사안보 전문가로 알려진 이시바 시게루(いしばしげる, 石破茂) 전 자민당 간사장도 "일본의 가장 큰 안보 문제는 고령화와 인구감소이다. 군사대국이 된다 한들 국민이 없으면 무슨 의미가 있겠는가?"라고 경고했다. 고령화와 관련해 한국은 일본보다 출발은 늦었지만 지난해 총출산율이 1.05로서 일본의 1.43보다 크게 낮았다. 따라서 2040년이 되면 한

국의 고령화율이 일본과 같은 30%대 후반이 될 것으로 전망되고 2060년이 되면 한국의 인구감소율이 일본을 추월할 것이라고 한다. 지금까지 인류가 한 번도 겪어보지 않았던 초고령사회라는 국가적 재앙이 점점 다가오고 있는 셈이다.

▎노동가치의 보상

노동인구가 모두 동일한 노동력가치를 보상받는 것은 아니다. 이들이 받는 노동력상품의 판매 대가는 다음과 같은 세 가지 기준에 의해 각각 다르게 나타날 수 있다.

첫째, 노동력상품의 판매형태를 기준으로 하여 분류할 수 있다. 노동력상품을 판매하는 데는 두 가지 형태가 있다. 하나는 노동력상품의 가치 확정시점이 노동 후이고 가치보상시점이 노동생산물의 판매 후가 되는 것이고, 다른 하나는 노동력상품의 가치 확정시점도 노동 전이고 가치보상시점도 노동생산물 판매 전이 되는 것이다. 이 두 가지 중 전자의 형태로 판매되는 노동력상품을 무형노동력상품이라고 하고, 후자의 형태로 판매되는 노동력상품을 유형노동력상품이라고 한다.

무형노동력상품의 판매가 "노동 후 가치 확정, 노동생산물 판매 후 가치 지불"의 형태로 나타나는 것은 무형노동이 능동적 노동이기 때문이다. 농부의 농산물과 어부의 수산물이 교환되는 경우를 예로 들어 보자. 농부의 농산물과 어부의 수산물이 교환되기 위해서는 먼저 농부는 들에 나가 농산물을 생산해야 하고, 어부는 바다에 나가 수산물을 생산해야 한다. 여기서 농부와 어부가 주인적 위치에서 일하는 것으로 가정해 보자.

주인적 위치의 농부가 얼마나 많은 농산물을 생산할지, 또 주인적 위치의 어부가 얼마나 많은 수산물을 생산할지는 실제로 생산노동이 끝나 봐야 알 수 있다. 즉 노동이 완료되기 전까지는 아무도 농부와 어부의 노동가치를 확정할 수 없다. 더욱이 농부가 농산물을 생산하고 어부가 수산물을 생산했다는 사실만으로 농부와 어부의 노동력가치가 당장 보상되는 것은 아니다. 왜냐하면 농부와 어부의 노동가치가 보상되기 위해서는 교환이라는 또 하나의 과정을 거쳐야 하기 때문이다. 교환을 통해 농부의 쌀 1kg과 어부의 생선 1kg이 서로 교환되었다면 농부는 자기의 노동력상품을 판매한 대가로 생선 1kg을 보상받은 것이 되고, 어부는 쌀 1kg을 보상받은 것이 된다. 이처럼 주인적 위치에서 일하는 농부와 어부의 노동은 "노동 후 가치 확정, 노동생산물 판매 후 가치보상"이라는 특성을 지닌다.

이에 반해 가구공장에서 직공으로 일하는 목수는 가구공장에 취직을 할 때 월급을 얼마씩 받기로 미리 정하고 취직을 하게 된다. 취업한 목수는 이렇게 노동을 시작하기 전에 이미 자신의 노동력상품 가치를 확정하게 된다. 또 자신의 노동생산물인 가구가 팔리건 안 팔리건 관계없이 한 달이 지나면 자기 공장의 사장으로부터 목수는 자기 노동력상품 가치를 취직할 때 확정한 가치대로 보상받게 된다. 수동적 위치에서 시킴을 받아 일하는 유형노동자의 노동력상품은 이렇게 "노동 전 가치 확정, 노동생산물 판매 전 가치보상", 즉 노동생산물의 판매 여부와는 무관한 가치보상이라는 특성을 지니고 있다.

그런데 이 두 가지 노동력 상품 중 "노동 후 가치 확정, 노동생산물 판매 후 가치보상"이라는 특성을 지니는 무형노동력상품은 교환과정, 즉 매매과정에서 손익이 발생할 가능성이 없지만 "노동 전 가치 확정,

노동생산물 판매 전 가치보상"이라는 특성을 지니는 유형노동력상품은 교환과정에서 손익이 발생할 가능성이 있다. 왜냐하면 가치 확정시점도 노동 전이고 가치보상시점도 노동생산물 판매 전이므로 실제적 가치의 확정시점과 보상시점과는 시간적으로 서로 다르기 때문에 상품가치에 오차가 생길 수 있기 때문이다. 노동 전에 노동 가치를 확정한다는 말은 앞으로 행해질 노동, 즉 산 노동의 가치를 미리 정하는 것이므로 그 산 노동이 미리 정해놓은 가치보다 많은 가치를 생산할지 적은 가치를 생산할지는 누구도 알 수 없는 일이다. 그리고 가치보상시점 역시 판매 전이므로 판매 후의 실질적 가치가 사전 보상한 액수보다 많을지 적을지 알 수 없는 일이다.

물론 이러한 손익가능성은 사후적으로 보완된다. 사후적으로 무형노동자의 이익이 너무 크게 나타나면 유형노동자가 다음 유형 노동력상품 판매 시 가격인상을 요구하게 될 것이며, 반대로 무형노동자의 손해가 너무 크게 나타나면 무형노동자가 다음 유형 노동력상품 구입 시 가격인하를 요구하게 될 것이다. 이러한 인상과 인하의 요구가 무수히 반복되면 보이지 않는 손(Invisible hand, 저울)에 의해 유형노동력의 사회적 가치가 정해지고 따라서 유형노동력상품은 그 사회적 가치에 의해 판매된다. 무형노동력상품의 경우도 마찬가지이다. 그러나 무형노동과 유형노동이 지니는 근본적인 가치보상의 차이 때문에 교환사회에서는 불평등교환이 이루어질 수 있고 따라서 빈부가 발생하게 된다.

둘째, 노동력상품의 기능을 기준으로 하여 분류할 수 있다. 노동자가 판매하는 노동력상품은 앞서 강조했듯이 노동의 기능으로 볼 때 크게 무형노동에 속하는 정신노동과 유형노동에 속하는 육체노동으로 나누어진다. 무형노동인구는 일반적으로 자본가를 비롯하여 관리분야, 공공분야, 교육분야, 의료분야, 종교분야, 예술분야, 서비스분야 등에서 정신노동을 판매하는 인구이다. 이들의 주요 활동은 어떤 생산행위를 기획하고 조직하고 경영하는 노동이므로 정신노동에 속한다고 볼 수 있다. 그러나 무형노동인구가 모두 정신노동인구는 아니다. 자영농어민의 경우 이들의 노동은 육체적 노동에 속한다고 볼 수 있지만 이들은 임금이나 월급을 받는 것이 아니라 자신들이 생산한 노동생산물을 팔아 사후적으로 소득을 얻는 것이므로 유형노동자가 아닌 무형노동자가 된다. 하지만 일반적인 경우 정신노동을 판매하면 정신노동인구가 되고 육체노동을 판매하면 육체노동인구가 된다. 육체노동인구란 주로 농업, 광업, 제조업 등의 분야에서 육체노동을 판매하는 인구를 의미한다. 만일 총노동인구 60% 중 유형노동인구가 90%이고 무형노동인구가 10%라면 총인구비 유형노동자는 54%가 되고 무형노동자는 6%가 될 것이다.

셋째, 생산참여형태를 기준으로 하여 분류할 수 있다. 노동인구가 생산에 참여하는 형태는 두 가지로 나누어진다. 하나는 생산에 직접적으로 참여하는 형태이고, 다른 하나는 간접적으로 참여하는 형태이다. 생산참여방식이 직접적이냐, 간접적이냐는 노동생산물의 종류가 유형적인 것이냐 무형적인 것이냐를 기준으로 하여 구분한다. 유형적 생산물이란 식품, 의복, 주택, 기계, 자동차, 가전제품 등과 같이 구체적 형태를 지닌 상품을 말하고, 무형적 생산물이란 교육, 예술, 보험, 은행, 공공서비스, 의료서비스, 법률서비스같이 구체적 형태를 지니지 않는 상품을 말한다. 일반적으로 육체노동은 유형적 생산물을 만들고 정신노동은 무형적 생산물을 만들기 때문에 육체노동을 직접생산노동(direct productive labor)이라 하고, 정신노동을 간접생산노동(indirect productive labor)이라 한다. 모든 노동인구는 바로 이 직접생산노동자와 간접생산노동자로 구성된다. 어느 쪽에도 속하지 않는 노동인구는 있을 수 없다. 심지어 왕도 일종의 간접생산노동자이다. 이런 기준을 놓고 볼 때 유형노동인구 중 육체노동인구는 직접노동인구가 되고, 정신노동인구는 간접노동인구가 된다.

이런 노동인구의 구분은 인위적으로 나누지 않더라도 자연적으로 나누어진다. 남성이 주로 근력을 필요로 하는 생산업에 참여하고, 여성이 주로 감성을 필요로 하는 서비스업에 참여하는 것은 누가 그렇게 시키거나 정한 것이 아니라 남성과 여성이 가진 천부적 특성에 의해 자연스럽게 나누어진 것이다. 그런 자연적 직업분류에 의해 생산이 이루어지는 것을 무정부적 생산이라 하고, 사회적 차원에서 인위적으로 직업을 할당하여 생산이 이루어지는 것을 정부적 생산이라고 한다. 자유를 전제로 하는 민주주의사회는 무정부적 생산이 주를 이루고, 통제를 전제로 하는 공산주의사회는 정부적 생산이 주를 이룬다. 이렇게 총노동인구를 노동력상품의 분류방법에 따라 구분하면 다음과 같다.

총노동인구의 구분		
노동역할적 구분	노동기능적 구분	생산참여방식적 구분
직접노동인구	유형노동인구	육체노동인구
간접노동인구	무형노동인구	정신노동인구

자연계는 대표적인 무정부적 생산사회이다. 자연 속에 존재하는 동식물은 저마다 각기 다른 모습으로 생산과 소비를 반복하면서 태어나

고 죽는다. 그럼에도 불구하고 자연의 조화보다 더 완벽한 조화는 없다. 그 이유는 아담 스미스가 그의 국부론에서 말한 보이지 않는 손(Invisible hand)의 힘이 작용하기 때문이다. 여기서 말하는 보이지 않는 손이란 대자연 스스로 가지는 특성이다. 인간적 입장에서 볼 때 자연은 누구도 만들지 않았지만 누구도 자연의 근원적 특성을 넘어서서 살 수 없다. 당장 음과 양이 적절하게 배합된 자연환경부터 그렇다. 누구도 아들과 딸을 사전에 선택하여 낳지 않는다. 그러나 남녀는 거짓말처럼 반반씩 태어난다. 또 누구나 행운을 바라지만 행불행 역시 거짓말처럼 거의 반반씩 나타난다. 그래서 영원한 행복은 영원한 꿈이지만 영원히 이루지 못할 꿈이다.

자연이란 스스로 그런 본원적 특성을 가지고 태어난 공간이다. 스스로 그렇게 되어 있는 자, 혹은 그렇게 되어 있는 것을 우리는 신이라고 가정한다. 따라서 신과 자연은 동일자이다. 이는 국가체제에 따라 사회구성원을 인민이라 부르기도 하고 국민이라 부르기도 하지만 인민이든 국민이든 사회구성원이기는 마찬가지인 이치와 동일하다. 신이 인간의 창조주라는 말은 스스로 그렇게 된 자연이 인간을 창조했다는 말이다. 자연은 누구의 통제도 받지 않고 스스로 그렇게 된 것이므로 자연이 창조한 자연 속의 모든 생명체는 무정부적 생산을 기본으로 한다. 그러므로 자연의 섭리를 우선시하는 사회는 무정부적 생산사회가 되고, 인간의 통제를 우선시하는 사회는 정부적 생산사회가 된다. 인간은 결코 자연의 힘을 이길 수 없으므로 보이는 인간의 손을 앞세우는 공산사회는 결코 자연의 섭리라는 보이지 않는 손을 앞세우는 민주사회를 이기지 못한다.

상품을 생산함에 있어서도 보이지 않는 손의 힘을 전제로 하는 무정부적 사적생산이 더 큰 힘을 발휘한다. 생산의 사회화를 주장하는 마르크스주의자들에 의하면 무정부적 생산은 사회의 구성원리에 정면으로 모순되는 생산방식이다. 교환사회에서의 생산은 원칙적으로 노동자들의 공동작품이다. 특히 직업이 분화된 분업사회에서는 혼자서 생산할 수 있는 상품이란 거의 없다. 이렇게 다수의 노동자 손을 통해 생산물이 만들어지기 때문에 모든 생산은 사회적 성격을 띤다. 그러나 자본주의사회에서는 생산수단이 사유화되어 있으므로 다수의 노동자가 생산한 생산물의 소유는 생산수단을 소유한 자본주 한 사람의 손으로 넘어간다. 즉 공동으로 생산한 결과물을 한 사람이 소유하게 된다. 따라서 생산의 사회적 성격과 소유의 사적 성격 사이에 모순이 발생한다. 그 모순이란 자본가들은 자신의 부를 추구하기 위해 사적 생산을 더욱 늘리고자 하는 반면 노동자들은 그들의 생산물에 대한 정당한 분배를 요구하며 투쟁하는 것이다. 자본주의는 이처럼 사회주의의 출현을 부채질하는 물질적 기초가 된다. 공산주의자들이 외치는 구호의 핵심은 사회화가 전면적으로 진전되면 풍부한 생산물이 전체 노동자에게 골고루 돌아감으로 사회구성원 모두가 풍족한 생활을 즐길 수 있다는 것이다. 따라서 자본가 계급의 사적 이익에만 기여하는 생산수단의 사적 소유는 반드시 철폐되어야 한다는 것이다.

그러나 마르크스주의자들의 그런 이론적 추론과는 달리 역사적으로 나타난 결과를 보면 그들이 저주하는 사적 생산이 보다 풍요로운 생활을 보장한다는 사실을 입증하고 있다. 결국 공산주의는 무너지고 자본주의는 살아남았기 때문이다. 순수 이론적 입장에서 볼 때 자본가들이 부를 축적할 수 있는 길은 노동자들의 노동 가치를 가치보다 적게 보상하는 것, 즉 불완전하게 보상하는 것이다. 자본가들이 노동자들을 고용하는 이유는 그들을 고용해서 일을 시킬 때 한 푼이라도 더 이익이 되기 때문이다. 만일 손해가 된다면 노동자를 고용할 자본가는 아무도 없을 것이다. 자본가들이 이익을 본다는 말은 노동자들의 생산가치를 100% 그대로 다 돌려주는 것이 아니라 5%든 10%든 일부를 자기이익으로 착복하고 90%나 95%만 돌려준다는 말이다.

더욱이 노동자들은 사회적 부를 축적하는 공로자이기도 하다. 교환사회에서는 더욱 그러하다. 노동자 스스로가 내는 세금은 물론이고 자본가들이 내는 세금도 따지고 보면 노동자들이 창출한 가치 중 불완전 보상한 일부를 세금으로 내는 것이기 때문이다. 이는 자본가들이 자기 돈으로 세금을 내는 것이 아니라 노동자들이 생산한 가치의 일부를 세금으로 냄을 의미한다. 즉 노동가치의 불완전 보상은 노동자들이 자기가족을 부양하기 위해 일하는 동시에 사회적 부를 축적하기 위해 일하는 이중적 역할을 하고 있음을 의미한다. 작업현장에서 일하는 유형노동자도, 사무실에서 일하는 무형노동자도 여기에는 예외가 없다. 그러므로 이론적으로 볼 때 사회적 부는 반드시 공동의 것이 되어야 하며 또 당연히 공동의 것이 된다. 군이나 경찰이 개인의 전유물이 아닌 국가의 것 혹은 국민의 것이 되어야 하는 이유가 바로 여기에 있다.

▎ 국민총생산의 계산법

국민총생산은 일반적으로 국민전체가 일 년 동안 생산한 최종 생산물의 시장가격 총액을 의미한다. 이 국민총생산에서 한 가지 주목할 점은 국민노동가치의 이중적 계산을 피하기 위하여 최종생산물에 포함된 원재료와 중간재의 가격은 포함시키지 않는다는 사실이다. 즉 신생가치로 분류되는 부가가치만 계산한다.

또 국민총생산은 생산이 국내에서 이루어지든 해외에서 이루어지든 자국민에 의해 생산되는 가치라면 모두 포함할 수 있는 개념이다. 즉 국민총생산의 범위는 자국이라는 국경에 있는 것이 아니라 자국민이라는 국민에 있다. 이런 개념적 혼란을 피하기 위해 자국이라는 국경 내에서 생산되는 총생산을 국내총생산(GDP: Gross Domestic Product)이라고 하고, 국내생산은 물론이고 해외에서 일하는 자국민까지 합한 총생산을 국민총생산(GNP: 國民總生産, Gross National Product)이라 한다. 이를 쉽게 요약하면 자국 내에서 생산된 것만 계산할 경우는 GDP가 되고 국내든 해외든 자국민이 생산한 것을 모두 합친 경우는 GNP가 된다. 따라서 외국과 완전히 단절된 폐쇄국가인 경우는 GNP와 GDP가 동일하다. 그러나 외국과의 교류가 활발하여 외국광산이나 유전 등을 소유하거나 해외산업투자를 많이 하게 되면 GNP는 월등히 증가하게 된다. 한마디로 해외투자에서 벌어들이는 돈이 많으면 많을수록 GNP는 늘어난다. 그래서 해외투자가 많은 선진국의 경우는 국내총생산보다 국민총생산이 월등히 높다.

중간생산물이 GNP에서 제외되는 이유는 이중계산을 방지하기 위해서이다. 이에 대한 간단한 예를 들어보자. 만일 어떤 직물공장에서 원단 100마를 생산하여 봉제공장에 10,000원에 팔고 봉제공장은 그 원단으로 옷을 만들어 15,000원에 시장에 내다 팔았다고 가정하자. 원단공장의 생산가치인 10,000원과 봉제공장의 생산가치인 15,000원을 합치면 25,000원이 된다. 그러나 이 25,000원은 원단가격을 이중으로 계산하여 얻은 값이다. 봉제공장에서 생산한 가치는 5,000원이라는 봉제가치일 뿐 원재료로 사용된 원단가치 10,000원까지 포함하는 것은 아니기 때문이다. 따라서 국가적 차원에서 볼 때 두 공장에서 생산한 실제가치는 15,000원뿐이다. GDP는 바로 그런 이중적 계산을 제외한 순수한 생산 가치만을 기준으로 한다.

　국민총생산이든 국내총생산이든 생산가치는 불변가치이므로 생산자에게는 손익이 발생하지 않는다. 그러나 생산제품을 일단 서로 팔고사고 나면 어느 쪽이든 속인 쪽은 속인 만큼 부자가 되고, 속힌 쪽은 속힌 만큼 가난해진다. 이처럼 빈부가 발생하는 시점은 생산이 끝난 시점이 아니라 교환이 끝난 시점이다. 물론 생산자체를 적게 한 사람과 생산자체를 많이 한 사람 사이에는 당연히 그 만한 빈부가 발생할 수 있다. 그러나 생산차이에서 발생하는 빈부는 사회적으로 문제삼는 엄청난 빈부가 아니다. 무교환사회를 살아가는 동물사회를 보면 생산차이에서 생기는 빈부는 크게 문제되지 않음을 알 수 있다. 황제토끼와 거지토끼가 있다 하더라도 그들이 풀을 뜯는 양은 크게 차이나지 않을 것이기 때문이다. 그러므로 생산에서 생기는 빈부는 사회적 문제가 되는 빈익빈부익부(貧益貧富益富)의 대상이 아니다.

　그런데도 마르크스는 그의 자본론에서 생산 속에 숨어 있는 빈부의 차이를 밝혀내는 데 많은 비중을 두고 있다. 그가 찾아낸 핵심이론은 빈부의 원인이 되는 잉여가치가 총자본 중 가변자본에서만 창출된다는 것이다. 그의 주장에 의하면 생산과정에 투입된 모든 자본이 잉여가치를 창출하는 것이 아니라 노동력의 구입에 지출되는 가변자본만이 잉여가치를 창출한다는 것이다. 즉 노동대상과 노동수단, 다시 말하면 자연노동대상과 인조노동대상이라는 두 노동대상이나 인조노동력이라는 대체력을 구입하는데 투입되는 불변자본의 가치는 새롭게 생산되는 상품에 이전될 뿐 잉여가치를 창출하지는 않는다.

　이에 대한 이해를 돕기 위해 한 가지 예를 들면 가구공장에서 장롱을 생산하기 위해서는 각재와 판재 같은 원자재를 구입한 후 숙련공들이 그 원자재를 잘 다듬어 도면상에 나타난 대로 못을 치고 붙여 장롱을 만들게 된다. 이때 각재와 판재, 그리고 못 같은 원부자재는 인조노동대상이고, 대패질을 하고 다듬어 못을 치고 붙이는 작업과정은 대패라는 인조노동력으로서의 대체력(노동수단)과 목수의 숙련된 기술이라는 자연노동력이 결합되는 생산과정이다.

이런 과정에 국민총생산의 개념을 적용하면 각재와 판재 같은 원자재로서의 인조노동대상은 목재공장에서 생산한 것이므로 이미 그 가치가 국민총생산에 반영된 것이고, 못과 칠 같은 부자재로서의 인조노동대상도 못 공장과 칠 공장에서 생산한 것이므로 이미 그 가치가 국민총생산에 반영된 것이다. 따라서 이런 가치들은 장롱공장과는 아무 상관없는 이미 확정된 불변가치들이다. 장롱공장이 생산하는 가치는 장롱을 만드는데 투입되는 목수의 숙련된 기술이 창출하는 가치와 보조원들이 생산하는 단순가치일 뿐이다. 이런 가치는 목수의 기술수준이나 보조원들의 작업성적에 따라 달라지는 가변가치이다. 한 마디로 원부자재는 변하지 않는 불변자본이고 노동력은 변할 수 있는 가변자본이다. 이 두 자본 중 새로운 신생가치를 생산하는 자본은 가변자본인 노동력일 뿐이며 불변자본인 노동대상은 아무런 추가가치도 생산하지 않는다. 이렇게 불변자본은 잉여가치를 창출하는 기본조건인 동시에 자본가가 잉여가치를 자기의 것으로 취득하는 필수조건에 지나지 않을 뿐 그 자체로서 잉여가치를 창출하는 것은 아니다.

마르크스가 가변자본인 노동력 구입에 지출된 자본만이 생산과정에서 가치를 증대시킨다고 본 것은 다음과 같은 논리에 근거하고 있다. 노동자는 생산과정에서 자기가 받는 임금에 해당하는 가치만 생산하는 것이 아니라 그 이상의 추가 가치, 즉 잉여가치를 생산해낸다는 것이다. 이는 노동자의 노동이 노동력의 가치를 재생산하는 데 필요한 시간 이상으로 노동을 계속하기 때문이라는 것이다. 즉 노동자가 생산한 신생가치 중 그 일부를 노동자의 노동력 재생산을 위해 지불하고 나머지 일부를 자본가가 무상으로 가진다는 것이다. 따라서 노동력을 구입하는데 사용된 자본은 생산이 완료된 후 원금은 물론이고 이자까지 물고 되돌아온다는 것이다. 즉 노동력 구입에 100이라는 자본을 투입했을 경우 생산이 끝나면 110으로 되돌아온다는 것이다. 마르크스에 의하면 노동력 구매에 투입되는 이 100이라는 가변자본은 자본회전의 성격으로 볼 때 유동자본이라 할 수 있으며 그 자본가치는 생산된 상품이 판매될 때 10이라는 이윤까지 덤으로 붙여 110이라는 가치로 되돌아오며 이때 자본가들이 무상으로 가지는 10이라는 이윤은 노동자들에 의해 창출된 잉여가치라는 것이다.

하지만 가변자본에서 창출되는 것은 신생가치이지 잉여가치가 아니다. 신생가치와 잉여가치는 다르다. 노동력을 재생산하기 위한 보전가치든 자본가가 무상으로 가지는 잉여가치든 가치의 종류를 불문하고 새롭게 생산된 가치는 모두 신생가치이다. 반면 잉여가치는 오직 자본가들이 무상으로 가지는 신생가치만을 의미한다. 즉 신생가치는 새롭게 창출되는 가치 전체를 의미하고, 잉여가치는 그 총신생가치 중 자본가들이 가지는 무상가치만을 의미한다. 그러나 교환사회에서는 생산된 상품이 시장에서 교환되지 않으면 신생가치 자체가 실현되지 않으며 신생가치가 실현되지 않으면 잉여가치가 실현되지 않을 것임은 자명하다. 따라서 엄격한 의미에서 볼 때 신생가치의 한 부분에 속하는 잉여가치는 가변자본의 투입과정인 생산에서 발생하는 것이 아니라 가변자본의 유통과정인 교환에서 발생하는 것이다.

우리가 상식적으로 알 수 있듯이 장롱공장에서 A라는 디자인의 장롱에 매긴 정가가 10,000원이라고 가정할 경우 그 장롱이 시장에서 교환되면 10,000원이라는 가치가 실현되지만 시장에서 교환되지 않으면 그 가치는 실현될 수 없으며 실현되지 않으면 잉여가치 또한 실현될 수 없다. 자본가는 어떤 경우에도 실현되지 않은 잉여가치를 무상으로 취득할 수 없다. 더욱이 시장수요가 증가하면 생산원가와는 관계없이 높은 시장가격이 형성될 수 있고 시장수요가 감소하면 역시 생산원가와는 관계없이 낮은 시장가격이 형성될 수 있다. 이때의 시장가격은 생산과는 아무 상관없는 유통과정에서 덤으로 생기는 신생가치이다. 그런 신생가치마저 노동자들이 피땀 흘려 만든 생산적 잉여가치로 인정될 수는 없다. 이렇게 잉여가치가 생산에서 발생하지 않는다고 볼 수 있는 이유는 다음과 같다.

첫째, 잉여가치는 교환의 산물이지 생산의 산물이 아니다. 생산에서는 투입된 이상의 가치가 나오는 법이 없다. 투입가치와 생산가치는 항상 일치한다. 잉여가치란 투입가치와 생산가치가 다를 때 나오는 것인데 생산에서는 두 가치가 동일하므로 잉여가치가 나올 수 없다. 마르크스는 잉여가치가 가변자본에서 생산된다고 했다. 그러나 교환과 가변자본과는 아무런 관계도 없다. 마르크스가 말하는 가변자본은 곧 노동력을 구매하는 자본이다. 노동력을 구매하면 이미 기존가치가 되므로 잉여가치라는 차액이 발생할 수 없다. 더욱이 생산은 절대가치를 낳으므로 생산의 개념인 가변자본은 잉여가치를 생산할 수 없다. 잉여가치를 생산하는 것은 교환과정이다. 교환 없는 공산주의 사회가 되면 잉여가치가 없어지고 따라서 착취도 없어진다고 한 마르크스의 주장이 바로 잉여가치가 교환에 의해 생긴다는 사실을 입증하고 있다.

둘째, 설령 잉여가치가 생산과 관련이 있다고 하더라도 자본의 속성상 잉여가치가 적은 곳에는 투자하지 않는다. 생산과정에서 불변자본의 비중을 높이는 이유는 그것이 보다 많은 잉여가치를 획득하는데 도움이 되기 때문이다. 그러므로 잉여가치가 가변자본에서만 나온다는 마르크스의 주장은 모순이다. 마르크스의 논리대로 잉여가치가 가변자본에서만 나온다면 예를 들어 신발공장의 자본구성이 "가변자본 C4 : 불변자본 V6"이고 제철공장의 자본구성이 "C8 : V2"라고 가정할 경우 잉여가치율이 똑같이 100%라면 신발공장의 잉여가치가 제철공장의 잉여가치보다 3배나 높아야 한다. 이는 총자본규모를 놓고 볼 때 제철공장의 이윤율이 절대적으로 낮음을 의미한다. 그러나 이윤이 절대적으로 낮은 곳에 투자할 바보 같은 자본가는 어디에도 없다.

사회적 평균이윤의 개념에서 볼 때 신발공장과 제철공장은 동일이윤율을 가져야 하고 또 가지게 된다. 그러므로 신발공장의 잉여가치량이 제철공장의 잉여가치량 보다 많다는 것은 현실적으로 말이 안 된다. 더욱이 첨단기술 산업일수록 불변자본인 C의 비중은 높아지는데 이는 마르크스의 이론에 의하면 잉여가치가 낮아짐을 의미한다. 하지만 현실은 반대로 첨단기술 산업일수록 이윤율은 높아진다. 자본가에게 중요한 것은 자본의 유기적 구성이 아니라 이윤율과 이윤량의 증가이다. 이윤율과 이윤량이 증가하는 한 가변자본은 아무리 줄어들어도 상관없다. 그러므로 가변자본의 축소가 이윤의 감소를 의미한다고 볼 수 없다.

셋째, 생산수단과 노동력이 결합해서 얻어지는 시너지 효과는 노동력만의 가치가 아니다. 이런 시너지 효과는 가변자본이라는 한 가지

영역에서 생긴 가치가 아니라 가변자본으로서의 노동력과 불변자본으로서의 노동수단이 결합될 때 얻어지는 결합가치이므로 잉여가치라 단정할 수 없다.

넷째, 노동력과 무관하게 발생하는 특별가치는 잉여가치의 대상이 될 수 없다. 지방특산물이나 골동품 같은 것은 상품자체의 가치보다 높은 가치를 받게 되는데 이는 노동력의 가치가 아니라 유명세 및 희귀성이 가져다주는 특별가치이다. 마르크스의 이론에 의하면 잉여가치는 노동력에서만 발생하는 것이므로 이렇게 비노동적 요소에서 발생하는 가치는 잉여가치의 대상이 될 수 없다.

국민소득은 사회적 총생산물의 가치에서 불변자본을 공제한 가치로써 한마디로 말하면 전체국민의 노동가치이다. 국민소득은 노동에 의해 창출된 신생가치이므로 제조업, 광업, 농업, 건설업 같은 생산부문이나 운수업, 보관업 같은 생산의 연장선상에 있는 부문에서 창출된 가치이다. 유통부문은 가치를 창출하는 부문이 아니라 가치를 분배받는 부문이므로 국민소득에는 포함되지 않는다. 국민소득은 사회적 재생산이 이루어져 가는 과정에서 획득한 사회적 총노동가치이므로 생산, 분배, 소비의 세 가지 측면에서 파악된다. 사회적으로 볼 때 이 세 분야의 가치는 각각 동일하므로 이를 삼면등가의 법칙이라고 한다.

삼면등가의 법칙이 적용되는 과정을 살펴보면 우선 새롭게 탄생된 신생가치는 여러 경로를 통해 국민에게 분배되고, 국민은 그것을 소득으로 하여 그 일부는 생활비로 쓰고, 그 일부는 저축한다. 이 저축은 다시 투자금이 되어 재생산에 참가한다. 국민소득이 회전되어 가는 이러한 과정을 요약하면 "국민소득(생산)→소비·저축·투자(분배)→생활(소비)→수요창출(생산→국민소득)"의 회전과정이 된다. 이와 같은 국민소득은 국민의 노동에 의해 생긴 것이므로 이것은 근로소득이다. 따라서 불로소득인 이윤, 이자, 지대 등과는 근본적으로 다르다. 국민소득 통계는 한 국가의 경제활동 규모와 경제상태의 변화를 개괄적으로 파악하는데 큰 도움이 되며 또 국가 간의 경제력을 비교하는데도 중요한 기준이 되므로 경제분석자료로 널리 사용되고 있다. 이 국민소득이 해마다 확대되어 가는 규모를 비율로 나타낸 것이 경제성장률이다.

▎생산력의 변화와 생활의 변화

동물적 무구(舞具)생산에서 타제석기라는 유구(有具)생산으로 생산력이 달라졌던 구석기시대에도 위와 같은 변화의 원리는 그대로 적용되었을 것이다. 생산력이 향상되면 제일 먼저 개인의 생활이 달라진다. 동물들이 자기 양식을 자기가 확보하듯 동물적 무구생산시대에는 자급자족적 한계를 벗어나지 못했을 것이다. 그러나 타제석기라는 생산도구가 생기면서 생산력이 향상되자 자기가 소비하고도 남을 만큼 많은 양의 의식주 용품들을 생산하게 되었을 것이다. 예를 들어 아무런 생산수단이 없었던 무구시대에 맨손으로 하루 1마리의 짐승을 사냥했다면 석기라는 도구가 생기면서 하루 2마리의 사냥이 가능했을 것이다. 따라서 식량도 두 배로 늘어났고 짐승가죽도 두 배로 늘어났을 것이다. 그런 생산력 향상은 개인생활을 보다 풍요롭게 했을 것이며 나아가 자기가 소비하고도 남는 것을 남의 것과 교환하고자 하는 교환의욕을 생기게 했을 것이다. 사냥꾼이 생선이 먹고 싶었을 때는 자기가 사냥한 짐승들을 주고 물고기와 교환할 수 있었을 것이고, 반대로 어부가 털가죽이 필요했을 때는 자기가 잡은 물고기를 주고 사냥꾼이 가진 털가죽을 교환할 수 있었을 것이다.

생산주력이 인력에서 도구력으로 바뀌면서 인류의 생활은 엄청난 변화를 겪게 되었다. 그 대표적인 변화는 채취경제가 생산경제로 바뀐 것이었다. 타제석기를 사용했을 때까지만 해도 인류는 다른 동물들처럼 먹이를 채취하였을 뿐 생산하지는 못했을 것이다. 타제석기는 언제나 가지고 다녀야 하는 필수도구가 아니라 필요할 때 즉석에서 구하거나 만드는 임시도구였다. 돌팔매질이 필요하면 즉석에서 주위의 돌을 집어 들었고 나무를 자를 일이 생기면 나무 주위의 큰 돌을 쪼개어 도끼대신 사용하였을 것이다. 타제석기는 이처럼 일회용에 지나지 않았다. 그러나 마제석기는 그렇지 않았다. 마제석기는 아무 곳에서나 금방 주울 수 있는 것이 아니라 많은 시간을 소비하여 공들여 갈고 다듬어야만 생기는 것이었다. 또한 마제석기는 그 용도와 목적이 명확할 때에만 만들어지는 것이었다. 따라서 마제석기는 반복사용을 전제로 하는 것이었고 반드시 보관되어야 하는 것이었다. 바로 이 점에서 타제석기와 마제석기는 근본적으로 다른 것이었다.

반복사용과 보관을 필수요소로 하는 마제석기의 등장은 자연스럽게 정착생활을 가져다주었다. 무거운 마제석기를 들고 수 십리 길을 옮겨 다니는 것은 물리적으로 불가능했을 것이기 때문이다. 동시에 마제석기의 사용은 생산의 효율을 높여주었으므로 멀리 떠돌아다닐 필요도 없었을 것이다. 그 결과 인류는 서서히 유랑생활로부터 정착생활로 옮겨가게 되었고, 채취생산에서 농경생산으로 경제활동의 기본적인 틀이 바뀌게 되었다. 예를 들면 나무껍질에서 섬유를 추출하여 실과 줄을 만들고 나아가 천과 그물을 만들었다. 또 흙을 빚어 토기를 만들고, 비록 조잡한 상태이기는 했지만 조각을 만들기도 했다. 그들은 옥수수, 콩, 호박, 담배 같은 밭작물을 재배하고, 효모는 없었지만 옥수수 가루로 빵을 만들어 먹기도 했다. 뿐만아니라 그들은 짐승의 가죽을 이용하여 의복과 각반 및 신발 등을 만들었다. 그들은 또 활, 화살, 전투곤봉 같은 무기도 만들어 사용하였으며 부싯돌과 골각기를 사용하기도 했다.

주거생활도 크게 달라졌다. 인류는 도구력 시대에 접어들면서 움집을 만들고 농토를 일구면서 정착생활을 시작했다. 인간이 유랑생활을 했을 때는 움집을 만들 필요가 없었다. 왜냐하면 항상 옮겨 다녀야 했던 인간에게 있어서 움집을 만드는 노력은 소용없는 헛수고였기 때문이다. 인간은 하늘이 부여한 본능에 따라 그런 소용없는 헛수고를 하지 않는다. 그래서 정착생활이 시작되기 전까지는 비바람을 피할 수 있고 맹수들의 공격을 막을 수 있는 천연동굴이나 바위틈을 찾아 쉬고 잠자는 장소로 이용했다. 그러나 농경과 목축이 시작되고 그에 따른 정착생활이 지속됨에 따라 가족 규모가 점점 늘어나기 시작하자 대식구가 기거할 수 있는 보다 넓고 큰 장소가 필요하게 되었다. 움집은 바로 그런 필요성의 산물이었다. 시간이 지나면서 가족 단위가 커지자 그들은 보다 안전하고 편안한 주거를 마련하기 위해 5인, 10인, 20인이 들어갈 수 있는 공동가옥을 짓고 각 가족들은 거기서 공산주의적 생활을 하였다. 그러나 그들은 아직 가옥을 건축함에 있어서 석재 또는 건조기와를 사용할 줄 몰랐고 천연금속을 사용할 줄도 몰랐다.

정착생활에서 새로 등장한 것은 그뿐만이 아니었다. 정착생활에 의한 농경의 시작은 곡식을 운반할 수 있는 그릇과 그 곡식을 저장할 수 있는 장소를 필요로 했다. 또 농경에 많은 시간을 할애함으로써 모피와 혁피의 생산이 줄어들게 되자 모피와 혁피를 대신할 수 있는 새로운 의복감이 필요했다. 이렇게 정착생활은 인간의 의식주생활을 자연 의존적 의식주 생활에서 인간 자결적 의식주 생활로 그 모습을 바꾸어 갔다.

최초의 농업은 주로 여성들의 손에 의해 기후, 풍토, 환경 같은 제반 조건이 유리한 땅에서부터 시작되었다. 그 지역은 이집트에서 시작하여 아라비아반도 북부와 시리아를 거쳐 티그리스강과 유프라테스강 상류에 이르는 이른바 비옥한 초승달 지대였다. 처음 얼마 동안의 파종은 원시적이었다. 막대기 끝에 구멍을 뚫고 돌을 꽂아서 땅을 파는 기구로 사용하는 식이었다. 그러나 그런 초보적 도구들은 곧 호미와 괭이로 변하고 나아가 말이 끄는 가래로 변하게 되었다. 또 농경의 탄생과 거의 동시에 남성들은 야생동물을 길들여 가축화하는 길을 열었다. 최초의 가축은 개였는데 그 이유는 길들이기 가장 쉬웠기 때문이다. 다음으로는 소나 양처럼 고기나 젖을 공급해 주는 동물에 관심을 갖게 되었으며 그 결과 우유, 치즈 등을 생산하는 방법도 터득하게 되었다.

또 인류는 농경생활의 시작과 더불어 토기생산 및 직조기술을 터득했으며 이 두 가지는 문명의 발달을 크게 촉진시켰다. 농경민족의 경우 씨앗이나 식량을 습도나 해로운 짐승 혹은 해충으로부터 지키기 위해 크고 작은 여러 가지 그릇을 필요로 했다. 그러므로 토기의 생산은 농경민족에게 무척 중요한 의미를 지니고 있었다. 그런 점은 신석기 시대의 유적에서 많은 토기가 발견되고 있는 것으로도 입증된다. 초기의 토기는 아마 점토로 모양을 만들어 햇볕에 말리는 정도였을 것이다. 그런 토기가 점점 발전하여 가마에 굽는 단단한 도기로 변했을 것이다.

세계에서 가장 오래된 토기의 표면에는 바구니 무늬와 비슷한 문양이 새겨져 있다. 일부 학자들은 이 문양에 주목하여 도기를 굽는다는 발상이 생긴 것은 식물섬유로 만든 바구니에 점토를 발라 말려서 액체를 담을 수 있게 한 그릇을 우연히 불에 접근시켰을 때 더 단단해지는 것을 알게 되면서부터였을 것이라고 추측하고 있다. 도기를 만드는 기술은 수요가 증대함에 따라 점점 발달하여 그 형태도 용도에 따라 다양해졌다.

정착생활의 시작은 물과 식량이라는 두 가지 요소와 밀접한 관련이 있다. 인간은 최소한 물과 식량이라는 두 가지 요소가 있어야만 생존할 수 있다. 따라서 인간의 삶은 이 두 가지 요소를 고루 갖춘 환경을 찾아내고, 그 환경을 활용하는 데서부터 시작한다. 인류문명의 발상지를 추적해 보면 이러한 사실을 잘 알 수 있다. 인류문명의 4대 발상지는 모두 물과 식량이라는 두 마리 토끼를 잡을 수 있는 곳이었다. 메소포타미아문명, 이집트문명, 인더스문명, 황하문명이 일어났던 곳은 모두 이 두 가지 요소를 충족시켜주는 곳이었다. 그런 곳에는 우선 물이라는 요소를 충족시켜주는 강이 있었고 다음으로 농경을 통해 양식이라는 요소를 충족시켜 줄 수 있는 비옥한 땅이 있었다. 인간은 마치 동물들이 천부적 생존 감각으로 생존에 가장 합당한 장소를 찾아내듯 신이 부여한 선천적 지식으로 생존에 가장 합당한 장소를 찾아내었다. 이러한 사실은 상호 간의 교류가 전혀 없었던 원시시대에도 서로 약속이나 한듯 인류문명의 4대 발상지가 모두 강을 끼고 있는 평야라는 사실이 충분히 입증하고 있다.

또 정착생활은 노예제도라는 새로운 노동력 공급제도를 탄생시켰다. 농경은 많은 노동력을 필요로 하는 일이었다. 그러나 당시의 인간이 사용할 수 있었던 힘은 동물력과 인력뿐이었다. 인간이 이용할 수 있었던 이 두 가지 힘 중 인력은 동물력보다 사용하기 편하고 동원하기도 쉽다. 예나 지금이나 동물을 인간의 목적에 맞도록 길들이기는 인간을 인간의 목적에 맞도록 길들이기보다 훨씬 어렵다. 다시 말하면 동물을 인간화시키는 일은 인간을 동물화시키는 일보다 더 어렵다. 따라서 인간은 보다 쉬운 길인 인간을 동물화시키는 노예제도를 선택하게 되었던 것이다. 상호교류가 불가능했던 그 당시 동서양 공히 노예제도를 채택했음은 이를 대변한다.

노예제도 같은 새로운 노동력이 탄생된 배경에는 환경최적화(環境最適化)법칙이 자리 잡고 있다. 환경최적화 법칙이란 인간에게 어떤 생존환경이 주어지면 인간은 그 생존환경에 가장 알맞은 최적의 생존방법을 찾아낸다는 것이다. 이것은 환경적응력과 다르다. 환경적응력은 인간이 수동적으로 주어진 환경에 적응해 가는 것을 말하지만 환경최적화 법칙은 인간이 주어진 환경을 능동적으로 활용하여 최적의 생존방법을 찾아가는 것이다. 그런 환경최적화 법칙은 원시시대부터 적용되었다. 유랑생활을 축으로 하는 원시채취경제시대에는 노동력이 크게 필요치 않았다. 채취경제는 자신이 먹을 것은 자신이 생산하는 즉석생산과 즉석소비 체제였으므로 타인의 노동력이 자신의 생존에 별로 도움 되지 않았다. 그러나 정착생활을 축으로 하는 농경시대는 많은 노동력을 필요로 하였다. 농경과 목축은 혼자서는 도저히 할 수 없는 힘든 일이었으므로 그 일을 담당할 노동력을 어디서든 충당해야만 했었다. 인간에게 많은 노동력을 필요로 하는 이 같은 새로운 생존환경이 주어지자 인간은 환경최적화법칙에 의해 대량노동력을 찾아 나서게 되었고 그 결과 찾아낸 제도가 바로 노예제도였다.

그러나 똑같은 환경최적화법칙이 적용되었다 해도 세부적인 자연환경에는 조금씩 차이가 있었고 그 차이는 인류의 4대 문명이 조금씩 다르게 발전하는 원인이 되었다. 예를 들면 유목민의 경우는 농경민과 아주 다른 가치관을 가지고 있었다. 그들은 유목이라는 고독한 생활을 하고 있었기 때문에 언제나 하늘을 우러러보며 밤낮을 보내곤 했다. 하늘과 더불어 고독한 삶을 살아야 했던 그들의 생활은 그들로 하여금 개인주의라는 사고방식을 낳고 하늘이라는 유일신을 믿게 한 토대가 되었다. 그리고 유일신을 믿었던 그들은 수직적 사고방식을 가지게 되었고 따라서 부권적인 정치적, 사회적 구조를 가지게 되었다.

이에 반해 농경민들은 촌락을 이루면서 남들과 어울려 사는 데 익숙해 있었고, 촌락마다 독특한 특징을 가지고 있었기 때문에 집단적 생활과 다양한 사고방식을 수용하는 데 주저하지 않았다. 따라서 그들은 개인이 아닌 집단을 앞세우게 되었고 유일신이 아닌 다신(多神)을 믿게 되었으며 민주적 정치체계와 사회적 구조를 가지게 되었다. 유목민의 후예들이 모인 서양에서는 개인주의가 강하고, 농경민의 후예들이 모인 동양에서는 집단주의가 강한 것은 바로 그런 환경의 차이에서 비롯된 것이다.

또 유목민과 농경민은 토지를 이용하는 방법도 서로 달랐다. 농경민족에 있어서 토지는 씨를 뿌리고 재배하는 생명의 근원이었지만 유목민에 있어서 토지는 일시적으로 동물들을 유목할 수 있으면 족한 순간적 방편이었다. 이렇게 비록 유목민과 농경민의 차이가 있기는 했지만 어느 쪽이든 인간의 순수한 힘이 아닌 도구를 생산주력으로 사용하였다는 측면에서는 동일하며 그래서 이 시대를 도구력 시대라고 한다.

도구력 시대는 초기, 중기, 말기라는 3단계로 나누어진다. 도구력 초기는 마제석기를 사용함으로써 신석기 혁명을 불러일으켰던 BC7000년경부터 철기시대가 시작되었던 BC1500년경까지의 약 5,500년간이다. 이 시기는 한마디로 인간이 동물적 무구생산방식에서 벗어나 인간적 도구생산방식을 정착시키고 발전시켜 갔던 시기이다. 그런 도구력 초기에는 농경과 목축이 한 곳에서 동시에 행해졌다. 그러나 인간은 얼마 지나지 않아 목축과 농경은 서로 다른 자연환경을 필요로 하기때문에 양립하기 어렵다는 사실을 알게 되었다.

예를 들면 근동지방에서는 비옥한 토지와 우수한 관개(灌漑) 기술의 덕분으로 농업이 발달했지만 초원이 넓고 산악이 많은 중앙아시아 지방에서는 목축의 비중이 높았다. 그 결과 농경사회와 목축사회라는 서로 다른 형태의 사회가 성립하게 되었고, 따라서 농경민족과 목축민족의 생활형태는 크게 달랐다. 그랬기 때문에 두 민족 간에는 종종 갈등과 투쟁이 벌어지곤 했다. 이 시대의 주인공적 역할을 했던 나라는 메소포타미아, 이집트, 그리고 하(夏), 은(殷), 주(周) 시대에 걸친 고대 중국이다.

도구력 시대의 중기는 인류가 철기문명을 일으켰던 BC1500년경부터 13세기 르네상스에 이르기까지의 약 3,000년간이다. 역사적으로 보면 고대와 중세가 합쳐진 시대라 할 수 있다. 이 시기는 한마디로 철기도구가 탄생되고 발전되고 나아가 황금기를 이루었던 철기도구의 전성시대였다. 도구력 초기까지만 해도 인력은 여전히 생산의 중심이었다. 비록 석기와 토기가 생산수단으로 사용되기는 하였지만 그런 도구들은 사실상 인력의 보조적 수단에 지나지 않았고 여전히 생산의 주력은 인력이었다. 그러나 철기도구가 발명되면서 생산주력은 인력에서 철기도구로 완전히 바뀌어 갔다. 이 시기에 사용되었을 것으로 믿어지는 농기구로는 철리(鐵犁)와 철겸(鐵鎌)같은 것들이 있는데 철리는 동물의 힘을 이용하여 땅을 경작했음을 의미하고, 철겸은 추수할 때 벼이삭을 하나씩 베지 않고 여러 포기를 한꺼번에 베곤 하였음을 의미한다. 따라서 철기시대에는 석기나 청동기 시대보다 경제적 생활이 크게 향상되었다. 그러나 그렇게 증가된 부는 사회전체에 골고루 분배된 것이 아니라 지배층에 집중되었던 것으로 짐작된다. 이 시대의 주인공적 역할을 했던 나라는 로마제국, 사라센제국, 그리고 중국의 진(秦), 한(漢), 당(唐) 등이다.

도구력 말기는 철기시대가 발전하여 수동기계가 생산주력으로 등장하면서 생산력이 크게 향상되어 상품경제가 활성화되고 상업이 발달하기 시작했던 시기로서 르네상스가 시작되었던 서기 1300년경부터 17세기 영국의 산업혁명으로 기계력 시대가 열리기까지의 약 400년 간이다. 이 시기는 도구력 시대가 쇠퇴하고 서서히 기계력 시대의 문이 열리기 시작했던 시기로서 인류가 사실상 자급자족시대를 마감하고 상품경제시대를 열기 시작했던 시기이다. 10세기경 봉건제도가 완성국면에 접어들어 사회가 안정되고 생활이 윤택해지면서 자급자족적 경제가 상품경제로 변모하게 되자 중세도시에서는 상업이 활성화되기 시작하였다. 특히 성지순례운동과 십자군 전쟁이 전개되면서 이탈리아의 각 도시들은 급속한 성장기를 맞게 되었다. 우선 성지순례 당시 황금알을 낳는 오리 떼들이라고 불린 관광객들이 몰려들어 상업이 크게 발전했고, 그에 따라 많은 부자상인들이 생겨났다. 연이어 발발한 십자군 전쟁은 전쟁물자 수송을 위한 많은 작업부들을 도시로 끌어들임으로써 도시는 발달하고 동방으로부터 밀려들어오는 각종 생필품의 유입은 그들의 부를 더해 주었다. 그때부터 중세도시는 전 유럽지역으로 확대되어 발전하기 시작했다. 이 시대의 주인공적 역할을 했던 나라는 이태리, 프랑스, 영국 그리고 중국의 원(元)이다.

도구력시대 구분	
시기	존속기간
도구력 초기	BC7000년경부터 BC1500년까지 약5500년간
도구력 중기	BC1500년경부터 13세기까지 약3000년간
도구력 말기	13세기부터 17세기 산업혁명까지 약400년간

특히 르네상스 이후 지리상의 발견이 가속화되면서 경제는 더욱 발전했다. 지리상의 발견과 그로 인한 상업혁명이 가져다준 결과 중에서도 가장 주목할 만한 것은 자본주의의 성장이었다. 자본주의는 19세기에 이르러 완성을 보게 되지만 그 기본 형태는 상업혁명기간에 거의 다 갖추어졌다. 자본주의의 발전은 자본주의의 금고인 은행의 성장과 밀접한 관계가 있다. 중세시대에는 돈을 빌려주거나 빌리는 것이 경제적인 문제가 아니라 종교적인 문제였다. 대금업은 기독교적 사회에서는 존경받을 수 없는 사업이었다. 그랬기 때문에 소규모 은행은 거의 모슬렘이나 유태인에 의해 독점되었다. 그 결과 십자군 전쟁이 벌어졌을 때는 수도원과 기사단들이 원정을 위해 필요한 돈을 아이러니컬하게도 그들이 천시했던 이들 대금업자들로부터 빌려야 했다. 오늘날 유태인들이 세계 금융시장을 장악하고 있는 것은 이런 역사적 배경과 무관하지 않다.

자본의 축적과 신용경제의 발달은 기업의 규모화를 초래하였다. 중세에는 생산이나 교역의 단위가 개인이나 가족에 의해 소유되고 있는 소단위 상점에 불과했다. 그랬기 때문에 상대적으로 이들에게는 도산이나 큰 손실의 위험이 적었다. 그러나 먼 원격지와의 상업거래가 시작되고 교역상품의 수량이 커짐에 따라 위험성 또한 비례적으로 커지게 되었다. 그런 위험에 대처하기 위해 탄생된 것이 공인회사(Regular company)였다. 공인회사란 상인들이 위험에 대비하기 위해 결성한 일종의 상인연합이었다. 회원들은 공동출자를 하지는 않았지만 창고와 부두를 공동 사용하는 것을 비롯해 그들이 정한 일정한 규칙을 준수하여야 했으며 그들의 독점교역권을 깨뜨리려 하는 무허가 상인들에 대해서는 공동으로 대처하여 그들의 이익을 고수하였다. 그리고 그런 일을 하기 위해 일정한 할당금을 부과하였다. 영국의 머천트 어드벤처러스(Merchant Advanturers)는 그 대표적인 실례이다.

그런 조직이 한층 더 발전하여 17세기에 이르러서는 주식회사(Joint stock company)가 출현하였다. 이 제도는 여러 측면에서 자본주의 경제체제의 핵심이 될 수 있었다. 주식회사는 주주 중 한두 사람이 죽든 탈퇴하든 상관없이 지속될 수 있는 안정성 높은 기업조직이며, 특히 각 주주는 자신이 투자한 자본에 비례해서 권리와 의무를 갖는 유한회사이므로 투자가들에게는 부담이 적다. 자본을 모으는 측면에서도 주식을 여러 사람에게 나누어 줄 수 있으므로 그만큼 자본을 많이 동원할 수 있었다. 자본주의의 발달은 여기서 그치지 않았다. 기업의 성장은 특허회사(Chartered company)를 탄생시켰다. 특허회사란 정부로부터 일정 지역에서의 교역독점권은 물론이고 그 지역의 주민까지도 다스릴 수 있는 특허권(Charter)을 획득한 회사였다. 영국의 동인도회사, 허드슨만회사, 플리마우스회사, 런던회사 등이 그 대표적인 회사들이었다. 이들 중 1600년 엘리자베스 여왕으로부터 특허권을 얻어 설립된 영국 동인도회사는 1784년까지 인도를 마치 회사의 개인적인 영지처럼 지배하였다. 또 런던회사는 버지니아 식민지를 개척하고 그 지역을 한동안 회사재산으로 지배하였다.

03 정치혁명과 사회혁명

혁명은 일반적으로 정치혁명과 사회혁명으로 구분된다. 미국의 정치학자 라스웰(Harold Dwight Lasswell, 1902~1978)에 의하면 정치혁명은 권력기구의 급격한 변화를 의미하고, 사회혁명은 실질적 지배의 급격한 변화를 의미한다. 하지만 정치혁명은 그 전후에 사회혁명을 동반하는 것이 일반적이다. 근대역사에서 성공한 4대 혁명, 즉 영국의 청교도혁명, 미국의 독립혁명, 프랑스혁명, 러시아의 공산혁명을 비교분석한 C. 브린튼(Clarence Crane Brinton, 1898~1968)은 경제적 위기에서 생기는 대중적 불만고조, 정부의 심각한 재정적자, 국민들의 세금에 대한 불만, 일부 계층에 대한 특혜조치, 행정상의 분규와 혼란, 지식인의 이반(離反), 지배계급의 자신감 상실, 사회적 갈등의 심화 등을 4대 혁명의 공통점으로 꼽았다.

여기서도 알 수 있듯 정치적 변화는 경제적 불만을 바탕으로 한다. 인류역사를 놓고 보아도 경제를 망쳐놓았던 정권이 지배계급으로 계속 머물러 있었던 경우는 없다. 언제나 경제적 불만은 사회적 갈등으로 연결되었고, 사회적 갈등은 정치적 투쟁으로 연결된 것이 예외 없는 인류사회의 변화법칙이었다.

영국의 청교도혁명(淸敎徒革命, Puritan Revolution)부터 그랬다. 청교도혁명이란 1640~1660년 사이 영국에서 청교도가 중심이 되어 일으킨 최초의 시민혁명을 말한다. 17세기 영국에는 젠트리(gentry)와 자영농민이 새로운 사회세력으로 등장하게 되었다. 튜더(Tudor)왕조 동안 계속된 영국의 절대왕정은 그런 신진세력을 다수로 하는 의회에서 이미 상당한 비판을 받고 있었다. 그러는 가운데 제1대 왕 제임스 1세는 스코틀랜드 출생으로 영국의 의회를 충분히 이해하지 못하고 계속해서 의회 자체를 부정하는 왕권신수설(王權神授說)을 주창한 반면 의회 측에서는 법률가 E. 코크(Edward Coke)가 법의 우위성을 주장함으로써 왕은 법 위에 선다는 제임스 1세의 왕권신수설을 정면으로 반박하였다. 그 결과 의회는 왕당파와 의회파라는 양 진영의 충돌장이 되고 말았다.

찰스 1세는 그런 충돌에도 불구하고 왕권절대주의를 한층 더 강화하여 의회의 승인도 없이 관세를 징수하고 선박세를 부과하였으며 헌금과 공채(公債)를 강매하면서 응하지 않는 자를 투옥하기까지 했다. 당시 영국의 법은 의회의 승인 없이는 왕이 국민들로부터 어떤 세금도 거둘 수 없도록 규정하고 있었다. 그런 왕의 전횡을 보고만 있을 수 없었던 의회는 결국 1628년 코크(Coke)를 중심으로 하여 국민의 권리를 수호하기 위한 권리청원을 왕에게 제출하였다. 하지만 권리청원을 접수한 왕은 오히려 1629년에 의회를 해산하고, 1640년까지 11년간 의회 없는 정치를 감행해 갔다. 찰스 1세는 자신이 필요할 때마다 세금을 거두고자 했지만 의회가 그때마다 동의를 하지 않자 아예 의회를 무시해 버렸던 것이다. 예를 들면 스페인과의 전쟁을 위해 세금을 걷고자 의회를 소집했을 때도 의회는 왕이 마음대로 의회를 소집할 수 없다고 이의를 제기했다.

찰스 1세는 그렇게 왕의 절대 권력을 자꾸만 약화시키려 하는 의회를 장악하기 위해 마침내 군대를 동원하게 되었다. 그러자 의회의원들도 그에 대응하여 군대를 동원하게 되었는데 그 의회 군대의 지도자가 바로 올리버 크롬웰(Oliver Cromwell, 1599~1658)이었다. 크롬웰은 철기병이라는 군대를 동원하여 왕이 동원한 군대를 이기고 마침내 찰스 1세를 포로로 체포하였다. 그리고 체포된 왕은 의회가 진행한 재판에서 국민의 적으로 규정되어 시민들 앞에서 처형당했는데 그 사건이 바로 청교도혁명이다. 그 혁명을 청교도혁명이라고 부르게 된 이유는 찰스 1세의 목을 자른 의회의원들이 대부분이 청교도들이었기 때문이다. 그런 청교도혁명을 한마디로 요약하면 다수 국민을 경제적 토탄에 빠뜨린 절대왕정에 대한 항쟁이었다고 말할 수 있다.

　미국의 독립혁명(American Revolution)도 본국(영국)의 과다한 경제적 수탈에서 비롯되었다. 미국독립혁명은 18세기 중엽 조지 워싱턴(George Washington, 1732년~1799년)을 중심으로 한 13개 영국 식민지가 프랑스의 원조를 받아 1766년 대영제국으로부터 독립을 선포했던 일을 말한다. 1775년에서 1783년까지 7년 동안 계속된 미국의 독립전쟁은 영국이 제국유지비용의 상당액을 식민지 미국으로부터 충당하려고 한 데서 기인한다. 대영제국의 그러한 과세결정은 아메리카 식민지의 대표들이 참여하지 않은 가운데 이루어졌기 때문에 13개 식민지 대표들은 그들이 참여하지 않은 과세결정은 무효라고 주장하게 되었다. 그러나 대영제국이 물러서지 않자 독립파 인사들은 대영제국에 대항하기 위해 독자적인 의회를 구성하는 데 합의하고 대륙회의를 결성하였다.

　독립전쟁의 결정적 계기는 영국정부에 불만을 가진 식민지 주민들이 영국으로부터의 차(茶) 수입을 저지하기 위해 인디언으로 위장하고, 보스턴 항에 정박 중인 영국동인도회사의 선박 2채를 불태운 1775년의 보스턴 차(茶) 사건이었다. 그 사건 이후 영국이 군대를 파견하자 미국인들은 민병대를 조직하여 대항하였다. 바로 그 대항전에서 독립파들이 전체인구 80% 이상의 지역을 실질적으로 지배하게 되자 1776년 13개 식민지 대표들은 미국독립선언서에 서명하고 새로운 국가인 아메리카합중국을 선포하였다.

독립을 선언한 미국은 1778년 프랑스와 동맹을 맺고, 프랑스의 군사적 지원을 받았으며 연이어 스페인과 네덜란드와도 동맹을 맺었다. 그 결과 미국의 대륙군은 1777년 사라토가 전투(The Battle of Saratoga)와 1781년 요크타운 전투(Battle of Yorktown)에서 결정적으로 영국군을 물리치게 되었다. 패배를 인정할 수밖에 없었던 영국은 1783년 파리조약을 체결함으로써 미국과 평화협정을 맺고, 미국의 독립을 인정하였다. 여기서도 보듯 미국독립전쟁은 영국이 제국의 유지비용을 충당하기 위해 미국 식민지를 수탈하기 시작한 것이 그 주요 원인이었다.

프랑스 혁명도 예외가 아니다. 당시 프랑스는 3대 계층의 신분으로 구성된 신분사회였다. 제1신분이었던 성직자들은 약10만 명이었고, 제2신분이었던 귀족들은 약40만 명이었는데, 이들 지배계층은 넓은 토지를 소유하고 면세특권까지 누렸던 반면 제3신분으로 피지배층에 속했던 약2,500만 명의 평민은 국가재정의 전부를 담당하고, 거기다 참정권까지 제한받고 있었다. 그런 가운데 계속된 대외전쟁과 궁정의 사치생활로 재정이 악화되자 루이 16세는 그동안 면세특권을 누렸던 귀족과 성직자들로부터도 세금을 징수하고자 했다. 그러나 귀족과 성직자들이 그런 과세안에 반발하자 루이 16세는 새로운 세금을 부과하기 위해 3대 신분 대표들로 구성되는 삼부회(三部會)를 소집하게 되었다. 그 삼부회에서 봉건적 특권의 축소와 폐지를 요구하는 제3신분 대표들은 그에 반대하는 제1, 2신분의 성직자 및 귀족들과 극렬히 대립하게 되었는데 해결점이 모색되지 않자 제3신분 대표들은 결국 따로 떨어져 나와 국민의회를 결성하기에 이르렀다.

이에 루이 16세가 무력으로 제3신분이 결성한 국민의회를 해산시키려고 하자 파리 시민들이 봉기하여 바스티유 감옥을 습격함으로써 혁명은 시작되었다. 혁명에 성공한 국민의회는 세계 최초로 국왕을 처형하고, 봉건귀족들의 특권을 폐지함과 동시에 시민의 권리를 선언하였다. 국민의회 대표였던 로베스피에르(Maximilien Robespierre, 1758~1794년)는 국왕을 처형한 후 곧 바로 혁명정부를 구성하고 집권하게 되었다. 그는 루소의 영향을 많이 받은 정치가로서 소시민과 노동자의 입장에서 민주주의를 실현하려고 하였다. 그러나 그는 그 실천과정에서 너무 많은 사람들을 처형하였으며 심지어 같은 동지였던 조르주 당통(Georges Jacques Danton, 1759~1794년)까지도 처형하였다. 그런 공포정치에 대한 불만은 드디어 1794년 테르미도르의 반동(Thermidorian Reaction)을 불러 일으켰고 그 결과 로베스피에르는 자신이 수많은 사람을 죽였던 단두대에 올라가 처형당했다. 그 후 전쟁에서 큰 공을 세운 나폴레옹이 혼란한 사회분위기를 틈타 쿠데타를 일으켜 집권하자 국민투표를 통해 공화정을 폐지한 후 마침내 황제의 자리에 오르게 되었다. 이 같은 프랑스 혁명 역시 계속된 대외전쟁과 특권층의 사치생활이 부른 경제적 재정악화가 그 출발점이었다.

1917년 10월에 일어난 러시아혁명(Russian Revolution)도 그 근본적인 원인은 경제문제에 있었다. 최초의 혁명인 러시아 2월 혁명은 노동자들의 시위를 진압하기 위해 출동한 군대가 오히려 노동자들과 합세하여 정권을 뒤집었던 혁명이다. 그러나 2월 혁명에도 불구하고 러시아는 독일에 연전연패를 거듭했고 혁명정부는 전쟁으로 인한 물자부족과 사회불안을 제대로 해결하지 못했다. 이에 전쟁을 중단하라는 노동자들의 요구가 빗발쳤지만 혁명정부는 이를 무시하고 전쟁을 계속했다. 결국 식량부족과 정부의 무대책에 분개한 노동자들은 폭동을 일으키게 되었고 1917년 10월, 그 폭동을 진압하지 못한 군부가 무너지면서 러시아는 세계 최초의 사회주의정권을 수립하게 되었던 것이다.

이렇게 볼 때 10월 혁명은 레닌이 주도적으로 일으킨 게 아니라 노동자들이 일으킨 혁명을 레닌이 교묘하게 이용했던 것이라 할 수 있다. 10월 혁명으로 집권한 레닌은 독일과 휴전하고 국내 상황을 빠르게 안정시켜 갔다. 하지만 경제부문에서는 여전히 많은 어려움을 겪고 있었으므로 그는 신경제 정책을 내세워 마르크스주의에 다소간 반하더라도 일부 자본주의적 요소를 인정하는 방식으로 경제를 일으켜 갔다. 또 혁명정권은 1918년부터 1922년에 걸쳐 내정에 간섭하려는 외국과 전쟁을 치르는 한편, 국내 적대세력의 내란을 진압하고 1922년 12월에는 소비에트연방을 결성하였다. 여기서도 보듯 러시아혁명 또한 과도한 전비부담과 그에 따른 비참한 국민생활이라는 경제적 문제가 혁명의 도화선이 되었다.

구석기시대에도 정치적 변혁은 경제적 문제가 심각하게 제기되었을 때 다수의 사회적 힘을 장악한 자, 혹은 그 무리에 의해 이루어졌을 것임은 분명하다. 동시에 무너진 정권은 사회구성원들의 경제적 불만을 쌓아간 정권이고, 새로 일어선 정권은 그 불만을 해소시키겠다고 약속한 정권이었을 것이다. 경제를 죽인 정권은 존속할 수 없으므로 합법적 정권이냐 비합법적 정권이냐는 중요하지 않다. 경제적 불만을 해소시킨 정권이냐 아니냐가 더욱 중요하다.

위에 열거한 근대사회의 4대 혁명에서 보듯 비합법적인 혁명을 통해서 쟁취한 권력일지라도 경제를 살리면 존경받지만 경제를 죽이면 축출당할 수밖에 없다. 정치는 백번 죽어도 되지만 경제는 단 한 번도 죽어서는 안 된다는 것이 인간의 생리적 욕구이기 때문이다.

정치적 혁명이란 단적으로 말해 경제주체인 사회구성원을 바꾸는 것이 아니라 정치주체인 사회지배세력을 바꾸는 것이다. 고대 왕조시대의 역성혁명(易姓革命)도 경제주체인 사회구성원을 바꾼 혁명이 아니라 정치주체인 통치자를 바꾼 혁명이었다. 역성혁명이란 고대 중국의 하(夏)나라와 상(商)나라에서 신하가 혁명을 일으켜 사악한 임금을 몰아내고 새로운 성씨의 왕국을 세운 것을 의미한다. 한국은 고려 말 이성계가 고려를 무너뜨리고 이씨조선을 세운 것이 대표적인 역성혁명이었다. 그런 혁명은 일종의 내전과도 같다. 전쟁이 국가와 국가 간에 벌어지는 싸움이라면 혁명은 한 국가 내에서 기존세력과 혁명세력 간에 벌어지는 내전이다. 그 내전에서 승리한 자는 정치권력이라는 힘을 얻고 패배한 자는 그 힘을 잃는다.

▎경제와 정치의 불가분성

물질과 정신, 즉 경제와 정치는 아주 단단한 끈으로 묶어져 있어 서로 떨어지려야 떨어질 수 없는 관계를 지닌다. 현대물리학이 밝히고 있는 끈이론(String theory)은 그런 이치를 간접적으로 설명하고 있다. 끈이론(string theory)이란 만물의 최소 단위는 점(點) 입자가 아니라 공간을 가진 진동하는 끈이라는 물리적 이론이다. 즉 우주는 점으로 연결된 것이 아니라 끈으로 연결된 것이라는 것이다.

끈이론가들은 입자의 성질과 자연의 기본적인 힘이 끈의 모양과 진동에 따라 결정된다고 본다. 그러나 그 끈은 빨랫줄처럼 긴 끈이 아니라 세포보다 작은 더 이상의 미세구조를 가지지 않는 아주 극미한 끈을 말하므로 이를 초끈이론(super-string theory)이라 한다. 이 끈이론은 자연계에 존재하는 중력, 전자기력, 약력(약한 핵력), 강력(강한 핵력)의 4가지 힘을 하나의 원리로 설명하려는 시도에서부터 출발했다. 입자물리학에서는 만물의 기본단위를 작은 점으로 보지만 아주 먼 곳에서 작은 끈을 본다면 점처럼 보일 수 있다는 것이다.

끈이론에서는 끈의 진동형태에 따라 입자의 질량을 비롯한 모든 물리적 성질이 결정되고 우주도 그에 따라 형성된다고 본다. 예를 들면 끈의 진동이 강하면 에너지가 크고 질량도 커진다. 그래서 끈의 진동강도에 따라 힘의 크기가 결정되고 끈의 진동형태에 따라 중력, 전자기력, 약력, 강력이 결정된다고 본다. 말하자면 서로가 자기 쪽으로 오라고 손짓을 하는 강도에 따라 힘이 결정된다고 보는 것이다. 이 끈이론은 일반상대성이론과 양자역학이 충돌하는 문제를 해결하는 실마리를 제공하고 모든 것을 설명하는 통일장이론의 우수한 대안이 되었다.

통일장이론은 현대물리학의 두 기둥이라 할 수 있는 양자역학과 고전역학을 전제로 한다. 고전역학은 현재의 상태를 정확하게 알고 있다면 미래의 어느 순간에 어떤 사건이 일어날지를 정확하게 예측할 수 있다는 결정론적 입장을 취한다. 그래서 고전역학은 인과법칙을 따르고 우연성을 배제한다. 이러한 물리학을 일반적으로 뉴턴물리학이라고 하며 뉴턴물리학과 상대성이론을 합쳐서 고전역학이라고 한다. 그러나 양자역학은 고전역학과 달리 확률론적 입장을 취한다. 확률론적 입장은 현재 상태를 정확히 알 수 있다 하더라도 미래에 일어나는 사실을 정확하게 예측하는 것은 사실상 불가능하다는 입장이다.

17세기 이후 물리학자들은 거시적 현상을 설명하기 위해 고전역학(classical mechanics)을 발전시켜 왔다. 그러나 그런 거시적 해석은 물체의 속도가 빛의 속도에 가까울 때의 미시적 현상을 설명할 수 없었다. 그에 따라 1905년 아인슈타인은 그 대안으로 상대성 역학이라는 새로운 역학체계를 제시하였다. 또 원자와 같은 아주 작은 물체인 미시세계에서의 실험결과도 고전역학으로는 설명할 수 없었다. 그런 문제를 해결하기 위해 1900년에서 1927년에 걸쳐 플랑크, 보어, 아인슈타인, 하이젠베르크, 드브로이, 슈뢰딩거 같은 여러 물리학자들이 그 대안으로 양자역학이라는 새로운 역학체계를 제시하였다. 그러나 우주는 하나인데 그 우주를 설명하는 이론은 고전역학과 양자역학으로 서로 다르다는 것은 누가 봐도 모순적이었다. 그래서 물리학자들은 양자역학과 고전역학을 통합하는 하나의 궁극적인 이론인 통일장이론을 연구하게 되었다. 이 통일장이론을 시작한 사람은 아인슈타인이었으나 그는 무려 30여 년 동안이나 연구했지만 결국 성과 없이 생을 마감하고 말았다. 그 후 많은 과학자들이 이 통일장이론을 연구했지만 모두 실패함으로써 현재까지 완성된 통일장이론은 나오지 않고 있다.

끈이론은 그 통일장이론을 정립하고자 하는 노력의 일환으로 등장했다. 끈 이론은 빛의 파동을 생각하면 쉽게 이해될 수 있을 것이다. 맥스웰(James Clerk Maxwell, 1831~1879)이 전기와 자기 그리고 빛의 삼각관계를 밝혀내기 이전에는 자석이 지니는 밀고 당기는 자기(磁氣) 현상은 전기와 아무 상관이 없는 줄 알았다. 하지만 맥스웰의 전자기이론에 의하면 전기와 자기는 본질적으로 같은 것이며 이들이 만들어내는 파동, 즉 전자기파가 바로 빛이라고 한다. 맥스웰 방정식에 의하면 전기장과 자기장은 서로를 변화시킨다. 자석을 마구 흔들어 자기장을 변화시키면 전기장이 생겨나고 이를 통해 도선에 전기가 흐르도록 할 수 있다. 발전소는 바로 이 원리를 이용해 전기를 만든다. 자기장을 변화시키는 수단이 무엇이냐에 따라 수력, 화력, 원자력 등으로 구분될 뿐 전기를 만드는 원리는 모두 동일하다.

맥스웰이 밝힌 전자기파 중에서 초당 400조~790조 번 진동하는 전자기파가 눈에 들어오면 눈에 있는 시신경이 자극을 받아 눈에 빛이 들어왔다는 신호를 뇌에 전달한다. 인간은 이런 과정을 거쳐 빛을 볼 수 있다. 맥스웰은 그의 방정식을 통해 빛이 전자기 파동의 일부라는 사실을 밝혀내었다. 전자기파동의 속도에 따라 빛이 시신경을 자극하는 방식은 서로 다르다. 400조 번 정도 진동하면 빨간색으로 보이고, 790조 번 정도 진동하면 보라색으로 보인다. 무지개에 등장하는 색깔은 모두 이 파동범위 내에 속한다. 400조 번 이하가 되거나 790조 번 이상이 되면 인간의 시신경이 자극받지 못하므로 아무리 빛이 눈에 들어와도 볼 수 없다.

하지만 눈으로 볼 수 없다고 해서 그것이 없는 것은 아니다. 초당 3천억~400조 번 진동하는 전자기파는 빨간색 밖의 빛이라 하여 적외선이라 부른다. 사람이나 짐승들의 몸에서도 이 적외선이 나온다. 밤에도 볼 수 있는 적외선 카메라는 바로 그 적외선을 이용하여 만든 것이다. 초당 3천억 번 이하로 진동하는 전자기파는 전파 혹은 전자파로 부른다. 전자레인지, TV, 라디오, 휴대전화 같이 우리가 일상생활에서 사용하는 모든 전자제품은 이 영역의 전자기파를 이용하여 만든다. 예를 들면 FM라디오는 초당 1억 번(100MHz) 정도, 휴대전화는 초당 8억~18억 번(0.8~1.8GHz) 정도 진동하는 전파를 이용한다. 초당 790조 번 이상 진동하는 전자기파는 자외선이라 부른다. 자외선은 피부에 나쁜 영향을 미치므로 모두가 기피한다. X선, 감마선 등은 자외선보다 더 높은 주파수를 가지는 위험한 방사선으로 특별히 관리한다. 이렇게 전파에서 감마선까지 모든 전자기파는 주파수만 다를 뿐 본질적으로는 가시광선과 같은 것이다. 편의상 용도에 따라 이름을 다르게 부를 뿐이다.

고전역학에서든 양자역학에서든 물질의 궁극적인 구성입자와 그 입자들 간의 상호작용은 실험실에서 다룰 수 있는 길이의 짧기 정도에 따라 계속 변해왔다. 대형 전자와 양전자 충돌형 가속기인 LEP(Large Electron Positron)에서 행해진 실험결과에 의하면 이른바 페르미 스케일(Fermi scale), 즉 10~17m의 길이로 측정할 경우 쿼크(quark)나 렙톤(lepton) 같은 미립자는 강한 핵력과 전자기 약력을 형성하는 기본 입자들로서 부피가 없는 점처럼 보인다. 하지만 이보다 훨씬 정밀한 플랑크 스케일(Planck scale), 즉 10~34m의 길이로 측정할 경우 물질을 구성하는 궁극적인 단위는 점이 아닌 굵기가 없는 끈이라는 것이 끈 이론의 핵심이다.

이렇게 스케일의 길이에 따라 입자의 모양이 다르게 보이는 이유는 중력과 관련이 있다. 중력은 에너지가 높아지면 질수록 비례적으로 점점 강해지면서 양자적인 설명을 요하는 데 지금까지 알려진 중력을 양자화하는 유일한 이론은 끈이론이다. 여기서 말하는 끈이 일반적인 긴 끈과 다른 점이 있다면 이 극미한 끈(string)은 플랑크 스케일에 해당하는 질량과 장력을 가지며 상대론적으로 움직인다는 것이다. 이 끈이론은 물질의 궁극적 단위를 점이 아닌 끈으로 보고 끈들 사이의 상호작용을 연구한다는 점에서 입자이론과는 근본적으로 다르다. 다시 말하면 페르미 스케일까지는 물질의 궁극단위를 점으로 볼 수 있지만 그 이하의 플랑크 스케일에서는 물질의 궁극단위가 끈이 된다는 것이다. 우주만물은 끈으로 구성되어 있다는 이 끈이론은 우주만물은 어떤 형태로든 끈으로 엮여 있으므로 상호영향을 미친다는 사실을 의미한다.

경제와 정치도 어떤 면에서는 이런 물리적 이론과 많은 관련이 있다. 페르미 스케일로 보면 우주는 점으로 구성되어 있듯 인간사회의 낮은 단계에서 보면 세상은 경제로 구성되어 있는 것처럼 보이고, 플랑크 스케일로 보면 우주는 끈으로 구성되어 있듯 인간사회의 높은 단계에서 보면 세상은 정치로 구성되어 있는 것처럼 보인다. 그래서 마르크스는 경제를 하부구조로 보고 정치를 상부구조로 보았는지도 모른다.

마르크스는 인간이 생존하기 위한 사회적 생산은 생산력이 발전하면 할수록 그에 상응하는 여러 생산관계를 가지며 그런 생산관계의 총체는 그 사회의 경제적 구조를 이룬다고 했다. 그런 경제적 구조를 바탕으로 하여 법적, 정치적 상층구조가 성립되고 연이어 일정한 사회적 의식형태가 생긴다는 것이다. 이렇게 물질적 생활, 즉 경제적 생활은 정치적, 정신적 생활에 절대적인 영향을 미친다는 것이다. 그래서 그는 의식이 사회구성원들의 존재를 규정하는 것이 아니라 사회구성원들의 존재가 그들의 의식을 규정한다고 하였다.

그러나 마르크스는 경제적 하부구조만 강조했던 것은 아니다. 상부구조인 정치가 하부구조인 경제에 반작용하여 영향을 미치는 경우도 인정하였다. 하지만 마르크스의 핵심적인 주장에 의하면 사회구조의 출발점은 여전히 경제에 있다. 거대한 빌딩을 지탱하고 있는 힘은 지하에 파묻혀 보이지 않는 기초공사에 의해 좌우되듯 인간사회라는 거대한 조직을 지탱하는 힘은 경제라는 하부구조에 의해 좌우된다는 것이다. 물질은 그렇게 사회를 떠받치는 힘이기 때문에 강력한 사회를 만들기 위해서는 무엇보다 먼저 강력한 경제를 만들어야 한다. 인류 역사상 정치와 경제의 그런 상호관계는 한 번도 변한 적이 없다. 이는 마르크스의 주장이기 때문에 주목할 필요가 있는 것이 아니라 인간사회의 진리이기 때문에 주목할 필요가 있다.

| 경제와 전쟁

대내전쟁이든 대외전쟁이든 인간은 왜 서로 목숨을 걸고 싸우는 것일까? 인간이 싸우는 이유는 수없이 많다. 개인적인 복수에서부터 종교전쟁, 민족전쟁, 영토전쟁, 생존전쟁에 이르기까지 여러 가지 이유가 있다. 그러나 고대전쟁을 보면 전쟁의 궁극적 원인과 목적이 무엇인가를 잘 알 수 있다. 고대전쟁의 궁극적 목적은 땅을 빼앗는 것이었다. 땅은 삶의 원천이다. 땅이 있어야 먹을 것이 생기고 쉬고 잠잘 자리가 생긴다. 땅에서 나는 것 외에는 아무것도 없었던 고대에는 더욱 그랬다. 고대전쟁 중 역사적 사실이라기보다는 오히려 전설에 가까운 트로이전쟁과 인류 최초의 역사적 전쟁이었던 페르시아전쟁만 봐도 그렇다.

먼저 트로이전쟁은 고대 그리스인들과 트로이인들 사이에 벌어진 전설적인 싸움이다. 그리스 작가들은 그 전쟁이 벌어진 시기를 기원전 12세기에서 13세기경으로 추측하고 있다. 일리아드 오디세이(Iliad-Odyssei)에 나오는 트로이전쟁은 신화로부터 시작된다. 바다의 님프 테티스(Tethys)와 분쟁의 여신 에리스(Eris)가 놓고 간 황금사과를 가지기 위해 헤라(Hera: 결혼생활을 지키는 여신), 아프로디테(Aphrodite: 사랑과 미와 풍요의 여신, 로마신화의 비너스와 동일), 그리고 아테나(Athena: 전쟁과 지성의 여신)

가 서로 다투다가 트로이 왕자 파리스(Paris)에게 결정을 위임하게 되었는데, 파리스가 아프로디테를 선택하면서부터 전쟁의 막은 오른다. 아프로디테는 파리스에게 자기를 선택해 준 대가로 세상에서 가장 아름다운 여인을 아내로 맞이하게 해주겠다고 약속하고, 마침내 스파르타의 왕비 헬레네의 사랑을 얻게 해주었다. 아내를 빼앗긴 메넬라오스는 형 아가멤논과 함께 트로이 원정길에 나서게 되었고 그로인해 트로이전쟁은 시작되었다.

기원전 12세기경 당시 미케네((Mycenae: 오늘날의 그리스)와 트로이(Troy: 오늘날의 터키 서쪽)는 서로 막강한 국력을 자랑하면서도 상반된 위치에서 있었다. 크레타를 멸망시키고 막강한 해군력으로 지중해를 장악하고 있었던 미케네(Mycenae)는 그리스 전역을 통치하고 있었고, 지금의 터키 서쪽에 자리 잡고 있었던 트로이(Troy)는 유럽과 메소포타미아 그리고 이집트를 연결하는 항구도시로 발전하면서 강력한 군사력을 갖추게 되었다. 이렇게 되자 지중해 밖으로 나가 세력을 확장하고자 했던 그리스와 그 길목인 지중해를 장악하고 내놓지 않으려 했던 트로이는 서로 충돌할 수밖에 없었다. 그 결과 일어난 전쟁이 바로 트로이전쟁이다. 기원전 8세기경 호메로스(Homeros)가 지은 고대 그리스의 장편 서사시 『일리아드(Iliad)』와 『오디세이(Odyssey)』는 그 10년 전쟁의 무용담을 담고 있다.

호메로스는 유럽문학의 최대 서사시라 할 수 있는 일리아드와 오디세이아의 저자로 알려져 있다. 그의 출생지나 활동에 대해서는 여러 설들이 많지만 작품에 구사된 언어나 작품 중의 여러 가지 사실로 미루어 볼 때 두 작품의 성립연대는 기원전 800~기원전 750년경으로 보는 것이 타당할 것이다. 그의 성장지로 추측되는 도시가 7군데나 되지만 그중에서도 소아시아의 스미르나(Smyrna: 현재 이즈미르=Izmir)와 키오스(Chios)섬이 가장 유력하다. 그는 이 지방을 중심으로 해서 서사시인으로서 활동한 것으로 보이며 이오스(Ios)섬에서 사망했다고 한다. 두 서사시는 고대 그리스의 국민적 서사시로 이후의 문학, 교육, 사고(思考)에 큰 영향을 끼쳤으며 서사시의 규범이 되었다.

트로이문화가 세상에 알려지게 된 이면에는 메가론(megaron)식 왕궁이 있다. 메가론식이란 고대 그리스와 중동에서 볼 수 있는 건축 형태를 의미한다. 특히 미노스나 미케네 시대의 궁전 혹은 주택의 가운데 있는 큰 방을 가리키며 메가론(megaron)이라는 명칭도 광대함을 뜻하는 그리스어에서 유래하였다. 일반적으로 벽 없이 트인 현관, 문간방과 중앙에 난로와 왕좌가 있는 큰 홀로 이루어져 있다. 메가론은 단순히 커다란 홀을 가리키는 말로 사용되기도 하였다. 미케네에서는 궁정마다 메가론이 있었으며 개인 주택의 일부로 지어지기도 했다.

메가론(megaron)의 건축양식은 중동에서 처음 나타났다고 알려져 있으며, 여기에 기둥으로 받친 현관이 첨가되면서 에게(Aege) 건축의 특징으로 발달하였다. 초기 그리스 건축에서도 찾아볼 수 있는 메가론은 신전 건축의 원형적인 양식으로 여겨진다. 메가론의 전형적인 형태를 살펴볼 수 있는 예는 필로스(Pilos)에 있는 네스토르(Nestor) 궁전이다. 여기에서 왕의 거처로 사용되었던 크고 중요한 메가론은 중정(中頂)에 면해있으며 양쪽에 세로 홈으로 장식된 원주들이 세워진 통로를 지나 들어가도록 되어 있다. 독일출신의 사업가이자 고고학자였던 하인리히 슐리만(Heinrich Schliemann)은 이 메가론식 왕궁의 제2층에서 발굴한 유물들을 독일로 밀반출하여 1881년 베를린박물관에서 처음으로 공개함으로써 찬란했던 트로이문화가 세상에 알려졌다. 그러나 1945년 베를린을 점령한 소련은 이를 탈취하여 금은 보물은 모스크바 푸쉬킨(Pushkin) 미술관에, 도자기류는 상트페테르부르크 에르미타쥐(Ermitazh) 미술관에 소장하다가, 1995년 4월 푸쉬킨 미술관에서 다시 전시하게 되었다.

그리스의 승리로 끝나는 그 서사시에 나오는 트로이전쟁은 겉으로 보면 트로이의 왕자 파리스가 아름답기로 소문난 그리스의 왕비 헬레네를 유혹해 트로이로 돌아온 것이 전쟁의 원인인 것처럼 보인다. 그러나 그 속을 자세히 들여다보면 자국의 이익을 위해 지중해 밖으로 뻗어나가고자 했던 그리스와 그리스를 발칸반도의 작은 소국으로 묶어 놓기 위해 지중해를 내놓지 않으려 했던 트로이 간에 벌어진 전쟁이었다. 즉 그리스와 트로이 간에 국익을 놓고 벌인 경제전쟁이었던 것이다.

페르시아전쟁도 마찬가지이다. 페르시아전쟁은 기원전 499년에서 450년에 걸쳐 고대 그리스의 도시국가연합과 페르시아 제국 사이에 벌어졌던 전쟁으로써 전쟁의 근본원인은 페르시아 제국을 일으킨 키루스 대왕(기원전 576~530년)이 세력을 더욱 확장하고자 그리스계 이오니아(Ionia)를 정복하고 나서자 이에 위기를 느낀 그리스 도시국가들이 저항하고 나선 데 있다. 키루스 대왕(Cyrus the Great)과 아케메네스(Achaemenes) 왕은 페르시아 제국을 창건한 공통 시조로써 페르시아 제국을 건설한 위대한 황제인 동시에 지금의 이란인들에게는 건국의 아버지로 알려져 있는 인물이다. 그는 29년간 재임하면서 당시의 제국이었던 메디아(Media), 신바빌로니아(New Babylonia), 리디아(Lydia) 제국을 차례로 굴복시킴으로써 현재의 서남아시아와 중앙아시아의 대부분을 장악하고 인더스강(Indus river)에서부터 유럽에 이르는 대제국을 건설했다. 그는 이집트까지 정복하려 했지만 꿈을 이루지 못하고 카스피해(Caspian Sea) 동쪽 중앙아시아의 유목민과 벌어진 전투에서 전사하고 말았지만 그의 유지를 이어받은 아들 캄비세스 2세(Cambyses II)가 결국 이집트를 정복하는데 성공하였다.

페르시아는 그들이 정복한 여러 속국에 참주(僭主)들을 내세워 다스리게 했다. 기원전 499년 밀레토스의 참주였던 아리스타고라스(Aristagoras)는 페르시아의 도움을 받아 낙소스 섬(Naxos Island)을 정복하고자 원정대를 보냈지만 원정대가 패하자 마음을 바꾸어 소아시아에 있는 여러 그리스 도시국가들로 하여금 페르시아에 반기를 들도록 선동하였다. 그 반기의 선봉에 섰던 이오니아는 군사력이 절대적으로 부족했기 때문에 같은 동포인 주위 그리스 도시국가들에게 도움을 요청했지만 그 요청에 응한 나라는 아테네(Athens)와 에레트리아(Eretria) 단 두 국가뿐이었다.

결국 이오니아는 고립되었고 페르시아의 대군에 밀려 기원전 494년에 함락되고 말았다. 그렇게 반란을 진압한 페르시아는 이오니아의 반란을 도와준 그리스인들을 응징하기 위해 다시 30년간에 걸친 크고 작은 전쟁을 계속하게 되었다. 그 긴 전쟁에서 아테네의 주도로 결성된 델로스 동맹은 아나톨리아 해안에 있는 이오니아를 페르시아로부터 해방시키기 위해 공동작전을 펼친 결과 마침내 승리를 쟁취하고 기원전 448년경 페르시아와 종전협정을 맺게 되었다.

여기서도 보듯 30년간에 걸친 페르시아전쟁도 그 출발점은 영토를 확장하고자 했던 페르시아 제국과 그 속령으로부터 벗어나고자 했던 그리스 도시국가들의 저항에서 비롯되었다. 지금도 그렇지만 당시는 땅이 곧 부를 상징했으므로 결국 전쟁은 땅을 넓히고자 했던 국가와 땅을 사수하려 했던 국가 사이에 벌어진 경제전쟁이었다. 이렇게 볼 때 인류의 고대전쟁은 물론이고 근대의 4대 혁명에 이르기까지 모두 경제를 놓고 벌인 경제전쟁과 경제혁명이었던 것이다. 경제는 이처럼 인간만사의 출발점이 되고 혁명이나 전쟁 같은 정치는 그런 경제적 목적을 달성하기 위한 수단으로 작동한다.

그런데 정치가 그런 목적을 달성하기 위해서는 목적을 달성하기 위한 수단이 있어야 한다. 마술을 하기 위해서도 마술도구가 필요하듯 정치도 목적을 달성하기 위해서는 그 목적을 달성하기 위한 도구로서의 수단이 필요하다. 예를 들면 국제경기 중 양 팀 간에 험악한 싸움이 벌어졌는데 싸움이 멈추지 않자 누군가가 국가(國歌)를 틀었더니 싸움이 멈추었다는 이야기가 있다. 이는 국가(國歌)가 싸움을 멈추게 한 수단이 되었던 예이다. 마찬가지로 정치적 목적을 달성하기 위해서도 일정한 수단이 필요하다. 정치의 요체는 국민들에게 일체감과 애국심을 심고 그런 정신적 힘을 바탕으로 국민적 단결력과 결속력을 높이는 데 있다. 그런 목적을 달성하기 위해 정치는 여러 가지 수단을 동원하는데 그 대표적인 수단이 바로 전통성, 역사성, 동족성, 일체성 등을 강조하는 문화이다.

| 경제대국과 정치대국

각국이 강력한 군대를 양성하는 것도 엄격한 의미에서 보면 물질적 강대국을 지향하는 것이다. 아무리 정신력이 강해도 어린아이가 어른을 이길 수 없듯 실전이 벌어지면 정신적 강군보다는 체력적 강군이 승리한다. 체력적 강군은 물질적 강군이지 정신적 강군이 아니다. 그리스의 역사가 헤로도토스(Herodotos, 기원전 484~425)의 『페르시아 전쟁사』는 이를 잘 대변한다. 페르시아 전쟁사는 기원전 490년부터 50년 동안 벌어진 페르시아와 그리스 도시국가연합 사이에 벌어진 전쟁을 기술하고 있는 책이다. 이『페르시아 전쟁사』중에서도 가장 감동적인 부분은 스파르타군이 주축이 된 테르모필레 전투를 묘사한 부분이다. 테르모필레(Thermopylae)는 그리스 중부 라미아의 남쪽에 있는 좁은 길이다. 페르시아의 황제 크세르크세스(Xerxēs)는 아버지 다리우스의 뒤를 이어 기원전 481년에 그리스를 침공했다. 그는 지금의 이집트, 아라비아, 터키, 이란, 인도, 흑해 연안을 비롯하여 그 당시 세계의 대부분을 지배하고 있었다. 일국의 황제이자 신으로 추앙받고 있었던 그는 스스로 세상의 모든 곳을 지배할 야망을 품고 있었다. 끝없는 땅과 수천 수레의 보물, 수만 명의 미희들로도 만족할 수 없었던 그는 4년 동안의 준비 끝에 그리스를 침공했다. 헤로도토스는 그 당시 크세르크세스가 거느린 병력이 무려 170만 명에 달했다고 썼다. 그러나 현대의 역사가들은 약 10만에서 30만 명 정도 되었을 것으로 추측하고 있다.

크세르크세스는 원정에 앞서 그리스 도시연합 국가들에게 자신의 공격목표는 아테네이므로 다른 도시국가들은 땅과 물만 바치면 절대로 공격하지 않겠다고 약속했다. 대부분의 국가들은 그의 말을 따랐지만 스파르타를 비롯한 약 30개 도시국가는 아테네와 연합하여 페르시아 군대에 대항하기로 결의했다. 그러나 당시 그리스의 도시국가연합은 전혀 결속되지 않은 오합지졸들이었다. 아테네, 사모스, 코린트, 테베, 스파르타 등은 각기 독립된 나라나 마찬가지였다. 이들은 페르시아가 그리스로 진격해 오는 도중 많은 지역을 이미 복속시켰고 군대의 규모가 엄청나다는 사실에 지레 겁을 먹어 싸우느냐 항복하느냐를 놓고 내분에 휩싸였다. 그런 와중에서도 그리스 연합군은 진격해 오는 페르시아 군에 맞서기 위해 육군과 해군으로 임무를 분담하고 진지를 구축했다. 가장 먼저 막을 곳은 그리스 북부의 테르모필레였다. 페르시아 군대가 그리스를 집어삼키기 위해서는 반드시 지나야 하는 길목이었기 때문이다. 그 테르모필레 요새를 지키고 있었던 사람은 스파르타 국왕 레오니다스(Leonidas)였다. 그 요새 안에는 레오니다스가 거느린 300명의 병력을 포함해 겨우 7천명의 연합군이 포진하고 있었다. 즉 7천명의 방어병력이 170만 명의 침략군을 기다리고 있었던 것이다. 따라서 그 전쟁은 누가 봐도 패배가 뻔한 전쟁이었다.

노련했던 페르시아의 황제 크세르크세스는 그런 수적 우세에도 불구하고 공격을 서두르지 않았다. 닷새 동안 주위를 살핀 후 비로소 공격명령을 내렸다. 하지만 테르모필레는 쉽게 정복되지 않았다. 삼일 동안 치열한 전투가 벌어졌고 페르시아인 2만 명과 그리스 연합군 4천 명이 죽어 나갔다. 테르모필레는 뜨거운 문이라는 이름이 지닌 뜻처럼 지형이 매우 좁아 페르시아 군대가 전차를 움직일 수 없었을 뿐만 아니라 병사들조차 제대로 대오를 지어 다닐 수 없었다. 거기다 높은 언덕에서 퍼붓는 스파르타군의 공격에 페르시아 병사들은 속수무책으로 당하고 말았다. 마음이 다급해진 크세르크세스는 페르시아 정예부대를 투입해 봤지만 소용이 없었다.

그러나 레오니다스 왕과 병사들은 결국 수적 열세를 이기지 못하고 전원이 테르모필레를 사수하다 장렬히 전사하고 말았다. 하지만 테르모필레 전투는 그리스 본토 군으로 하여금 재정비할 시간을 주고 해전을 준비할 여유를 줌으로써 결국 그리스군이 페르시아전쟁을 승리로 이끄는 데 결정적인 역할을 했다. 그래서 지금까지도 그 전사자들은 그리스의 국민적 영웅으로 대접받고 있다. 그 승전의 중심에는 스파르타인이 있었다. 스파르타인들은 전쟁을 위해 태어나고 훈련되었던 사람들이다. 스파르타인들은 남자아이를 낳으면 부족의 장로에게 데려가서 레스케(lesche)라 불리는 장소에서 검사를 받고 건강하면 돌려받지만 그렇지 못하면 그 아이는 타이게토스(Taigetos) 산록의 깊은 구렁에 던져진다. 또 모든 스파르타 사내아이들은 일곱 살이 되면 아고게(Agoge)라는 병영학교에 들어간다. 그곳에서 19세까지 혹독한 군사훈련을 받는다. 체력훈련, 춤과 음악, 문학과 철학도 함께 배운다. 채찍 맞고 견디기 같은 엽기적인 인내심 훈련도 받는다. 그런 훈련과정을 거쳐 19세부터 전투에 투입되며 60세까지는 예비군이든 현역이든 실제 전쟁에 참가한다.

스파르타인들의 소망은 조국을 위해 죽는 것이었다. 스파르타 남성들은 눈물을 보여서도, 전장에서 물러나서도 안 되며 항복해서는 더욱 안 된다. 테르모필레 전쟁에서 장렬하게 전사했던 레오니다스 왕의 한 마디는 스파르타인이 어떤 사람인지를 잘 대변한다. "항복하라. 그러면 너의 나라를 그냥 다스리게 해주마"라는 말을 전하러 온 크세르크세스의 사자를 우물에 쳐박아 죽인 후 레오니다스는 자신의 정예부대 300명을 이끌고 전선으로 떠난다. 왕비는 남편을 떠나보내면서도 슬픈 기색을 조금도 비치지 않은 채 이렇게 말한다. "꼭 돌아오세요. 살아서든 죽어서든." 레오니다스는 그 말을 받아 왕비에게 이렇게 말한다. "좋은 남자 만나서 다시 아들을 낳아라. 그래야만 스파르타를 지키는 군인이 한 사람 더 생길 것 아닌가." 그렇게 태어나고 그렇게 죽었던 사람들이 바로 스파르타인들이었다.

클라우제비츠는 그의 『전쟁론』에서 전쟁은 정치의 연장이라고 했다. 정치의 연장인 전쟁은 법을 출발점으로 한다. 법을 통해 군대를 만들어야 하기 때문이다. 군대는 저절로 생기는 것이 아니라 법을 통해 군인을 모병하거나 징병하여 만들어야 생기는 것이다. 그러나 전쟁터로 나가길 원하는 사람은 많지 않다. 그래서 각국은 예나 지금이나 각종 명분을 내세워 징병제(徵兵制)를 시행한다. 징병제는 국가가 법으로 국가 구성원(주로 남성)에게 국토를 방위할 의무를 지우고 이를 강제하는 제도이다. 일정 조건을 갖춘 국민에게 일정기간 동안의 군복무를 법으로 강제하는 것이다. 세계 각국 중 현재 징병제를 채택하고 있는 나라는 약 75개국에 이른다. 물론 강제적 병역의무가 주어지지 않는 나라도 있다. 군대가 없는 나라를 제외하고 전쟁이 나도 강제적인 징병제를 시행하지 않는 나라는 현재 전 세계에서 4개국(스리랑카, 인도, 캐나다, 파키스탄) 뿐이다. 방어든 공격이든 전쟁준비를 위한 징병제라는 법도 이처럼 병력이라는 물질적 개체를 떠나서 논할 수 없다. 결국 정치도 전쟁도 법도 모두 물질을 떠나서 논할 수 없는 것이다.

| 인간의 이중성과 전쟁

공존을 지향하면서도 공존을 파괴하는 인간의 이중성을 가장 극명하게 나타내는 것은 전쟁이다. 전쟁이란 서로 대립하는 둘 이상의 국가 또는 그에 준하는 집단이 무력적 수단을 사용하여 어느 일방의 의지를 강제적으로 꺾는 행위이다. 과거에는 무력행사를 수반하는 국가 간의 투쟁만을 전쟁으로 보는 견해가 일반화되어 있었지만 오늘날에는 국가 간의 무력행사뿐만 아니라 집단안전보장체제를 맺고 있는 국가집단 간의 무력행사도 전쟁으로 본다. 나아가 내란의 경우도 국제법상 내란을 일으킨 정치단체가 정당한 교전단체로 인정되면 전쟁으로 인정된다. 또 전쟁의 수단에 있어서도 과거에는 무력행사가 전쟁의 필수요건이었으나 오늘날에는 국제법상 한 국가가 명시적으로 혹은 묵시적으로 전쟁의사를 표시하기만 하면 무력행사의 유무에 관계없이 전쟁상태로 간주한다. 제2차 세계대전 때 연합국에 가담하여 독일, 이탈리아, 일본에 대해 정식으로 선전포고를 해 놓고도 직접적인 무력행사를 전혀 하지 않았던 국가가 이런 예에 속한다.

전쟁에는 여러 종류가 있다. 섬멸전(Annihilation War)은 적의 병력을 완전히 사살하고 장비를 모두 파괴하거나 포획하여 항전의 뿌리를 뽑아버리는 전쟁을 의미한다. 전면전(General War)은 교전국들이 각 국가의 존망을 걸고 서로가 가진 가용자원을 총동원하여 치르는 전쟁을 의미한다. 소모전(War of Attrition)은 쉽게 승부가 나지 않는 장기전일 경우 상대의 전쟁지속능력을 말살시켜 어쩔 수 없이 항복하도록 하는 전쟁을 의미한다. 결사전(Decisive War)은 모든 수단을 한꺼번에 동원하여 적의 저항력을 분쇄시키고 전의를 상실시키는 전쟁을 의미한다. 국지전(Local War)은 제한된 지역에서 군사적 목적을 달성하기 위해 벌이는 전쟁을 의미한다. 대리전(Proxy War)은 한 국가가 직접 나서지 않고 우방국 혹은 관련국을 대신 내세워 치르는 전쟁을 의미한다. 예방전(Preventive War)은 가까운 장래에 전쟁이 일어날 것으로 예상될 때 전략적 우위를 차지하기 위해 적보다 먼저 공격에 나서는 전쟁을 의미한다. 제한전(Limited War)은 한정된 군사적, 정치적 목적을 달성하기 위해 한정된 병력과 제한된 전쟁수단 및 전쟁무기를 동원하여 수행하는 전쟁을 의미한다. 혁명전(War of Revolution)은 혁명이라는 비합법적 수단으로 기존정권을 뒤엎고 새로운 정권을 세우기 위한 전쟁을 의미한다.

전쟁의 종류를 불문하고 인류와 전쟁은 떼려야 뗄 수 없는 필연적 관계를 유지해 왔다. 앨빈 토플러는 그의 저서 『전쟁과 반전쟁』에서 "

인류역사에서 전쟁이 없었던 시간은 단 3주뿐이었다"라고 역설했다. 그만큼 인류역사에는 전쟁이 그친 날이 없었다. 지금도 지구 어디서에는 전쟁이 벌어지고 있다. 전쟁은 강자와 약자를 가르는 시험장이며 인간사회의 모순이 폭발하는 역사의 축소판이다. 인류역사를 말할 때 전쟁의 역사를 빼놓을 수 없는 이유는 이처럼 전쟁이 바로 인류사회가 지닌 모순의 축소판이기 때문이다. 함께 살기를 원하면서 함께 살 수 없는 사람들을 죽여야 하는 전쟁이야말로 한편으로는 뭔가를 원하면서도 또 다른 한편으로는 원하지 않는 인간의 이중적 모순을 극명하게 보여준다. 이 또한 이진법적 유전자를 가진 인간의 피할 수 없는 숙명일 것이다.

그렇다면 전쟁에서 이기는 자는 누구일까? 무력적 강자일까? 꼭 그렇지만은 않다. 전쟁에서 이기기 위해서는 많은 요소가 필요하다. 전략과 전술, 리더십, 무기, 날씨 등, 수많은 변수가 제대로 맞아 떨어졌을 때 비로소 전쟁에서 이길 수 있다. 그러나 고대인들은 강자가 이긴다는 생각을 가진듯하다. 왜냐하면 강자는 약자를 너무도 잔인하게 죽였기 때문이다. 고대전쟁은 참으로 무자비한 전쟁이었다. 고대전쟁에서는 아무런 규칙도 없었다. 원시인들은 상대에게 선전포고를 하는 일도 없었고 진을 치고 대오를 갖추는 일도 없었다. 영화를 보면 흔히 오지(奧地)의 부족들이 화려한 의상을 입고 나와 시끌벅적하게 소리치는 것은 모두 가짜 전투이다. 사자가 숲에 조용히 숨어 있다가 벼락처럼 뛰쳐나와 먹이를 물어뜯듯 원시인들은 대부분 밤중에 몰래 소리 소문없이 적을 기습하였다.

고대 원시전쟁의 목적은 주로 땅을 빼앗는 것이었다. 그래서 그들은 전쟁이 벌어지면 제일 먼저 땅을 지킬 수 있는 남자들을 죽였다. 고대인들은 남자들만 죽이면 힘없는 여자들과 아이들은 그들의 땅을 지킬 수 없다는 사실을 잘 알고 있었다. 구석기 이전의 원시생활은 대부분 채집이나 사냥을 위주로 하는 생활이었으므로 땅을 빼앗는다는 것은 곧 채집하고 사냥할 수 있는 장소를 빼앗는 것이었다. 채집하고 사냥할 장소를 빼앗기는 것은 양식을 구할 장소를 빼앗기는 것이었으므로 그것은 곧 자기 목숨을 빼앗기는 것과도 같았다. 또 적을 어설프게 건드렸다가는 오히려 반격을 받아 자기들의 목숨이 위태로워질 수 있었으므로 원시의 전사들은 일단 기습공격을 감행하면 마을을 전부 불태우고 남녀노소를 불문하고 모두 몰살시켰다. 반격의 가능성을 철저히 없애 버렸던 것이다.

원시인들이 그런 무자비한 공격을 감행했을 것이라는 추측은 최근까지 원시생활을 했던 부족들이 이를 입증한다. 1325년 미국 사우스다코다 주(州)의 크로우 크리크(Crow Creek)에서 벌어진 인디언 부족 간의 전쟁은 원시 전쟁이 어떠했는지를 잘 보여준다. 약 800여 명이 살고 있었던 그 마을에서는 사람들이 무너진 목책을 보수하고 있었다. 그러던 어느 날 밤 적들이 기습해 왔고 침략자들은 마을주민의 약 63%에 해당하는 500여 명을 무참히 죽여 버렸다. 죽은 시체에 짐승들의 이빨 자국이 남아있었던 것으로 볼 때 시체는 제대로 매장되지도 않았던 모양이다. 그 후 그 마을에는 사람들의 흔적이 사라졌다. 생존자들이 어디론가 옮겨 가버려 하룻밤의 기습공격으로 마을 하나가 완전히 사라져 버렸던 것이다. 원시전쟁에서 그런 일은 결코 예외적인 것이 아니라 극히 일상적인 일이었다.

또 12세기 말 미국 콜로라도주 남서부에 있는 샌드 크리크 푸에블로(Sand Creek Pueblo)의 어느 마을에서는 주민들이 몰살당한 흔적이 발견되었다. 무너진 집의 잔해 속에서 많은 수의 해골이 발견되었기 때문이다. 또 프랑스 로와(rois) 지방에서는 약4,000년 전 화살을 맞고 죽은 100여 명의 시체가 발굴되었고 적도 뉴기니의 비스마르크 산맥에서 주로 화전을 일구며 살아가는 마링(Maring)족은 최근까지도 밤에 몰래 적들의 집을 포위한 후 불을 지르고 뛰쳐나오는 사람들을 모조리 잡아 죽이곤 했다고 한다. 원시전쟁의 참혹함은 여기서 그치지 않는다. 원시전쟁에서는 항복이나 자비라는 것이 없었다. 오직 누가 살고 누가 죽느냐만 있었을 뿐이다. 그런 동물적 투쟁에서 자비는 사치였다. 원시시대의 전사들은 포로를 잡는 일도 드물었다. 포로를 잡아보았자 먹을 입만 늘릴 뿐 쓸모가 없었기 때문이다. 전쟁포로를 노예로 사용한 것은 본격적인 영농이 시작되면서 노동력이 필요해진 이후의 일이었다.

　전쟁도 궁극적으로는 삶을 위한 투쟁이다. 그런 삶을 위한 투쟁은 자연과의 투쟁에서부터 시작되었다. 위에 언급한 뉴기니의 마링족은 12년마다 한 번씩 카이코(Kaiko)라는 돼지축제를 여는데 이 카이코 축제는 자연과의 투쟁에서 기원한다. 일정한 자연 공간 내에서 인간과 돼지가 동시에 증가하면 돼지와 인간은 경작지와 생산물을 놓고 서로 싸우는 입장이 된다. 즉 경쟁과 갈등관계가 생겨나는 것이다. 마링족에게는 돼지가 중요한 생계수단이다. 돼지는 그들의 중요한 양식으로써 단백질의 주공급원이다. 또 뉴기니의 기후적 환경이 돼지가 생육하기에 아주 좋은 최적지이기 때문에 돼지의 개체 수는 기하급수적으로 늘어난다. 그러나 돼지의 개체 수가 늘어나면 많은 돼지를 배불리 먹일 사료가 있어야 하고 그런 사료를 공급하기 위해서는 그에 상응하는 초지와 경작지가 있어야 한다. 그러나 마링족이 가지고 있는 토지는 한정된 것이다. 한정된 토지에 돼지의 개체 수가 늘어나면 돼지들은 살기 위해 이웃 부족의 농경지를 침범하게 되고 따라서 부족간의 갈등이 생기고 생태계의 불균형이 초래된다. 또 돼지는 주로 여성들이 사육하므로 여성노동이 과중해져 여성들이 심리적 압박을 받게 된다. 카이코 축제는 그런 내적, 외적 문제를 최소화하기 위한 일종의 해결책이다. 과잉 사육된 돼지는 축제동안 도살되고 도살된 돼지는 전쟁 준비를 하는 전사들에게 고단백질을 공급한다. 그렇게 돼지의 수가 줄어들면 생태계는 다시 균형을 찾게 된다.

자연과 투쟁하면서 살아가야 하는 인간의 운명은 여러 곳에서 발견된다. 아프리카 유목민인 새흘족의 경우도 그런 예에 속한다. 1920년대 중반 평균 강수량보다 많은 비가 내려 목초지가 늘어나자 그들은 경쟁적으로 가축의 수를 크게 늘려 개인적 부를 축적해 가기 시작했다. 그러나 얼마 후 날씨가 건조해지고 목초지가 줄어들자 그들은 가축의 수를 줄이는 대신 삶의 질을 그대로 유지하기 위해 많은 가축을 넓은 들판으로 내몰아 방목하기 시작했다. 그 결과 목초가 자라는 속도보다 소비되는 속도가 빨라지게 되었고 따라서 목초지는 서서히 황량한 사막으로 변해 갔다. 더 이상 가축을 기를 수 없게 되었던 것이다. 부를 추구했던 인간의 욕망이 자기를 죽이는 결과로 되돌아 왔던 것이다.

줄루(Zulu)족의 경우에서도 동일한 예를 찾아볼 수 있다. 줄루족은 남아프리카공화국에 사는 반투(Bantu)계 민족으로써 반투어를 사용하며 14세기 무렵까지 동아프리카지역에서 남하해온 것으로 여겨지는 유목민 응구니족(Nguni族)의 후손이다. 현재 인구는 약 1천만명 정도이며 농경과 유목을 주로 한다. 남아프리카의 아파르트헤이트(Apartheit,

(인종차별)정책으로 백인에게서 분리된 민족 집단 중 제일 규모가 큰 민족이다. 줄루족은 19세기 초까지 몇 개의 수장국(首長國)으로 나뉘어 대립하고 있었으나 1818년 샤카(Shaka)가 왕위를 찬탈하고 강력한 군사 국가를 세우면서 획기적인 전기를 맞았다. 샤카는 무기를 개량하고 새로운 전투 진형을 만들고 엄한 군대 규율을 세워 훈련을 실시했다. 그런 막강한 군대를 앞세워 그는 인근지역 여러 부족을 연이어 정복하고 큰 제국을 건설했지만 1828년 동생에게 암살당했다. 그가 죽은 뒤 줄루왕국은 쇠퇴일로를 걸었다. 식민지를 만들고자 했던 백인과의 전쟁에서도 패전하여 1879년에는 나라가 13수장국으로 분할되고 말았다. 오늘날 줄루족은 남아프리카에서 상당한 실권을 박탈당했으나 줄루족의 정체성만은 여전히 유지하고 있다. 줄루 사회는 족외혼인 부계혈통으로 이루어져 있다. 전통적으로 일부다처제이며 레비레이트혼(levirate婚)[2]과 영혼결혼(ghost marriage: 여성이 죽은 근친자와 결혼하는 풍습)이 이루어진다.

고대 줄루족, 즉 응구니족(Nguni族)에게는 노예제도도 없었고 복수전도 존재하지 않았다. 모든 분쟁은 추장에게 맡겨져 있었고, 그의 말은 곧 법이었다. 하지만 응구니족들도 언제부터인가 싸움을 벌였고 전쟁을 일으켰다. 그들이 전쟁을 벌인 이유는 초지를 획득하기 위해서였다. 가축을 기르기 위해서는 당연히 그만한 초지가 있어야 한다. 하지만 땅은 제한된 것이다. 인구가 늘어나고 그에 따라 더 많은 가축이 필요해지자 가축을 기르기 위한 제한된 초지를 놓고 그들은 전쟁을 벌이

---

[2] 레비레이트혼(levirate婚)이란 남편이 죽으면 죽은 남편의 형제나 최근친자가 그 과부를 아내로 삼아야 하는 의무적 결혼을 의미한다.

게 되었던 것이다. 고대의 모든 전쟁은 바로 그런 생존터전을 빼앗기 위한 전쟁이었다. 이처럼 고대 전쟁의 출발점은 양식의 확보라는 경제적 목적에 있었던 것이다.

전쟁은 동물이 지닌 본능에서 비롯된다는 견해도 있다. 1973년 노벨생리의학상을 받은 오스트리아의 동물학자 콘라트 로렌츠(Konrad Zacharias Lorenz)는 모든 동물들은 본능적으로 공격성을 지닌다고 주장했다. 대부분의 동물들은 자기와 같은 종의 동물에 대해서는 공격성이 잘 나타나지 않는다. 주로 복종하거나 후퇴한다. 사람도 본래는 그런 동물적 본성을 가지고 태어났다. 그러나 사냥용 무기가 발명되면서 생산성이 높아지자 인구가 늘어나기 시작했다. 그 결과 사람들은 자기가 살아갈 좁은 땅을 지키는 데 방해되는 것이라면 사람이든 짐승이든 마구 죽여야만 했다. 인간이 인간을 죽이는 그런 전쟁은 공격자와 피해자 사이에 지울 수 없는 감정적 상처를 남겨 공격이 또 다른 공격을 부르는 공격의 악순환을 가져온다. 로렌츠는 그런 과정을 거치면서 생존을 위해 동물을 사냥했던 사람들이 전사로 변해 갔다고 주장했다. 인간은 본능적으로 질병을 일으키는 벌레나 곤충 혹은 인간의 몸에 붙어사는 기생충들을 죽이지 않을 수 없고, 또 살기 위해서는 하위 먹이사슬에 속하는 짐승들을 죽이지 않을 수 없다. 바늘 도둑이 소도둑 되듯 인간은 자신도 모르는 사이에 그런 작은 죽임을 전쟁이라는 대대적인 살육전으로 확대해 갔던 것이다.

무기의 개발과 전쟁은 밀접한 연관을 가진다. 예나 지금이나 전쟁의 승리는 정신력이 강한 자가 이기는 것이 아니라 무기력이 강한 자가 이긴다. 용맹한 자가 승리한다고 굳게 믿었던 맘루크(Mamluk, 노예용병)들도 정신력이 같을 경우 더 좋은 무기를 가진 자가 이긴다는 사실을 잘 알고 있었다. 맘루크는 어린 시절부터 노예가 되어 군인으로 길러지는데 성장하면 대부분 이슬람교로 개종한다. 성장 후에는 노예 신분에서 벗어나지만 자신을 양육한 주인에 대하여 절대적 충성을 바친다. 그런 맘루크 제도의 도입은 압바시야 왕조(Abbasids)의 제8대 칼리프, 알무타심(Al-Mu'tasim, 재위 833~842년)이 어릴 때부터 군인으로 훈련받은 투르크 노예용병들을 궁성의 경호원으로 고용하면서부터 시작되었다. 그들은 지연적, 혈연적 관계가 없었으므로 오직 칼리프(caliph)에게만 맹목적인 충성을 바칠 수 있었다. 따라서 칼리프는 중앙정부에서 고조되던 아랍인과 페르시아인 간의 갈등에서 자신을 보호할 친위대로 그들을 고용하는 한편 나아가 제국의 안전을 도모하는 고급 군사집단으로 훈련시켰던 것이다.

10세기 중엽 이후 이슬람의 압바스(Abbasiya)제국이 서서히 약화되고 군부의 정치적 영향력이 강화되자 군사력을 장악하고 있었던 맘루크(Mamluk-노예)의 역할도 커지게 되었다. 또 십자군 전쟁과 몽고족의 침입 시 맘루크들이 큰 역할을 하자 맘루크는 없어서는 안 될 필수불가결한 군사집단으로 인식되었다. 이슬람사회는 노예에게 명확한 제한을 두지 않고 각자의 장점을 살릴 수 있는 일을 하게 했다. 따라서 비록 노예라 할지라도 기회를 얻으면 높은 교양을 쌓을 수도 있었고 국가와 사회의 요직에 등용되기도 했다. 또 아버지가 인정하면 어머니가 노예일지라도 자유인이 될 수 있었으므로 여자 노예의 아들이 이슬람 제국의 왕위를 잇는 경우도 적지 않았다. 따라서 이슬람 사회에서는 노예 출신의 맘루크 군사집단이 막강한 영향력을 가질 수 있었으며 맘루크들이 자신들의 권력을 확인하게 되었을 때 스스로 지배권을 장악하기도 했다.

전쟁의 역사를 시대별로 구분하면 크게 원시전쟁시대, 고대전쟁시대, 근대전쟁시대로 나눌 수 있다. 원시전쟁시대란 지금으로부터 약 50만 년 전, 원시인들이 나름대로의 언어를 사용하여 의사를 교환하면서 집단투쟁을 시작했던 시기이다. 원시전쟁에 대한 이런 견해는 세계 도처에 남아있는 고고학적 유물과 현재 생존하고 있는 미개민족을 조사한 결과 얻어진 것이다. 고대전쟁시대란 고대문명이 일어난 이후 지구 곳곳에서 벌어졌던 전쟁이다. 고대문명의 중심지였던 나일강이나 유프라테스강 유역에서는 약 1만 년 전부터, 인더스강이나 황하강 유역에서는 약 5,000년 전부터, 그리고 페루나 멕시코 등지에서는 약 4,000년 전부터 전쟁이 발발했던 것으로 보인다. 이 시대는 이미 문자를 사용하고 있었던 시기이므로 문자혁명이 몰고 온 전쟁이기도 했다. 근대전쟁시대란 기술혁명으로 인쇄술이 등장하고 화약과 획기적인 교통수단이 발명되면서 우수한 무기를 사용해 벌인 전쟁이다.

원시전쟁의 주체였던 구석기인들은 미처 활을 발명하지 못했던 사람들이다. 활이 등장한 것은 신석기시대인 약 1만 년 전의 일이었다. 활은 인류최초의 기계라고 해도 좋을 것이다. 신석기 사람들이 어떻게 활을 고안해 냈는지 알 수 없지만 활은 당시로서는 실로 획기적인 무기였다. 활이 발명되면서 인간은 사냥을 하기 위해 사나운 짐승과 맞붙어 목숨을 걸고 몸싸움을 할 필요가 더 이상 없어졌던 것이다. 직접 맞닥뜨려 부딪히지 않고 활을 쏘아 수십 미터 떨어져 있는 짐승을 사냥한다는 것은 오늘날 미사일을 발사하여 수천 킬로미터 밖에 있는 적군을 섬멸하는 것만큼이나 획기적인 사건이었다. 빙하기가 지나고 온도가 상승함에 따라 동물들은 보다 넓은 초원과 숲에서 살게 되었고, 그에 따라 신석기 사람들은 먹을 양식을 확보하기 위해 그 넓은 곳을 빠르게 오가는 동물들을 포획할 수단을 찾아야 했다. 활은 바로 그런 자연환경적 요소가 일깨워준 무기였다.

"바닷물은 채울 수 있어도 사람의 욕심은 채울 수 없다"는 말이 있다. 사람의 욕심은 그만큼 끝이 없다. 예부터 전쟁은 그 끝없는 목적을 채우기 위한 수단이었다. 인간의 주된 욕망은 부와 권력과 사랑이다. 따라서 원시전쟁의 일차적 목적은 풍부한 양식을 얻을 수 있는 터전, 즉 땅을 빼앗는 것이었다. 그다음으로는 많은 백성을 거느리고 권력욕을 채우는 것이었다. 전쟁포로를 노예로 삼은 것은 그런 권력욕을 채우기 위한 방편이었다. 또 고대 전쟁의 주요 전리품은 여자였다. 전쟁은 남자들의 전유물이었으므로 전쟁에서 승리한 전승자들은 그들이 원하는 여자들을 마음대로 빼앗아 갔다. 고대의 전쟁 지휘자들은 거의 예외 없이 그런 여자선물을 내세워 전쟁을 독려하곤 했다.

평화를 지키기 위한 전쟁이라는 말이 있다. 그것은 참으로 모순된 말이다. 복수가 또 다른 복수를 부르듯 전쟁은 또 다른 전쟁을 부른다. 그러므로 전쟁을 통해 평화를 지킨다는 말은 현실적으로 불가능하다. 그런데도 인간은 왜 그 불가능한 목적을 달성하기 위해 전쟁을 하는 것일까? 불행히도 인간은 오늘의 강요된 평화를 내일에 분출될 투쟁보다 선호하는 본성을 가지고 태어난 듯하다. 그런 본성이 표출되는 과정은 단순하다. 오늘 당장 힘이 약한 국가는 강대국의 식민지가 된다. 강자의 입장에서 볼 때 그것은 약자의 당연한 복종이며 그런 복종이 계속되는 동안 약자의 투쟁은 수면 아래로 잠복되고 양국 간의 외형적 평화는 지켜진다. 여기서 만일 잠복된 약소국의 독립투쟁이 분출되면 강대국은 수면 아래 잠복된 외형적 평화를 유지하기 위해 탄압과 전쟁을 불사한다. 강대국이 일으키는 전쟁은 그래서 평화를 지키기 위한 전쟁으로 포장된다.

  그러나 약소국의 입장에서 보면 그 전쟁은 평화를 지키는 전쟁이 아니라 식민국의 원한을 뼈속 깊이 되새기는 전쟁이다. 따라서 식민지가 된 약소국은 밤낮으로 원한을 되새기며 복수의 칼을 간다. 그렇게 사무친 원한에서 나오는 약자의 복수심은 끝없는 항전을 부르고 마침내 승리한다. 이제 승리한 약자는 강자가 된다. 새로운 강자가 된 과거의 약소국은 무자비한 복수를 시작한다. 그 복수전은 과거의 강자가 두 번 다시 일어서지 못하도록 짓밟는 것이다. 아예 반항의 싹을 잘라버리기 위해 벌이는 그 전쟁은 무조건 살육하는 무자비한 전쟁이 될 수밖에 없다. 그럼에도 불구하고 그들이 내세우는 전쟁의 명분은 과거의 강자와 똑같이 평화를 지키기 위한 전쟁이다. 반항하지 않고 가만히 있으면 평화로운 세상이 될 터인데 가만히 있지 않고 난리를 부리니 그 난리를 진압하고 평화를 되찾겠다는 것이다. 평화를 지키기 위한 전쟁은 그렇게 반복된다. 인류역사를 통해 그런 식의 평화를 지키기 위한 전쟁은 한 번도 그친 날이 없다.

  식민국의 독립전쟁은 대표적인 경우이다. 식민국가가 벌이는 독립전쟁은 독립군 입장에서 보면 잃어버린 나라를 되찾는 정의롭고 신성한 전쟁이다. 하지만 점령군 입장에서 보면 무자비하게 진압해야 할 괘씸하고 용서할 수 없는 전쟁이다. 전쟁은 그렇게 한쪽의 선(善)이 다른 쪽의 악(惡)이 되는 모순을 안고 있다. 그런 모순 속에서는 평화의 개념 역시 모순만큼이나 상반된다. 독립군의 목적은 식민 이전의 독립 상태로 되돌리는 것이고, 점령군의 목적은 식민 이후의 식민 상태를 유지하는 것이다. 즉 독립군은 과거의 평화를 되찾기 위해 전쟁을 하고, 점령군은 현재의 평화를 지키기 위해 전쟁을 한다. 이처럼 양자가 내세우는 명분은 똑같이 평화를 지키기 위한 전쟁이지만 그들의 실제적 목적은 하늘과 땅만큼이나 다르다.

인류역사를 보면 전쟁의 희생자인 약자는 죄인 아닌 죄인이었다. 약자는 항상 강자의 먹잇감에 지나지 않았기 때문이다. 강자에 의해 제멋대로 찢겨져 온 폴란드의 역사는 이를 단적으로 입증한다. 폴란드의 역사는 10세기부터 시작되었다. 폴란드라는 국명은 고대 폴란드 민족을 통일하여 폴란드 왕국의 기초를 쌓아 올린 서(西)슬라브족의 일족인 폴라브(Polab)족에서 유래되었다. 평원의 백성이라는 의미를 지닌 폴라브족은 폴란드 국가(폴란드어로는 폴스카(Polska)의 어원이 되었다. 폴란드의 역사는 966년 가톨릭을 받아들인 피아스트 왕조(Piast dynasty)가 성립되면서부터 시작되었다. 그 후 200여 년의 공국분할시대를 거쳐 중앙집권국가가 되었고, 1410년 그룬발트(Grunwald) 전투에서 독일군을 격파하고 발트(Balt)해로 통하는 길을 열면서 16세기에는 최대 전성기를 맞았다. 1573년에는 야기에오(Jagieo) 왕조가 끝나고 귀족들이 국왕을 선출하는 일종의 귀족공화정이 등장하였으며 1596년에는 수도를 크라쿠프(Krakow)에서 바르샤바(Warsaw)로 이전했다.

그러나 투르크 및 스웨덴과의 전쟁을 거치면서 국력이 쇠퇴해지자 프로이센, 러시아, 오스트리아 3국이 점진적으로 폴란드를 침입하였고 폴란드는 1795년부터 1918년까지 3국의 지배를 받게 되었다. 그로써 폴란드는 유럽지도에서 사라지게 되었고 123년 동안 러시아, 프로이센, 오스트리아에 분할되어 그들의 지배를 받게 되었다. 폴란드를 분할통치했던 이들 3국은 자국 영토가 된 폴란드 지역에 본국의 행정, 사법, 사회제도 등을 도입하면서 자국화 정책을 서둘렀다. 그런 정책의 일환으로 분할통치 했던 3국은 1797년 폴란드라는 단어를 일절 사용하지 않기로 합의했고 폴란드 귀족들은 그들의 특권과 재산이 지배국에 의해 보장되었으므로 지배국의 그런 합의에 기꺼이 협조하고 충성을 맹세했다. 나라는 세 조각나도 개인의 영달만 보장되면 상관없다는 귀족들로 가득 차 있었던 것이다.

폴란드 민족의 독립운동이 활기를 띠기 시작한 것은 1853년 크림전쟁(Crimean War)이 발발했을 때였다. 러시아가 크림반도의 흑해를 놓고 오스만투르크, 영국, 프랑스, 프로이센, 사르데냐 연합군과 전쟁을 벌이자 이를 계기로 하여 폴란드의 망명단체들은 의용군을 조직하여 대 러시아전에 나서려 하였다. 그러나 망명단체 지도자들의 내분으로 의용군은 제대로 조직조차 갖추지 못했다. 거기다 1850년대 초, 흉년이 들고 연이어 홍수가 나고 전염병이 창궐하는 등, 자연적 재해가 겹치자 농민들의 생활은 말할 수 없이 비참해졌다. 그 결과 농촌의 사망률이 증가하고 그에 따라 인구가 감소되자 산업 활동은 미약하기 짝이 없었다. 폴란드는 그런 어려운 시기를 겨우 넘기고 1856년에 이르러서야 비로소 크라쿠프(KrakEw)와 르부프(LwEw) 간에 철도를 부설하기 시작했다.

경제회복과 더불어 독립운동도 재개되었다. 1861년에 들면서 반러시아 여론이 크게 분출되자 농업협회는 러시아 정부에 농민해방을 촉구하기도 했다. 러시아 정부는 여론이 나빠지고 시위가 빈번히 일어나자 폴란드인들을 달래기 위해 폴란드인들이 싫어하던 내무국장 무하노프(Muchanov)를 직위해제하고 비엘로폴스키(WieloPolski)를 문화교육국장으로 임명했다. 그래도 폴란드의 독립운동이 계속 치열해지자 프로이센의 비스마르크는 1863년 2월 알벤슬레벤(Alvensleben)을 페테르부르크에 보내 러시아와 이른바 알벤슬레벤 협약을 체결했다.

그 협약에 의하면 프로이센과 러시아는 폴란드 반군이 다른 지역으로 넘어올 경우 국경을 무시하고 추격할 수 있는 권리를 상호보장했다.

하지만 그런 협약에도 불구하고 폴란드 국민의 저항은 계속되었다. 1895년에 설립된 폴란드 농민당(PSL)은 귀족들과 관료들을 상대로 농민에 대한 정당한 토지분배 및 농민부담 감소 등을 외치며 농민생활의 향상을 위한 투쟁을 벌였다. 그러나 갈리시아 지방에는 노동자들이 많지 않았기 때문에 그 같은 사회주의운동은 활발하게 일어나지 못했다. 특히 1848년의 봉기가 실패로 끝나자 프로이센 점령지역에서는 무장투쟁을 하기 어렵다는 인식이 폴란드인들 사이에 확산되었다. 그에 따라 1850부터 포즈난(Poznan) 지역의 폴란드인들은 근본적인 노동운동을 받아들이는 쪽으로 기울었다. 포즈난이 1867년에 북독일 연방에 합병되자 그때까지 누리고 있던 정치, 행정, 문화, 사회 등, 여러 분야에서의 자치영역이 사라지게 되었다. 더욱이 1870년부터 프로이센 정부는 폴란드 내의 모든 지방분권적 제도를 폐지하고 자치권 확대를 요구하는 일체의 정치적 활동을 금지시켰다.

폴란드 독립에 서광이 비치기 시작한 것은 1905년에 러시아혁명이 일어나고, 1908년에 오스트리아가 보스니아(Bosnia)를 합병하고, 1912년에 발칸전쟁이 일어나면서 유럽이 전운에 휩싸일 때였다. 그 당시 폴란드 민족운동단체들이 독립을 위해 선택할 수 있었던 길은 세 가지였다. 첫째는 민족민주당이 주장한 것처럼 러시아의 보호하에 폴란드 자치정부를 수립하는 것이었고, 둘째는 독일에 협력하여 폴란드 자치권을 최대한 확대하는 것이었고, 마지막은 오스트리아의 지원하에 폴란드 자치국가를 오스트리아의 제국 내에 건설하는 것이었다. 하지만 폴란드 지도층들은 서로 물고 뜯기에 바빴다. 민족민주당은 러시아와의 통합이 폴란드 자치와 모순되지 않는다고 주장했고, 폴란드 사회당은 오로지 무장투쟁만이 폴란드의 독립과 사회혁명을 실현시킬 수 있다고 주장했다. 그런 대립 속에서 전쟁과 파업이 계속되고 국내가 불안해지자 차르 니콜라이 2세는 국민들의 요구를 수용하여 1905년에 노조를 합법화하고, 의회제도와 헌법을 제정하겠다고 약속했다. 그러나 1906년 제정된 헌법은 폴란드의 국내 상황을 크게 개선시키지는 못했고, 폴란드 사회당 내부에서는 당 노선을 둘러싸고 분열조짐이 일어났다.

한편 1917년 8월 드모프스키(Dmowski)와 민족민주당원들에 의해 성립된 폴란드 민족위원회(KNP)는 그해 말까지 프랑스, 영국, 이탈리아 및 미국 정부의 승인을 받았다. 1918년 10월 드모프스키는 장차 폴란드 국가에 대한 비전으로서 중앙집권적인 강력한 폴란드 민족국가를 구상하고 있었다. 반면에 피우스트스키(Faustsky)는 폴란드의 주도하에 수많은 민족들을 포함하는 대연방 국가를 정치적 이상으로 삼고 있었다. 1918년 미국 윌슨 대통령이 민족자결주의를 부르짖고 나오자 그해 10월 바르샤바(Warszawa)의 섭정위원회는 독일사령부와 사전협의도 하지 않고 독자적으로 폴란드 민족에게 성명서를 발표하여 모든 정당이 참여하는 정부를 구성할 것과 제헌국회의원을 선출할 것을 공고했다. 또 스미그위가 지휘하는 폴란드 군사조직(POW)은 1918년 루벨스키에(Lubuskie)주(州)의 주도(州都) 루블린(Lublin)을 장악하고 다신스키(Daszyński)를 수반으로 하는 폴란드 공화국 임시인민정부를 수립하자 11월 14일 섭정위원회는 폴란드자치권을 유명한 민족운동가 피우스트스키(Józef Pitsudski)에게 양도하고 스스로 물러남으로써 폴란드는 마침내 독립하게 되었다.

그러나 폴란드의 불행은 거기서 그치지 않았다. 폴란드 정부는 1932년에는 소련과, 또 1934년에는 독일과 각각 불가침조약을 체결하였으나 1939년 9월 1일 나치독일은 그 조약을 무시하고 서부 지역을 점령했다. 그러자 러시아는 그에 대항하여 동부지역을 점령하기에 이르렀다. 더욱이 나치독일은 이른바 죽음의 수용소라 불리는 아우슈비츠수용소를 만들어 잔학한 살상을 자행하였다. 폴란드가 겪은 그 죽음의 불행은 바로 약자라는 죄, 즉 나치독일의 침공을 막아낼 힘이 없었던 죄였다. 1795년부터 1918년까지 123년 동안 프로이센, 러시아, 오스트리아 3국의 지배를 받았던 것 역시 "힘없는 죄"의 대가였다. 그래서 역사는 외친다. 약소국은 침공의 대상이지 보호의 대상이 아니라고.

▎전쟁과 식민지

가장 오랜 식민의 역사를 가지고 있는 아프리카 국가들의 경우는 더욱 처참하다. 사하라 이남의 아프리카를 찾은 최초의 유럽인은 1364~1365년에 걸쳐 내왕했던 프랑스인이었다고 한다. 그러나 유럽지도에 기니(Guinea)라는 지명이 최초로 나타난 것은 1350년 무렵이다. 역사적 기록에 의하면 아프리카에 발을 디딘 최초의 유럽 항해자는 l434년에 북위 26도의 바하도르곶(串)을 남하한 포르투갈의 질 에아네스(Gil Eanes)대령이었다. 교황(敎皇)이 아프리카 서안의 영토권을 포르투갈에 부여했기 때문에 포르투갈인 디오고캄(Diogo-kam)은 항해를 계속하여 1471년에는 적도(赤道)에 이르렀고, 1482년에는 콩고강(Congo River) 하구를 발견했으며, 1488년에는 디아스(Dias)가 희망봉을 발견했다. 또 1497년에는 바스코 다가마(Vasco da Gama)가 희망봉을 우회하여 인도양으로 가는 항로를 발견하였다.

그렇게 아프리카의 문이 열리자 1530년대 이후 네덜란드, 영국, 프랑스, 덴마크 등, 유럽 여러 나라의 항해사들이 잇달아 아프리카 서해안에 들어가 무역기지를 개설하였다. 네덜란드는 아프리카 무역에는 신경 쓰지 않고 아시아 항로의 보급기지를 확보하는 데 중점을 두었고, 영국은 남북아메리카에 이미 식민지를 확보하고 있었기 때문에 남북아메리카의 부족한 노동력을 공급하기 위한 노예무역을 중요시하였다. 또 포르투갈은 기니, 앙골라, 모잠비크에서 노예무역과 기독교를 포교하는 한편, 서해안에 영토를 가지고 있었고, 네덜란드는 1652년 케이프(Cape)에 식민지를 설치하였다. 하지만 그때까지만 해도 다른 유럽 국가들은 영토적인 야심을 크게 갖고 있지 않았다.

 아프리카가 본격적으로 식민지화되기 시작한 것은 17세기 후반부터였다. 노예무역이 성황을 이루자 서아프리카 기니만(Gulf of Guinea) 연안의 각지에 노예무역을 위한 다수의 기지가 구축되었다. 하지만 그때만 해도 군인이나 무역업자가 성내(城內)에 체재하였을 뿐 유럽인들은 성 밖으로 나가지도 않은 채 노예사냥은 아프리카인들에게 시켰다. 유럽인들에게 노예를 팔면 큰 돈벌이가 된다는 사실을 알게 되자 아프리카인들은 부족 대 부족, 마을 대 마을이 서로 습격하여 포로로 잡은 사람을 유럽인들에게 팔아넘겼다. 그런 노예사냥이 계속되면서 아프리카의 전통적인 생산업은 무너지고 남아있던 문화유산마저 불타거나 파괴되었다. 아프리카인들이 호전적이고 미개한 열등인종이라는 이미지는 19세기까지 계속된 그런 노예사냥의 결과가 가져다준 것이었다.

 그러나 미국이 독립전쟁에서 승리하고 프랑스 혁명이 일어나면서 국제적으로 노예해방의 기운이 무르익기 시작하자 영국, 프랑스, 미국은 아프리카 대륙 내부를 침략하기 위한 교두보(橋頭堡)를 만드는 데 부심하였다. 그 결과 1787년 M. 파크의 니제르(Niger)강 탐험을 시작으로 내륙탐험이 활기를 띠기 시작했다. 영국은 아프리카인에 의한 자유의 나라를 건설하기로 결정하고, 1787년 시에라리온(Sierra Leone)에 해방된 노예를 이주시키는 한편 노예 신분을 벗어난 아프리카인들이 이주한 곳을 프리타운(Free town, 현재 시에라리온의 수도)이라 이름 붙였다. 그 프리타운은 1807년 노예무역이 금지된 이후 노예에서 해방된 사람들의 정착지가 되었다. 그러나 그러한 자유운동은 오래지 않아 포기되고 감비아, 골드코스트(黃金海岸, 지금의 가나) 등은 식민지를 개척하는 전진기지가 되고 말았다.

더욱이 세네갈의 생루이(Saint-Louis)를 전진기지로 삼고 있던 프랑스는 노예무역을 포기하지 않았으며 영토적 야심도 버리지 않았다. 아프리카 서부 사하라 사막 서남쪽에 있는 라이베리아(Liberia)는 1822년에 미국의 식민회사가 해방 노예를 이주시켜 건설한 국가로서 1847년에 아프리카 최초의 흑인 공화국으로 독립하였다. 그렇게 겉으로는 독립하였지만 실제로는 미국의 대(對)아프리카 정책의 기지가 되었다. 한편 북부 아프리카에서는 1798년 나폴레옹이 이집트 원정에 나서자 이집트의 요청을 받은 영국이 1801년 군대를 파견하여 카이로를 점령하게 되었는데, 그것은 영국이 북부 아프리카에 관심을 가지는 계기가 되었다. 그렇게 영국, 미국이 북부 아프리카에 관심을 가지자 프랑스는 뒤질세라 1830년 알제리를 침략하였다. 그리하여 북부 아프리카는 유럽인들에 의해 모두 장악되었다.

남부 아프리카도 마찬가지였다. 영국은 나폴레옹 전쟁 때 네덜란드의 케이프 식민지를 점령하였다가 되돌려 주었으나 1806년 영국은 다시 아시아 항로의 중요한 보급기지역할을 하는 케이프타운을 점령하였다. 서부 아프리카도 유럽인의 손아귀를 벗어나지 못했다. 1821~1822년 영국인 탐험대가 지중해를 거쳐 서부 내륙의 차드호(湖)에 도달하였고 그보다 앞서 1818년 프랑스인들은 세네갈강 유역을 탐험하였다. 또 1850년에는 독일인 H. 바르트가 지중해로부터 차드호와 나이제르 유역을 탐험하였고, 1848년에는 독일인 요하네스 레브만(Johannes Revman)이 동부 아프리카에서 킬리만자로를 발견하였다. 1850년대에는 영국인 리빙스턴(Livingstone)이, 1860~70년대에는 미국인 스탠리(Henry Morton Stanley)가, 1870~1880년대에는 프랑스인 사보르냥 드 브라자(Pierre Savorgnan de Brazza)가 동부에서 콩고강 유역을 거쳐 남부 아프리카의 내륙을 탐험했다.

그런 탐험은 식민지를 개척하기 위한 전초전과도 같았다. 서부 아프리카는 영국, 프랑스 그리고 독일이, 동부 아프리카는 영국과 독일이 각각 식민지 확보에 열을 올렸다. 그러나 영국에서는 1850년 무렵부터 산업자본이 발전하여 자유무역이 왕성했기 때문에 식민지를 획득하고 통치하는 데는 소극적인 태도를 보였다. 그 때문에 서부 아프리카의 영토를 획득하는 데는 프랑스가 한발 앞섰으며 리빙스턴이나 스탠리의 탐험성과는 벨기에의 식민지 획득을 돕는 결과가 되었다. 영국과 프랑스에 이어 뒤늦게 아프리카 분할경쟁에 뛰어든 독일은 벨기에와 손잡고 식민지를 넓히면서 1884년 말부터 이듬해 초까지 당시의 구미열강 대표들을 베를린으로 불러들여 콩고분지를 중심으로 하는 아프리카 분할문제를 협의하고, 콩고분지조약을 조인하였다. 이 조약은 대서양 연안에서 인도양 연안에 걸친 광대한 아프리카 지역에 대해 식민지의 보유원칙을 세우는 것이었다.

그런 조약에 의해 특권을 보장받은 구미회사는 자원이 풍부한 식민지 내의 토지소유권, 광업권, 무역권을 비롯하여 징세권(徵稅權), 행정, 사법, 입법 및 경찰권까지 장악하면서 이익을 독점했다. 또 네덜란드계(系) 보어인(Boer)이 세운 남부 아프리카의 트란스발 공화국(Transvaal Republic)에서 1867년 금광이 발견되고, 오렌지 강변에서 다이아몬드가 발견되자 영국은 1899부터 1902년까지 그 지역의 지배권을 확립하기 위해 보어전쟁(Boer War)을 벌였다.

국익을 놓고 벌인 투쟁은 그 뿐만이 아니었다. 앙골라와 모잠비크를 모두 지배하려 했던 포르투갈, 남서아프리카와 동부아프리카(지금의 탄자니아)를 연결하려했던 독일, 케이프타운에서 카이로까지 식민지를 연결시키려 했던 영국 등이 콩고분지 이남의 내륙에서 분할경쟁을 벌였다. 북부 아프리카에서는 모로코를 둘러싼 분할경쟁이 1912년에야 겨우 끝났으며, 리비아는 1911년 이탈리아령이 되고, 이집트는 1914년 영국보호령이 됨으로써 북아프리카를 지배해온 터키의 세력은 완전히 거세되었다. 그리하여 제1차 세계대전 직전까지 아프리카 대륙에는 에티오피아와 라이베리아라는 두 개의 형식적인 독립국만 남았을 뿐 아프리카 전역은 식민대륙으로 바뀌고 말았다.

아프리카 대륙이 그렇게 식민대륙으로 바뀐 것 역시 "힘없는 죄" 때문이었다. 근대식 무기로 무장한 유럽인들에게 있어서 아프리카인들은 한낱 힘없는 원시부족에 지나지 않았다. 그래서 그들은 가는 곳마다 승리할 수 있었고 그들의 승리는 식민지라는 전리품을 안겨주었다. 인류역사를 통해 힘없는 민족이 겪었던 그러한 참상은 한 번도 변한 적이 없다. 물론 앞으로도 변하지 않을 것이다. 이런 불변적 사실을 놓고 볼 때 자연의 먹이사슬에는 자비가 없듯 힘없는 약자에게 주어지는 참극은 인간으로서는 어찌할 수 없는 자연의 이치인지도 모른다.

전쟁과 평화가 가지는 그런 상호작용은 전쟁과 평화의 생멸과정이기도 하다. 봄이 되면 들판의 초목들이 저마다 싹을 틔우며 생존경쟁을 벌이듯 인간도 서로가 더 많은 땅과 재물을 차지하기 위해 전쟁을 벌인다. 그러나 겨울이 되면 무성히 자란 풀들이 잎을 지우고 사라져 가듯 전쟁이 극에 달하면 누군가는 패자가 되어 사라진다. 한 해가 가고 또 다시 새로운 봄이 오면 죽은 듯 사라졌던 풀들이 다시 싹을 틔우고 생존경쟁을 벌이듯 강자는 언젠가 약자가 되고, 그러면 죽은 듯 숨죽이고 있던 약자가 휘청거리는 강자를 쳐부수기 위해 새로운 전쟁을 벌인다. 한번 이기면 한번 지는 이런 승패의 순환은 한번 성(盛)하면 한번 멸(滅)하는 우주적 이치를 그대로 반영하고 있다.

이처럼 승패의 순환은 인간의 힘으로는 어찌할 수 없는 하늘의 이치이므로 인간으로서는 피할 수도, 거부할 수도 없는 숙명적 순환이기도 하다. 이겼던 자는 언젠가 지고, 졌던 자는 언젠가 이겨 온 수천만년의 인류역사가 이를 입증한다. 당장 찬란했던 고대문명의 발상지가 이제 한낱 고대유적지에 불과한 사실만으로도 이런 사실은 증명되고도 남는다. 그러므로 인간사회가 존속하는 한 앞으로도 이와 똑같은 전쟁과 평화의 역사는 반복될 것이며 그에 따라 승자와 패자의 순환적 역사도 그대로 반복될 것이다.

그런 순환적 역사는 인간에게 희망과 절망을 동시에 안기는 역사이다. 초목에게 있어서 봄은 희망이고 겨울은 절망이듯, 인간에게 있어서 승전은 희망이고 패전은 절망이다. 그러나 새로운 봄이 오기 때문에 초목들은 겨울이 와도 여전히 그 추운 겨울을 견디며 봄을 대비하듯 인간 역시 패전의 절망 속에서도 승전할 날이 올 것을 믿으면서 부지런히 미래를 준비한다. 이는 한 개인의 경우도 마찬가지이다. 절망은 절망으로 끝나지 않고 희망은 희망으로 끝나지 않는다. 희망과 절망은 반드시 밤과 낮처럼, 겨울과 여름처럼, 맑은 날과 흐린 날처럼 교차하고 순환한다. 전쟁과 평화가 우주의 이진법적 유전자를 안고 태어난 인간사회의 숙명적 두 요소이듯, 희망과 절망 또한 인간의 숙명적 두 요소이다.

▍사회활동이 야기하는 정치문제

사회적 문제가 대두되자 이번에는 그런 문제를 원만히 해결하고 다 함께 어울려 살 수 있도록 통합할 필요성이 제기되었다. 씨족회의, 부족회의 같은 협의체는 그래서 생기게 되었다. 그렇게 해서 생긴 협의체가 많은 대화를 통해 사회적 문제를 조정하고 집단을 통합할 수 있는 최선의 방법으로 제시한 결론은 일정한 법을 정하고 이를 강제적으로 지키게 해야 한다는 것이었다. 그 결과 법률이 제정되고 강제적 집행력을 가진 통치기구가 탄생하게 되었다. 정치조직은 그렇게 시작되었다. 즉 정치는 경제적 집단생활을 원만히 이끌어 가기 위해 구성원들 간의 합의에 의해 정해진 법을 강제력으로 지키게 하는 데서부터 시작되었던 것이다. 이렇게 법과 강제력은 서로 떨어질 수 없는 일심동체와 같은 것이었다.

물론 위로부터의 통치만을 정치로 보지 않고, 아래로부터의 항쟁 및 그 밖의 활동도 정치로 보는 견해가 있다. 정치는 국가사회에 한정된 인간 활동뿐만 아니라 회사, 노동조합, 교회, 학교, 가정 같은 모든 인간생활에서 발생하는 이해관계의 대립이나 의견의 차이를 조정해 나가는 일도 포함될 수 있다. 미국 정치학자들의 대부분은 이런 관계를 거번먼트(government)라 하여 국가는 공적인 거번먼트인데 반해, 그 밖의 것은 사적인 거번먼트라 칭하기도 한다. 그러나 어느 쪽이건 대립을 조정하고 통일적인 질서를 유지시키는 일이라는 점에서는 공통이다. 한 마디로 정치는 통치자가 필요로 하는 질서를 유지하고 강화하는 일이다.

물론 이와 다른 견해도 있다. 마르크스주의자들은 정치를 계급적 시각에서 고찰하고 있다. 이들의 주장에 의하면 국가는 특정 계급의 이익을 보호하는 권력기관이며 국가 통치는 적대적인 여러 계급의 저항을 통제하고 스스로의 권익에 필요한 질서를 유지하고 강화하는 것이라고 한다. 이에 대해 피지배계급에 속하는 대중은 자신의 권리와 이익을 수호하기 위해 부단히 저항하고, 적극적으로 요구하며 그것을 실현시키기 위해 다양하고도 조직적인 노력을 경주한다는 것이다. 이러한 지배와 저항을 본질로 하는 것이 바로 정치라는 것이다.

정치는 이렇게 대립적 의견의 조정을 본질로 보든, 지배와 저항을 본질로 보든, 강제력을 필요로 하기는 마찬가지이다. 그런 정치적 강제력은 체력처럼 사람이면 누구나 가지는 자연발생적인 힘이 아니라 인간이 인위적으로 정한 법에 의해 생기는 힘이기 때문에 그 힘은 오직 법에 의해 권한을 위임받은 자만이 가지는 힘이다. 즉, 정치는 그 법적 힘을 가진 자가 그 힘을 행사하는 것이다. 이렇게 정치는 법적 힘을 바탕으로 하기 때문에 항상 그 힘의 소유자는 바뀔 수밖에 없다. 자연발생적인 힘은 소유자가 바뀌지 않는다. 자연인으로서의 개인이 지니는 힘은 그가 살아있는 한 그의 것이다. 각 개인은 그 힘으로 사냥도 하고, 농사도 지으면서 살아간다. 그러나 정치적 힘은 집단 구성원들의 합의에 의해 인위적으로 부여된 법적 힘이므로 집단을 떠나서는 생길 수 없고 다수의 합의를 떠나서도 생길 수 없다. 일국의 정치적 힘이 국경을 벗어나면 영향을 미칠 수 없는 이유는 바로 이 때문이다. 또 다수의 합의에 의해 정치적 힘이 바뀌는 이유는 정치적 힘이란 다수의 합의를 떠나서 생길 수 없는 힘이기 때문이다.

그러나 합의에 의해 사회구성원들을 통제하기 위한 법을 정하는 일은 쉽지 않다. 구성원들마다 자기 이익을 지키는데 유리한 법을 정하고자 하기 때문이다. 그래서 상호이익을 조정하는 협상이라는 과정을 거치게 된다. 하지만 그런 협상 과정은 사회가 발전하고 복잡해질수록 더욱 어려워진다. 그만큼 의견도 다양해지고 이해관계도 복잡하게 얽혀있기 때문이다.

처음 정치개념이 시작되었을 때는 지역을 대표하는 사람이 지역민의 이익을 대변하는 형태였지만 직업군이 늘어나자 직능을 대표할 필요성이 제기되었다. 지역민 대표를 기반으로 하는 것이 정치의 시작이었지만 그 정치의 집행과정에서 직능을 필요로 하는 행정사항이 늘어나면서 직능을 대표하는 사람이 있어야 한다는 견해가 강하게 표출되었기 때문이다. 하지만 지역민의 이익과 직능인의 이익은 상반되는 경우가 많다. 정치는 그렇게 지역과 직능 간의 서로 다른 이익을 조정하고 통합하는 일까지 포함한다. 이처럼 정치는 형식적 제도를 초월하여 구성원들의 공통이익을 찾고 보장하고 증진시켜가는 모든 일을 의미한다.

미국의 정치학자 벤틀리(Arthur Fisher Bentley)는 1908년에 발표한 『정치의 과정(The Process of Government)』이라는 책에서 제도론적 정치제도의 연구에 매달리는 것은 죽은 정치학이라고 혹평하였다. 그런 일은 정치제도의 가장 외면적인 특징에 대한 형식적 연구에 불과할 뿐 현실적 정치현상을 분석한 것은 아니라는 것이다. 그에 의하면 사회는 집단이 만든 복합적 산물이므로 집단현상을 떠나서 정치현상을 논할 수 없다는 것이다. 따라서 정치연구는 집단 간의 상호작용을 바탕에 깔고 있어야 한다고 역설했다.

역사적으로 보아도 정치제도는 바뀔 수 있어도 정치과정은 거의 바뀌지 않았다. 실제로 정치제도는 군주제에서 왕정제로, 봉건제에서 민주제로 수없이 바뀌어 왔지만 사회구성원을 통합하고 그들의 행복을 증진시켜가는 정치과정은 조금도 바뀌지 않았다. 그런 의미에서 정치과정은 정치제도보다 앞서는 우선적 개념이라 할 수 있다. 정치제도를 만드는 궁극적 목적도 보다 좋은 정치과정을 밟아가는 데 도움을 주기 위해서이다.

오늘날 모든 국가들이 법치주의를 내세우는 이유는 정치의 출발점이 법에 의한 강제력을 바탕으로 하여 탄생했기 때문이다. 정치와 법은 동전의 앞뒤와도 같다. 정치적 힘은 법으로부터 나오기 때문에 정치는 항상 법을 앞세우지 않을 수 없다. 이렇게 볼 때 정치는 법이라는 호랑이를 앞세우고 가는 토끼와도 같다. 물론 사회구성원 중의 어느 강자가 일방적으로 법을 정하고 그 법을 지키도록 강제할 수도 있을 것이다. 그러나 누가 그 법을 정하건 법을 정하고 그 법을 강제력으로 지키게 하는 데서부터 정치가 시작되었음은 동일하다. 왕명이 곧 법이었던 과거 왕조시대에도 왕명을 굳이 법으로 규정했던 이유는 법이 있어야 강제력이 생기기 때문이었다. 이런 법을 앞세운 정치는 시대를 불문하고 사회를 보다 효율적으로 통합하고 이끌어 가기 위해 사회구성원들에게 일체성과 결속성을 심어주고자 한다.

이런 인간사회의 정치적 행위는 동물적 정치행위로부터 시작되었다. 동물들의 주요 정치행위는 생존영역, 즉 세력권을 지키는 행위이다. 사람이 살기 위해서는 양식을 생산할 수 있는 최소한의 농토가 있어야 하듯 동물들이 살기 위해서도 자유롭게 먹이활동을 할 수 있는 최소한의 공간, 즉 생존영역이 있어야 한다. 그런 생존영역을 세력권이라고 하는데 동물의 종과 수가 늘어나면서 각각의 동물이 가지는 그 세력권은 점점 좁아지고 따라서 먹이투쟁은 더욱 치열해진다. 그 결과 먹이를 확보하는 일은 단순한 채취나 사냥행위로 끝나는 일이 아니라 채취하고 사냥할 수 있는 세력권을 차지하고 다른 종 혹은 다른 개체에게 자신이 확보한 그 세력권을 뺏기지 않고 지켜내는 일로 확대되었다. 국가마다 국민의 생존터전인 국경을 지키는 일이 중요하듯 동물들도 자신의 생존터전인 세력권을 지키는 일이 중요하다. 세력권 수호를 위한 그런 행위는 남의 영역을 빼앗고자 하는 공격자와 빼앗기지 않으려 하는 방어자 사이에 벌어지는 투쟁행위이며 따라서 그런 행위는 동물적 정치행위로 나타난다.

세력권을 놓고 벌이는 동물세계의 정치행위는 항상 다음과 같은 법칙을 동반한다.

첫째, 강자는 약자를 먹이로 한다. 강자와 약자를 구분하는 데는 무력적 강약, 지능적 강약, 수단적 강약이라는 세 가지 기준이 있다. 무력적 강약이란 신체적 힘의 강약을 의미한다. 사자가 얼룩말을 사냥하는 것은 사자의 신체적 힘이 얼룩말의 신체적 힘보다 강하기 때문이다. 지능적 강약이란 두뇌의 지능이 얼마나 좋으냐를 기준으로 하는 두뇌적 힘의 강약을 의미한다. 돌고래는 지능지수가 높은 동물로 알려져 있는 데 그렇게 지능지수가 높은 동물은 지능지수가 낮은 동물보다 생존투쟁에서 유리하다. 그리고 수단적 강약이란 무기에 해당하는 제삼의 수단을 사용하느냐 않느냐, 또 그런 제삼의 수단이 우수하냐 아니냐를 기준으로 하는 무기적 강약을 의미한다. 여기서도 보다 우수한 무기적 수단을 가진 동물은 그렇지 못한 동물을 이기게 된다.

둘째, 상위동물은 하위동물을 먹이로 한다. 먹이사슬에서 보듯 상위동물은 하위동물을 먹이로 취한다. 먹이사슬의 가장 기저에 있는 플랑크톤은 작은 물고기들의 먹이가 되고, 작은 물고기들은 보다 큰 물고기들의 먹이가 되며, 보다 큰 물고기들은 고래 같은 최상위 대형동물의 먹이가 된다. 먹이사슬을 놓고 벌이는 그런 생존투쟁은 어떤 경우에도 벗어날 수 없는 천형(天刑)과도 같은 운명적 투쟁이며 그 투쟁에서 상위동물은 항상 하위동물을 먹이로 한다.

셋째, 어떤 동물도 자연생태계를 벗어나지 못한다. 최상위 동물인 사자, 호랑이, 고래 같은 동물도 결국은 죽는다. 눈에 보이지도 않는 미세한 바이러스의 공격에 의해 인간이 죽어가듯 최상위 동물들도 바이러스의 공격에 의해 죽어가고 또 자연이 정한 천명에 달해 죽어간다. 그렇게 죽은 최상위 거대동물은 박테리아 같은 분해자에 의해 분해되어 다시 자연으로 되돌아간다. 여기에는 예외가 없다. 자연은 이렇게 어느 생물에게도 영원한 생존을 허락하지 않는다. 하지만 그런 자연의 법칙은 먹이계층 간의 정치적 투쟁을 종식시키기 위한 법칙이 아니라 새로운 자손들이 새로운 투쟁을 시작하도록 하는 법칙이다.

그런 동물사회의 정치행위 중 가장 일차적인 정치행위는 집단을 형성하고 있는 동종 간의 경쟁에서 비롯된다. 러시아의 생물학자 가우스(G. F. Gause, 1910~1986)는 1934년 2종의 짚신벌레(Paramecium)로 다음과 같은 실험을 했다. 즉 대형종인 카우다툼종(caudatum)과 소형종인 아우렐리아종(aurelia)을 각기 다른 배양기에 넣고 길렀다. 그랬더니 양쪽 모두 S자형 곡선을 그리면서 잘 살았다. 그러나 그 두 종류의 짚신벌레를 같은 배양기에 넣고 배양하였더니 아루렐리아종은 잘 자랐지만 카우다툼종은 점점 수가 줄고 결국 사라지고 말았다. 이 실험이 입증하듯 생태적 지위가 겹치는 두 개체군은 서로 공존할 수 없다는 원리를 경쟁적 배제의 원리 또는 가우스의 원리라고 한다.

그러나 생태적 지위가 서로 다른 경우는 물론 공존할 수 있다. 이런 경우는 서식지가 서로 분리될 수 있으므로 공존에 문제가 없다. 부리가 긴 두루미와 부리가 짧은 물총새가 같은 강가에서 함께 살아가는 이유는 먹이의 종류가 서로 달라 경쟁관계가 성립하지 않기 때문이다. 여기서 말하는 생태적 지위란 자연생태계에서 일정한 생물이 차지하는 물리적 공간 또는 온도, 습도, 토양 등, 여러 가지 환경적 조건이 서로 다른 위치에 있음을 의미한다. 예를 들면 풀, 곤충, 새, 사이에 형성되는 먹이사슬에서 풀을 갉아먹는 곤충의 생태적 지위는 1차 소비자가 된다.

이종 간의 동물적 정치행위는 주로 세력권 다툼에서 비롯된다. 암수 한 쌍, 또는 동물가족집단이 활동하는 범위를 행동권이라 하는데 그 행동권이 보장되는 영역이 세력권이다. 동물들이 그런 세력권은 가지는 이유는 다른 개체 또는 개체군으로부터 식량자원과 둥지를 확보함으로써 자신의 생존을 온전히 방어하고 보호하기 위해서이다. 그런 세력권 확보를 위해 동물들은 종종 고유한 울음소리를 통해 자신을 과시하거나 오줌 또는 나무에 몸을 비벼 냄새로 경계를 표시한다.

또 그런 세력권 확보의 주역인 수컷은 보기만 해도 기가 질려 타 동물이 덤비지 못하도록 항상 웅대하고 대범한 모습을 유지하려 한다. 얼굴 전면에 무성한 털을 가지거나, 길고 강한 뿔을 가지거나, 화려한 깃털을 가지는 것은 암컷에게 수컷다움을 과시하기 위한 목적도 있지만 다른 경쟁 동물들에게 지레 겁을 주어 덤비지 못하도록 하는 목적도 있다. 지금도 아프리카의 원시부족들은 싸움에 나설 때 온몸을 색토(色土)로 치장하는데 이는 동물들이 가지는 그런 천부적 과시성과 위협성을 그대로 모방하고 있는 것이라 볼 수 있다.

동물의 세력권은 주로 먹이와 관계가 있다. 세력권을 방어하는 데는 그만한 에너지가 뒤따라야 하므로 너무 넓으면 지키기 어렵고, 너무 좁으면 생존에 필요한 자원이 부족하여 자신의 삶에 문제가 생긴다. 따라서 동물들은 본능적으로 적당한 세력권을 유지하려 한다. 하지만 그 세력권은 항상 동종 혹은 이종 간의 뺏고 뺏기는 투쟁의 현장이다. 그래서 동물들은 우수한 형질을 가진 자손을 낳기 위해 본능적으로 배우자 쟁탈전을 벌이게 된다. 그런 배우자 쟁탈전에서 승리한 암수는 짝짓기를 하지만 패배한 암수는 강자와의 싸움을 포기하고 도망치게 된다.

하지만 동물사회의 정치투쟁도 상대방을 완전히 몰살시키기 보다는 지배하는 데 초점이 맞추어진다. 기생충과 숙주의 관계를 보면 이런 사실을 잘 이해할 수 있다. 기생충은 숙주에 들러붙어 영양분이나 피를 빨아먹는다. 그런데 만일 기생충이 숙주를 죽게 해버리면 더 이상 빨아 먹을 대상이 없어지므로 결국 자신도 살 수 없게 된다. 따라서 기생충은 숙주를 적당히 살려 두면서 계속 영양분이나 피를 빨아먹는 쪽을 선택하게 된다. 다시 말하면 죽이기보다는 자기를 위해 계속 먹이 봉사를 하도록 적당히 살려 두는 쪽을 선택한다. 하지만 기생 기간이 짧은 경우는 숙주에 강한 독성을 남겨 죽도록 방치한다. 더 이상 필요 없는 숙주는 용서하지 않는 것이다. 인간사회의 정치행위에도 토사구팽(兎死狗烹)이라는 말이 있듯 동물사회의 정치행위에도 토사구팽이 있는 셈이다.

그러나 동물들은 그런 정치투쟁을 벌임에 있어서 어떤 무기도 사용하지 않는다. 동물들은 오직 자신의 몸체로만 투쟁한다. 그렇게 제삼의 투쟁수단을 사용하지 않는 싸움은 자연생태계를 파괴하지 않는 범위 내에서의 싸움이다. 사자가 얼룩말 몇 마리를 사냥했다고 해서 자연생태계가 파괴되는 것은 아니다. 오히려 그런 먹고 먹히는 동물적 투쟁 자체가 바로 자연생태계를 형성하고 있는 진정한 모습이다. 이런 사실은 포식자와 피식자의 관계를 보면 잘 알 수 있다.

포식자란 다른 생물을 먹이로 취하는 동물을 말한다. 예를 들면 마소는 풀을 뜯어 먹으므로 풀의 포식자가 된다. 포식자와 기생자는 다르다. 기생자는 상대방의 생명을 빼앗지 않고도 먹이를 확보할 수 있지만 포식자는 상대방의 생명을 빼앗아야만 먹이를 확보할 수 있다. 이렇게 포식자는 상대방 생물의 생명을 빼앗기는 하지만 자연생태계에서는 중요한 역할을 한다. 해충을 잡아먹는 포식자는 농작물이나 가축의 피해를 줄이고 질병도 예방한다. 또 군집의 개념에서 보면 포식자는 자기가 먹이로 취하는 어떤 종이 지나치게 많이 증식되지 않도록 개체수를 감소시켜 그 종의 생존상태를 향상시키는 역할도 한다.

대부분의 동물들은 군집생활을 원칙으로 한다. 모여 사는 군집생활은 흩어져 사는 산재(散在)생활보다 포식자의 위험으로부터 보다 안전을 보장할 수 있기 때문이다. 군집생활을 하게 되면 포식자의 공격이 있어도 소수만 희생되고 다수가 살아남기 때문에 종의 보존에는 문제가 없다. 따라서 약한 하위동물일수록 군집의 규모를 더욱 크게 하는 경향이 있다. 전쟁 시 엄청난 대군의 숫자에 상대방의 기가 죽듯 동물의 경우도 엄청난 군집의 숫자에 포식자의 기가 죽는 모양이다.

군집생활의 경우 포식자들의 공격이 있으면 그 낌새를 가장 먼저 알아차린 한두 마리가 무리에게 공격감지신호를 보내고, 그러면 그 신호는 금방 군집체 전체에 전해져 방어태세를 갖추게 됨으로써 포식자의 공격으로부터 피해를 최소화할 수 있다. 군집생활이 가져다주는 이런 이점 때문에 하위동물은 물론이고 상위동물에 이르기까지 대부분의 동물들은 군집생활을 기본으로 한다. 인간이 사회라는 집단을 만들고 동물과 마찬가지로 군집생활을 하는 이유도 자연생태계의 이런 기본 생존원리를 바탕으로 하기 때문일 것이다.

그런 군집생활은 먹이, 즉 생존조건을 중심으로 이루어진다. 가우스가 개발한 로트카볼테라식(Lotka Volterra eguations)에 의하면 생존조건이 좋으면 포식자의 먹이가 되는 생물의 수는 증가하고 그에 따라 포식자의 수도 증가한다. 그러나 포식자의 수가 증가하면 피식자를 많이 먹어치우게 되므로 피식자의 수는 감소하고 피식자의 수가 감소하면 포식자의 먹이가 부족해져 포식자의 수도 줄게 된다. 그렇게 포식자의 수가 줄어들면 피식자는 다시 빠르게 번식하여 그 수가 늘어나게 된다. 생태계는 그런 식으로 피식자와 포식자의 수가 균형을 이루면서 존속되어 간다. 자연생태계는 숙주와 기생자 간, 포식자와 피식자 간의 그런 동물적 정치투쟁을 계속하면서 서로 적당히 공격하고 적당히 회복하면서 공존할 수 있는 방향으로 진화해 왔다.

인간사회도 마찬가지이다. 인간사회에서의 정치적 투쟁은 동족 내부 간의 투쟁과 이민족 간의 투쟁으로 크게 나눌 수 있다. 이는 동물사회에서의 동종 간 투쟁과 이종 간 투쟁에 맞먹는 개념이다. 동족 내부 간 투쟁은 분배균등, 기회균등, 상벌균등 등, 주로 분배문제를 놓고 벌이는 투쟁이 대부분이다. 생존권 쟁취에서부터 직업선택권, 일조권, 조망권, 초상권에 이르기까지 자기 몫을 챙기기 위해 벌이는 내부투쟁이 그런 경우이다. 반면 민족 간 투쟁은 영토확장, 교역확대, 영향력 강화 등, 세력확장을 놓고 벌이는 투쟁이 대부분이다. 인간의 생존투쟁이 동물들의 생존투쟁과 다른 점은 인간은 생존투쟁을 함에 있어서 칼, 활, 총, 대포, 전투기 등, 수많은 무기를 개발하고 사용해 왔다는 점이다.

지금까지 서술한 내용에서 보듯 경제구조와 생산성이 변하면 그에 따라 사회구조와 사회상도 변하기 마련이다. 무교환 사회에서 교환사회로 진입하면서 사회는 각자가 혼자서 생산하던 전업(全業)사회에서 분업사회로 변하게 되었고, 그에 따라 직업이 수백, 수천 가지로 분화되었다. 물론 분업은 생산성을 높이게 되므로 생활은 더욱 풍요로워졌고, 사회는 더욱 도시화 되었다. 이렇게 경제가 앞장서서 견인차적 역할을 하면 사회는 그에 따라 자연스럽게 변해가게 된다. 경제가 변화의 본령(本領)이 되고 사회가 속령(屬領)이 되는 이유는 이 때문이다.

제4장
도구력 시대의 정치변화

01 기변만변론(氣變萬變論)

정치는 항상 보이지 않는 정신적 기(氣)를 문제 삼는다. 지배자는 백성들의 마음에서 우러나오는 진정한 정신적 복종과 존경을 원하고, 반대로 백성들은 군주의 마음에서 우러나오는 진정한 포용과 배려를 원한다. 정치는 항상 보이지 않는 그 마음을 얻고자 한다. 상대의 마음을 얻을 수 있는 강력한 정신력이 바로 기(氣)이다. 모든 사람은 그런 기를 주고받으면서 상대방의 마음을 움직여간다. 심기(心氣)를 바로하면 욕먹을 일이 없을 것이고, 노기(怒氣)를 함부로 하면 욕먹을 일이 많아질 것이다. 또 천기를 누설하면 목숨이 위태로울 것이고, 화기애애(和氣靄靄)하면 모두가 행복해질 것이다. 기(氣)는 이처럼 행불행을 부르고 화복(禍福)을 부르는 핵심요소이다. 그래서 예부터 기(氣)가 변하면 만사가 변한다는 기변만변론(氣變萬變論)이 강조되어 왔다. 정치적 변화는 바로 그런 기(氣)를 주고받는 과정에서 생기는 관계이다.

그런 기변만변론은 상황변화, 정책변화, 법규변화의 반복으로 연결된다. 정치는 뜻을 같이하는 사람들끼리의 모임에서부터 시작된다. 그런 모임이 바로 정당이고 그 정당이 자기주장을 내는 것이 곧 정책이다. 그런 서로의 정책을 주장하다보면 정치적 상황은 자꾸만 변해가기 마련이다. 그리고 그렇게 변해가면 변한 상황에 맞는 새로운 법규를 만들게 된다. 그것이 곧 법의 출발점이다. 이렇게 볼 때 정치는 아무리 세월이 지나도 정당 간 서로 다른 정책을 가질 것이고, 그런 다른 정책의 대립은 새로운 상황으로 연결될 것이고, 그 결과 새로운 상황에 맞는 새로운 법규가 제정될 것이다. 인간사회가 존속하는 한 정치는 영원히 그런 반복의 굴레를 벗어나지 못할 것이다.

02 소수지배론

　정치는 공동체라는 단위를 먹고 자라는 사회적 실물이다. 가족사회는 가족이라는 공동체를 정치단위로 하고, 씨족사회는 씨족이라는 공동체를 정치단위로 하고, 부족사회는 부족을 정치단위로 한다. 이렇게 공동체라는 사회적 단위가 없으면 정치는 성립되지 않는다. 이렇게 정치는 여러 사람이 모인 공동체를 전제로 하기 때문에 항상 소수지배와 다수 피지배로 나타난다.

　중국의 청나라는 소수지배의 전형을 보여주는 좋은 예가 된다. 청나라의 뿌리는 만주족이다. 청나라는 불과 수백만 명밖에 되지 않는 인구를 가지고 수억 명의 인구를 가진 중국본토를 지배했다. 이는 인류 역사에서 유례를 찾아보기 힘든 경우이다. 1644년부터 1911년까지 이어진 청의 역사는 소수 이민족이 다수 피지배 민족을 성공적으로 통치한 놀라운 사례이다. 제국주의 시대 때 식민지를 개척한 국가는 많지만 그들은 모두 식민통치를 했을 뿐 식민지 자체를 자기 국토로 만들고, 거기서 모든 국민들이 살았던 것은 아니다. 그러나 청나라는 만주족이 중국 본토를 점령한 뒤 본토로 들어가 한족(漢族)과 함께 살면서 중국 본토를 다스렸다.

　만주족의 선조는 여진족(女眞族)으로 금(金)나라를 세워 1125년부터

1234년까지 북중국을 다스리다가 몽골에 패망했다. 그런 소수 만주족이 다수 한족을 다스릴 수 있었던 핵심요소는 한족화였다. 즉, 만주족이 한족과 어울려 살면서 한족의 전통과 관습과 의례를 배우면서 한족화 되어 가는 것이었다. 하지만 세상에 공짜가 없듯 그 대가로 만주족은 자기의 말과 글을 잃어버렸다.

물론 청나라는 만주족과 한족의 결혼을 금지함으로써 문화적 정체성을 유지하려 했다. 하지만 정치적 측면에서는 한족의 전통적 제도를 채택하고, 주로 한족 문신들을 기용했다. 모든 관료부서에 한 명의 만주족과 한 명의 한족을 수장으로 하는 이른바 양두(兩頭)체계를 마련함으로써 한족과 정치적 균형을 유지하고자 했다. 그런 청의 정책은 한족으로 하여금 청나라를 300년 전 먼저 한족을 지배했던 몽골의 원나라보다 훨씬 우호적인 왕조로 받아들였고, 만주족이 강요한 변발(辮髮)조차 수용하는 태도를 보였다. 이런 역사적 사실에서 보듯 지금까지 중국이 광대한 땅을 지켜올 수 있었던 이유는 침략자가 없었기 때문이 아니라 그런 한족화의 동화(同化)를 수용했기 때문이다.

흔히들 선거를 민주주의의 꽃이라고 하지만 현실적으로 보면 선거도 결국 소수 지배체제의 완성에 불과하다. 선출된 소수 정치인들은 결국 자기와 자기 정파의 이익을 위해 위임받은 권력을 행사할 뿐이기 때문이다. 즉, 선거는 소수지배체제를 합리화하는 요식행위에 지나지 않을 뿐이다. 그러나 인류는 아직까지 선거를 통한 간접민주주의보다 나은 정치제도를 찾아내지 못하고 있기 때문에 선거를 통한 간접민주주의는 상당기간 계속될 수밖에 없을 것이다. 그러면 그런 소수지배는 왜 정당화되고 있는 것일까? 소수지배가 정당화되고 있는 이유는 다음과 같다.

첫째, 공동체를 유지하기 위해서는 강제력을 가진 소수의 권력자가 필요하기 때문이다. 국가든 단체든 모든 공동체는 다양한 의견을 가진 다양한 사람들이 모인 사회적 집단이다. 그러므로 공동체 사회는 갈등과 분쟁으로부터 자유로울 수 없다. 따라서 공동체 사회를 유지하기 위해서는 공동체가 필연적으로 동반하게 되는 그런 갈등과 분쟁을 조정하고 통제할 필요가 있다. 그런 일을 하기 위해서는 공동체 구성원으로부터 위임받은 소수의 권력자가 있어야 하기 때문이다.

둘째, 가장 뛰어난 자가 공동체 사회를 유지해 가는 권력자가 되어야 하기 때문이다. 경기는 최고의 실력자를 뽑는 최선의 방법이듯 선거는 최고의 능력자를 뽑는 최선의 방법이기 때문이다.

셋째, 공동체인 이상 정치적, 행정적 조직을 가지지 않을 수 없고, 그런 조직을 가지는 한 조직을 이끌어 갈 사람이 필요하기 때문이다.

넷째, 공동체 구성원들의 정치에 대한 무관심이나 자기소외현상이 반대로 강력한 지도자를 요구하게 되기 때문이다.

다섯째, 공동체 구성원들은 강력한 권위를 가진 자가 통치자가 되는 것을 당연하게 받아들이기 때문이다. 루소는 "다수가 지배하고 소수가 복종하는 것은 자연의 질서에 반한다."고 말한 바 있다. 소수지배는 그렇게 당연하고 타당한 것으로 받아들여져 왔다.

집단지도체제도 소수지배의 또 다른 형태일 뿐이다. 과두체제(oligarchy)는 집단지도체제의 대표적인 유형이다. 그러나 과두체제 하에서도 대표적인 지도자가 있다. 몇 년 전 중국의 공식적인 최고지도자는 장쩌민 주석이었지만 실제로는 장쩌민, 리펑, 후진타오 등, 세 명의 지도자가 나라를 이끌어 간다고 하여 과두체제라 불리기도 했다. 또 몇 년 전 러시아에서도 옐친대통령 외에 러시아 재벌기업인들이 막후에서 정치를 좌지우지 한다하여 아예 이들을 올리가르키(oligrchy: 寡頭制)라고 칭하기도 했다. 이렇게 과두체제는 공식적인 지도자는 한 명일지라도 실제로는 집단지도체제 양상을 띠는 경우가 많다.

03 정치와 수사학

전통적으로 철학과 수사학 사이에는 다툼이 있어왔다. 플라톤이 시와 철학의 싸움에서 철학을 옹호했다면, 키케로는 철학과 수사학의 싸움에서 수사학을 옹호했다. 키케로의 수사학은 전통적인 수사학에서 벗어난 새로운 웅변술(oratory)이라고 할 수 있다. 정치가는 철학적 지혜를 갖춰야 할 뿐 아니라 그 지혜를 웅변술을 통해 청중에게 잘 전달할 줄 알아야 하며, 따라서 정치가는 법정, 민회, 원로원에서 연설하는 웅변가와 다름이 없다는 것이었다.

플라톤의 철인왕은 정의로운 제도와 교육을 통해 대중을 덕 있고 선하게 만들 도덕적 의무가 있다. 그러나 키케로의 이상적 웅변가는 철인왕과는 달리 정치적으로 필요하다면 청중을 조작하는 일마저 주저하지 말아야 한다. 철학에 정통한 이상적 웅변가의 주 임무는 연설을 통해 원로원 의원, 민회의 시민, 청중들의 이성과 감성을 움직여 자기가 원하는 방향으로 유인하고 인도하는 것이다. 이런 의미에서 키케로는 현장에서 활동하는 정치가였다.

사람들이 모이는 이유와 관련해 키케로는 플라톤의 국가론에서 제시된 약한 사람들이 타인으로부터 받는 불의와 피해를 줄이기 위해 계약을 통해 정의를 규정하고 국가를 이루었다는 글라우콘(Glaucon)의 주장에 반대한다. 그 대신 키케로는 인간의 본성인 사회성이 사람들 간의 결합을 가능하게 하고, 궁극적으로 한 국가의 국민이 되게 한다고 주장한다. 국민은 정의와 공동선을 위한 협력에 동의한다는 점에서 정치영역 밖에 있는 사람들과 구별된다는 것이다. 여기서 정의는 법을 통해 국민의 권리를 보장하며 공동선을 위한 협력은 정치참여를 통해 국민의 이득을 보장한다. 국민의 사유재산이라는 개념을 국가정의의 핵심개념으로 사용하고, 사유재산보호를 국가의 목적으로 규정하는 키케로의 관점은 그의 이상국가에서 사유재산을 철폐한 플라톤의 관점이나 사유재산을 국가의 부분적 조건으로만 취급한 아리스토텔레스의 관점과 구별되는 독창적인 것이었다.

키케로는 국민의 자유와 재산을 보장하는 정치체제라면 그것이 왕정이든 귀족정이든 민주정이든 상관없이 모두 정당한 정치체제라고 보았다. 키케로는 순수한 정치체제의 가장 큰 약점으로 각 체제가 정치적 안정성을 보장하지 못한다는 점을 강조하고 있다. 그는 이상국가를 설계하는 데 있어 가장 중요한 요소는 체제의 안정성이라고 보았다. 그의 주장에 의하면 로마공화국은 한 사람의 천재가 아니라 다수의 천재에 기초해 세워졌고, 여러 세기, 여러 세대에 걸쳐 오랜 기간동안 만들어졌으며 왕권적 요소, 귀족적 요소, 국민적 요소를 골고루 갖춘 혼합정체를 이루었다. 통령(統領)은 임페리움imperium이라고 불리는 통치권을 행사함으로써 로마에 왕권적 요소를 제공했으며 대중의 사랑을 받기도 했다. 원로원은 정책에 대한 조언을 제공하는 현명한 귀족위원회였다. 그리고 행정관을 선출하고 법을 통과시키는 일을 수행하는 국민은 진정한 자유를 향유했었다고 보았다. 그는 원로원의 조언, 국민의 자유, 통령의 집행권은 로마공화국을 구성하는 핵심 요소였다고 주장했다.

 키케로는 재산과 마찬가지로 자유도 신탁할 수 있다고 보았으며, 귀족에게 자유를 신탁하는 방법으로 국민의 자유를 통제할 수 있다고 보았다. 국민이 자신들과 귀족 사이에 형성된 신뢰에 기초해 재산과 자유를 자기 마음대로 처리할 수 있는 주권을 귀족에게 신탁하고 귀족의 지도를 받는다면 국민의 자유는 신분 질서에 입각한 품위 있는 평화 속에서 보장받을 수 있다는 것이다.

 키케로는 인간이 도덕적으로 평등하다는 스토아학파(Stoicism)의 주장에 근거하여 인간은 법적으로 평등하다는 관념을 이끌어냈다. 물론 인간이 법적으로 평등하다는 주장은 근대의 사상가들에 의해 확립되었지만 키케로는 자연법에서 시민법을 도출하면서 법 앞에서 만인이 평등하다는 법률적 기초를 마련했다. 키케로에게 있어서 진정한 법은 자연법이며 자연법은 올바른 이성과 일치하고 정의와 일치한다. 또 자연법은 보편적이며 변하지 않고 영원하며 모든 국가와 시대에 적합한 영원하고 불변하는 법인데 이 자연법은 신에 의해서 만들어진다고 보았다. 다시 말하면 자연법은 신법(神法)이자 이성의 법이자 정의의 법이라는 것이다.

 키케로는 그런 자연법적 정의에 의해 통치가 이루어지는 국가를 이상적인 국가로 생각했지만 그러한 국가가 현실세계에 실현되는 것은 불가능하다고 보았다. 자연법은 오직 현명한 철학자에게만 제1원칙으로 인식될 수 있을 뿐 무지한 일반 대중에게는 인식될 수 없다고 생각했기 때문이다. 모든 시민이 자연법을 이해하고 실천하는 정치공동체는 플라톤이 말하는 이상적인 정치체제와 비슷하다고 할 수 있다. 그러나 이상적인 정치체제가 현실에서 실현되기는 거의 불가능하듯이 키케로 역시 자연법에 의해 지배되는 정치사회의 실현이 거의 불가능하다는 사실을 알고 있었다. 그래서 그는 신적(神的) 자연법 대신에 인적(人的) 자연법을 실현 가능한 이상 국가의 법률로 제안하였다.

신적 자연법과 인적 자연법은 전자가 자연 속에 내재하는 최고의 신적 이성인데 비하여 후자는 구체적인 정치상황에 적용된 지혜로운 입법자의 이성이라는 점에서 큰 차이가 있다. 하지만 신과 지혜로운 입법자는 모두 이성을 공유한다는 사실에서 신법과 인법은 모두 자연법으로 자리 잡을 수 있다는 것이다.

키케로는 자연적 정의에 근거하여 인간의 도덕적 평등을 하나의 도덕원칙으로 확립했는데 이는 인간의 도덕적 불평등을 근간으로 하는 플라톤과 아리스토텔레스의 정치철학과 구분되는 것이었다. 플라톤과 아리스토텔레스는 영혼삼분설(靈魂三分說, trichotomy)에 입각하여 인간을 "이성(理性)의 인간, 기개(氣槪)의 인간, 욕망(慾望)의 인간"이라는 세 종류의 불평등한 도덕적 존재로 분류하고 있다.

플라톤은 이렇게 분리하는 것으로 끝나지 않고 이성이 정신의 왕으로서 감성과 의지를 조정한다고 보았다. 감정은 천방지축으로 날뛰는 걷잡을 수 없는 존재이므로 이성의 지도와 감독을 받아야하고, 의지도 지향성은 강하지만 옳고 그름을 분간하는 일이 약하기 때문에 의지도 이성의 판단과 지도를 받아야 한다는 것이다. 그러나 그의 주장은 많은 비판을 받아 왔다. 감성 없이는 이성이 길러질 수도 발전할 수도 없고, 의지가 약하면 이성도 힘을 발휘하지 못하기 때문이다. 하지만 플라톤은 여기서 끝나지 않고 사회현상마저도 정신 3분설로 설명하고 조작하려했다. 한 사회도 정신처럼 3계급으로 나눌 수 있는데 이성에 해당하는 지배계급과 의지에 해당하는 수호계급, 그리고 감정에 해당하는 노예노동계급으로 나누어진다는 것이다. 그렇게 3분된 사회계급 중 일하는 노동계급은 군인 같은 수호계급의 지도와 감독을 받아야 하고, 수호계급은 다시 이성으로 대변되는 귀족 같은 지배계급의 지배를 받아야 한다는 것이다. 그러나 오늘날의 관점에서 보면 그의 주장은 귀족독재정치와 인간차별을 전제로 하는 비인도적이고 야만적인 정치관이라는 비난을 피할 수 없다. 이렇게 플라톤은 철학적 대가였지만 민주주의에 반하는 정치사상을 논한 사람이기도 했다.

04 자연법과 성문법

　정글의 법칙도 하나의 생존법칙이다. 더욱이 그 법칙은 누구도 부인할 수 없는 엄연한 현실세계의 법칙이기도 하다. 문자로 기록된 성문법은 인류만이 가지는 법이다. 그러나 성문법을 가지지 않는 동물들도 법을 가지고 있다. 그것이 바로 자연의 법칙, 즉 정글의 법칙이다. 성문법은 정글의 법칙을 보다 정교하게 발전시켜 놓은 데 불과하다. 지렁이도 밟으면 꿈틀한다는 말처럼 아무리 힘없는 동물이라도 자기를 헤치려 드는 자가 다가오면 저항하기 마련이다. 법은 그런 저항을 단체적 힘으로 보장하는 수단이다. 마치 멸치처럼 작은 물고기들이 고래나 상어 같은 큰 물고기들의 공격을 예방하기 위해 거대한 무리를 이루며 떼지어 다니듯 인간사회의 여러 구성원들이 사회라는 거대한 집단을 만들어 합의된 단체의 힘으로 소수의 무법자를 징벌하기 위한 수단이 바로 법이다. 불문법으로서의 자연법인 정글의 법칙은 그런 성문법의 출발점인 동시에 모태이다.
　실제로 인류 최초의 법은 정글의 법칙을 어기는 자연법에 대한 처벌에서부터 시작되었다. 예를 들면 모든 생명은 살기 위해 태어난다. 따라서 자연이 정한 먹이사슬을 떠나서 생존을 헤치는 것은 자연의 법칙에 어긋나며 정글의 법칙에도 어긋난다. 그런 자연의 법칙, 즉 정글의 법칙을 어기는 행위가 바로 자연법의 훼손이다. 먹이사슬이 보장하는 권리는 각각의 생명이 살아가도록 하늘이 부여한 선천적 권리이다. 따라서 먹이사슬과 관련된 행위는 그 행위가 아무리 잔인하더라도 처벌할 수 없다. 새가 갓 태어난 곤충의 애벌레를 잡아먹고, 뱀이 방금 낳은 새알을 집어삼킨다고 하여 처벌할 수 없듯 인간이 생존을 위해 초목의 열매를 채취하고, 짐승을 잡아먹는 일은 누구도 처벌할 수 없다. 문제는 자연적 먹이사슬에 해당되지 않는 행위이다. 타인의 생명과 재산을 가로채기 위해 남을 헤치는 행위는 자연적 먹이사슬이 보장하는 행위가 아니라 인간적 탐욕과 사악한 감정이 가져오는 행위이다. 살인, 강도, 절도, 강간, 사기, 협박 등은 바로 그런 행위이기 때문에 처벌의 대상이 된다. 그것은 누가 가르쳐 준 특별한 지식이 아니라 모든 인간이 자연발생적으로 느끼고 가지는 보편적인 지식이다. 그런 보편적 지식을 바탕으로 하여 만든 법이 바로 자연법이다.

▎석기력 시대와 자연법

동물과 크게 다를 바 없는 생활을 했던 원시인들은 오늘날과 같은 성문법을 가지지는 않았지만 동물들이 가지는 자연법은 가지고 있었다. 동물들과 마찬가지로 그들 역시 자식을 아끼고 사랑하고 이웃 동료들과 어울리고 사귀며 평화로운 한 세상을 살고자 했던 것은 현대인들과 조금도 다르지 않았을 것이다. 그런 자연법은 바로 선천적으로 하늘이 정했다고 믿는 도덕률이었다. 늑대가 아무리 포악해도 자기 새끼나 동료 늑대를 죽이는 법은 없다. 그것은 누가 늑대에게 가르쳐 준 교육적 지식이 아니라 태어날 때 하늘로부터 부여받은 선천적인 도덕적 지식이다. 그런 도덕적 지식을 도덕률이라고 한다. 인간도 마찬가지이다. 아무런 법이 없었던 원시사회에서도 인간은 자기 새끼를 해하지 않고 주위 동료와 어울리며 살았다. 그런 생활 역시 누가 가르쳐 준 교육적 지식이 있었기 때문이 아니라 태어날 때 하늘로부터 부여받은 자연적 도덕률이 있었기 때문이다.

하지만 인간은 그런 자연적 도덕률을 바탕으로 동물적 생활을 하는 동안 모두가 함께 살아가는 공존사회를 만드는 데는 자연적 도덕률보다 타율적 강제규범이 보다 도움이 된다는 사실을 깨닫게 되었다. 오늘날도 법조문으로 규정할 수 없는 미묘한 정치적 혹은 도덕적 사안들은 많은 논쟁을 불러일으키듯 도덕률에 맡겨진 행위에 대한 처벌은 많은 논쟁을 불러일으켰을 것이다. 어떤 잘못도 동물적 자기 입장에서 보면 잘못이 아닐 수 있으므로 하나의 잘잘못을 가리는데도 갑론을박은 그치지 않았을 것이다. 따라서 그런 갑론을박을 최소화하며 공존사회를 유지하기 위해서는 일정한 강제적 규정이 필요하다는 사실을 깨닫게 되었던 것이다. 실정법은 바로 그런 필요성이 만들어낸 인위적 산물이었다.

강제적 규정으로서의 성문법이 아무리 인위적 산물이라 해도 법의 출발점은 도덕률로서의 자연법이었으므로 함무라비법전과 우르남무의 법전에서 보듯 최초의 성문법은 불문법으로 존재하던 자연법을 체계적으로 규정한 것이었다. 그런 규정 중에서도 가장 중요한 항목은 공존공영이었다. 고대에서 현대에 이르기까지 공존공영(共存共榮, coexistence and co-prosperity)을 근간으로 하지 않는 법규는 없다. 공존공영이란 한 마디로 함께 잘 살고, 함께 잘 되자는 말이다. 동서고금을 불문하고 세계 어느 나라의 법전에도 나는 살고 너는 죽어야 한다는 내용은 없다. 나도 살고 너도 살아야 하는데 그런 공존사회를 만들기 위해서는 이런 규정이 필요하다는 내용이 있을 뿐이다. 왜냐하면 공존은 가장 원초적인 자연법이기 때문이다.

자연법(自然法, natural law)은 실정법(實定法)에 대비되는 법 개념으로서 인위적이 아닌 자연적 본질에 바탕을 둔 보편적이고, 항구적인 법률 및 규범을 의미한다. 실정법은 민족이나 사회에 따라 내용이 달라질 수 있지만 자연법은 민족, 사회, 시대를 초월해 영구불변의 보편타당성을 지닌다. 아리스토텔레스는 자연법은 항상 똑같은 효력을 지니므로 인간의 자의적 판단에 근거한 실정법의 정의와 반드시 일치하는 것은 아니라고 보았다. 반면 스토아학파는 자연법이야말로 올바른 이성에 맞는 완전히 평등한 법이라고 보았고, 키케로 역시 진정한 법은 모든 인간 마음에 스며있는 올바른 이성이라고 주장했다. 중세에 들어와 자연법은 기독교 교리와 결합되면서 신법(神法)과 동일시되었다. 즉, 자연질서는 신의 이성인 영구법(永久法)이므로 인간은 이에 따라야 한다고 보았다.

그러나 종교개혁 이후 중세암흑시대의 교회권위와 구속에서 벗어나자 자연법의 개념도 바뀌게 되었다. 자연법은 인간의 이성에 의해 발견되고 만들어지는 것이므로 인간의 사회생활은 이성을 바탕으로 하여 이루어져야 하며 그런 이성을 바탕으로 한 법은 민족, 사회, 시대를 초월하여 적용될 수 있는 항구적인 법이라고 믿었다. 이처럼 법의 근원을 인간의 이성에서 찾으려는 시도는 신권설(神權說)에 대항하여 절대왕정의 합리적 법률제도를 정립하는 계기가 되었다.

그러나 자연법이 지향하는 그런 근본 목적에도 불구하고 위에 언급한 형벌들이 말해주듯 고대사회는 약자에게 너무도 가혹한 사회였다. 특히 귀족과 천민이라는 신분제도를 만들고 인간을 이등분하여 한쪽은 일방적으로 명령하고 다른 한쪽은 그 일방적인 명령을 따르도록 한 제도는 제도 그 자체로써 이미 너무나 비인간적인 것이었다. 그러나 그런 비인간적인 제도도 관습화되고 의식화되면 정의나 진리로 받아들여진다. 인간은 사회적 동물이기도 하지만 적응하는 동물이기도 하다. 열대지방에 사는 사람들은 흑인이 되고 온대지방에 사는 사람들은 황인이 되고 한대지방에 사는 사람들은 백인이 되는 것도 따지고 보면 환경에 적응한 결과였다. 열대지방에서 살아남기 위해서는 사람의 몸도 작열하는 태양의 열에 견딜 수 있도록 적응되어야 했었고 온대지방 및 한대지방에서 살아남기 위해서도 지역마다의 독특한 기후조건에 적응해야 했었다. 그런 적응의 결과 나타난 인간의 모습이 바로 흑인, 황인, 백인이다.

인간은 누구나 자연환경에 그렇게 적응해 가듯 사회적 환경에도 똑같이 적응해 간다. 통치자들은 그런 적응의 이치를 교묘히 활용한다. 처음부터 일방적인 명령과 일방적인 복종이 사회정의로 받아들여졌을 리 없다. 그러나 법이라는 이름으로 일방적 명령과 일방적 복종을 끝없이 강요하게 되면 어느 순간 그것은 사회적 정의가 되고 서로가 지키고 보존해야 할 아름다운 사회적 전통이 된다. 인간이 인간을 노예라는 이름으로 동물처럼 부리는 것은 자연법이라 할 수 없다. 그것은 누가 봐도 하늘이 내린 도덕률이 아니다. 그러나 숫자적 다수와 법을 내세워 전쟁포로를 노예로 삼는 일이 계속되자 인간이 인간을 노예로 만드는 일은 어느덧 사회적 정의가 되고 전통이 되어 아무도 이의를 제기하지 않게 되었다. 이처럼 평등한 공존사회를 만들기 위한 우수한 수단으로 등장했던 고대의 법은 세월이 흐를수록 어느새 불평등한 계급과 귀천으로 구분되는 차등사회를 만드는 수단으로 전락하고 말았다.

　자연법은 우주적인 정법(正法)을 의미하므로 그것은 인간이 만드는 것이 아니라 발견하는 것이다. 반면 실정법은 법률이라는 형태로 존재하는 모든 규범을 의미하므로 인간이 만드는 것이다. 즉 실정법은 한 국가 혹은 한 사회에 국한되는 규범이기 때문에 국가마다 다를 수 있다. 그래서 실정법주의자들은 법이 실제 하기만 하면 굳이 당위성을 따질 이유가 없다고 생각한다. 존재하는 법은 당연히 따라야 한다고 보기 때문이다. 이들은 만일 실정법을 따르지 않는다면 법이 무슨 소용이 있느냐고 되묻는다. 그렇게 그들은 법적 안정성을 최우선시 한다. 자연법주의자들의 주장이 맞을 수도 혹은 틀릴 수도 있겠지만 그렇다고 해서 존재하는 법 자체를 무시한다면 법 없는 사회가 되고 말 것이라고 주장한다. 하지만 현대사회의 모든 실정법은 이미 자연법을 포함하고 있다는 점에서 자연법은 곧 실정법이고 실정법은 곧 자연법이라 할 수 있다.

　자연법이든 실정법이든 법은 공존을 위해서 존재한다. 즉 사회를 구성하는 모든 사람들이 함께 살아가는 데 그 법이 도움 된다는 확신이 있기 때문에 존재한다. 그러나 인간은 그런 공존을 지향하면서도 공존을 파괴하는 이중성을 지닌다. 인간의 그런 이중성은 갈등, 투쟁, 전쟁 같은 대립적 상황에서 극명하게 드러난다. 갈등부터 그러하다. 공존을 지향하면서도 공존을 저해하려는 감정적 모순이 바로 갈등이다. 즉 갈등상태란 두 개 이상의 상반되는 감정이 동시에 존재하여 어떤 행동을 해야 할지 결정을 제대로 못하는 상태를 말한다. 심리학에서도 갈등(葛藤, conflict)은 개인의 정서(情緖)나 동기(動機)가 타인의 정서나 동기와 모순되어 그 표현이 저지될 때 나타나는 현상으로 정의한다.

이러한 갈등은 인간의 정신생활을 혼란케 하고 내적 조화를 파괴한다.

문명생활은 갈등을 더욱 양산한다. 왜냐하면 문명생활은 가끔씩 개인정서의 표현을 제한하고 따라서 개인의 만족감을 제약(制約)하기 때문이다. 동물적 원시생활에서는 화가 치밀거나 두려움이 극에 달할 때 상대를 죽이는 것은 잘못이 아니다. 동물들이 다 그렇게 하기 때문이다. 그러나 현대문명생활에서는 그럴 수 없다. 현대생활에서는 상호 모순되고 대립되는 일이 너무도 많기 때문이다. 특히 이성과 관련된 문제가 생길 때는 더욱 그러하다.

오스트리아의 정신분석학자 프로이트(Sigmund Freud, 1856년~1939년)는 리비도(libido), 즉 넓은 의미의 성욕(性慾)은 사회풍습과 충돌하고 모순되므로 자꾸만 억압되어 무의식의 세계로 밀려나는 경우가 많아지는데 그로인해 스트레스도 강해진다고 주장하였다. 일반적으로 리비도는 어떤 대상에 주입(注入)되어 축적되는데 그러한 리비도를 대상(對象)리비도라고 한다. 우정, 가족애, 이성 간의 사랑처럼 자기 아닌 타인과의 관계에서 생기는 감정이 이에 속한다. 반면 자아(自我)에게 주입된 리비도를 자아 리비도 또는 나르시시즘(Narcissism)적 리비도라 한다. 자기의 건강상태를 지나치게 걱정하는 상태, 즉 심기증(心氣症)처럼 자기 자신과 관련된 감정이 이에 속한다. 이런 리비도가 충족되기를 바라다 충족되지 않을 때는 불안으로 변한다. 또 리비도는 가끔씩 승화되어 정신활동의 에너지가 되기도 한다. 프로이트는 처음에는 대상리비도와 자아리비도를 서로 대립되는 것으로 보았으나 뒤에는 삶을 향한 본능이라 하여 죽음의 본능과 대립시켰다.

갈등의 원인을 현대적 시각으로 보다 정교하게 파헤친 사람은 독일의 심리학자 쿠르트 레빈(Kurt Lewin, 1890~1947)이었다. 레빈에 의하면 갈등은 세 가지 경우에 일어난다. 첫째, 두 개의 플러스 유의성(誘意性: 끌어당기는 힘)이 거의 같은 강도로 동시에 반대방향으로 작용하는 경우에 갈등은 일어난다. 즉 똑같이 매력 있는 목표가 있는데 어느 쪽을 택하면 좋을지 결정하지 못하는 경우에 갈등은 일어난다. 예를 들면 여성이 결혼과 직장 사이에서 진퇴양난에 처한 경우이다. 둘째, 두 개의 마이너스 유의성이 거의 같은 강도로 동시에 작용하는 경우에 갈등은 일어난다. 앞은 낭떠러지고 뒤에는 호랑이가 있는 경우처럼 어느 쪽으로 나아가도 화를 면할 수는 없는 경우에 갈등은 일어난다. 셋째, 플러스 유의성이 동시에 마이너스 유의성을 수반하는 경우에 갈등은 일어난다. 예를 들면 시험에는 합격하고 싶지만 공부는 하기 싫은 경우이다.

개인의 그런 감정적 갈등은 사회적 갈등으로 이어진다. 사회적 갈등은 보는 관점에 따라 크게 두 가지 시각으로 나뉜다. 하나는 기능적 시각이고 다른 하나는 갈등적 시각이다. 여기서 기능적 시각을 기능주의라 하고 갈등적 시각을 갈등주의라 한다. 기능주의란 마치 자동차가 수천 개의 각기 다른 부품으로 조립되듯 사회란 모든 구성원이 각자의 자기 기능을 가지면서 하나로 통합된 거대한 유기체라 할 수 있다는 것이다. 이는 생존경쟁이 치열한 사회를 긍정적이고 따뜻한 이상적 시각으로 바라보는 관점이다. 인간뿐만 아니라 생명 있는 모든 존재는 생존경쟁을 벗어날 수 없다. 그러나 그 생존경쟁에는 먹이사슬이라는 피할 수 없는 장벽이 있다. 마소가 살기 위해서는 어쩔 수 없이 풀을 뜯어 먹어야 하고, 황새가 살기 위해서는 어쩔 수 없이 물고기를 잡아먹어야 한다. 하지만 풀은 마소에게 뜯어 먹히면서도 죽지 않고 대를 이어 번성해 가고, 물고기 역시 황새에게 잡혀 먹히면서도 사라지지 않고 대를 이어 번성해 간다. 그렇기 때문에 풀도 물고기도 여전히 자기 종을 유지하며 살아간다.

그러면 자연이라는 거대한 유기체 속에서 먹히면서도 자기 종을 유지하는 방법은 무엇일까? 그것은 바로 자기의 독특한 기능을 가지는 것이다. 예를 들면 지렁이나 두더지는 땅을 파고 뒤집어 흙에 생명을 불어넣는 기능을 가지고, 풀이나 나무는 탄소동화작용으로 산소를 내뿜는 동시에 녹색 잎을 만들어 지구를 살아 숨 쉬는 공간으로 거듭나게 하는 기능을 가지며, 새나 물고기는 잡다한 곤충이나 벌레를 잡아먹어 수풀이 울창하도록 하는 기능을 가진다. 생태계를 구성하는 모든 생명체들은 이런 식으로 생태계 유지에 꼭 필요한 각자의 기능을 가지기 때문에 한쪽으로는 잡아먹히면서도 또 다른 한쪽으로는 더욱 번성해 가는 것이다. 즉 생태계는 잡아먹으려는 자와 잡아먹히지 않으려는 자 간의 피할 수 없는 본원적 갈등을 안고 있지만 그럼에도 불구하고 수억 년 동안 자연생태계가 단절되지 않고 존속되는 것은 그 생태계 구성원이 반드시 있어야 하는 각자의 독특한 기능을 가지기 때문이다.

그런 기능주의적 생태계의 존속원리와 마찬가지로 인간의 생존경쟁은 필연적으로 사회적 갈등을 동반하지만 그런 갈등에도 불구하고 사회구성원은 각각 자기의 고유한 기능을 가지므로 인간사회는 무너지지 않고 존속된다고 본다. 예를 들면 인간사회가 존속되기 위해서는 농부도, 어부도, 대장장이도, 소리꾼도, 글쟁이도 있어야 한다. 각자가 가진 그런 기능들이 먹이사슬처럼 얽혀 있는 곳이 바로 인간사회이다. 그러므로 마치 태양이 하루도 빠짐없이 떴다 졌다를 반복하며 세월을 만들어 가듯 인간사회 역시 하루도 빠짐없이 갈등이 생겼다 사라졌다를 반복하며 사람 사는 세상을 만들어 간다. 기능주의자들은 바로 자연이 가지는 그런 본원적 기능을 중시한다.

이 같은 기능주의를 주장하는 대표적인 학자로는 미국의 이론사회학자 파슨스(Talcott Parsons, 1902~1979)를 꼽을 수 있다. 그는 1951년 발행한 『사회체계론 The Social System』에서 사회적 행위체계의 개념을 정립하고 개개의 행위가 사회적 차원에서 어떻게 연결되면서 사회체계를 이루어 가는지를 연구했다. 그는 한 사회의 각 계층이 지니는 기능적 역할이 그 사회를 존속시키는 필수요소라고 보았다. 인간사회의 각 계층이 지니는 그런 기능적 역할은 인간이 의식적으로 만들어냄으로써 생긴 것이 아니라 하늘이 인간사회를 만들 때 부여한 무의식적이고 선천적인 천연장치라고 보았다. 나아가 그는 사회계층을 놓고 볼 때 상위계층일수록 사회적 중요성은 높아지지만 그만큼 개인의 즐거움은 감소하기 때문에 사회는 상위계층일수록 더 많은 보상을 해야 한다고 주장하기도 했다.

또 파슨스는 사회적 계층을 위계적 순위로 배열하고 이를 행위도식으로 나타냈다. 그 행위도식은 하층은 상층을 위해 봉사하며 상층은 하층을 통제한다는 원칙을 전제로 하고 있다. 여기서 가장 낮은 사회적 최하층은 먹고 배설하는 인간의 생리적 욕구를 충족시켜주는 역할을 담당하는 노동계층이고, 가장 높은 사회적 최상층은 사회를 조직하고 운용하는 지식계층이다. 그런 사회체계 속에는 갈등만 있는 것이 아니라 계층 간의 조화, 상호의존과 상호협력, 참여와 소통이 공존하므로 한편으로는 갈등이 계속되면서도 또 한편으로는 갈등이 계속 사라져 간다는 것이다. 그렇게 사회적 계층 간의 대립과 갈등이 생기고 사라지는 과정이 되풀이되면서 사회적 전통과 관습이 자리 잡게 되는데 그것이 바로 문화로 연결된다는 것이다. 따라서 사회적 행위체계가 문화로 승화될 때 사회적 기능주의는 완성된다고 보았다. 그래서 그의 행위도식에서는 문화체계가 가장 상위에 올라 있으며 파슨스 스스로도 자신을 문화결정론자라고 불렀다.

그러나 그의 그런 주장에는 많은 비판이 따른다. 비판론자들은 그의 기능주의 계층론은 오직 특권층의 지위를 영속화시킬 뿐이고, 계층화되지 않는 새로운 방식으로 미래사회가 탄생될 가능성을 완전히 배제하고 있으며, 실제로 계층별 기능에 어느 정도의 차이가 있는지도 의심스러우며, 설령 차이가 있다 하더라도 기능적 차이만큼 상응한 보상이 주어지지 않을 수 있고, 상위계층의 일은 꼭 물질적 보상이 아니더라도 보람이나 자기만족 때문에 할 수도 있음을 간과하고 있다고 비판한다.

위와 같은 기능주의와는 달리 사회를 갈등적 시각으로 보는 학자도 많다. 갈등주의자들은 사회는 서로 다른 의견과 이해타산을 가진 사람들로 구성되므로 갈등은 피할 수 없으며, 그런 갈등은 사회발전을 퇴행시키는 것이 아니라 오히려 사회발전에 기여한다고 주장한다. 갈등주의자들은 인간사회에는 항상 갈등이 있기 마련이며 그런 사회적 갈등은 비정상적인 것이 아니라 극히 정상적인 것이라고 본다. 그래서 갈등주의자들은 사회란 근본적으로 통합되기 어려우며, 완벽한 체계란 있을 수 없다고 주장한다. 이런 갈등이론은 기능주의가 사회를 합의와 균형만 존재하는 이상향으로 본다는 비판으로부터 시작되었다. 갈등이론가들에 의하면 경제적인 이해관계와 정치권력은 필연적으로 갈등을 유발하게 되며 따라서 갈등관계에 있는 일부가 다른 일부를 탄압하고 강제함으로써 사회는 유지된다는 것이다. 이론적 사회가 아닌 현실적 사회에서는 지배자가 피지배자를 탄압하고 착취하게 되어 있으며 각 계층은 서로 협력하기보다 경쟁하기 마련이라는 것이다.

이런 갈등주의를 주장한 대표적인 사람은 독일 사회학자 다렌도르프(Ralf Gustav Dahrendorf, 1929~2009)이다. 그에 의하면 모든 사회는 계층 간의 분쟁과 갈등으로 얼룩지기 마련이며, 따라서 사회는 강제력에 의해서만 유지된다는 것이다. 그러므로 계층 간의 자연발생적인 상호협력과 화합을 전제로 하는 기능주의는 있을 수 없다고 주장한다. 거시적 사회구조에 관심을 가졌던 다렌도르프는 서로 다른 사회적 지위는 서로 다른 권위를 가진다는 점에 주목했다. 그에 의하면 지위와 권위는 떨어질 수 없는 불가분의 관계를 가지는데 지위는 권위를 부여하고 권위는 지배를 가능케 한다는 것이다. 그러므로 지배와 피지배는 지위와 권위가 만들어내는 것이며 그런 현상은 이미 인간의 마음속에 깊이 각인되어 있으므로 인간사회가 존속하는 한 사라지지 않는다고 주장했다. 이런 갈등이론은 기능주의에서 파생된 만큼 기능주의와 반대되는 관점에서 비판을 받는다. 기능주의자들은 갈등이론은 모든 공동체가 지니는 자연발생적 질서와 안정을 무시하고 대립과 갈등만 부각시키고 있다고 비판한다. 또 마르크스주의의 갈등사상을 보다 선명히 반영하기보다 오히려 기능주의에 가까운 점이 더 많다는 것이다. 더욱이 갈등이론은 너무 거시적이기 때문에 개인의 사고와 행위에 대한 이해에 도움을 주지 못한다고 비판한다.

하지만 제삼의 시각으로 보면 기능주의와 갈등주의는 궁극적으로 일치한다. 모든 사회가 서로 다른 기능별 계층으로 형성되는 것은 엄연한 현실이며 그 계층이 서로 다르기 때문에 갈등이 생기는 것 또한 당연하다. 하지만 그런 갈등은 어떤 형태로든 치유되면서 사회는 존속되기 때문에 갈등이 갈등으로 끝나는 경우도 없고, 기능이 기능으로 끝나는 경우도 없다. 고대 원시사회의 형성과정은 기능주의와 갈등주의가 서로 분리될 수 없는 하나임을 입증한다. 오늘날 동물들이 직업적 분화 없이 자기 일을 자기가 하듯 직업이 분화되지 않아 직능별 기능이라는 개념마저 없었던 원시시대에는 자기 일은 자기가 알아서 해야 했다. 그러나 세월이 흐르면서 사람들이 보다 많이 모여 살게 되자 선천적 재능에 의해 그림을 잘 그리는 사람은 그림을, 노래를 잘하는 사람은 노래를, 운동을 잘하는 사람은 무술을 연마하게 되었던 것이다.

그런 기능별 분화는 누가 시킨 것이 아니라 자연발생적인 것이었다. 따라서 바다가 자정기능을 가지듯 사회계층 간의 갈등은 사회적 자정기능에 의해 자연스럽게 해결된다는 기능주의는 상당한 타당성을 지닌다. 그러나 사회적 자정기능에 의해 계층 간의 갈등이 해소되기 까지는 상당한 시간이 지나야 하고, 따라서 그 시간동안 갈등은 팽팽히 유지될 수밖에 없다. 그렇기 때문에 거시적 시각에서 볼 때 사회적 갈등은 사라지는 것이 아니라 기존 갈등이 사라지고 새로운 갈등이 등장하는 갈등의 세대교체에 불과하다. 이런 관점에서 볼 때 사회가 있는 곳에는 갈등이 반복될 수밖에 없다는 갈등주의도 타당하다. 이처럼 언뜻 보기에는 두 이론이 서로 달라 보이지만 결국 현실적 사회는 기능적 계층분화와 갈등이 상호작용을 반복하면서 존속되는 것이므로 상호작용이 있는 한 기능주의와 갈등주의는 둘 아닌 하나가 된다.

계층 간의 기능적 조화를 우선시 하느냐, 아니면 계층 간의 생존적 갈등을 우선시 하느냐 하는 것은 시각의 문제이지 사회가 지니고 있는 본질적 차이는 아니다. 이는 우주적 공존원리가 이진법인점을 감안할 때 더욱 그러하다. 제1권 자연력 시대에서 이미 충분히 설명한 것처럼 우주는 명과 암, 있음과 없음, 형과 질, 생과 사 같은 두 요소가 이진 법적 진화를 계속하며 존속한다. 그런 이진법적 진화의 유전자를 이어받은 인간사회가 조화와 갈등이라는 두 요소의 상호작용에 의해 이진법적으로 진화하는 것은 너무도 당연할 것이다.

▮ 인류최초의 법전

고대인들도 그런 자연발생적인 보편적 지식을 가졌을 것이다. 고대의 법이 그런 보편적 지식을 바탕으로 하고 있음은 이를 입증한다. 지금까지 발굴된 유물을 근거로 할 때 인류 최초의 성문법은 고대 바빌로니아의 함무라비(Hammurabi) 왕이 백성들을 다스리기 위해 태양신으로부터 하사받았다는 『함무라비 법전(Code of Hammurabi)』이다. 함무라비는 바빌로니아 제1왕조인 아모리(Amori) 왕조의 6대 왕으로 기원전 1792년부터 1750년까지 바빌로니아제국의 왕으로 재임하면서 메소포타미아 지역 내에서 바빌로니아의 영향력을 확대하고 바빌로니아를 강력한 중앙집권적 제국으로 키운 왕으로 유명하다. 고대 바빌로니아의 왕궁 돌기둥에는 함무라비 왕이 태양신으로부터 직접 법문을 하사받는 모습이 조각되어 있었는데 이 돌기둥은 현재 프랑스의 루브르박물관에 소장되어있다.

그 함무라비 법전에는 모든 사람들이 잘 알고 있는 인과응보(因果應報)사상, 즉 "눈에는 눈, 이에는 이"라는 당시의 시대적 사상을 잘 반영하고 있다. 함무라비 법전은 1901년 말, 프랑스 탐험대가 페르시아의 고도(古都) 수사(Susa)에서 발견하였다. 높이 2.25m의 돌기둥에 설형문자(楔形文字)로 새겨놓은 이 법은 전문(前文)과 후문을 포함하여 282조로 구성되어 있다. 기둥 상부에는 함무라비 왕이 샤마슈(Shamash: 태양이라는 뜻) 신(神)에게서 법전을 전수받는 모습이 양각무늬로 새겨져 있는데 이는 모든 법은 신으로부터 전해진다는 법의 신수사상(神授思想)을 엿볼 수 있게 한다.

그 주된 내용을 살펴보면 계급적 법제도, 신의 판단, 탈리오의 법칙(lex talionis 法則)이라 일컬어지는 동해보복형(同害報復刑), 즉 눈에는 눈, 이에는 이로 맞대응하는 형벌 등, 고대적 잔재가 남아 있기는 하지만 농업사회가 가졌던 법외에 운송, 중개 등, 상업에 관한 규정까지 포함되어 있다. 또 실체법 규정, 특히 사법(私法) 규정이 대부분이어서 절차적 규정이 극히 적은 점, 종교적 색채의 규정이 적은 점 등, 고대법보다 진보된 내용도 들어있다. 수메르법과 아카드(Akkad)법을 절충하고 종래의 여러 법을 종합하여 제정한 것으로 보이는 이 법은 바빌론법과 아시리아법처럼 후세의 설형문자로 된 성문법에 큰 영향을 끼쳤을 뿐만 아니라 로마의 십이표법(十二表法) 및 헤브라이법과도 역사적 관련이 있으므로 비교연구를 위한 중요한 자료가 된다.

한편 인류최초의 법전은 함무라비법전이 아니라 우르남무의 법전(Code of Ur-Nammu)이라고 주장하는 학자들도 많다. 우르남무는 수메르의 우르 제3왕조를 열었던 지배자로서 기원전 2050년경에 즉위하였다. 이 시대는 함무라비 왕보다 300년 정도 앞선 시기이다. 기원전 2100년~기원전 2050년 사이에 수메르어로 기록된 것으로 보이는 우르남무(Ur-Nammu)의 법전에는 다음과 같은 내용들이 새겨져 있다.

"세상이 창조되고 수메르와 우르의 운명이 결정된 후 수메르 신전의 최고신들인 안(An)과 엔릴(Enlil)은 달의 신 난나(Nanna)를 우르의 왕으로 임명했다. 그리고 어느 날 난나(Nanna)는 우르남무를 선택하여 자신의 지상 대리인이 되어 전 수메르와 우르를 지배하게 하였다. 새로운 왕은 먼저 우르와 수메르의 정치적, 군사적 안정을 도모해야만 했다. 특히 그는 우르를 희생양으로 삼아 팽창하고 있던 라가시(Lagash)의 지배자 남하니(Namhani)를 패퇴시킨 뒤 우르(Ur)의 이전 경계선을 다시 확립시켰다. 다음으로는 사회적, 도덕적 개혁을 통해 내부의 안정을 꾀할 필요가 있었다. 그래서 사기꾼과 부패한 관리들, 시민의 재산인 황소, 양, 당나귀의 강탈자들을 내쫓았다. 그런 후 그는 공정하고 불변하는 책임의 기준을 확립했다. 그것은 빈자가 부자의 먹이가 되지 않고, 미망인이 강한 자의 축첩이 되지 않고, 1세켈(Shekel)을 가진 이가 1미나(60세켈)를 가진 자의 먹이가 되지 않도록 하는 것이었다."

니푸르(Nippur)에서 발견된 두 점토판 조각에 새겨진 위와 같은 내용은 1952년 사무엘 크레이머(Samuel Kramer)에 의해 최초로 번역되었다. 처음 발견된 두 조각에는 프롤로그(prologue, 서문)와 5개 항만 적혀 있었다. 그러나 다행히도 우르에서 추가로 점토판이 발견되었고, 1965년 번역되어 57개 항의 법문 중 40개 항의 내용이 밝혀졌다. 또 고대 바빌로니아 도시로 바빌론의 북쪽 60km 지점에 있었던 시파르의 샤마슈(Shamash) 사원의 유적에서 많은 설형문자 점토판과 다른 기념물이 발견되었는데 그중에는 우르남무의 법전 조각도 들어있었다. 그 사원을 수메르인들은 에바바라고 불렀고 셈족은 비툰(betoon)이라고 불렀다. 이 사원은 기원전 1831년에 사용된 인류역사상 가장 오래된 은행으로 알려져 있다.

함무라비 법전과 우르남무의 법전에서 보듯 고대 통치자들은 자신이 하늘의 뜻을 받아 지도자가 되었음을 강조했다. 고대인들에게 있어서 하늘은 곧 자연법의 결정자였으므로 하늘의 뜻을 이어받았다는 한마디는 누구도 이의를 제기할 수 없는 자연법으로 인정받을 수 있는 가장 확실한 길이었기 때문이다. 인류역사를 보면 모든 통치자들은 시대마다 시대가 요구하는 정의와 상식을 그들의 가장 우수한 통치수단으로 내세웠다. 고대 통치자들이 예외 없이 하늘의 뜻을 강조한 것은 그만큼 그 당시는 하늘의 뜻이 보편적 정의와 상식이 되었음을 의미한다. 따라서 하늘의 뜻보다 더 우수한 통치수단은 없다고 판단했을 것이다.

고대 로마에서 제정된 최초의 성문법은 12표법(十二表法, lex duodecim tabularum)이다. 기원전 451~450에 걸쳐 제정된 로마 최고(最古)의 성문법으로 12동판법(銅板法)이라고도 불리는 이 법은 로마의 귀족과 평민 간의 상호투쟁과 타협의 산물이었다. 일반인들에게 공개적으로 공시되었던 이 법은 법에 관한 지식을 독점했던 귀족층이 평민층의 극렬한 저항을 무마하기 위해 타협한 흔적이 역력하다. 예를 들면 민법 및 사법에서 양 계층을 대등한 위치에 놓음으로써 평민의 의사를 존중하고자 했다. 로마의 철학자이자 변론가인 키케로(Marcus Tullius Cicero, BC106~BC43년)는 어렸을 때 이것을 애창가요로 즐겨 불렀다고 한다. 그러나 이 12표법의 원본은 로마가 기원전 4세기 갈리아의 공격을 받았을 때 소실되었다. 그래서 지금 남아 있는 것은 후세에 와서 단편적인 사료(史料)들을 모아 재구성한 것이다. 따라서 12표법이 동판에 새겨졌는지, 상아(象牙)나 목판(木板)에 새겨졌는지는 불확실하다. 하지만 부분적일망정 비밀에 싸여 있었던 그때까지의 관습법과 판례법의 일부가 성문화되어 공시되었다는 점에서 의의가 높다. 왜냐하면 그 12표법은 그 후에 탄생된 모든 공사법(公私法)의 원천이 되었기 때문이다.

그러나 그 법은 고대농업사회의 전통적 법의 한계를 크게 넘지 못하고 있는 아쉬움을 가지고 있다. 소송법, 가족법, 공법, 종교법을 포함하고 있지만 거래법의 내용이 부실하고 "눈에는 눈, 이에는 이"로 대응하는 탈리오(talionis) 원칙을 승인하고 있으며 엄격한 상린관계(相隣關係)를 규정하고 있는 점이 바로 그렇다. 또 귀족층이 주도권을 잡고 제정한 법이었으므로 여전히 채무법(債務法)은 가혹했고, 귀족과 평민과의 통혼(通婚)도 금지하였다. 따라서 평민의 불만이 충분히 해소되지 않아 귀족과 평민의 항쟁이 또다시 재현되는 결과를 낳았다.

동양최초의 법전

홍범구주(洪範九疇)는 중국 하(夏)나라 우왕(禹王)이 요순(堯舜) 이래 정치, 도덕, 사상을 집대성하여 남겼다는 통치이념으로서 홍범(洪範)은 대법(大法)을 의미하고 구주(九疇)는 9개 조(條)를 의미하므로 홍범구주라는 말은 9개 조항의 큰 법이라는 뜻이다. 주(周)나라 무왕(武王)이 기자(箕子)에게 선정의 방안을 물었을 때 기자가 이 홍범구주를 지어 바쳤다고 한다. 『서경(書經)』의 주서(周書) 홍범편에 수록되어 있는 9개 조항은 오행(五行), 오사(五事), 팔정(八政), 오기(五紀), 황극(皇極), 삼덕(三德), 계의(稽疑), 서징(庶徵), 그리고 오복(五福)과 육극(六極)이다.

여기서 오행(五行)은 목(木), 화(火), 토(土), 금(金), 수(水)로서 음양과 연결하여 만물이 생성쇠멸하는 이치를 설명한 것이고, 오사(五事)는 모(貌: 용모), 언(言: 언행), 시(視: 주시), 청(聽: 경청), 사(思: 생각)로서 인간의 기본적인 도리를 설명한 것이고, 팔정(八政)은 식(食: 양식), 화(貨: 재정), 사(祀: 제사), 사공(司空: 건설), 사도(司徒: 교육), 사구(司寇: 사법), 빈(賓: 외교), 사(師: 군사)로서 정치와 행정조직에 대해 설명한 것이다. 또 오기(五紀)는 해(歲), 달(月), 날(日), 별(辰), 역(曆)으로 세월과 자연의 흐름을 설명한 것이고, 황극(皇極)은 왕이 법도를 제대로 세워 정치를 잘하는 방법을 설명한 것이고, 삼덕(三德)은 정직(正直), 강극(剛克), 유극(柔克)으로 통치방법에 관한 설명이고, 계의(稽疑)는 복(卜)과 서(筮)의 점을 치는 사람을 임명하고 그들에게 점을 치게 하는 것이고, 서징(庶徵)은 우(雨), 양(陽), 난(暖), 한(寒), 풍(風), 시(時)로서 군주가 행할 도리에 대해 설명한 것이고, 오복(五福)은 수(壽), 부(富), 강녕(康寧), 유호덕(攸好德), 고종명(考終命)이고 육극(六極)은 요절(夭折), 질(疾), 우(憂), 빈(貧), 오(惡), 약(弱)으로 5복을 얻는 방법과 6극을 피하는 방법을 설명한 것이다.

그러면 고대인들은 왜 이런 법전을 만들고 법이라는 이름으로 죄인을 처벌했을까? 고대사회의 형벌이 아무리 왕의 마음먹기라 했어도 아무런 기준 없이 형벌을 함부로 가할 수는 없었을 것이다. 따라서 형벌을 내리는 기준은 있어야 했을 것이다. 그 기준은 바로 법이었다.

물론 인간은 법이 없었을 때도 살았다. 동물적 생활을 했던 태고의 원시인들은 법이 없었음에도 불구하고 사회를 이루며 살았다. 그런 법 없는 사회는 왜 법 있는 사회로 바뀌었을까? 앞서 지적한 대로 법이 없었던 사회란 성문법이 없었던 사회를 의미하는 것이지 정글의 법칙으로 대변되는 자연법마저 없었던 사회를 의미하는 것은 아니다. 자연법은 자율적 규범이다. 다시 말하면 스스로 그런 일을 하면 안 된다고 자신을 제어하는 도덕률이다. 그런 도덕률로서의 자연법은 모든 생명체가 공통적으로 가진다. 동물들도 자기 새끼를 아끼고 사랑한다. 그것은 하늘이 명한 자연법이며 따라서 동물들도 그런 자연법을 가진다. 이렇게 볼 때 동물세계에는 법이 없는 것이 아니라 인간사회가 가지는 성문법이 없을 뿐 불문법으로서의 자연법은 그대로 있는 셈이다.

성문법은 문자가 생긴 이후에 생긴 법이다. 문자가 없었던 구석기 시대까지만 해도 성문법은 존재하지 않았다. 문자가 없었으므로 성문법이 있었을 리 없다. 그러나 문자로 표기된 성문법이 없었다고 해서 문자 이전의 고대에는 전혀 법이 없었던 것은 아니다. 문자 이전에도 인간사회를 유지하는 자연 질서와 자연 윤리는 엄연히 존재했다. 즉 하늘이 정한 자연법은 있었다. 거시적 관점에서 보면 우주 만물은 예외 없이 자연법을 지닌다. 초목은 봄에 싹트고 가을에 열매 맺는 자연적 질서를 떠나서 생존할 수 없고, 동물은 먹고 먹히는 먹이사슬을 떠나서 존재할 수 없다. 구석기인들도 비록 문자적 성문법을 가지고 있지는 않았지만 자연 질서를 떠나서 살 수 없었던 만큼 자연법을 가지지 않을 수 없었다.

자연법은 자연만물이 공존하는데 필요한 자연적 질서이다. 즉 자연만물로서의 물질이 가지는 질서이다. 물질이 가지는 질서는 물질이 존재하는 데서부터 시작되므로 결국 자연법의 출발점은 물질인 셈이다. 법 자체는 비물질이지만 법의 출발점은 이렇게 항상 물질이다. 실제로 물질을 대상으로 하지 않는 법은 존재하지 않는다. 예를 들면 남의 물건을 도둑질 한 자를 처벌하는 법은 물건이라는 물질을 전제로 한다. 어떤 경우에도 물질이 개입되지 않는 단순한 생각을 처벌하는 법은 없다. 법적 처벌은 물질적 수단을 통해서 그 생각이 표현되거나 행동으로 옮겨질 경우에만 해당된다. 상대를 죽이고 싶다는 생각을 가졌다는 이유만으로 처벌하는 법은 결코 없다. 모든 재판은 증거를 필요로 하는 증거재판주의를 채택하고 있는데 그 증거는 당연히 물질적 증거, 즉 물증이다. 심증으로는 결코 죄를 확정할 수 없다. 법도 재판도 이렇게 물질을 전제로 한다.

05 고대의 죄형전단주의와 죄형법정주의

 오늘날도 그렇지만 사람들이 많이 모이면 예상치 못한 사고와 범죄가 발생한다. 가장 대표적인 범죄는 살인, 상해, 강도, 절도, 강간 같은 기본적인 사회적 범죄로써 이런 범죄는 동서고금을 막론하고 사라진 적이 없다. 그 밖에도 각 민족의 정치 및 경제제도, 풍속과 관습에 따라 여러 범죄가 생기곤 한다. 더욱이 고대에는 대부분 한 사람의 통치자가 죄와 벌을 결정하는 죄형전단주의(罪刑專斷主義)가 채택되고 있었기 때문에 형벌권은 권력자 한 사람의 손에 맡겨져 있었다. 따라서 어떤 행위가 범죄에 속하고 그 범죄에 대해 어떤 형벌이 부과되는지를 법률적으로 명시하지 않았다. 국가가 국민에게 형벌을 부과하기 위해서는 미리 범죄와 형벌을 법률로 규정하도록 한 죄형법정주의는 프랑스 혁명 이후에 확립되었다.

 범죄는 여러 사람이 어울려 사는 사회를 전제로 한다. 즉 사회가 있어야 범죄가 있다. 자기가 자기에게 범죄를 저지를 수는 없으며 설령 저지른다고 해도 그런 범죄는 자신이 피해자가 되므로 사회적 처벌의 대상이 되지 않는다. 자살의 경우 아무도 처벌하지 않는 것은 피해자가 없기 때문이다. 살인, 강절도, 강간 같은 범죄는 인간이 사회라는 공동체를 구성하고 살아가기 때문에 발생하는 사회적 범죄이다. 범죄는 보호하는 법익(法益)에 따라 국가적 법익을 해하는 죄, 사회적 법익을 해하는 죄, 그리고 개인적 법익을 해하는 죄로 나눌 수 있다.

국가적 법익을 해하는 죄로는 내란, 외환 같이 국가존립을 위태롭게 하는 죄, 외국원수 및 외국사절의 위해(危害) 같은 국교(國交)를 방해하는 죄, 국기문란, 공무 방해, 도주, 범인은닉, 위증, 증거인멸, 무고 같은 국가의 권위 및 기능을 저해하는 죄 등이 있다. 사회적 법익을 해하는 죄로는 범죄단체조직처럼 공안을 해하는 죄, 양민을 선동하여 폭동을 일으키는 죄, 폭발물설치, 방화, 실화, 교통방해 같은 공공의 안전을 해치는 죄, 통화, 유가증권, 우표, 인지, 문서, 인장 위조 같은 공공의 신용(信用)을 파괴하는 죄, 불량 음용수나 아편 유통 같은 공중위생에 반하는 죄, 간음 및 간통 같은 사회도덕을 해하는 죄, 도박과 복권처럼 사행심을 부추기는 죄, 신앙을 오남용하는 죄 등으로 나눌 수 있다. 개인적 법익에 관한 죄로는 살인, 상해, 폭행, 과실치사, 유기 같이 생명과 신체에 위해를 가하는 죄, 체포, 감금, 협박, 약취, 유인 같이 개인의 자유를 해하는 죄, 강간, 강제추행, 혼인빙자간음 같은 정조에 관한 죄, 명예훼손, 모욕, 신용훼손, 업무방해 같은 명예 및 신용을 훼손하는 죄, 비밀침해, 주거침입, 권리행사방해 같은 사생활의 평온(不穩)을 저해하는 죄, 절도, 강도, 사기, 공갈, 횡령, 배임, 장물, 손괴 같은 재산상 손해를 끼치는 죄 등이 있다.

고대 구석기인들도 비록 씨족사회 혹은 종족사회같이 그 규모는 작았을망정 사회를 이루고 살았던 만큼 범죄는 발생했을 것이며 어떤 형태로든 그 범죄에 대한 처벌은 이루어졌을 것이다. 그중에서도 가장 중요한 범죄는 살인, 강도, 강간 같은 자연범(自然犯)이었을 것이다. 자연범이란 살인이나 강도, 절도처럼 법률조항을 따질 필요도 없이 행위 자체가 반사회적이고 반인륜적인 형사 범죄를 의미한다. 즉 사회 구성원 모두의 공통된 인간적 감정에 반하는 범죄이다. 이에 반해 사회라는 집단을 이끌어 가기 위해 모든 구성원들이 지키도록 규정한 법적조항을 어기는 행위를 행정 범죄 혹은 법정 범죄라 한다. 말하자면 형사범죄는 법적규정 이전에 반사회적, 반인륜적이라고 생각되는 행위라 할 수 있고, 행정범죄는 사회집단을 유지하기 위해 국가가 법으로 규정한 조항을 위반하는 행위라 할 수 있다. 인간사회에는 어떤 형태로든 이 두 가지 범죄가 생기기 마련이다.

그러면 고대사회에서는 그런 범죄에 대해 누가 어떤 형벌을 내렸을까? 고대사회는 족장 혹은 왕을 정점으로 하는 일인통치사회였다. 특히 구석기시대는 문자마저 생기지 않았던 동물적 사회였으므로 범죄와 형벌의 종류를 사전에 규정할 방법도 없었을 것이다. 따라서 지배자의 한 마디는 바로 법이었고 형벌이었던 죄형전단주의(罪刑專斷主義)가 행해졌을 것이다. 그런 일인통치사회는 절대적 권위가 확보되어야 존속할 수 있다. 왜냐하면 절대적 권위가 없다면 아무리 중죄를 지은 흉악범이라 해도 엄한 형벌을 순순히 받아들일 사람은 없을 것이기 때문이다. 어떤 처형을 받아도 감히 저항할 꿈도 꾸지 못할 만큼 위압적이고 강압적인 절대 권력이어야 했을 것이다.

| 고대정치체제

서양의 정치는 고대 그리스에 기원을 두고 있다. 고대 그리스의 국가 형태는 도시국가(polis)였다. 도시국가를 배경으로 한 고대 정치사상의 대표자는 플라톤(Platon, Plato)과 아리스토텔레스(Aristoteles)이다. 이들은 권위의 구조와 통치권자의 자질을 논의하였다. 최고 권력자의 수에 따라 일인, 소수, 다수로 나누어 정부 형태를 구분하고 정치적 권위가 일인에 집중되어야 한다는 철인정치와 군주제를 옹호하였다. 즉 일인 통치자가 국가의 통일성을 제공하고 국가의 방향을 잡아주어야 한다고 보았다.

반면 대규모 국가를 건설한 로마의 정치사상은 공화정에 초점이 맞추어져 있었다. 로마의 철학자 마르쿠스 툴리우스 키케로(Marcus Tullius Cicero)는 BC200~100년 사이에 등장한 광대한 공화정과 그리스의 학파인 스토아철학(stoicism)의 영향을 받았다.

고대 중국과 인도에서도 정치적 통합과 정치질서를 확립하기 위한 정치사상이 발달했다. 춘추전국시대의 중국도 그리스와 유사한 측면을 보이고 있다. 통일된 문화를 가지고 있으나 여러 정치체제가 서로 싸우고 있었던 고대동양에서의 정치사상은 사회적, 정치적 혼란 속에서 문명을 지키기 위한 통일된 제국의 건설을 추구하고 있었다.

농경생활이 정착되고 최초의 정치사회로서 성읍국가(城邑國家) 또는 군장국가(君長國家)가 탄생함에 따라 그 지배자의 권위를 높여주는 각종 설화가 나타났다. 그 가운데 대표적인 것이 단군신화이다. 최초의 국가라고 할 수 있는 고조선의 시조는 태양신(太陽神)인 환인(桓因)의 손자이며, 자연을 움직이고 모든 인간사(人間事)를 주재하는 환웅(桓雄)의 아들인 단군왕검(檀君王儉)으로 묘사되어 있다. 이 설화는 많은 과장과 분식이 더해진 것이겠지만 단군왕검의 출자(出自)를 신성하고 초인적인 데서 구하는 것은 가장 원초적인 구성내용이었을 것이다. 태양은 신석기시대부터 신앙의 대상이 되어왔으므로 태양신과 이어지는 단군왕검은 더할 나위 없는 권위를 갖게 되는 셈이다. 한국 고대에 등장하는 시조의 난생설화(卵生說話)들은 대개 비슷한 의미를 지닌다. 그런데 여기서 주목되는 것은 단군왕검이 제정일치(祭政一致)의 지배자를 의미하는 것으로 보인다는 점이다. 이것은 매우 신성한 권위를 가진 정치적 지배자가 아직 신비한 제사장의 기능을 겸해야 하는 단계를 뜻하는 것으로서 종교와 정치의 미분화(未分化)를 말해준다.

고조선의 법률인 팔조법금(八條法禁) 가운데 "살인자는 사형에 처하고, 상해를 입힌 자는 곡물로 배상시키고, 도둑질한 자는 노비로 삼는다"는 세 조항이 남아 있는 것으로 볼 때 고조선의 지배자는 이와 같은 규범이 집행되는 엄연한 정치사회를 통치하는 존재로서 지위를 점차 굳혀갈 수 있었다.

성읍국가들은 일정한 배경 아래 연맹하여 연맹왕국을 성립시키는 동안 제정이 분리되고 연맹장은 왕으로 호칭되는 단계에까지 발전하였다. 그러나 부여에서는 가뭄이나 홍수, 흉년이 들면 왕을 죽이거나 내쫓자고 하여 그 책임을 추궁하였다고 한다. 이것은 연맹장의 왕권이 확립되지 않았음을 뜻하기도 하지만, 동시에 정치적 지배자가 자연의 조화와 농업의 풍요로운 결실에까지 책임을 져야 했음을 말해주는 것으로서, 뒷날 천변지이(天變地異)가 나타나면 왕이나 고위 관직자가 견책당하는 선례가 된다. 이처럼 정치와 종교가 혼합된 상태에서 탄생설화를 통해 정치적 지배자의 권위와 능력을 분식(粉飾)하고, 나아가서 자연의 조화와 민생에 대해 책임져야 하는 존재로 규정되는 데서 원초적인 정치사상의 모습을 살필 수 있다.

삼국시대에 접어들면 중앙집권적인 국가체제가 정비되고 왕은 그 정치적 권위를 한층 고양시키게 된다. 새로이 탄생된 귀족들이 합의제에 의해 국가의 중대사에 대한 결정권을 지니지만, 국가를 대표하고 귀족을 통섭하며 정책 집행의 최고 책임을 지는 왕의 권한과 지위는 매우 크고 높았다. 이처럼 왕의 권위가 고양됨에 따라 고구려의 광개토대왕이나 신라의 진흥왕은 독자적인 연호(年號)를 쓰고, 그들의 행적과 공훈을 적은 비(碑)를 세워 그 존대(尊大)함을 과시하였다. 이러한 왕에 대한 충성은 당시 국가의 모든 신민에게 강조되고 통용된 덕목이요 사조(思潮)였다.

신라 화랑도에게 교육하는 덕목이었던 세속오계(世俗五戒)는 그 첫째가 왕을 충성으로 섬기는 것이요, 둘째가 부모를 효성으로 섬기는 것이요, 셋째가 벗과 신의로 사귀는 것이요, 넷째가 전쟁에 나아가 물러나지 않는 것이요, 다섯째가 생물을 죽이되 가려서 죽이라는 것이었다. 이것은 그 시대의 사회적 필요성에서 제기된 실천덕목이었다고 할 수 있는데, 가부장 중심의 가족제 발달에 따라 필요성이 강조된 효(孝)와 더불어 충(忠)이 가장 중요한 위치를 차지하고 있다. 신라의 화랑도가 장래를 기약하여 지킬 바를 맹세한 내용을 담고 있는 임신서기석(壬申誓記石)에서 충도(忠道)를 내세운 것도 마찬가지 사례라 하겠다. 이와 같은 충성에 대응하여 왕에게는 신민에 대한 보살핌과 사랑이 요구되었다. 고구려의 재상 창조리(倉助利)는 왕이 백성을 근심하고 사랑하지 않음은 인(仁)이 아니요, 신하가 왕에게 간(諫)하지 않음은 충이 아니라 하였고, 진흥왕은 왕이 스스로를 닦아 백성을 편안하게 해야 하는 도리를 강조하였다. 이것은 국가의 중심이요 권력의 장악자인 왕의 통치가 바로 그 통치의 대상인 일반 백성들의 생활과 안위에 가장 큰 주의를 기울여야 한다는 왕도(王道)의 이상에 부합되는 주장이라 하겠다. 이상과 같은 충군(忠君)과 애민(愛民)의 사상이 곧 삼국시대 정치사상의 핵심을 이루는 것이다.

그런데 삼국시대에는 일찍부터 중국의 유교가 알려져 고구려, 백제, 신라에서 그 경전과 사서(史書)가 읽혔으며, 따라서 그 정치사상을 시사해 주는 대부분의 언설(言說)이 그것에 입각한 것들이다. 그러나 이것은 성읍국가로부터 연맹왕국을 거쳐 중앙집권적 귀족국가를 형성시키는 과정을 통해 축적된 역사적 경험을 유교적 표현을 빌려 나타낸 것이며, 그 자체가 유교사상 그대로를 뜻하는 것이 아니라는 점을 유의해야 하겠다.

신라가 삼국을 통일하고 고구려, 백제의 영토와 국민을 흡수하여 한반도의 주인공으로 부상함에 따라 통치체제의 확대 개편이 뒤따랐다. 동시에 통일의 위업을 달성한 태종 무열왕(太宗武烈王:金春秋)과 문무왕 부자(父子)로부터 시작되는 신라 중대(中代)의 왕통이 열리고 전제왕권이 성립되었다. 신문왕은 김춘추의 묘호(廟號)가 자기 나라 태종의 것과 같을 수 없다는 당(唐)의 이의 제기를 무시하는 한편, 반대 세력을 무자비하게 제거한 직후 발표한 교서(敎書)에서 왕에 대한 신하의 절대 충성을 강요하고, 그에 어긋나는 경우 철저한 숙청을 단행했던 것이다. 왕은 절대권력의 소유자가 되었고, 그것에 상응하여 귀족의 합의기구인 화백(和白)이 약화되는 대신 관료적 행정기구인 집사부(執事部)가 전제정치를 뒷받침하였다. 이때 이르러 신라에서는 전제정치를 옹호하고 전제주의를 표방하는 경향이 두드러지게 되었다.

이 시기에는 유명한 유학자인 강수(强首)와 설총(薛聰)이 활약하였다. 그들은 신라 골품체제에서 진골(眞骨) 아래의 육두품(六頭品) 출신으로 한결같이 불교를 비판하였다. 그들은 유교에서 가치판단의 기준을 구하고, 유교적 도덕률(道德律)을 최우선의 것으로 내세우면서 도덕정치를 주장하였다. 이것은 전제왕권보다는 불교와 밀착된 진골귀족세력과 골품제를 겨냥하는 것이었다. 그들은 오히려 왕에 대해서는 정치적 조언자가 되었다. 이렇게 하여 육두품 출신 유학자들은 전제왕권과 결탁하고, 전제주의를 뒷받침하는 결과를 낳았다.

그러나 신라 하대(下代)로 접어들면서 왕권이 약화되고, 진골귀족 사이에서 권력투쟁이 빈발함에 따라 혼란이 야기되었다. 특히 지방으로부터 호족세력(豪族勢力)이 흥기하여 후삼국이 성립되기에 이르렀다. 이러한 변혁기를 맞아 육두품 세력은 골품제를 비판하고 새로운 개혁을 주장하였다. 신라 말의 대표적 유학자인 최치원(崔致遠)은 육두품 출신으로 일찍이 당나라에 건너가 과거에 합격하고 문명(文名)을 드날린 다음 귀국하여 여러 관직을 역임한 끝에 왕에게 시무책(時務策)을 올렸다. 그 내용은 전하지 않으나 과거제의 실시 등이 포함된 과감한 개혁이 주장되었을 것으로 보인다. 그는 호족의 발호를 용인하지 않았으므로 중앙집권체제를 상정하되, 골품제의 제약에서 벗어난 새로운 귀족국가를 바람직하게 여겼던 것 같다.

그는 당나라에서의 견문과 경험, 그리고 학문적 권위를 바탕으로 신라사회의 근본적 개혁을 요청했던 셈이다. 이 요청은 용납되지 않았으나, 신라 중대(中代) 이래 뚜렷한 성장을 보인 육두품 출신 유학자들이 마침내 적극적 개혁이념을 제창하게 되었음을 의미한다. 이는 전제주의의 주창과 더불어 통일신라시대 정치사상의 커다란 성장을 보여주는 것이다. 신라 말에 현출된 후삼국시대는 커다란 혼란기요 전환기였다. 신라에서는 새로운 호족세력이 대두하여 사실상 신라의 통치범위에서 벗어난 각지에서는 다양한 사상의 전변이 이루어지고 있었다. 한국사를 통해 정치적, 사회적으로 가장 활발하고 변화가 많았던 시기 가운데 하나라고 할 수 있는 후삼국시대는 사상적인 면에서 도 가장 활기에 찬 때였다.

불교에서는 새로이 선종(禪宗)이 수입되어 큰 변화를 경험하고 있었다. 선종의 경우 각지에서 대두되는 호족들과 결합하여 급속히 성장할 수 있었다. 당시 중요한 위치에 있었던 선사(禪師)들의 사상적 특성은 개인주의적 경향이 강하다는 것이었다. 이것은 중앙집권적 지배체제에 맞서면서 정치적으로 독립을 꾀하는 호족들에게 사상적 기반을 마련해 주었다. 또 기존의 불교 종파 가운데 가장 유력했던 화엄종(華嚴宗)은 남악(南岳)과 북악(北岳)으로 갈라져 각각 견훤(甄萱)과 왕건(王建)을 지지하면서 극심한 대립과 갈등 속에 있었다.

한편, 궁예(弓裔)는 스스로 미륵불(彌勒佛)을 자칭하면서 그의 구세적(救世的)인 통치의도를 강조하려 하였다. 이때는 풍수지리설(風水地理說)도 크게 유행하였다. 지형이나 지세를 국가나 개인의 길흉과 연결지어 명당(明堂)을 중요시하는 풍수지리설은 종교적 성격을 띠는 일면, 정치적으로 호족세력과 긴밀한 관계를 지녔다. 그들은 지덕(地德)을 중요시하여 그것을 비보(裨補)하는데 힘썼지만, 기본적으로는 자신들의 근거지를 명당으로 확인받아 호족으로서의 존재를 정당화하려고 하였다. 이처럼 유교를 비롯해 불교와 풍수지리설 등이 다양한 형태로 존재하면서 당시의 정치와 사회에 긴밀하게 연결되어 있었다. 이러한 상황에서 왕건에 의해 후삼국의 통일이 이루어졌다. 왕건 자신이 유력한 지방호족 출신으로 불교에 대한 깊은 관심을 가지고 있었고, 풍수지리설에 대한 믿음도 컸다. 그는 유교에 대해서도 상당한 이해를 지녔던 것으로 보인다. 이러한 다양한 관심과 이해가 그의 호족연합정권 수립과 후삼국 통일에 상당한 도움이 되었으리라 여겨진다.

후삼국을 통일한 다음에도 왕건은 서로 다른 여러 분야의 사상과 종교에 대한 배려와 믿음에 변화가 없었다. 불교에 대해서는 교종과 선종을 두루 숭앙했고, 풍수지리설의 존신(尊信)을 후손들에게 당부했던 것이다. 이러한 점들은 「훈요십조(訓要十條)」에 잘 나타나 있다. 그럼에도 불구하고 왕건은 정치 운영에는 유교의 이념을 적용시키려고 했던 것 같다. 그는 취민유도(取民有度)를 내세워 백성들의 조세부담을 덜어주고, 예하의 장상(將相)들에게도 백성들의 재물을 함부로 거두어들이는 취렴(聚斂)의 억제를 강력히 요구하여 인정(仁政)에 힘썼다.

그런 한편,「정계(政誡)」와 「계백료서(誡百寮書)」를 저술하여 새로운 정치질서의 수립을 꾀한 것은 희미하나마 유교정치의 지향을 시사하는 것이다. 역사적 전환기에 여러 부문에서 일정한 정치적 의미를 함축하는 다양한 사상적 분출이 있었고, 왕건은 그것들을 포용하여 후삼국의 통일이라는 커다란 과업을 성취하였다. 그런 다음에는 새로운 정치적 질서의 수립을 위해 유교의 이념에 깊은 관심을 기울였던 것으로 보인다.

고려왕조의 정치적 기반이 확립됨에 따라 중국의 과거제도가 도입되고 당(唐)과 송(宋)의 정치제도가 채택되면서 새로운 통치체제가 자리 잡게 되었다. 그 과정에서 고려 정치의 기저를 이루는 유교적 정치이념이 확립되었다. 그것은 신라 육두품 출신의 유학자 최승로(崔承老)가 올린 시무책을 유교를 존숭한 성종이 받아들이는 형식으로 이루어졌다. 최승로는 신라가 고려에 항복할 때 아버지를 따라 고려에 와서 12세 때, 태조 왕건의 부름을 받아 학문과 자질을 칭찬받기도 하였다. 그 뒤부터 그는 40여 년간 수많은 정치의 소용돌이 속에서 관직생활을 계속하여 높은 지위에 올랐다. 그리고 새로이 왕위에 오른 성종의 요구에 응하여 정치의 당면과제에 대한 종합적 의견을 개진하게 되었는데 그것이 바로 「시무28조(時務二十八條)」였다. 「시무28조」는 앞부분에서 태조를 비롯한 역대 다섯 왕의 정치적 행적을 5조치적평(五朝治績評)을 통해 비판하고, 뒤에서 28조목에 걸쳐 구체적 정책 건의를 한 것이다. 그 중 6조목은 망실되고 오늘날 22조목만이 알려져 있다.

그가 건의한 내용은 매우 광범위하여 국방문제, 중국문화의 수입에 따르는 문제, 왕으로서의 태도, 등등에 이르기까지 다양하지만 가장 큰 비중을 차지한 것은 불교를 비판하고 유교의 중요성을 강조한 것이라 하겠다. 그는 "석교(釋敎: 불교)를 행하는 것은 수신(修身)의 근본이요, 유교를 행하는 것은 치국(治國)의 근원입니다. 수신은 내생(來生)을 위한 것이요, 치국은 오늘의 일인데, 오늘은 매우 가깝고 내생은 매우 먼 것이니, 가까운 것을 버리고 먼 것을 구하는 것은 또한 잘못이 아니겠습니까?"라고 하여 유교의 중요성을 부각시켰다. 아울러 불교의 공덕신앙(功德信仰)과 불교관계 행사들에 대한 부정적 견해를 확실히 하였다.

그는 또 이상적 정치를 중앙집권적인 정치형태에서 구하여 지방제도의 정비를 통해 왕의 통치가 일반 백성들에게 미쳐야 한다고 주장하였다. 또 왕에게 신하를 예우할 것을 요청하고, 귀족관료층의 권익이 보장되어야 한다고 강조하기도 하였다. 이것은 전제주의적 정치를 행한 광종을 격렬하게 비판한 것도 상통되는 점이다. 이와 같은 점들을 종합할 때, 그가 건의한 것은 유교적 이념에 입각한 중앙집권적 귀족정치의 실현이라고 할 수 있다. 이러한 건의가 성종에게 그대로 받아들여져 시행되었고, 고려의 정치는 유교적 이념에 토대하여 전개되기에 이르렀다.

노자(老子) 사상은 인간의 자연성과 사회성 사이의 모순된 내용을 포함하고 있지만 아직 이론으로 상승되지는 않았다. 장주(莊周) 및 그 후학은 이론적으로 이 문제를 철저히 해명하였다. 장주 및 그 후학도 무위정치를 말하였으나 그들의 무위정치 사상은 노자와 다르다. 장자의 무위사상은 인간의 자연성과 사회성의 모순적 기초 위에서 건립된 것이다. 따라서 장자의 무위정치는 이론적으로는 물론이고 형식적으로도 노자와는 매우 다르다.

장자는 명확하게 인간의 본성이 인간의 자연성이라고 주장하였다. 노자의 제자인 경상초(庚桑楚)는 노자의 소(紹)에서 "본성은 삶의 본질이다"고 말하였는데 성현영(成玄英)은 장자의 소(紹)에서 "바탕은 근본이다. 자연의 성이란 생명을 부여받은 근본이다"고 하였다. 장자의 학문은 인간의 자연성과 사회성은 상호배척하는 것이므로 인간의 사회성은 인간의 자연성에 대한 파괴이며, 물론 인간들이 말한 추악함과 아름다움도 본성을 상실하였다는 점에서는 마찬가지라고 생각했다. 더욱이 인간이 칭찬한 아름다움이란 파괴성이 더욱 큰 것이다. 인간은 성현 군주에게 언제나 무한한 희망을 기대하지만 장자의 시각에서 볼 때는 바로 이러한 통치자의 다스림이 인간의 자연스런 본성을 어지럽힌다고 하였다. 사람들은 모두 총명과 재지(才智)를 칭찬하지만 장자적 시각에서 보면 총명과 재지란 명리를 쟁탈하는 도구로 본성을 해치는 장본인이었다.

정치는 공동체생활로부터 시작되었다. 사람들이 모여 살게 되면 반드시 갈등이 생긴다. 재물을 둘러싼 갈등, 감정적인 갈등, 손익을 둘러싼 갈등, 지배와 피지배에 따른 갈등 등, 공동체 속에는 그런 갈등이 그치지 않는다. 그래서 질서와 안전을 유지하기 위해서 정치가 필요해진다. 원시적 군집생활은 친족관계로 얽힌 사람들의 결합체였으므로 질서와 안전은 자연스럽게 혈연을 중심으로 하는 인간관계에 의해 유지되었다. 그러나 인구가 늘어나고 혈연집단이 점점 커지면서 분열과 대립이 생기게 되었다. 동시에 혈연관계가 없는 사람들이 모여서 사는 집단이 생기게 되었고, 사람들의 욕구도 다양해졌다. 수렵과 채집 위주의 생활에서 농경생활로 옮겨감에 따라 농작물의 파종과 관리, 그에 따른 관개시설 등, 농경을 위한 계획과 지도가 필요해졌다. 농업생산에 의해 생활에 여유가 생기면서 집단의 규모는 커지고 소수의 혈연집단이 동질성을 찾아 부족을 형성하였고 다시 부족이 결합하여 민족국가가 탄생되었다.

국가가 탄생된 과정은 크게 두 가지로 나누어 볼 수 있다. 땅이 광대한 데도 주위에 국가가 없는 경우와 좁은 땅에 국가가 모여서 살고 있어서 그 압력으로 생기는 경우이다. 주위에 국가가 없는 경우는 자연적 생존여건이 좋지 않은 건조지역인 경우가 대부분이므로 그런 곳에서는 대규모의 농지를 만들 수 있는 치수사업이 무척 중요하다. 그런 경우 그런 치수사업을 추진할 수 있는 막강한 권력을 가진 전제군주가 등장하게 된다.

이집트처럼 군주가 신(神)으로 숭배되거나 메소포타미아나 중국처럼 군주가 최고신의 소명을 받은 절대자가 되면 전제군주국이 된다. 그런 전제군주국은 왕정을 기본으로 하며 종교적인 색채가 진하고 정치술이 발달하는 반면, 합리적이고 과학적인 정치사상과는 멀어진다. 과학적 정치사상은 전제국가와는 다른 직접민주주의를 기본으로 하는 폴리스를 가졌던 그리스나 이태리 반도에서 탄생하고 성립되었다. 역사적으로 볼 때 민주정치는 그리스의 도시국가에서부터 시작한다.

정치라는 의미의 politics는 도시라는 그리스어의 폴리스(Police)라는 말에서 나온 것이다. 도시국가는 최초로 등장했던 시민사회로서 시민들의 자유토론에 의해 국가가 영위되었다. 따라서 시민은 자유롭게 그들이 원하는 국가에 대해서 논하게 되었고, 그에 따라 정치사상도 나오게 되었다. 체계적으로 정리된 정치사상은 철학자 플라톤과 아리스토텔레스에 의해 최초로 제시되었다. 플라톤은 그의 국가론에서 "국가란 인간 속에 내재하고 있는 욕망, 의지, 이성이 표출될 수 있는 조직체"이어야 한다고 강조했다. 그런 국가조직체는 가족부양을 담당하는 생산자, 외적에 대항해서 국가를 방위하는 군인, 이성적으로 국가를 이끌어 가는 현자가 요구되며 그런 국가 목표를 실현하기 위해서는 합리적이고 이성적인 지도자가 다스리는 철인정치가 필요하다고 주장했다. 플라톤은 국가를 한 사람이 지배하는 군주제, 소수가 지배하는 귀족제, 그리고 다수가 지배하는 공화제라는 세 가지 형태로 나누었다. 아리스토텔레스도 기본적으로는 플라톤의 견해를 이어받았지만 현실정치에 더 무게를 두고 독재(獨裁) 형태인 참주제, 소수 부유층이 지배하는 과두제, 다수의 욕망이 혼재된 우중지배로서의 민주제라는 세 가지 형태로 분류했다.

  그들은 그리스의 민주제가 페르시아나 이집트의 전제군주제와는 다르다는 것을 잘 알고 있었다. 그래서 기원전 500~479년의 페르시아 전쟁 때 서로 대립했던 도시국가들이 단결하여 결국 페르시아군을 격퇴할 수 있었다. 그러나 동시에 그들은 그리스라는 국가가 최상의 이상국이 아니라는 사실도 알고 있었다. 폴리스가 시민에 의해서 이상적으로 운영되지 않았고, 쉽게 매수되고 정치적 소견이 부족한 사람들에 의해 정치가 좌우되는 현실에 편승하여 다수의 민중을 자극하여 권력을 장악하고, 독재를 하는 참주가 되려고 하였다. 아테네 등의 도시국가에서는 참주(僭主)를 바라는 야심가를 경계하여 투표에 의한 추방제까지 도입했다. 이러한 제도가 있었다는 자체는 독재자에 대한 경계심이 강했고, 아테네에서는 일체의 직업적 관료나 직업적 정치가를 인정하지 않았음을 대변한다.

| 고대의 형벌

잔인한 형벌은 종종 그런 절대 권력을 담보하는 수단이 된다. 고대사회는 죄인에 대해 너무도 참혹한 형벌을 내렸다는 공통점을 지니고 있다. 동서고금을 불문하고 죄의 종류는 예나 지금이나 크게 다를 바 없지만 죄인을 처벌하는 데는 엄청난 차이가 있다. 고대 동양사회의 형벌을 보면 듣기만 해도 소름이 끼칠 정도로 참혹한 것들이 많다. 고대 서양사회도 마찬가지이다. 아무리 큰 죄를 지은 중죄인일망정 짐승에게도 차마 가하지 못할 것 같은 그런 잔인한 형벌을 가했다는 사실은 동서양을 불문하고 그만큼 고대인들이 비인간적인 동물적 사고를 가지고 있었음을 의미하는 동시에 그런 잔인한 형벌을 통해 일인통치의 절대성을 확보하려 했음을 의미한다. 먼저 대표적인 동양사회인 고대 중국에서 행해졌던 몇 가지 잔인한 형벌들을 소개하면 다음과 같다.

첫째, 목을 자르는 참수형(斬首刑)이다. 말 그대로 사람의 목을 잘라 죽이는 전형적인 사형으로 세계 각 곳에서 행해진 극형이다. 은(殷)나라 이후부터 한(漢)나라까지는 목을 도끼로 내리쳐 죽였으나 한나라 이후인 삼국시대부터 청나라에 이르기까지는 언월도로 목을 베어 죽였다. 신수이처(身首異處), 즉 몸과 머리를 따로 떨어진 곳에 둔다는 말을 가장 잘 설명하고 있는 형벌로서 목이 두꺼워서 한 번에 떨어지지 않거나 무장의 내공이 깊어 칼이 잘 들어가지 않는 경우에는 목을 언월도로 내리치지 않고 두 명의 형리가 톱으로 슬근슬근 톱질을 하여 썰어서 죽였다는 기록도 남아있다. 보통은 참형을 집행하기 전에 얼굴에 부패방지를 위해 석회가루를 뿌리고 귀에 관이전이라는 짧은 화살을 꿴 후 언월도로 망나니가 목을 내리쳐 죽였다. 때로는 여러 명의 망나니가 얕게 칼질을 여러 번하여 죄수를 고통스럽게 죽이기도 했는데 이 때문에 죄수의 가족들이 빨리 죽여 달라고 망나니에게 뇌물을 주기도 했다고 한다. 이런 사실은 한, 중, 일 각국의 역사서에 나타나 있다. 망나니는 사형수의 목을 베던 사람으로 천인이나 중죄인 가운데서 뽑아 강제로 시키는 경우가 대부분이었다. 따라서 망나니는 천시의 대상이 되었고 그래서 언행이 좋지 않은 사람, 하는 짓이나 성질이 못된 사람을 비유하는 말로 의미가 전이되었다.

둘째, 산 사람의 가죽을 벗기는 박피형(剝皮刑)이다. 이 형은 짐승의 털가죽을 벗기듯 사람의 가죽을 벗겨 죽이는 형벌이다. 먼저 등 뒤를 절반으로 가른 후 피부와 근육을 분리시키는 데 뚱뚱한 사람의 복부에는 피하지방이 많기 때문에 복부를 벗기기가 쉽지 않다고 한다. 초기에는 죽은 사람의 가죽만 벗겼지만 나중에는 산 사람의 가죽을 벗기는 일도 있었다고 한다. 일반인들에게 중죄의 대가가 무엇인지를 각인시키기 위해 벗겨낸 사람의 가죽 속에 볏짚을 채워 넣어 인형을 만든 후 거리에 전시하거나 큰북을 만들어 관청에 걸어 놓기도 했다고 한다. 더욱이 가죽을 벗겨낸 후에도 사람은 약 한나절에서 최대 이틀까지 살아있는데 그런 광경은 차마 눈뜨고 볼수 없는 생지옥이라고 한다. 고대 통치자들은 그런 무서운 형벌을 통해 종족 혹은 부족들의 무조건적 복종을 강제했던 것이다. 실제로 중국 각지에는 사람 가죽으로 만들었다는 북이 지금까지도 여러 개 전해져오고 있다고 한다. 정사기록인 명사(明史)에는 이 형벌이 12대 가정제(嘉靖帝)때 생겨난 형벌이라고 기록되어 있지만 그 이전부터 있었을 것으로 추측된다.

셋째, 사람의 허리를 자르는 요참형(腰斬刑)이다. 대부분의 인체장기가 윗부분인 상반신에 있으므로 하반신에 속하는 허리를 잘라도 상당한 시간이 지나야 숨이 끊어진다고 한다. 이 형벌은 형벌을 가하는 사람 스스로가 무서워 형벌을 가하기 어려울 만큼 잔인한 형벌이라고 한다. 왜냐하면 요참형을 당한 죄인의 고통스러워하는 모습을 숨이 끊어질 때까지 보고 있는 것 자체가 바로 견딜 수 없는 형벌이기 때문이다. 중국 명나라 때 방효유(方孝儒, 1357~1402)라는 사람은 요참형으로 허리가 끊어진 후에도 팔로 기어가며 자기 피를 긁어 모아 형벌자를 저주하는 글을 12자나 쓴 후에 죽었다고 한다. 방효유는 명나라 초기의 대표적인 학자이자 정치가였던 송염(宋濂)의 문하생으로서 뛰어난 재주로 이름을 떨쳤다. 그러나 "정난의 변(靖難의 變)"을 일으켜 4년간의 투쟁 끝에 건문제(建文帝)를 몰아내고 스스로 황제에 오른 연왕(燕王, 훗날 영락제가 됨)이 그에게 즉위의 조서(詔書)를 기초하도록 명하자 붓을 땅에 던지며 죽음을 각오하고 그 청을 거부하였다. 이에 대노(大怒)한 연왕은 그를 요참형이라는 극형에 처했다고 한다.

넷째, 사지를 찢어 죽이는 거열형(車裂刑)이다. 이 형벌은 죄인의 머리와 팔다리를 다섯 필의 말에 밧줄로 묶은 후 각각 다른 방향으로 달리게 하여 죄인의 육신을 다섯 갈래로 찢어 죽이는 형벌이다. 고대 중국 위(衛) 출신의 법가(法家) 사상가였던 상앙(商鞅, 기원전 390~330)은 전국시대(戰國時代) 진(秦)나라 효공(孝公)이 널리 인재를 구한다는 말을 듣고 진으로 들어가 10년간 진나라의 재상을 지내면서 엄격한 법치주의에 입각한 부국

강병책을 실시하여 진(秦) 제국의 성립기반을 닦았으나 효공이 죽은 후 기존세력의 반격을 받아 바로 이 거열형으로 처단된 인물로 유명하다.

다섯째, 머리, 팔, 다리, 귀를 자르고 눈알을 파내는 구오형(俱五刑)이다. 일반적으로 죽은 시체에 다시 가하는 형이었지만 산 사람한테 가하는 경우도 있었다고 한다. 한(漢) 고조 유방(劉邦)의 애첩이었던 척부인(戚夫人)이 바로 이 형벌을 받았던 것으로 유명하다. 척부인은 기원전 208년경 초한전쟁(楚漢戰爭) 중 유방의 눈에 띄어 총애를 한 몸에 받고 아들 여의(如義)를 낳았다. 왕자를 낳은 척부인은 기회 있을 때마다 유방에게 자기 아들 여의를 태자로 세워줄 것을 간청하곤 했다. 그러나 고조 유방이 죽고 여태후(呂太侯) 소생인 태자 유영(劉盈, 기원전 210~188년)이 즉위하자 척부인 모자는 여태후의 미움을 받아 처참하게 죽어갔다. 척부인의 아들 여의는 독배(毒杯)를 내려 죽이고, 척부인은 약을 먹여 벙어리로 만든 후, 귀를 자르고 눈알을 도려낸 다음 두 팔과 두 발을 잘라 돼지우리에 던져 넣고, 그것을 사람돼지(人彘)라고 했다 한다. 혜제(惠帝)에 오른 그의 아들 유영은 너무도 잔인한 그 광경을 보고 큰 충격을 받아 주색에 빠져 정무를 포기함으로써 권력이 사실상 여후(呂侯)에게 넘어갔다고 전한다.

여섯째, 사람의 살을 포를 뜨듯 떠서 죽이는 능지형(凌遲刑)이다. 이 형은 두 사람이 집행하는데 다리에서부터 시작하여 천 번을 도려낼 때까지 수형자를 죽이면 안 된다고 한다. 만약 천 번을 도려내기 전에 수형자가 먼저 죽으면 형 집행자도 처벌받았다고 한다. 정말 상상할 수 없는 고통을 주기 위해 고안된 형벌이라 아니할 수 없다. 이 형은 주로 대역죄나 패륜을 저지른 죄인에게 가해진 극형이다. 언덕을 천천히 오르내리듯 고통을 서서히 최대한으로 느끼면서 죽어가도록 하는 잔혹한 형벌로서 먼저 팔다리, 어깨, 가슴 등을 잘라내고 마지막에 심장을 찌르고 목을 베어 죽였다고 한다. 중국 원나라 때부터 시작된 것으로 알려진 이 형벌은 명나라의 대명률(大明律)에도 규정되어 있다. 한국은 고려 공민왕 때부터 이 형벌에 대한 기록이 나온다. 이후 조선 초기에도 행해졌으며 특히 연산군과 광해군 때 많이 행해졌다고 한다. 광해군 때 허균은 모반죄로 바로 이 능지처참형을 받았다고 한다.『조선왕조실록』에 사육신 등을 능지처참하고 효수(梟首)하여 3일 동안 백성들에게 공개했다는 기록이 있다. 이런 극형은 서양에서도 행해진 기록이 있다. 루이 15세를 시해하려다 미수에 그친 로베르 F. 다미앵(Robert Franois Damiens, 1715~1757)은 불에 달군 집게로 팔다리, 가슴, 배의 살을 떼어내는 참혹한 고문을 당한 뒤 네 마리 말에 팔다리를 묶어 사지를 찢어 죽이는 참형을 당했다고 한다.

  일곱째, 끓는 물에 넣어 삶아 죽이는 팽자형(烹煮刑)이다. 큰 가마솥에 물을 가득 붓고 죄인을 그 속에 집어넣어 삶아 죽이는 형벌이다. 이 형벌은 기름에 튀겨 죽이는 유탕(油湯)과는 달리 끓는 물 속에 사람을 넣고 끓여 죽이는 형벌이다. 그래서 이 형벌을 육장(肉漿)이라 부르기도 했다. 기록에 의하면 이 형벌은 은나라 때부터 행해졌다고 하며 은나라 마지막 폭군 주왕(紂王)이 애첩 달기(妲己)의 꼬임에 빠져 서백후 희창(西伯侯 姬昌)의 주(周)나라를 공격하려 하자 희창의 장자 백읍고(伯邑考)가 희씨의 가보 네 가지를 들고 주나라 황궁에 직접 입궁하여 주왕에게 충성을 맹세했지만 그는 인질로 잡히고 말았다. 달기는 주왕을 부추겨 인질로 잡혀있던 백읍고를 삶아 죽인 후 장조림을 만들어 그의 아버지 희창에게 보냈다. 주나라 문왕 희창은 모든 내용을 알고도 눈물을 삼키며 그 장조림을 씹어 먹은 후 강태공을 등용하는 등, 복수전을 준비했지만 뜻을 이루지 못하고 죽었다. 그가 죽은 후 둘째 아들 희발(武王)이 그 뜻을 이어받아 마침내 주왕의 은나라를 멸망시켰다. 전쟁에 패한 주왕은 스스로 목을 매 자살했고 애첩 달기는 희발에 의해 무참히 살해되었다고 한다.

여덟째, 남여의 성기를 제거하는 궁형(宮刑)이다. 남성은 생식기를 자르고 여성은 질구를 봉쇄시켰다고 한다. 이 형은 너무나 비인간적인 혹형으로 상처가 아물 때 썩어 들어가는 냄새가 난다하여 부형(腐刑)이라 부르기도 했다. 이 형벌을 받으면 산다고 해도 세상 사람들로부터 인간 대접을 받을 수 없었기 때문에 대부분의 죄인은 차라리 죽여주기를 바랐다고 한다. 한 무제(漢 武帝)때 사기(史記)를 지은 역사가로 유명한 사마천(司馬遷)은 흉노족에게 패하고 돌아온 그의 친구 이릉(李陵) 장군을 변호하다 이 형벌을 받았다고 한다. 전한 무제 때의 인물인 이릉(李陵)은 젊은 시절부터 유명한 장군 이광리(李廣利)와 함께 흉노전에 참가하여 여러 차례 공을 세웠다. 그러나 어느 날 이광리의 별동대를 지휘하여 흉노의 배후를 기습하다 오히려 흉노에게 포위당하고 말았다. 그때 이릉은 부하들을 살리기 위해 흉노에 항복하였는 데 항복 소식을 들은 무제는 크게 노하여 이릉의 삼족을 멸하였다. 이릉은 그 소식을 듣고 흉노에 완전히 투항하여 선우의 사위가 되고 나중에 흉노의 제후가 되었다. 바로 그 이릉을 변호하다 궁형을 받았던 사마천은 목숨을 끊는 대신 세상의 비웃음을 받아 가며 사기를 완성한 결과 현재까지 높은 평가를 받고 있다.

아홉째, 생매장하는 활매형(活埋刑)이다. 이 형은 문자 그대로 산 채로 묻어 버리는 형이다. 특히 전쟁 중일 때 시간과 노력을 아끼기 위해 자주 사용되었던 방식이라고 한다. 나중에는 목만 내놓고 땅속에 묻은 후 모욕하거나 고문하기도 하고, 때로는 그 위로 말을 달려 죽이기도 했다고 한다. 최근에는 돈을 받기 위한 수단으로 사채업자들이 채무자를 끌고 가 생매장하겠다는 협박을 하곤 한다는데 그 생매장이 바로 이 활매형이다.

열째, 작은 막대기를 입이나 항문으로 밀어 넣어 죽이는 곤형(棍刑)이다. 이 형은 매를 때리는 곤장형(棍杖刑)과는 다르다. 이 형은 맷돼지를 바비큐 하듯 목구멍에서 항문 구멍까지 막대기를 관통하여 죽이는 것인데 이 형을 집행하면 막대기가 다 들어가기 전에 내장이 터져 죽는다고 한다. 중국 소설가 김용(金庸)[3]의 소설 『협객행(俠客行)』을 보면 이 곤형의 예가 묘사되고 있다.

그 밖에도 톱으로 잘라 죽이는 거할형(鋸割刑), 철로 만든 빗으로 피부를 쓸어서 벗겨내는 소세형(梳洗刑), 손가락을 조르는 찰지형(拶指刑), 무릎을 잘라내는 빈형(臏刑), 사람을 포대에 넣어 물에 빠뜨려 죽이는 침수형(沈水刑), 도끼로 머리를 찍어 죽이는 괵형(馘刑), 코를 칼로 베어 내는 의형(劓刑), 맹독주를 마시고 죽게 하는 짐독형(鴆毒刑), 기름에 튀겨 죽이는 유탕형(油湯刑), 불 위를 걷게 하는 포락형(炮烙刑), 사람의 살로 젓갈을 담는 해형(醢炯) 등, 듣기만 해도 끔찍한 형벌들이 가해졌다.

고대 동양사회에서 벌어졌던 이런 참혹한 형벌은 서구사회에서도 마찬가지였다. 로마시대 때 행해진 극형(極刑) 가운데 하나는 예수가 받았다는 십자가형(刑)이다. 십자가형은 당시 로마황제에 대한 반란을

---

[3] 金庸(1924.02.06.~)은 홍콩의 유명한 무협소설가이자 언론인이다. 본명은 사량용(査良鏞)으로 김용은 필명이다. 김용이란 필명은 용(鏞)자를 파자해서 만든 이름이라고 한다. 중국 안후이 TV가 제작한 드라마 '녹정기(鹿鼎記)'의 서두에 등장하는 명・청 교체기의 문인 사계좌(査繼佐)가 그의 선조라고 한다.

획책했던 자들에게 내려진 가장 잔인한 형벌이었다. 통치자들은 반역에 대해 꿈도 꾸지 못하도록 십자가형을 공개적으로 실시하였고, 죄목을 적은 패를 달아 보는 이들로 하여금 간담을 서늘케 하였다. 이 십자가형은 기원전 3세기부터 행해졌다는 기록이 있다. 기원전 5세기 때의 그리스 역사학자 헤르도투스(Herodotus)의 기록에 의하면 십자가형은 본래 페르시아인들 사이에서 행해진 형벌로써 주로 야만족들의 처형양식이었지만 로마인들은 그 십자가형을 야만적인 것이라고 비판하면서도 노예 같은 하류계층이나 반역자들에게 적용했던 것이다.

　로마의 법률가 율리우스 바울(Julius Paulus)이 지은 『형법(Sentientiae)』이라는 책은 로마시대에 행해진 세 가지 가장 잔인한 형벌을 다루고 있다. 첫째는 십자가형(十字架刑, crux)이고, 둘째는 화형(火刑, crematio)이고, 셋째 교수형(絞首刑, decollatio)이다. 그리고 동양의 거열형처럼 짐승에게 찢기는 형(damantio ad bestias)은 가장 잔인한 형벌로서 교수형을 대신하여 종종 행해졌다. 십자가형의 대상이 되었던 죄인들은 적에게 투항한 자, 비밀을 누설한 자, 반역을 선동한 자, 살인자, 통치자의 미래에 대하여 불길한 예언을 한 자, 야간에 음란한 행위를 한 자, 마술로 세상을 미혹시킨 자, 절박한 상황에서 변절한 자, 등이었다. 십자가형은 그 형벌의 가혹함 때문에 항상 하류계 층에게만 적용되었다. 따라서 나사렛 예수가 십자가형을 받은 것이 사실이라면 당시 그의 사회적 지위가 어떠했는지를 짐작할 수 있게 한다. 상류 계층에게는 보다 인간적인 형벌이 적용되었다.

　도시국가인 로마가 서방세계를 지배할 수 있었던 것은 강력한 군대를 가졌기 때문이다. 그 강력한 군대는 바로 엄격한 군율에서 나왔다. 로마의 군율은 엄격하기로 유명하다. "10분의 1" 형벌은 그 대표적인 것이다. 이 형벌은 명령에 불복종하거나 군의 명예를 실추시킨 병사에게 내리는 형벌로서 해당 부대원들을 각각 열 명씩 조를 만들어 세운 후 제비를 뽑아 뽑히지 않은 아홉 명의 동료가 뽑힌 한 명을 몽둥이로 패 죽이는 것이었다. 생사고락을 함께한 전우를 패 죽이는 아홉 명의 심정이 어떠했을지는 말할 필요도 없을 것이다.

| 고대의 정치적 형벌

상호교류가 사실상 불가능했던 고대에 동양과 서양의 형벌이 이렇게 잔인하고 유사한 점이 많았다는 사실은 고대인들의 형벌에 대한 사고체계가 비슷했음을 입증한다. 뿐만아니라 고금을 막론하고 하늘이 내린 인간의 감정은 아무리 세월이 지나도 비슷하며 인간 이성 또한 한계가 있음을 적나라하게 보여준다. 특히 정치적 보복인 경우는 동서양을 불문하고 잔인하기 이를 데 없었다. 동양과 마찬가지로 역사적 기록에 나타난 고대 서양사회의 중요한 정치적 형벌 내용을 보면 대략 다음과 같다.

첫째, 교수형(Hanging)이다. 가장 일반적인 처형 방법으로서 많은 사람들이 지켜보는 광장이나 교차로에서 거행되었다. 교수형을 당한 죄수는 그 자리에 그대로 매달려 있었다. 오늘날 문명국가에서도 대부분 교수형, 참수(斬首)형, 총살형, 전기살형, 가스살형을 채택하고 있다. 한국에서는 원칙적으로 교수형을 사형집행 방법으로 채택하고 있고 군인의 경우는 총살형을 집행한다. 교수형의 방식에는 현수식(懸垂式), 수하식(垂下式) 또는 나사조임식 등이 있으나 한국에서는 밧줄을 목에 건 후 밑바닥 마루가 아래로 떨어지게 함으로써 매달려 죽게 하는 수하식을 채용하고 있다.

둘째, 결투형(Judicial Duel)이다. 결투는 말을 타거나 무기를 사용하는 등, 다양한 방법으로 행해졌다. 지역별 관습에 따라 고발자 혹은 피고발자가 모두 결투를 신청할 수 있었고 때로는 자신에게 불리한 증언을 한 증인에게까지도 결투를 신청할 수 있었다. 중세 전반에 걸쳐 결투에 참가할 수 있었던 자격은 여성, 신체가 불편한 남성, 어린이, 사제에 이르기까지 제한이 없었다. 어떤 사람들은 훈련받은 전사와 결투를 해야 할 때도 있었다. 왜냐하면 대부분의 법정이 챔피언이라는 결투 대행업자를 고용하여 결투하는 것을 허락했기 때문이다. 하지만 챔피언은 대단히 위험한 직업으로서 만일 그 결투에서 지면 죽을 수도 있었기 때문이다.

셋째, 죄인을 가두어 놓는 감금형(Imprisonment)이다. 이 형은 중세시대 때 자주 내려졌던 형벌은 아니지만 후대로 내려올수록 점점 많아졌다. 감금당한 사람은 대부분 형사범이 아닌 정치적 인질로서 죽이기는 아까운 인물들이었다. 감금 장소는 그들의 신분과 감금되는 이유에 따라 달랐다. 신분이 높은 정치인질들은 비록 갇혀 있기는 했지만 호화로운 방에 하인까지 두고 살았으나 하급 또는 중간 계급은 허름한 지하 감옥에 갇혔다. 그런 감금형은 돈 많은 유태인들을 가둔 다음 그의 친척들로부터 돈을 뜯어내는 방편이기도 했다고 한다.

넷째, 어두운 곳에 유폐시키는 감옥형(Dungeon)이다. 죄수를 완전히 벗기거나 또는 반쯤 벗긴 후 빛이 들어오지 않는 감옥에 가두고 세 조각의 빵과 썩은 물 세모금으로 연명하도록 내버려두는 것이다. 따라서 죄수는 결코 빛을 볼 수 없었으며 어떤 죄수는 가슴 위에 무거운 나무판자나 추를 달고 있어야만 했다고 한다.

다섯째, 뻘겋게 달군 부지깽이나 막대기를 항문으로 찔러 넣는 관통형(Impaling)이다. 이 경우 죄수는 기름칠한 막대기 끝에 매달려 내려오지 않으려 하지만 결국 힘이 빠져 관통당할 수밖에 없다. 그렇게 죽은 시체는 죄에 대한 경각심을 불러일으키기 위해 며칠씩 그대로 방치해 두었다고 한다. 드라큘라 백작이 즐겨 사용했다고 하는 이 처형법은 중국의 곤형과 동일한 형이다.

여섯째, 목을 매달고 창자를 들어내는 4등분형(Hung, Drawn, and Quartered)이다. 이 형을 받은 죄인이 죽고 나면 창자를 빼내고 남은 시체를 4등분한 후 도시와 마을에서 멀리 떨어진 곳에 각각 나누어 묻었다고 한다. 이 형벌은 종교적 관점에서 심판의 날이 왔을 때마저 죽은 죄수의 몸이 조각나 있기 때문에 결코 천국에 들어가지 못할 것이라는 믿음에서 유래했다고 한다.

일곱째, 교수형과 유사한 목조르기형(Garroting)이다. 집행자가 끈으로 죄수의 목을 졸라 죽이는 형벌이었다. 특히 스페인에서 이런 처형방법이 많이 행해졌다고 하는데 다른 여러 국가에서도 사용된 것으로 보인다.

여덟째, 사람을 끓는 물에 넣어 삶아 죽이는 팽형(Boiling)이다. 커다란 가마솥에 사람을 넣고 산 채로 삶아 죽이는 형벌로서 동양의 팽형과 동일한 형이었다.

아홉째, 사지를 찢는 거열형(Pulled Apart)이다. 이 형은 납치, 반역, 살인 등의 심각한 범죄를 저지른 자에게 부과하는 형벌이었다. 동양의 거열형과 같은 형으로 죄인의 팔다리를 각각 다른 말에 묶은 다음 말에 채찍질을 가하여 달리게 함으로써 사지를 찢어 죽이는 형벌이었. 그 외에도 눈알을 빼내는 탈구형(Blinding), 도망간 죄인을 아무나 죽이게 하는 비보호형(Outlawry), 피해자 가족에게 보상금을 지불하는 배상형(Wergild), 걸어서 성소(聖所)에서 성소로 가게 하는 순례형(Pilgrimage), 오금의 힘줄을 잘라 절름발이로 만드는 힘줄 자르기형(Hamstringing), 목을 자르는 참수형(Beheading), 신체부위를 제거하는 절단형(Amputation), 먼 곳으로 추방하는 유배형(Banishment), 기둥에 묶는 포박형(Pillory), 산 채로 불에 태워 죽이는 화형(Burning) 등, 동서양을 가릴 것 없이 모든 통치자는 살아있는 권력에 대한 반역을 가장 큰 죄로 다스렸다. 즉 현존하는 통치자를 쫓아내고 자기가 그 자리에 앉으려는 반역에 대한 형벌은 항상 잔인한 극형이었다. 이는 "살아있는 권력에 대한 저항은 살아남지 못한다"는 역사적 교훈을 남기고 있다.

특히 고대사회에서의 자연범과 정치범의 처벌수위를 보면 살인이나 강도 같은 자연범에 대한 형벌은 신분의 상하에 따라 처벌의 무게가 달라질 수 있었지만 권력과 관련된 정치범인 경우는 죄가 있느냐 없느냐가 중요한 것이 아니라 통치자의 심기를 건드렸느냐 아니냐가 중요하다는 사실을 다시 한번 깨닫게 한다. 말하자면 정치적 잣대로 매겨지는 괘씸죄야말로 정치범 중 가장 중요한 죄목이었던 것이다. 시대와 지역을 불문하고 "감히 나에게 덤벼? 괘씸한 녀석!"이라는 식의 정치적 괘씸죄에는 항상 최고의 형이 내려졌다. 이 또한 동서고금을 막론하고 크게 다를 바 없다.

물론 괘씸죄라는 죄목은 세계 어느 나라에도 없다. 그러나 그것은 없으면서 있는 죄목이다. 위에서 보듯 척부인이 사람돼지가 되어 돼지우리에 버려진 것은 바로 괘씸죄에 걸렸기 때문이다. 한국역사에서도 괘씸죄에 걸려 죽었던 억울한 죽음은 한둘이 아니다. 1519년에 일어난 기묘사화의 희생양이 되었던 조광조도 억울한 죽음으로 기록되고 있다.

06 부족국가의 탄생

부족국가란 원시사회에서부터 중앙집권적 귀족국가가 성립되기까지의 과도기적 단계에 나타난 정치조직이다. 이 부족국가라는 개념은 모르간(Morgan, L. H.)의 발전단계론과 연관을 가진다. 모르간은 인류사에 있어서 통치조직의 발전형태를 성(性)에 기초를 둔 사회조직→씨족→포족(胞族, phratry)→부족→부족연합체→국가의 순서로 분류하였다. 여기서 마지막 사회조직인 국가는 일차적인 혈연(血緣)관계가 배제되고 재산과 지연이라는 이차적인 물적 관계를 기반으로 성립되었다고 보았다. 그는 그렇게 혈연적인 관계를 보다 원초적인 것으로 보고 혈연적인 형태는 국가라기보다는 사회로 보고 물적인 관계를 바탕으로 한 단계만을 국가형태로 간주하였다.

그러나 이후 고대국가를 연구함에 있어서 씨족과 부족 같은 혈연적 관계가 중시됨으로서 부족국가라는 용어가 생기게 되었다. 부족국가는 부족을 단위로 하여 형성되지만 대부분의 경우에는 몇 개의 부족이 연맹체를 형성하는 부족연맹의 단계를 거치게 된다. 한국사에서 부족국가라는 용어는 마르크스주의 사학자인 백남운(白南雲)에 의해서 처음 사용되었다. 그러다가 손진태(孫晉泰)를 거쳐 김철준(金哲埈)에 이르러 이론적인 체계가 정립되었다. 그 결과 1970년대 초반까지 한국 고대의 국가형성은 부족국가→부족연맹체국가→ 대국가의 과정을 밟는다는 부족국가론이 학계의 정설로 자리 잡았다.

그런데 혈연성(血緣性)을 중시하는 부족과 지연성(地緣性)을 중시하는 국가라는 용어의 합칭인 부족국가는 그런 두 개념을 포괄하기에는 많은 한계를 가지고 있었다. 또 부족국가론에서는 씨족사회가 해체된 이후에 부족사회가 등장한다고 보았으나 실제 부족은 몇 개의 씨족으로 구성되므로 부족과 씨족은 동시에 존재하게 되는 이론적 모순을 내포하게 된다. 이와 같은 부족국가설의 문제점을 비판하면서 성읍국가, 군장사회(Chiefdom: 추장사회 혹은 족장사회) 등의 개념이 사용되기도 하였다. 그러나 현재는 읍락사회→소국(小國)→소국연맹→고대국가로 발전했다는 국가형성론이 제기되고 있다.

이렇게 국가는 공동생활, 사유재산, 사적이익추구 등, 물질적 요소를 기반으로 하고 있다. 그러나 물질적 요소의 강조가 곧 혈연적 요소의 소멸을 의미하지는 않는다. 국가로서의 특성이 나타난 후에도 계속 혈연성이 작용하고 있었음은 사실이다. 이렇게 혈연성이 상당히 남아 있는 단계의 정치조직체를 부족국가 혹은 부족연맹체라고 한다. 이런 부족국가의 개념은 혈연에 관한 모르간의 견해를 부정하는 것이지만 용어의 개념설정은 그의 학설을 바탕으로 하고 있다. 이런 부족사회는 씨족사회의 공산체적 성격이 사회분화와 교역의 증대에 따라 해체되면서 보다 큰 단위로서의 부족이 형성되긴 했지만 여전히 친족집단으로서의 혈연성이 강하게 작용하고 있는 단계의 사회를 말한다.

부족국가가 하나의 국가형태를 나타내는 용어로 사용되기 시작한 것은 19세기 말부터인데 혈연적인 구조와 기능에서 성립하는 것과 구별되는 재산과 생존 터전이라는 물적인 관계를 기초로 하여 성립된 국가를 지칭한다. 한국사에서 부족국가라는 용어를 사용하기 시작한 시기는 가부장적 가족제도로 전화하고, 공유재산이 사유재산으로 바뀌며 빈부의 격차가 커지고 노예제가 생겨나며, 화폐에 의한 교환이 행해지는 등, 씨족사회와는 다른 모습을 보이는 시기였다.

이런 견해는 해방 이후 한민족사를 파악하는 축이 되어 왔다. 부족연맹(部族聯盟)은 부족국가 다음 단계로 고조선, 부여, 초기 고구려의 단계가 이제 더 이상 부족국가 단계에 머무르지 않고 연맹왕국의 성격을 띠고 있는 것으로 파악하는 것이다. 그러나 일부 학자들은 같은 용어에 대한 의미나 단계를 약간씩 다르게 설정하고 있다. 김철준의 경우 중국으로부터 철기문화가 수입되면서 가부장 가족의 족장권 강화, 가부장이나 가족장의 동의하에 씨족장이나 부족장이 선출되고 선출된 족장은 씨족공동체 관계가 강하게 잔존하면서 가부장 가족들이 주체적인 담당자로 등장하여 마련한 정치기구를 부족국가로 파악하고 있다. 이기백의 경우 청동기시대의 지석묘의 규모로 볼 때 그 피장자는 권력의 소유자로서 그들의 권력은 세습되었을 것으로 보아 부족장들은 단순히 부족의 대표자가 아니라 지배자이며 따라서 이를 부족이라고 부르기보다는 부족국가로 불러야 한다고 주장하고 있다. 그리고 이러한 부족국가가 여럿 합해짐으로써 부족연맹체가 형성된 것으로 보고 있다.

사학계는 고구려, 백제, 신라와 같이 본격적인 국가가 성립되기 이전 단계의 국가형태를 부족국가라고 칭하는 것은 타당하지 않다고 지적한다. 부족이라는 단어가 개념이 모호하므로 삼한시대 연맹체의 일원인 소국들을 의미하기에 무리가 있다는 것이다. 실제로 1970년대부터 학자들 사이에서는 부족국가를 대체하는 성읍국가(城邑國家)라는 용어가 쓰이기 시작했다.

▎정치체제의 형성이유

고대부터 씨족국가, 부족국가 같은 정치체제가 형성된 이유는 무엇일까? 가장 중요한 이유는 순수한 자연상태 하에서의 생활이 너무 불편하고 여러 가지 애로사항이 많았기 때문이다. 예를 들면 영국의 정치철학자 홉스(Thomas Hobbes, 1588~1679년)는 인간이 살아남기 위해서는 "만인에 대한 만인의 투쟁(The war of all against all)"을 끝낼 수 있는 인위적 장치가 마련되어야 한다고 주장했다. 홉스의 계승자들은 물론이고 그의 반대자들까지도 결국엔 정치사회의 기원을 유사한 관점에서 찾을 수밖에 없었다. 이 점에서 홉스의 영향력은 결코 무시할 수 없다. 심지어 존 로크(John Locke, 1632~1704년)나 푸펜도르프(Samuel Pufendorf, 1632~1694년) 같이 홉스의 만인투쟁설을 거부하고 자연상태를 평화 상태로 간주했던 학자들조차 사회구성원 간의 갈등과 분쟁을 중재할 공동 심판관이 없고, 자연법의 준수를 강제할 권위가 없다면 자연상태의 평화는 보장되지 않는다는 사실을 인정한다. 로크에 의하면 자연상태에서는 하늘 외에 분쟁을 중재할 공동권위가 없는 만큼 사소한 분쟁만 있어도 전쟁상태가 쉽게 생기기 마련이라는 것이다. 따라서 그런 전쟁상태를 피하려는 욕구야말로 사람들로 하여금 집단사회를 형성하고 자연상태를 포기하도록 하는 가장 중요한 동기가 되었다는 것이다.

루소 또한 『불평등기원론(The origin of inequality)』에서 인류를 자연상태로부터 정치사회로 넘어가도록 한 필연적 과정을 간략하게 서술하고 있다. 그에 의하면 순수한 자연상태에서 정치사회가 성립되기까지는 수많은 세월이 흘렀으며 그 사이에는 두 중간단계가 자리 잡고 있었다고 한다. 첫째 단계는 인류에게 가장 행복했던 시기로서 사회탄생기라 부를 수 있는 단계이다. 정치사회는 아직 성립되지 않았고 법의 지배도 없었지만 사람들은 더 이상 흩어져 살지 않고 무리를 지어 살면서 상호약속과 예의범절을 지키며 살았던 시기이다. 그러나 세월이 흐르면서 불평등과 욕망이 만연하자 첫째 단계로서의 황금시대는 사라지고 둘째 단계로서의 끔찍한 전쟁상태를 맞게 되었다는 것이다. 부자들은 더 부자가 되기 위해 착취에 열을 올렸고 빈자들은 살기위해 강도질도 서슴치 않게 되었다. 따라서 예의와 정의는 사라지고 오직 탐욕과 야심에 불타는 사악한 존재들만 남는 절망의 사회로 전락해 버렸다는 것이다. 그 결과 도전자와 기득권자 사이에 끊임없는 갈등이 일어났고, 그런 갈등은 투쟁과 살인으로 이어지기도 했다. 인간은 그런 비참한 지경까지 이르렀으나 더 이상 온 길을 되돌아갈 수도 없게 되어 파멸의 문턱까지 치달아 갔다는 것이다. 루소는 불평등기원론에서 바로 그런 과정이 정치사회와 법의 기원이 되었다고 주장한다.

청동기시대

인간사회가 자연상태가 아닌 정치사회로 전환한 시기는 대략 청동기시대부터였다고 한다. 청동기시대는 기원전 10세기경 시작된 것으로 알려지고 있는 데 그 이유는 중국의 요령지방, 시베리아 지역의 청동기문화와 깊은 관련이 있다. 요령지방에는 일찍이 비파 모양의 청동단검을 특징으로 하는 독특한 청동기문화가 형성되었다. 그 후 점차 한반도의 독자적인 청동기라고 할 수 있는 세형동검 등이 만들어졌다. 또 당시에 만들어진 토기로는 한반도 서북지역의 팽이형 토기, 남한지역의 무늬 없는 토기 등이 있다. 팽이형 토기는 각형 토기라고도 하는데 바닥의 직경이 3~4cm밖에 되지 않는 좁은 평저이고 윗부분은 밖으로 말려져 이중형을 띠고 있다. 태토(胎土)는 점토에 모래, 활석, 석면들을 섞어 만든 것으로 주로 청천강 이남과 한강 이북지역에 분포하고 있다. 무늬 없는 토기는 화분 모양의 평저 토기를 기본으로 하여 윗부분에 구멍무늬가 장식되어 있는 것도 있다.

청동기시대의 석기는 마제석검, 반달돌칼, 돌도끼 등과 같은 마제석기가 있다. 청동기시대의 주거지는 주로 움집으로 강을 바라보는 얕은 구릉지대에 분포해 있으며 신석기시대의 주거지에 비해 깊이가 낮고 면적도 넓어졌다. 이는 청동기시대에 접어들어 농경이 본격화되면서 경제력이 향상되었음을 의미한다. 그런 농경활동을 증명해주는 도구로서는 반달돌칼, 홈자귀, 괭이 등이 있다. 경기도 흔암리 유적에서는 쌀, 보리, 조, 수수 등, 충남 송국리에서는 쌀, 평양 남경 유적에서는 쌀, 조, 콩, 기장, 수수 등이 탄화된 형태로 발견되어 당시의 농경생활을 짐작케 해준다. 또 당시 사람들의 생활과 신앙의 측면을 보여주는 것으로는 경남 울주의 반구대(盤龜臺) 암각화(岩刻畵)가 있다.

중국의 청동기문화는 기원전 2500년에서 기원전 1500년 무렵까지 중국 황허(黃河) 상류인 간쑤성(감숙성: 甘肅省)과 칭하이성(청해성: 靑海省) 지역에 존재했던 신석기 후기의 문화로서 대표적인 청동기문화는 치자문화(제가문화: 齊家文化)이다. 치자문화가 중국의 대표적인 청동기문화로 자리 잡은 이면에는 1923년 스웨덴 출신의 고고학자 안데르손(Johan Gunnar Andersson, 1874~1960)이 간쑤성(甘肅省)의 광허(廣河) 치자핑(齊家坪)에서 처음으로 청동기 유적을 발견하여 치자문화(齊家文化)라고 명명한 데서 연유한다. 치자문화(齊家文化)는 기장과 조 등의 경작과 가축사육을 중심으로 형성된 것이라 할 수 있다. 그 이유는 치자핑 유적에서 동물 뼈가 대량으로 발견되었고 다허좡(大河莊)과 친웨이자(秦魏家) 유적에서 말을 사육하였던 흔적이 발견되었기 때문이다. 이는 당시 이미 소와 양 같은 가축을 기르는 목축업이 발달하였으며 농경과 함께 경제생활에서 중요한 비중을 차지하고 있었음을 나타낸다.

또 치자문화(齊家文化)는 토기의 종류나 모양 등으로 볼 때 마자야오(馬家窯) 문화의 특징을 계승하고 있다. 황색토기가 중심을 이루고 있으며 꼰무늬(繩紋)도 나타난다. 무덤에서는 돼지가 함께 부장되어 있는 경우가 많이 발견되었으며 석기와 토기도 출토되었다. 또 남녀가 함께 묻힌 무덤도 발견되었는데 남자는 팔다리를 곱게 펴고 있지만 여자는 구부린 모양을 하고 있었다. 이런 사실들은 이미 청동기시대부터 부계사회로 진입하였고, 사유재산이 출현하여 계급사회가 시작되었음을 의미한다.

중국의 청동기시대에 대한 연도(年度)설정에는 역사학자들 간에도 이견이 분분하다. 일반적으로 청동기시대란 청동기가 석기를 대체했을 때부터 철기시대로 넘어가기 전까지의 시기를 의미하는데 그런 기준은 주로 유럽이나 지중해의 청동기시대를 전제로 하여 설정된 개념이다. 그러나 중국에서는 최초의 청동기가 기원전 3100년경에서 기원전 2700년경에 이르는 마자야오(馬家窯) 문화유적에서 발견되고 있기 때문에 그때부터 청동기시대에 접어들었다고 볼 수 있다. 그 시기는 중국의 은나라에서 춘추시대까지 해당한다.

일본에서는 야요이(彌生)시대에 철기와 청동기가 동시에 전해졌으며 청동기는 제기(祭器)로서만 이용되어 청동기시대를 거치지 않고 그대로 철기시대로 이행되었던 것으로 추측된다. 일본의 선사시대는 크게 3단계로 나눠진다. 즉 기원전 1만 년부터 기원전 400년 전후까지는 조몬(繩

文)시대, 기원전 400년 전후부터 서기 300년 전후까지는 일명 야요이(彌生)시대라 불리는 청동기시대, 서기 300년 전후부터 서기 600년 전후까지를 고훈(古墳)시대라 한다. 이렇게 볼 때 일본 야요이(彌生)시대는 벼농사가 시작되고 동이나 철 등의 금속기가 사용되었던 시기라 할 수 있다.

또 이 시대는 토기를 제작함에 있어 물레를 사용함으로써 조몬(繩文)시대와는 문화적으로 크게 변모된 시기였다. 야요이(彌生)라는 명칭은 1884년 이 문화의 유물이 처음 발견된 도쿄의 지명에서 유래되었다. 야요이(彌生) 토기는 일본의 기원전 400년에서 서기 300년 사이의 유적에서 발견된 토기로서 주둥이가 자루모양이고 표면에 붉은 칠을 한 것이 특징이다. 쌀은 수천 년 전 열대 아시아에서 처음 재배된 것으로 일본에는 중국 남부로부터 직접, 혹은 한반도 남부를 경유하여 전해졌다고 믿어지는데 벼농사의 전파로 일본은 수렵채집경제에서 농경시대로 본격적으로 이행하였다. 한반도의 청동기시대는 기원전 1500년경에서 기원전 300년경의 시기에 해당하며 민무늬토기를 사용했기 때문에 민무늬토기시대라고도 한다. 남아메리카에서는 청동기의 대량생산이 기원전1500년 이전의 몇 세기에 걸쳐 안데스산맥 일대에서 시작되었다.

그런 청동기문화는 구리의 제련과 주조기술을 크게 발달시켰다. 중국의 치자문화 (齊家文化) 유적지에서는 다양한 동기(銅器)들이 발견되었다. 우웨이(武威)의 황냥냥타이(皇娘娘台) 유적지에서는 25점의 홍동기(紅銅器)가 발견되었고, 치자핑(齊家坪)과 칭하이성(靑海省) 구이난(貴南) 유적지에서는 청동으로 된 장식과 거울이 발견되었다. 홍동이나 황동에 주석이나 납을 섞어 청동을 만드는 합금기술의 발달로 치자문화 유적지에서는 소형의 홍동기와 청동기가 많이 발견되었다.

또 초기에는 단조법(鍛造法)으로 홍동이나 황동을 두드려서 칼, 송곳,

끌 등을 만들었지만 점차 전체 모양을 새긴 거푸집에 쇳물을 부어 칼이나 도끼를 주조하는 단범(單范)으로 발전하였다. 나중에는 만들고자 하는 청동기 모양을 절반씩 파 새기고 판과 판 사이의 홈에 쇳물을 부어 하나로 합치는 합범(合范)이 개발되어 다양한 동기들을 만들어 사용함으로서 청동기문화는 크게 발달하였다. 인류는 청동기를 사용함으로서 석기시대와는 비교할 수 없는 농업생산의 향상을 가져왔으며 그에 따라 직업이 분화되고 문화수준이 비약적으로 발전하게 되었다.

　유럽과 아프리카의 청동기 흔적은 메소포타미아의 수메르, 나일강의 이집트, 그리고 인더스 문명에서 발견된다. 그중 메소포타미아와 이집트의 청동기시대는 기원전 3500년경부터 히타이트(Hittite)가 나타나는 기원전 1500년 전후까지라 할 수 있다. 유럽에서는 기원전 4000~3000년경의 푼넬비커문화(Funnel beaker Culture)와 기원전 1800~1600년경에 시작된 중부독일의 아우네티츠(Aunettes) 문화가 청동기시대에 해당한다. 남부 러시아와 중앙 몽골을 관통하는 알타이산맥(Alta Mountains)에서 발생한 청동기문화는 세이마-트루비노(seima-turbino)문화를 만든 출발점으로 밝혀졌다. 이런 전반적인 사회적 변화는 기원전 2000년경 기후가 급격히 변하면서 서쪽으로는 유럽의 북동쪽까지, 동쪽으로는 남동 중국, 베트남, 타이까지 약 6,000~7,000km에 걸쳐 인류의 대이동이 있었기 때문으로 추측된다. 청동북이라고 불리는 신석기시대의 유물이 베트남 홍강(Red River, 紅江) 삼각주와 중국 남부지역에서 발굴되었기 때문이다. 이것은 베트남 동손(Dong-so'n) 문화와 밀접한 관계가 있는 유물들이다. 태국의 반치앙(Ban Chiang)에서도 기원전 2100년경의 동기(銅器) 유물이 발견되었고, 버마의 냥간에서도 석기유물과 함께 동기(銅器)가 발굴되었다. 이 유물들은 기원전 3500년에서 기원전 500년까지에 걸친 유물들이다.

철기시대

 청동기시대와 철기시대를 명확히 구분 짓기는 힘들다. 철기시대는 청동기시대 후반부터 서서히 나타나기 시작했기 때문이다. 일반적으로 철기시대는 기원전 1200~580년경에 걸쳐 철을 주로 사용하여 도구나 무기를 만들었던 시대를 말한다. 이 철기시대는 선사시대를 분류하는 세 단계 중 마지막 단계이다. 일반적으로 철기시대의 연대와 유물은 분포된 나라와 지역에 따라 다르다. 기원전 1200년경에는 그리스와 메소포타미아 지역에서, 기원전 11세기경에는 인도지역에서, 기원전 8~6세기경에는 유럽에서 각각 철기시대가 시작되어 로마제국과 헬레니즘 혹은 북유럽 초, 중세기 즈음에 막을 내렸던 것으로 알려지고 있다. 특히 강철이 발견되었던 시대는 정교한 금속가공법이 개발되었던 것으로 전해진다. 흥미로운 사실은 미국과 호주는 유럽인들에 의해 식민지화 되면서 철기가 직접 전파되었기 때문에 철기시대가 없다는 점이다.

 철기시대 또한 하루아침에 도래된 것은 아니었다. 청동기 중기에 접어들면서 아나톨리아, 메소포타미아, 인디아, 레반트, 지중해, 이집트 등지에서 여러 철광물을 녹여 철기를 만들기 시작했다. 어떤 사람은 해면철과 같이 철은 구리를 제련하는 과정에서 생긴 부산물이었으며, 당시의 기술로는 다시 녹여서 사용할 수 없었다고 주장한다. 철기도구가 가장 먼저 사용된 곳은 아나톨리아(Anatolia)였다. 최근 발굴된 유물을 근거로 할 때 아나톨리아에서는 기원전 2000년경부터 철기가 사용되었던 것으로 보인다.

최근 인도의 간지스강 부근의 언덕에서 발견된 유물도 기원전 1800년경부터 인도에서도 철기가 사용되었음을 입증하고 있다. 중동지역에서도 기원전 1200년경에는 철기가 폭넓게 사용되고 있었으나 그때까지만 해도 여전히 청동기가 지배적이었다. 하지만 청동기는 융점이 낮았기 때문에 보다 높은 온도에서 녹는 철기보다 무르고 약하다. 반면 철기는 청동기보다 강하고 단단했기 때문에 철기가 사용되면서 청동기는 점점 사라지고 말았다. 특히 강철은 청동기와 무게가 비슷하면서도 훨씬 강했다. 그러나 강철은 생산하기가 쉽지 않았으므로 제련한 철기제품이 널리 사용되었다. 제련된 철기는 청동기보다 약했지만 비용이 적게 들고 비교적 만들기가 쉬워 많이 사용되었다.

서남아시아의 철기시대는 기원전 13세기경 소아시아지역인 아나톨리아와 코카서스지역에서 제철기술과 제련기술이 개발됨으로써 시작되었다. 그리고 그 기술은 곧 중동과 아시아 전 지역으로 급속히 번져나가 기원전 100년경에는 청동기가 철기로 대체되었다. 고고학자들에 의하면 히타이트(Hittite)가 급속도로 그 지역의 강자(强者)로 부상한 이유도 철제무기를 최초로 사용했기 때문이라고 한다. 히타이트의 세력이 확산되면서 유럽과 아시아까지 철기문화도 함께 확산되었다. 그런 확산과정에서 팔레스타인과 이집트와의 교역을 통해서 제련기술이 아시아지역으로 전파되었고, 도리아인들과의 교역을 통해서는 유럽으로 전파되었다고 한다.

중국의 철기시대는 무쇠로 만든 초기 철제유물이 발견된 기원전 600년경의 주나라로 거슬러 올라간다. 고대 중국에서 철기시대가 시작된 것은 중국 내륙에 위치한 신장의 차우후우커우 지역에서 철광석이 채굴되기 시작했던 기원전 1000년경에서 기원전 700년경 사이로 알려지고 있다. 만주에서는 기원전 900년경에 야금술이 개발되었던 것으로 보인다. 또 창샤(長沙)와 난징(南京)에서 일부 철제유물이 발견되고 있는 것으로 볼 때 기원전 600년경 후반에 이르러 야금술은 양쯔강(揚子江) 지역까지 도달했던 것으로 보인다.

중국의 남부지방에서 철기가 처음 사용된 시기는 무덤에서 나온 유물들을 근거로 할 때 전국시대 중기에서 말기에 걸친 기원전 약350년 전후인 것으로 보인다. 중국의 남부에서 사용된 기술은 전통적인 이매패류(二枚貝類, bivalves)형 조합과 중원에서 사용된 금형의 조합이었다. 그런 두 형의 결합으로 만들어진 제품으로는 종, 그릇, 무기, 장식품, 그리고 정교한 주형들이 있다. 한반도에는 기원전 300년경 중국과의 교역을 통해 철기가 도입된 이후 기원전 200년경 제철기술이 빠르게 전파되기 시작하였으며 서기 100년 경에는 한반도 남쪽지방에서도 농민들이 철제기구를 사용했던 것으로 보인다. 금괴같이 생긴 쇠절편들은 선사시대 한반도에서 장례식 때 필요했던 중요한 부장품이었다.

유럽의 철기제품은 기원전 1000년경 소아시아에서 전해진 것으로 추측된다. 그리고 그 후 500년에 걸쳐 북쪽과 서쪽으로 서서히 확산되어 갔다. 기원전 1000년은 동유럽의 철기시대에 해당한다. 중앙유럽의 철기시대는 기원전 800 - 450년 사이의 초기 할슈타트 문화(Hallstatt culture)와 기원전 450년경부터 시작된 후기 철기시대인 라텐느 문화(La Tène culture)로 나뉜다. 이태리의 철기시대는 빌라노반 문화(Villanovan culture)에 의해 도입되었지만 이 문화는 청동기문화로 추측되며 그 다음의 에투루스칸 문명(Etruscan civilization)이 철기시대의 특징을 나타내고 있다.

영국의 철기시대는 기원전 800년에서 시작하여 로마가 침공했던 서기 500년경까지 지속되었다. 이 시대의 것으로 보이는 인상적인 브로치 등은 북부 스코틀랜드와 여러 섬의 요새에서 발견되었다. 북유럽의 철기시대는 고대 로마시대와 민족대이동 다음에 온 로마시대로 나뉜다. 북부 독일과 덴마크는 야스토프 문화(Jastorf culture)에 의해 지배를 받은 반면 스칸디나비아의 남쪽은 매우 유사한 그레건 철기시대의 지배를 받았다. 초기 스칸디나비아반도(Scandinavian Peninsula)의 철기제품은 습지 철의 획득과 상당한 관련이 있다. 스칸디나 반도의 핀란드와 에스토니아는 약3000~2000년 전부터 철기제품을 사용했던 것으로 보인다.

철기시대의 주된 기기는 주조해서 만든 도끼와 끌 정도의 간단한 공구류였다. 본격적으로 철기가 제작되고 사용된 시기는 이보다 100~200년 후부터였다. 쇠로 만든 단단하고 예리한 철기는 도끼, 괭이, 삽, 따비, 낫, 손칼 같은 철제 농기구로서 일상생활에 쓰임새가 많았다. 그런 철기 사용으로 농업생산력이 높아지자 생산물의 분배를 둘러싸고 다른 집단과의 갈등이 심화되어 충돌이 잦아졌다. 그 결과 각종 칼, 창, 화살촉 등의 공격용 무기와 방패, 투구, 갑옷 등의 방어용 무기들이 개발되었고, 전쟁의 승패가 우수한 철제무기에 의해 판가름 나게 되었다. 그렇게 철제도구가 사용되고 철제무기가 개발되면서 전쟁이 빈번해지자 자신과 자신의 부족을 보호하기 위한 사회적 노력은 더욱 강화되기 시작했고, 그런 노력은 정치사회를 탄생시킨 사회계약으로 나타났다.

07 정치의 유형

▎공포정치

프랑스에서는 자코뱅의 공포정치에 이어 1794년 이후의 테르미도르(Thermidor) 반동과 1815년, 나폴레옹이 몰락하고 왕정체제로 되돌아간 후 루이왕조의 탄압, 1871년, 파리 코뮌의 패배 후 베르사유파에 의한 대량학살 등은 백색 테러리즘의 대표적인 예이다. 백색테러(white terror)란 정치적 목적을 달성하기 위해 암살, 파괴 등을 수단으로 하는 우익세력의 테러를 의미한다. 이에 반해 좌익에 의한 테러는 적색테러(red terror)라 한다. 앞서 예로 든 자코뱅의 강압 지배는 대표적인 적색테러이다. 혁명을 추진하기 위한 강권 정치, 반대파에 대한 탄압 등을 수단으로 하는 적색테러는 1917년의 러시아혁명에서도 자행되었다.

히틀러와 무솔리니의 지배과정, 독재정권 수립 후 공산주의자 또는 유대인에게 가한 잔인한 박해도 테러리즘의 또 다른 형태이다. 이와 같이 테러리즘은 혁명과 반혁명의 과정에서 발생하는 정치현상이다. 그런 테러공격은 크게 3가지로 나누어 볼 수 있다. 가장 고전적인 테러 전술의 하나인 폭탄공격(bombing), 항공기 납치가 주 대상인 하이재킹(hijacking), 그리고 인질납치(hostage seizure) 등이 그에 속한다. 그런 테러는 다음과 같은 네 가지 특성을 지닌다. 첫째, 테러는 미리 계획된

고의적인 폭력행위이다. 둘째, 테러는 정치적 동기에서 유발된 폭력행위이다. 셋째 테러는 민간인을 공격목표로 하는 폭력행위이다. 넷째 테러는 국가의 정규군대가 아닌 조직이나 단체에 의해 수행되는 폭력행위이다.

이런 테러의 역사는 인류의 시원(始原)까지 거슬러 올라간다. 구약성서『창세기』제4장을 보면 인류의 시조 아담이 나온다. 그는 두 아들을 두었는데 큰아들은 카인이고 작은 아들은 아벨이다. 카인은 동생 아벨을 시기한 나머지 동생을 죽였다. 이것은 기록으로 남아 있는 인류역사상 첫 번째의 살인이며 학자에 따라서는 카인을 최초의 살인자이자 테러리스트로 보기도 한다. 그 후 인류가 집단사회를 형성하면서부터 테러리즘은 강한 자의 지배 도구 내지 공포 정치의 수단으로 악용되어 왔다.

공포를 조장하는 테러를 원하는 사람은 아무도 없다. 그러나 테러 집단의 수는 꾸준히 늘어왔다. 1968년 이후 테러 집단의 수는 73개국 220여 개 조직에 이르며 그들이 이합집산하면서 만들어진 것까지 합산하면 그 수는 300개를 넘는 것으로 추정하고 있다. 이들은 상호협력과 연계활동을 통해 테러능력을 강화하고 국가 간의 이념과 이해관계가 상충할 때 적대국에 대한 테러 행위를 묵인, 조장 또는 방조하는데 결정적 역할을 한다. 이슬람권의 테러조직은 성전(聖戰)이란 뜻을 지니고 있는 지하드(Jihad: Holy War)이다. 이 테러단체는 이란 회교정부의 지원을 받는 시아파 과격단체로 아직도 정체가 분명하지 않다. 그들이 처음으로 모습을 드러낸 것은 1983년 4월 18일 베이루트 주재 미국대사관을 폭탄 트럭으로 공격하여 미국인을 포함한 63명을 살해하면서부터였다. 그들은 1983년 10월 23일 레바논에 주둔하고 있는 미(

美) 해병대 사령부와 프랑스군 사령부를 자살폭탄트럭으로 각각 동시에 공격하여 299명의 사상자가 나게 했고, 1984년 9월 19일 새로 옮긴 동베이루트의 미 대사관에 자살폭탄트럭으로 돌진하여 12명이 사망하고 60명이 부상하는 등, 72명의 사상자를 발생시켜 위협적인 테러그룹이 되었다.

유럽에도 여러 테러조직이 활동하고 있다. 1910년 아일랜드 독립운동을 위해 조직된 아일랜드공화군(Irish Republican Army)은 1969년 북아일랜드 분쟁 때 과격파와 온건파로 분리되었는데 최근까지 테러활동을 계속하고 있는 조직은 과격 아일랜드공화군이다. 이들은 살인, 방화, 폭파 등을 자행하면서 영국군과 종종 충돌하고 있다. 또 독일이 통일되기 전 미군의 서독주둔에 반대했던 RZ(Revolutionary Cells) 그룹은 서(西)베를린 근처의 미국도서관에 폭탄공격을 가하는 등, 반미, 반(反) NATO운동을 벌였다. 1980년대 후반에는 프랑크푸르트 공항의 신(新) 활주로 공사를 방해하고 중거리 미사일 설치의 반대운동에 앞장섰다.

분리주의운동을 주도하는 테러조직도 있다. 프랑스와 스페인 국경지역인 산 세바스티안을 중심으로 활동하는 바스크 분리주의 그룹인 에타(ETA), 바스크 분리주의 전사, 이라울차(Iraultza) 등은 모두 스페인에서 독립하여 바스크 사회주의 국가를 건설하는 데 목표를 두고 있는 단체이다. 또 다른 분리주의 단체로는 1981년 이후부터 미주지역에서 가장 위협적인 테러를 감행하고 있는 푸에르토리코 분리주의 그룹인 AFNL(Armed Forces of National Liberation)과 AFNR(Armed Forces of National Resistance)이 있다. 그 밖에도 각국에는 국제적으로 이름이 알려진 테러조직이 많다. 각국의 대표적인 테러조직을 보면 프랑스의 악시옹 디렉트 그룹(Action Directe Group), 팔레스타인의 M-15(May 15 Organization),

아프가니스탄의 무자헤딘(Mujaheddin), 터키의 인민해방군 TPLA(Turkish People's Liberation Army), 콜롬비아의 M-19(April 19 Movement), 독일의 바더마인호프단(Baadermeinhof Gang), 이탈리아의 붉은 여단(Brigate Rosse), 일본의 적군파(JRA: Japanese Red Army) 등이 있다.

마키아벨리즘

마키아벨리즘은 마키아벨리의 저서 『군주론』에서 유래되었으며 목적을 위해서는 수단과 방법을 가리지 않는 것을 의미한다. 그에 의하면 정치는 일체의 도덕과 종교에서 독립된 것이므로 일정한 정치적 목적을 위한 수단이 도덕과 종교에 반(反)하더라도 목적달성을 위해서는 수단의 반(反)도덕성 및 반(反)종교성은 정당화된다고 한다. 목적은 수단을 정당화하기 때문에 목적의 달성을 위해서는 어떠한 수단도 허용된다는 것이다. 따라서 그런 사고방식을 가지고 행동하는 사람들을 모두 마키아벨리스트라고 부르고 있다.

마키아벨리는 그의 『군주론』에서 군주는 권력을 유지 및 강화하기 위하여 여우와 같은 간사한 책략과 사자와 같은 무력을 사용할 필요가 있으며, 신의가 두텁고 종교심도 많으며 인격도 고결한 사람처럼 보여야 하지만 실제로 그럴 필요는 없다고 주장했다. 또 그는 『로마사론』에서 국가창건이라는 결과를 실현하기 위한 비상수단은 비난의 대상이 되지 않는다고 했다. 그러나 그가 그렇게 주장한 것은 고대 로마인이 가진 역량과 사려를 르네상스 시대의 이탈리아 사람들의 마음속에서 소생시키고 이탈리아에 새로운 정치질서와 사회질서를 수립하려는 그의 이상을 실현함에 있어서 먼저 낡은 전통적인 도덕이나 종교를 타파하고 그에 구속되지 않는 강력한 지배자를 탄생시킬 필요가 있다고 생각하였기 때문이다.

　그런 그의 참뜻이 이해되지 않고 도덕과 종교의 부정이라는 한 쪽 면만이 강조됨으로서 그의 사상은 송두리째 비난을 받았다. 로마 교황청은 1559년 그의 저서 전부를 금서목록에 넣었고, 프랑스의 신교도는 생바르텔미(Saint-Barthélemy)의 학살이 마키아벨리의 가르침을 실행한 것이라 하여 그를 규탄하였다. 프로이센의 대왕 프리드리히 2세는 자기 자신이 실제로는 반도덕적 정치행위를 자행하고 있으면서도 1740년 『반(反)마키아벨리론』을 썼는데 그는 마키아벨리의 『군주론』은 정치가에게 악덕을 권하는 것이라고 비난하면서 정치가는 도덕을 존중하여야 한다고 주장하였다.

　그런 일방적인 비난을 통하여 마키아벨리는 정치가는 그의 정치목적을 달성하기 위하여 어떠한 수단을 사용하여도 좋다고 생각하는 사람인 것처럼 일반인에게 인식되었고 그러한 생각이 마키아벨리즘을 낳게 되었다. 그리하여 역사상의 모든 음흉하고 비열한 행위는 모두가 마키아벨리즘의 실천으로 매도되었고, 마키아벨리 자신이 마치 무슨 음모가인 것처럼 생각되기도 하였다. 이는 어떤 인간의 사상이 그 인간의 참다운 의도를 떠나서 세상 사람들에게 단편적으로만 이해되고 비난받는 것의 본보기라고 할 수 있다. 마키아벨리의 사상이 그의 사후에 이와 같은 운명에 처해진 것을 빗대어서 "마키아벨리의 인생은 그의 사후에 새로 시작되었다"는 말이 생겨나기도 하였다.

　마키아벨리의 그런 견해는 그가 살았던 시대적 배경과 무관하지 않다. 그는 찬란한 문화를 뽐내던 조국 피렌체가 침략자들의 말발굽에 짓밟히는 치욕을 보았고 체사레 보르자(Cesare Borgia, 1475/76~1507)와 지롤라모 사보나롤라(Girolamo Savonarola, 1452~1498) 같은 카리스마적 지도

자들이 덧없이 몰락하는 것도 보았다. 그래서 그는 어떤 불운 속에서도 포기하지 않는 강한 남성적 힘(vir)만이 그런 치욕을 되갚을 수 있는 길이라고 믿게 되었다. 여기서 말하는 힘(vir)은 덕(德)을 의미하는 비르투(virtu)로 연결된다. 덕을 길러 남보다 우수한 비르투를 발휘할 수 있는 사람이라야 지도자가 될 수 있으며 개인이든 국가든 더 우수한 덕을 소유할 때만 번영할 수 있다는 것이다. 그런데 이 비르투에는 당시의 기독교문화에서 장려했던 성실함, 공평함, 정직함 등이 강조되었던 반면 시저나 알렉산더 같은 영웅들이 지녔던 용맹과 솔선수범 등은 경시되었다. 기독교에 의하면 모든 인간은 신의 뜻에 따라 움직이는 하찮은 존재로서 제힘으로 뭔가를 하려 하기보다 그저 신에게 빌면 그만이라는 나약한 정신을 가진 존재로 비치고 있기 때문이다.

그래서 마키아벨리는 군주론에서 군주로써 성공하려면 먼저 좋은 법과 좋은 군대를 갖추어야 한다고 전제한 뒤 정치, 행정, 외교 등에서 실패하지 않으려면 기독교적인 미덕은 잠시 잊어버리고 고대 영웅들의 비르투를 본받을 필요가 있다고 주장했다. 고대의 영웅들은 때로는 거짓말도 하고, 잔혹한 살육도 저질렀다. 하지만 국가 간의 중요한 이익을 놓고 협상할 때 정직함에만 얽매여 자국의 약점을 있는 그대로 말하는 것이 과연 옳은 일이겠는가? 살인하지 말라는 규범은 십계명에도 적혀 있는 기본적 도덕률이지만 그런 규범을 지키기 위해 야심을 품고 쿠데타를 일으키는 무리를 살육하지 않는다면 그 결과가 어떻게 되겠는가? 국가와 전 국민이 위험에 처하게 될 것임은 명약관화하지 않은가. 그런데도 자기 영혼이 지옥에 떨어질 것만을 겁내서 조치를 취하지 말아야 할 것인가? 필요할 때는 주저 없이 사악해지라는 마키아벨리의 주장은 도덕 따위는 의미가 없다는 니힐리즘이 아니라 더 큰 도덕을 위해 작은 악덕을 행할 필요가 있다는 뜻이다. 그것이 마키아벨리가 꿰뚫어본 정치의 본질이었다.

마키아벨리 이전의 정치는 민주주의적 발상과는 거리가 먼 것이었다. 심각한 사회적 대립이 발생할 경우 여러 사람들의 의견을 모아 통합적 해결책을 모색하려 드는 것이 아니라 소수의 실권자가 그들의 개인적 주장을 사회적 정의로 포장하여 해결책을 제시함으로써 해결책이 해결되지 않는 모순을 낳았다. 사견이 사회적 정의로 포장되는 그런 정치하에서는 누구도 책임질 일이 없어진다. 정의로운 일을 실천했을 뿐이므로 결과적으로 잘못이 발생했더라도 책임을 물을 수 없다는 것이다. 즉 도덕적 책임은 있어도 정치적 책임은 없다는 것이다. 마키아벨리에 의하면 그런 정치는 허용되지 않는다. 결과가 좋아야 모든 것이 좋은 것이다. 아무리 의도가 좋아도 결과가 좋지 않으면 의미가 없는 것이 정치이기 때문이다. 그는 정치적 책임은 결과적 책임이어야 함을 강조한다. 입헌주의와 민주주의 정치의 핵심은 바로 그런 결과적 책임에 있다.

| 세도정치

세도정치도 여러 정치형태 중의 하나이다. 세도정치란 조선 후기 소수의 권세가들을 중심으로 국가가 운영되던 정치형태를 의미한다. 원래 세도정치(世道政治)란 세상 가운데의 도리로 널리 사회를 교화시켜 세상을 올바르게 다스려야 한다는 사림(士林)의 통치이념에서 나온 이상적인 정치사상을 의미하였다. 그러나 홍국영(洪國榮) 같은 척신(戚臣)이 강력한 권세를 잡고 전권을 휘두르면서 본래의 세도정치(世道政治)는 비뚤어진 세도정치(勢道政治)로 변질되고 말았다. 홍국영은 척신(戚臣)으로서 사도세자의 아들인 정조가 세손으로 있을 때 정후겸(鄭厚謙) 일파의 위협으로부터 그를 보호하여 무사히 왕위에 오르게 한 공로로 도승지 겸 금위대장에 임명되어 막강한 권한을 휘두르게 되었다. 그는 정치기반을 굳히기 위해 누이를 정조의 원빈(元嬪)으로 봉하게 하였으며 궁중의 숙위소(宿衛所)에 머물면서 인사(人事)를 비롯한 모든 정사를 독단으로 처리하여 세도정치를 폈으나 4년 만에 추방당했다. 그는 국왕의 일개 비서실장 및 호위대장에 지나지 않았으나 그 실권은 재상이나 다름없다 하여 세도재상(勢道宰相)이라 불리기도 했다. 그런 뿌리 깊은 당파의 대립은 쉽게 소멸되지 않았고 사도세자 사후에는 시파(時派)와 벽파(僻派)가 생겨나기도 했다.

그런 세도정치의 폐해가 크다는 인식이 널리 퍼지자 영조, 정조 시대에 이르러 탕평책이 실시되기도 했다. 탕평정치(蕩平政治)란 당파의 구분 없이 모든 사람을 골고루 등용하여 정치적 안정을 꾀하고자 한 정치였다. 정치의 근본은 임금이 도(道)와 의(義)를 솔선수범하는 왕도정치(王道政治)이어야 하며 왕도정치의 요체는 무편무당(毋偏毋黨), 무당무편(毋黨毋偏)에 있다는 것이다. 탕평정치는 숙종부터 경종 때까지 나타난 파당의 전횡 속에서 왕권이 약화되자 새로운 정치형태와 이념을 모색했던 영조에 의해 본격적으로 추진되었다. 처음으로 탕평정치의 필요성을 제기한 사람은 숙종 때의 박세채(朴世采)였다.

탕평의 근본정신은 왕권의 절대성을 회복하고 집권관료체제를 재정비함으로써 정치적 안정을 도모하려는데 있었다. 경종 때 신임옥사(辛壬士禍)의 와중에서 왕위에 오른 영조는 교서를 내려 당쟁의 폐단을 지적하고 탕평의 필요를 역설하였다. 영조는 1730년 노론의 강경파 영수인 민진원(閔鎭遠)과 소론의 거두 이광좌(李光佐)를 불러 양당의 화목을 권고하였고, 노론과 소론의 인물을 고르게 관료로 등용하였다. 나아가 자신의 탕평책에 호응하지 않는 관료는 파면하고, 당파를 초월하여 인재를 등용하였으며 당론과 관련된 유생들의 상소를 금지시키는 등의 정책을 추진하였다. 그리고 1742년 성균관 입구에 탕평비를 세워 자신의 의지를 내외에 선포하기도 하였다.

영조의 뒤를 이은 정조도 탕평정치를 계승하여 노론과 소론뿐만 아니라 출신을 가리지 않고 채제공(蔡濟恭)과 같은 남인을 영의정에 임명하는가 하면 학문이 뛰어난 서얼 출신들도 적극적으로 관료로 등용하였다. 정조는 규장각과 초계문신(抄啓文臣)제도를 활용하여 서얼과 청류(淸流)의 진출을 활성화하였는데 이때 등용된 인물이 박제가(朴齊家) 유득공(柳得恭) 이덕무(李德懋) 같은 신진학자들이었다. 영조와 정조 때 펼쳐진 탕평정치는 근본 목적은 같았지만 방법론에서는 약간 달랐다. 영조가 비교적 온건계열을 중심으로 한 완론탕평(緩論蕩平)이었는데 반하여 정조는 특권 정치세력을 배제하고 급진계열을 중심으로 한 준론탕평(峻論蕩平)을 실시하였다.

그런 탕평정치는 정조가 죽은 후 외척가문이 국정을 독점하면서 세도정치가 다시 시작되어 순조, 헌종, 철종의 3대 60여 년간에 걸쳐 이어졌다. 당시의 세도정치는 왕이 나이가 어려 외척들이 국정을 전횡하면서부터 시작되었다. 정조가 갑자기 죽자 순조는 11세의 어린 나이로 왕위에 오르게 되었다. 그때 왕의 후견인이 되었던 김조순(金祖淳)이 자기 딸을 왕비로 들이고 자신의 정치적 기반을 강화시키면서부터 그 일가인 안동 김씨가 정권을 나누어 가지는 세도정치가 시작되었다. 그 뒤를 이은 헌종 역시 8세라는 어린 나이에 왕위에 올랐다. 이를 기회로 이번에는 그의 외척인 풍양 조씨가 정권을 잡았다. 헌종 역시 후사(後嗣)없이 사망하자 강화도령으로 불렸던 철종이 19세의 어린 나이로 왕위에 오르게 되었고 철종이 즉위하면서부터 다시 안동 김씨의 세도정치가 이어졌다.

이렇게 안동 김씨에서 풍양 조씨로, 다시 안동 김씨로 이어지는 세도가문이 정권을 독점하게 되자 어떤 다른 세력도 그들과 맞설 수 없었다. 세도정치 하에서의 왕정과 왕권은 이름뿐이었다. 붕당이 사라지고 정치참여자의 폭은 더욱 줄어들어 정치질서는 파탄에 이르게 되었다. 세도가문은 군국기무(軍國機務)를 관장한 문무합의기구(文武合議機構)였던 비변사(備邊司)를 장악하여 권력을 행사했고, 훈련도감 등의 군권도 독점하여 장기적인 정권유지의 토대를 확고하게 다졌다. 그런 세도정치의 재등장은 간신히 유지해 오던 조선의 지배체제를 다시 한번 파탄내고 말았다. 세도정치 하에서는 어느 붕당이 정권을 잡느냐가 중요한 것이 아니라 극소수의 특정 가문이 권력을 독점하는 것이 중요하므로 왕권의 사회적 기반은 약화되고 한 가문의 사사로운 이익을 위한 권력만 남는 파국적 정치가 행해졌다.

| 중앙집권체제

중앙집권체제는 성읍국가(城邑國家)라는 원시고대국가에서 발원되었다. 주로 지연적 요인을 바탕으로 했던 고대국가는 도시국가 혹은 성채국가(城砦國家)라 불렸다. 한국 고대의 초기국가에서도 도읍에 성곽을 쌓았던 것으로 나타난다. 『삼국사기』를 보면 고구려는 초기에 주변의 여러 정치 세력들을 정복하고 병합하여 국가의 기틀을 확립해 갔는데 이때 정복된 정치세력을 성읍(城邑)으로 삼았다고 기술하고 있다. 이 같은 기록을 근거로 하여 고대국가의 초기형태를 성읍국가라 한다.

한편 성읍국가 대신에 소국(小國) 혹은 미국 사회학자들의 개념인 치프덤(chiefdom)을 고집하는 학자도 있다. 그래서 최근 고대국가를 군장국가(君長國家)로 통일하기도 했다.

이런 여러 이론을 감안할 때 성읍국가는 고대의 국가발전과정에서 중앙집권국가가 형성되기 전 중간단계로서의 국가개념이었다고 할 수 있다. 말하자면 국가형성 초기에 여러 집단이 각기 다른 지역에 나뉘어 존재하다가 그중 우세한 지역이 소국가의 중심을 이루고 둘레에 성곽을 쌓은 뒤 왕궁과 감옥 같은 공공시설을 건립하여 하나의 도시국가를 형성했던 것이다. 이처럼 일정한 지연(地緣)을 중심으로 성립된 성읍국가는 다시 몇 개가 연합해서 하나의 연맹왕국 혹은 영역국가(領域國家)를 이루고 있다가 고대국가로 발전했다.

08 정치와 사회계약

 루소의 사회계약사상은 자연에 대한 관찰로부터 시작한다. 그에 의하면 태초의 사람들은 동물들처럼 자유롭게 활동하고 있었으므로 다른 사람들과 교류할 필요성을 느끼지 않았다. 그들은 다른 사람의 도움이 없어도 얼마든지 혼자 살아갈 수 있는 야생적 개인이었기 때문에 타인과의 교류가 필요하지 않았고, 따라서 사회를 이루지 않은 채 원시적 고립상태에 빠져 있었다. 그런 고대 원시인들이 사회를 구성하기까지는 무엇보다 먼저 그런 원시적 고립상태에서 벗어나지 않으면 안 될 필연적 이유가 있었을 것이다. 필연적 이유가 없는 일을 할 사람은 없기 때문이다. 그러면 고대인을 자연적 고립상태에서 벗어나게 한 이유는 무엇이었을까? 바로 자연재해와 전쟁이었다. 로크에 의하면 자연재해와 전쟁이 없었다면 인간은 결코 협약에 의한 사회적 결합의 필요성을 느끼지 못했을 뿐만 아니라 그런 생각조차 가지지 않았을 것이라고 한다.

 루소는 홉스와 마찬가지로 사회계약은 이성적 판단의 산물이라고 보았다. 사회적 필요성이 이성으로 하여금 사회계약을 하도록 자극함으로써 사회계약이 생기게 되었다는 것이다. 본능적 행동에 국한되었던 원시인들이 이성적 산물인 그런 사회계약을 생각하기까지는 그만큼 언어가 다양해지고 이성이 활성화되었을 것이다. 언어는 흩어져 사는 사람들이 의사소통을 필요로 했기 때문에 자연스럽게 생겨났을 것이다. 만일 언어와 이성이 발달하지 않았더라면 소통과 판단이 어려웠을 것이므로 사회계약이라는 이성적 개념은 생각지도 못했을지 모른다. 사회계약의 필요성은 본능 외에는 아무것도 필요로 하지 않았던 자연상태 하에서가 아니라 사회적 존재가 되어 집단을 이루고 살면서부터 생기게 되었다. 다시 말하면 사회계약이라는 개념은 자연적 고립상태에서 벗어나 사회적 집단상태로 들어가면서부터 생기게 되었다.

고대의 자연환경은 가는 곳마다 풍부한 물과 가축과 목초가 늘려있는 환경이었으므로 당시의 원시인들은 원시적 자유를 포기하고 스스로 사회적 속박에 묶일 이유가 없었다. 로크의 정치철학은 홉스와 마찬가지로 자유롭고 풍요로웠던 태초의 자연상태에서 출발한다. 다만 홉스의 자연상태는 이기적이고 투쟁적인 존재로 가득한 투쟁상태였던 반면 로크의 자연상태는 온화하고 이성적인 존재로 가득한 평화로운 상태였다. 로크에게 있어서 자연상태는 사람들 간에 분쟁이 생겼을 때 판단해 줄 수 있는 별도의 절대자 혹은 지배자가 없어도 인간의 천부적 이성에 따라 상호이해하고 조정하면서 살아가는 상태를 말한다. 즉 타인의 허락을 구하거나 타인의 뜻에 구애받지 않고 자연법의 테두리 안에서 스스로 합당하다고 생각하는 바에 따라 행동하고 자신을 제어해 가는 완전한 무간섭적 자유를 의미한다.

그런 자유는 방종과 다르다. 로크의 자연상태는 이성의 산물인 자연법이 지배하고 있는 자유의 상태이지 방종의 상태가 아니다. 로크에게 있어서 자유란 자연적 자유이든 정치적 자유이든 모든 사람들이 어떤 법적 규제에도 구애받지 않고 무엇이든 마음대로 할 수 있는 자유를 말하는 것은 아니다. 로크가 말하는 자연적 자유란 강자의 뜻이나 법의 지배에 구속되지 않는 자유를 의미한다. 그것은 자연상태에서도 인간은 항상 자신을 지배하는 자연법을 가진다는 점에서 만인에 대한 만인의 투쟁상태로 묘사한 홉스의 자연 상태와는 다르다. 그러므로 로크에게 있어서 법은 자유를 제한하는 것이 아니라 자유를 지키기 위해 반드시 있어야 하는 것이다. 즉, 그에게 있어서 법의 목적은 자유를 폐기하고 억제하는 것이 아니라 보존하고 확대하는 것이다.

이렇게 볼 때 로크가 말하는 자연 상태란 인간이 자신의 신체와 소유물을 통제받지 않고 처분할 수 있는 자유를 말하는 것이지 자신을 파괴하거나 자신이 소유하고 있는 것을 마음대로 처분하고 심지어 죽일 수 있는 방종의 상태를 의미하는 것은 아니다. 그러나 로크의 자연 상태에는 어두운 그림자가 따라 다닌다. 만일 로크가 묘사한 것처럼 자연 상태가 완전히 평화롭고 이성적인 것이라면 사람들이 사회계약을 맺고 정치적 공동체를 만들 필요가 없었을 것이기 때문이다. 현실적 자연상태는 언제 벌어질지 모르는 갈등과 투쟁에 대한 불안과 공포가 그림자처럼 따라 다니고 있는 상태이다. 그런 현실적 자연 상태는 대부분의 사람들이 이성적이고 평화롭게 살기는 하지만 절대적 권위를 가진 판관(判官)이 없는 한 항상 두려움과 위험으로 가득 찬 상태이다. 따라서 모든 사람들은 자연법이 보장하는 생존권을 가지고 있기는 하지만 그 생존권이 언제라도 침해당할 수 있는 위험에 항상 노출되어 있다.

자연법의 핵심 내용은 자기 생존이다. 모든 생명체는 본능적으로 살기 위해 행동한다. 로크가 말하는 사회계약도 어떻게든 살아가고자 하는 인간의 몸부림이 만들어 낸 결과이다. 그런 몸부림은 사회가 변한다고 바뀌는 것이 아니다. 시대와 사회 변화에 관계없이 계속되는 몸부림이다. 그런 몸부림에서 나온 법은 수정될 수는 있어도 폐기될 수는 없다. 원시적 가족사회에서 출발하여 씨족사회, 부족사회, 민족사회를 거쳐 오는 동안 삶의 몸부림에서 나온 법이 바뀐 적은 있어도 사라진 적은 없다. 정치제도는 물론이고 인간이 만든 모든 법과 제도는 생존과 편익 추구라는 인간의 본질적 욕구를 충족시키기 위한 것이므로 인간이 존재하는 한 그런 것은 계속 존재할 수밖에 없다. 로크의 사회계약은 그 같은 인간생존의 본질을 대상으로 하고 있다.

자유로운 자연상태에서 나타난 최초의 사회는 부(父)를 정점으로 하는 가족사회였다. 자연법학자들에 의하면 그런 작은 가족사회는 태풍, 지진, 화산, 가뭄 같은 자연재해를 겪으면서 자기들의 의지와는 상관없이 때로는 흩어지고 때로는 결집하면서 자연스럽게 씨족사회가 되고 부족사회가 되었으며 그런 천재지변을 공동의 힘으로 극복하기 위한 최선의 방법으로 사회계약에 의한 정치사회를 선택하게 되었다는 것이다.

자연상태에서 아버지는 가족 구성원이 잘못을 저지를 경우 처벌할 수 있는 자연법적 권한을 가지고 있었으므로 자식들이 성인이 되었을 때도 그들의 후견인으로서 자식들의 행위를 제재할 수 있었다. 그리고 자식들은 아버지가 내리는 제재에 순순히 복종하였을 것이다. 또 세월이 지나 자식들이 누군가를 처벌할 때가 오면 아버지와 힘을 모아 범죄자에 대항했을 것이며 그러한 과정에서 내려진 벌칙을 집행할 수 있는 권한은 최고 지도자격인 아버지에게 부여되었을 것이다. 그렇게 아버지는 가족구성원들을 모두 다스릴 수 있는 절대적 권한을 가진 입법권자요 통치자가 되었을 것이다.

원시사회에서 아버지는 가장 신뢰받을 수 있는 인물이었다. 아버지는 처음부터 가족의 재산과 이익을 보호하고 지켜준 장본인이었으며 어린 시절부터 아버지에게 복종하던 습관은 다른 그 누구보다도 아버지의 명령에 계속 복종하도록 했을 것이다. 가장에 복종하는 그런 전통과 관습은 자연스럽게 일인 지배에 따르고 복종하는 데 익숙하게 하는 역할을 했을 것이다. 그런 일인 지배 혹은 통치가 애정과 사랑으로 베풀어지고 그 결과 정신적, 육체적 행복과 만족이 향상되는 경우라면 그런 지배는 더욱 선호되고 찬양되었을 것이다.

따라서 고대인들이 어린 시절부터 익숙 되었고 경험을 통해서 가장 효율적이라고 판단된 일인지배체재의 정부형태를 선택하고 받아들이는 것은 조금도 이상한 일이 아니었을 것이다. 세계 여러 부족 혹은 민족의 역사를 볼 때 고대에는 예외 없이 일인지배체제인 군주제가 채택되었던 이유는 바로 가부장적 일인지배체제가 자리 잡고 있었기 때문이었을 것이다. 특히 아버지 같은 통치자라는 개념을 가지고 있었던 당시의 생활양식이나 풍습으로 볼 때 한 사람에게 권력이 집중되었다고 해서 그의 권력남용을 두려워하거나 그에 대비해야 할 이유는 조금도 없었을 것이다. 따라서 고대인들이 일인지배체제의 정부형태를 거부감 없이 받아들인 것은 전혀 놀랄 일이 아니다. 오히려 다양한 처벌법규가 필요 없었던 시대상황에서 가장 적합한 체제였을 것이다.

당시 사람들은 서로 깊은 혈연적 유대관계를 가지고 사회를 구성하고 있었으므로 상호신뢰는 충분히 전제되고 있었다. 따라서 그들은 서로에 대해서보다는 외부인에 대해 더 많은 경계를 하지 않을 수 없었다. 그러므로 그들의 관심은 내부의 적이 아닌 외부의 적으로부터 자신들을 어떻게 보호하고 지킬 것인가 하는 것이었다. 그래서 그들은 그런 목적에 가장 알맞은 정부형태라고 판단된 일인군주제를 선택하고 구성원 중 가장 현명하고 용감한 사람을 군주로 선출하여 그로 하여금 부족을 지휘하고 통솔하도록 했다. 군주제라는 정치체제는 그런 자연스러운 과정을 거치면서 탄생되었다. 로크는 초기의 군주제가 그같은 구성원들의 동의에 기초하고 있었음을 반복해서 강조하고 있다.

그런 동의에 의해 생긴 씨족사회 혹은 부족사회는 자연스럽게 최고지도자 한 사람에게 통치권을 위임하였고, 사람들은 그 한 사람이 자연상태 하에서의 아버지와 같은 역할과 권한을 가지고 통치하기를 바라게 되었다. 따라서 구성원들은 절대통치권자의 권력을 제약하거나 규제하는 조건은 일체 부과하지 않았다. 그들은 절대통치권자의 정직성과 신중함을 믿고 있었으며 또 믿고 있을 때 그 권력은 더욱 안전하고 강고해진다는 사실을 잘 알고 있었다.

그러나 당시의 고대인들은 그런 절대통치권이 신권(神權)에서 비롯되었다고는 생각하지 않았다. 그런 생각은 신학자들이 신권의 의미를 규정하고 의미를 부여하기 전까지는 어쩌면 가져본 적도 없었을 것이다. 여기서 강조하고자 하는 것은 자연상태 하의 부권(父權)은 통치적 개념보다 사랑과 보호의 개념이 앞선 권한이었으므로 그런 바탕에서 출발하고 익숙된 소속감은 우두머리 한 사람이 절대통치권을 가지는 군주제를 자연스럽게 받아들이도록 하는데 적지 않은 영향을 끼쳤을 것이라는 사실이다.

자연법이란 신이 인류에게 부여한 천부적 공통의 생존법칙이다. 현재와 같은 성문법을 가지지 않았던 고대인들이 살 수 있었던 이유도 그런 자연법의 규제를 받고 있었기 때문이다. 예를 들면 부모가 자식을 돌보고 사랑하는 것은 누가 시킨 일이 아니라 하늘이 천부적으로 부여한 생존법칙이다. 그런 자연법은 어디에 써놓거나 새겨놓지 않아도 누구나 알고 지키는 법이기도 하다. 로크는 그런 자연법을 인간행동에 관한 신의 도덕률로 보았다.

로크는 타의에 의한 노예화뿐만 아니라 자의에 의한 노예화도 반대한다. 타인이 자신을 노예로 삼으려는 시도에 맞서 그를 공격하거나 죽여서 자신을 보호할 권리가 있음을 천명하는 동시에 스스로 자신을 타인의 노예로 삼으려는 권리가 없음을 강조한다. 이를 위해 로크는 자연적 자유와 사회적 자유를 구분한다. 자연적 자유는 자연상태에서 인간이 누리는 자유로서 자연법 외에는 어떤 권력에 의해서도 구속되지 않은 자유를 말한다. 이에 반해 사회적 자유란 사회 속에서 살고있는 인간의 자유로서 공동체의 동의에 의해 제정된 법외에는 어떤 법에도 구속되지 않는 자유를 말한다. 여기서 말하는 자유란 무조건 자기가 하고 싶은 대로 행동하고 기분 내키는 대로 살고 어떤 법에도 구속되지 않는 자유를 뜻하는 것은 아니다. 자연상태에서의 자유는 이성과 자연법의 지배를 받는 자유이며 시민사회에서의 자유는 실정법의 지배를 받는 자유이기 때문이다.

로크에게 있어서 자유는 곧 생명 자체이다. 자유가 없으면 그 사람은 살아있어도 산 사람이 아니다. 따라서 자유를 구속하는 노예계약은 원천적으로 불가능하다. 노예계약이 불가능한 이유는 자유의 박탈은 인간생존을 불가능하게 하는 절대적 요소이기 때문이기도 하지만 인간은 자신이 가지지 못한 권리를 양도할 수 없기 때문이기도 하다. 로크에 의하면 어떤 사람도 자신이 가진 것보다 더 많은 권력을 양도할 수 없는데 인간은 자신의 생명에 대한 권력을 가지고 있지 않다는 것이다. 자신의 생명을 박탈할 수 없는 사람은 다른 사람에게 그 권력을 내줄 수도 없다. 로크의 자연상태에 대한 개념은 신이 부여한 인간의 기본적인 권리와 의무를 밝히기 위한 이론적 장치들이다. 자연상태에 있는 모든 사람들에게 신이 요구하는 것은 자연법에 따라 살라는 것이다. 로크에 의하면 인간은 이성을 통해 그러한 자연법을 인지할 수 있으므로 자연법이 보장하는 권리를 주장하고 자연법이 부과하는 의무를 지키며 살아가야 한다.

사람은 누구나 자신을 어떤 공동체에 예속시킬 때 그가 가지고 있거나 미래에 획득할 수 있는 소유물로서 이미 다른 정부에 속해 있지 않은 것들을 그 공동체에 예속시키고 지배하에 두게 된다. 왜냐하면 누구든 자기 재산을 보호하기 위해 그 정치사회의 법에 동의하고 예속된 것이므로 물질적 재산이 아닌 자기 자신은 그 법으로부터 면제되어야 한다는 것은 직접적인 모순이기 때문이다. 누구든 그전까지 자유로웠던 자신의 인신을 어떤 공동체에 예속시킬 때는 동시에 그전까지 자유로웠던 그의 소유물도 함께 예속시키게 된다. 한 사회의 완전한 구성원이 되기 위해서는 반드시 물질적 자산의 소유자이어야 하지만 물질적 자산의 소유자라고 하여 모두 그 공동체의 구성원이 되는 것은 아니다. 외국인 거주자처럼 그는 단지 그 정부의 재판에 예속될 뿐이다. 로크가 이런 묵시적 동의의 개념을 도입한 이유는 명시적인 동의의 개념을 더욱 명확히 하고자 했기 때문이다.

로크의 묵시적 동의와 명시적 동의라는 이 양분적 논리는 개인의 자연권을 내세워 토지소유자와 무소유자, 즉 계급으로 이루어진 국가를 정당화하는 문제점을 안고 있다. 계급국가는 무소유계급을 체제 내로 끌어들이면서도 그 계급을 국가의 완전한 일부로 받아들이지 않는다. 물론 로크가 평등한 자연권 이론을 내세워 의도적으로 계급국가를 정당화했다고 볼 수는 없다. 오히려 반대로 계급국가의 현실이 그의 자연권 이론에 반영되어 계급국가를 정당화시켜주었다고 보아야 할 것이다. 이는 재산을 무한대로 축적할 수 있고, 그래서 계급의 차이를 초래하는 권리를 평등한 자연권으로 옹호하고 있는 것과도 같다. 그러므로 로크의 시민사회이론에 내재된 모순은 그가 계급과 무관한 자연상태의 본래모습을 묘사하고 있었음에도 불구하고 결과적으로 계급국가의 권리와 의무를 서술하고 있다는 점이다. 이에 반해 홉스는 궁극적으로 어떠한 도덕적 가치도 인정하지 않았다. 홉스에 의하면 선과 악은 단순히 인간의 좋고 나쁨을 표시할 뿐이며 자연상태에서는 선과 악의 관념이 존재하지 않는다. 오직 만인에 대한 만인의 투쟁이 있을 뿐이다.

홉스는 영국의 철학자이자 정치학자로서 영국 유물론의 창시자인 베이컨의 유물론 철학을 계승해 체계화시켰다. 그 체계화 과정에서 그는 수학적 요소를 중시하여 자연현상을 역학적 형식으로 파악함으로써 운동을 공간에 있어서의 역학적인 위치 변화로만 보았다. 정치론에서는 인간의 자연상태를 "만인의 만인에 대한 투쟁"이라 하여 그 무질서 상태를 벗어나기 위해 국가가 계약을 바탕으로 만들어졌다는 국가 계약설을 폈다. 이 계약은 1회에 한한 것으로 취소할 수 없다고 하여 절대주의적 군주제의 기초가 되었는데 그의 역점을 국가권력의 절대성에 두어 17세기 영국 혁명을 이룩한 여러 계급의 이해에 합치할 만한 것으로 되었다.

홉스는 강자의 문제를 파고들었다. 특정 개인 또는 집단이 지배적인 위치를 차지해야 한다는 귀족적 편견을 깨고, 모두가 동일한 열정과 비슷한 힘을 가지고 있으므로 누구도 절대적인 우위를 확보할 수 없다는 점을 설득하려고 노력했다. 이 과정을 통해 한편으로는 사회구성원들 사이의 갈등으로부터 독립된 국가를 확립하고, 다른 한편으로는 자기보존이라는 이기적 열망에 사로잡힌 개개인의 자유를 보장하려는 이른바 근대 자유주의 사회계약론의 물꼬가 트였다.

홉스의 정치철학은 마키아벨리의 것과 유사한 점이 많다. 특히 인간의 이기적 욕구를 인정하고, 죽음의 공포로부터 정치제도의 필연성을 도출했던 점이 그렇다. 또 소크라테스로부터 내려온 도덕적인 정치철학으로부터 이탈했다는 점, 그리고 아리스토텔레스나 키케로에게서 발견되는 인간의 이타적 본성에 기초한 제도적 구상에 대해 깊은 회의를 갖고 있었다는 점에서도 흡사하다. 고대 정치철학으로부터의 단절에서 중세를 지배했던 종교적 신념에 대한 거부에 이르기까지 두 정치철학자는 많은 부분을 공유하고 있다.

그러나 마키아벨리와 홉스는 결코 동일시될 수 없는 차이점을 가지고 있다. 첫째는 갈등에 대한 태도이다. 마키아벨리는 갈등을 불가피할 뿐만 아니라 잘 관리한다면 정치 공동체의 안전과 번영에 크게 기여할 수 있는 사회적 기제(基劑)로 간주한다. 반면 홉스는 갈등이 불가피하다는 점은 인정하지만 그 갈등은 규제되어야 하거나 정화되어야 할 사회악으로 규정한다. 따라서 마키아벨리에게는 귀족과 시민의 첨예한 갈등을 통해 시민적 자유는 물론이고 거대한 제국까지 확보한 로마공화정이 가능한 최선의 정치체제로 부각되지만 30년 전쟁과 영국 내란의 상흔이 뇌리에 깊이 박혀있었던 홉스에게 로마공화정은 안팎으로 매우 불안정한 체제였을 뿐이다. 한 마디로 홉스에게 갈등은 반드시 극복되어야 할 숙제일 뿐이었고, 방어가 아니라 공격이 목적인 전쟁은 결코 용납될 수 없는 수단이었다.

둘째는 지배하려는 열망을 가진 사람들에 대한 견해이다. 마키아벨리에게 지배하려는 열망을 가진 귀족 또는 소수는 지배받지 않으려는 열망을 가진 인민이나 다수만큼 중요하다. 비록 인민의 정치적 역할을 강조하긴 했지만 그는 귀족 또는 소수의 권력 의지와 정치적 리더십 또한 중시했다. 따라서 지배하려는 열망을 가진 개인 또는 집단이 공공선을 위해 헌신하도록 유도하는 영광이나 명예와 같은 덕성들은 그에게 여전히 큰 의미를 지니고 있었다. 반면 홉스에게는 그런 덕성들이 한갓 허영에 불과했다.

신중함(prudence)은 많은 경험과 그 경험적 결과에서 비롯된다. 개인이 가지는 역량은 상상력이나 판단력에서처럼 크게 차이나지 않는다. 왜냐하면 같은 연령의 사람들은 거의 비슷한 경험을 가지기 때문이다. 가정을 잘 꾸리는 것과 왕국을 잘 다스리는 것은 신중함의 정도가 다른 것이 아니라 일의 종류가 다르기 때문이라는 것이다.

위에서 보듯 홉스에게는 고대 정치철학에서조차 용인되었던 분노(thumos)나 명예(honor)뿐만 아니라 마키아벨리가 지배욕에 사로잡힌 사람들을 설득할 때 사용했던 신중함(prudenzia)이나 영광(gloria)과 같은 덕성조차 무의미하다. 홉스는 이러한 덕성들을 앞세워 세습적 특권이나 우월적 지위를 보장받으려는 귀족적 편견을 받아들일 수 없었고, 다른 한편으로 그는 강자의 문제가 사회계약 자체를 불가능하게 만드는 상황을 방관할 수도 없었던 것이다. 그랬기 때문에 정치적 덕성들은 자기보존을 위한 보다 면밀한 관찰의 결과로 단순화되고, 누구도 예외가 될 수 없는 평등한 조건을 통해 사회계약은 완성된다고 보았다.

셋째는 홉스의 주권자(sovereign) 개념이다. 마키아벨리에게는 귀족과 인민의 첨예한 대립으로부터 독립되거나 파당적 갈등에 중립적인 중재자가 없다. 또 그의 정치사상에는 안전을 위해 각자의 권리를 주권자에게 양도하는 계약적 사고도 없다. 생존을 위해서라도 귀족이 아니라 인민과 연대를 모색해야 한다는 언급은 있지만 군주가 공동체 구성원 모두를 대표하거나 그들로부터 권리를 양도받은 주권자라고는 보지 않았다. 반면 홉스의 다중(multitude)은 자유와 안전을 보장받기 위해 단일한 주권자에게 권리를 양도하고 그 양도과정을 통해 하나의 전체로 통합된다. 즉 『리바이어던(Leviathan)』에서 언급되듯 사회계약의 당사자로서 다중(多衆)은 주권을 만드는 주체(maker)이면서 동시에 주권을 구성하는 재료(matter)인 것이다.

홉스는 마키아벨리보다 훨씬 더 고대정치철학으로부터 멀어져 있었다. 마키아벨리에게는 르네상스 때까지 지속되었던 공화주의의 이상이 여전히 자리를 잡고 있다. 비록 이기적 열망을 앞세워 도덕적 전통을 거부하고 자치도시보다 거대제국을 선호했지만 마키아벨리에게는 시민적 자유와 공화주의의 이상을 실현하기 위해서라도 탁월함과 신중함이라는 덕성이 중요했다. 반면 홉스는 개인의 자유를 공화주의 이상과 맞바꿀 의사가 없었다. 그는 인위적 동의에 의한 정치체제를 꿈꾸었다. 만약 마키아벨리를 고대와 근대의 갈림길에 서 있었던 사상가라고 한다면, 홉스는 이미 근대의 문턱을 넘은 사상가라고 할 수 있을 것이다.

▎법령의 탄생

원시사회에는 인간의 사회생활을 규제하는 어떤 법령도 없었다. 오직 가족적 혹은 씨족적 관습이 있었을 뿐이다. 사회규범은 고대국가의 성립과 더불어 생겨났다. 고대동방법(古代東方法), 이집트법, 그리스

법, 설형문자법(楔形文字法), 로마법 등은 모두 여기에 속한다. 그런 고대법의 특징은 노예의 사적 소유를 인정하고, 노예를 법의 객체로 보는 것이었다.

고대법 중에서는 로마법이 가장 발달하였다. 고대자본주의도 로마에서 출발한다. 인류의 상업 활동은 인류의 역사만큼이나 오래된 것이지만 상업의 발달 그 자체가 자본주의는 아니다. 만일 사적 영리자본을 가지고 상품을 생산하여 영리적 판매를 하는 경제체제를 자본주의라고 한다면 그런 자본주의적 고대 생산체제는 지중해 지역의 고대 그리스와 로마의 전성기에서 찾아볼 수 있다. 물론 근대자본주의와 고대자본주의는 노동조직, 경영원칙, 자본설비의 규모 등에서 기본적인 차이가 있지만 고대자본주의는 노예를 생산주력으로 하는 시장경제라는 특징을 가지고 있다. 고대사회는 그런 노예제를 바탕으로 유지되고 존속되었다.

노예계층이든 농노계층이든 아니면 노예주 혹은 영주 같은 사회지배계층이든 사회계층은 상징적 상호작용을 통해 강화되는 경우가 많다. 상징적 상호작용이란 어느 한 사람의 상징적 무형재산이 또 다른 한 사람의 상징적 유형재산으로 이어지는 경우를 말한다. 예를 들어 여기 한 아이가 있다고 가정하자. 그 아이에게 가장 큰 영향 미칠 수 있는 존재는 부모일 것이다. 아이에 대한 부모의 기대 혹은 가치나 신념은 그 아이에게 절대적 영향을 끼칠 것이다. 그러므로 부모의 학력과 지식수준, 그리고 경제적 여건 등은 분명히 아이에게 영향을 주게 될 것이며 그 아이는 부모의 기대에 부응하고자 노력하게 될 것이다.

이는 부모가 가지고 있는 무형의 사회적 지위와 의식이 자연스럽게 아이의 마음속에 유산처럼 물려짐을 의미한다. 만일 그 아이의 부모가 가난한 사람이라면 부유층 집안과 달리 부정적인 기대나 가치를 더 많이 물려주게 될 것이다. 이렇게 부모가 가지는 무형의 상징적 재산이 자식에게 영향을 미친다고 보는 견해를 상징적 상호작용론이라고 한다. 그런 식의 상징적 상호작용이 반복되면 사회적 계층은 자연스럽게 세습되고 계층의 재생산이 이루어진다는 것이다.

이 상징적 상호작용은 사회촉진현상(social facilitation)에 의해 더욱 강화된다. 사회촉진현상이란 개인이 혼자서 일할 때보다 여러 사람들과 어울려 일할 때 작업능률이 더욱 높아지는 현상을 말한다. 이러한 촉진현상은 특별히 동료에게 잘 보이기 위해서 혹은 경쟁하기 위해서 생기는 현상이기도 하지만 동료가 옆에 있기만 해도 일어나는 현상이라고 한다. 마치 무서운 길을 갈 때는 어린아이만 옆에 있어도 무서움이 반감되는 것과 같은 원리라 하겠다. 대부분의 기업들은 이런 사회촉진현상을 유도하기 위해 낮은 칸막이를 설치하여 동료들의 존재감을 느끼게 하는가 하면 수험생들은 도서관이나 독서실에서의 공부를 선호하기도 한다. 사회적 계층도 이런 사회촉진현상의 영향을 받는다. 상위계층끼리 모이면 상위계층이 되고자 하는 의지가 더욱 강해지고 상위계층이 될 수 있는 환경도 더욱 잘 갖추어지기 때문이다.

그렇게 촉진되는 사회계층화현상의 출발점은 경제이다. 빈부의 차이가 자연스럽게 사회계층화로 이어지기 때문이다. 여기 변호사와 막노동꾼이 있다고 가정하자. 사람들은 한편으로는 직업에 귀천이 없다고 말하면서도 다른 한편으로는 누구나 두 사람은 사회적으로 다른 계층의 사람이라고 생각할 것이다. 직업에 귀천이 없다고 하면서도 사람들은 왜 그렇게 사회적 계층이 다르다고 생각하는 것일까? 여러 가지 이유가 있겠지만 가장 중요한 요인은 틀림없이 경제적 소득이 다르다고 생각하기 때문일 것이다. 이처럼 똑같은 사람이라도 하는 일이나 사회적 위치에 따라 경제적 소득과 사람들의 인식은 크게 달라진다. 사회계층은 그런 일반적 인식에서 비롯된다.

사회제도는 크게 가족제, 신분제, 토지제, 납세제로 나누어 볼 수 있다. 사회적 인식이 만들어내는 사회계층은 신분제와 관련된 사회제도로써 한번 깔아 놓으면 바꾸기 힘든 철길처럼 쉽게 변하지 않는 특성을 지니고 있다. 신분제도에 의해 천민이 되거나 귀족이 되면 그 신분의 굴레를 벗어나기가 정말 어렵다. 신분제도는 출신에 따라 계층을 나누는 제도로서 제도적인 신분제는 인류 역사의 상당한 기간동안 존속되었다.

사회적 신분과 사회적 계급은 다르다. 신분은 태어날 때부터 정해지는 것인 반면 계급은 한 개인이 처한 사회적 입지에 따라 정해진다. 신분의 대표적인 특징은 혈연적 관계에 의해 세습된다는 점이다. 비록 신분제도가 강하게 자리 잡은 사회에서도 경우에 따라 신분이 상승되거나 하락하는 경우가 없진 않지만 사회 전체적으로 보면 신분질서는 거의 변하지 않는다. 노예, 평민, 귀족, 왕족같이 사회적으로 그 위치가 구분되는 신분제는 서양의 경우 고대 그리스 이전부터, 동양의 경우는 수메르와 고대 이집트를 비롯한 아시아 전역에서 발견된다. 그 중에는 인도의 카스트(Caste)제도와 같이 현대에 이르러서도 여전히 막강한 영향력을 발휘하고 있는 신분제도도 있다.

인도가 가지는 카스트 신분제도의 기원은 오랜 옛날로 거슬러 올라간다. 아리아인의 일부가 인도에 침입한 것은 기원전 1300년 전후였다. 아리아(Aria)라는 말은 "고귀하다"는 뜻을 가진다고 하는데 그 아리아인(Aryan)은 인도게르만 어족계의 분파로 중앙아시아에서 살다가

인도와 이란에 정주한 민족이다. 인도에 침입한 아리아인은 펀자브(Punjab)지방에 들어가 원주민을 정복하고 혼혈을 장려하였다. 그로 인해 인도 땅에 살고 있었던 원주민인 문다(Munda)인과 드라비다(Dravida)인은 아리아인의 지배를 받게 되었고, 그 결과 다사(Dasa)라는 노예의 위치에 놓이고 말았다. 다사(Dasa)는 이란어의 "다하(Daha)"에 해당하는데 고대 이란에는 제승(祭僧), 무사(武士), 농민, 공장(工匠)의 네 다하(Daha)가 있었다. 이란의 그 네 다하가 인도의 신분제도에 영향을 미친 것으로 보인다.

아리아인이 침입했을 때만 해도 인도에는 침입자였던 지배층 아리아인과 피지배층 원주민이라는 두 사회적 계층, 즉 두 바르나(Varna)가 있었을 뿐이다. 바르나라는 말은 본래 색(色)을 의미하는 말이었지만 아리아인이 인도로 침입할 당시 침입자였던 아리아인들은 비교적 흰 피부색을 가졌고, 원주민들은 비교적 검은 피부색을 가지고 있었기 때문에 피부색은 지배자와 피지배자를 구별하는 색이 되었고, 그때부터 바르나(Varna)는 신분과 계급을 의미하는 말로 전화되었다.

아리아인들이 인도를 점령한 때는 청동기시대로 가부장적 대가족제를 전제로 하는 부족이 정치경제의 단위였고 신앙은 여러 자연현상을 신격화한 다신교로서 다수의 신을 숭배하였다. 그들 중 일부는 기원전 1000년경부터 비옥한 갠지스강 유역으로 이동하여 상류 각지에 작은 촌락을 형성하고 농경생활을 시작하였다. 철기를 쓰기 시작한 것은 그때부터였으며 바라문(브라만: Brahmane)을 정점으로 하는 카스트(Caste)라는 사성제도(四姓制度)가 생긴 것도 그 무렵이었다.

그 시기에 『리그베다(Rigveda)』로 이어지는 3개의 경전이 성립되었는데 그 경전은 지금도 브라만교의 근간으로 존중되고 있다. 바르나

(Varna)제도의 이론은 BC200년~AD200년 사이에 성립된 것으로 보이는 『마누법전(Code of Manu)』으로 대표되는 힌두법전에서 완성되었다. 그 기간 중 바르나(Varna)제도는 아리안(Aryan) 문화의 전파와 함께 인도 대륙의 거의 전역에 전파되어 오늘날에 이르고 있다. 카스트제도는 바로 그 바르나(Varna)라는 틀 속에서 성립한 것이다.

마누법전을 비롯한 인도법전에 의하면 최상계층인 브라만은 의식집행, 베다(Veda)성전의 교수(敎授), 포시(布施)의 수납 같은 일을, 차상계층인 크샤트리아(Ksatriya)는 정치나 전쟁 같은 일을, 그 아래 계층인 바이샤(Vaishya)는 농업, 목축, 상업 같은 일을, 그리고 하위계층인 수드라(Shudra)는 예속적 노동을 함으로써 상위 세 바르나(Varna)에 봉사하도록 되어 있다. 그 같은 4 바르나(Varna) 중 상위 3 바르나(Varna)는 종교적으로 재생할 수 있다는 의미에서 재생족(再生族)이라고 하며 제식(祭式) 거행, 베다 성전의 학습, 포시(布施)라는 세 가지를 공통의 의무로 하고 있다. 재생족에 속하는 남자는 10세 전후가 되면 입문식인 우파나야나(upanayana)를 올리고 아리아 사회의 일원으로서 베다의 제식에 참가할 자격이 주어졌다.

이에 반해 최하층인 수드라는 입문식을 올릴 수 없는 일생족(一生族)으로 에카쟈(ekaja)라 불렸으며 재생족으로부터 여러 가지 차별을 받았다. 또 수드라 밑에는 4바르나의 틀에 속하지도 못하는 제5의 바르나(Varna)인 불가촉천민이 있었다. 그런 과정을 거쳐 마침내 아리아인은 바라문 문화를 완성하고 그 후 많은 변천을 거쳐 사제자(司祭者)와 무사가 분화했으며 원주민은 오직 육체노동이나 잡역에만 종사하게 되었다. 이것이 바라문, 크샤트리아, 바이샤, 수드라라고 하는 4바르나, 즉 카스트로 나타났다. 카스트라는 말은 혈통이라는 뜻의 포르투갈어 카스타(Casta)에서 연유한 말로서 16세기 포르투갈인들이 인도의 신분제도를 보고 붙인 이름이라고 한다. 이렇게 고대 신분제도인 바르나(Varna)는 인도 카스트제도의 기본을 이루고 있다.

사성(四姓)으로 나누어지는 카스트는 존귀한 자와 비천한 자라는 상하의 서열을 나타내고 있어 보다 높은 카스트에 속하는 사람은 보다 낮은 카스트에 속하는 사람의 곁에만 가도 더럽혀진다고 하여 서로 교류하기를 꺼려했다. 낮은 카스트에 속하는 사람은 부정시(不淨視)되었고 따라서 각 카스트는 직업을 세습하였으며 카스트 상호간의 결혼은 금지되었다. 또 네 카스트 밑의 불가촉천민을 아웃카스트(Out caste)라고 하였는데 일반적으로 카스트제라고 할 때는 불가촉민도 포함된다.

인도인들은 누구나 이 카스트 중의 어느 한 계층에 자동적으로 귀속되게 되며 대대로 그 카스트에서 벗어날 수 없는 것이 원칙이었다. 1947년 카스트제도는 법적으로 금지되었으나 인도 사회에서는 여전히 카스트에 따른 차별이 존재하고 있다. 신분이 다른 계급 간에는 혼인을 금지하였으며 이름에서부터 신분의 차이가 나타났다. 카스트는 힌두교의 업(業)과 윤회사상을 근거로 정당화되었으며 사람들은 이를 숙명으로 여기게 되었다.

그렇게 사회계층이 확고히 구분되었으므로 각 바르나에 속하는 사람들은 동일한 바르나 중에서 배우자를 선택하는 것이 의무화되었다. 그러나 상위 바르나의 남자가 하위 바르나의 여자와 결혼하는 아눌로마(anuloma)혼은 많이 있었다. 다만 그 반대인 상위 바르나의 여자가 하위 바르나의 남자와 결혼하는 프라틸로마(pratiloma)혼은 철저히 금지되었다. 힌두교도 사이에서 오래전부터 내려오는 인류기원 신화에 의하면 신들이 원인(原人)의 몸을 갈랐을 때 그 입에서 브라만, 양

팔에서 크샤트리아, 양 넓적다리에서 바이샤, 양발에서 수드라가 나왔다고 한다. 즉 인류는 출현 당초부터 4바르나로 구별되었다는 것이다. 물론 이 설은 바르나의 구분을 절대시하는 브라만의 창작 신화이며 사실은 아니다.

 그런 신화와는 관계없이 카스트제도가 생긴 초기에는 신분적 구분과 경계가 그다지 엄격하지 않았다. 그러나 세월이 지나면서 카스트는 점점 엄격해졌고 따라서 다른 카스트와의 결혼이 금지되는 등, 많은 차별적 사회규범이 생겨났다. 인도인들은 그렇게 엄격해진 카스트제도 하에서 자기가 속한 카스트의 행위규범을 준수해야만 했다. 예를 들면 브라만은 해가 뜨거나 질 때 반드시 기도를 하고 경을 외워야 했다. 그러한 계급제도는 인도사회를 안정시키고 결속시키는 데 도움이 된 면이 있는 것도 사실이지만 인권을 침해하고 사회를 정체시켜 활력을 잃게 한 부정적 영향도 많았다.

 바르나제도가 움직일 수 없는 사회적 제도로 자리 잡았던 시기는 AD320~550년까지 북인도를 통일하고 지배했던 굽타왕조(Gupta dynasty) 때였다. 이 시기는 고대인도문화의 최전성기에 해당한다. 굽타왕조는 일반적으로 찬드라굽타 1세가 확립한 것으로 알려져 있으나 그 성립과정은 분명하지 않다. 다만 3세기 중엽에 쿠샨 왕조의 세력이 쇠퇴하여 동북 인도가 그 지배에서 벗어난 후 작은 지방호족들이 할거했을 때 그들 중에 굽타왕조가 마가다 지방에서 흥륭했을 것이라고 추정할 뿐이다. 찬드라굽타 1세는 명문가인 리차비(Licchavi)와 혼인을 맺고 처음으로 왕 중의 왕이라 칭하면서 갠지스강 중류지역까지 세력을 확장했다. 그러나 북인도를 실질적으로 통일했던 자는 그 뒤를 이어 등극한 굽타왕조의 제2대 왕이었던 사무드라굽타(Samudragupta)였다. 그의 정복에 대해서는 알라하바드(Allahabad) 석비(石碑)에 잘 기록되어 있다. 그 비석에 의하면 사무드라굽타는 갠지스강 상류지역의 여러 나라를 정복하고 병합하여서 네팔, 아삼, 남(南)벵골 등의 주변 국가를 굴복시켜 조공을 거두었으며 지금의 인도 남부 마드라스 서남방 약 75km에 있는 힌두교 성지의 하나인 칸치푸람(Kanchipuram)의 팔라바(Pallava) 왕을 굴복시켰다고 한다.

다시 그 뒤를 이은 굽타왕조의 제3대 왕인 찬드라굽타 2세는 인도 중앙에서 세력을 떨치던 나가(Naga)족을 회유하고, 데칸 중부를 지배하고 있던 바카타카(Vakataka) 왕조와 동맹을 맺어 샤카족(Sakya族) 왕국을 정복하였고, 벵골(Bangla)과 신드(Sindh)도 병합하였다. 그리하여 굽타왕조는 동쪽 벵골에서부터 서쪽 사우라슈트라(Saurashtra)까지와 북쪽 네팔 국경에서부터 나르마다강(Narmada)에 이르는 광대한 지역을 지배하면서 서아시아와의 활발한 교역으로 서아시아문화의 영향을 받아 산스크리트(Sanskrit)문화의 황금시대를 열었다.

그가 세운 황금기를 이어받았던 아들 쿠마라굽타 1세는 이를 더욱 발전시켜 그 후 100년 이상 굽타왕조의 전성기를 이어나갔다. 그러나 쿠마라굽타 1세의 말년부터 굽타왕조의 세력은 쇠퇴하기 시작하였다. 굽타왕조가 쇠퇴하기 시작한 중요한 이유는 에프탈(Ephtalite)족의 침입이었다. 에프탈족은 5세기 중엽부터 1세기 동안 중앙아시아의 아무다리야(Amu Darya)강 상류에 살면서 위세를 떨쳤던 이란계열의 유목민족으로서 인도의 서부지역을 잠식하였다. 또 굽타왕조에 속해 있던 지방호족들이 세력을 확대하여 독립한 것도 굽타왕조가 쇠퇴한 원인이었다.

| 법치주의와 강제력

사회적 문제가 대두되자 이번에는 그런 문제를 원만히 해결하고 다함께 어울려 살 수 있도록 통합할 필요성이 제기되었다. 씨족회의, 부족회의 같은 협의체는 그래서 생기게 되었다. 그렇게 해서 생긴 협의체가 많은 대화를 통해 사회적 문제를 조정하고 집단을 통합할 수 있는 최선의 방법으로 제시한 결론은 일정한 규율을 정하고 이를 강제적 힘으로 지키게 하는 것이었다. 그 결과 법률이 제정되고 강제적 집행력을 가진 통치기구가 탄생하게 되었다. 정치조직은 그렇게 시작되었다. 즉 정치는 집단생활을 원만히 이끌어 가기 위해 구성원 간의 합의에 의해 정해진 규율을 강제력으로 지키게 하자는 데서부터 시작되었던 것이다. 오늘날 모든 국가들이 법치주의를 내세우는 이유는 정치의 출발점이 이렇게 법률과 강제력을 바탕으로 하고 있기 때문이다.

물론 집단 중의 어느 강자가 일방적으로 규율을 정하고 그 규율을 지키도록 강제할 수도 있을 것이다. 그러나 누가 그 규율을 정했건 규율을 정하고 그 규율을 강제력으로 지키게 하는 데서부터 정치가 시작되었음은 동일하다. 왕명이 곧 법이었던 과거 왕조시대에도 왕명을 굳이 법으로 규정했던 이유는 법이 있어야 강제력이 생기기 때문이었다.

강제력은 체력처럼 사람이면 누구나 가지는 자연발생적인 힘이 아니라 인간이 인위적으로 정한 법에 의해 생기는 힘이기 때문에 그 힘은 오직 법에 의해서만 생길 수 있다. 정치는 그 인위적 힘을 가진 자가 그 힘을 행사하는 것이다. 이렇게 정치는 인위적 힘을 바탕으로 하기 때문에 항상 그 힘의 소유자는 바뀔 수밖에 없다. 자연발생적인 힘은 소유자가 바뀌지 않는다. 자연인으로서 개인이 지니는 힘은 그가 살아있는 한 그의 것이다. 각 개인은 그 힘으로 사냥도 하고 농사도 지으면서 살아간다. 그러나 정치적 힘은 집단 구성원 간의 합의에 의해 인위적으로 부여한 힘이므로 집단을 떠나서는 생길 수 없고 다수의 합의를 떠나서도 생길 수 없다. 일국의 정치적 힘이 국경을 벗어나 영향을 미칠 수 없는 이유는 바로 정치적 힘이 집단을 떠나서 생길 수 없는 힘이기 때문이고, 다수의 합의에 의해 정치적 힘이 바뀌는 이유도 바로 다수의 합의를 떠나서 생길 수 없는 힘이기 때문이다.

정치는 사회적 문제가 있는 곳에 자라나는 나무와도 같다. 아무도 다투는 사람이 없고, 아무도 범죄를 일으키는 사람이 없고, 아무도 타인의 자유를 방해하는 사람이 없다면 정치는 필요치 않다. 사회적 문제가 많을수록 또 사회적 문제가 심각할수록 정치는 더욱 강하게 요구되고 필요해진다. 인간이 모여 사회생활을 하는 과정에서 발생하는 대립과 분쟁을 조정하고 통일적인 질서를 유지해 가는 일은 인간의 사회적 삶을 위해 반드시 필요한 일이다. 그런 필요성을 충족시키기 위해서는 모든 사회구성원들이 이의 없이 복종하는 사회적 힘이 있어야 한다.

통치자는 바로 그 사회적 힘을 위임받아 집행하는 주체이다. 정치라는 개념을 개인적 힘이 아닌 사회적 힘을 필요로 하는 모든 단위체로 확대해야 한다는 주장은 그래서 나오게 되었다. 기업이든 노동조합이든 심지어 학교든 종교단체든 정치적 시각으로 문제를 풀고자 하는 노력은 정치라는 개념이 사회적 힘을 필요로 하는 모든 곳에 적용됨을 의미한다.

개인적 힘은 사회적 힘을 이기지 못한다. 이는 한 사람의 힘으로는 백 사람, 만 사람의 힘을 이기지 못하는 원리와도 같다. 그런 거대한 사회적 힘으로 정치가 궁극적으로 달성하고자 하는 목적은 사회구성원 간의 갈등을 조정하고 통일적인 질서를 유지하는 것이다. 그러기 위해서는 대화로 승복하지 않는 자를 강제적으로 정한 질서에 따르도록 복속시켜야 한다. 그 강제적 힘은 바로 사회구성원 다수가 사전에 합의해 정한 사회적 규범에서 나온다. 다수가 동의한 규범을 어긴 자가 있다면 규범을 정한 다수의 이름으로 그 어긴 책임을 응징할 수 있기 때문이다. 그렇게 다수의 사회적 합의와 동의를 통해 정해진 규범이 바로 법이다.

▎왕권의 확립

유럽은 12~13세기경 상품교환이 증가하고 그에 따라 화폐경제가 발달하자 지중해 지역과 북유럽지역에서 무역이 활발해지기 시작했다. 그런 활발한 무역을 보장하기 위해서는 국가 간의 평화와 치안유지가 무엇보다 중요했다. 그러기 위해서는 일부 지방만을 통제할 수 있었던 종래의 귀족 권력보다 한 차원 높은 국왕 같은 강력한 정치 권력이 필요하게 되었다. 국왕은 그런 시대적 요청에 따라 각 도시와 경제적, 정치적으로 제휴하여 영토를 확장하는 한편 귀족정권을 약화시키면서 국가적 규모의 영토와 권력을 확보하게 되었다.

프랑스와 영국에서는 12세기 후반에서 13세기경 국왕에 의해 그런 국가개념이 확립되었고, 독일에서는 14세기 후반 이후 신성로마제국 내의 각 연방 군주들에 의해 그런 국가개념이 실현되었다. 그 결과 프랑스와 영국은 또 15~16세기에 걸쳐, 독일의 브란덴부르크와 프로이센 등은 17~18세기에 걸쳐 귀족을 중심으로 했던 과거의 신분제(身分制) 국가에서 절대왕권을 중심으로 하는 절대제(絕對制) 국가로 변모해

갔다. 이것은 국왕과 연방 군주가 중앙권력과 함께 지방 권력까지도 통일한 것을 의미한다. 그때까지 산재해 있었던 하급 재판권은 국왕에 의해 박탈되고 단순한 지방 경찰권으로 전락했다. 의회는 거의 소집되지 않았고, 왕이 지배하는 영토에서는 왕의 권력만이 최고의 지상권이 되었다. 그리하여 마침내 절대왕권이 확립되었다.

09 봉건사회와 신분제도

　봉건사회에서는 신분과 계급이 혼동될 수 있다. 계급은 생산수단의 유무와 생산과정에서 맡는 역할에 따라 생기는 것이므로 신분과는 다른 개념이다. 하지만 신분개념과 계급개념이 겹쳐 있는 봉건사회에서는 그런 구분이 뚜렷하지 않다. 일반적으로 계급사회에서 지배계급은 그들의 지배를 영속화하기 위해 온갖 종교적, 세속적인 의례(儀禮)와 제도를 동원하여 지배계급의 존엄성을 고양시킨다. 그런 노력을 통해 그들은 지배계급은 존귀하고 피지배계급은 존귀하지 않다는 신분적 벽을 만든다. 그런 신분적 벽이 확고했던 사회가 바로 봉건사회였다.

　봉건사회에서는 농민과 소수의 수공업자 및 상인이 지주와 더불어 양대 계급을 이루었는데 지주의 중심세력은 영주(領土) 및 귀족이었고 그 지위는 세습되었다. 각종 법과 제도를 동원하여 지주들에게는 지주계급과 귀족신분이라는 이중적 특권을 부여하는 한편 농민, 수공업자, 상인들에게는 여러 의무를 부과하여 평민으로 전락시킴으로써 경제적 생산계급에 평민신분이라는 이중적 족쇄를 채웠다. 또 귀족은 귀족대로, 평민은 평민대로 세분화된 신분층이 있어 그 신분층에서 탈락되는 자들은 다시 더 낮은 하위신분으로 전락되었다.

┃ 유럽 봉건제도의 성립

유럽의 신분제였던 봉건사회는 서기476년 서로마제국이 멸망하면서부터 성립되기 시작했다. 서로마제국이 몰락하면서 유럽이 무정부상태에 놓이게 되자 불안을 느꼈던 지방호족들이 이를 극복하기 위해 계층적인 질서를 유지하면서 간섭받지 않는 조건으로 충성과 군역을 맹세하는 봉건제도가 발생했던 것이다. 이는 프랑크왕국을 통일한 카롤루스(Charles)대제 때 중앙집권제로 돌아서면서 잠시 약해졌지만 카롤루스 대제가 죽고 제국이 분열하자 다시 본격적으로 대두되기 시작했다. 대제의 사후 왕의 권위를 가지고도 중앙집권제를 실행할 수 없었던 이유는 왕의 세력이 약화되어 중앙집권에 반대하는 호족들을 억누를 수 없었고, 서유럽의 주력 병력이었던 기병을 육성하는데 너무나 많은 돈이 들어 혼자서는 감당할 수 없었기 때문이다. 말하자면 지방분권을 허락하지 않을 만한 강력한 군대를 보유할 왕의 경제적 여력이 부족했기 때문에 지방호족들이 독립하여 자기영역을 확보하고 지방자치를 선언했던 것이 곧 봉건사회의 시작이었다.

그렇게 독립한 지방호족은 그 지방을 다스리는 영주가 되었다. 그리하여 영주는 자기가 가진 땅을 자기에게 충성을 맹세한 봉신(封臣)에게 봉토로 나누어 주는 대신 1년에 30일 정도의 군역을 제공 받아 군사력을 충당하였다. 이는 하늘이 정한 자연스러운 법이 아니라 인간이 만든 계약적인 성격이 강하였기 때문에 차츰 영주라 하더라도 봉신에게 함부로 대하지 못하게 되었고, 그에 따라 봉신이 불충과 반역 같은 계약위반이나 중대한 죄를 저지르지 않는 이상 아무리 영주라 해도 봉신의 땅에서 일어나는 일을 함부로 간섭할 수 없었다. 반대로 영주들이 계약을 깨고 봉신의 땅에서 일어나는 일에 사사건건 간섭하면 봉신은 이를 계약위반으로 간주하여 봉건계약을 해지하고 다른 영주와 계약을 맺기도 했다. 따라서 영주라 할지라도 자신의 영향력이 미치는 모든 곳에서 무소불위의 절대적 지배권을 행사하기는 사실상 어려웠고, 작은 땅을 하사받은 봉신이라 할지라도 자기 지역에서는 독자적인 지배권을 행사할 수 있는 지방분권적 사회가 자리 잡을 수 있었던 것이다.

그런 유럽봉건사회는 노르만 민족의 대이동으로부터 시작되었다. 스칸디나비아반도와 덴마크에 걸쳐 살았던 노르만 민족은 인구가 증가하고 토지가 부족해지자 9~10세기 사이 살 곳을 찾아 해안선을 따라 이동하게 되었다. 그런 과정에서 좁은 강을 이동하기에 편한 비크(Vik)라는 배를 만들게 되었는데 거기에서 바이킹이라는 말이 유래되었다. 그런 이동으로 노르만족이 남쪽으로 내려와 재물을 약탈하자 서유럽 사회는 일대 혼란에 빠지게 되었다. 따라서 자유민들은 힘 있는 유력자들의 보호가 필요하게 되었고 그런 필요성은 자유민들로 하여금 영주라 불리는 귀족들에게 의탁하여 안전을 도모하도록 하는 원인이 되었다. 작은 왕국의 지배자였던 영주와 안전을 보장받고자 충성을 맹세했던 봉신(가신과 같은 의미)의 상호관계는 그렇게 형성되었다. 노르망디공국(북부 프랑스), 시칠리아 왕국, 나폴리 왕국(이탈리아), 노르만왕조(영국), 키예프공국, 노브고로트공국(오늘날 러시아의 기원) 등은 그런 과정에서 생긴 새로운 왕국들이었다.

그런 배경을 가지고 있는 유럽봉건사회는 봉토를 매개로 하여 봉토를 수여한 자는 주군, 봉토를 받은 자는 봉신이라 하였으며 그들 사이에는 주종관계가 형성되었는데 이는 계급 상호 간에 토지를 매개로 한 계약을 의미한다. 그런 봉건사회는 충성서약과 탁신(託身)의식으로 상호관계가 성립되는 것을 특징으로 했다. 주군은 가신을 보호하고 부양할 의무가 있었고, 반대로 가신은 주군에 충성하고 봉사할 의무가 있었다.

또 장원제도는 자급자족을 위한 경제적 공동체로써 영주 직영지와 농민경작지로 구성된 봉건사회의 기본적인 경제생활단위였다. 가장 하층민이었던 농노는 생산의 직접 담당자로써 집과 토지를 소유하기는 했지만 거주 이전의 자유가 없었고, 부역을 담당해야 했으며, 각종 세금을 납부해야 하는 천민의 신분이었다. 따라서 십자군원정 이전의 중세유럽의 사회적 신분은 크게 교황 또는 황제, 영주, 기사, 농민 또는 농노로 나눌 수 있다. 이 같은 네 계층은 더욱 세분되기도 했는데 예를 들면 기사들 내에도 계급이 있어 서로 상하관계를 가졌고 농민들 또한 생활이 자유로웠던 농민은 극소수에 불과했고 대부분 농노의 신분이었다.

▎십자군 전쟁과 신분제도

유럽의 신분제도는 십자군 원정과도 관련이 깊다. 중세유럽의 역사에서 가장 중요한 사건은 십자군 원정이었다. 교황권이 막강했던 중세유럽에서는 예루살렘을 비롯한 성지를 아랍권으로부터 수호하기 위해 서기 1096년부터 서유럽의 그리스도교도들이 연합하여 십자군 원정을 시작하게 되었다. 중세유럽의 신분제도는 그 역사적 사건을 기점으로 하여 그 이전과 이후로 나눌 수 있는데 그 이후에 생긴 봉건제도는 세 가지 관점에서 검토해 볼 수 있다.

첫째, 법제사적 관점의 봉건제도는 봉주(封主)와 봉신(封臣) 간의 주종

서약(主從誓約)이라는 신분관계와 거기에 상응하는 봉토(封土)의 수수라는 물권(物權)관계와 불가분의 연관을 가진다. 약 8~13세기까지가 여기에 속한다.

둘째, 사회경제사적 관점의 봉건제도는 노예제의 붕괴 후 성립되어 자본주의에 앞서 존재했던 영주와 농노 사이의 지배와 예속을 기조로 하는 생산체제를 말한다. 이 생산체제에서 영주와 농노는 토지를 매개로 봉건지대를 수수하였다. 봉건지대는 부역지대에서 생산물지대 또는 화폐지대로 바뀌어 농민의 지위가 향상되어 갔으나 여전히 영주의 경제 외적인 지배와 공동체의 규제가 농민을 극심하게 속박하였다. 6세기에서 시작하여 18세기 시민혁명 때까지가 이 시기에 해당된다.

셋째, 사회유형적 관점에서의 봉건제도는 국왕 또는 황제를 정점으로 하는 계서제(階序制)와 신분제가 그대로 유지되고 외적 권위와 전통이 강조되어 개인의 역량과 인권이 억압되었던 사회를 말한다. 일부 학자들의 주장에 의하면 그런 봉건사회는 씨족사회의 붕괴과정에서 나타난 제도로서 보편적인 국가이념과 종교를 이용하여 새로운 정치제도가 모색되면서 생긴 역사적 산물이라고 한다. 관료와 군대가 없고 화폐경제가 발달하지 않았던 중세사회에서 주종관계라는 인적 결합의 강화를 통한 공동체 결집은 국가통치의 한 방법이었다는 것이다.

그러나 십자군 원정의 거듭된 실패로 인해 중세유럽은 점차 변하기 시작했다. 중세도시는 12세기를 전후하여 발달하였는데 십자군 원정은 원거리 무역의 번성을 가져왔고 농업생산력의 향상은 도시발달의 한 요인이 되었다. 또 나무가 아닌 철제 농기구와 말을 이용한 심경법(深耕法)을 통해 잉여농산물의 생산이 증대되었다. 그렇게 증산된 잉여농산물이 시장에 나오게 되자 그 농산물을 판매하는 상인들이 시장주변에 모여 살게 되면서 도시는 점점 확대되었다. 중세도시는 그렇게 형성된 상인길드(guild)를 중심으로 뭉쳐 무력투쟁을 통해 자유를 획득하기도 하고, 거래를 통해 영주로부터 자치권을 사기도 했다. 도시가 영주로부터 자치권을 매입할 경우에는 특허장이라는 이름의 문서를 남기는 경우가 많았다. 그 결과 농촌 장원의 농노들이 여전히 영주의 지배를 받고 있었을 때 도시의 시민들은 자유를 누릴 수 있었다. 이렇게 11세기의 중세유럽은 봉건적인 농촌경제와 길드(guild)를 바탕으로 하는 도시경제가 양대 축을 이루면서 발전해 갔다. 그런 사회경제적 변화를 바탕으로 2~13세기에는 그리스도교적이며 봉건적인 중세문화의 꽃이 만개하였다.

그러나 14세기에 들어서면서 중세유럽의 봉건사회는 붕괴되기 시작했다. 경제는 전반적으로 위축되기 시작하였고, 심각한 기근과 흑사병, 장기간에 걸친 전쟁과 농민반란 등으로 인해 장원제도가 붕괴되기 시작했던 것이다. 거기다 새로운 개간지마저 고갈되어 인구증가를 소화할 수 없었기 때문에 인구증가는 경제발전을 더욱 위축되게 했다. 더욱이 14세기 중엽에 발생한 페스트의 일종인 흑사병은 이탈리아, 프랑스, 영국 같은 중요한 유럽 국가들을 휩쓸고 지나가 전 유럽 인구의 3분의 1이 감소되었다.

또 농촌에서는 농노가 부역 대신 화폐지대를 바치게 되자 농노의 부역이 사라지면서 영주 직영지는 임대지로 전환하게 되었다. 그로 인하여 봉건제도의 한 축이었던 장원제도가 붕괴되었고, 농민은 점차 농노신분으로부터 해방되었다. 도시에서도 부유한 상인과 금융가들이 폐쇄적 도시귀족으로 변함으로써 도시의 하층민 내지 노동자의 폭동과 반란이 빈번하게 일어나 길드적인 도시경제의 틀이 흔들리게 되었다. 정치면에서도 봉토를 매개로 한 주종관계가 깨지고 왕권을 중심으로 한 중앙집권적 통일국가의 형성이 촉진되었다. 뿐만아니라 13세기경 절정에 달했던 교황권도 14세기에는 교회의 분열 등으로 쇠퇴하고, 카톨릭 교리에 도전하는 이단설이 등장하면서 종교개혁의 기운이 싹트기 시작했다.

프랑스의 신분제도

프랑스의 중세의회였던 삼부회(三部會)도 그런 신분제를 대변한다. 삼부회(三部會)는 서기 1302년 필리프 4세(Philippe Ⅳ)가 소수 특권층인 사제, 귀족, 도시의 대표를 모아놓고 노트르담 성당에서 회의를 개최한 데서 기원한다. 그 뒤 제1부 사제, 제2부 귀족, 제3부 평민의 대표들로 구성된 국민의회로 정형화되었다. 영국의회와 성격이 다른 점은 국왕의 의지를 제약하는 대의회(代議會)가 아니고 왕권의 주도로 국민대표들에게 협력을 요청하는 자문기관이라는 점이다. 의회의 소집권과 의제의 제기권은 모두 국왕에게 있었고, 의원은 심사 및 상신권을 가지긴 했지만 의결권은 인정되지 않았다. 그에 대한 최초의 저항은 백년전쟁 중인 1356년 파리의 전(前)상인조합장 에티엔 마르셀(Étienne Marcel)을 중심으로 하여 왕실고문관을 편성하여 이를 근대형식의 의회로 개조하려 했던 일이다.

삼부회(三部會)는 평탄치 않았다. 평민의원과 보수적인 귀족의원들 사이에 대립과 분쟁이 자주 일어났다. 또 16세기 전반은 삼부회소집이 비교적 적었지만 1562년 종교전쟁이 일어난 뒤로는 신앙문제를 둘러싸고 논의가 많았다. 1614년에는 콩데(Condé, 1621~1686년)공(公)을 비롯한 대귀족들이 특권을 확장하기 위해 회의를 소집하기도 했다. 후

일 루이 13세의 재상이 된 아르망 리슐리외(Armand Richelieu)도 그 회의에 출석하여 열변을 토하였다. 그러나 그 뒤 170년간 삼부회는 한 번도 소집되지 않았다. 봉건제하에서는 고급 성직자들이나 봉신들은 국왕이 주관하는 회의에 참석하여 자문에 응할 의무가 있었다. 중세 말기에 이르러 재정이 궁핍해지자 국왕은 봉신, 성직자 및 도시에 임시세를 부과하려 하였고, 이에 대하여 그들은 국왕의 자의적 과세에 반대하였다. 그런 이유로 과세와 그 밖의 일에 대한 동의를 얻기 위하여 1789년 5월 루이 16세는 신분별로 편성된 삼부회를 오랜만에 소집하게 되었다.

그러나 토의형식과 투표방식을 놓고 제3부 의원과 특권신분 사이에 심각한 의견 차이를 보였다. 이에 1789년 6월 17일 부별심의에 반대한 제3신분의 대표자 미라보(Mirabeau, 1749~1791년)와 시에예스(Emmanuel Sieyes, 1748~1836년) 등은 국민의회를 성립시키게 되었다. 왕권은 그 국민의회를 위협하고 방해공작을 펼쳤지만 미라보를 중심으로 한 평민의원들의 과감한 용기에 눌려 6월 말에는 전(소)대표가 합류한 국민의회가 정식으로 승인되었다.

국민의회는 7월 초에 "헌법제정의회"로 명칭을 바꾸고 마침내 국민이 바라던 헌법과 의회정치의 개설에 착수하였다. 그때 국민의회가 왕권을 약화시킬 수 있다는 판단아래 왕이 국경지대에 있던 군대를 불러들여 베르사유 주변에 포진시킴으로써 파리 시민들을 극도의 불안과 공포 속으로 몰아넣었다. 게다가 왕은 1789년 7월 11일, 귀족들이 반감을 가지고 있었던 삼부회의의 최고책임자였던 네케르(Jacques Necker)를 파면시켰다. 이 소식이 전해지자 파리는 일대 혼란에 휩싸였고 시민들은 자위를 위해 성문을 굳게 닫고, 각 가로(街路)에 바리케이드를 쳐 접근을 막았다. 그리고 7월 14일에는 약 1만 명의 시민들이 시의 동부 요새이며 정치범을 수용했던 바스티유 감옥을 습격하였다. 시민들을 진압하기 위해 달려온 군대도 시민의 엄청난 열기에 위압되어 감히 손을 쓰지 못하였다. 그 때문에 성(城)은 함락되고 성내의 장병들은 무참하게 살육당하고 말았다. 그렇게 일어난 시민혁명이 바로 프랑스혁명이다.

이처럼 중세의 프랑스는 삼부회로 상징되지만 크게 보면 지배계급과 피지배계급으로 나누어져 있었다. 영주와 기사 같은 지배계급은 귀족에 속했으며 농민과 공인 같은 일반계급은 평민에 속했다. 하지만 그 후 부르주아지로 불리는 부유한 평민이 등장하면서 중세유럽의 신분제도는 크게 흔들리기 시작했다. 그런 삼부회는 근대적 민주국가가 성립되고 국민주권의 원칙에 기초한 대의제 의회가 성립될 때까지 존속되었다. 영국의 의회, 독일의 제국의회, 에스파냐의 코르테스 등도 프랑스의 삼부회와 비슷한 것들이었다. 그런 봉건국가는 분권적 상하관계를 유일한 권력 질서로 하는 인적결합 국가였다. 따라서 봉건국가는 근대국가가 갖추어야 할 최소한의 조건이라 할 수 있는 영토권과 절대주권이 부족했던 국가였다. 그런 봉건제 국가에 비하면 신분제 국가는 최초의 근대적 국가라 할 수 있다.

▮ 한국의 신분제도

한국의 신분제도는 고조선 시대부터 대두되었다. 고조선의 8조금법(八條禁法) 중 도둑질한 자는 종으로 삼는다는 조항은 그때부터 종과 주인이라는 신분의 구분이 있었음을 대변하기 때문이다. 삼국시대에 들어와서는 왕족과 귀족, 평민과 천민의 구분이 더욱 분명해졌다. 신라의 경우 신분제는 더욱 세분화 되어 지배계급은 다시 왕족인 성골, 귀족 중 가장 높은 진골, 그리고 6두품에서 1두품까지 여러 단계로 나누어졌다. 조선 시대에 들어와 법적으로는 양민과 천민으로 단순화 되었으나 실질적으로는 양반, 중인, 평민, 천민으로 신분이 구분되어 있었다. 비록 갑오경장으로 인해 신분제가 폐지되기는 했지만 1923년부터 일어난 백정들의 신분해방운동인 형평사운동(衡平社運動)이 1935년까지 지속되었던 사실만 보더라도 사회적 불평등은 여전히 자리 잡고 있었다.

신분은 크게 법적 신분과 사회적 신분으로 나누어진다. 예를 들면 조선시대의 노비는 모두 천민이었으나 천민 모두가 노비는 아니었다. 노비는 관가에 속하거나 양반가에 딸린 종의 신분이었다. 하지만 천민은 보다 넓은 계급을 이르는 말이었다. 백정이나 사당패, 기생, 광대 등은 모두 사회적 천민으로 분류되었지만 경국대전을 비롯한 법전에 명문화된 법적 천민은 아니었다.

조선시대의 사회적 단위는 개인이 아니라 가족을 중심으로 형성되고 운영되었다. 조선시대의 가부장적 가족제도는 유교에 의해 엄격하게 통제되었으며, 모든 생활규범과 의식은 유교의 가르침에 따르도록 강요되었다. 조선시대 가장의 권리는 고려 때보다도 더욱 강화되어 자손이나 처첩이나 노비가 반역 이외의 죄목으로 부모나 가장을 관청에 고소할 때는 오히려 극형에 처했으며, 인조 때는 가장의 반역음모를 고발하는 것마저 인륜을 해치는 죄라 하여 반역죄에 준하는 중형을 내렸다. 반면 존장(尊長)에 대한 절대복종과 희생정신에서 나오는 효행이나 정조(貞操)는 크게 장려되었다. 국가로부터 그런 권위를 보장받은 가장은 안으로는 조상의 제사를 주재하는 한편, 가정의 관리, 가족의 부양, 분가 또는 입양, 자녀의 혼인, 교육, 징계 등에 관한 전권을 가지고 가족 성원을 통솔하였으며, 밖으로는 가장의 서명 없이는 어떤 계약도 할 수 없었고 관청에서도 가장을 상대로 모든 일을 처리하였다.

조선시대 가족제도의 또 다른 특징은 대가족제도 하에서의 상부상조였다. 족보(族譜)는 그런 대가족제도가 낳은 산물이다. 족보는 혈족간의 결합과 상부상조를 촉진시켰다. 또 그런 족보에 기초하여 조선사회는 엄격한 족외혼을 시행하였으며 동성동본은 물론이고 동성이본(同姓異本)도 혼인할 수 없었다. 혼인은 남녀 모두 조혼이 특징이어서 법적으로 남자는 15세, 여자는 14세 이상이면 혼인 할 수 있었으며 특별한 경우에는 12세만 되어도 혼인이 허가되었다. 혼인 시에도 남존여비의 관념이 철저하여 남자는 아내가 죽은 뒤 얼마든지 재혼할 수 있었지만 여자의 경우는 제약이 심하여 성종 때부터는 재가(再嫁)를 원칙적으로 금지하였으며 재가한 여자의 자손은 문무관에 임명되지도 못했고 과거에도 응시할 수 없었다.

혼인관계 외에도 여성의 사회적 지위는 아주 미미하여 여자로서의 법률적 행위는 반드시 남편이나 가장의 허가가 있어야 할 수 있었다. 교제나 외출도 엄격히 제한되어 가족이나 가까운 친척이 아니면 남자와 대면할 수 없었고, 외출할 때는 반드시 얼굴을 가리게 했다. 상류계급의 여인들은 너울을 썼고, 하류계급의 여인들은 장옷이나 건모 같은 것을 썼다. 조선사회는 특히 적서(嫡庶)의 차별이 엄격했다. 일부다처를 공인하면서도 첩의 소생을 차별대우하게 된 것은 태종 때 만들어진 서얼금고법(庶孼禁錮法)의 영향이 컸다. 또 같은 첩자(妾子)라도 양반첩자와 천민첩자에 따라 신분과 재산상속에 차등이 있었다.

조선사회는 일반적으로 양반(兩班), 중인(中人), 상인(常人), 천인(賤人)

으로 신분이 구별되었다. 그런 신분제는 고려 때부터 내려오는 사회적 전통을 바탕으로 하여 조선시대의 정치체제가 확립됨으로써 더욱 굳어져 갔다. 조선의 신흥귀족들은 고려의 귀족들을 대신하여 지배계급으로 등장하면서 양반계급을 형성했고, 그에 속하지 못한 사람들은 중인계급으로 남게 되었다. 양반은 문반(文班)과 무반(武班)을 총칭하는 말로서 이들은 농업, 공업, 상업에 종사하지 않고, 오직 유학만을 공부하여 과거를 거쳐 아무 제한 없이 고급관직으로 진출할 수 있는 특권을 가졌으며, 관료가 되면 토지와 녹봉을 국가에서 받게 되므로 지주계급을 형성하기도 하였다.

그런 양반들 중에도 공신에 속하는 고급관료들은 여러 명목으로 지급된 광대한 토지를 세습함으로써 튼튼한 경제적인 기반을 가진 대지주가 되기도 했다. 또 같은 양반이라도 문관은 무관보다 우위를 차지하고 있어 일반적인 요직은 물론이고 군사요직까지도 차지하는 일이 많았다. 양반의 서얼출신은 문과에 응시할 자격이 없었고 천인만 아니면 누구든지 응시할 수 있었던 무과에만 진출할 수 있었다. 그 결과 적서(嫡庶)의 차별은 더욱 깊어졌고 문(文)을 숭상하고 무(武)를 천시하는 사회적인 인습도 더욱 깊어졌다.

중인(中人)은 외국어, 의학, 천문학, 법률학 등, 특수기술을 배워 세습하였다. 중인과 양반의 서얼출신을 합쳐 중서(中庶)라고 했는데 이들은 양반 이외의 관료가 될 수 있는 계급이었지만 높은 관직에 오를 수 없도록 법으로 제한하였기 때문에 대부분 낮은 관직에 머물렀다. 특히 서얼들은 출셋길이 막힌 것에 불만을 품고 무리를 지어 반역이나 도둑의 우두머리가 되기도 하였다. 중인보다 하위신분층으로는 이서(吏胥), 역리(驛吏), 군교(軍校) 등이 있었는데 이들은 말단 행정과 경찰

사무를 담당하였으므로 직접 평민들을 지배하는 실권을 쥔 세력들이었다. 상인은 농공상에 종사하는 사람을 말했지만 대부분은 농민이었다. 이들은 조세, 공부(貢賦), 군역(軍役) 등, 각종 의무를 부담한데다 지방관이나 향리 등의 착취대상이 되었으므로 그들의 생활은 아주 비참했다. 그래서 그들은 서로 단결하여 농촌공동체를 만들고 상호부조를 목적으로 하는 여러 계를 조직하게 되었다.

또 조선말기로 내려오면서 더욱더 심해진 관리들의 수탈에 저항하여 민란을 일으키기도 했다. 홍경래의 난, 철종 때의 민란, 동학혁명 등은 모두 농민이 주체가 되어 일어났던 난이었다. 특히 공업과 상업에 종사하는 사람들 중에는 노비가 상당히 많았다. 노비는 일종의 재산으로 간주되어 매매와 상속의 대상이 되었다. 노비는 공천(公賤)과 사천(私賤)으로 대별(大別)할 수 있었지만 이들 가운데에도 여러 계층이 있었다. 이 밖에 창기(娼妓), 무당, 광대 등도 천민에 속했으며 불교의 몰락과 함께 승려도 천민의 대우를 받았다. 천민 중에서도 가장 천대를 받은 신분층은 백정(白丁)으로서 인간 이하의 대우를 받았으며 일반인과도 격리된 특수 부락에서 도살과 버들 그릇 만드는 일을 업으로 삼는 유기장(柳器匠) 같은 일을 세습하며 살았다.

조선사회는 위의 네 가지 사회적 신분계급을 바탕으로 유지되었으나 임진왜란 이후 다소 변화가 생겨 평민이나 천민이라 할지라도 전공(戰功)을 세우거나 납속(納贖)을 하면 당상(堂上)이나 당하(堂下)의 위계와 직명을 얻는 경우가 많았다. 하지만 그들에게 주어지는 특전이란 군역을 면제받는 정도에 불과하였으며 그것도 당대에만 한하는 것이었다. 이 같은 엄격한 신분체제는 1894년의 갑오경장 이후 신분제도가 폐지됨으로써 점차 소멸되어 갔다.

10 납세제도

　시대를 불문하고 사회변화를 가져오는 중요한 요인은 납세제도이다. 납세제도는 시대변천에 따라 그 의미가 조금씩 다르다. 고전적 의무로서의 납세제는 국가가 존재하고 유지되는 전제조건으로서 국가의 구성원인 국민이 국가의 존속을 위해 당연히 감수해야 할 경제적 부담을 말한다. 한자로 납세의 세자는 벼 화(禾)자에 바꿀 태(兌)가 합쳐진 글자로서 수확한 곡식 중 가정에서 쓸 몫을 떼고 나머지를 국가에 바친다는 뜻을 가지고 있다.

　국가는 정부조직과 군사력을 유지하고 사회기반시설 등을 조성하기 위해 많은 경제적 재물을 필요로 한다. 국가는 구성원인 국민에게 그런 경제적 부담을 지우게 되고 국민은 국가를 위해 그 부담을 감내하는 것이다. 이 고전적 의무는 사회공동체 개념이 존재해온 역사와 함께 당연한 의무로 여겨져 왔던 전통적이고 기본적인 의무이다. 반면 현대적 의무로서의 납세제는 근대사회에 들어오면서 국민의 권리가 내재된 형태로 나타난 의무이다. 국민이라면 누구나 자기가 낸 세금이 어떤 곳에 어떻게, 얼마만큼 쓰였는지 알 권리가 있으며 따라서 연말 결산이나 국회의 국정감사 같은 여러 수단을 통해 명확히 따질 권리도 있다.

세제의 출발점은 호적이다. 호적이란 한 가구에 속하는 사람의 신분사항을 기록한 문서로 세금을 매기는 기초자료가 되었다. 호적을 만드는 목적이나 제도는 시대 상황에 따라 조금씩 다르게 발전했다. 예를 들면 근대중국의 호적제도는 지금까지 크게 3단계로 변해왔다. 첫째 단계는 1949년 건국부터 1957년까지로 엄격한 호적관리제도가 없었으므로 거주이전의 자유가 있었다. 둘째 단계는 1958년부터 1978년까지로 한국전에 참전한 뒤 중국은 중공업 우선정책을 채택하고 노동자의 안정된 생활을 보장하기 위해 농산물 가격을 낮췄다. 그로 인해 농민들의 도시 유입이 가속화되자 농촌인구를 붙잡아 두기 위해 엄격한 도농호적제도를 실시했다. 농업 호적자가 도시에 이주할 경우 교육, 주택, 의료, 복지 등에서 거의 혜택을 받지 못하게 함으로써 사실상 거주 이전의 자유를 박탈했다. 셋째 단계는 개혁과 개방이 실시되었던 1978년 이후로써 거주이전의 자유가 반쯤 개방됐다. 시장경제 도입에 따라 시장을 통한 인재확보가 필요해지면서 조건에 따라 거주이전의 자유가 주어지는 변화가 생겼던 것이다.

호적을 바탕으로 하는 중국의 조세제도는 2600년 전의 춘추전국시대로 거슬러 올라간다. 노나라의 선공(宣公)은 자신이 진나라를 다스린 지 15년째인 기원전 594년에 세제개혁을 단행했다. 농민이 직접 농사를 짓는 땅의 크고 작음에 따라 세금을 매기는 초세무(初稅畝) 제도를 만들었던 것이다. 그 이전의 국가였던 하, 은, 상, 주는 정전제(井田制)라는 제도를 가지고 있었다. 정전제라는 말은 밭(田)을 정(井)자로 나누어 공동으로 농사를 지은 후 9분의 1을 세금으로 부과한데서 연유한다. 그런 정전제를 포기하고 땅의 크기에 따라서 세금을 걷는다는 것은 당시로서는 상당한 혁신이었다. 그런 혁신을 두고 봉건지주제의 성립이라고 말하는 사람도 있고, 조세징수방법의 변경이었을 뿐이라고 말하는 사람도 있지만 엄청난 변혁이었음은 틀림없다. 초세무(初稅畝)의 무(畝)는 땅의 넓이를 재는 단위로 시대에 따라 차이가 있긴 하지만 현재를 기준으로 하면 약30평 정도라고 한다. 땅의 크기에 따라서 세금을 다르게 걷었다는 것은 결국 무(畝)의 크기에 따라 세금을 다르게 걷었다는 말이 되기 때문에 이를 세무제(稅畝制)라고 한다.

중국은 한나라 시대에 이르러 제국이 통일되고 전쟁도 줄어들자 인구는 늘어났고 따라서 세금을 거두는 일도 중요해졌다. 한나라의 조세제도 중에는 인두세(人頭稅)라는 것이 있었다. 사람의 머리 숫자대로 세금을 거두는 제도였다. 3~14세의 남녀에게는 23전의 세금, 15~56세의 남녀에게는 120전의 세금이 부과되었다. 인두세 외에도 전조(田租)라는 것이 있었다. 문자 그대로 경작하는 땅에 부과되는 세금으로써 수확량의 일정량을 세금으로 내야 하는 제도였다. 다행히 한나라는 이 전조에 대해서는 관대한 편이어서 거기서 걷어 들이는 세금은 그리 많지 않았다. 그러다 보니 백성들에게 문제가 되는 건 가혹한 인두세였다.

삼국시대의 위나라 조조는 그런 전통적인 세제를 고치기 시작했다. 그가 만든 새로운 세제는 유명한 둔전법(屯田法)이었다. 둔전법이란 국가재정을 확보하기 위해 계획적으로 인력을 투입해 땅을 경작하는 제도였다. 그런 둔전은 조조에 의해 처음으로 만들어진 것은 아니었다. 한무제 때 이미 둔전이 있었지만 그 때는 대부분 군사적인 둔전이었다. 군둔(軍屯)이란 적과 맞붙은 변경지대를 새로 개발해 자국 땅으로 만드는 일이었다. 한무제 때 장액과 돈황 방면에 둔전을 설치했고, 한나라 선제 때 76세의 노장 조충국은 둔전병을 이용해 강족(羌族)을 막기도 했다. 후한 광무제 때는 여러 곳을 평정한 장수들이 장병을 거느리고 각지에 둔전을 확보했다는 기록이 있다. 서기196년 조조가 만든 둔전은 민간인을 이용하여 만든 민둔(民屯)이었다는 점에서 성격이 달랐다. 위나라는 조조의 둔전제로 중국 역사상 둔전이 가장 많았던 나라가 되었다.

천자를 모시고 장안을 탈출한 후 허창에 근거지를 마련한 조조는 허창 주변의 사람들을 모집해 둔전을 설치하기 시작하여 이를 전국으로 확대하였다. 그런 둔전은 낙양, 하남성 중부, 하북성 남부, 섬서성 남부, 산서성 남부에도 분포하고 있었다. 그 당시의 상황은 소설『삼국지연의(三國志演義)』에 잘 소개되어 있다. 매일같이 전쟁이 일어나 사람들이 죽어 나갔으며 따라서 땅 주인들도 사라졌다. 조조는 적대 세력을 물리치고 얻은 토지를 둔전으로 바꾸고 하천유역에 수리시설을 갖추어 경작지를 만드는데 역점을 두었다. 그런 둔전을 일구는 사람들은 대부분 정복당한 주민들로 갈 곳 없는 유민들이거나 가난한 빈민들이었는데 조조는 그들을 강제로 이주시켜 일을 시켰다. 더욱이 당시의 둔전민들은 호적에 포함되지 않는 사람들이 많았다. 둔전민들은 둔전객 내지 그냥 객이라고 불렸는데 일반 양민보다도 지위가 낮고 차별받는 존재들이었다.

둔전을 하겠다고 나서는 그런 사람들은 아무것도 없었으므로 소나 종자 등은 관청에서 지급했다. 농사를 짓는 둔전민에게 부과하는 세금은 자신의 소를 사용하면 수확의 2분의 1, 관청의 소를 빌려서 쓰면 수확의 60%라는 어마어마한 양을 세금으로 걷어 갔다. 한나라 시대의 둔전세가 10분의 1 정도였음을 감안할 때 그 수치는 참으로 가혹한 수준이었다. 둔전민들은 문자 그대로 굶어죽지 않을 정도의 생활을 할 수 있을 뿐이었다. 오랜 전란으로 황폐해진 땅은 그렇게 개간되었다. 군둔전(軍屯田)도 계속 유지되었는데 주로 오나라의 국경지대에서 이루어졌다.

또 호조제(戶調制)라는 것이 있었다. 읍성(邑城)을 함락한 조조는 호조령을 반포했다. 호조제란 집집마다 일정량의 비단과 면을 바치게 하는 제도였다. 그런 제도가 생기게 된 이유는 후한 말기 국가권력이 약화되고 시골마을의 인구수는 제대로 알려지지 않았기 때문이다. 또 돈 대신 비단 같은 현물을 바치게 한 이유는 한나라 말기에 이르러 화폐를 이용한 경제가 쇠퇴하고 상공업이 어려워졌기 때문이다.

수나라와 당나라 때는 국가가 토지를 소유하고 백성들에게 나눠줘 이를 경작케 하는 균전제(均田制)가 널리 시행되었다. 이 균전제는 북위(北魏)의 유명한 군주였던 효문제(孝文帝) 때부터 시작되었다. 균전제는 모든 토지의 국유화를 전제로 하는 것이었다. 오랜 전란으로 황폐해진 농경지를 노동력을 갖춘 몰락한 농민에게 분배함으로써 농업생산력을 높이고 안정적인 세수를 확보하는 데 그 목적이 있었다. 서기 485년, 한족 출신의 관리였던 이안세(李安世)가 효문제에게 이 제도를 건의하였고, 효문제는 이를 받아들였다. 효문제는 15세부터 70세까지의 사람들에게 남녀를 가리지 않고 남자에게는 40무, 여자에게는 20무의 땅을 나누어주었다. 그런 균전제를 시행하면 농민들은 대호족들에게 땅을 빼앗길 염려가 없었고, 국가는 이를 강력하게 통제하여 그들이 본업에서 이탈하지 못하도록 묶어 둘 수 있었다.

말을 타고 다녔던 유목민족인 북위가 그런 정책을 시행했다는 것은 그때부터 북위의 한족화가 급속도로 진행되었음을 의미한다. 세금제도도 그에 맞춰 부부단위로 비단 1필, 곡물 2석, 특산품 등을 바쳐야 했다. 이 정책은 후대까지 계속 이어졌는데 시간이 지나면서 부부단위는 정남(丁男), 즉 성인 남자 단위로 바뀌게 되었다.

당나라 시대로 들어서면서 균전제는 더욱 널리 퍼져 정남에게 100무의 땅을 주었고 그에 따른 조용조(租庸調)라는 제도가 생겨났다. 조(租)는 토지에 부과해 걷어 들이는 곡물로서 매년 2석이었고, 용(庸)은 몸으로 때우는 부역으로 연간 20일 정도였으며, 조(調)는 가구 단위로 부과하는 토산물로서 견포류 2장과 진면 3장이었다. 이 조는 흉년이 들면 감해주기도 했으므로 비교적 적은 부담이었다. 귀족이나 관리들은 그런 세금마저 면제받았다. 그러나 당나라가 혼란스러워지면서 땅이 개인소유로 변하자 균전제도 무너지고 조용조(租庸調)도 무너지고 마침내 당나라도 무너지고 말았다. 이 제도들이 무너지게 된 주요 원인은 인구수의 증가였다. 균전제 초기에는 성인 남성당 100무(3,000평)의 땅을 주었지만 한정된 땅에 인구가 늘어나자 50무로, 다시 40무로 분배되는 땅의 크기가 점점 줄어들었다. 그렇게 받는 땅은 줄어들었지만 부담은 그대로였으므로 농민들은 호구등록을 하지 않는 경우가 늘어났다. 당나라 현종 때는 무려 전체 인구의 4분의 1가량이 호적 없는 자가 될 정도였다.

무호적에서 생기는 땅은 조용조를 부담할 의무가 없는 귀족들의 사유지가 되었다. 그 결과 당나라 덕종 때인 서기780년 무렵 양세법(兩稅法)을 시행하게 되었다. 양세법이란 균전제를 폐지하고 토지의 자유화를 선언한 후 여름과 가을에 걸쳐 두 번 세금을 징수해 가는 제도였다. 즉 조용조로 나누어 받던 세금을 하나로 통폐합하고 자신이 보유하고 있는 자산에 따라 세금을 내게 했던 것이다. 양세법은 그 후 800년 동안 지속되었다. 오대십국(五代十國) 시대와 송나라 시대를 거치면서 조금씩 변하기는 했지만 기본적인 틀은 그대로 유지되었다.

그러나 1581년, 명나라의 만력제(萬曆帝) 9년에 일대 사건이 벌어졌다. 제위에 오른 만력제의 나이가 불과 10살밖에 되지 않았으므로 황제의 스승이었던 장거정(張居正)이 실권을 쥐게 되었다. 실권을 틀어쥔 장거정은 전국적으로 토지측량을 다시 하고 일조편법(一條鞭法)을 실시했다. 당시는 지방권력을 장악하고 있었던 향신세력(鄕紳勢力)이 각자가 소유한 땅을 속여 보고함으로서 탈세하는 경우가 많았는데 장거정은 이를 단호히 척결하여 관청 몰래 경작하는 땅을 모조리 환수했던 것이다. 그 대신 항목이 너무 많고 복잡하여 불공정한 점이 많았던 양세법을 개편하여 일조편법으로 바꾸었다. 과세대상을 토지로 일원화하고 당시 보급이 일반화되었던 은으로 납세를 하게 했다. 그런 개혁으로 명의 재정은 크게 호전되었고 국고는 10년분의 식료와 4백 만 냥의 잉여금이 축적되었다. 그때는 이미 화폐경제가 활발했고, 국가 입장에서도 가격변화가 심한 현물보다 화폐가 편하기도 했다.

청나라 때도 일조편법은 계승되었다. 하지만 시간이 지나면서 지방유지들은 관청과 유착하여 자기들 세금을 일반농민들에게 떠넘겼다. 그렇게 되자 견디다 못한 농민들이 달아나버려 안정적인 수입원을 잃게 되었다. 더욱이 세금을 내지 않기 위해 도망친 사람이 있어도 숫자를 속이다 보니 인두세를 매기기 힘들었다. 조세와 부역을 부과하려면 인구조사가 필수적인데 가난한 농민들은 도망가거나 납세를 하지 않았다. 또 부자들은 그런 세금을 피하고자 하였으므로 나라의 재정은 엉망이 되고 관리들도 문책을 당하곤 했다.

그런 불합리를 고치는 새로운 세제는 청나라 강희제(康熙帝) 때 이루어졌다. 재위 50년인 1711년, 인구를 조사한 다음 1711년 당시의 인구수를 징세의 기준으로 하고 그 후의 조사에 의해서 증가된 인구에 대해서는 성세자생정(盛世滋生丁)이라 하여 인정세(人丁稅=인두세)를 면제 하도록 함으로써 세금이 더 이상 늘어나지 않도록 인두세를 동결시켜 버렸다. 그로인해 추가 인두세가 사라지자 그때부터 인구는 폭발적으로 늘어났다. 호구 수에 따른 세제부담으로 호적부에 기록되어 있지 않았던 농민들이 세 부담이 사라지자 스스로 호적신고를 하기도 했고 신생아 수도 늘어났다.

그런데 세제(稅制)가 바뀌면서 전국의 세수는 고정된 반면, 세금을 내야할 농민들이 도망치는 일이 많아 세수는 오히려 줄어들기 시작했다. 강희제는 그런 문제를 해결하기 위해 지세 1냥당 약간의 정세를 부과하는 식의 탄정입묘(攤丁入畝)제를 고안하였고 그로 인해 정세(丁稅=인두세)가 지세(地稅)로 합쳐지게 되었다. 그러나 그 제도는 기존의 제도보다 다른 점이 많았으므로 우선 광동성에서 먼저 시험해 보고 결과가 괜찮은 것으로 밝혀지자 사천성, 절강성, 하남성까지 시행을 확대했다.

지정은제(地丁銀制)는 그렇게 시행되었다. 옹정제는 수많은 반대를 물리치고 그 새로운 세제를 시행했다. 정세와 지세를 통합하면 토지소유자는 세금이 늘어나고 가난한 사람들은 세금이 사실상 면제되므로 땅을 가진 부자들은 반대하기 마련이었다. 1726년, 향시에 응시한 천여 명의 수험생들은 단체로 시위를 벌이면서 항의했고, 상인들에게는 문을 닫으라고 협박했다.

옹정제의 측근이었던 리웨이(李衛)는 강희 56년(1717) 원외랑(員外郞)으로 조정에 나아가 호부 낭중(戶部郞中), 운남 포정사(雲南布政使), 절강 순무(浙江巡撫), 절강 총독(浙江總督), 등을 역임했던 자였다. 이 리웨이(李衛)

는 시위를 벌였던 자들을 모두 잡아 처벌하는 한편 2년 동안 지정은제를 밀고 나간 결과 지정은제는 복건, 섬서, 감숙, 강서, 호북, 강소, 안휘성을 거쳐 산서성에서도 시행되어 건륭제 동안 완벽하게 정착하게 되었다. 옹정 5년, 계주의 지주 서리 진순예는 지세를 납부하라고 재촉했지만 지방의 유력자들은 오히려 진순예를 탄핵했다. 하지만 옹정제는 진순예를 그대로 두고 지세 납부를 거부한 사람들을 처벌했다. 그럼에도 불구하고 향신들의 저항은 그치지 않았다. 과거에 합격하고도 임관하지 않은 채 향촌에서 사는 자도 있었다. 또 사회적으로 존경받는 실질적인 향촌 지배자였던 향촌의 퇴직관리나 유력인사들은 지세 납부에 계속해서 저항했는데 1272년 동광현의 지현 정삼재는 그런 사실을 황제에게 보고했다.

그러자 격노한 옹정제는 철저한 진상조사를 명했지만 향신들의 영향력이 워낙 커 관리들도 다루기 힘들었고 순진한 지방관들은 오히려 이들에게 당하기 일쑤였다. 그러나 옹정제는 계속 단호하게 대응했다. 응시생들이 한번만 더 단체 활동을 벌이면 영원히 응시자격을 박탈하겠다는 교지를 내리고, 산동지방의 진사, 거인, 수재, 감생 등, 1천4백여 명의 공명을 모두 박탈해버렸다. 나머지 반대자들에게도 불이익을 주거나 벼슬길 자체를 아예 막아버렸고, 지세를 납부하지 않은 사람은 모조리 체포했다. 그런 엄격한 대응 끝에 향신들은 모두 꿀 먹은 벙어리가 되어버렸고 마침내 지정은제는 확립될 수 있었다.

한국의 조선시대도 사정은 비슷했다. 조선왕조의 건국주체세력들이 추구했던 경제구조는 민생안정과 부강한 재무국가(財務國家)였다. 국가가 국민을 위해 봉사하려면 재무구조가 튼튼해야 된다고 믿었기 때문이다. 고려 말과 조선 초의 토지제도 개혁도 그런 방향에서 이루어졌다. 토지제도 개혁주동자들이 처음 구상한 것은 전국의 토지를 몰수하여 인구비례로 재분배함으로서 모든 농민을 자작농으로 만들고 국가수입도 늘리는 것이었다. 이른바 계구수전(計口授田)이었다. 그러나 그 계획은 지주들의 반발로 제대로 목적을 달성할 수 없었다. 다만 전국 토지에 공개념을 적용하여 국가가 세금을 받을 수 있는 근거를 마련한 정도였다.

 납세제도는 크게 조세(租稅)와 공부(貢賦)로 나눌 수 있다. 조세는 국가나 지방 공공단체가 필요한 경비를 충당하기 위해 국민이나 주민으로부터 강제로 거둬들이는 현물이나 현금이고, 공부는 지방의 특산물을 나라에 물납(物納)하는 현물세였다. 조세는 지급된 토지를 대상으로 징수되었기 때문에 그 과세율이 분명하였으나 공부는 노동력과 호(戶)를 대상으로 부과되었기 때문에 어떤 때는 조세보다 그 부담이 오히려 무거웠다. 또 중기 이후에는 공부도 토지를 기준으로 하는 제도가 채택되면서 조세부담이 더욱 무거워지게 되었다.

 조선시대의 조세성립과정을 살펴보면 세종 때 공법(公法)이라는 새로운 세제가 마련되기까지 고려 공민왕 때 토지개혁과 함께 정했던 규정을 그대로 답습하였다. 조(租)는 수전(水田) 1결(結)에 대해 조미(租米) 30말(斗), 한전(旱田) 1결에 대해서는 잡곡(雜穀) 30말을 경작자로 하여금 부담하게 하였다. 공전(公田)인 경우는 관가에서 세를 징수하였고 사전(私田)인 경우는 수조권자인 지주가 이를 받아들였다. 세(稅)는 지주가 경작자에게서 받은 조(租) 중 1결에 2말씩 바치게 했는데 능침전(陵寢田), 창고전(倉庫田), 궁사전(宮司田), 공해전(公廨田), 공신전(功臣田)은 세를 면제받았다. 이 같은 규정은 고려태조가 내세웠던 10분의 1 수조율(守租率)에 근거하여 종래의 과중한 부담을 덜게 한 것이었다.

한편 조선시대 조세제도의 특징 중 하나는 과거에 실시하지 않았던 세제를 새로 시행한 것이었다. 조세를 부과하는 규정으로서 답험손실법(踏驗損失法)이 마련되었는데 그것은 농작의 상황을 10분의 1로 나누어 손실(損失) 1푼에 조세(租稅) 1푼을 감해 주고 손실(損失)이 8푼이면 조세(租稅) 전액을 면제하는 제도였다. 이를 위해 공전의 경우는 관(官)에서, 사전의 경우는 지주가 각각 흉풍(凶豊)을 조사하여 등급을 매기게 하였다. 그러나 운용과정에서 조사를 맡은 관리와 지주가 협잡하거나 착취하는 일이 많았다. 특히 사전인 경우에는 지주가 실제보다 가혹하게 등급을 매겨 경작자를 괴롭혔으므로 한때는 그 폐단을 없애기 위해 관에서 직접 흉풍의 정도를 조사한 적도 있었다.

이처럼 답험손실법에 결함이 드러나자 세종 때에는 공법(貢法)이라는 새로운 세법을 만들게 되었다. 즉 1430년(세종 12년) 8월에 왕은 종래의 답험손실법을 없애는 대신 상중하로 나눈 3등전(三等田)에서 그 해의 흉풍을 막론하고 일률적으로 1결에 대해 10말을 받아들이는 시안(試案)을 마련하였으나 여론수집과정에서 확실한 결론을 내리지 못했다. 그러다가 1436년(세종 18년)에는 다시 공법상정소(貢法上程所)를 두고 새로운 안(案)을 정립하여 일부 지역에서 실시해 보았으나 결함이 여전하였다. 그래서 1443년(세종 25년)에는 전제상정소(田制詳定所)를 설치하여 본격적으로 새로운 세제(稅制)를 마련하게 하였다. 그 결과 이듬해 답험손실법과 공법을 절충하여 토지를 비옥도와 척박도에 따라 6등급으로 나누고 연분(年分)을 그해의 흉풍에 따라 9등급으로 나눈다는 전분육등법과 연분구등법을 제정하였는데 그것이 조선세법의 기본이 되었다. 1448년(세종 30년)에는 그 새로운 세제를 바탕으로 토지를 다시 측량하여 신법(新法)을 실시하게 되었다.

한편 매년 경작할 수 있는 토지는 정전(丁田)이라 하여 개정된 세법에 따라 과세하였으나 휴경(休耕)을 요하는 토지는 속전(續田)이라 하여 재해로 인해 손해를 본 재상전(災傷田)과 함께 답험손실법에 따라 과세했다. 하지만 과세의 대상인 토지는 경작자의 개인적 사정이나 자연적 조건 등에 의해 그 상태가 변할 수 있었으므로 실제 작황을 파악하는 일이 매우 중요했다. 그래서 세종 때 20년마다 한 번씩 토지의 실제 작황을 조사하는 양전법(量田法)이 제정되었지만 이를 시행하는 과정에서 여러 농간과 협잡이 뒤따라 별다른 성과를 거두지 못했다. 다시 임진왜란이 끝난 후 문란한 전적(田籍)을 정리하기 위해 1603년(선조 36년)에 양전(量田)에 착수했지만 일 년이 지나도록 겨우 경기, 강원, 황해도를 마쳤을 뿐이고 충청, 전라, 경상도는 정묘호란을 겪고 전제(田制)가 더욱 무너진 뒤인 1634년(인조 12년)에야 실시되었다. 그런 개정은 재정을 충실히 하기 위해 연분법(年分法)을 중지하고 정률법(定率法)에 의거하여 조세를 받아들이는 것이었으나 백성들의 피해가 크다는 불평이 쏟아지자 이를 참작하여 다시 답험손실법에 따라 징수하기로 하였다. 동시에 공부(貢賦)의 부과방법도 크게 바뀌어 세제는 더욱 복잡해졌다.

공부는 건국초기에 공부상정도감(貢賦詳定都監)을 설치하여 지방특산물의 통계를 내고 공부의 등급을 매겨 각 지방의 공안(貢案)을 채워야만 했다. 더욱이 연산군의 방탕한 생활로 공부의 부담은 더욱 높아졌고, 그에 따라 농민들의 부담은 더욱 무거웠으나 한번 작성된 공안은 그 뒤에도 폐지되지 않고 계속되었다. 또 공안이 실정에 맞지 않은 경우가 많아 토산(土産)이 아닌 물품을 납품해야 될 때도 있었다. 그럴 경우는 물품을 사서라도 바쳐야 하는 불편이 있었고, 공납이 가능한 물품이라 하더라도 수요와 공납이 시기적으로 맞지 않는 경우도 있었다.

그런 불편을 막기 위해 이른바 방납(防納)이라는 공부청부제(貢賦請負制)가 생기긴 했지만 중간착취가 워낙 심해 백성들의 고통은 절정에 달하였다. 그래서 선조 초기에 그에 대한 대책으로 공물을 미곡(米穀)으로 대신 납부하게 함으로써 방납에 따른 백성들의 피해를 줄이고자 했다. 하지만 제대로 실시되기도 전에 임진왜란과 병자호란이 일어나 전국의 토지는 황폐화되고 백성들은 사방으로 흩어져 국가의 수입은 격감되었다. 그 보완책으로 시행하게 된 것이 곧 대동법(大同法)이었다. 이외에도 농민들에게는 군역(軍役), 중들에게는 승역(僧役), 천인(賤人)들에게는 천역(賤役) 등, 각종 역(役)이 부과되었지만 양반들은 원칙적으로 그런 역의 의무를 지지 않았다.

예나 지금이나 납세는 국민들에게 부담을 지우는 일이다. 국가입장에서 보면 세금을 거둬야 관리들 월급도 주고, 치안업무를 담당하는 경찰도 확보하고, 외침을 막기 위한 군비도 충당할 수 있다. 따라서 그런 일을 할 수 있는 재원을 마련하기 위해서는 세금을 거두지 않을 수 없다. 그래서 납세의 역사는 인류의 역사라 할 만큼 오래되었으며 국민의 4대 의무 중에서도 가장 중요한 의무가 되었다.

하지만 역사적으로 세금은 국민의 고혈을 짜는 수단으로 악용되어 왔다. 세금의 종류는 수없이 많았다. 집에 부과하는 호세(戶稅), 땅에 부과하는 전세(田稅), 사람에게 부과하는 인두세(人頭稅) 등, 수없이 많은 세금제도가 생겨났고 현재까지도 시행되고 있다. 하지만 세금이 과중하면 국민들은 세금을 내지 않고 도망가거나 봉기함으로서 저항한다. 한 연구에 의하면 프랑스혁명 전 농민들이 부담했던 세금은 농가가 벌어들이는 소득의 약 80%에 달했다고 한다. 당시 프랑스는 사치스러운 궁정생활과 계속되는 전쟁으로 아주 궁핍한 상태였다. 국왕 루이 16세는 그런 재정난을 타결하기 위해 증세를 안건으로 각 계급의 대표로 이루어진 삼부회를 소집했던 것이다. 프랑스혁명은 그런 참을 수 없는 세금부담에서 비롯된 혁명이었다.

한국의 경우도 선사시대 때는 벼농사 중심의 부족사회로서 공동생산과 공동소비를 바탕으로 하는 사회였으므로 세금제도가 없었다. 납세제도가 처음으로 시행된 시기는 삼국시대였다. 중국과 같은 조(租), 용(庸), 조(調)라는 세금제도가 실시된 시기는 바로 그때부터였다. 조(租)는 모든 토지를 국유화하여 소유하고 있었던 국가가 그 땅에 경작하는 농민들에게 토지면적에 따라 부과한 세금으로서 백미로 징수하였다. 용(庸)은 호적에 등재된 16~60세의 성인 남자들에게 노동력을 부과한 세금으로서 성곽축성이나 도로개설 등에 동원되었다. 조(調)는 호구를 기준으로 특산물이나 토산물을 징수한 세금으로서 예를 들면 영광 굴비, 진양 감, 개성 인삼, 강화 화문석 같은 것들이었다. 고려시대 때는 삼국시대의 이 조용조(租庸調) 세금을 더욱 체계화시켜 시행하였고 조선시대 때는 조용조 외에 연분9등법(年分9等法), 전분6등법 등의 세금제도를 두었다.

11 도구력 시대의 정치변화

┃ 도구력 초기의 정치변화

　정치적 측면에서 볼 때 도구력 시대는 "신정(神政)→귀족정(貴族政)→왕정(王政)"으로 변해간 시대였다. 인류는 선천적 본능으로부터 삶을 시작했기 때문에 모든 행불행을 신에게 맡길 수밖에 없었다. 따라서 고대의 가장 큰 정치적 특징은 신을 앞세운 정치였다. 동서양을 불문하고 고대의 지배계급은 그들의 통치권이 신으로부터 부여되었음을 입증하는데 수단과 방법을 가리지 않았다. 그들에게 있어서 신은 절대권자였으므로 신으로부터 부여받은 권한 또한 절대적인 것이었다. 그랬기 때문에 고대의 제왕들은 항상 신의 이름으로 절대적 권한을 행사하였다. 신의 이름으로 행해진 그들의 명령 한마디는 바로 법이었고 정의였다. 이처럼 고대의 모든 권력은 신으로부터 나오는 것이었기 때문에 고대의 정치를 흔히들 신정정치(神性政治: Theocracy)라 하고 그런 신성정치가 행해졌던 시대를 신정시대(神政時代)라 한다.

　고대의 신정시대가 절대왕권을 보장했던 시대였음은 틀림없지만 신정시대의 절대왕권과 르네상스 이후의 절대왕권과는 그 성격이 근본적으로 다르다. 신정시대의 최고 권력자는 신이었다. 모든 사람은 신의 자식이었고 신하였다. 왕 역시 신의 신하요 자식이었다. 왕이건 백성이건 고대인들은 날마다 위대한 자연현상 앞에 속수무책인 자신들의 초라한 모습을 보아야만 했고, 그 위대한 자연을 만들고 다스리는 신과 교신할 수 있고 대화할 수 있는 사람이 신의 절대적 권력을 행사하는 것은 당연했다. 그랬기 때문에 고대의 왕은 독립적 절대권자로서의 왕이었다기보다는 절대권자인 신의 심부름꾼으로서의 왕이었다고 해야 옳을 것이다. 즉 신의 절대 권력을 대신 행사하는 대행자에 불과했다.

이처럼 고대의 신은 자연에 대한 두려움으로부터 탄생된 신이었기 때문에 자연환경이 다르면 그들의 신 또한 달랐다. 태양이 그들의 삶을 결정하는 가장 중요한 요소였던 곳에서는 태양이 신으로 나타났고, 산이나 바다가 그들의 삶을 결정하는 가장 중요한 요소가 되었던 곳에서는 산신, 해신처럼 산이나 바다가 신으로 나타났다. 이렇게 지역마다 서로 다른 신을 가지고 있었기 때문에 고대국가의 통합은 곧 지역적 신이나 부족적 신들의 통합을 의미하는 것이기도 했다.

고대 이집트 왕국의 통합과정은 그런 사실을 잘 대변해 준다. 처음 그들은 래(Re) 또는 라(Ra)로 불리는 태양신을 받들고 있었다. 그러나 테베왕조(Theban dynasty)가 지배자로 등장하자 래(Re)신은 테베(Thebe)의 아르몬(Armon) 신과 통합되어 아르몬-래(Armon-Re)로 합칭(合稱)되었다. 지배자들은 그들이 내세운 새로운 신의 이름을 빌려 자신을 신이 선택한 신력의 대행자로 비치게 하고 백성들로 하여금 탐욕과 오만을 억제하고 불평불만을 자제하는 대신 사랑과 자비와 관용을 생활의 근본으로 삼도록 유도하였다.

이에 반해 르네상스 이후의 절대왕권은 신이 맡겨준 절대권이 아니라 백성들이 합의하여 위임한 계약적 절대 권력이었다. 그것은 하늘로부터 내려온 권력이 아니라 땅에서 성장한 권력이었고 위에서 아래로 내려오는 상의하달(上意下達)식 권력이 아니라 밑에서 위로 올라가는 하의상달(下意上達)식 권력이었다. 그랬기 때문에 그 절대권은 위임된 권한이 잘못 사용되거나 계약적 한계를 벗어나 남용될 때는 언제든지 회수할 수 있는 절대권이었다. 물론 중세의 절대군주들 역시 신의 이름을 팔고 다닌 것은 사실이다. 그러나 존 로크 같은 주권재민론자들이 등장하자 신의 정치적 지위나 권위는 현저하게 약화되었고 직접적 정치주체가 아닌 간접적 정치객체로 내려앉고 말았다.

정치는 또 경제적 난제를 해결하기 위한 수단으로 등장하기도 했다. 이집트문명의 발상지인 나일강은 해마다 홍수로 범람했다. 그 범람은 기름진 땅을 일구어 주는 신의 선물이기도 했지만 다른 한편으로는 그들의 삶을 위협하는 장애물이기도 했다. 왜냐하면 나일강의 범람은 열심히 키워놓은 농작물을 못 쓰게 만들고 경작지의 경계선을 지워버려 농민들 간에 심한 갈등과 분쟁을 야기시켰기 때문이다. 따라서 그들은 나일강의 범람으로 인한 피해를 최소화 할수 있는 방법을 모색하는데 심혈을 기울이게 되었다. 그 최선의 방법은 높은 둑을 쌓는 것이었는데 그런 대규모 토목공사를 하기 위해서는 막대한 인력이 동원되어야만 했고, 그런 인력을 강제로 동원하기 위해서는 강력한 권력을 가진 지배자와 막강한 권위를 가진 재판관이 요구되었다. 그런 요구에 부응하여 나타난 것이 이집트의 파라오(Pharaoh)였다. 파라오는 태양신, 즉 태양의 아들을 의미하는 것으로 모든 토지와 인민의 소유자를 뜻한다. 그 파라오는 신권적 전제권력을 지니고 모든 인민 위에 군림하여 평상시에는 최고의 명령권자인 동시에 최고의 심판관이었고, 전시에는 최고의 사령관이 되어 국가를 통치하였다.

정치는 사회적 갈등으로부터 시작된다. 여러 씨족집단이 하나의 거대한 촌락을 이루고 사는 촌락공동체가 형성되고, 토지와 재산이 씨족 별로 분할되는 세분화의 길을 걷게 되자 이번에는 자연스럽게 씨족 간의 경쟁이 치열해졌다. 그 결과 다른 씨족보다 월등히 앞선 막강한 힘을 가진 유력 씨족이 등장하게 되었고 그 씨족장은 그들의 막강한 힘을 이용하여 다른 군소 씨족의 토지를 병합하고 경제력을 더욱 넓혀가게 되었다. 그러한 토지의 병합과 군소 씨족의 정복은 가속적으로 확대되어 마침내 그들은 대토지와 여러 군소 씨족을 지배하는 정치적 지배자가 되었다.

이렇게 정치와 경제는 불가분의 관계를 가진다. 경제적 성장은 틀림없이 정치적 성장으로 이어지고 정치가 성장하면 그 성장한 힘을 바탕으로 경제를 더욱 발전시켜 간다. 즉 경제는 정치를 키우고 정치는 다시 경제를 키운다. 정치와 경제는 어느 한쪽이 원인이 되고 다른 한쪽이 결과가 되는 떼려야 뗄 수 없는 긴밀한 인과관계를 유지하면서 발전하게 되는데 이를 정경인과설(政經因果說)이라고 한다. 인류역사를 보면 경제강국은 항상 정치강국이었는 데 이는 정경인과설을 증명하고도 남는다. 영국의 산업혁명과 그에 따른 경제적 부의 축재, 그리고 세계제패는 가장 대표적인 예가 될 것이다. 실제로 가난한 나라가 국제정치의 주역이 된 적은 한 번도 없다. 국제세계에서 정치적 발언권이 약화되기 시작하는 나라를 보면 예외 없이 경제력이 약화되기 시작하는 나라이다.

전쟁이라는 정치적 행위 또한 그 뿌리는 경제에 있다. 전쟁은 전쟁이 가져다주는 불이익보다 이익이 더 많다고 판단될 때 일어난다. 즉 뺏기는 것보다 빼앗는 것이 더 많다고 생각될 때 일어난다. 빼앗는 것은 강탈하는 것이다. 그래서 전쟁은 곧 강탈행위이다. 승자들은 항상 땅과 재물과 여자와 노동력을 빼앗는다. 따라서 토지와 재물과 백성을 지키기 위해서는 전쟁에서 승리해야만 했고, 그 승리를 보장받기 위해서는 경제력을 키워야만 했다. 경제적 우위가 정치적 우위로 연결되는 역사적 진리는 고대에서부터 입증되고 있다. 오랫동안 신석기 문화에 젖어 살았던 즐문토기인(櫛文土器人)들은 청동기문화를 지닌 무문토기인들이 나타남과 동시에 역사의 뒤안길로 사라져 버렸다. 그 이유는 딱 한 가지였다. 즐문토기인들은 구시대적 생산수단인 마제석기를 사용하고 있었던 반면 무문토기인들은 새로운 생산수단인 청동기를 사용하고 있었기 때문이다.

아테네의 역사 또한 경제를 잃어버리면 정치를 잃어버린다는 교훈을 주기에 충분하다. 역사에 있어서 황금시대란 곧 성장과 쇠퇴의 분수령을 의미한다. 아테네는 페리클레스 시대를 맞아 황금시대를 이룩하고 정치적, 문화적으로 혁혁한 업적을 남겼지만 그에 따른 어두운 그림자도 생기게 되었다. 우선 정치적으로 페리클레스의 권력이 지나치게 비대했었다. 델로스 동맹을 통한 아테네의 일방적인 국력신장은 아테네를 거대한 제국으로 만들어 주었고, 그에 따라 페리클레스는 사실상 황제의 지위를 향유할 수 있었다. 그런 절대 권력은 그가 죽을 때까지 30년간이나 계속되었다. 그런 절대 권력에 아부하며 부귀영화를 누리려 했던 소피스트들은 수많은 궤변으로 기존의 가치체계를 흔들고 선동정치, 금권정치를 조장함으로써 중우정치라는 불행의 씨앗을 심기 시작했다. 특히 아테네인들이 사치와 방종에 가까운 그들의 문화생활을 지속하기 위해 군소도시 국가에 과중한 세금을 매기고 이를 강제로 징수하게 되자 다른 도시국가들의 불만이 터져 나오기 시작했다. 마침내 전통적인 적대국이었던 스파르타는 그런 굴욕적 상황을 더 이상 참지 못하고 주변의 농업적 군국주의 국가들을 모아 델로스 동맹에 대항하는 펠레포네소스 동맹을 체결하고 펠레포네소스 전쟁(BC 431~404년)을 일으키게 되었다. 이는 지나친 경제적 수탈이 전쟁이라는 정치적 결과를 낳았음을 의미한다.

경제력은 또 정신력까지 지배하는 힘이 있다. 헬레니즘의 흥망은 이를 입증한다. 그리스인들은 자기들을 헬레네(Hellenes)라 부르고 그들의 땅을 헬라스(Hellas)라 칭했다. 그들은 다른 지역에 살고 있는 종족을 바바리안(Barbarian)이라고 했는데 바바리안이란 변방인 또는 외국어를 쓰는 민족이라는 멸시적인 의미를 지니고 있다. 그 만큼 그리스인들은 민족적 자긍심이 강했는데 그것은 그들의 독창적인 문명이 다른 민족을 압도하면서부터였다. 다시 말하면 그리스의 강대해진 국력이 그들의 정신적 자긍심을 높여 주었던 것이다. 한국도 한강의 기적이라 불리는 경제적 발전을 거듭하면서부터 대외적인 자부심을 가지게 되었고 중국도 경제가 급성장하면서 민족적 자긍심을 되찾고 있다.

귀족정은 중세봉건제도와 깊은 연관이 있다. 왜냐하면 봉건영주들이 모두 귀족들이었기 때문이다. 우선 중세(Middle age AD395~1500년)란 일반적으로 서양사에 있어서 게르만 민족의 대이동으로 서로마제국이 망하고 그로부터 르네상스에 이르기까지의 시대를 지칭한다. 중세라는 용어는 17세기 계몽주의 시대 때 네덜란드의 할레대학 교수인 크리스토프 셀라리우스(Christoph Cellarius, 1634~1707년)에 의해서 처음으로 사용되었다. 이때 중세란 로마제정시대부터 15세기 오스만 투르크가 콘스탄티노플을 점령한 1453년까지의 문학상 시대를 말하는 것으로서 이 시대를 Media Aetas 또는 Medium Aevum이라고 부른 데서 비롯되었다.

　봉건제도를 잉태시킨 원인제공자였던 게르만 민족은 본래 유럽의 다뉴브강 북부와 라인강 동부지역을 근거지로 하여 원시적인 생활을 영위하고 있었던 민족이다. 이 민족을 구성하고 있었던 주요 종족은 북해 연안의 엥글로 색슨(Anglo Saxons), 라인강가의 프랑크족(Franks)과 브루군트족(Burgundians), 다뉴브강 북쪽의 서고트족(Visigoths), 그리고 흑해 북쪽 지방의 동고트족(Ostgoths) 등이었다. 이들은 작은 촌락에서 종족의 추장 밑에서 생활하고 있었다. 그들의 토지는 각 가문들이 나누어 가지고 있었는데 모든 육체노동은 여성들과 전쟁포로들의 몫이었고 남자들은 주로 전쟁에 종사하였으며 전쟁이 없을 때는 사냥과 낚시를 했다. 그들에게도 문명은 있었지만 정교한 것은 아니었다. 그들은 문자를 배우지 못했고 공업도 몰랐다. 그러나 그들의 단순하고 활기찬 야외생활과 잦은 전쟁, 그리고 야성적인 북방 신들에 대한 숭배는 잔인하고 용감한 전사들이 되게 하였다. 하지만 그들은 항상 야만적인 약육강식의 불안한 사회에서 살아야 했다. 강자는 자신의 세력을 확보하기 위해 되도록 많은 부하를 거느려야 했고, 약자는 자신의 신변을 보호하기 위해 강자에게 붙어야만 했다. 이 같은 주종관계를 종사제도(從士制度, Gefolgschaft)라고 하는데 이 제도는 젊은 전사들이 의식주와 일정량의 전리품을 보상받는 조건으로 자기 주인에게 충성을 서약하는 것이었다. 이 제도에 의해 게르만족은 로마제국으로 쳐들어가 영토의 일부를 빼앗았을 때 추장들은 자기 부하들에게 그 땅의 일부를 전리품으로 나누어주었다. 그 결과 일정한 토지를 소유한 봉건영주들이 생겨나게 되었던 것이다.

　이렇게 로마의 장원제도와 게르만 민족의 종사제도가 복합적으로 작용하면서 봉건제도의 골격이 이루어졌다. 이 두 요소를 결합하여 봉건제도의 확고한 기틀을 마련한 국가는 프랑크왕국이었다. 당시 국내적으로는 내분이 그치지 않았고 대외적으로는 계속적인 이슬람교도의 침입으로 사회혼란이 그치지 않았다. 그런 혼란으로 중앙정부의 힘이 약화되자 지방 영주들은 기다렸다는 듯이 끝없는 전쟁을 벌이며 세력을 넓히기 시작했다. 이른바 전쟁으로 얼룩진 암흑시대가 도래했던 것이다. 그 결과 국토는 갈기갈기 찢어지고 강력했던 중앙집권체제는 무너지기 시작했다. 예를 들면 샤를마뉴는 프랑크 제국이 전성기에 이르렀을 때 그 광대한 영토를 통치하기 위해 전국을 군(County), 현(Duchies), 국경지역(Marches)으로 나누고, 그곳에 백작(Count), 공작((Duke), 변방수령(Margrave)들을 파견하여 다스리게 하는 중앙집권체제를 구축하였다 그러나 세월이 지나면서 중앙정부의 힘이 약화되자 그들의 후손은 중앙정부의 간섭을 사실상 거부하고 독자적인 지방정부를 수립하였다. 이렇게 성립된 프랑크왕국의 봉건제도는 그 후 북부 이탈리아, 독일, 뒤에는 슬라브족이 사는 곳까지 확산되었다. 그리고 노르만침략 당시인 1066년에는 영국으로, 다시 몇 년 뒤에는 남부 이탈리아와 시칠리아로 확대되었다.

  5세기 게르만 민족의 대이동으로 서로마제국이 멸망하면서 시작된 중세는 그렇게 확산을 거듭하여 11세기 초 동로마 제국에서는 비잔틴 문명이, 사라센제국에서는 이슬람 문명이, 그리고 서유럽에서는 기독교적 봉건문화가 발전하여 나름대로 그 완성을 보게 되었다. 십자군 전쟁은 그렇게 완성된 서유럽의 기독교적 봉건 세계가 그 세력을 확대하기 위해 벌인 일종의 제국주의적 전쟁이었다. 다시 말하면 비잔틴 제국의 힘이 약화되기 시작하자 서유럽 세계와 사라센제국이 그 약체를 서로 잡아먹기 위해 벌인 전쟁이었다. 십자군 전쟁이 있기 전까지 서유럽인들은 정치적, 경제적으로는 봉건제도를, 그리고 종교적으로는 기독교를 신봉하고 있었다. 유럽의 봉건제도는 9세기 이후 그 전성기를 맞게 되었는데 당시 서유럽 토지의 대부분은 기존의 영주들에게 이미 분배되어 있었으므로 새로운 기사나 영주가 출현하더라도 더 이상 그들에게 분배해줄 땅이 없을 정도였다.

또 기독교는 그레고리우스 7세(1020~1085년) 때 전성기를 맞이하였다. 그레고리우스 7세는 신성로마제국의 황제인 하인리히 4세를 카사노에서 석고대죄 하도록 한 이른바 "카사노굴욕"을 통해 하인리히 4세를 굴복시켰고, 그의 뒤를 이은 우르바누스 2세(1042~1099년)는 다시 프랑스의 필립 1세까지 파문하는 등, 교황의 위세를 내외에 떨쳤다. 그리고 인토켄티우스 3세 때인 1122년에는 보름스 협약(Concordat of worms)을 체결하여 교속(敎俗)의 분쟁을 완전히 해결함으로써 교황권이 절정에 이르렀다.

한편 11세기에 이르러 이슬람 세계에서는 정치적 변화가 일어났다. 바그다드의 압바스 왕조와 이베리아반도의 코르도바의 후옴미아드 왕조로 나누어 발전하고 있었던 사라센제국의 칼리프들은 점차 사치와 향락에 빠져들게 되었다. 이를 기회로 이슬람세계의 실권을 잡고 새로운 지배자로 등장한 자가 셀주크 투르크(Seljuk Turk)였다. 셀주크는 압바스 왕조와는 달리 기독교에 대한 적대정책을 고수하여 팔레스티나의 예루살렘을 순례하는 기독교인들에 대하여 박해를 가하는 한편, 동로마 제국의 수도 콘스탄티노플을 공격하기 시작하였다. 셀주크의 그 같은 콘스탄티노플 공격은 카사노 굴욕 이후 기세가 등등해진 교황 우르바누스 2세에게는 참을 수 없는 모욕이었다. 이에 교황 우르바누스 2세는 군대를 동원하여 콘스탄티노플을 점령하고 로마 카톨릭과 그리스 정교회를 통합한 후 스스로 비잔틴제국의 황제직을 겸하게 되었다. 그때 마침 동로마 제국의 황제인 알렉시우스 콤넨누스(Alexius Commenus)로부터 투르크족의 침입을 막아달라는 요청이 있자 그는 서유럽 기독교국 곳곳을 순방하면서 투르크라는 저주받은 종족과의 전쟁을 위한 십자군 창설을 역설하였다. 그의 주장은 교황과 영주들의 이익이 맞아떨어지는 멋진 것이었다. 만일 전쟁에서 승리하면 교황은 지배영역을 더욱 넓힐 수 있었고, 봉건제도가 성숙하여 더이상 새로운 영지를 확보할 길이 없었던 서유럽 봉건귀족들은 동방의 새로운 영지를 확보할 수 있었기 때문이다. 이처럼 서로의 이익이 맞아떨어져 성전이라는 이름 아래 시작된 투르크족 박멸전쟁이 바로 십자군 전쟁이었다. 따라서 그 전쟁은 각자의 이익을 좇아 시작한 쟁탈전쟁에 지나지 않았다.

약 2세기에 걸친 십자군 원정으로 지금까지 기독교라는 폐쇄적 울타리 안에 갇혀 있었던 서유럽인들은 비잔틴문명과 이슬람문명을 접할수 있는 기회를 가지게 되었고 그런 접촉을 통해 그리스 문화, 로마 문화같이 자기들보다 우수한 문명세계가 있었음을 비로소 깨닫게 되었다. 그 결과 서유럽인들은 비로소 민족이 무엇인지, 국가가 무엇인지, 또 도시가 무엇이고 상공업이 무엇이고 길드가 무엇인지 알게 되었다. 여기서 서유럽인들은 오랜 중세의 암흑시대를 청산하고 근대세계로 진입하게 되었다.

중국의 봉건제도도 똑같은 길을 걸었다. 중국의 봉건제도는 주(周)나라 때 확립되었다. 주나라는 BC8세기경 200여 주변국을 복속시키고 북중국의 대부분을 차지하는 중원의 주인공이 되었다. 주나라는 그 넓은 땅을 통치함에 있어서 봉건제도를 활용하였다. 그 제도는 주공(周公)에 의해 시행된 지방행정제도로써 천자는 도읍을 중심으로 하는 경기지역, 즉 섬서지방 만을 직할지로 다스리고, 그 외의 지방은 황족이나 개국공신들을 제후로 봉하여 세습적으로 통치하도록 하되 황실에 조공을 바치고 유사시 군대를 출동하도록 하는 것이었다. 황족과 제후들은 그들의 신분등급에 따라 공작, 후작, 백작, 자작, 남작, 같은 작위를 받고 각 지방에 부임하여 그 지방을 다스리게 되었는데 이때 그들은 자기 휘하의 경(卿), 대부(大夫), 사(士)같은 가신들에게 봉토(封土) 또는 채읍(采邑)을 주고 대신 그들로 하여금 봉사토록 하였다.

하지만 중국의 봉건제도는 서양의 봉건제도와는 약간 달랐다. 서양에서는 종교적, 정신적 세계에 대한 지배권이 로마교황이라고 하는 별도의 정상(頂上)에게 있었기 때문에 봉건제도는 오직 세속적 세계에서 영주와 기사, 기사와 농민이 봉토라고 하는 토지와 그에 대한 조건부적 충성만을 약속하는 쌍무적 계약관계에 기초를 둔 것이었다. 이에 반해 중국에서는 천자가 곧 하늘(天)을 대신하는 존재로써 천하 모든 토지의 주인이며 동시에 정신세계를 지배하는 최고 통치자였다. 그러므로 주나라의 봉건제도는 상전에 대해 무조건적이고 절대적인 충성을 바칠 것을 전제로 하는 제도였고, 토지의 소유관계 또한 세습적이었다. 다시 말하면 서양의 봉건제도는 쌍방 간의 계약관계가 종결되면 토지소유권의 해지와 동시에 관계가 단절되는 것이었는 데 반해 주나라의 봉건제도는 무조건적이고 절대적인 충성을 전제로 토지세습권을 부여하는 주종적 관계였다.

이렇게 동서양의 봉건제도가 서로 달랐던 것은 동서양의 문화가 달랐기 때문이다. 서양은 영적세계의 지배자와 세속적 세계의 지배자가 분리되어 있었다. 영적세계는 종교인들의 영역이었고 세속적 세계는 일반인들의 영역이었다. 따라서 종교적 신념과 세속적 신념이 전혀 다른 그들의 이중성은 조금도 문제될 것이 없었다. 그러나 동양에서는 영적 세계와 세속적 세계는 분리될 수 없는 하나였고 따라서 이중성은 죄악시되었다.

　이상과 같은 봉건시대의 흥망사는 다음과 같은 두 가지 교훈을 남겨주었다. 첫째, 다극체제보다는 양극체제가 정치적 안정에 도움이 된다는 것이다. 다극체제는 혼란을 자초한다. 다극체제의 상징이었던 봉건시대가 암흑세계였음은 이를 증명한다. 봉건제도가 도입된 과정은 오늘날 3D현상이 생기면서 노동력이 부족해지자 소사장제라는 분사제도(Spin off)가 생기기 시작한 것과 같다. 왜냐하면 노예 노동력이 부족해지자 그 부족한 노동력을 메우기 위한 방책으로 등장한 것이 봉건제도였기 때문이다. 그러나 경영권의 봉건화를 의미하는 분사제도는 모회사와 자회사 간의 이익이 충돌함에 따라 분쟁이 잦아지고 경영의 혼란을 가중시켜 결국 모기업의 몰락으로 이어진다. 마찬가지로 봉건제도에 의한 권력의 분산은 결국 봉건시대 자체의 몰락으로 이어졌다. 둘째, 경제적 몰락은 정치적 몰락으로 이어진다는 것이다. 봉건제도의 경제적 기반이었던 장원제도가 무너지면서 봉건제도라는 정치적 제도가 무너졌다. 이처럼 어떤 정치적 제도를 뒷받침하고 있는 경제적 기반이 무너지면 그 경제적 기반에 의지하고 있는 정치적 제도는 반드시 무너지고 만다. 특히 봉건 말기의 가혹한 수탈은 경제적 몰락을 자초하였고, 그 경제적 몰락은 봉건제도를 무너지게 한 일등공신이었다. 이렇게 경제력의 쇠멸은 곧 정치력의 쇠멸로 나타난다.

고대 한국의 정치사상

한국의 정치사상은 당초 공동체조직의 소박한 종교사상과 혼합된 상태로 나타나 고대로부터 고려를 거쳐 조선시대에 이르기까지 불교와 유교의 영향을 받고, 실학의 발전에 힘입어 커다란 발전을 이룩하였다. 그러나 근대로 접어들어 서구의 문화와 사조가 유입됨에 따라 새로운 가치와 기준에 따른 정치사상이 도입되어 발전했다. 이런 관점에서 한국의 정치사상을 시대별로 개관해 보고자 한다.

농경생활이 정착되고 최초의 정치사회로서 성읍국가(城邑國家), 또는 군장국가(君長國家)가 탄생함에 따라 그 지배자의 권위를 높여주는 각종 신화가 나타났다. 그 가운데 대표적인 것이 단군신화이다. 최초의 국가라고 할 수 있는 단군조선의 시조는 태양신(太陽神)인 환인(桓因)의 손자이며, 자연을 움직이고 모든 인간사(人間事)를 주재하는 환웅(桓雄)의 아들인 단군왕검(檀君王儉)으로 묘사되어 있다. 이 설화는 많은 과장과 분식이 더해진 것이겠지만, 단군왕검의 출현을 신성하고 초인적인 데서 구하는 것은 가장 원초적인 구성내용이었을 것이다. 태양은 신석기시대부터 신앙의 대상이 되어왔으므로 태양신과 이어지는 단군왕검은 더할 나위 없는 권위를 갖게 되는 셈이다. 한국 고대에 등장하는 시조(始祖)의 난생설화(卵生說話)들은 대부분 비슷한 의미를 지닌다.

그런데 여기서 주목되는 것은 단군왕검이 제정일치(祭政一致)의 지배자를 의미하는 것으로 보인다는 점이다. 이것은 매우 신성한 권위를 가진 정치적 지배자가 아직 신비한 제사장의 기능을 겸했던 단계를 뜻하는 것으로서, 종교와 정치의 미분화(未分化)를 말해준다. 고조선의 법률인 팔조법금(八條法禁) 가운데 살인자는 사형에 처하고, 상해를 입힌 자는 곡물로 배상시키고, 도둑질한 자는 노비로 삼는다는 3조항이 남아 있는데 고조선의 지배자는 이와 같은 규범이 집행되는 엄연한 정치사회를 통치하는 존재로서 지위를 점차 굳혀갈 수 있었다.

성읍국가들은 일정한 배경 아래 연맹하여 연맹왕국을 성립시켰다. 그러는 동안 제정이 분리되고 연맹장은 왕으로 호칭되는 단계에까지 발전하였다. 그러나 부여에서는 가뭄이나 홍수, 흉년이 들면 왕을 죽이거나 내쫓음으로써 그 책임을 추궁하였다고 한다. 이것은 연맹장의 왕권이 확립되지 않았음을 뜻하기도 하지만, 동시에 정치적 지배자가 자연의 조화와 농업의 풍요로운 결실에까지 책임을 져야 했음을 말해 주는 것으로서 뒷날 천변지이(天變地異)가 나타나면 왕이나 고위 관직자가 견책당하는 선례가 되었다. 이처럼 정치와 종교가 혼합된 상태에서 탄생설화를 통해 정치적 지배자의 권위와 능력을 분식하고, 나아가서 자연의 조화와 민생에 대해 책임져야 하는 존재로 규정되는 데서 원초적인 정치사상의 모습을 살필 수 있다.

삼국시대에 접어들면서 중앙집권적인 국가체제가 정비되고 왕은 그 정치적 권위를 한층 고양시키게 된다. 새로이 탄생된 귀족들이 합의제에 의해 국가 중대사에 대한 결정권을 지니지만, 국가를 대표하고 귀족을 통섭하며 정책 집행의 최고 책임을 지는 왕의 권한과 지위는 매우 크고 높았다. 이처럼 왕의 권위가 고양됨에 따라 고구려의 광개토대왕이나 신라의 진흥왕은 독자적인 연호(年號)를 쓰고, 그들의 행적과 공훈을 적은 비(碑)를 세워 그 존대(尊大)함을 과시하였다. 이러한 왕에 대한 충성은 당시 국가의 모든 신민에게 강조되고 통용된 덕목이요 사조였다.

신라 화랑도에게 교육하는 덕목이었던 세속오계(世俗五戒)는 첫째, 왕을 충성으로 섬기는 것이요, 둘째, 부모를 효성으로 섬기는 것이요, 셋째, 벗과 신의로 사귀는 것이요, 넷째, 전쟁에 나아가 물러나지 않는 것이요, 다섯째, 생물을 죽이되 가려서 죽이라는 것이었다. 이 세속오계는 그 시대의 사회적 필요성에서 제기된 실천덕목이었다고 할 수 있는데 가부장 중심의 가족제 발달에 따라 필요성이 강조된 효(孝)와 더불어 충(忠)이 가장 중요한 위치를 차지하고 있었다. 신라의 화랑도가 장래를 기약하여 지킬 바를 맹세한 내용을 담고 있는 임신서기석(壬申誓記石)에서 충도(忠道)를 내세운 것도 마찬가지 사례라 하겠다.

이와 같은 충성에 대응하여 왕에게는 신민에 대한 보살핌과 사랑이 요구되었다. 고구려의 재상 창조리(倉助利)는 왕이 백성을 근심하고 사랑하지 않음은 인(仁)이 아니요, 신하가 왕에게 간(諫)하지 않음은 충이 아니라 하였고, 진흥왕은 왕이 스스로를 닦아 백성을 편안하게 해야 하는 도리를 강조하였다. 이것은 국가의 중심이요 권력의 장악자인 왕의 통치가 바로 그 통치의 대상인 일반 백성들의 생활과 안위에 가장 큰 주의를 기울여야 한다는 왕도(王道)의 이상에 부합되는 주장이라 하겠다. 이상과 같은 충군과 애민의 사상이 곧 삼국시대 정치사상의 핵심을 이루는 것이었다.

그런데 삼국시대에는 일찍부터 중국으로부터 유교가 전해져 고구려, 백제, 신라에서 그 경전과 사서(史書)가 읽혔으며, 따라서 그 정치사상을 시사해 주는 대부분의 언설(言說)이 그것에 입각한 것들이다. 그러나 이것은 성읍국가로부터 연맹왕국을 거쳐 중앙집권적 귀족국가를 형성시키는 과정을 통해 축적된 역사적 경험을 유교적 표현을 빌려 나타낸 것이며, 그 자체가 유교사상 그대로를 뜻하는 것이 아니라는 점을 유의해야 할 것이다.

신라가 삼국을 통일하고 고구려와 백제의 영토 및 국민을 흡수하여 한반도의 주인공으로 부상함에 따라 통치체제의 확대 개편이 뒤따랐다. 동시에 통일의 위업을 달성한 태종 무열왕(太宗武烈王: 金春秋)과 문무왕 부자(父子)로부터 시작되는 신라 중대(中代)의 왕통이 열리고 전제왕권이 성립되었다. 신문왕은 김춘추의 묘호(廟號)가 자기 나라 태종의 그것과 같을 수 없다는 당(唐)의 이의 제기를 무시하는 한편, 반대세력을 무자비하게 제거한 직후 발표한 교서(敎書)에서 왕에 대한 신하의 절대 충성을 강요하고, 그에 어긋나는 경우 철저한 숙청을 단행했던 것이다.

그리하여 왕은 절대권력의 소유자가 되었고, 그것에 상응하여 귀족의 합의기구인 화백(和白)이 약화되는 대신 관료적 행정기구인 집사부(執事部)가 전제정치를 뒷받침하였다. 이때 이르러 신라에서는 전제정치를 옹호하고 전제주의를 표방하는 경향이 두드러지게 되었다. 이 시기에 유명한 유학자인 강수(强首)와 설총(薛聰)이 활약하였다. 그들은 신라 골품체제에서 진골(眞骨) 아래의 육두품(六頭品) 출신으로 한결같이 불교를 비판하였다. 그들은 유교에서 가치판단의 기준을 구하고, 유교적 도덕률(道德律)을 최우선의 것으로 내세우면서 도덕 정치를 주장하였다.

이것은 전제왕권보다는 불교와 밀착된 진골귀족세력과 골품제를 겨냥하는 것이었다. 그들은 오히려 왕에 대해서는 정치적 조언자가 되었다. 이렇게 하여 육두품 출신 유학자들은 전제왕권과 결탁하고 전제주의를 뒷받침하는 결과를 낳았다. 그러나 신라의 하대(下代)로 접어들면서 왕권이 약화되고, 진골귀족들 사이에서 권력투쟁이 빈발함에 따라 혼란이 야기되었다. 특히 지방으로부터 호족세력(豪族勢力)이 흥기하여 후삼국이 성립되기에 이르렀다. 이러한 변혁기를 맞아 육두품 세력은 골품제를 비판하고 새로운 개혁을 주창하였다.

신라 말의 대표적 유학자인 최치원(崔致遠)은 육두품 출신으로 일찍이 당나라에 건너가 과거에 합격하고 문명(文名)을 드날린 다음 귀국하여 여러 관직을 역임한 끝에 왕에게 시무책(時務策)을 올렸다. 그 내용은 전하지 않으나 과거제의 실시 등이 포함된 과감한 개혁이 주장되었을 것으로 보인다. 그는 호족의 발호를 용인하지 않았으므로 중앙집권체제를 강화하되, 골품제의 제약에서 벗어난 새로운 귀족국가를 바람직하게 여겼던 것 같다. 그는 당나라에서의 견문과 경험 그리고 학문적 권위를 바탕으로 신라사회의 근본적 개혁을 요청했던 셈이다. 이 요청은 용납되지 않았으나, 신라 중대(中代) 이래 뚜렷한 성장을 보인 육두품 출신 유학자들이 마침내 적극적 개혁이념을 제창하게 되었음을 의미한다. 이는 전제주의의 주창과 더불어 통일신라시대 정치사상의 커다란 성장을 보여주는 것이다.

신라 말에 나타난 후삼국시대는 커다란 혼란기요 전환기였다. 신라에서는 새로이 호족 세력이 대두하여 사실상 신라의 통치범위에서 벗어난 각지에서는 다양한 사상의 전변이 이루어지고 있었다. 한국사를 통해 정치적, 사회적으로 가장 활발하고 변화가 많았던 시기 가운데 하나라고 할 수 있는 후삼국 시대는 사상적인 면에서도 가장 활기에 찬 때였다. 불교에서는 새로이 선종(禪宗)이 수입되어 큰 변화를 경험하고 있었다. 선종의 경우 각지에서 대두되는 호족들과 결합하여 급속히 성장할 수 있었다. 당시 중요한 위치에 있던 선사(禪師)들의 사상적 특성은 개인주의적 경향이 강하다는 것이었다. 이것은 중앙집권적 지배체제에 맞서면서 정치적으로 독립을 꾀하는 호족들에게 사상적 기반을 마련해 주었다. 또 기존의 불교 종파 가운데 가장 유력했던 화엄종(華嚴宗)은 남악(南岳)과 북악(北岳)으로 갈라져 각각 견훤(甄萱)과 왕건(王建)을 지지하면서 극심하게 대립하고 갈등했다.

한편, 궁예(弓裔)는 스스로 미륵불(彌勒佛)을 자칭하면서 그의 구세적(救世的)인 통치의도를 강조하려 하였다. 이때는 풍수지리설(風水地理說)도 크게 유행하였다. 지형이나 지세를 국가나 개인의 길흉과 연결지어 명당(明堂)을 중요시하는 풍수지리설은 종교적 성격을 띠는 한편, 정치적으로 호족세력과 긴밀한 관계를 지녔다. 그들은 지덕(地德)을 중요시하여 그것을 비보(裨補)하는데 힘썼지만, 기본적으로는 자신들의 근거지를 명당으로 확인받아 호족으로서의 존재를 정당화하려고 하였다. 이처럼 유교를 비롯해 불교, 풍수지리설 등이 다양한 형태로 존재하면서 당시의 정치와 사회에 긴밀하게 연결되어 있었다.

이러한 상황에서 왕건에 의해 후삼국의 통일이 이루어졌다. 왕건은 유력한 지방호족 출신으로 불교에 대한 깊은 관심을 가지고 있었고, 풍수지리설에 대한 믿음도 컸으며, 유교에 대해서도 상당한 이해를 지녔던 것으로 보인다. 이러한 다양한 관심과 이해가 그의 호족연합정권 수립과 후삼국 통일에 상당한 도움이 되었으리라 여겨진다. 후삼국을 통일한 다음에도 왕건은 이들 여러 분야의 사상과 종교에 대한 배려와 믿음에 변화가 없었다. 불교에 대해서는 교종과 선종을 두루 숭앙했고, 풍수지리설의 존신(尊信)을 후손들에게 당부했던 것이다. 이러한 점들은「훈요십조(訓要十條)」에 잘 나타나 있다.

그럼에도 불구하고, 왕건은 정치 운영에는 유교의 이념을 적용시키려 했던 것 같다. 그는 취민유도(取民有度)를 내세워 백성들의 조세 부담을 덜어주고, 예하의 장상(將相)들에게도 백성들의 재물을 함부로 거두어들이는 취렴(聚斂)의 억제를 강력히 요구하여 인정(仁政)에 힘썼다. 그런 한편, 「정계(政誡)」와 「계백료서(誡百寮書)」를 저술하여 새로운 정치질서의 수립을 꾀한 것은 희미하나마 유교정치의 지향을 시사하는 것이다. 왕건은 역사적 전환기에 여러 부문에서 일정한 정치적 의미를 함축하는 다양한 사상적 분출이 있었고, 그것들을 포용하여 후삼국의 통일이라는 커다란 과업을 성취하였다. 그런 다음에는 새로운 정치적 질서의 수립을 위해 유교의 이념에 깊은 관심을 기울였던 것으로 보인다.

고려왕조의 정치적 기반이 확립됨에 따라 중국의 과거제도가 도입되고, 당나라와 송나라의 정치제도가 채택되면서 새로운 통치체제가 자리 잡게 되었다. 그 과정에서 고려 정치의 기저를 이루는 유교적 정치이념이 확립되었다. 그것은 신라 육두품 출신의 유학자 최승로(崔承老)가 올린 시무책을 유교를 존숭했던 성종이 받아들이는 형식으로 이루어졌다.

최승로는 신라가 항복할 때 아버지를 따라 고려에 와서 12세 때 태조 왕건의 부름을 받아 학문과 자질을 칭송받기도 하였다. 그 뒤부터 그는 40여 년간 수많은 정치의 소용돌이 속에서 관직생활을 계속하여 높은 지위에 올랐다. 그리고 새로이 왕위에 오른 성종의 요구에 응하여 정치의 당면과제에 대한 종합적으로 의견을 개진하게 되었던 것이다. 그것이 바로 「시무28조」로서 앞부분에서 태조를 비롯한 역대 다섯 왕의 정치적 행적을 5조 치적평을 통해 비판하고, 뒤에서 28조목에 걸쳐 구체적 정책을 건의한 것이었다. 그 중 6조목은 망실되고 지금은 22조목만 알려져 있다.

그가 건의한 내용은 매우 광범위하여 국방문제, 중국문화의 수입에 따르는 문제, 왕으로서의 태도 등등에 이르기까지 다양하지만 가장 큰 비중을 차지한 것은 불교를 비판하고 유교의 중요성을 강조한 것이라 하겠다. 그는 "석교(釋敎: 불교)를 행하는 것은 수신(修身)의 근본이요, 유교를 행하는 것은 치국(治國)의 근원입니다. 수신은 내생(來生)을 위한 것이요, 치국은 오늘의 일인데, 오늘은 매우 가깝고 내생은 매우 먼 것이니 가까운 것을 버리고 먼 것을 구하는 것은 잘못이 아니겠습니까?"라고 하여 유교의 중요성을 부각시켰다. 아울러 불교의 공덕신앙(功德信仰)과 불교관계 행사들에 대한 부정적 견해를 확실히 하였다.

그는 또 이상적 정치를 중앙집권적인 정치형태에서 구하여 지방제도의 정비를 통해 왕의 통치가 일반 백성들에게 미쳐야 한다고 주장하였다. 또 왕에게 신하를 예우할 것을 요청하고, 귀족관료 층의 권익이 보장되어야 한다고 강조하기도 하였다. 이는 전제주의적 정치를 한 광종에 대해 격렬하게 비판한 것도 상통되는 점이다.

이와 같은 점들을 종합할 때 그가 건의한 것은 유교적 이념에 입각한 중앙집권적 귀족정치의 실현이라고 할 수 있다. 이러한 건의가 성종에게 그대로 받아들여져 시행되었고, 고려의 정치는 유교적 이념을 토대로 하여 전개되기에 이르렀다. 이로써 일찍이 신라 하대(下代)로부터 시작된 육두품 출신 유학자들의 정치적, 사회적 정치이념이 유교적 관점에서 정립되었던 것이다.

고려 성종은 여러 번의 교서(敎書)를 통해 그가 유교를 숭상하고 공자와 주공(周公)의 풍을 진작하여 요순(堯舜)의 정치를 이루려는 뜻을 밝혔다. 그는 모든 시책이 예전(禮典)에 의거해 이루어지도록 했으며, 도덕의 중요성을 강조하고, 효(孝)에 힘쓸 것을 당부하였다. 효는 가정에서 부모와 자식 사이의 경친관계에 그치는 것이 아니라 왕을 중심으로 하는 지배와 복종의 계서(階序) 관계를 강조하는 논리로 발전할 수 있는 만큼 "효로써 임금을 섬기는 것이 충(忠)이다."라는 말이 가능하게 된다. 그런 맥락에서 성종이 교서를 통해 "가문에서 능히 효자가 되면, 반드시 나라에서 충신이 될 것이다."며 효를 강조한 뜻을 짐작할 수 있다. 그리하여 유교적 왕도정치가 지향되고 예교(禮敎) 질서가 정립됨으로써 고려 정치는 유교적, 문치적 성향을 뚜렷이 하게 되었다.

고려는 중기에 이르러 사학(私學)이 발달하고 한문학이 활기를 띠면서 유교문화의 난숙기(爛熟期)를 맞이하였다. 그러나 뒤이어 이자겸(李資謙)의 난과 묘청(妙淸)의 난을 당하여 정치적 안정이 무너지고 유교적 이념 자체가 도전을 받기에 이르렀다. 서경(西京)의 승려 출신인 묘청(妙淸)은 풍수지리설을 내세워 서경천도운동을 벌이면서, 지덕(地德)이 왕성한 서경에 천도하여 칭제건원(稱帝建元)하면 나라를 중흥시킬 수 있고 주위의 36국이 조공할 것이라고 주장하였다.

이렇게 후삼국시대부터 성행했던 풍수지리설이 국수주의적 성격을 띠면서 그때까지 고려를 지배해온 합리적이면서 사대적인 유교이념과 대결을 벌이게 되었던 것이다. 이것은 서경을 근거로 한 묘청의 반란과 김부식(金富軾)이 거느린 정부군의 진압으로 일단락되었지만 그 타격은 결코 적지 않았다. 그로부터 오래지 않아 고려에는 무신란이 발생하고 문치적 귀족사회는 붕괴되었다. 쿠데타로 정권을 잡은 무신들은 많은 문신들을 살육하고, 왕의 폐립(廢立)을 좌지우지했다. 유교적 정치이념에 입각했던 고려의 정치질서가 완전히 무너져 버렸던 것이다.

이와 같은 정치적 혼란에 수반하여 전국에서 농민반란이 발생하였다. 당초 지방관과 향리의 수탈에 반감을 가졌던 농민들이 무신란으로 야기된 혼란과 하극상의 풍조에 영향받아 반란을 일으키기 시작했는데 이것이 점차 규모가 커지고 전국으로 확산되면서 고려 사회를 크게 동요시켰던 것이다. 반란을 일으킨 농민들은 신분적으로 양인농민과 노비로 구분될 수 있지만, 그들의 목표는 그 뒤에 신분 해방과 정권 탈취를 주장하는 것으로 발전하였다. 일련의 반란 가운데 개경에서 일어난 사노(私奴) 만적(萬積)의 난은 선동적인 연설로도 유명하다. 그중 주목할 만한 것은 "장상이 원래 씨가 따로 있겠는가. 때가 오면 누구든지 할 수 있는 것이다. ---각기 그 주인을 죽이고 천적(賤籍)을 불 살라서 삼한(三韓)으로 하여금 천인이 없게 하면 공경(公卿), 장상은 우리들이 모두 할 수 있다."는 대목이다. 이는 중세 노비들의 신분해방 선언으로서 유례를 찾아보기 힘든 것이었다. 그런 주장은 특권지배층을 부인하고 스스로 노비 신분에서 벗어나 노비 없는 사회를 건설하겠다는 뜻으로 해석되지만, 그런 주장은 당시 어떠한 사상과도 연결 지을 수 없었다. 다시 말하면, 기존의 어떤 사상도 그들의 주장을 포용할 수 없었다는 것이다.

그들의 주장은 그 무렵 천한 신분으로 출세하여 최고 권력자가 되었던 이의민(李義旼)의 경우에 자극받은 것으로 이해되지만 그 자체는 엄청나게 혁명적인 것이었다. 이미 언급했듯이 당시의 대규모 농민반란은 유교적 정치이념에 기반하는 정치질서의 파탄을 통해 이루어질 수 있었지만, 새롭고 혁명적인 선언을 배태시킨 무신집권기는 그만큼 생동하는 변혁기였고 새로운 역사의 산실이었다고 할 수 있다.

고려 무신집권의 후반기는 대몽항쟁기와 중첩된다. 약 50년간 강도(江都: 강화도의 별칭)를 임시수도로 하여 몽고에 대항하다가 끝내 굴복하게 되었을 때 고려는 무신란의 소용돌이와 참혹한 전란의 상처 때문에 종래의 문화적 기반이 붕괴되고 정치적 장래는 불안정한 상황을 맞이해야 했다. 그러나 고려는 원(元: 몽고)의 부마국(駙馬國)으로서 원나라를 중심으로 하는 동아시아 세계질서 속에 편입되어 정치적 간섭을 받으면서도 독립왕국의 체제를 유지할 수 있게 되었다. 그런 가운데 문교(文敎)의 회복에 힘쓰고 전통적인 유학의 부흥에 진력하게 되었다. 이때 원으로부터 성리학이 전래되었다.

성리학은 중국 남송시대에 주희(朱熹)에 의해 체계화된 신유학(新儒學)으로서 그 이전까지 도덕철학의 범위를 넘지 못했던 유학에 노불(老佛)의 사상을 가미하여 이론적으로 심화시킴으로써 새로이 체계화된 사상이었다. 이것은 이단의 배척에 날카롭고, 철학적 성격이 강했으며 성경(誠敬)을 주로 하는 수양론(修養論)을 중시하였다. 이와 같은 성리학은 고려 후기에 신흥사대부들에 의해 적극 수용되었다. 보수적 기반이 강한 권문세족에 대항하여 새로이 흥기하던 사대부들은 성리학을 그들의 정신적 토대로 삼고, 그에 입각한 경세적 포부를 토로하였다.

그런 움직임은 대개 정치적, 경제적으로 모순이 극대화되었던 당시 고려사회의 여러 가지 폐단을 시정하자는 상소문으로 나타났다. 이것 역시 그 시기 정치사상의 한 모습으로 간주할 수 있을 것이다. 그 가운데 가장 중요한 것으로 이제현(李齊賢)과 이색(李穡)의 경우를 들 수 있다. 이제현은 고려 후기를 대표하는 정치가이며, 성리학의 수용에 선구적 역할을 한 유학자였다. 그는 구폐책(舊弊策)을 상소하면서 그것을 통해 왕의 수덕(修德), 정방의 혁파, 녹과전 부활 등, 11개 조목에 걸쳐 시정하거나 개혁해야 할 것들을 지적하였다.

한편, 이색(李穡)은 이제현의 제자로 원나라의 국자감에서 수학하면서 일찍부터 문명을 날렸으며 고려 성리학의 발달에 중요한 역할을 한 대학자요 정치가였다. 그는 관직에 오르기 전에 복중상서(服中上書)를 통해 시무를 논하면서, 전제(田制) 개혁, 무과(武科) 설치, 불교의 폐단 등, 6개 조목에 걸쳐 당면과제를 제시하였다. 이들 두 경세론(經世論)을 살펴보면 몇 가지 공통점을 찾을 수 있다. 먼저 성리학의 입장을 나타내는 것으로, 이제현은 왕의 수덕을 위해 사서(四書)를 공부하여 격물치지(格物致知)의 도를 익힐 것을 요구했고, 이색은 불교에 대한 비판을 했다는 점이다. 다음으로 그들이 내세우는 것들이 당시 고려사회의 매우 긴절한 핵심적 문제였다는 점이다. 그리고 두 사람은 한결같이 왕의 결단을 촉구하고, 심지어는 개혁을 주저하는 일은 어리석어서 잘 다스릴 자격이 없는 임금의 소행이라 말하기까지 했다. 이러한 사실은 원나라의 간섭 아래 침체에 빠진 고려의 정치에 성리학으로부터 새로운 활력을 주입시킴과 동시에 왕의 권능을 되살려 왕정의 상궤(常軌)로 돌아가도록 요청한 것이었음을 뜻한다.

  무신의 집권과 대몽항쟁 그리고 뒤이은 원나라의 간섭기를 경험하면서 축적된 정치적, 사회적 모순은 마침내 고려왕조의 몰락과 조선의 건국을 낳았다. 고려 후기에 성리학을 기조로 한 개혁의 시도가 있었지만, 그것이 고려왕조에서는 성취되지 못하고 역성혁명의 형식으로 왕조가 교체됨으로써 비로소 여러 부문에서 변혁과 개편이 이루어질 수 있었다.

제5장
도구력 시대의 문화변화

01 도구력 시대의 사고(思考) 변화

도구력 중기에 일어난 르네상스(Renaissance)는 어의적으로 Rebirth, 즉 재생 혹은 부활을 의미한다. 재생이라는 것은 죽었던 그 무엇이 다시 살아남을 의미하는데 이 경우 죽었던 것은 무엇이고 다시 살아난 것은 무엇일까? 그것은 바로 Learning, 즉 앎의 재생이었다. 중세시대동안 강조되었던 것은 믿음, 즉 Believing이었다. 믿음이란 신을 주체로 삼고 인간을 그 예속물로 생각하는데서 비롯된다. 그러나 앎이란 인간을 중심으로 하여 신과 자연을 인식하고 나아가 인간 자체를 인식함을 의미한다. 따라서 앎의 주체는 신이 아닌 인간이다. 그러므로 앎에 있어서는 신도 인간의 한 인식 대상일 뿐이다. 믿음은 신이 있기 때문에 인간이 있다고 전제하지만 앎은 인간이 있기 때문에 신이 있다고 전제한다. 르네상스는 이처럼 인간을 신의 노예적 신분에서 자유인의 신분으로 환원시켜준 전환점이었다. 그것은 신의, 신을 위한, 신에 의한(of the god, for the god, by the god) 세상을 인간의, 인간을 위한, 인간에 의한(of the human, for the human, by the human) 세상으로 바꾸어 놓는 것이었다. 이를 한마디로 요약하면 휴머니즘(Humanism), 즉 인간주의 세상이었다.

르네상스에서 말하는 인간은 독립된 개별적 인간(Individual)이었다.

그런 개인주의는 개인의 판단에 근거하여 사물을 인식하는 것이므로 절대적 진리란 있을 수 없으며 개인의 판단에 따라 달라지는 상대적 진리가 있을 뿐이다. 따라서 그런 개인주의는 결국 상대주의를 탄생시키게 된다. 또 개인주의는 개인의 중요성을 강조할 뿐만 아니라 개인의 자유를 존중하는 자유주의로 연결된다. 그런 의미에서 서구의 근대 자유주의는 바로 르네상스가 몰고 온 개인주의에 뿌리를 두고 있다. 겉으로 보면 르네상스는 이렇게 신(神) 중심 세계를 인간중심 세계로 바꾸어 놓은 것이었다.

그러나 그 속을 들여다보면 그것은 신에게 착취당했던 부를 자신에게 되돌려 놓는 작업이었다. 르네상스 이전의 인간은 신의 속민으로서 모든 재산을 그 주인인 신에게 바칠 의무가 있었고, 교회는 그 속민의 의무를 주지시키고 신을 대신하여 재산수납의 권리를 행사하는 곳이었다. 따라서 신의 권능을 강조하면 할수록 교회의 재산과 부는 늘어났고 세속민의 가난과 굶주림은 깊어졌다. 그것은 결과적으로 신이라는 수단을 동원한 교황과 소수 지배계급이 세속민의 부를 착취하는 것이었다.

중세 암흑시대를 지내는 동안 사람들은 종교의 미소 뒤에 감추어진 그 추악한 모습을 깨닫게 되었던 것이다. 르네상스는 그 추악한 착취의 굴레를 벗어나 자신의 노동가치를 자신에게 돌려놓고자 하는 몸부림이었다. 이렇게 르네상스는 신에게 빼앗겼던 인간적 가치를 인간 자신에게 되돌려 놓는 작업이었기 때문에 당연히 사람들의 사고방식을 크게 바꾸어 놓았다.

그런 르네상스는 모든 길은 신으로 통한다는 기독교의 획일주의적 속박으로부터 인간을 해방시켜 놓는 것이었다. 이는 중세 기독교가 인간을 신국(神國)이라는 보이지 않는 감옥에 가두어 모진 형을 가하면서 신의 노예로서 복역하도록 강요하였음을 의미하는 동시에 기독교가 그렸던 신국은 인간을 고통으로부터 구해준 천국이 아니라 신의 이름으로 저질러진 추악한 불의와 고통만 있었던 지옥이었음을 무언중에 고발하는 것이기도 했다. 사가(史家)들이 중세의 기독교 시대를 암흑시대라 일컫는 이유는 바로 이 때문이다.

도구력 말기에 와서 절대왕정을 등장시킨 원동력은 경제였다. 이론적으로 보면 유럽의 절대군주를 탄생시킨 것은 왕권신수설이었다. 왕권신수설이란 국왕의 권력은 신으로부터 전해 받은 것이므로 모든 신민은 국왕의 명령에 무조건 복종해야 한다는 사상이다. 마키아벨리, 보뎅(Bodin), 보쉬에(Bossuet), 루이 14세, 홉스(Hobbes) 등은 그런 사상을 이론화했던 대표적인 인물들이다. 보쉬에(Bossuet)의 이론에 의하면 왕은 신을 제외하고는 그 누구에 대해서도 책임을 지지 않는다. 또 루이 14세에 의하면 군주는 유일한 입법권자요, 행정관이다. 따라서 모든 결정권과 입법권은 왕에게 있으며 신하는 오직 그 결정과 명령에 따라 업무를 수행하는 임무만 있을 뿐이다. 따라서 만일 신하가 군주에게 대항하여 반란을 일으킨다면 그것은 비록 군주가 악인이나 독재자라 할지라도 용서받을 수 없는 죄를 짓는 것이다. 왜냐하면 국왕의 권력은 신으로부터 받은 것이기 때문에 지상의 어떤 존재로부터도 간섭받아서는 안 된다고 보았기 때문이다. 따라서 로마교황이나 신성로마제국의 황제까지도 국왕의 권리를 간섭할 수 없다는 것이다.

그런 절대군주를 중심으로 하는 통치체제에서 가장 필요로 했던 것은 재정 능력이었다. 절대군주들은 중세에서처럼 자국의 농토에서 거두어들이는 세금만으로는 거대한 조직을 운영할 수 없었다. 따라서 군주들은 상공시민자본가들과 결탁하여 국제적인 무역과 약탈을 근간으로 하는 중상주의정책을 펴게 되었다. 한마디로 국가재정의 원천이 중세봉건영주의 농촌경제에서 상공시민자본가에게 넘어가게 되었던 것이다. 그 결과 군주들의 활동영역이 전 세계로 확대되기 시작했으며 군주들의 그러한 노력은 그때까지 유럽인들에게 알려지지 않았던 신천지를 발견하게 했고, 그 신천지에서 획득한 부는 다시 군주들의 권력을 강화하는 무기가 되었다.

경제력이 정치력을 키워주었던 그런 역사적 사실은 지리상의 발견을 가장 먼저 주도했던 스페인에서 절대왕권이 가장 먼저 확립되었던 점, 그리고 스페인의 뒤를 이어 그 다음으로 식민지 개척에 나섰던 영국과 프랑스가 그 뒤를 이어 강력한 군주체제를 확립했던 점으로도 충분히 입증된다. 그러나 그런 군주권의 강화는 절대주의적 전제정치와 부르주아계급의 성장을 촉진시킴으로써 새로운 계급갈등을 유발시키는 계기가 되었고 마침내 프랑스에서는 시민혁명이라는 또 하나의 거대한 사건이 벌어지게 되었다. 그러면 지금부터 유럽 각국의 절대군주들이 어떤 경제적 배경을 토대로 하여 정치적 왕권을 강화하게 되었는지 간단히 살펴보기로 하자.

먼저 스페인에서는 15세기에 이르러 아라곤(Aragon)의 페트리난트(Petrinant)와 카스티야 왕국(Reino de Castilla)의 이사벨라(Isabella)가 결혼함으로써 막강한 힘을 가진 군주가 탄생되었다. 스페인 군주권은 카를 5세(Karl V)에 이르러 절정에 이르렀는데 그는 어머니를 통해 스페인, 나폴리, 시실리, 사르디니아(Sardinia)와 스페인의 모든 식민지를 얻고, 그의 아버지를 통해 오스트리아(Austria), 폴란드(Polska), 플랑드르(Flandre), 부르군트(Burgund)의 일부를 얻어 1516년에는 드디어 신성로마제국의 황제에까지 오르게 되었다. 스페인은 또 이사벨라 여왕이 콜럼버스를 후원하여 아메리카대륙을 발견하게 되자 해상진출에 앞장섬으로써 광대한 식민지를 개척하고 거기서 갈취한 막대한 금은보화로 경제대국을 건설하게 되었다.

그리고 경제대국이 되면서부터 자연스럽게 정치대국으로 성장하였다. 이 과정에서 가장 괄목할만한 공을 세운 사람은 코르테스(Herman Cortez: 1485~1547년)와 피자로(Pizarro)였다. 코르테스는 가난한 귀족출신으로 1504년 신대륙으로 건너가 쿠바(Cuba)에 근무하면서 1518년 쿠바의 총독이 된 후, 원정대를 이끌고 아즈텍(Aztec)으로 진입하여 수많은 토착민을 학살하고, 1521년에는 잉카(Inca)제국의 수도였던 멕시코(Mexico)를 점령하는 등, 봉건적 식민지 확보의 선봉장이 되었던 인물이다. 또 피자로(Francisco Pizzaro: 1470~1541년)는 1509년에 신대륙으로 건너가 파나마를 근거지로 하여 남아메리카 서안(西岸)을 탐험하고 잉카제국을 발견한 후 1529년 일시귀국 하였다가 1530~1532년 카르프스 1세의 명령으로 잉카제국을 정복하였던 인물이다. 정복 당시 그는 180명의 병력과 37마리의 말과 고성능 화약으로 무차별적인 대량학살과 극악한 약탈을 감행함으로써 약탈자의 화신으로 악명이 높았다. 이 두 사람이 한 일은 무자비한 학살과 약탈뿐이었지만 그들을 통해 들여온 금은보화는 스페인을 경제대국으로 만드는데 크게 공헌했다.

그런 무자비한 정복활동으로 스페인은 남서 아메리카 전역과 태평양 건너 필리핀까지 포함하는 광대한 식민제국을 건설하는 데 성공하였다. 특히 카를 5세의 뒤를 이은 필립 2세는 당시 강력한 해상세력이었던 포르투칼을 합병함으로써 포르투칼이 개척했던 식민지를 흡수하고 아르마다(Armada)라 불리는 무적함대를 내세워 스페인의 역사적 숙적이며 기독교 세계의 숙적이었던 오스만투르크(Osman Empire)의 해군을 레판토 해전(Battle of Lepanto)에서 괴멸시키고 해상권을 장악함으로써 명실공히 세계의 1인자로 등장하였다. 스페인의 경우에서 보듯 빼앗지 않고는 절대로 단기간에 경제력을 키울 수 없다. 정치조직은 약탈의 수단이고 기업조직은 착취의 수단이다. 역사는 이를 입증하고도 남는다.

경제력을 확대하는 두 번째 첩경은 모험적 도전이다. 스페인이 경제력을 키울 수 있었던 것은 신대륙의 발견이라는 모험적 도전이었다. 전쟁 또한 목숨을 건 모험이다. 스페인은 그런 목숨을 건 모험을 통해서 부를 축적할 수 있었다. 그렇기 때문에 약탈과 착취는 모두가 싫어하는 것이면서도 동시에 모두가 동경하는 것이다. 피해자의 불행을 생각할 때는 모두가 미워하지만 가해자의 부귀영화를 생각할 때는 모두가 동경한다. 약탈과 착취는 이와 같은 두 얼굴을 가지고 있기 때문에 불행히도 인간이 존재하는 한 영원히 없어지지 않을 행위이다. 또 약탈과 착취는 때로 역사를 바꾸는 간접적 역할을 하기도 한다. 콜럼버스에 의한 아메리카대륙의 발견은 지리상의 발견이라는 하나의 단일사건으로 끝난 것이 아니라 인류의 전반적인 생활을 변혁시키고 역사의 새로운 장을 열게 한 획기적인 사건이었다. 그 중요한 의미를 살펴보면 다음과 같다.

첫째, 세계상업의 중심이 베네치아, 제노바 등의 지중해 연안도시에서 리스본, 암스테르담, 런던 같은 대서양 연안도시로 이전되었다. 그리스, 로마 시대를 거쳐 중세에 이르기까지 유럽인들의 생활권은 지중해를 둘러싼 제한된 범위에 국한되었다. 그러나 신대륙의 발견으로 이른바 대서양 시대가 펼쳐지게 되었던 것이다.

둘째, 신대륙으로부터 유입된 금은보화는 상업혁명을 몰고 왔고, 그 상업혁명은 다시 산업혁명의 밑거름이 되었다. 신대륙의 개척이라는 모험사업으로 막대한 부를 손에 쥐게 된 신흥 부르주아지들은 새로운 지배체제를 안정시키기 위해 원군을 필요로 했던 절대군주들과 결탁하여 동인도 회사, 서인도회사 같은 대규모 회사를 설립하고 국제무역을 시작하는 한편 은행과 같은 신용기구를 발전시켰다.

셋째, 신세계의 발견은 유럽의 피(被)압박민들에게 새로운 삶의 기회와 터전을 마련해 주었다. 당시 유럽은 좁은 땅에 인구는 많았으며 경제적 빈부의 격차는 물론이고 정치적, 종교적 갈등으로 인해 수많은 사회적 문제들이 산더미처럼 쌓여 있었다. 그러나 신세계가 발견됨으로서 많은 유럽인들은 새로운 기회를 찾아 신세계로 옮겨가게 되었고, 그 결과 신대륙은 새로운 유럽의 땅이 됨으로써 사회문제들도 자연스럽게 줄어들었다.

넷째, 중세봉건시대 이후 사라졌던 노예제가 다시 출현하게 되었다. 신세계에서 벌어진 수많은 개발사업, 광산업, 대규모 농업은 막대한 노동력을 필요로 하였는데 유럽인들은 그 노동력의 수요를 메우기 위해 아프리카 등지에서 노예를 사냥해 왔던 것이다. 그 결과 로마의 멸망과 더불어 사라지는듯 했던 노예제도가 다시 부활하게 되었다. 수요 있는 곳에 공급 있음은 자연의 철칙이다. 그러므로 막대한 노동력을 필요로 하는 곳에는 반드시 그 노동력을 충족시키는 방법이 생기게 된다. 고대의 노예, 중세의 농노, 현대의 노동자는 모두 그 이름만 다를 뿐 시대가 필요로 하는 노동력을 충족시키는 첨병들이었다.

다섯째, 종교개혁으로 인한 종교전쟁, 군주권의 신장에 따른 영토전쟁에 이어 식민지를 둘러싼 식민지전쟁이라는 새로운 형태의 전쟁이 일어나게 되었다. 당시 유럽의 각국 군주들은 권력 확장의 필수조건인 재정을 확충하기 위해 앞다투어 탐험을 장려하고 식민지를 개척하는데 여념이 없었다. 그런 군주들의 노력은 식민지 전쟁이라는 새로운 형태의 전쟁을 몰고 왔다. 말하자면 유럽의 군주들은 신대륙에서 획득한 경제적 부를 원동력으로 하여 절대권력을 확립할 수 있었지만, 식민지개척이라는 동일한 목표가 서로 부딪치면서 결국 식민지전쟁이라는 새로운 전쟁을 불러왔던 것이다. 이처럼 식민지전쟁 역시 정치적 전쟁이 아니라 경제력을 확보하기 위한 경제적 전쟁이었다. 인류역사가 입증하는 불변적 사실은 "인간의 모든 길은 경제로 통한다"는 것이다. 모든 피가 심장을 거쳐 순환하듯이 인간사회에서의 모든 일은 경제라는 사회적 심장을 거쳐 순환한다.

한편 영국에는 일찍이 왕의 권위를 제한하는 전통이 있었다. 마그나 카르타(Magna Carta, 1215년), 권리청원(權利請願, Petition of Rights, 1628년), 권리장전(權利章典, Bill of Rights 1689년), 등이 그것이다. 그런 일련의 사건은 의회의 지배권을 보호하고 확장하는 핵심적 역할을 했다. 그러나 15~16세기에 이르러 그 같은 의회의 특권은 소멸되었다. 프랑스와의 100년 전쟁이 끝나자 그 후유증으로 랭카스터(Lancaster)가(家)와 요크(York)가(家) 사이에 세칭 말하는 장미전쟁(1455~1485년)이 벌어졌다. 그때 의회를 지지하던 많은 귀족들이 죽어 의회의 힘이 약해졌을 뿐만 아니라 전쟁으로 인한 무질서와 경제적 궁핍에 시달려온 시민들은 헨리 7세(1485~1509년)의 강력한 통치를 환영하게 되었다. 그 결과 의회는 힘을 잃고 헨리 7세는 막강한 권력을 가진 군주로 등장하게 되었다.

헨리 7세가 그렇게 절대군주로 등장할 수 있었던 것은 경제라는 힘의 원동력을 가지고 있었기 때문이다. 영국의 튜더왕가는 헨리 7세로부터 1세기 이상 의회의 눈치를 보지 않고 절대적인 왕권을 휘두를 수 있었는데 그 가장 중요한 이유는 재정을 의회에 의존하지 않았기 때문이다. 헨리 7세는 그가 왕위에 오르는 것을 반대한 귀족들의 재산을 몰수하여 개인적인 경비를 충당하였고, 부유한 개인으로부터 받은 기부금이나 성실청(星室廳: Star chamber)같은 특별재판소를 통해 걷어 들인 세금으로 왕실의 경상수입을 보충하였다. 또 그의 아들 헨리 8세는 재정확충을 목적으로 수장령(首長令)을 내려 영국교회를 로마 카톨릭으로부터 독립시켜 스스로 영국교회의 수장이 되어 수도원이 소유하고 있었던 토지와 재산을 몰수함으로써 세입을 늘렸다. 그런 혁신적인 정책으로 튜더왕가는 모든 계층으로부터 높은 인기를 누렸다. 또 무역을 장려함으로써 상업계층의 계속적인 지지를 받았고 신흥귀족을 만듦으로써 토지 귀족들의 충성심을 확보하였다.

헨리 7세 때부터 확립되기 시작한 그 같은 영국의 군주권은 헨리 8세를 거쳐 엘리자베스 여왕에 이르러 그 절정을 이루었다. 엘리자베스 여왕은 안으로는 최후의 통일령을 반포하여 성공회를 승인함으로써 종교문제를 일단락 지었고, 스페인 필립 2세의 결혼을 거절함으로써 영국의 자주독립을 내외에 과시하였으며, 필립 2세와 내통하던 메리 스튜어트(Mary Stuart: 1542~1587년)를 처형함으로써 국내 정치의 기반을 확고히 하였다. 또 밖으로는 스페인에 대항하는 홀란드((Holland: 훗날의 Netherlands)의 독립운동을 지원하고, 길버트(Humphrey Gilbert: 1539~583년)와 롤리(Walter Raleigh)같은 인물을 북아메리카에 파견하여 식민지 개척에 나섰다. 길버트는 1583년 세인트존스만(灣)에 도착하여 그 주변에 처음으로 영국령 식민지를 건설하는 데 성공하였다. 엘리자베스 여왕은 또 당시 스페인의 화물선을 공략하여 아메리카로부터 실어오는 금은보화를 약탈하면서 해적으로 이름을 떨치고 있던 호킨스(John Hawkins)와 드레이크(Francis Drake) 등을 앞장세워 적극적으로 해양을 개척하였다.

호킨스(John Hawkins: 1532~1595년)는 1562년 당시 스페인이 독점하고 있던 흑인노예무역을 영국인으로는 제일 먼저 시작한 자로서 유명하다. 그는 아프리카와 서인도제도를 세 차례나 항해했던 인물이다. 또 드레이크(Francis Drake: 1545~1596년)는 두 차례에 걸쳐 대서양을 항해하면서 스페인 선박 및 식민지를 공격하였으며 1585년에는 스페인령을 공격하여 샌디에고, 산 도밍고, 카르타헤나를 점령하였고 1587년 카리스 항에서 스페인 함대를 불태우기도 했다. 드레이크의 그 같은 성과는 영국이 아메리카 식민지를 개척하는 밑거름이 되었다. 엘리자베스 여왕은 인도를 정복하고 식민지화하는 한편 1600년에는 동인도회사를 설립하였으며 아메리카에도 식민지를 세우는 데 성공하였다. 영국이 아메리카에 세운 최초의 식민지는 버지니아였는데 그 이름은 엘리자베스 여왕이 처녀였기 때문에 여왕에게 바치는 선물이라는 의미를 담고 있었다.

영국이 이처럼 스페인의 기득권에 도전하고 나서자 스페인은 더 이상 좌시할 수 없었다. 스페인은 필립 2세의 청혼거절, 홀란드 독립지원 등으로 강한 적대감을 드러내고 있었던 엘리자베스 여왕을 폐위시키고 카톨릭파의 메리 스튜어트(Mary Stewart)를 여왕으로 옹립하려 했으나 계획은 실패로 돌아가고 오히려 메리스튜어트는 엘리자베스 여왕에 의해 처형당하고 말았다. 일련의 계획이 실패로 돌아가자 마침내 필립 2세는 무적함대인 아르마다(Armada)를 동원하여 영국을 침공하였지만 호킨스와 드레이크 같은 노련한 해군 제독들의 활약으로 오히려 침몰되고 말았다. 그 결과 스페인은 몰락의 길을 걷고 영국은 스페인을 대신하여 세계의 해상권을 장악한 패권국이 되어 절대군주 시대의 황금기를 맞게 되었다.

프랑스의 절대주의는 루이 13세 때부터 기반이 다져지기 시작했다. 루이 13세는 1624년 당시 추기경으로서 막강한 힘과 능력을 지닌 리슐리외(Richelieu, 1585~1642년)를 재상으로 등용하여 절대군주체제를 성립시키는 데 성공하였다. 리슐리외(Richelieu)는 삼부회의에 성직자대표로 참석하였다가 루이 13세의 섭정을 맡고 있었던 모후(母侯) 마리 드 메디스(Marie de Médicis)에게 발탁된 인물이다. 그는 마키아벨리의 군주론을 실천에 옮긴 수단과 방법을 가리지 않는 능수능란한 정치인이었다. 그는 귀족들의 왕권에 대한 도전을 봉쇄하기 위해 봉건귀족들의 모든 방어벽을 파괴하고 사병을 해산시켰다. 지방행정의 관료화를 위해 감독자라는 이름의 관리를 지방에 파견하여 지방 제후들을 대신해서 지방행정을 담당케 하였다. 또 중세 이래로 귀족들의 권리였던 신분의회인 삼부회의에서도 발언권을 봉쇄함으로써 귀족들은 단지 왕권의 장식물이 되게 하였다. 또 밖으로는 유능한 군대를 조직하여 30년 전쟁에 참전하여 합스부르그가(家)의 타도를 시도하였다. 30년 전쟁은 원래 보헤미아 지방의 프로테스탄트와 카톨릭 간의 갈등에서 시작되어 30년간 지속된 마지막 종교전쟁이었다. 이 전쟁은 처음 보헤미아의 프로테스탄트들이 팔츠의 선제후(先帝侯) 프리드리히 5세를 국왕으로 받들고자 한데 대한 오스트리아 황제 페르디난트 2세의 탄압이 도화선이 되었다. 그러나 그 전쟁은 곧 국제전으로 변모하고 말았다. 합스부르그(Habsburg) 왕가와 전통적으로 적대관계에 있었던 프랑스의 루이 13세는 그 전쟁이 독일을 분열시키고 스페인에 타격을 줌으로써 결국 합스부르그 왕가에 타격을 줄 수 있다는 판단아래 참전하였다. 그 결과 프랑스의 의도대로 독일의 전 지역은 전쟁으로 황폐화 되고 합스부르그가에 의해 지탱되었던 신성로마제국은 유명무실해져 버렸다.

루이 13세가 죽고 불과 5세밖에 안된 루이 14세가 즉위하자 오스트리아 출신의 모후 안느(Anne)가 섭정을 시작했다. 이 섭정하에서 마자랭(Guilio Mazarin)은 리슐리외의 정책을 계승하여 먼저 삼부회의를 무시하였다. 삼부회의는 1614년부터 1789년 프랑스 대혁명이 터질 때까지 장기휴회에 들어가게 되었다. 이것은 프랑스가 전형적인 절대군주체제를 갖추게 되었음을 의미한다. 이러한 봉건귀족들에 대한 노골적인 탄압정책은 프롱드 난(La Fronde)이라고 하는 귀족의 난(亂)을 불러일으켰다. 이 난(亂)은 2차에 걸쳐서 일어났는데 모두 실패로 돌아가고 오히려 중앙집권적 절대왕권을 강화시키는 계기가 되었다.

1661년 마자랭이 죽고 불과 14살에 친정을 시작한 루이 14세(1643~1715년)는 왕으로서 남다른 자질을 갖추고 있었다. 그가 전형적인 절대군주가 될 수 있었던 것은 당시의 역사적 상황이 그것을 허락하고 있었기 때문이다. 그가 집권했을 때 프랑스는 국내적으로 리슐리외와 마자랭의 통치로 이미 강건한 절대주의 체제가 갖추어져 있었다. 루이 14세는 중앙집권체제를 더욱 강화하여 신분회의인 삼부회의를 억압하고 행정조직을 통해 국내외의 정치권력을 왕이 직접 장악하였다. 특히 재무상이었던 콜베르(Jean Baptiste Colbert)는 중상주의 정책을 통하여 이를 뒷받침했다.

그는 프랑스의 국력을 높이기 위해서는 국가재정을 확충해야 한다는 소신을 가지고 있었다. 여기서 콜베르티즘(Colbertisme)이라고 하는 프랑스 특유의 중상주의 정책이 나왔다. 그에 의하면 첫째, 국가는 평화시든 전시든 자체 존립에 필요한 모든 물자를 국내에서 생산하거나 혹은 식민지에서 수입해 올 수 있어야 하며, 둘째, 부를 화폐(금은)와 동일시하여 화폐의 축적을 곧 부의 축적으로 인식하고 국가의 번영을 위해서는 수출을 가급적 장려하고 수입을 제한하여 무역 차액을 증대시키는 무역차액제도를 주창하였다. 콜베르는 이 같은 정책을 통하여 무역을 진흥시키고 산업활동을 장려하는 한편 재정지출을 삭감하고 세제를 정리하여 국부를 증대시킴으로써 중앙집권체제를 강화하였다. 이같이 도구력 초기, 중기, 말기를 거쳐 오면서 신적(神的) 통치에서 인간적 통치로 정치적 모습이 크게 변하자 그에 따라 문화도 당연히 변하게 되었다.

세계적으로 보면 16세기의 패권국은 스페인이었다. 이때의 스페인 왕은 신성 로마제국 황제 칼 5세였고 합스부르크가의 출신이었기에 프랑스와는 견원지간이었다. 그런데 17세기에 들어오면 당시 세계경제의 중심이고 합스부르크가의 영지인 홀랜드(Holland)가 반역하여 자립하고 세계의 패권국이 된다. 이리하여 홀랜드(네덜란드, Netherlands)에 상응한 사상가가 나타난다. 그가 바로 후고 그로티우스(Hugo Grotius 1583~1645년)이다. 그로티우스(Grotius)는 홀랜드의 신학자이자 법학자였다. 라이덴 대학에서 공부하고 15세에 변호사가 되었다. 그는 신학자이었기에 국가론에서는 마키아벨리의 현실주의에 반대하고, 국가를 신으로부터 설명한다. 그러나 그를 유명하게 한 것은 해양자유론과 전쟁과 평화에 관한 국제법이다. 16세기에 스페인과 포르투갈과 같이 패권국이 된 것은 해군력에 의해서였다. 그들의 함대는 세계의 바다를 지배하여 무역을 독점하고 있었다. 이에 대해 도전한 것이 홀랜드였다. 1581년에 독립선언을 하고 격렬한 독립전쟁을 했다.

상업국 홀랜드는 스페인의 봉쇄망을 돌파하고 해외 특히 아시아와 무역에 성공하여 1602년에 세계 최초의 동인도회사를 설립했다. 이런 상황은 자유항해의 권리를 필요로 했다. 그로티우스는 이 시대적 요청에 응해 "독립한 민족국가는 그 선박을 자유로이 세계의 바다에 항해하고, 무역하는 자유를 가져야 한다"고 주장했다. 그로티우스는 전쟁이 국제분쟁 해결의 최후수단이지만, 그것에 질서를 부여하고 전쟁의 참상을 조금이라도 경감하려고 노력했던 것이다.

15세기에서 18세기까지의 서유럽은 말하자면 과도기이고 숨 가쁜 전환의 시기였다. 신흥세력이 일어나는가 하면 한편 낡은 것이 몰락하는 시대이기도 했다. 어떤 사람에게는 활기찬 시대이고, 어떤 사람에게는 우울한 시대이기도 하였다. 영국도 마찬가지였다. 비록 기계를 사용하지 않는 수공업이었지만 자본주의가 발달하여 공장이 생기고 농촌에서도 공동체에서의 복잡한 토지제도를 엔클로저 운동에 의해 광대한 대목장이나 농장으로 조성하여 상업적인 농업을 행하는 사람이 늘어나게 되었다.

이런 시대적 상황이 엘리자베스 여왕의 메리 잉글랜드 시대를 만들어내고 토마스 모아의 유토피아와 같은 사상을 낳게 만들었다. 토마스 모아(Thomas More, 1478~1535년)는 전형적인 르네상스 사람으로서 그리스 로마의 고전에 능통한 인문학자였다. 법률을 배우고 변호사가 되었으나 경건한 가톨릭교도이기도 하였다. 헨리 8세의 총애를 받아 외교관으로서 활약하고, 대법관으로까지 출세했다. 많은 왕비를 바꿈으로서 유명한 헨리 8세가 캐서린 왕비의 시녀였던 앤 볼린(Anne Boleyn)과 결혼하기 위해 캐서린과 이혼했을 때 모아(More)는 반대했다.

더욱 로마 교황청으로부터 종교적으로 분리하는 것을 선언한 국왕의 국교회 수장권(首長權)을 부정했다. 그것으로 대역죄를 선고받고 처형되었다. 모아의 이름이 알려지고 있는 것은 그의 저서『유토피아(Utopia)』때문이다.『유토피아(Utopia)』란 어디에도 없는 곳(No where)이란 뜻인데 이상적인 나라를 공상하여 서술한 것이다. 그것은 "모두가 납득할 수 있는 종교에 따른 도덕, 모두가 아는 법률, 생활자원의 공유와 화폐의 폐지, 유혈을 최소한으로 하는 전쟁, 이성적이고 관용적인 종교"를 주장하는 모아(More)의 소망을 표현한 것이었다. 그것은 일종의 정치적 이상을 표현한 것이기도 하다.

모아의 사상은 목가적이기는 하나 그 자신이 종교에 의해 처형된 것처럼 현실은 엄한 것이었다. 16세기 전반의 영국은 구교와 신교, 그 중간의 앙글리칸 국교회파 사이에 흔들리고 겨우 엘리자베스 여왕 아래서 국교회로서 안정을 받았지만 여왕 사후에는 다시 요동한다. 르네상스 때에는 근대적인 국민국가의 건설을 위해 국가 주권의 확립이 중요시되고 정치사상도 그러한 경향이 반영되었다. 따라서 마키아벨리나 보댕(Jean Bodin)의 이론이 내세워졌다. 그래서 국왕은 스스로 권력에 권위를 부여하기 위해 "왕권신수설"을 주장했다.

영국 국왕 제임스 1세는 스스로 "자유로운 왕제(王制)의 참다운 법"(1603년)을 쓰고 국왕의 권력은 신으로부터 수여된 것이라고 주장했다. 이 생각에 저항하기는 매우 어려웠다. 토마스 모아(Thomas More)조차도 국왕보다 로마교황이 위라고 밖에 비판하지 못했다. 그러나 17세기에 들어오면 감히 이에 도전하는 사람이 나타난다. 그것은 영국 국왕을 수장으로 하는 국교회 비판이라는 형식으로 나타났다.

왜 그런 형태로 나왔던가? 하나는 자본주의 발전에 따른 이해의 대립이 격화되었기 때문이다. 그것이 국교회를 둘러싼 대립으로 표출되었다. 국교회에 반대하는 사람들은 여러 종류가 있었으나 대체로 국교회의 불순한 방식에 반대했고, 이들은 퓨리탄(Puritan)이라고 불렸다. 17세기에 들어와서 크고 작은 다툼이 시작되고 1642년부터 이른바 퓨리탄 혁명이 폭발한다.

퓨리탄 혁명을 피하려고 프랑스에 망명하여 정치학의 대저(大著)를 쓴 사람이 토마스 홉스(Thomas Hobbes, 1588~1679년)였다. 홉스는 영국의 철학자이자 지방 국교회의 목사 아들로 태어났다. 옥스퍼드 대학에서 공부하고 나서 귀족의 가정교사로서 대륙을 여행하고 갈릴레이, 데카르트, 프란시스 베이컨의 영향을 받았다. 퓨리탄 혁명 때는 파리의 혁명 궁정에서 봉사하고 리바이어던(Leviathan, 1651년)을 썼다. 리바이어던이란 성서에 나오는 거대한 수중의 괴물 이름이다. 퓨리탄 혁명 후, 공화국 정부와 결탁한 후 계속해서 궁정과는 양호한 관계를 유지했다.

홉스의 정치학은 "자연상태→사회계약→주권국가"라는 논리로 구성되어 있다. 그가 보는 인간의 본질은 "인간은 자신의 생명을 보존하려는 궁극적 목적을 달성하기 위해 생존하는 존재"였다. 따라서 인간은 자기의 생명을 지키기 위해서는 무엇을 해도 무관한 권리를 가지고 있다. 그러나 방치하면 "만인에 대한 만인의 투쟁"이 될 수밖에 없다. 사람은 다른 사람에게 늑대이기 때문에 투쟁으로는 궁극적 목적인 자기보전조차도 위태롭게 된다. 이 딜레마를 면하기 위한 출구가 사회계약인 것이다. 즉, 각자는 자기 자신을 통치하는 권리를 특정의 인물이나 집단에 양도하는 것이 사회계약이라고 했다.

다만 이 계약은 계약 참여자 각자가 받는 이익이 평등하다는 조건이 붙는다. 그런조건 하에서 자기 통치권이 양도되고, 그것을 갖는 자가 주권자이다. 이 주권자는 인간이 자기 마음대로 하는 것을 금지하고 질서 있는 국가 상태를 유지하지만 그것이 가능하기 위해서는 충분히 강력해야 한다. 이러한 질서유지가 주권자의 임무이지만 종교는 앵글리칸(Anglican)이든 퓨리탄(Puritan)이든 상관이 없다. 따라서 종교적 자유에 관용적인 종교는 주권자로서 적합한 것이 아니다. 하지만 주권은 전능이 아니다. 그것은 사회질서를 위해 구성된 기계와 같은 것이므로 그것이 망가지고 기능하지 않으면 인민은 복종하지 않아도 된다. 이렇게 홉스의 정치사상은 퓨리탄 혁명의 통절한 경험을 바탕으로 왕권신수설에 반대되는 주권의 유래를 설명하려 한 것이었다.

홉스의 정치사상이 17세기의 정치적 격동을 국교회 측으로부터 경험한 사람의 사상이라고 하면 퓨리탄 측에서 경험한 사람의 사상은 존 로크(Locke, 1632~1704년)의 사상이다. 로크는 영국의 경험론 철학자인 동시에 정치사상가였다. 그는 퓨리탄의 가문에서 태어나 옥스퍼드 대학에서 배우고 샾스베리(Shaftesbury) 공(公)의 지원을 받아 정치에 참여했으나 왕정복고 후 찰즈 2세와 샾스베리의 대립이 격화되자 홀랜드(네덜란드)로 망명하지 않을 수 없었다.

찰즈 2세 다음의 제임스 2세는 너무나 구교적이고 친프랑스적인 정책을 취했기 때문에 의회 지도자들은 제임스 2세를 추방하고 그의 장녀이자 신교도인 메리와 그의 남편인 윌리암(뒤의 윌리암 3세)을 홀랜드에서 영입했다. 이것을 명예혁명이라고 한다. 존 로크도 영국으로 귀국하여 왕성한 저술 활동을 했다. 록크가 처음 관심을 가진 것은 종교 문제였는 데 그 총결산이 『관용에 관한 서한: A Letter concerning Toleration』이다. 그는 혁명정권이 끝나고 왕정복고가 되었을 때 이 논문을 쓰기 시작했다.

그 자신은 퓨리탄이었으나 종교문제로서 내란이 다시 일어나는 것을 두려워하고 위정자의 종교개입을 일체 거부하는 퓨리탄에 대해서 약간 거부적인 태도를 취하고 있었다. 그러나 1661년의 논문에서 "세속 권력이 인민을 어느 특정의 종교에 가입시킬 수는 없다"고 주장했다. 록크는 1670년에 『인간오성론』을 발표하고 그의 경험주의 철학을 집대성하였다. 그리고 1690년에 『통치론』을 발표하고 정치국가론을 전개했다.

그는 정치권력이란 사유재산의 조정과 보전을 위해 모든 형벌권을 가지고 법률을 작성하고, 그 법률의 집행과 국가의 보위를 위해 필요한 조치를 취하는 권한이라고 규정하여 공공의 복지에 권력의 목적을 두었다. 그리고 이 정치권력의 기원에 홉스와 같이 공동생활을 구성하는 사람들의 동의와 계약을 찾았다. 거기에 덧붙여 록크는 홉스가 말한 것처럼 인간은 자기의 욕구를 추구하지만 타인의 생명, 재산, 자유를 침범해서는 안 되는 자연법을 지킨다고 했다.

그러면 인간은 왜 홉스가 주장한 "만인에 대한 만인의 투쟁"이라는 늑대적인 상태를 벗어나서 자연법을 지키게 된 것일까? 그에 의하면 "노동이 사유재산을 낳았으나 곧 화폐의 발명에 의해 인간이 이용하는 이상의 소유권을 승인하는 데 합의했기 때문"이라고 한다. 화폐는 이렇게 상호의 동의에 의해 생겨난 것이지만 그럼에도 불구하고 사유재산의 불평등을 낳는다. 그러나 사회계약에 의해 상호의 소유권을 안전하게 향유할 수 있게 된다고 보았다.

록크의 생각은 명예혁명을 정당화하려는 것이었으나 홉스와 록크가 주장한 사회계약이 그럴듯한 픽션(fiction, 환상)이라고 조소하며 인간성 속에서 정치의 필연성을 찾으려 한 사람은 흄(Hume)이다. 데이브드 흄(David Hume, 1711~1776)은 영국의 철학자이고 역사가이며 스코틀랜드의 수도 에딘바라의 명문 출신이다. 그의 철학은 영국의 경험철학을 끝까지 밀고 나가 선배인 록크에게 남아있었던 형이상학의 잔재를 추방했다. 정치사상에 있어 선배들이 주장한 사회계약을 픽션(Fiction)이라고 단정한 그의 정치사상은 "국가란 그런 픽션에 의한 것이 아니라 인간성에 바탕을 두고 있어야 한다"고 주장했다.

확실히 인간 속에는 이기주의와 지배욕이라는 측면이 있다는 것을 부정할 수 없다. 그러나 그 이외의 것도 있다. 그것도 결국은 같은 이기심에서 나오는 것이지만 인간에게는 타자와의 공동생활을 바라는 면도 있는 것이 사실이다. 흄은 "인간의 본성은 개인의 결합 없이 결코 형성되지 않는다. 이러한 결합은 만일 평등이나 정의에 관한 법의 존중이 전혀 없다면 법은 성립되지 않는다. 질서를 지키는 것이 자기의 이익에도 맞고 유용하다는 사실이 사람들로 하여금 통치에 대해 복종할 필요를 느끼게 한다."고 보았다. 즉 그에게 있어서 사회계약설은 민중을 달콤하게 만들고 정치사회에 있어 최대의 위협인 민중의 열광을 선동한다는 점에서 위험한 사상이었던 것이다. 흄에게 바람직한 것은 온건한 통치였고, 그것은 관념에 의해서 조립된 정체가 아니라 오랜 관습에 의해 지탱되는 것이었다.

영국의 정치사상이 국가주권의 근원을 찾고 "왕권신수설→사회계약설→인간본성설"로 발전한 것처럼 프랑스에서도 거의 같은 길을 따라 정치사상이 발전했다. 단지 영국에서 종교상의 대립에서 일어난 혁명 속에서 왕권신수설에 대신하는 것으로서 사회계약설이 나온 데 반해, 프랑스에서는 영국의 영향을 받고서 나온 사회계약설이 실제로 혁명을 불러일으켰다. 바로 흄이 두려워했던바 그대로였다. 프랑스에서 왕권신수설을 주장한 사람은 작크 보슈에(Bossue, 1627-1704)였다.

보슈에(Bossue)는 프랑스의 종교가이자 웅변가로서도 알려져 있는 인물로서 지금도 그의 문체는 교본이 되고 있을 정도이다. 루이 14세의 황태자 가정교사가 되었으나 그 교육을 위한 "세계사론"에서 왕권신수설을 세련시켜 부르봉왕조의 공식적 정치이론가로서 큰 영향을 미쳤다. 그런데 프랑스는 중세에 있어선 영국보다 번창한 대국이었지만 근대 국민국가의 성립이 늦어지는 바람에 점차 영국에 뒤지게 되었다. 비록 루이 14세가 분발했으나 대세를 돌이킬 수는 없었다. 18세기 초에 있었던 해외영토쟁탈전에서 영국에 지고, 1763년의 파리 조약에서 결정적으로 세계강국의 자리에서 밀려나게 되었다.

17세기에는 당시 시대의 흐름 속에서 자연스럽게 프랑스, 특히 파리가 세계정치의 중심지가 되고 그 영향으로 외교용어가 프랑스어로 중용될 정도였다. 그러나 18세기에는 거꾸로 프랑스에서 영국붐이 일어났다. 당시의 프랑스 지식인은 대부분 영국을 여행하고 당연히 영국사상의 영향을 받았다. 18세기 후반에는 경제면에서도 영국의 산업혁명 성과를 받아들이려고 했지만 일이 잘못되는 바람에 오히려 혁명이 폭발했다. 이렇게 왕조의 어용이론에 대한 비판도 영국을 본보기로 해서 나왔는데 최초의 저명한 인물이 바로 몽테스큐(Montesquieu, 1689~1755년)였다.

몽테스큐는 프랑스 법관 귀족의 출신이었다. 프랑스 남서부의 가스콘(Gascon) 지방에서 태어나 가톨릭의 교육시설에서 교육을 받고 1716년에 보르도(Bordeaux)의 고등법원장이 되었지만 1725년에 그 직을 사직하고 영국을 위시하여 유럽 여러 나라를 여행하고 귀국한 후에 자기의 영지에서 저술활동에 전념했다. 몽테스큐는 분명히 영국의 사상만이 아니라 영국의 제도로부터도 많은 것을 배웠을 뿐만 아니라 그의 넓은 시야는 세계 전체의 풍토, 역사, 사회에 걸쳐있었으며 단순한 추상적인 이론에 의해서가 아니라 구체적인 실증에 의해서 자신의 주장을 뒷받침하고 있었다.

그의 생각에 흐르는 사상의 첫째는 "인간은 우연이나 기분에 의해서 지배되는 것이 아니라 어떤 필연적인 것, 법칙적인 것에 의해 지배를 받는다"는 것이다. 따라서 규정이나 법률은 인간의 풍토적 환경이나 사회적 환경, 그 상호관계에 의해 분석되어야 한다는 것이다. 즉 "기후, 종교, 법률, 정치의 방식, 과거의 사례, 습속, 생활양식이 인간을 지배하고 거기서 그 결과인 일반정신이 형성되고 각 국민의 일반정신은 이들 요소의 상호 조합의 정도에 따라 상이해진다"는 것이다. 그러나 자연법칙과 사회규범의 구별이 분명히 제시되지 못한 아쉬운 점이 있다.

그의 둘째 사상은 "정치적 자유"라는 이념에 충실하는 것이었다. 그 자신의 신분이 법관출신이고 국왕의 자의적인 권력행사를 제약하는 입장에 있었을 뿐만 아니라, 영국에서 자연스럽게 성립하고 발전한 "입법, 사법, 행정"이라는 3권의 분립을 정형화하고 그 삼권(三權)이 각기 다른 사람과 기관에 의해 담당되어야 한다고 주장했다. 정치적 자유를 확보하기 위해서는 외부로부터 압력을 가하는 것이 아니라 권력의 내부를 나누고 각 부분의 균형에 의해 권력의 독주를 막으려고 했던 것이다. 이 생각은 그 후의 정치사상에 크나큰 영향을 주게 되었다.

몽테스큐는 귀족이었으나 그 이후의 18세기 프랑스에서는 계몽주의자라고 불리는 사람들이 많이 나타난다. 그들은 대체로 하층계급, 부르조아, 소부르조아라고 불리는 잡다한 출신의 사람들로서 주로 살롱을 중심으로 하여 문예활동, 철학사상, 과학론 등의 지적활동을 했던 근대적 문필가들이었다. 그들은 이성을 인간사회의 최고 가치로 보았고, 낡은 폐습 같은 것을 서슴없이 배격하였다. 그중에서도 대표적인 사람이 바로 볼테르(Voltaire, 1694~1778년)였다.

볼테르는 계몽주의의 대표적인 사상가로서 계몽주의의 표어인 "자연과 이성"이라는 이념을 프랑스에 정착시킨 사람이었다. 그의 저작은 록크의 철학과 뉴턴의 물리학을 소개하는 데에서부터 시작한다. 이성을 실체화한 데카르트의 형이상학에 록크의 경험론을 대비시키고 또한 데카르트의 기계론적 자연관에 뉴턴의 실험적 물리학을 대비한 것이었다. 원리적으로 자연이나 사회를 파악하려는 것이 아니라 우선 목전의 사실을 엄밀히 분석하자는 것이었다.

그의 예리한 재기가 번득이는 문장이 알려지자 그는 전체 유럽의 유명인사가 되었고, 프로이센의 프리드리히 대왕으로부터 초빙을 받아 포츠담 궁전(Potsdam Palace)에 잠시 체류하기도 했으며, 러시아의 에카트리나Ekatrina) 여제(女帝)와 교류하기도 했다. 그는 그의 모든 저작을 통해 전제정치와 가톨릭교회를 신랄하게 비판했다. 그러나 다른 한편으로 볼테르의 그런 비판은 프리드리히 대왕이나 에카트리나 여제와 같은 계몽 전제군주를 옹호하는 것이기도 했다. 이런 의미에서 그의 사상은 일관성이 부족하다는 비판도 받는다.

볼테르는 디드로(Denis Diderot)와 달랑베르(d'Alambert)를 편집 책임자로 하여 1759년에 간행했던 당대의 종교와 사회를 비판하는 그의 대표작 캉디드(candide)의 부제목 "낙천주의(樂天主義)"가 암시하는 바와 같이 라이프니츠 등의 낙천적 세계관을 조소하고, 사회적 부정과 불합리를 고발하는 대표작이다.

이들이 모인 살롱이 낳은 급진주의자의 한 사람으로서 좀 색다른 문필가였던 사람은 바로 장 자크 루소(Rousseau, 1712~1778년)였다. 루소는 스위스의 쥬네브에서 시계공의 아들로서 태어났다. 13세 때 도제로서 취업했으나 고달파서 탈주한 후 각지를 방랑하며 프랑스 사회의 어두운 면을 직접 보게 되었다. 그런 방랑생활은 12세 연상의 여성을 만나면서 벗어나게 되었다. 그녀는 루소에게 어머니였고 애인이었고 교사였다. 루쏘는 그녀와 행복한 8년을 보낸 뒤 그녀를 떠나 파리로 갔다.

그는 문필가가 되려고 1750년에 "학문과 예술의 진보는 관습을 순화하는데 도움이 되는가?"라는 현상논문에 응모하기 위해 "학문예술론"을 썼다. 루쏘는 그 논문에서 노(No)라고 답하여 일약 유명해지는 동시에 재미있는 역설이라고 살롱에서 환영을 받았다. 이어서 "인간불평등론", "사회계약론"을 발표하였다. 여기서 주목되는 것은 진보와 긍정의 계몽주의 흐름에서 루소는 감히 문명에 대해 부정적 견해를 취했다. 그에 의하면 "문화도 문명도 인간을 타락시키는 것"에 지나지 않았다. 따라서 인간불평등론에서는 사회체제 그 자체를 철저하게 공격한다.

"토지의 어느 부분을 담으로 둘러싸고 이것은 내 것이요 하고 선언하는 것을 보고 사람들이 그것을 믿을 만큼 단순한 것임을 발견한 최초의 인간이 정치사회의 최초의 창시자였다"고 단언한 것처럼 그는 사유재산이야말로 인간 사이에서의 불평등의 원인이고 "부자인 인간이 가난한 사람을 억제하기 위해 법률이나 국가를 만들었다"고 주장했다. 사회계약론에서 그는 "인간은 태어나면서 자유이지만 그러나 도처에서 철의 사슬에 얽매여 있다"고 논하는 동시에 "인간은 자연에 반하는 피압박의 상태에 떨어지기 이전의 자연상태를 그리워한다"고 강조했다.

그런 자연상태에는 "당파간의 대립이 없으므로 각자는 자기의 모든 것을 전체를 위해서 위양할 수 있다. 그 결과 이제까지의 지배자와 인민과의 불평등한 관계가 아니라 각자의 자유의지가 결합된 정부를 만들 수가 있다."고 주장했다. 그런 행위를 그는 사회계약이라고 불렀다. 그것은 영국의 홉스나 록크의 사회계약설을 수정한 것이었다. 이런 사회계약 하에서 주권은 인민에게 있고, 정부는 단지 정치의 집행을 위탁받은 데 지나지 않는다. 다시 말하면 "국가의 주인은 인민이고 그 의지는 절대적"이므로 만일 정부가 인민의 의지에 반하면 인민은 정부를 바꿀 수가 있다는 것이다. 프랑스 혁명은 바로 이 루소의 사상에 기초를 두고 있는 것이었다.

1789년의 인권선언도 바로 이 루소의 정치사상에 의해서 생겨났다. 그때부터 그는 개인주의자인가 전체주의자인가라는 논쟁이 있었다. 자연에 대한 찬미에서 출발하면서도 그것이 반전되어 사회계약에 의한 독재의 정당화를 옹호했던 점은 그가 근대 전체주의의 시조라고 볼 만하다. 혁명이란 무서운 것이다. 프랑스 혁명은 바스티유 감옥의 습격으로부터 시작되었지만 정권이 바뀔 때마다 과격해지고 공포정치로 이어져 정권이 붕괴할 때까지 혼란이 지속되었다. 정권의 주체가 된 의회가 변함에 따라 혁명은 계속 새로운 혁명으로 이어졌다.

혁명의 제1단계는 루이 16세가 국외 망명을 시도하다 체포되자 국민공회는 그를 단두대에 올려 처형하였다. 그로서 왕정이 종식된 프랑스는 1791년 최초의 근대적 선거에 의해 선출된 국민제헌의회에서 프랑스 헌법을 제정하고, 국체를 공화국으로 선포하여 프랑스 제1공화국을 출범시켰다. 그러나 신생 프랑스 공화국의 정치는 매우 어수선하였다. 주변의 제후들은 여전히 공화국 전복과 앙시엥 레짐

(Ancien Régime)의 복귀를 획책하고 있었고, 국내에서는 자코뱅의 산악파(Montagnards)가 정적들을 반혁명 세력으로 몰아 숙청하는 공포정치를 펼쳤다. 이에 1793년 프랑스 의회는 자코뱅파의 공포정치를 합리화하기 위해 헌법을 개정하여 "인민주권"을 처음으로 헌법에 명문화하였다. 그리하여 왕정이 폐지되고 "공화제"가 선언되었다. 더욱이 1793년 1월에 루이 16세가 처형되고 5월 말에 있었던 대중봉기로 지롱드(Gironde)당(黨)의 정권이 넘어지고, 자코뱅당(Jacobins)의 독재가 시작되었다. 그때부터 길로틴(Guillotine: 단두대)이 고통없는 처형 방법이라고 알려지면서 많은 급진파의 지도자였던 로베스피에르(Robespierre)에 의해 루이 16세를 비롯한 수백 명의 반대파 인사들이 단두대의 이슬로 사라졌다.

이에 과격파들도 더 이상 그런 단두대의 참극을 견디지 못하고 마침내 1794년 7월에 로베스피에르와 그 부하들을 붙잡아서 처형해버리고 말았다. 그리하여 혁명의 광란은 종지부를 찍었다. 그러나 그런 광풍을 맞아 지롱드파(Girondins)의 양심적인 합리주의자 꽁도르세(Condorcet)와 화학자 라봐제와 같은 훌륭한 사람들까지 처형되자 많은 사람들은 목숨을 보전하기 위해 도망치고 말았다.

프랑스 혁명의 발발과 진행은 처음에 많은 사람을 감동시켰다. 그러나 사유재산이나 민주주의만이 아니라 생명을 위협하는 과격한 행동은 국민들을 실망시켰다. 프랑스 혁명이 가져다준 최대의 결과물은 이성을 앞세우고 신앙을 상실케 한 것이었다. 그 결과 프랑스의 백과사전파나 계몽주의자들이 무시했던 국가라는 개념에 대한 재평가가 전체 유럽으로 퍼져나갔다. 특히 독일에서 그 파장이 현저하였다.

나폴레옹 전쟁에서 패한 프로이센(Preussen)이 위기에 처했을 때 행한 "독일 국민에게 고함(Reden an die Deutsche Nation)"이라는 강연으로 너무나 유명한 애국자 피히테(Johann Gottlieb Fichte)와 한때 프랑스 혁명을 찬미했던 헤겔도 국가는 윤리적 존재여야 한다고 외칠 정도였다. 이런 국가의 재평가와 더불어 전통과 민족이 강조되었다. 독일에서는 민족정신에 의거한 낭만주의가 일어났다. 계몽주의의 이성만능과 보편주의에 반발하여 민족의 전통과 개성을 중시하는 경향이 일어났던 것이다.

예를 들면 오스트리아의 애덤 뮬러(Adam Muller)는 국가를 민족공동체로 파악하는 유기체적 국가론을 전개했다. 그에 의하면 "국가는 단순한 공장, 농장, 상인조합이나 보험회사와 같은 것이 아니라, 한 민족의 정신적, 물질적인 모든 요소, 즉 문화적 경제적인 재산과 사적 공적 모든 생활의 전체를 포함하는 살아 움직이는 일체라고 주장했다. 그런 존재로서의 국가는 "하나의 유기체로서 다수의 부분적인 조직으로 형성되고 전체는 부분을, 부분은 전체를 보증을 하는 것"이라고 했다.

영국에서도 처음에는 프랑스 혁명에 찬사를 보냈지만 끔찍한 대학살에 곧 환멸을 느낀 에드먼드 파크(Edmund Park, 1729~1797년) 같은 사람이 나타났다. 그는 정치가인 동시에 사상가이고 휘그(Whig)당의 의원으로서 정부에 대해 비판적인 입장을 견지했던 인물이다. 미국의 독립운동을 찬성하고 지지했으나 프랑스 혁명에 대해서는 반대의견을 표명했다. 프랑스 혁명이 불러일으키고 유럽에 확산된 것은 명예혁명 이래로 영국에서 길러진 "자유의 체제에 대한 도전"이라고 통렬히 비판했다.

프랑스에서도 이런 입장의 사상가가 나타났다. 그 대표적인 인물은 메스트르(Joseph De Maistre, 1753~1821년)였다. 그는 프랑스 혁명 때의 유혈 원인이 18세기의 계몽주의자들, 특히 루소에 기인한다고 지적했다. 루소의 사회계약설은 완전한 픽션(Fiction, 허구)을 바탕으로 한다면서 사회계약설의 맹점을 조목조목 밝혔다. 여기서 그는 "루소가 인간은 자유인으로 태어났다고 선언"했으나 그것은 선동이라고 비판했다. 그 자신은 군주제야말로 가장 자연스러운 정체라고 주장했다. 군주제에는 여러 가지 군주제가 있다. 그가 특히 높이 평가하는 것은 영국의 군주제였고, 3권분립에 의해 탄생된 정치적 균형이 훌륭한 단일 주권을 낳았다고 찬양했다.

이런 낭만주의적이고 민족주의적인 흐름과 더불어 그 대극(對極)에 자유주의적 개인주의적 흐름도 존재했다. 그러나 그 자유주의는 루소가 주장하는 국가에 반역하는 자유가 아니라 국가의 존재를 전제하면서 가능한 한 국가의 간섭을 받지 않고 자유를 누리는 영역을 확대하려는 자유주의였다. 그렇게 19세기 이전에는 종교적 자유가 중심이었고 종교적 관용을 구하는 범위 내에서의 자유였다. 그러나 프랑스혁명 후로는 경제활동의 자유를 구하는 쪽으로 비중이 기울어졌다. 그것이 애덤 스미스의 자유방임주의였고, 영국의 법학자 제러미 벤덤(Jeremy Bentham)의 공리주의였고, 밀(John Stuart Mill)의 "질적 공리주의"를 전제로 하는 자유주의였다.

제레미 벤덤(Bentham, 1748~1832년)은 런던에서 태어난 영국의 철학자이자 변호사로서 그가 지은 "도덕 및 법률의 원리 서설"이 발간되면서 유명해졌다. 그는 영국 자유주의의 대표적인 사상가였다. 그가 내세운 원리는 우선 "공리의 원리"였고, 다음이 "최대다수의 최대행복"이었다. 이런 이념이 이전에 전혀 없었던 것은 아니었지만 벤덤의 공적은 이들 원리를 사회를 개량하기 위한 지도원리로서 확립한 점이었다.

그가 말하는 공리(公利)의 원리는 "인간의 행복을 증대하는 것은 선(善)이고, 인간의 행복을 감소하는 것은 악(惡)"이라는 가치관 위에 윤리를 조립하려고 하는 것이었다. 그것은 철저한 개인주의였다.

그에게는 여러 개인만이 실재하는 것이고, 사회는 단지 명칭에 불과하였다. 따라서 "사회의 이익은 사회를 구성하는 멤버의 이익의 총화"가 된다. 여기서 사회의 참다운 지향점은 최대다수의 최대행복을 실현하는 것이고 이것이 실현될 때 사회의 행복은 최대화된다는 것이다. 그러나 이런 논리가 성립하기 위해서는 각자가 자기의 행복을 추구할 때 다른 사람과 경합하거나 대립하지 않는다는 조건이 있어야 한다.

벤덤은 이런 경합 대립이 있을 수 없다고 생각한 점에서 애덤 스미스의 "예정조화설"과 동일한 기반에 서 있다. "각자가 행복을 추구하는 것은 다른 사람과 충돌하는 것이 아니라 사회의 행복을 최대로 함으로서 다른 사람에게도 이익이 된다"고 생각한다. 선한 자뿐이라면 국가는 불필요하다. 그러나 현실에는 범죄자가 있으므로 안전의 유지를 위해서는 국가가 필요하다. 즉 국가는 필요악이다. 따라서 작은 정부, 사람이 잠자는 조용한 밤의 질서를 남모르게 지키는 야경국가가 바람직한 국가라고 했다.

벤덤의 제자로서 영국에서 자유주의를 완성한 사람은 바로 존 스튜어트 밀(John Stuart Mill, 1806~1873년)이었다. 그는 철학자이자 경제학자였지만 공리주의 사상가인 아버지 제임즈 밀에 의해 영재교육을 받았다. 처음에는 벤덤에게 깊이 심취했지만 곧 벤덤의 이론에 문제점이 있음을 깨닫고 벤덤을 비판하게 되었다. 밀의 벤덤에 대한 첫 번째 비판은 벤덤이 주장하는 개인주의의 원자론적 인간관에 대해서였다. 사람은 평등하며 모든 개인은 유일한 사람으로서의 개인으로 생각해야 한다는 벤덤의 주장에 대하여 밀은 "인간은 결코 평등하지 않고 동질적이 아니다"라는 현실을 대치시켰다. 벤덤이 인간을 일률적으로 평등하다고 생각한 것이 평등을 잘못 생각한 것이라고 보았던 것이다.

둘째로 벤덤은 주관적 행복을 최대화해야 한다고 하지만 밀은 최대화의 객관적인 기준을 제시해야 하며, 더욱이 행복이라 해도 "바람직한 행복과 바람직하지 않는 행복" 등, 다양한 행복이 있기 때문에 모든 사람은 "보다 바람직한 행복"을 추구해야 한다고 했다. 이렇게 밀은 개성이 비록 자유라 해도 그 개성에는 분명한 한계가 있어야 한다고 보았다. 그래서 그는 각자의 개성을 옹호하기 위해 "개성 없는 다수자에 대한 개성 있는 소수자의 자유"를 강조했다. 여기서 항상 다수자의 입장을 취한 벤덤과 다른 점이 나타난다. 벤덤에게서 "최대다수란 억압된 비특권자이고 소수자란 지배자"였다. 그러나 밀(Mill)에게 있어서는 다수자가 지배자였다. "개성 있는 소수자가 항상 다수자의 전제화 위협에 노출되어 있다"고 생각한 것이다.

벤덤에서 밀에게로 전환된 배경에는 당시 영국 선거법의 변화가 작동하고 있었다. 최대다수의 최대행복이라는 벤덤의 이론 하에서는 선거권을 확대하는 보통선거제도가 옳다고 보았으나 AD1832년의 제1차 선거법 개정에 의해 부르조아지에게만 선거권이 부여되자, 밀(Mill)은 개성과 교양이 부족한 대중이 수로서 밀어붙이는 일이 생길 수 있음에 불안감을 느끼지 않을 수 없었던 것이다.

산업혁명이 19세기의 전반에 완료되자 근로자의 다수가 농민에서 공장노동자로 바뀌었다. 초기의 근로자 계급의 생활 수준은 낮아서 여러 사회문제가 그들이 사는 도시에서 일어나게 되었다. 그런 문제점은 곧 사회주의 운동을 일으켰고, 19세기에서 20세기에 걸쳐 사회주의는 정치문제의 중심에 서게 되었다. 공상적 수준의 사회주의 운동은 노동자가 철저히 탄압받았던 중세 말엽에서 산업혁명 시기까지 가끔 출현하였지만 어느 사회에서나 모순은 있기 마련이었으므로 그런 사회주의 운동은 자연스럽게 감추어진 공상으로서 모습을 드러내었을 뿐이었다. 영국의 사상가 토마스 모아(Thomas More, 1477~1535년)의 『유토피아(Utopia)』도 그렇고 이탈리아의 사상가 캄파네라(Tommaso Campanella, 1568-1639년)의 『태양의 나라』도 그랬다.

19세기 전반에는 영국의 오웬(Robert Owen, 1771~1858년), 프랑스의 생 시몽(Saint Simon, 1760~1825년)과 푸리에(Fourrier, 1772~1832년) 등, 공상적 사회주의자가 대거 출현했다. 그러나 19세기 후반에 노동조합 운동을 장악하고 정치에 영향을 미치기 시작한 마르크스주의는 프랑스 혁명의 열광 속에서 나타난 바브후의 공산주의를 바탕으로 한다. 바브후는 대중봉기를 획책하여 처형되었지만 그의 잔당들이 유럽에 널리 퍼져 무장봉기를 되풀이하면서 생애의 대부분을 감옥에서 보낸 브랑키(Bronchi)가 부상하면서 그런 흐름을 타고 마르크스가 출현하게 되었던 것이다.

칼 마르크스(Karl Marx, 1818~1883년)는 헤겔 좌파의 철학도로서 출발했다. 그는 유물론자가 되고 헤겔 변증법을 이용하여 유물사관이라는 이론을 만들어냈다. 마르크스는 "문명의 역사는 계급투쟁의 역사"라고 했다. 즉 "문명을 만들어내면 생산력이 높아지고 잉여생산물이 나오면 그것을 탈취하는 계급과 탈취당하는 계급으로 분열하여 양자가 투쟁을 시작하는 그런 대립이 이어진 것이 이제까지의 역사"라는 것이다.

이 계급투쟁의 역사에는 여러 단계가 있다. 우선 계급이 없고 만인이 평등한 원시공동체의 단계에서 시작하여, 노예의 주인과 노예 간의 대립이 있었던 노예제 사회, 영주와 농노 간의 대립이 있었던 봉건제 사회, 자본가와 노동자 간의 대립이 있었던 자본주의사회라는 단계를 거쳐 노동자가 주인이 되는 사회주의사회가 도래한다는 것이었다. 이런 마르크스 이론이 가지는 치명적인 결함은 사회주의의 국유화와 계획경제가 과연 효율적인 것인가, 사유재산이 없는 사회는 과연 계급이 없는 사회가 되는가에 대한 신중한 과학적 검토가 부족했다는 점이다.

그러나 19세기 후반에 다수가 된 노동자계급의 소원이 받아들여지고 마르크스를 추종하는 세력이 커졌다. 그리고 칼 카우츠키(Kautskey, 1854~1938년)라는 이론가가 나타나고 그 세력이 커짐에 따라 의회를 통해 사회주의를 쟁취하는 길을 모색하는 사회민주주의가 대두되기 시작했다. 이런 시대적 조류를 역행했던 사람이 바로 러시아혁명의 주인공 레닌이었다. 그는 러시아와 같은 전제국가에서의 정치운동은 위에서의 비합법적 비밀결사를 견고히 조직하여 그 조직의 힘으로 폭력혁명을 일으켜 정부를 전복하고 정권을 탈취하는 수밖에 없다고 생각했다. 그런 흐름을 존중했던 자들을 볼셰비키라고 한다. 이에 대해 러시아에서도 공업화가 진행되고 노동자계급이 증가함에 따라 노동자를 대중적인 정당으로 조직하여 단계를 밟아서 혁명을 해야 한다는 생각을 가진 자들도 있었다. 그런 자들을 멘셰비키라고 한다.

마르크스에 의하면 인간사회는 "노예제사회→봉건제사회→자본주의사회→사회주의사회→공산주의사회"라는 단계를 밟아서 발전한다는 것이다. 그러나 러시아에서 공산혁명이 일어났을 때는 아직 자본주의마저 제대로 발전하지 않았던 때였다. 그래서 멘셰비키는 권력을 장악하여 사회주의로 향하는 전략을 취하지 않고 임시정부에 참가하여 러시아를 근대화하고 자본주의를 발전시키는 길을 택했다. 그러나 레닌과 트로츠키 같은 볼셰비키는 노동자와 농민을 선동하여 권력을 탈취하고 러시아혁명을 세계혁명에의 발화점으로 해서 혁명을 전 유럽, 특히 독일에서 불타게 하여 거기서 사회주의를 실현해서 그 지원을 통해서 러시아도 사회주의를 실현하려고 하였다.

그래서 볼셰비키들은 1919년에 국제공산당(코민테른)을 결성하고 각지에서 무장반란을 선동했으나 모두 실패하고 궁지에 몰렸다. 이때 러시아의 공산당에 활로를 열어준 이론이 스탈린의 일국사회주의론이었다. 즉 "러시아 공산당은 마르크스주의와 맞지 않는 것은 버리고 어디까지나 러시아식으로 해야한다는 것이었다. 즉, 로마노프왕조와는 다른 스타일의 동양적 전제주의에 의해서 러시아의 실권을 장악하기를 원했다. 따라서 마르크스주의 이론 중 이용이 가능한 부분은 이용하여 국제공산당을 러시아를 장악하기 위한 도구로 활용해야 한다고 생각했다.

특히 후진국의 지식인들은 18세기의 계몽주의자들처럼 유행에 뒤떨어지지 않으려고 앞을 다투어 사회주의 대열에 모여들었다. 그래서 좌익화의 바람이 불고 사회주의 국가에 동조하는 20세기의 지적풍토가 조성되었다. 그러나 사회주의는 사회체제와 인간 욕구 사이에서 발생하는 모순을 해결하지 못함으로써 국제공산당 체제는 붕괴하고 사회주의 사상은 하나의 유행병으로 끝나버리고 말았다. 그렇게 사회주의 체제가 붕괴하자 시장경제를 중심으로 하는 민주주의가 새삼 사람들의 희망으로 떠올랐으며 사회주의 국가도 민주주의에로의 개혁을 서둘렀고 나라마다 경쟁적으로 민주주의 체제로 재정비하는 일에 정진하게 되었다.

그런 민주주의의 확산은 정치지형과 정치패러다임을 완전히 바꾸어 놓았다. 미국 스탠퍼드대학의 정치학 교수였던 프랜시스 후쿠야마(Francis Fukuyama)는 『역사의 종말(The End of History)』이라는 책에서 자유주의와 공산주의의 이데올로기 대결은 자유주의의 승리로 끝났다고 보았다. 이렇게 이데올로기의 대결에서 민주주의가 승리하자 도덕적 공동체의 와해와 이기주의 팽배에 의한 원자화(原子化)와 같은 사회문제에 대한 새로운 모색이 시작되었다.

그리하여 20세기 후반에 공동체주의(communitarianism)가 등장했다. 마이클 샌델(Michael Sandel), 알래스데어 매킨타이어(Alasdair MacIntyre), 찰스 테일러(Charles Taylor), 마이클 왈저(Michael Walzer) 등이 그런 대표적인 학자였다. 학자들 간의 입장차이에도 불구하고 그들은 공동체를 폄하하는 자유주의를 비판하고 개인의 자유보다 평등을, 개인의 권리보다 책임을 중시해야 한다고 외쳤다.

다른 한편으로 1980년대 후반 등장한 탈근대성의 지적 논의도 시작되었다. 불확정성, 다양성, 차별성, 복잡성 등, 탈근대성으로 대변되는 사회에서 미셸 푸코(Michel Foucault), 자크 데리다(Jacques Derrida) 등, 탈근대 철학자들은 동일성에 기초한 근대적 주체를 해체하고 타자성을 강조한 탈근대적 주체성을 옹호했다. 즉 타자화된 민심과 노출된 정치적 여론 모두를 정치영역으로 수용해야 한다는 것이다. 이런 탈근대주의가 확산되면서 글로벌 자본주의, 페미니즘, 다문화주의 등의 사조가 주목받기 시작했다.

02 상징물의 정치적 이용

　상징물이 정치적 수단으로 이용된 사례는 오랜 역사를 지니고 있다. 그리스 신화에 나오는 바다의 신 넵투누스(Neptunus)의 상징물은 삼지창(三枝槍)이었다. 거친 머리카락과 더부룩한 턱수염을 가졌던 넵투누스는 언제나 세 개의 뾰족한 끝이 달린 삼지창을 들고 다닌 늠름하고 당당한 사나이였다. 또 말과 소를 좋아하여 말과 소를 자기의 성스러운 짐승, 즉 성수(聖獸)로 삼았던 신이다.
　그리스 신화에 의하면 넵투누스는 티탄(Titan) 족인 사투르누스(Saturn)와 옵스(Ops) 사이에서 태어났으나 아버지인 사투르누스가 그를 삼켜버리자 이를 안타깝게 여긴 동생 유피테르(Jupiter)가 아버지에게 토하는 약을 먹여 살려냈다고 전해진다. 그렇게 살아난 그는 동생 유피테르와 함께 티탄족인 사투르누스 일당을 몰아내고 세상의 권력을 잡은 후 제비를 뽑아 세상을 나누어 가지기로 했는데 그 결과 유피테르는 하늘을, 넵투누스는 바다를, 플루토는 지하의 망령세계를 맡게 되었다는 것이다. 넵투누스는 그렇게 해서 바다의 신이 되었고, 살라키아(바다의 여신)라는 여인에게 청혼을 했는데 그녀가 먼 서쪽 바닷가의 바위 뒤에 숨어버리자 애가 탄 그는 돌고래들에게 그녀를 찾아오라고 명령했고, 돌고래들은 세상 끝까지 뒤져서 그녀를 찾아 등에 태워 돌아왔다. 돌고래들은 그 공로로 하늘에 올라가 돌고래자리 별이 되었다고 한다.

오늘날 징그러운 짐승의 표상이 되고 있는 뱀은 고대에는 치료의 상징이었다. 세계보건기구(WHO)와 국제건강기구의 마크는 물론이고, 한국의사협회의 마크에도 나사처럼 빙빙 꼬여 올라가는 뱀 모양이 그려져 있는데 이는 그리스 신화에 나오는 아스클레피오스(Asclepios)의 의술을 기린 데서부터 시작되었다고 한다. 아스클레피오스는 아버지 아폴론에게서 의술을 전수받아 명의로 이름을 떨쳤지만 죽은 자까지 살려내자 사후세계의 신이었던 하데스(Hades)가 분노하여 그의 동생 제우스로 하여금 번개를 쳐 그를 죽게 했다. 그가 죽은 후 많은 사람들이 그를 의신(醫神)으로 추앙하고 기렸는데 그를 기리는 신전에는 뱀이 많았다고 한다.

두 마리 뱀이 막대를 감고 올라가는 모양의 지팡이를 카두세우스(Caduceus) 지팡이 혹은 헤르메스(Hermes) 지팡이라고 하는데 그 지팡이는 그때부터 의신 아스클레피오스를 기리는 표징이 되었다. 근대에 와서 미국의 군의대가 그 지팡이를 부대의 상징으로 사용하면서 뱀은 의학계의 상징이 되었고, 그래서 한국의 군의관 마크에도 그 뱀 지팡이가 들어있다. 또 의신 아스클레피오스를 도와주었던 막내딸의 이름은 Hygieia(휘게이아)이었는 데 그녀의 이름을 따 지금도 위생학을 영어로 하이진(hygiene)이라 하고 치과간호사인 위생사를 하이지니스트(hygienist)라고 한다는 것이다.

또 태양은 고대 여러 지역에서 신을 나타내는 상징으로 등장한다. 이집트의 태양신 및 그리스 로마 신화에 나오는 아폴론(Apollon)을 비롯해 많은 태양신이 있다. 잉카 제국의 태양신은 인티(inti)였고, 그래서 잉카제국의 통치자는 태양신 인티의 현신(現身)으로 받아들여졌으며, 그 이름을 따 페루의 옛날 화폐단위는 인티였다. 잉카제국의 신화에 의하면 인티는 아들 망고 카파크(Manqu Qhapaq)를 땅으로 내려보내 왕이 되게 하여 인간에게 문명을 전했다고 한다. 잉카의 통치자들은 모두 그 태양신의 후예임을 자처했으며 그래서 왕들의 미라(mirra)는 모두 태양신의 신전에 안치되었다. 또 잉카인들은 태양신이 화를 내면 일식이 생긴다고 믿었다.

이렇게 많은 고대 왕들은 스스로 태양의 후손임을 주장하며 태양신을 내세워 그 힘으로 통치하고자 했다. 태양을 인격화한 태양신들은 모든 것을 할 수 있는 절대적 권한을 가지고 있었다. 그래서 태양은 최고의 신과 동일시되거나 최고의 신이 가지는 모든 속성을 가진 상징물로 여겨졌다. 통치자들은 그런 태양신과 자신을 동격화함으로써 절대적 권한을 가질 수 있었던 것이다. 이는 태양신을 모시고 받들기 위한 수많은 제례적 행사, 즉 문화적 행사가 정치의 수단으로 이용되었음을 의미한다. 신(神)이 인민을 다스리는 국가를 만들어야 한다는 신정정치(神政政治, theocracy)가 탄생된 기원도 바로 여기에 있다.

| 난생설의 정치적 이용

고대 신화에 자주 등장하는 난생설(卵生說)도 마찬가지이다. 우주난생설이나 생명난생설은 여러 민족의 신화에 나타난다. 인도의 베다(Veda) 신화에 의하면 최고신 중의 하나인 브라만(Brahman)은 나라야나(Narayana)라는 물에 떠 있던 황금의 알에서 태어났다고 하고, 이집트와 예멘에 널리 퍼져있는 신화에 의하면 가다르(Ghaddar)라는 신도 알에서 태어났다고 하고, 핀란드 신화 카레발라(Kalevala)에 의하면 바다에 떠다니던 여신 일마타르(Ilmatar)의 무릎에 떨어진 오리알에서 대지가 생겨났다고 하고, 폴리네시아 신화에 의하면 창조신인 탄갈로아(Tangalo)가 알에서 깨어날 때 그 알의 껍데기는 하늘과 땅이 되고 껍데기의 부스러기는 섬이 되었다고 한다.

고대인들은 왜 이렇게 알을 신성시 했을까? 고대인들은 알과 태양이 둥글다는 사실에 주목하여 알을 태양과 같은 것으로 보았던 것이다. 고대인들에게는 눈부신 광채를 내며 하늘에 떠있는 태양이 신비롭고 경이로운 존재로 보였을 것이다. 특히 태양이 비치는 곳에 항상 새 생명이 돋아나고 무럭무럭 자라는 것을 보면서 태양이 지닌 놀라운 힘에 경탄을 금치 못했을 것이다.

그 경이로운 생명력을 지닌 태양은 항상 둥근 모양을 하고 있었으므로 고대인들은 태양과 알에서 생명탄생이라는 공통분모를 찾게 되었을 것이다. 따라서 생명이 알에서 태어난다는 것은 생명의 근원인 태양에서 태어나는 것과 동일 시 될 수 있었고 그 만큼 성스럽고 경이로운 일로 받아들여질 수 있었을 것이다. 그랬기 때문에 알에서 태어난 사람은 범인과는 차원이 다른 존귀하고 신성한 사람이라는 인식을 심을 수 있었을 것이다. 따라서 고대인들이 난생신화를 만든 이유는 그들의 시조(始祖)가 존귀하고 신성한 사람임을 강조함으로써 그들이 태양의 자손, 즉 하늘의 천손이라는 점을 과시하여 많은 사람들을 복종하도록 하기 위함이라고 볼 수 있다. 이 또한 상식에 속할 만한 일이다. 상호교류가 완전히 불가능했던 6대 주의 고대인들이 약속이나 한 듯이 예외 없이 난생설화를 가지고 있는 것은 그런 상식이 뒷받침되고 있었기 때문일 것이다.

또 하나의 탄생설화는 천생설화(天生說話)이다. 천손설화(天孫說話)라 불리기도 하는 천생설화의 공통점은 자기들의 시조가 하늘에서 내려왔다는 것이다. 환웅신화(桓雄神話)는 대표적인 천생설화 중의 하나이다. 이 설화에 의하면 단군의 아버지로 알려진 환웅은 천제(天帝)인 환인(桓因)으로부터 천부인(天符印) 3개를 받아 무리 3,000명을 거느리고 세상에 내려와 태백산(太白山) 신단수(神壇樹) 아래에 신시(神市)를 연 후 풍백(風伯), 우사(雨師), 운사(雲師)를 거느리고 곡(穀), 명(命), 병(病), 형(刑), 선(善), 악(惡) 등, 인간세상에서 벌어지는 360여 가지 일을 맡아 세상을 다스리고 교화하였다고 한다.

단군신화는 그 연장선상에서 생긴 것으로서 핵심 내용은 어느 날 곰과 호랑이가 찾아와 사람이 되고자 간청하므로 쑥과 마늘을 주고 어두운 굴속에서 100일간 햇빛을 보지 않고 수도하면 사람이 될 수 있다 하였더니 호랑이는 참지 못해 뛰어나가고 곰은 끝까지 참아내 여자가 되었는데 환웅은 그 웅녀(熊女)와 혼인하여 단군을 낳았다는 것이다. 이같은 설화는 군장(君長)의 탄생을 하늘과 연계시킴으로서 그에게 신성을 부여하려는 제정일치(祭政一致) 시대의 공통된 관념이다. 이런 천손설화는 단군왕검(檀君王儉)에서 시작하여 신라의 6부(六部)에 사여(賜與)한 여섯 성씨, 즉 양부(梁部)는 이(李)씨, 사량부(沙梁部)는 정(鄭)씨, 본피부(本彼部)는 최(崔)씨, 점량부(漸梁部)는 손(孫)씨, 한기부(漢歧部)는 배(裵)씨, 습비부(習比部)는 설(薛)씨로 이어지고, 다시 이알평, 박혁거세, 석탈해, 김알지, 고주몽, 김수로 설화 등으로 이어졌다.

이런 탄생설화 중 천손설화는 동북아시아의 경우 주로 북쪽지방에서 자주 등장하고, 난생설화는 주로 인도, 동남아, 한반도 남해안 등지에서 자주 등장한다. 특히 난생설화는 기원 전후의 한반도에 자주 등장하는데 그 무렵은 삼국의 기틀이 잡히고 국가개념이 발생한 초기였으므로 그 같은 난생설화는 농경의 발달과 밀접한 관련이 있는 것으로 보인다. 농경과 축산이 발달한 곳에서는 씨앗과 알이 풍요의 상징이었고 그 씨앗과 알은 태양처럼 새 생명을 탄생시키는 경이로운 힘을 지니고 있었다.

하지만 비록 같은 모양을 하고 있긴 했지만 태양은 모든 생명의 근원으로서 씨앗이나 알과는 비교할 수 없는 신성스럽고 외경스러운 존재였다. 따라서 태양의 자손, 하늘의 자손이라는 한 마디는 세상의 모든 존경심과 경외심을 불러일으키고도 남았을 것이다. 천손설화가 탄생된 배경에는 난생설화와 마찬가지로 그런 시대적 배경과 상식이 깔려 있다.

위에 기술한 난생설화와 천생설화에서 보듯 고대신화의 바탕에는 모두 당시의 고대 상식이 깔려 있다. 자기 무리를 더 잘 통합시키고, 더 잘 보호하는 고전적 방법은 크게 두 가지였다. 하나는 무리의 의식주를 풍족하게 하는 것이었고, 다른 하나는 무리의 마음을 하나로 묶는 것이었다. 즉 경제적 생산을 높이는 것과 정치적 일체감을 높이는 것이었다. 고대인들은 경(經)과 정(政)이라는 이 두 마리 토끼를 한꺼번에 잡을 수 있는 최선의 방법을 바로 신화에서 찾고자 했던 것이다. 하늘이 내려준 알에서 그들의 시조가 탄생했다는 난생설화는 그 시조의 지배와 통치를 당연시하고 우러러 받들게 하는 우수한 수단이 되었다. 시조의 명령은 곧 하늘의 명령이었으므로 아무 불평 없이 따르게 하는 최선책이었던 것이다. 그런 무조건적 존경과 복종은 경제를 발전시키고 정치를 안정시키는 지름길이었다. 무조건 따르기를 강요한 개발독재 시절 동안 가장 크게 발전했던 근대사가 이를 입증한다. 제정일치시대를 살았던 고대인들은 탄생신화를 통해 바로 그와 같은 두 가지 목적을 달성하고자 했던 것이다.

그런 사실은 여러 종교사에서도 나타난다. 기독교의 역사는 예수를 신으로 추앙해 온 역사라 해도 과언이 아니다. 그것도 하늘이 내린 유일한 독생자라는 사실을 각인시키는 데 목숨을 바쳐왔다. 인도 베다에서도 브라만을 하늘의 섭리와 일치시키고 있고, 이슬람교에서도 알라 신을 하늘의 유일신으로 내세우고 있다. 고대 페르시아의 저명한 철학자이자 예언자였던 조로아스터(Zoroaster)에 의해 창시된 조로아스터교가 내세우는 아후라 마즈다(Ahura Mazda) 신도 하늘에서 내려온 신이다.

모든 종교는 왜 이렇게 그들이 믿는 신을 하늘에서 내려온 것으로 각인시키는데 목숨을 걸고 있는 것일까? 난생설화와 천생설화가 말해주듯 하늘은 거부할 수 없는 오직 복종하는 길밖에 없는 신비적 힘을 가지기 때문이다. 고대인들이 만일 땅이 그런 신의 힘을 가진다고 생각했다면 고대사회든 고대 종교든 그들의 시조가 땅에서 올라왔다는 신화를 만드는데 목숨을 바쳤을 것이다. 땅에서 올라왔다고 해야 신적 힘을 가졌을 것이니 그런 일은 당연했을 것이다.

인류 최초의 문명으로 손꼽히는 메소포타미아문명의 출발점인 수메르(Sumer)의 창조신화도 예외가 아니다. 수메르 신화에 의하면 태초에는 여신 남무(Nammu)가 탄생시킨 태고의 바다가 있었을 뿐이다. 그 태고의 바다는 하늘과 땅을 모두 포괄하는 우주의 신(神) 안키(Anki)를 낳았다. 안키의 안(An: 하늘이라는 뜻)은 남성이었고 키(Ki: 땅이라는 뜻)는 여성이었는데 그 두 신이 교합하여 대기의 신인 엔릴(Enlil)을 낳았다. 이를 쉽게 해석하면 남무라는 여신은 태고의 바다를 낳았고, 그 태고의 바다는 안키라는 하늘의 신을 낳았으며, 안키는 대기(大氣)의 신 엔릴을 낳았다는 것이다. 즉 태고의 바다에서 만물이 생겨났다는 것이다. 이는 수메르 사람들이 생명의 근원은 물이라는 사실을 깨닫고 있었음을 증명한다.

엔릴은 대기를 다시 하늘과 땅으로 가르고 아버지인 안(An)에게는 하늘을 가지게 하고 그는 어머니의 땅을 가졌다. 그래서 그는 지구에 아무 생명체도 없었을 때 홀로 땅으로 내려와 동식물과 인간을 만들고 문명을 일으켰다. 또 엔릴은 태양 신인(神人) 우투(Utu)와 달의 신인(神人) 난나(Nanna)를 만듦과 동시에 흩어져 있던 원시 바다의 부분들을 한데 모아 티그리스와 유프라테스강을 만들고 땅에는 소를 풀고 강에는 물고기를 풀었으며, 강둑에는 기름진 습지도 만들었다. 그렇게 만들어진 최초의 도시 우루크(Uruk)를 안(An)이라는 신이 다스리다 하늘로 올라간 후 나머지 여섯 신들이 수메르의 도시를 나누어 통치하였다고 한다. 수메르(Sumer)의 중앙에 위치한 도시 니푸르(Nippur)는 바람의 신 엔릴이, 북쪽의 작은 도시 키쉬(Kish)는 여신 닌후르쌍(Ninhursang)이, 유프테스강 하류의 삼각주 지역에 위치한 에리두(Eridu)는 지혜의 신 엔키(Enki)가 다스렸다고 한다. 또 에리두 남쪽에 위치한 우르(Ur)는 달의 신 난나(Nanna)가, 해가 뜨는 동쪽에 위치한 라르싸(Rarcia)는 정의의 태양신 우투(Utu)가, 우루크의 서쪽은 질투의 여신 이난나(Inanna)가 다스리고 있었다. 수메르의 일곱 신들이 자리 잡은 이 같은 위치는 상중하 동서남북으로 나뉘어져 있어 북두칠성의 위치와 흡사했다고 한다.

하지만 사람들이 자신들을 창조하고 문명을 전해준 신의 은혜도 모르고 오히려 신들을 넘어서려 했기 때문에 이를 더 이상 두고 볼 수 없었던 신들은 홍수로 인간을 멸망시키기로 뜻을 모았다. 그런데 하늘의 신(神) 안(An)에게는 엔키(Enki)라는 둘째 아들이 있었다. 엔키도 신이었으므로 신들의 회의에 참석할 수 있었다. 엔키는 신들의 회의에서 홍수로 인간을 몰살시키기로 결정하자 살려낼 가치가 있다고 생각되는 지우수드라(Ziusudra)와 그의 부인에게 홍수가 나면 나무 방주를 만들어 홍수가 멎을 때까지 거기서 지내라고 일렀다. 엔키도 신이었으므로 신들의 비밀 결정을 누설하는 것은 신들을 배신하는 행위였다. 그래서 엔키는 고대 메소포타미아의 역사에서 인간의 구원한 구세주로 또 지혜의 신으로 추앙받는다. 폭풍우는 온 세상이 물에 잠길 때까지 쉬지 않고 몰아쳤다. 그러나 엔키의 지시대로 방주를 만들어 그곳에 머물렀던 지우수드라와 그의 부인은 살아남아 모든 인간의 죽음을 슬퍼하며 태양신 앞으로 나아가 소와 양을 잡아 제사를 지냈다. 그 결과 신들의 축복을 받아 신처럼 영생하게 된 지우수드라 내외는 티그리스와 유프라테스 강변에 마을을 짓고 다시 인간을 번창시켜 새로운 인간 세상을 탄생시켰다.

  위의 수메르신화에서도 보듯 고대인들은 물이 생명의 근원이라는 사실, 하늘은 남성적 역할을 하고, 땅은 여성적 역할을 한다는 사실, 남녀가 교합해야만 생명이 탄생한다는 사실을 잘 알고 있었고, 그랬기 때문에 그들의 신화는 모두 그 테두리를 벗어나지 않고 있다. 신화의 구체적 내용이 어떻게 다르든 결국 그 신화의 뼈대는 생명창조에 관한 현대적 과학상식을 조금도 벗어나지 않고 있다. 말하자면 생명창조에 관한 표현 방법만 다를 뿐 그 핵심 내용은 예나 지금이나 전혀 다를 바 없다.

  생각해 보라. 고대인들이건 현대인들이건 물이 생명의 근원이라는 사실, 하늘은 남성적 역할을 하고, 땅은 여성적 역할을 한다는 사실, 남녀가 통정하지 않고는 결코 생명이 탄생되지 않는다는 사실을 인지하고 전함에 있어 도대체 무슨 차이가 있단 말인가? 고대인들도 그런 세상이치를 터득하고 고대사회를 만들고 유지하는 데 이용했듯이 현대인들도 똑같이 동일한 세상이치를 터득하고 현대사회를 만들고 유지하는 데 이용하고 있다. 다만 차이가 있다면 경제적 생산주력이 고대의 원시석기에서 현대의 첨단전자기기로 바뀌었고 정치적 통합수단이 고대의 상상적 신화에서 현대의 구체적 법조문으로 바뀌었을 뿐이다.

수메르신화 중에서도 현존하는 가장 유명한 신화는 길가메시(Gilgamesh) 신화이다. 이 신화에 의하면 우루크의 지배자 길가메시는 지상에서 가장 강력한 왕으로 3분의 2는 신, 3분의 1은 인간인 초인(超人)이었다. 그러나 백성들이 그의 학정에 불만을 터뜨리자 천신(天神) 안(An)과 모신(母神) 아루루(Aruru)는 침으로 점토를 이겨서 엔키두(Enkidu)라는 괴물 같은 사나이를 만들어 지상으로 내려보냈다. 그 소식을 들은 길가메시는 엔키두를 함정에 빠뜨리기 위해 신전의 매춘부를 그에게 보내 엔키두를 유혹하라고 이른다. 그 결과 엔키두는 괴력을 잃고 길가메시는 승리를 쟁취하지만 그 싸움은 둘을 절친한 친구로 엮어 주는 계기가 된다. 친구가 된 둘은 삼나무 숲의 괴물 파수꾼 훔바바(Humbaba)를 정벌하는 모험에 나서 그를 죽이고 우루크에 돌아온다. 여신 이난나(Inanna)는 그 용감한 길가메시에게 반해 사랑을 고백하지만 그녀의 변덕과 바람기를 못마땅하게 여겼던 길가메시는 그녀의 유혹을 거부한다. 이에 화가 치민 이난나는 아버지인 아누(Anu)에게 길가메시를 징벌하기 위해 하늘의 황소를 내려 달라고 요청한다.

하지만 그 황소는 오히려 두 영웅에 의해 죽고 만다. 하늘의 황소가 죽자 신들은 분노하기 시작했고 하는 수 없이 엔릴은 엔키두를 병에 걸려 죽게 만든다. 친구의 죽음으로 충격을 받은 길가메시는 죽어야 하는 인간의 운명에 절망하며 초원을 방황하다 영생의 비밀을 듣고자 대홍수에서 살아남아 죽지 않는 유일한 인간이 된 우트나피쉬팀(Utnapishtim)과 그의 아내를 찾아 나선다. 그가 세계를 둘러싼 바다의 가장자리에 도착했을 때 옛날 그를 유혹했던 이난나가 이번에는 여인숙 주인 시두리(Siduri)로 변신해 인간은 어차피 죽을 운명이니 포도주나 마시며 같이 놀자고 다시 길가메시를 유혹하지만 길가메시는 그의 친구 엔키두가 땅에서 썩어가도록 그냥 내버려두지 않겠다며 엔키두의 시체 옆을 떠나지 않았다. 시두리는 그런 길가메시에게 신들은 인간에게 죽음을 점지하였기 때문에 인간인 이상 결코 영생할 수 없다고 단언한다.

그러나 불굴의 영웅 길가메시는 천상의 술집 주모로부터 우트나피슈팀이 죽음의 바다 건너편에 살고 있다는 것을 알아내고 나루터의 사공인 우르사나피의 도움을 얻어 마침내 우트나피슈팀(Utnapishtim) 부부를 만나게 된다. 하지만 우트나피슈팀 역시 길가메시에게 인간은 죽을 수밖에 없는 운명이라고 전하면서 하지만 불사초를 구하면 영생할 수 있다고 말한다. 그는 불사초에 마지막 희망을 걸고 우여곡절 끝에 깊은 바다에서 그 풀을 찾아낸다. 하지만 우루크로 돌아오던 중 우물가에서 잠시 잠든 사이 한 마리의 뱀이 그 풀을 먹어버렸다. 뱀은 즉시 허물을 벗고 영원히 살 수 있게 되었지만 잠에서 깨어난 길가메시는 이제 자기는 죽을 수밖에 없는 운명임을 깨닫고 비탄의 눈물을 흘린다. 길가메시의 서사시는 대략 이런 내용을 담고 있다.

길가메시 이야기를 비롯한 수메르 점토판에 쓰여 있는 30여 편의 신화와 15편의 영웅전, 그리고 5백여 편에 달하는 찬양시와 수십 편의 잠언집 및 30여 편의 우화는 그 시대뿐만 아니라 이후에도 그 지역과 주변의 문화를 결정짓는 중요한 요소가 되었다. 다시 말하면 수메르 문명의 영향은 당대에 끝난 것이 아니었다. 바빌로니아와 앗시리아를 거쳐 그들이 점령한 힛타이트, 우가리트, 히브리와 고대 그리스 지역에 이르기까지 골고루 영향을 미쳤다. 그중에서도 수메르적인 신의 성격을 가장 깊이 이해하고 받아들인 민족은 그리스였다. 그리스인들은 수메르적인 신의 세계를 그대로 올림포스라는 곳에서 재창조해냈다. 이집트문화 역시 수메르의 신화에서 깊은 영향을 받았다.

그렇게 확립된 왕조시대 초기의 약 500년간은 각 도시국가들이 서로 맹주가 되려고 각축전을 벌이는 바람에 크고 작은 전쟁이 그치지 않았다. 이처럼 도시 간의 전쟁이 자주 발생하자 왕권은 점점 강화되고 세습화되었다. 또 도시마다 자기들 고유의 도시신(都市神)을 모시는 신전은 방대한 수입원이었으므로 사제계급은 세속적으로도 큰 권력을 쥐게 되었다. 그러나 세월이 지나면서 도시국가는 외적으로는 수리권(水利權)이나 농경지 및 교역로의 확보를 둘러싸고 인접 도시와 종종 전쟁을 벌이게 되었고 내적으로는 왕과 사제계급의 대립으로 점점 국력이 약화되었다.

라가시(Lagash)는 고대 수메르시대 우르 북방의 유프라테스강 어귀에 있었던 도시이다. 이 도시는 수메르 초기 왕조시대 때 우르, 우루크, 니푸르 등과 어깨를 겨누며 번영했던 도시로서 현재의 나시리야주(Nasiriyah州) 텔로(Tello)에 해당한다. 이 도시에 대한 유물은 1877년 H. 사르제크(Sarzec)가 발굴을 시작한 이후 G. 크로, H. 즈누이야크, A. 파로 등이 1938년까지 발굴을 계속하였다. 그 발굴을 통해 초기 왕조시대(약 BC2500~BC2300)에 관한 풍부한 자료들이 많이 출토되었다. 발굴지역은 타원형의 유적이었는데 운하로 구획된 5신전(五神殿) 지역으로 되어 있었다. 북부에 있는 구데아(Gudea) 시대(우르 제3왕조기) 때, 유프라테스강 어귀에 있던 도시, 라가시(Lagash)의 신전 중앙에는 5만 장이 넘는 방대한 설형문자의 점토판 문서가 출토된 타블레트 힐(Tablet hill)이 있었고, 페르시아만(灣)의 외항(外港)과는 운하로 통하고 있었다.

라가시(Lagash)에는 BC2500년경 우르난셰(Ur-Nanshe) 왕조가 성립되어 약 150년간 지배했다. 우르난셰 왕조는 우르 제1왕조(약 BC2500~BC2400)와 구데아 시대의 우르 제3왕조(약 BC2050~BC1950)로 나누어진다. 함무라비왕 시대에는 제국의 한 지방의 시(市)였고, 그 후 아카드의 사르곤 1세(Sargon I, BC2350~BC2294)의 지배를 받았지만 도시 자체는 3세기까지 존속하였다. 라가시 도시유적에서 발굴된 자료 중에는 방대한 설형문자의 점토판과 원통비문 등, 경제와 종교에 관한 문서가 많이 포함되어 있어 BC3000년대의 수메르 문명을 연구하는 데 귀중한 사료가 되고 있다.

초기 왕조시대 말기에 이르러 라가시(Lagash)왕 우르카기나(Urukagina)가 사회개혁을 시도했지만 실패로 끝나고 움마(Ummah)의 왕 루갈자기시(Lugal Zaggisi)에게 통합되고 말았다. 그러나 움마도 기원전 2300년경 셈계(系)인 아카드의 사르곤(Sargon) 왕에게 패하여 수메르의 도시국가 시대는 끝나고 말았다. 180년간의 사르곤왕조 지배가 끝난 후 한때 수메르는 다시 번성하여 우르 제3왕조를 일으키기도 했지만 불과 5대 만에 동방의 엘람(Elam)에게 멸망됨으로써 수메르는 셈족(Semites)에게 자리를 물려주고 역사의 무대에서 영원히 사라지고 말았다.

이상과 같은 수메르의 역사에서도 볼 수 있듯이 전쟁은 신분제도를 탄생시킨 출발점과도 같았다. 전쟁이 있는 곳에는 승자와 패자가 있기 마련이고 승자는 패자에게 노예라는 딱지를 붙여 평생동안 노역을 강제함으로써 그들의 노동력을 착취했던 것이다. 따라서 귀족과 노예라는 신분제도의 출발점은 전쟁이었지만 그 신분제도를 법제화했던 목적은 경제적 노동력을 착취하기 위해서였다. 물론 신분과 계급은 다르다. 신분은 사회적 차별에서 생기는 것인데 반해 계급은 생산수단의 소유 유무와 생산과정에서 담당하는 역할의 차이에서 생기는 것이므로 서로 기본적인 개념은 다르다. 그러나 지배와 피지배, 고용과 피고용이라는 양대 계급을 전제로 한다는 점에서 신분과 계급은 개념적 뿌리가 동일하다고 볼 수 있다.

수메르의 다신교적인 영향에서 벗어난 민족은 히브리(유대) 민족뿐이었다. 히브리 민족은 다신교 대신 일신교를 받아들였는데 이는 신의 개념에도 큰 영향을 미쳤다. 실제로 구약성서의 앞부분을 보면 히브리인들이 주변 세계의 신(神)개념을 어떻게 받아들였고 이를 어떻게 자신들의 성격에 맞는 일신교적 유일신으로 변형시켰는지를 잘 보여준다. 그 골자는 히브리인들은 신과의 직접적인 계약을 통해 선택된 민족으로 거듭 태어났다는 것이다. 히브리인들은 그런 자기화 과정을 거쳐 수메르적인 다신교를 유일신을 신봉하는 일신교로 바꾸어 놓았던 것이다. 히브리인들의 그런 자기화 과정은 당시로서는 아주 드문 경우였다.

수메르 문명을 이해하는데 있어서 가장 중요한 요소는 수메르 언어를 올바로 이해하는 것이다. 지금까지 대부분의 일반인들은 그리스어나 라틴어로 번역된 수메르 신화를 다시 영어나 다른 언어로 이중 번역한 것을 읽어왔다. 그런 중역(重譯)의 경우 수메르적인 사고와 그리스적인 사고의 차이로 인해 본래의 뜻을 제대로 파악하기 어렵다는 문제점을 가진다. 예를 들면 수메르의 동사는 움직임이나 작용을 표현한다. "나무가 서있다"는 말은 자연스러운 표현일지 모른다. 하지만 "

서있다"는 말은 일어서는 동작이 진행되는 경우를 의미할 수도 있고, 일어서는 동작이 끝난 경우를 의미할 수도 있다. 이처럼 수메르 언어에 있어서의 동사는 고정된 뜻을 가지는 것이 아니라 끊임없이 움직이는 상태 혹은 정지 상태로 넘어가는 동작을 의미한다. 수메르 언어가 가지는 그런 함축성을 전제로 할 때 수메르 신화를 다른 언어로 전달하는 데는 분명히 한계가 있을 것이다. 단어 하나하나에 의미가 부여되어 있기 때문에 단어해석에만 집착하면 전달하고자 하는 내용의 주제가 무엇인지 파악하기 힘들 수도 있다. 따라서 수메르 신화를 읽으면서 단순히 그들의 신화가 구약성서의 창세기에 큰 영향을 끼쳤다는 일반적 사실보다 그들의 사고방식이 다음 세계에 어떻게 영향 미쳤는지를 파악하는 것이 더 중요할 것이다.

 이런 신화의 탄생은 모든 인간은 동일한 사물에 대해 동일한 사고체계와 감정을 가진다는 사실을 전제로 한다. 만일 사람마다 다른 사고체계를 가지고 다른 감정을 가진다면 신화가 무리를 통합하는 정치적 수단으로 등장할 수 없다. 예를 들어 하늘이라는 개념이 어떤 사람에게는 위대함의 상징이 되지만 어떤 사람에게는 천박함의 상징이 된다면 난생설이든 천손설이든 하늘을 연관시키는 것은 의미 없는 일이 되고 말 것이다. 동일사고체계는 인간사회를 유지시켜가는데 무척 중요하다. 선악개념, 강약개념, 상하개념, 애증개념, 윤리개념은 모두 인간의 사고체계가 동일함을 전제로 할 때 가능한 것이다. 인간관계에서 일어나는 그런 여러 개념들이 사람에 따라서 다르게 전달되고 다르게 느껴진다면 부모의 사랑도, 자식의 효도도, 왕의 권위도, 신하의 충성도, 문학작품의 감동도 동일하게 전달될 방법이 없을 것이다.

 사실 따지고 보면 모든 생명체는 동일한 사고체계를 가진다. 탄소동화작용을 하는 식물들은 태양이 있는 방향으로 가지를 뻗고, 초식동물들은 풀이 있는 곳으로 몰려가고, 육식동물들은 사냥감이 있는 곳으로 옮겨간다. 왜 이렇게 동일 생명체는 동일한 방법으로 생명활동을 하는 것일까? 그것은 바로 동일 생명체는 동일 사고체계를 가지기 때문이다. 컴퓨터에 일정한 프로그램을 설정해 놓으면 모든 입력(input) 내용이 그 설정된 프로그램에 의해 작동되듯 동일 생명체는 동일 생명활동 프로그램을 가지고 있기 때문에 어떤 곳에서건 동일한 생명활동을 하게 되는 것이다.

부모의 자식사랑을 예로 들어 보자. 자식사랑은 인간에게만 나타나는 특별한 현상이 아니다. 내리사랑은 모든 동물들이 가지는 예외 없는 선천적 사랑이다. 왜 그럴까? 모든 동물에게 예외 없이 동일한 선천적 프로그램이 설정되어 있기 때문일 것이다. 희로애락을 느끼는 감정도 마찬가지이다. 인간만 희로애락의 감정을 느끼는 것이 아니다. 가축이나 애완동물을 키워본 사람이라면 동물들도 인간과 조금도 다를 바 없는 희로애락의 감정을 가진다는 사실을 잘 알고 있을 것이다. 이 또한 모든 동물들에게 예외 없이 동일한 선천적 프로그램이 설정되어 있기 때문일 것이다.

동물들의 집단생활은 동물들이 가지는 그런 선천적 동일프로그램을 전제로 한다. 숲속의 짐승들이, 바다의 물고기들이, 하늘의 새들이 떼지어 다니는 것은 누가 시켜서 그러는 것이 아니라 선천적 프로그램이 그렇게 설정되어 있기 때문에 그러는 것이다. 인간도 마찬가지이다. 인간이 집단을 형성하고 살아가는 사회적 동물인 이유는 인간의 머릿속에 사회적 동물이 되도록 선천적 프로그램이 설정되어 있기 때문이다. 또 인간의 눈으로는 도저히 구분할 수 없는데도 불구하고 각각의 동물들이 자기 새끼를 잘도 구분하고 애정을 쏟는 것은 동물들의 선천적 인식프로그램이 그렇게 설정되어 있기 때문일 것이다. 사랑의 경우도 예외가 아니다. 왜 남녀는 사랑하는 마음을 가지게 되는 것일까? 그것도 왜 사춘기가 되면서부터 사랑의 감정이 싹트는 것일까? 바로 인간의 감정프로그램이 선천적으로 그렇게 설정되어 있기 때문일 것이다.

신과 정치

고대 이집트 역사는 신의 개념이 정치와 문화에 어떤 영향을 미치는지를 잘 나타내고 있다. 고대 이집트에서는 태양신 라(Ra)가 여러 신(神)들 중에서도 가장 지배적인 위치에 있었고, 따라서 태양신은 이집트 문명사의 맥을 이루고 있다. 고대 이집트에서는 떠오르는 젊은 태양신을 케프리(Khepri), 정오의 성숙한 태양신을 라(Ra), 저녁의 늙은 태양신을 아툼(Atum)이라고 했는데, 이는 태양신이 하늘을 여행하며 늙어가는 모습을 담고 있다고 한다. 유명한 파라오였던 아크나톤(Akhnaton)이 이집트를 지배하기 전까지만 해도 이집트의 여러 신들은 태양신에 종속되었을 뿐 여전히 다신교의 모습을 유지하고 있었다. 그러나 강력한 국가를 만들고자 했던 아크나톤은 모든 부족에게 공통되는 유일 종교를 만들어야 한다는 생각에서 다신교 속에서도 대표적인 신으로 받들어졌던 아몬(Amon)[4]을 배척하고 새로운 유일신(唯一神)인 아톤(Aton)을 숭배하도록 종교개혁을 단행했다. 그리고 자신의 이름

---

[4] Amon은 감추어진 존재라는 뜻으로서 기독교에서 기도가 끝날 때 사용하는 아멘도 여기서 유래하였다고 한다.

을 '아톤에게 이로운 자'라는 의미를 지닌 아크나톤(Akhnaton)으로 바꾸고, 집권 6년째 당시 수도 테베(Thebe)가 막대한 부(富)와 권력을 가진 주신(主神) 아몬의 사제(司祭)들에 의해 장악되고 있었던 점을 감안하여 왕권을 강화하기 위해 수도를 테베에서 아케트 아톤(Arquette Aton: 아톤의 지평선이라는 뜻)으로 옮겼다.

태양신은 특히 인도 및 유럽어족에게 가장 신성한 힘의 상징이었다. 고대 인도의 베다(Veda) 경전에는 태양을 신격화(神格化)한 수리아(Sūrya)가 등장한다. 수리아는 암흑을 물리치고 사람들을 잠에서 깨워 활동하게 하며, 이승에 사는 모든 생물의 행동을 감시하는 신으로 묘사되고 있다. 이렇게 태양신은 인도 신화에서도 중요한 위치를 차지하고 있다. 태양은 또 평화의 상징으로, 달은 전쟁의 상징으로 묘사되기도 했다. 중세 이란에서는 이슬람 이전시대부터 태양축제가 거행되었다. 인도의 태양신은 보통 4마리의 흰 말이 끄는 마차에 탄 모습으로 나타나는데 그런 개념의 태양신은 이란, 그리스, 로마, 스칸디나비아의 신화에서도 등장한다.

그러나 후대로 내려오면서 태양은 창조와 신성의 상징이 되지 못하고, 달과 더불어 일월성신(日月星辰)에 편입되어 절대적 신이 아닌 일반적인 여러 신과 동일시되었다. 불교에서는 일월(日月)을 보살(菩薩)의 위치에서 여래(如來)를 보좌하는 위치로 내려 세웠는데 이는 태양신의 지위에 중대한 변화가 있었음을 상징적으로 보여주는 대표적인 예라 하겠다. 또 민간에서는 다래끼가 있을 경우 종이에 얼굴을 그리고 눈 부위에 바늘을 꽂은 다음 해가 떠오르는 동편에 붙여놓곤 했는데 이는 태양이 단순한 의료주술(醫療呪術)의 도구로 인식되기도 했음을 의미한다.

동양에서도 태양은 고대로부터 만물에 새로운 생명력을 불어넣어 주는 위대한 존재로 숭배되었다. 태양은 달의 어둠 및 차가움과 대비되어 밝음과 따뜻함을 상징했고 그래서 달은 음(陰), 태양은 양(陽)으로 표현되었다. 『삼국유사(三國遺事)』등에 나오는 각종 시조신화(始祖神話)에서도 태양은 어김없이 등장한다. 대표적인 예는 신라의 혁거세(赫居世) 신화이다. 혁거세(赫居世)라는 말은 "태양이 지닌 광명으로 세상을 다스린다"는 뜻을 지니고 있다. 또 해모수(解慕漱) 신화나 김알지(金閼智) 신화, 주몽(朱蒙) 신화에서도 태양과 태양 빛에 대한 외경심은 나타나고 있다.

고대사회에서 가장 두려운 것은 가뭄, 지진, 폭풍, 대설 같은 자연재앙이었고 그 진원지는 태양으로 인식되었으므로 태양이 신으로 등장한 것은 어쩌면 당연했을 것이다. 통치자들은 그런 신과 자신을 대등한 위치에 올려 놓음으로써 한편으로는 자신에 대한 복종이 곧 신에 대한 복종임을 각인시키고 다른 한편으로는 자신에 대한 불복은 곧 신에 대한 불복이라는 공포를 심어 감히 저항하지 못하도록 하였던 것이다. 신은 그렇게 정치적 수단으로 이용되었고, 그 중심에는 신에 대한 경배와 감사라는 문화의식이 자리 잡고 있었다.

▮ 제정일치시대

제정일치란 제례와 정치를 같은 인물이 담당했던 고대국가의 형태를 말한다. 즉 정치지도자가 자신의 권위를 높이기 위해 천지신명과 소통할 수 있는 제사장의 역할까지 겸직함으로써 제례와 정치를 모두 관장하고 막강한 권력을 행사했던 시대를 말한다. 고조선의 단군도 그런 사람이었다고 볼 수 있다. 단군(檀君)의 '단(檀)'은 제사를 지내는 제단 혹은 숭배의 대상인 큰 박달나무를 의미하고 '군(君)'은 임금을 뜻한다. 이에 반해 삼한에는 천군(天君)이라는 제사장이 따로 있었던 것으로 보아 제정분리사회였을 것으로 추측된다. 삼한시대에는 정치를 관장하는 군장(君長)인 신지(臣智), 견지(見至), 부례(部隸), 읍차(邑借)가 있었고 제사를 담당하고 성지(聖地) 소도(蘇塗)를 지키는 천군(天君)이라는 제사장이 따로 있었다. 여기서 성지(聖地)를 지키는 천군과 정치를 관장하는 군장(君長)이 동일한 사람인 사회를 제정일치사회라 하며, 천군과 군장이 분리되어 두 사람 이상인 사회를 제정분리사회라 한다. 일반적으로 제정일치사회보다 제정분리사회가 더 발전된 단계로 파악된다.

고대원시사회에서는 모든 민족이 중대사를 결정할 때 항상 신(神)의 뜻을 구하고 그것을 바탕으로 실행하였다. 그 결과 신은 생활의 중심에 있었고, 신에게 제사 지내는 일은 빠뜨릴 수 없는 중요한 업무가 되었다. 따라서 신에게 제사 지내는 일은 그 집단의 장(長)이 주재하였고, 제사장은 정치의 수장(首長)을 겸하였다. 고조선은 그런 제정일치사회의 대표적인 예이다. 한국의 단군(檀君)은 무당의 다른 이름인 '당굴'의 사음(寫音)이고 '당굴'은 몽골어 'tengri(天)'와 공통된 말이며, 마한(馬韓)에 속했던 여러 신읍(神邑)의 장(長)이었던 천군(天君)도 이와 같은 말이므로 신정사회(神政社會)에서는 군장(君長)이 제주(祭主)인 무당(巫)의 직사(職司)를 겸하였다고 볼 수 있다. 고조선이 제정일치사회였음은 전 부족이 참여하는 거대한 집단행사였던 부여와 고구려의 제천의식(祭天儀式)에서도 찾아볼 수 있다. 또 신라 선덕왕 이래 고구려, 고려, 조선에서 사(社: 地神)와 직(稷: 穀神)을 받드는 사직단을 세워 국왕이 나라와 백성을 위해 제사를 지낸 데서도 그 유례를 찾아볼 수 있다. 사직(社稷)은 그때부터 국가 자체를 일컫는 말이 되었다.

농경생활이 정착되고 씨족사회가 더욱 발전하여 성읍국가(城邑國家)가 탄생되자 군장(郡長)의 권위를 높여줄 필요성이 있었다. 그래야만 읍민(邑民)들이 군장의 명령을 따르고 복종할 수 있었기 때문이다. 그 때부터 권위를 뒷받침하기 위한 각종 설화가 나타났다. 한국의 단군신화도 그런 대표적인 예라 할 수 있다. 최초의 국가라 할 수 있는 고조선의 시조는 태양신(太陽神)인 환인(桓因)의 손자이며, 자연을 움직이고 모든 인간사(人間事)를 주재하는 환웅(桓雄)의 아들인 단군왕검(檀君王儉)으로 묘사되어 있다. 이 설화는 많은 과장과 수식이 더해진 것이겠지만 단군왕검의 출생을 신성하고 초인간적인 데서 찾는 것은 권위의 부여와 무관하지 않을 것임이 자명하다. 태양은 신석기시대부터 신앙의 대상이 되어왔으므로 태양신과 이어지는 단군왕검은 더할 나위 없는 권위를 갖게 되는 셈이다. 한국 고대에 등장하는 여러 시조(始祖)의 난생설화(卵生說話)도 비슷한 의미를 지닌다.

단군왕검이 제정일치(祭政一致)의 지배자를 의미한다는 말은 당시 정치적 지배자가 신비한 제사장의 기능을 겸하고 있었음을 뜻하므로 그때까지만 해도 종교와 정치가 분화되지 않았음을 의미한다. 고조선의 법률인 팔조법금(八條法禁) 가운데 살인자는 사형에 처하고, 상해를 입힌 자는 곡물로 배상시키고, 도둑질한 자는 노비로 삼는다는 3개 조항이 남아 있는데 이는 고조선의 지배자가 그와 같은 규범을 집행하는 통치자로서의 지위를 누리고 있었음을 의미한다.

그런 통치자들이 다스렸던 성읍(城邑)국가는 일정한 조건 아래 상호 연맹하여 연맹왕국을 성립시켰다. 그에 따라 제정(祭政)이 분리되고, 연맹국의 장(長)은 왕으로 호칭되는 단계에까지 발전하게 되었다. 그러나 부여에서는 가뭄이나 홍수, 흉년이 들면 왕을 죽이거나 내쫓아 그 책임을 추궁하였다고 한다. 이는 연맹장의 왕권이 확립되지 않았음을 뜻하기도 하지만 동시에 정치적 지배자가 자연의 조화와 농업의 풍요로운 결실에까지 책임을 져야 했음을 말해 주는 것으로서 뒷날 천재지변이 나타나면 왕이나 고위 관직자가 견책당하는 선례가 되었다. 이처럼 정치는 한편으로는 탄생설화를 통해 정치적 지배자의 권위와 능력을 인식시키고 다른 한편으로는 자연의 변화와 민생에 대해 책임을 지도록 하는 데서부터 시작되었다.

삼국시대에 접어들면 중앙집권적인 국가체제가 정비되고 왕의 정치적 권위는 한층 더 고양되게 된다. 새로 탄생한 귀족들의 합의제에 의해 국가중대사가 결정되었지만 국가를 대표하고 귀족을 통합하며 정책집행의 최고책임을 지는 왕의 권한과 지위는 매우 강하고 높았다. 이때부터 충군애민사상(忠君愛民思想)이 대두되기 시작했다. 이처럼 왕의 권위가 고양됨에 따라 고구려의 광개토대왕이나 신라의 진흥왕은 독자적인 연호를 사용하게 되었다. 이러한 고대정치의 형성과정은 구성원과 일정한 권역을 지배하는 군장을 기초로 하여 형성되었음을 의미한다. 현대의 국가 3요소를 보통 국민, 영토, 주권이라고 하는데 이 3요소는 고대의 부족, 권역, 군장에서 발전된 개념이라고 볼 수 있다.

그런 고대정치는 통제를 전제로 하는 정치가 아니라 자유를 전제로 하는 정치였다. 실제로 고대 주민들은 자유롭게 농사를 지을 수 있었고, 이사를 갈 수도 있었으며 하고 싶은 말을 할 수 있었다. 왕들도 소매를 걷어붙이고 같이 농사일을 했고 가뭄이 들거나 태풍이 불면 동고동락했다. 고조선 시대의 팔조금법(八條禁法)도 자유를 전제로 하되 그 항목을 어긴 자는 처벌한다는 의미를 지닌다.『삼국지』위서(魏書)「동이전」과『후한서』「동이전」에는 기자(箕子)가 조선에 와서 8조의 교법(教法)을 만들어

인민을 교화시켰다고 기록되어 있다. 다만 이것은 8조의 교(敎)가 아니라 그 자체가 금약(禁約)의 성격을 띠고 있다.『한서(漢書)』에는 8조 법금에 이어 "이로써 백성들은 서로 도둑질하지 않게 되어 문호(門戶)를 닫지 않았다. 부인은 정신(貞信)하고 음란하지 않았다."라고 기록되어 있다. 이 조항 중 부인은 정신하고 음란하지 않았다는 것은 본래부터 그런 것이 아니라 간음을 금하는 법이 엄했기 때문에 그랬다고 보아야 할 것이다. 이에 따라 8조 중 금간(禁姦)을 내용으로 하는 1조가 들어 있었음을 추측할 수 있다. 금간(禁姦)은 살인, 절도와 함께 고대 동이족 사회에서 가장 중시되었던 법금 중의 하나였다. 생명, 신체, 재산 및 정조에 관한 그러한 법금조항은 고조선 사회뿐만 아니라 동이족의 여러 사회, 그리고 전 인류사회에 널리 공통되는 기본법 또는 만민법(萬民法)이라고 할 수 있다. 8조 법금은 곡물을 화폐와 같이 교환의 표준으로 삼고, 계급분화로 노예를 사유재산 시 하던 시대의 산물임을 알 수 있다. 이는 기자조선 이전에 시작되어 기자조선에 이르러 완성된 것으로 보는 것이 타당한 듯하다.

그런 법금은 위만조선을 거쳐 군현(郡縣) 시기 초까지 내려오다가 고려에 들어와 인지가 더 발달하고 빈부의 차가 심해지면서 풍속이 점차 문란해짐에 따라 법금이 늘어났고 8조 본래의 조항 중 변경된 것도 많이 생겨났던 것 같다. 3개의 법금 항목 중 속죄하고자 하는 자는 50만 전을 내야 한다는 조항은 군현시대에 이르러 개정된 것으로 보인다.『한서(漢書)』「지리지(地理誌)」에는 한나라의 관리와 상인들이 처음 낙랑에 들어왔을 때 토착 조선인들이 밤에도 문을 닫지 않고 있음을 보고 도둑질을 했기 때문에 갈수록 풍속이 나빠져 이 역사서가 저술되던 시대에는 법금이 60여 조로 늘어났다고 기록되어 있다. 이처럼 8조 법금은 당시의 사회상을 반영하는 것으로『한서』의 기록처럼 점점 사회상이 변천되고 복잡해져 가고 있었음을 증명한다.

신정정치

고대에는 신정정치(神政政治)도 많았다. 신정정치란 신의 대리자가 정치지배권을 가지는 정치형태를 말한다. 신정정치라는 말을 최초로 사용한 사람은 유대의 역사가 요세푸스(Flavius Josephus)로 『구약성서』에서 볼 수 있듯 정치적 지배 및 권위의 원천이 신에게 있다고 믿는 이스라엘의 특수한 정치형태를 지칭하는 말이었다. 고대에는 정치를 포함한 모든 영역이 신의 뜻에 따라 결정되었기 때문에 신의 뜻을 올바르게 받아들이고 전달하는 사람의 역할이 무척 중요했다. 따라서 신정정치 하의 정치적 지배자는 신의 의사를 전달받고 전달하는 사람이었다. 그런 역할을 하는 절대적 지도자는 선지자, 승려, 왕 등이었다. 고대 신정정치 하에서의 왕과 근대 왕권신수설 하에서의 왕 사이에 차이점이 있다면 고대 신정정치 하에서는 신의 의사에 반할 경우 선지자를 통해 비판을 받고 폐위된다는 점이었다. 신정정치는 지금도 남아있다. 이슬람 원리주의로 지칭되는 이슬람 내 보수파와 미국의 기독교 근본주의와 같은 경우가 대표적인 예이다.

신정사회에서 선지자나 승려가 존경의 대상이 되면서 자연스럽게 선인(仙人)개념이 생겨났다. 신선(神仙)이라 불리기도 했던 선인은 도(道)를 많이 닦아 현실적 인간세계를 떠나 자연과 벗하며 산다는 상상의 사람으로서 속세를 초월하는 초인적 능력을 지녔으며 늙지도 죽지도 않는 불로불사의 존재로 여겨졌던 고대 중국의 이상적 인격상(人格像)이었다. 그들은 세속적인 상식에 구애되지 않고 고통이나 질병으로부터 자유로우며 죽지도 않는다고 했다.

03 문화와 종교

문화는 또 종교를 떠나서 말할 수 없다. 왜냐하면 문화의 기원은 종교라고 해도 과언이 아니기 때문이다. 종교라는 말은 라틴어의 relegere에서 나온 것으로 "다시 읽는다, 반복한다, 주의 깊게 관찰한다."는 뜻을 가지고 있다. 종교의 기원은 보는 관점에 따라 다양하게 나누어진다. 자연적으로 발생하고 진화한다고 보는 견해도 있고, 승려나 지배자들이 무지한 대중을 지배하기 위한 수단으로 만든 것이라는 견해도 있고, 초자연적 위력에 대한 두려움에서 시작되었다는 견해도 있고, 인간의 본성에서 발견되는 절대자의 형상 자체가 종교의 기원이라고 보는 견해도 있다. 종교를 믿게 되는 원인도 여러 가지로 나누어진다. 헤겔은 인간의 지성 안에 종교가 자리하고 있다고 보았다. 즉 아는 만큼 믿을 수 있기 때문에 지식, 사상, 철학, 인식 같은 지성의 산물로 보았다. 종교는 인간의 감정 속에 자리 잡고있는 것이라는 견해도 있다. 보이지 않는 세계를 인식하는 길은 오직 느낌으로 감지하는 길뿐이므로 종교적 믿음은 감정 안에서 느껴질 수 있다고 본다. 또 칸트는 종교를 인간의지 속에 자리하고 있는 것으로 보았다. 의지가 양심의 명령이듯 종교도 인간이 느낌으로 감지한 것을 의지로 표현해 낸 것이라는 것이다.

하지만 성경에 의하면 종교는 심령에 자리하고 있다고 한다. 심령은 인간의 모든 도덕적 생활의 중심이고 영혼의 인격적 기관인 동시에 일상생활의 산실이기 때문에 종교는 부분적 속성이 아닌 전 인격을 관장한다고 한다. 초자연적 절대자의 존재를 거부하고 나섰던 영국의 철학자 데이비드 흄(David Hume, 1711~1776)도 "종교가 없는 사람을 찾아보라. 만일 있다면 분명히 그들은 짐승과 멀지 않은 인간일 것이다"라고 했다. 종교는 그 만큼 인간생활과 밀착되어 있는 뚜렷한 현상의 하나로 인간영혼과 접촉하고 사상을 지배하며 감정을 자극하고 행동하도록 한다. 따라서 종교가 지니는 놀라운 의미와 감화를 부정할 수 없다. 현실적으로 종교는 그런 역할을 하면서 인간생활에 녹아들어 있기 때문이다.

하지만 종교를 인정한다고 하더라도 그것은 참 종교를 전제로 하는 것이어야 한다. 따라서 종교 중에서도 참 종교가 어떤 것이냐가 문제된다. 그러면 참 종교란 무엇인가? 인류는 지금까지 그 답을 얻지 못하고 여러 종교를 신봉해 왔다. 기독교도들은 인간이 하나님을 진실로 사랑하고 섬기고 경배하는 것이야말로 진정한 종교라고 한다. 창조주가 없는 종교는 인간이 만든 미신적 종교일 뿐이라는 것이다. 더욱이 종교는 신을 찬양하고 섬기는 목적 외에도 인간이 죽은 후에 신에게 가기위해 필요한 것이라고 한다. 즉 영원한 삶이 보장된다는 내세를 위해서 종교를 믿는다는 것이다. 그러므로 내세가 없는 종교는 종교로서의 의미가 없다고 한다. 여기서 문제되는 것은 과연 신과 내세는 정말 존재하는가이다. 확인되지 않은 죄는 죄가 아니라는 죄형증거주의는 신과 내세를 정면으로 거부한다. 신과 내세는 누구에 의해서도 확인되지 않았기 때문이다. 그러나 확인되는 것과 있다고 느끼는 것은 다르다는 감정적 입장에서 보면 신과 내세는 존재할 수 있다. 사랑하는 감정은 물리적으로 확인할 수 없지만 분명히 있다고 느낄 수 있듯 신과 내세도 그와 같다는 것이다. 그렇지만 여기에도 반론이 없는 것은 아니다. 사랑은 사랑의 주체인 물리적 인간이 현실세계에 있기 때문에 확인 가능하지만 신과 내세는 물리적인 주체가 현실세계에 없기 때문에 확인할 수 없고 따라서 존재하지 않는다는 반론이 얼마든지 가능하기 때문이다.

최종적으로 인간에게 필요한 것은 그런 논쟁이 아니다. 문제의 핵심은 인간의 삶에 얼마나 기여하는가이다. 인간의 건강에 해로운 음식은 자연히 사라질 것처럼 인간생활에 해악을 끼치는 종교라면 자연스럽게 사라질 것이다. 그러면 종교는 인간사회에 어떤 이로움을 주는가? 모든 종교는 도덕을 준수하고 선을 지향하라고 강조한다는 면에서 긍정적이다. 또 종교적 믿음은 전쟁에서 죽음을 두려워하지 않는다하여 권장되기도 한다. 이슬람과 일본은 전쟁에서 순교하는 자는 내세에 좋은 곳으로 간다고 거짓 선전하여 종교를 권장하였다는 설이 있다. 그러나 이에 못지않게 부정적 견해도 많다. 종교전쟁에서 보듯 종교의 이름으로 전쟁을 일으켜 그 전쟁을 정당화하고 이용한 사례는 부지기수이다. 더욱이 종교는 제물(祭物)을 요구하므로 어떤 형태로든 물질을 갈취하게 된다. 또 종교단체를 형성하여 정당한 사회적 정책에 반기를 들기도 한다. 특히 종교는 상대의 종교를 거짓이라 하고 자신들의 종교만이 참다운 것이라고 선전함으로써 사회적 갈등을 앞장서 조장한다. 뿐만아니라 저마다 다른 신을 섬김으로써 어느 종교가 참 종교인지 구별할 수 없도록 하여 혼란을 가중시키기도 한다. 더욱이 사회적 선을 행하는 단체도 있지만 도덕적 물의를 일으키는 단체들도 너무 많다. 종교가 범죄에 이용된 사례도 그 수가 엄청나다. 일본의 오옴진리교 같이 파괴를 일삼는 종교도 있고, 십자군 전쟁처럼 전쟁의 원인을 제공하는 경우도 있다. 지금도 중동에서는 종교전쟁의 불씨가 꺼지지 않고 있으며 그런 종교전쟁은 민족전쟁으로 번지기도 한다.

인류학자들의 연구에 의하면 시대를 물문하고 모든 인류사회에는 절대자를 숭배했던 증거가 나타난다고 한다. 실제로 역사를 보아도 어느 시대든 종교적 신앙심을 가지지 않았던 사람은 존재하지 않았다. 종교는 오래되었을 뿐만 아니라 매우 다양하다. 보르네오 정글의 인간 사냥꾼, 얼어붙은 북극 지방의 에스키모인, 사하라 사막의 유목민, 세계 대도시들의 문명인 등, 지상에 있는 모든 민족과 나라들은 그들 나름대로의 신이나 숭배 방식을 가지고 있다. 각국이 가지는 그런 종교의 다양함은 참으로 연구자들을 어리둥절하게 한다. 그러면 그런 모든 종교는 어떻게 탄생하게 되었을까? 그들은 상호 독립적으로 탄생되었을까? 아니면 서로 연관성이 있는 것일까?

모든 종교는 저마다 "참 믿음"을 창시했다고 주장한다. 그래서 그들은 자기 종교의 창시자를 진정한 신이라고 숭배한다. 석가, 예수, 마호메트, 공자 같은 사람들이 그런 신으로 숭배되고 있다. 그렇다면 오늘날 세상을 지배하고 있는 그런 종교들은 어떤 특징과 공통점을 가지고 있을까? 원시종교가 가지는 대표적인 공통점은 토속성이다. 토속신앙은 자신들이 타민족 보다 우월하다는 선민사상에서부터 출발되었다. 힘난한 자연환경은 인간능력만으로 극복하기에는 부족하다. 따라서 사람들은 한정된 살기 좋은 자연환경을 서로 차지하기 위해 치열한 쟁탈전을 벌이게 되었다. 그런 쟁탈전에서 각각의 민족은 자연스럽게 자기민족을 이끌어 줄 강력한 지도자를 필요로 하게 되었다. 살아 있는 현세뿐만 아니라 죽은 이후에도 영원히 자기들의 방패가 되어줄 지도자를 갈망하게 되었고 서로의 그런 갈망은 종교적 지도자를 낳게 했다. 토속종교는 그렇게 출발했다. 인디언들이 그들의 고유한 토속신앙을 가지듯 세계 여러 민족은 모두 토속신앙을 가지고 있다.

  토속신앙에서 보듯 종교를 선택해 태어난 사람은 없다. 사람들은 자기가 태어나고 성장한 곳을 지배하고 있던 종교에 자연스럽게 물들었을 뿐이다. 예를 들면 인도사람들은 힌두교적 환경에서 태어나고, 힌두교적 가르침을 받고 자라며, 중동사람들은 이슬람교적 환경에서 태어나고 이슬람교적 가르침을 받고 자란다. 그들은 스스로 종교를 선택한 것이 아니라 성장과정에서 주어진 종교에 동화되었을 뿐이다. 동양적 유교사상도 마찬가지이다. 동양인들은 누구도 유교를 선택해 태어난 적이 없다. 태어나면서부터 유교적 환경에서 자라게 되었고 그래서 유교적 감정을 가지게 되었을 뿐이다. 이는 마치 동양인들은 쌀을 주식으로 하고 서양인들은 밀을 주식으로 하는 것과 같은 원리이다. 동양인들 중 쌀을 주식으로 선택하여 태어난 사람이 없고, 서양인들 중 밀을 주식으로 선택하여 태어난 사람이 없다. 태어나면서부터 먹게 된 것이 쌀이었고 밀이었을 뿐이다. 그러나 그런 주식은 단순한 주식이 아니다. 쌀을 먹는 동안 동양인들의 오장육부는 밥을 소화하고 밥의 영양소에 적응할 수 있도록 진화되었고 서양인들의 오장육부는 빵을 소화하고 빵의 영양소에 적응할 수 있도록 진화되었다. 그 결과 그들의 생존환경은 바뀌어도 그들의 주식은 쉽게 바뀌지 않는다. 당장 동양인들이 서양을 여행하면 사흘이 못가 밥 생각이 나고, 반대로 서양인들이 동양을 여행하면 사흘이 못가 빵 생각이 난다. 이처럼 사람들은 자기들이 태어나면서 자연스럽게 먹고 적응했던 밥과 빵의 테두리에서 벗어날 수 없다. 그것은 결코 밥이나 빵 외에는 먹을 것이 없기 때문이 아니라 밥과 빵에 절대적으로 적응되어 있기 때문일 뿐이다.

 밥과 빵이 인간의 육체를 지배하는 절대적 위력을 가진 것처럼 종교는 인간의 정신을 지배하는 절대적 위력을 가지고 있다. 밥이 동양인들의 몸과 마음을 만들고 다듬은 주인(主因)이라면 빵은 서양인들의 몸과 마음을 만들고 다듬은 주인(主因)이다. 따라서 동양인들의 몸과 마음이 밥에 길들여 있고 서양인들의 몸과 마음이 빵에 길들여 있을 것임은 당연하다. 밥이 더 좋다거나 빵이 더 좋다는 것이 아니다. 그저 밥에 길들여져 있고 빵에 길들여져 있을 뿐이다. 밥과 빵은 결코 좋고 나쁜 호악의 대상이 아니다. 오직 서로 다른 환경에서 자란 사람들이 자연스럽게 먹게 된 음식일 뿐이다. 동서양의 정신세계도 마찬가지이다. 동양인이 동양적 정신세계를 가지고 서양인이 서양적 정신세계를 가지는 것은 당연하다. 동서양의 교류가 거의 없었던 불과 천 년 전 동양적 종교와 동양적 정신세계를 이상하다고 본 동양인은 아무도 없었고 서양적 종교와 서양적 정신세계를 이상하다고 본 서양인 또한 아무도 없었다. 동서양 사람들은 그저 그들이 태어나고 성장하면서 보고 듣고 익힌 정신영양소를 그들의 정신을 키우는 음식처럼 먹고 마시며 평생을 보냈을 뿐이다.

 동양인에게 서양의 종교가 문제되고 서양인에게 동양의 종교가 문제된 것은 근세에 들어와 동서양의 교류가 시작되면서부터였다. 기독교가 한국에 들어온 과정을 보아도 당장 그런 사실을 알 수 있다. 천주교가 한국에서 처음으로 예배를 보았던 때는 1785년이다. 프란시스 사비에르(Francis Xavier)가 일본에 입국하여 선교한 것이 1549년이며 한문이름이 이마두(利瑪竇)인 마테오 리치(Matteo Ricci)가 명나라에 들어가 선교한 것이 1581년인 점을 감안할 때 한국은 한참 뒤에 들어왔다고 할 수 있다. 그러나 1610년 허균이 북경에서 천주교로 개종했다는 기록이 있고 병자호란 후 볼모로 잡혀갔던 소현세자가 심양에서 독일 신부와 친교를 맺었다는 기록도 있다. 1758년에는 황해도와 강원도에 천주학이 자발적으로 성행하였다고 하며 1777년에 권철신, 정약용, 정약전, 이벽 등이 천주교리를 연구하였고 자체적 신도조직을 이루기도 하였다. 그러던 중 1784년 이승훈이 북경에서 최초로 영세를 받고 1785년 한양에 있던 김범우라는 사람의 집에서 천주교 창설예배가 열렸다. 한국의 천주교 전래기원은 이때를 기점으로 한다. 그러나 천주교가 조상제사를 금지하자 조상의 위패를 태우고 제사를 거부하는 신도가 생겨나게 되고 이것이 나라를 발칵 뒤집어 놓아 천주교인들에 대한 박해가 시작되었다.

그 결과 1791년(정조 15)에 일어난 최초의 천주교도 박해사건이었던 신해교난(辛亥敎難)과 1801년에 일어나 신유교난(辛酉敎難) 같은 박해를 통해 수많은 천주교인들이 목숨을 잃게 되었다. 1801년에는 중국의 주문모 신부, 1839년에는 프랑스의 모방신부와 샤스탕 신부가 순교하였다. 주문모 신부는 한양에서 5년간 숨어 지내며 복음을 전하다 국경으로까지 도망갔으나 자신 때문에 고문받고 죽는 신도들을 생각하여 다시 돌아와 자수한 인물이기도 하다. 그런 와중에서도 천주교는 꾸준히 성장하여 1831년에는 독립된 한국교구가 설립되었다. 한국최초의 신부였던 김대건 신부가 입국하여 순교한 것은 1846년의 일이다. 그런 가운데 1863년 고종이 즉위하여 대원군이 집권하자 동학이 크게 일어나 1864년에는 동학교조 최제우(崔濟愚)가 처형당하기도 하였다. 그런 일이 있은 얼마 후 개신교가 소개되었고 대동강에서 불탄 미국의 제네럴 샤먼호(1866년)에 타고 있던 영국선교사 토마스 목사가 순교하는 일이 벌어졌다. 1876년에는 스코틀랜드의 로스 목사가 만주에서 한국인들에게 세례를 주었고 그와 신자들에 의해 복음서가 차례로 번역되었다. 또 그에게서 세례를 받은 상인 서상륜이 최초의 목사가 되어 1884년 황해도 솔내(송천(松川)이라고도 함)에 최초의 교회당을 세우기도 했다.

또 같은 해 알렌이 한국에 들어와 이듬해 광혜원을 세우는 등, 근대식 의료기관과 교육기관을 설립함으로써 간접 선교를 시작했다. 그로 인해 한국의 개신교는 의료, 교육, 기술 등, 근대화와 선교가 병행되는 특징을 가지게 된다. 그 뒤 언더우드와 아펜젤러가 1885년 선교사로 입국하여 선교를 하게 되었다. 천주교와 개신교의 이런 선교과정은 조금 차이가 난다. 천주교는 미사와 교리를 중심으로 선교를 시작한 반면 개신교는 성서를 중심으로 하였다는 특징을 지닌다. 또 천주교는 수많은 순교의 피를 흘린데 반해 개신교는 근대화와 병행되는 특이한 모습을 보였다. 이처럼 한국에 천주교와 개신교가 소개된 이면에는 개방과 상호교류라는 소통의 역사가 자리하고 있다.

천주교와 개신교가 전래된 한국의 경우처럼 왕래와 상호교류가 없었던 고대에는 다른 종교에 대해 알 방법이 없었다. 보지도 만나지도 않고 상대를 알 수는 없지 않는가. 다른 민족을 보지도 만나지도 못했던 고대 민족은 그들의 고유한 토속신앙에 빠져 있었을 뿐이다. 영국의 인류학자 에드워드 타일러(1832~1917년)가 주창한 애니미즘, 즉 정령(精靈) 숭배론은 그 대표적인 예이다. 그에 의하면 원시인들은 꿈, 환상, 환각 등을 경험하고 몸속에 영혼이 존재한다는 결론을 내리게 되었다고 한다. 그의 이론에 의하면 고대인들은 사랑하는 사람이 죽은 후 꿈에 나타났기 때문에 죽은 후에도 영혼이 계속 살아있고 몸을 떠난 영혼은 바위나 거목 등에 웅거한다고 생각하였다. 그래서 죽은 자들의 영혼이 내재되어 있다고 믿었던 그런 물체들이 신으로 숭앙되었다. 종교는 그렇게 탄생되었다는 것이다. 죽은 자들에 대한 그리움이 종교라는 수단을 통해 표현되었다는 것이다.

영국의 또 다른 인류학자 R. R. 마렛(1866~1943년)도 모든 사물 속에 생명이 있다고 믿었던 원시적 종교개념인 애니머티즘(animatism), 즉 유생관(有生觀)은 정령숭배에서 시작되었다고 주장한다. 태평양 군도의 멜라네시아인과 아프리카와 아메리카 원주민들의 신앙을 연구한 결과 원시인들이 영혼개념을 가지게 된 것은 만물에 생명을 주는 초자연적 힘이 있다고 믿었기 때문이라는 결론에 이르렀다. 또 그 신앙은 사람 속에 외경심과 두려움이라는 감정을 불러일으켰고 그 감정이 원시종교의 기초가 되었다고 결론지었다. 마렛의 이 같은 결론을 요약하면 인간으로서는 감당할 수 없는 초자연적 힘에 압도당해 종교적 숭앙이 시작되었다는 것이다. 고대인들의 춤과 노래, 축제와 제의는 그런 숭앙하는 마음을 표현하기 위한 수단이었다는 것이다.

▎주술의 등장

프랑스 남부의 도르도뉴(Dordogne) 지방에 있는 구석기시대 동굴들에는 석기시대의 사냥과 주술의 관계를 알 수 있는 다양한 동굴 벽화들이 있다. 새(조, 鳥) 모습의 가면을 쓰고 황홀감에 사로잡혀 발기한 성기를 드러낸 샤먼의 앞에는 창에 찔린 거대한 들소가 있고, 이 샤먼의 뒤에는 배설하면서 걸어가는 듯한 커다란 코뿔소가 그려져 있다. 사하라로 가는 길목에 있는 아틀라스 산맥(Atlas Mountains)의 이남 지역에 살던 베르베르인들은 외부로부터의 침입을 막기 위해 집을 토담으로 서로 연결하고 두터운 벽을 쌓아 요새화한 크사르(Ksar)라고 하는 공동마을이있는데 그 마을에 있는 바위벽에 그려진 후기 구석기시대 벽화를 보면 한 사람이 들소 앞에서 팔을 들고 있다. 또 리비아의 남서부에 있는 페잔에서 발견된 그림에서는 부부 한 쌍이 황소 앞에서 춤을 추고, 누비아 사막에서 발견된 그림에서는 세 사람이 큰 숫양 앞에서 팔을 들고 있다. 이러한 행위는 동물을 사냥하기 전 동물의 주인인 자연에게 희생 제의를 치르고 동물과의 계약을 성사시킴을 의미한다. 이런 그림에서 동물은 대체로 세밀하게 그려져 있고 인간은 엉성하게 그려져 있다. 라스코(Lascaux) 동굴의 벽화들도 마찬가지인데 이런 그림들은 모두 동물의 성화(聖畵)로서 앞서 설명한 블랙풋(Blackfoot) 족의 사냥 의례와 같이 사냥과 주술이 연결되어 있다. 동굴 속 사냥 그림들 속에 있는 동물들은 다른 동물 위에 겹쳐 그려지거나 모습이 변형된 형태로 그려진 경우가 많다. 이런 그림들은 대부분 예술적 목적이나 실제의 기록을 목적으로 하기기보다는 주술을 목적으로 하고 있다. 또 이런 동굴들은 주로 깊고 미로 같은 구조를 지녔으며 주거지로 쓰이기보다는 일종의 성소(聖所)로 쓰였다. 이는 오스트레일리아에 있는 아란다(Aranda) 부족의 남성용 춤마당과 기능이 비슷하다.

    구석기시대의 여성상은 대체로 뚱뚱하며 특히 가슴과 엉덩이가 발달해 있는 모습이다. 이는 상징적인 의도를 가지고 강조된 것으로 미적인 모습이라기보다는 숭배의 대상이 되는 신적 힘의 상징이었다. 또 이는 구석기시대부터 이미 여성의 몸이 신성한 힘의 원천으로 숭배되었으며 그 신비를 기리기 위한 의례체계가 확립되었음을 의미한다. 특히 아주 드물게 나타나긴 하지만 남성상들이 주술적 존재임을 암시하기 위해 가면을 쓰거나 변형된 신체를 가지는 것과 달리 여성상들은 벌거벗은 상태로 그냥 서 있다. 시베리아의 오스티아크(Ostiak)족, 야쿠트(Yakut)족, 골디(Goldi)족들은 나무로 여신상을 만들어 숭배한다. 그들은 사냥하러 떠날 때는 집을 여신상에게 부탁하고 사냥에서 돌아오면 고기의 좋은 부분을 귀리와 함께 바치면서 그 신상(神像) 앞에서 기도한다. 이러한 의식은 여성, 특히 임신 중인 여성을 강력한 주술적 힘의 원천으로 보는 시각에서 나온 것이다.

하지만 어떤 주술에도 불구하고 사냥이나 생산은 그냥 얻어지는 것이 아니다. 보다 많은 생산을 얻기 위해서는 그만한 기술과 숙련이 뒷받침되어야 한다. 기술의 변화는 항상 사회변화의 단초가 되어왔다. 현대의 중요한 이론 중의 하나인 기술결정론(technological determinism)에 의하면 기술은 사회변화를 이끌어 가는 독립변수이다. 특히 마르크스는 그의 사적유물론(史的唯物論)에서 기술은 사회변화와 밀접한 연관관계를 가진다고 보았다. 마르크스는 그의 『정치경제학 비판요강』에서 인간은 자신의 의지와는 상관없이 불가항력적으로 일정한 관계에 들어가게 되는데 그것은 생산력 발전의 일정한 단계와 그에 상응하는 생산관계라고 주장하였다. 인간은 누구나 살아가는 과정에서 자연과학적 정확성을 가지고 결정될 수 있는 경제적 생산문제와 법적, 정치적, 심미적, 철학적 갈등을 의식하고 투쟁하게 되는 이데올로기적 문제라는 두 문제에 노출되게 된다. 이는 인간사회의 변화는 경제로부터 시작한다는 경제우위론을 강조하는 차원이 아니라 하나의 거부할 수 없는 원론임을 강조하는 차원이다.

학자들의 주장에 의하면 문화는 인류의 뇌가 발달한 결과적 산물이라고 한다. 그러나 원인(猿人)인 오스트랄로피테쿠스의 뇌는 작으며 유인원(類人猿)의 뇌와 큰 차이가 없는데도 불구하고 도구를 제작했다는 점을 감안할 때 영국의 인류학자 E. B. 타일러의 애니미즘적 사고방식은 설득력이 부족하다. 오히려 인류의 직립2족보행(直立二足步行)이라는 생물학적 조건이 전지(前肢) 2개와 손가락 10개의 기능과 신경계통을 발달시켜 신경조정을 고도화시켰으며, 나아가 언어의 사용과 도구의 제작을 가능하게 하는 동시에 그러한 발달 결과 직립보행이 가능해졌다고 보아야 할 것이다. 이렇게 문화와 신체는 병행하여 진화과정을 밟았으며 서로 원인이 되고 결과가 되었다. 따라서 인류는 다른 생물과 같은 유전과 변이(變異)의 반복만이 아니라 특수화하고 복잡하게 발달한 대뇌와 신경계통을 통하여 인류사의 어느 단계에서부터 급속히 문화를 발달시켰던 것이다.

| 종교와 주술

스코틀랜드의 고대 민속학자 제임스 프레이저((James George Frazer, 1854~1941년)는 1890년에 저술한 『황금가지』라는 책에서 종교가 주술에서 비롯되었다고 주장하였다. 프레이저에 의하면 고대인들은 자연에서 일어나는 여러 현상들을 보고 그것을 모방함으로써 자기의 생명과 환경을 조응시키려고 노력했다고 한다. 예를 들면 천둥 같은 북소리를 내면서 땅에 물을 뿌리면 비를 오게 할 수 있다거나, 원수의 형상에 바늘을 꽂으면 그에게 해를 줄 수 있다고 생각하였다. 그 결과 사람들은 생활의 많은 분야에서 주문과 주술적 물건들을 사용하게 되었다. 만일 그런 주술이 기대했던 만큼의 효과를 발휘하지 못할 때는 그 일을 그만두려고 한 것이 아니라 오히려 초자연적 능력자의 도움을 얻기 위해 비위를 맞추고 간청하였다. 그런 간청은 자연스럽게 제사와 기도가 되었고 그래서 종교가 시작되었다는 것이다. 이런 프레이저의 주장을 요약하면 자연의 위대한 힘이 자기에게 오도록 하기위해 자연을 달래고 섬겼던 데서부터 원시종교가 시작되었다는 것이다.

오스트리아의 저명한 정신분석학자 프로이드(1856~1939년)도 그의 저서『토템과 터부(Totem and Taboo)』에서 종교의 기원을 설명하려고 노력하였다. 프로이드는 정신분석이라는 자기분야에 어울리게 최초의 종교가 아버지상(像)에 대한 노이로제(neurosis)에서 비롯되었다고 설명하였다. 그는 야생말과 소 떼의 경우처럼 원시사회에서는 아버지가 씨족을 지배했다는 이론을 세웠다. 씨족지배자로서의 아버지를 미워하기도 하고 선망하기도 했던 아들은 성장한 후 반역을 통하여 아버지를 죽이고 아버지의 능력을 자기들의 것으로 만들기 위해 그들은 자기 손으로 죽인 아버지의 살을 먹었다고 주장하였다. 나중에 아들들은 잘못을 뉘우치고 자기들의 행동을 속죄하기 위한 의례와 의식을 고안해 냈다고 한다. 이런 프로이드의 이론에 의하면 아버지상이 하나님이 되었고 의례와 의식이 최초의 종교가 되었으며 살해한 아버지를 먹은 것이 많은 종교에서 행하는 영성체 전통이 되었다는 것이다. 종교의 기원을 설명하려고 시도하는 이론들은 그 밖에도 수없이 많다.

이런 신화와 전설들을 믿었던 고대인들은 지리적으로 서로 멀리 떨어진 곳에 살았다. 따라서 그들의 문화와 전통은 서로 아무 관련도 없었다. 그런데도 그들이 가졌던 토속종교의 출발점은 아주 비슷하다. 자연의 위력에 대해 외경심을 가졌다는 점, 인간의 힘으로는 극복할 수 없다고 믿었을 때 그들을 구해줄 절대적 힘을 찾았다는 점, 그런 절대자를 자기생활과 밀접한 곳에서 찾았다는 점 등이 그렇다. 신앙의 출발점이 그렇게 동일했던 이유는 무엇이었을까? 생활환경은 달라도 인간의 천부적 사고방식은 다르지 않다는 반증이다. 농촌과 어촌의 환경은 서로 다르다. 농촌은 농산물을 주식으로 하고 어촌은 해산물을 주식으로 한다. 이렇게 주식은 달라도 먹어야 살 수 있다는 삶의 기본방식은 다르지 않다. 토속종교가 탄생한 과정도 마찬가지이다. 생존환경이 달랐던 만큼 고대인들이 선택했던 신앙의 대상은 달랐다. 산촌 사람들은 산과 바위를 신앙의 대상으로 선택했고 농촌 사람들은 땅(지신)과 곡물(곡신)을 신앙의 대상으로 선택했다. 이렇게 그들이 선택한 신앙의 대상은 달랐어도 무언가를 신봉하기 위해 그들의 주변에서 그 대상을 찾았다는 측면에서는 차이가 없다. 농촌사람들이 곡물로 끼니를 때우고 어촌 사람들이 해물로 끼니를 때우듯이 고대인들은 그들이 가장 쉽게 선택할 수 있는 자기 주위의 대상을 신앙의 대상으로 선택했을 뿐이다.

고대의 토속신앙이 가지는 또 다른 공통점은 인간의 삶은 황금시대로부터 출발했다고 전제한다는 점이다. 대부분의 종교는 병과 죽음으로부터 벗어나 자연과 더불어 행복하고 평화롭게 살았던 황금시대를 인간사회의 출발점으로 설정하고 있다. 많은 종교는 그런 완전한 지상낙원에서부터 그들의 이론을 시작한다. 예를 들면 고대 페르시아 조로아스터교(Zoroastrianism)의 경전인 아베스타(Avesta)는 창조신(神) 아후라 마즈다(Ahura-Mazda)와 대화를 나누었던 최초의 선한 목자에 관한 이야기로부터 시작한다. 고대 페르시아인들은 최초의 인간 이마(Yima)는 아후라 마즈다로부터 "내 세상을 가꾸고, 다스리고, 보살피라"는 지시를 받는다. 그렇게 하기 위해서 그는 모든 생물이 살 수 있는 땅 속의 집인 "바라(Barra)"를 지었는데 그 속에서의 생활은 뽐내는 일이나 천박한 일도 없었고 어리석은 일이나 폭력도 없었으며 가난이나 속임도 없었다. 또 연약한 것이나 기형적인 것도 없었고 보통 이상으로 큰 이빨이나 체구를 가진 생명체도 없었으며 악령의 더러운 행위로 괴롭힘을 당하는 일도 없었다. 그들은 향기로운 나무와 황금기둥 사이에 살았는데 그것은 땅에서 가장 크고 가장 좋고 가장 아름다운 것이었다. 그들 자신부터 키가 크고 아름다운 인종이었다고 기록되어 있다.

고대 그리스의 농부시인이었던 헤시오도스(Hesiodos)의 작품으로 알려진 『노동과 나날(Works and Days)』이라는 시(詩)는 인간이 거쳐 온 다섯 시대에 관해 말하고 있는데 그 첫째 시대는 사람들이 온전한 행복을 누렸던 황금시대로 기술되고 있다. 그는 이렇게 썼다. "하늘 궁정을 거니는 불멸의 신들이 처음에는 인간을 황금 인종으로 만들었다. 사람들은 신들처럼 살았으니 행복하고 근심 없는 영혼으로 수고와 고통을 모르고 온통 잔치로 지내는 삶을 살았으며 그들의 팔다리는 변할 줄 몰랐다."

그리스 신화에 의하면 에페메데우스(Epimetheus)가 올림피아의 신 제우스(Zeus)에게서 선물로 받은 아름다운 판도라(Pandora)를 아내로 맞아 들였을 때 그 같은 전설의 황금시대를 잃게 되었다고 한다. 하루는 판도라가 제우스신으로부터 선물 받은 큰 상자의 뚜껑을 열게 되었는데 갑자기 그 속에서 고통, 번민, 질병 같은 온갖 악(惡)이 빠져나왔다고 한다. 인류는 그렇게 황금시대에서 시작하여 암흑시대로 넘어왔다는 것이다. 고대 중국의 역사도 요순시대라는 황금시대로부터 시작한다. 요순시대는 중국에서 이상적인 정치가 베풀어져 백성들이 평화롭게 살았던 태평성대로 중국 사람들은 요임금과 순임금을 가장 이상적인 군주로 숭배하고 있다. 백성들의 생활은 풍요롭고 여유로워 군주의 존재까지도 잊고 매일같이 격양가(擊壤歌)를 부르고 살았으며 정치는 가장 이상적인 도덕을 갖춘 사람을 임금으로 추대하는 선양(禪讓)이라는 정권이양방식을 지킴으로써 다툼이 없었다고 한다. 중국의 역사도 그런 황금시대로부터 시작한다.

자기 민족의 역사를 그런 황금시대에서부터 시작하는 민족은 수없이 많다. 이집트인, 티베트인, 페루인, 멕시코인 등의 종교에서도 같은 현상을 찾아볼 수 있다. 서로 멀리 떨어진 곳에 살면서 전혀 다른 문화와 언어 및 관습을 가지고 있던 모든 민족들이 자기들의 역사적 기원을 똑같은 황금시대로부터 시작하게 된 이유는 무엇이었을까? 거기에는 행복과 지상낙원을 바라는 인간의 천부적 소망이 숨겨져 있다. 불행하고 싶은 사람은 없다. 건강하고 행복하게 오래 살고 싶은 인간의 욕망은 천부적 욕망이다. 그러나 그 천부적 욕망은 현실세계 어디에서도 채워지지 않는다. 따라서 비현실세계에서 찾을 수밖에 없다. 비현실세계는 크게 두 가지로 나누어진다. 하나는 과거세계이고 다른 하나는 미래세계이다. 과거세계와 미래세계는 어떤 경우에도 현실적으로 누릴 수 없는 세계이다. 모든 종교가 과거의 황금시대에서 미래의 황금시대로 이어지는 이유는 바로 이 때문이다.

그런데 과거에서 미래로 바로 이어질 수는 없다. 현재라는 숨길 수 없는 시간이 있기 때문이다. 그 현재는 인간이라면 누구나 직접 겪고 당하는 고통과 불행으로 얼룩진 시간이다. 그런 시간을 황금시대로 과잉 포장할 수는 없다. 만일 무리하게 포장한다면 모두가 그 허구를 금방 알아차릴 수 있기 때문이다. 모두가 알 수 있는 것은 인정하는 것이 오히려 전체적 사실성을 높이는 방편이 된다. 이런 원리를 역이용하는 사람들이 바로 사기꾼이다. 예를 들면 과거에 투자로 약간의 이익을 본 전설적 한 사람을 내세워 그를 과잉 선전함으로써 모두가 일확

천금할 수 있다고 포장하여 돈을 투자하게 하고 사기를 친다. 이 또한 과거의 황금 같았던 투자를 과장하는 데서 출발하여 현재의 암흑 같은 투자를 강하게 비판하고 미래의 황금 같은 투자를 유도하는 방법이다. 사기꾼들에게는 과거의 황금시대에서 현재의 암흑시대를 거쳐 미래의 황금시대로 되돌아간다는 이런 이론적 기본 틀이 금과옥조와도 같다. 모든 종교가 현재시대를 암흑시대로 표현하는 것은 실제로 암흑 같은 현재를 암흑시대로 인정함으로써 과거의 황금시대와 미래의 황금시대에 대한 믿음의 확신을 높일 수 있다는 판단 때문인지도 모른다. 세계에 있는 모든 종교의 교리는 바로 이 같은 큰 틀에서 일치한다. 즉 과거의 황금시대에서 현재의 암흑시대를 거쳐 미래의 황금시대로 나아간다는 것이다. 인류역사상 지금까지 이 같은 교리적 큰 틀을 가지지 않은 종교는 나타나지 않았다.

| 종교와 미지의 세계

　기존의 세계인 현재를 비판하고 미지의 세계인 미래를 미화하는 종교는 왜 생기게 되는 것일까? 그 이유는 간단하다. 인간의 가슴속에 미지의 세계를 그리는 마음이 자연적으로 생겨나기 때문이다. 남녀사랑이 왜 생길까? 사랑을 그리는 마음이 자연적으로 발생하기 때문이다. 사랑하는 마음을 가지라고 가르치는 사람이 없어도 사춘기가 되면 사랑하는 마음은 자연적으로 발생한다. 그것은 마치 일정한 시간이 지나면 발효과정이 진행되는 식품과도 같다. 대표적 발효식품인 김치의 경우를 예로 들어 보자. 여러 양념을 섞어 버무려 놓으면 시간이 지남에 따라 서서히 발효라는 화학작용이 일어난다. 여기에는 어떤 손도 개입되지 않는다. 그저 묻어만 두고 시간만 기다리면 된다. 그런 기다

림은 자연발생적인 화학작용이 일어나길 기다리는 시간이지 어떤 손이 개입되길 기다리는 시간이 아니다. 그러나 이를 모르는 어린이들에게는 엄마라는 이름의 위대한 사람이 맛을 만들어 낸다고 말할 수 있고, 어린이들은 그런 말을 믿을 수 있다. 어린이들에게는 발효과정이 신기한 미지의 세계일 수 있기 때문이다.

이를 우주적 차원으로 확대하면 그런 사실은 더욱 분명해진다. 우주는 거대한 실체이다. 우리는 매일 밤 수많은 별들이 하늘에서 반짝이는 것을 볼 수 있다. 따라서 우주가 있다는 사실은 누구도 부인할 수 없다. 그러나 우주는 우리가 볼 수 있는 실체이면서도 아직은 그 실체를 파악할 수 없는 미지의 세계이다. 별세계는 몇백, 몇천, 몇만 광년을 가야 하는 먼 곳으로 알려져 있으므로 그 별세계를 실제로 접한 사람은 아무도 없다.

그런 미지의 세계는 마음대로 상상할 수 있다. 과거 한국인들은 달에는 방아 찧는 토끼가 있다고 믿었다. 그것은 사실이 아니었지만 그들은 그렇게 믿고도 행복해 했고 온갖 문학작품의 소재로 삼았다. 이처럼 미지의 세계는 상상자체로서 의미 있는 경우가 많다. 아직 사랑하는 짝을 찾지 못한 사춘기 남녀들은 사랑하는 상대가 나타났을 때를 상상하는 것만으로도 행복하다. 그러나 그것이 현실이 되면 그 행복은 사라지고 만다. 사랑싸움, 부부싸움, 가정파탄 등은 모두 사랑이 현실이 되면서 나타나는 현상이다. 이렇게 볼 때 행복을 누리는 최선의 방법은 영원히 상상의 사랑을 그대로 간직하는 것이다. 그것은 마치 마술사들의 눈속임 마술이 신비에 가려져 있을 때는 위대하지만 정작 그 마술의 신비가 벗겨지고 나면 아무런 감흥도 없는 것과도 같다.

종교인들이 어떤 경우에도 신자들을 상상의 세계에 매달리도록 붙잡아 놓고자 하는 것은 이 때문이다. 상상의 사랑을 하는 동안 사춘기 젊은이들은 온갖 행복한 사랑, 온갖 불행한 사랑을 다 가질 수 있다. 그러나 그들은 불행한 사랑보다는 행복한 사랑을 더 많이 상상하고 가지려 할 것이다. 종교적 마음도 마찬가지이다. 온갖 행복한 미지의 세계, 온갖 불행한 미지의 세계를 다 상상할 수 있다. 그러나 그들은 행복한 세계를 더 많이 상상하고 더 많이 가지려 할 것이며 따라서 종교인들은 미지의 행복한 세계를 더욱 강조한다. 그것은 결코 어느 누가 지시하고 가르쳐 주기 때문이 아니라 자연발생적인 인간의 마음이 그러하기 때문이다. 상상의 세계는 허공 속에 그리는 그림처럼 마음대로 그리고 마음대로 지울 수 있는 세계이다. 허공 속에 그려진 그런 그림은 아름다운 것이든 추한 것이든 현실적으로 나에게 주어지는 것은 아니다. 하지만 그런 상상을 하는 동안 우리는 행복할 수 있고 불행할 수 있다. 종교적 마음이 인간을 떠나지 못하고 있는 것은 신이 인간을 붙잡고 있기 때문이 아니라 허공 속에 그렸다 지우는 인간의 행불행이 사라지지 않고 있기 때문이다.

  그런 종교적 마음은 음식을 먹는 것과도 같다. 맛있는 음식도 있지만 맛없는 음식도 있고 때로는 배탈을 일으키는 음식도 있다. 그러나 그런 배탈 때문에 음식을 먹지 않는 사람은 아무도 없다. 음식은 바로 인간의 자연발생적 욕망이기 때문이다. 신앙심도 식욕처럼 자연발생적이다. 음식이 우리의 굶주림을 충족시켜 주듯 종교는 인간의 정신적 굶주림을 충족시켜 준다. 배고플 때 우리는 아무것이나 마구 먹는다. 우선 배를 채우는 것이 중요하기 때문이다. 그러나 죽을듯한 배고픔이 사라지면 건강에 좋은 음식들만 찾아 먹게 된다. 마찬가지로 우리의 영적 건강을 유지하기 위해서 우리는 건전한 영적 양식을 필요로 한다. 그러면 우리의 영적 건강을 유지 시켜주는 양식은 무엇일까? 그것은 밝은 미래를 제시하는 종교이다. 인간은 누구나 오늘보다 나은 내일을 원하기 때문이다. 현재의 암흑시대에서 미래의 황금시대로 갈 수 있다고 역설하는 종교는 그래서 사라지지 않는다. 신이 황금 같은 찬란한 사후세상을 만들어 놓고 인간을 기다리고 있기 때문이 아니라 황금 같은 찬란한 사후세상이 있기를 기대하는 인간이 이 세상에 있기 때문이다.

사후세계가 천국과 지옥으로 양분되고 있는 이유도 마찬가지이다. 사후세계에 천국과 지옥이 있기 때문이 아니라 그런 사후세계가 있기를 바라는 인간이 있기 때문이다. 모든 종교는 예외 없이 미지의 사후세상을 천국과 지옥이라는 두 개의 다른 세상으로 나누고 있다. 불교든 기독교든 이슬람교든 사후세계를 천국과 지옥으로 나누지 않는 종교는 없다. 여기서 천국은 행복한 세상을 대변하고 지옥은 불행한 세상을 대변한다. 따라서 사후세계는 행복한 세상과 불행한 세상으로 나누어지는 셈이다. 종교인들은 왜 예외 없이 사후세계를 행복한 세상과 불행한 세상으로 나누는 것일까?

사후세계는 살아있는 사람이라면 아무도 갈 수 없고 확인할 수 없고 증언할 수 없는 미지의 세계이다. 그런 미지의 사후세상은 기존의 현재 세상과 같으면서도 달라야 한다. 같지 않으면 사후세상을 믿지 않을 것이기 때문에 같아야 하고, 다르지 않으면 사후세상에 갈 필요가 없을 것이기 때문에 달라야 한다. 만일 사후세상이 현재 세상과 완전히 다르다면 사람들은 그 사후세상을 이해할 수 없거나 이해한다고 하더라도 믿기는 어려울 것이다. 예를 들어 죽으면 모두 돌이 된다거나 흙이 된다고 한다면 그렇게 주장하는 종교를 믿을 사람은 아무도 없을 것이다. 믿을 수 있는 종교가 되기 위해서는 반드시 사후세상에서도 현재 세상과 같이 인간이 최상위의 포식동물, 즉 만물의 영장으로 남아 있어야 한다. 그러나 사후세계가 현재 세상처럼 행불행이 비빔밥처럼 뒤엉켜 있는 세상이라면 지금과 똑같은 그런 사후세상을 가고 싶어 하는 사람 또한 없을 것이다. 따라서 사후세상은 현재 세상과는 달라야 한다. 모든 종교가 사후세상을 천국과 지옥이라는 서로 다른 두 영역으로 나누고 천국으로 갈 수 있는 자와 지옥으로 갈 수 있는 자의 자격을 규정하고 있는 이유는 사후세상이 현재 세상과 다르다는 점을 강조하기 위해서이다. 이렇게 사후세상이 현재 세상과 같으면서도 다른 것으로 설정되면 사람들은 누구나 쉽게 이해하고 그 사후세상을 가고자 할 것이다. 더욱이 사후세상은 영원한 세상으로 미화된다. 현재 세상처럼 사후세상에서 살다 죽어서 또 다른 제3의 사후세상으로 간다고 강조하는 종교는 없다. 사후세상은 수백 수천 년 전에 돌아가신 조상들이 여전히 살고 있고 따라서 만날 수 있는 곳으로 설정되어 있다.

 이 모든 설정은 사후세계가 바로 미지의 세계이기 때문이다. 미지의 세상은 만화 같은 세상이다. 만화는 작가가 생각한대로 마음껏 그릴 수 있고 작가가 생각한대로 끌고 갈 수 있다. 어린이들에게는 만화에서 그려지는 모든 미지의 세계가 신기하고 흥미롭다. 그래서 어린이들은 만화를 즐겨 본다. 만화를 보던 어린이들이 좀 더 성장하여 청년이 되면 이번에는 만화대신 소설을 많이 보게 된다. 소설가 또한 모든 것을 자기가 생각한대로 이야기를 전개시킬 수 있고 자기가 생각한대로 끌고 갈 수 있다. 청년들에게는 소설이 풀어내는 모든 미지의 세계가 신기하고 흥미롭다. 그래서 청년들은 소설을 즐겨 본다. 종교는 어른 소설과도 같다. 어린이들이 흥미진진한 만화에 빠져 있는 동안, 청년들이 흥미진진한 소설에 빠져 있는 동안 가슴조리며 행복해 하듯 어른들은 신비로운 종교에 빠져 있는 동안 가슴조리며 행복할 수 있다. 아기들이 자라면서 모유에서 이유식으로 음식을 바꾸어 가듯, 어린이들이 청년으로 자라면서 부드러운 음식에서 거친 음식으로 바꾸어 가듯, 인간은 성장하면서 정신음식도 만화에서 소설로, 소설에서 종교로 바꾸어 간다. 그러므로 사람이 사는 곳에는 정신문화로서의 만화나 소설이 사라지지 않을 것처럼 정신문화로서의 종교 또한 사라지지 않을 것이다.

| 종교의 공통점

종교의 궁극적 목적은 두 가지로 압축된다. 모든 인간이 가장 바라는 영생(永生)과 부귀영화의 추구가 바로 그것이다. 영원한 부귀영화, 그것은 인간의 지울 수 없는 소망이다. 영생이 무엇이냐, 부귀영화가 무엇이냐, 그 분명한 개념과 한계부터 밝히라고 한다면 자신 있게 나설 사람은 아무도 없을 것이다. 그럼에도 불구하고 영생과 부귀영화는 모든 사람들이 소망하는 지울 수 없는 실체이다. 영생과 부귀영화는 실체가 없으면서도 실체가 있는 이중성을 지니고 있다. 마치 사랑이 실체가 없으면서도 모든 사람들이 가지고 싶어 하는 실체이듯 영생과 부귀영화도 실체가 없으면서도 모든 사람들이 누리고 싶어 하는 실체이다.

그러나 그 실체는 누구도 가질 수 없는 실체이다. 사람들은 누구나 이 세상에서는 영생과 부귀영화가 불가능하다는 사실을 잘 알고 있다. 살아갈수록 자꾸만 무거워져 가는 삶의 무게 앞에서 영원한 부귀영화가 현실적으로 불가능하다는 것을 느끼지 못할 사람은 없을 것이다. 그러므로 누구든 이 세상에서 영원한 부귀영화가 이루어질 수 있다고 주장한다면 그 말은 금방 거짓임이 탄로 날 것이다. 또 그런 뻔한 거짓말을 믿을 자도 없을 것이다. 그래서 이 세상을 전제로 하여 그런 소망을 약속할 수는 없다. 그런 일은 어떤 경우에도 볼 수 없고 체험할 수 없고 깨달을 수 없는 미지의 세계를 내세워 주장해야만 한다. 그래야만 반신반의하면서도 믿고 따를 자가 생길 것이기 때문이다.

여기에서 모든 종교는 공통점을 가진다. 그 공통점은 현실세계의 비판과 이상세계의 미화라는 공통점이다. 실제로 현세를 축복의 땅으로 예찬하는 종교는 없다. 하루가 멀다고 삶의 고통이 밀려오는 현세를 축복의 땅이라 할 수는 없기 때문이다. 그래서 모든 종교는 언제나 욕심이 자리 잡고 부귀영화가 자리 잡고 있는 현실 세계를 강하게 비판한다. 그리고 현실 세계를 비판하는 강도만큼 내세라는 이상세계를 강하게 미화한다. 그들이 미화하는 내세라는 이상세계에서는 안 되는 일이 없고 이루지 못하는 소원이 없다. 그러니 저절로 예찬이 터져 나올 수밖에 없다.

지금까지 내세를 살다 현세로 되돌아온 사람은 아무도 없다. 그렇게 되돌아올 수 없는 내세에 대해서는 어떤 미사여구를 갖다 붙여도 책임이 없다. 어떤 경우에도 내세를 직접 살아보니 당신 말은 새빨간 거짓말이더라고 책임 추궁할 사람은 없을 것이기 때문이다. 어린 시절 달에는 떡방아를 찧는 토끼가 산다는 이야기를 들어본 적이 있을 것이다. 그때는 아무도 달에 가보지 않았기 때문에 반신반의하면서도 단순한 동화가 아닌 정말 있는 사실인 것처럼 받아들여지기도 했다. 이렇게 미지의 세계에 대한 달콤한 이야기는 반신반의하면서도 빨려드는 매력을 지니고 있다. 그러나 인간이 달에 착륙하는 순간 그 이야기는 곧 거짓이 되고 말았다.

　모든 종교가 미지의 세계인 내세에 대해 한편으로는 온갖 달콤한 말로 유혹하면서도 다른 한편으로는 온갖 험악한 말로 겁박하는 이유는 그런 흑백논리가 인간의 마음을 신이라는 기둥에 단단히 묶어두는 동아줄이 된다고 믿기 때문이다. 달에는 결코 토끼가 살지 않는다는 사실이 밝혀진 지금에도 삶의 무게가 바위보다 무겁게 느껴질 때 떡방아 찧는 달 속의 토끼를 그리워하는 사람이 있듯 삶의 고통이 피부에 와 닿을 때마다 영생과 부귀영화가 보장되는 내세를 그리워하는 사람이 있기 때문에 모든 종교는 오늘도 내세에 대한 동화 같은 이야기를 쏟아내고 있는 것이다. 물론 그런 일이 무조건 나쁜 것만은 아니다. 인간은 소설작품이 허구인줄 알면서도 때때로 많은 감동을 받고 삶의 용기를 얻는 경우가 있듯 동화 같고 신화 같은 종교적 이야기를 통해서도 많은 감동을 받고 삶의 용기를 얻는 경우가 있음을 우리는 부인할 수 없다. 허구인 줄 알면서도 수많은 소설이 자꾸만 쓰여지고 있는 이유는 허구 속에서도 감동이 있기 때문이듯 종교가 죽지 않고 이어지는 이유도 그 때문일 것이다.

　하지만 모두가 알고 있듯 소설과 신화는 어디까지나 실상이 아닌 허구이다. 냉정한 이성으로 따지고 볼 때 소설적 감동과 신화적 계시란 허구세계가 현실세계를 감동시키는 것이다. 종교 역시 그런 대상이 된다. 왜냐하면 신화나 동화가 그러하듯 모든 종교적 이야기는 상식을 초월하고 있기 때문이다. 종교인들 스스로도 종교가 상식과 일치한다면 이미 그것은 종교가 아니라고 말하곤 한다. 산 넘어 산이 있고 강 넘어 강 넘어 강이 있을 것임은 상식이다. 동양이든 서양이든 아침이면 해가 뜨고 저녁이면 해가 지는 것 또한 상식이다. 그런 상식을 바탕으로 할 때 고대의 동양과 서양은 오늘날의 이 세상과 저 세상만큼 멀리 떨어진 세계였을 것이다. 고대 서양인의 조상으로 알려진 크로마뇽인이 동양이라는 땅이 있는 줄 알았을 리 없고, 반대로 고대 동양인의 조상으로 알려진 북경원인이 서양이라는 땅이 있는 줄 알았을 리 없다. 그들은 오직 상상 속에서 그런 땅을 그려보았을 것이다.

지구는 넓은 판자와 같아서 멀리가면 폭포에서 떨어지듯 떨어져 죽고 말 것이라는 믿음을 가졌던 고대인들이었던 만큼 크로마뇽인에게는 동양이 저 세상과도 같을 수 있었고, 북경원인에게는 서양이 저 세상과 같을 수 있었을 것이다. 그런 관점에서 볼 때 현대인들에게 비치는 사후세계는 미처 밝혀지지 않은 고대의 동양 혹은 서양과도 같을 수 있을 것이다. 오늘날의 현대인들은 동양과 서양은 그 이름만 다를 뿐 똑같은 산천에 똑같은 사람들이 살아가는 똑같은 땅이라는 사실을 잘 안다. 그리고 그런 상식을 의심하는 사람은 아무도 없다. 이처럼 동양과 서양이 조금도 차이 없는 똑같은 지구 땅이라는 사실이 밝혀졌던 날 동양과 서양에 대한 환상도 사라져 버렸듯이 지금까지 인간이 소망해 온 저 세상의 영생과 부귀영화도 저 세상의 실체가 밝혀지는 날 연기처럼 사라져 버릴 것이다. 마치 인공위성이 달에 착륙하는 순간 떡방아 찧는 토끼가 사라져 버렸듯이 말이다.

흔히들 인간이 죽어서 간다는 천국은 하늘에 있다고 한다. 신도 하늘에 있고 절대자도 하늘에 있다고 한다. 종교인들도 그렇게 말한다. 과학적으로 볼 때 하늘은 우주의 한 부분에 불과하다. 우주는 별들이 모여 이루어진 거대한 공간이고 하늘은 그 별들이 떠 있는 허공이다. 우리는 보통 인간이 사는 지구를 제외한 우주 속의 모든 별과 허공을 합쳐 "하늘"이라고 한다. 다시 말하면 하늘이란 태양계가 아닌 우주의 모든 은하계의 총칭인 셈이다. 나무 조각이 나무 특성을 가질 것임은 당연하듯 태양계를 비롯한 우주의 모든 은하계는 당연히 우주의 특성을 가질 것이다. 그러므로 영혼과 신과 절대자가 머무는 하늘은 우리가 사는 지구별과 조금도 다를 바 없는 우주적 특성을 지닌 별에 불과할 것이다. 즉 영혼과 신과 절대자가 머무는 하늘과 우리 인간이 머무는 이 지구는 결국 같은 우주적 특성을 가진 같은 우주공간이다. 따라서 과학적으로 볼 때 하늘을 믿는 것은 지구와 같은 특성을 가진 다른 별들을 믿는 것이며 천국이 하늘에 있다고 믿는 것은 지구와 같은 곳에 천국이 있다고 믿는 것이다.

고대인들이 틀림없이 있을 것이라고 믿었던 내세는 아직도 밝혀지지 않고 있다. 달에는 떡방아 찧는 토끼가 산다고 믿었던 고대인들의 상상은 이미 사실이 아님이 밝혀졌고, 동양이라는 땅은 천국처럼 전혀 다른 세상일 것이라고 생각할 수도 있었던 크로마뇽인의 상상도 이미 사실이 아님이 밝혀졌지만 내세는 현세와는 전혀 다른 영생과 부귀영화가 보장되는 세상일 것이라는 고대인들의 믿음은 아직 밝혀지지 않고 있다. 우주창조와 내세에 관한한 우리는 여전히 수만 년 전 우주의 혼돈 속에서 여신 에우리노메(Eurynome)가 솟구쳐 나왔다는 고대 펠라스고이(Pelsgoi)족의 신화를 그대로 받아들이고, 뿌루샤(Puruṣa)의 자기해체설을 그대로 받아들이고 있다. 지난 수천 년 동안 과학문명은 크게 발달했지만 정신문명은 수만 년 전의 상태에 그대로 머물러 있는 셈이다. 고대에는 병에 걸리면 주술사를 찾아가는 것이 상식이었다. 그러나 지금은 주술사가 아닌 의사를 찾아가는 것이 상식이다. 주술은 수술보다 효과가 없다는 사실이 이미 상식화되었기 때문이다. 과학적 세계는 그렇게 발전했다. 하지만 천지창조라는 미지의 세계, 내세라는 미지의 세계에 대해서만은 주술시대의 신화 같은 이야기에 모든 종교지도자들이 아직도 목을 매고 있다. 정신적 세계는 그렇게 제자리걸음을 하고 있다.

이렇게 모든 종교지도자들이 여전히 주술시대의 창조 신화, 주술시대의 내세관에 집착하고 있는 데는 그만한 이유가 있을 것이다. 이유 없이 그렇게 매달릴 리는 없기 때문이다. 그러면 그 이유는 무엇일까? 역설적이긴 하지만 신화가 상식을 바탕으로 하고 있기 때문인지도 모른다. 신화가 상식을 바탕으로 한다는 말은 얼른 이해가지 않을 수도 있다. 신화는 상식이 아니기 때문에 신화이다. 그런 신화가 상식을 바탕으로 한다는 것은 무언가 앞뒤가 맞지 않는 역설적 이야기처럼 들릴 수도 있다. 그러나 조금만 깊이 생각해 보면 신화도 상식을 바탕으로 하고 있음을 알 수 있다.

다시 우주의 혼돈 속에서 천지만물의 창조주인 여신 에우리노메(Eurynome)가 솟구쳐 나왔다는 고대 펠라스고이족의 신화로 되돌아가 보자. 혼돈이란 암흑처럼 어두운 상태를 의미한다. 그래서 혼돈의 시대는 암흑의 시대로 통한다. 혼돈(混沌)은 중국 신화에 등장하는 존재로서 머리에 눈코입귀가 없는 미완의 존재이다. 그 자는 눈코입귀가 없기 때문에 볼 수도 없고, 냄새 맡을 수도 없고, 맛볼 수도 없고, 들을 수도 없는 그런 미완의 존재이다. 중국신화에 의하면 그런 우주적 혼돈의 얼굴에 북해의 천제(天帝)인 홀(忽)과 남해의 왕인 숙(熟)이 힘을 합쳐 두 개의 눈, 두 개의 코, 하나의 입, 두 개의 귀, 이렇게 일곱 개의 구멍을 뚫어 천지를 창조하였다고 한다. 그때부터 혼돈상태는 마구 뒤섞여 갈피를 잡을 수 없는 상태를 의미하게 되었다. 또 혼돈은 하늘과 땅이 나누어지기 전의 상태, 즉 무질서하게 마구 얽힌 상태를 의미하기도 한다.

　예나 지금이나 생명이 탄생되는 곳은 항상 천지가 구분되지 않는 암흑처럼 어두운 곳이다. 새끼 낳는 동물들의 암컷 자궁 속도 암흑처럼 어두운 곳이고, 배아를 품은 알 속도 암흑처럼 어두운 곳이다. 또 씨앗이 싹트는 땅속도 암흑처럼 어두운 곳이다. 이렇게 모든 생명은 암흑처럼 어두운 곳에서 탄생한다. 그것은 고대인들에게도 현대인들에게도 당연하게 받아들여지는 상식이다. 혼돈 속에서 천지만물의 창조주인 여신이 탄생했다는 고대신화는 바로 그런 상식을 바탕으로 하고 있다. 그래서 그것은 신화이면서도 상식이다. 모든 신화를 자세히 들여다보면 그런 상식이 항상 밑바닥에 깔려있다.

04 환경과 문화

 인간의 가장 기본적 생활인 경제생활이 변하면 그런 경제생활을 공유하고 있는 사회구성원의 전체생활이 변하면서 사회모습이 변하고, 사회가 변하면 그에 맞춰 새로운 정책과 제도를 시행하게 되므로 정치가 변한다. 그리고 정치가 채택한 새로운 정책과 제도가 오랜 시간에 걸쳐 시행되고 관습화되면 그것이 곧 추억이 되고 예술이 되어 민족문화로 승화한다. "경제변화→ 사회변화→정치변화→문화변화"로 이어지는 그런 변화의 고리는 인간의 현실적 생활 형태는 물론이고 오랜 변화의 역사가 이를 입증하고 있다.
 경제변화가 모든 변화의 출발점이라는 사실은 경제활동 없이는 누구도 살 수 없다는 한 가지 사실로도 충분히 입증된다. 살아 있는 사람만이 변할 수 있기 때문이다. 동물들의 경우는 인간의 경제활동과 맞먹는 먹이활동이 하루생활의 거의 전부를 차지하듯 인간도 같은 동물인 만큼 먹이활동, 즉 경제활동을 벗어나 살 수 없다. 실제로 동물적 생활에 가까웠던 고대 인류의 하루는 대부분 경제활동으로 채워져 있었다.
 고대 경제생활은 농경생활로부터 시작되었다. 고대 농경생활은 주거생활과 밀접한 관계를 가진다. 농경생활이 가능하기 위해서는 집단 주거가 형성되어야 했기 때문이다. 인류의 농경생활은 약 1만 년 전부터 서아시아에서 시작되었다. 다른 여러 지역의 농경문화는 모두 서아시아보다 늦게 형성되었던 것으로 판단된다. 서아시아에서 시작된 보리와 밀의 재배는 각지로 전파되었고 이에 자극받은 각 지역은 본래 야생하던 화본과(禾本科)인 벼, 조, 수수 같은 작물을 재배하기 시작했다. 그러나 아메리카대륙의 경우 옥수수 재배는 유럽대륙의 곡물재배와는 상관없이 독립적으로 발생한 것으로 짐작된다. 당시는 곡물 외에도 동남아시아나 오세아니아 등지에서는 타로(Taro), 토란(土卵), 감자 등을 재배했고 남아메리카에서는 인디언의 주식 중 하나였던 전분원료 작물인 마니오크(카사바, cassava라고도 함)같은 감자류를 재배했던 것으로 알려져 있다. 그런 것들의 재배와 곡물재배가 어떤 관계를 가지는지는 분명하지 않지만 오늘날 세계 각지에서 볼 수 있는 미개 농경문화를 근거로 할 때 그 같은 초기농경문화를 짐작할 수 있다.

서아시아에서 농경이 시작되는 것과 거의 때를 같이 하여 유럽에서는 가축의 사육이 시작되었다. 개가 길러지기 시작한 것은 이보다 조금 더 앞선듯 하지만 인류의 경제생활과 직접적 연관이 있는 염소, 양, 소, 돼지 등은 서아시아의 초기 농경시대부터 가축화되기 시작했다. 그 같은 곡물재배와 가축사육이 결합된 경제생활이 아시아와 유럽대륙의 초원지대로 확산되면서 가축사육을 주로 하거나 또는 전적으로 가축사육에 의존하는 목축문화가 태동되었다. 그런 목축문화는 유라시아대륙의 초원지대에서 특히 왕성하게 발달했는데 그곳에서는 말이 중요한 목축의 대상이었다. 이에 반해 아프리카의 동부와 남부에서는 소를 사육하는 목축문화가 발달하였고, 사하라사막 등지에서는 낙타를 사육하는 목축문화가 촉진되었다. 뿐만아니라 아시아내륙 초원지대의 유목문화는 시베리아와 유럽 북동부 지역으로 이전되어 순록(馴鹿)의 사육이 시작되었다. 그런 유목문화는 자연환경과 밀접한 관계를 가진다. 유라시아대륙의 초원지대에는 말이 많았으므로 자연스럽게 말을 사육하게 되었고, 사하라사막 등지에서는 낙타가 많았으므로 자연스럽게 낙타를 사육하게 되었던 것이다. 환경의 지배를 강하게 받았던 고대인들의 경제활동은 그런 자연환경을 떠나서 이루어질 수 없었다. 예를 들면 고대 아메리카대륙에서는 유목문화를 찾아볼 수 없다. 남아메리카 안데스 지방에서 라마(Lama)를 사육했던 것을 제외하고는 유럽인들이 침투해 들어오기 이전에 대형 동물을 사육했던 흔적이 없다. 유럽에서는 고대문명의 발달과 함께 수레와 가축이 끄는 쟁기 등이 등장하였지만 아메리카대륙의 고대문명에서는 가축사육이 발달하지 않았기 때문에 그 같은 것들은 없었다. 또 아메리카대륙의 고대문명에서는 금속도 존재하지 않았다. 이런 사실은 아메리카대륙의 고대문명이 유럽대륙의 고대문명보다도 기술면에서는 낮은 수준에 머물러 있었다는 사실을 의미한다.

  인류가 금속기와 문자를 사용하고 초보적 사회를 형성하면서 정치적 계급제도를 도입하게 된 것은 신석기혁명이 가져다준 경제생활의 변화에서부터 시작되었다. 신석기 이전의 원시적 경제생활이 신석기를 기점으로 하여 새로운 인류적 경제생활로 혁신된 결과 사회의 전반적인 모습이 변하고 그 변화된 사회의 모습에 따라 새로운 정치적 제도가 성립되고 그 정치적 제도가 오랜 시간이 지나면서 자연스럽게 인간의 정신적 사고와 육체적 행동을 지배하면서 새로운 문화를 탄생시키게 되었던 것이다. 오늘날 우리가 알고 있는 고대문명은 모두 그런 변화의 단계를 거치면서 발달되었다. 경제적 생산의 발달, 특히 기술의 발달은 인류문명을 크게 변화시켰다. 15세기부터 시작된 유럽인에 의한 지리상의 발견은 세계 각지의 여러 인종이나 민족이 더 이상 고립해서 생활할 수 없도록 하는 촉진제가 되었다. 유럽에서 일어난 시민혁명이나 산업혁명은 개발도상국의 여러 민족이 근대화 과정을 밟도록 한 근원이 되었고 다양한 민족문화가 점점 획일화되어가는 계기가 되기도 했다.

오늘날 지구상에는 서로 다른 문화적 전통을 지닌 다양한 민족이 살고 있다. 그런 문화적 차이는 경제형태, 물질문화, 사회조직, 종교, 세계관 등, 모든 문화 부문에 걸쳐 나타나고 있다. 그러나 그중에서도 가장 중요시 되는 것은 경제형태, 즉 주식(主食) 획득방법의 차이라 할 수 있다. 일정한 경제형태는 사회조직의 기본골격을 제공할 뿐만 아니라 종교나 세계관에도 절대적인 영향을 미친다. 물론 경제형태 외에도 민족마다 문화발전의 속도가 다르고 자연환경이 다르며 외부 집단으로부터 얼마나 고립되어 있느냐에 따라 문화는 차이날 수 있다. 반대로 비슷한 경제형태, 비슷한 자연환경, 자연발생적인 친연관계(親緣關係) 등은 문화의 유사성을 가져오는 요인이 된다. 또 모든 인류에 공통적인 문화의 보편적 범주, 즉 문화의 공통분모라고 일컬어지는 것도 있다. 예를 들면 인간생활의 가장 대표적인 공통분모는 직립보행과 문화생활이며 이는 곧 다른 동물과 구분되는 특성이기도 하다. 인류의 또 다른 공통분모는 문화적 차이는 있어도 식생활과 성생활에는 차이가 없다는 점이다. 다만 문화유형에 따라 구체적인 형식에서 조금씩 차이가 있다. 인류의 보편적 문화는 근친혼을 금기시하는 것이지만 민족에 따라서는 근친혼이 용인되는 경우도 있다. 음식물의 획득활동에 있어서도 성별 혹은 연령별로 분업화되어 있는 것이 보편적이다.

인류문화의 출발은 경제활동의 성공을 기원하는 마음에서부터 시작되었다고 볼 수 있다. 농경작물의 풍작을 빌거나 수확물의 영혼 또는 정령(精靈)을 위로함으로써 농신(農神)에 감사하는 의례나 주술은 모두 경제적 생산 활동을 하는 가운데 나타난 것들이다. 이러한 의례는 세계 도처의 농경민족 사이에 여러 가지 형태로 퍼져 있다. 오세아니아의 감자류 재배 농민들은 돌을 밭에 묻고 돌처럼 큰 감자가 열리기를 비는 주술을 행한다. 또 동남아시아의 화전민들중에는 조약돌을 곡창 속에 넣는 습속을 가진 민족도 있다.

인도네시아, 멜라네시아, 남아메리카 같은 열대지방의 토착농민들 사이에는 이른바 하이누벨레(Heinuwele)의 신화가 퍼져 있다. 이것은 살해당한 신(神)의 시체에서 농작물, 특히 감자류가 생겼다는 신화로서 이에 대응하는 차원에서 가축을 도살하는 의례가 있다. 동남아시아에서 흔히 볼 수 있는 타부족의 목을 베어 종교적 의식을 행하는 머리사냥 풍습도 본래는 그렇게 함으로써 농작물의 풍작을 기원할 수 있다는 데서부터 시작되었다. 그런 풍습은 죽음이 삶의 전제라고 하는 원시농경민의 세계관에서 비롯되었다. 또 고대 오리엔트문화에서는 곡신(穀神)의 죽음과 부활에 관련된 농경의례가 많이 발달하여 새해마다 반복되었다는 기록을 찾아볼 수 있다. 일반적으로 한 해를 통해 계절의 변화가 크지 않은 열대보다 계절의 변화가 큰 온대, 그 중에서도 감자류 재배 농민보다는 곡물재배 농민에게서 계절적 농경의례의 발달이 두드러졌다.

한(韓)민족도 일찍이 원시농경을 시작했던 민족으로서 예부터 농경의례가 성행하여 위로는 왕에서부터 조정대신, 수령방백(守令方伯), 사대부, 서민에 이르기까지 집단으로 또는 개별적으로 많은 농경의례를 행하였고 지금도 그 일부는 민간신앙과 민속놀이 등의 형태로 계승되고 있다. 고대 샤머니즘적 영향을 받은 원시적 농경시대에는 인간의 관심사가 식품획득과 후대계승에 있었으므로 그러한 욕구를 채우기 위하여 인간은 절대자에게 기원하는 주술을 행하기도 했고, 파종에서 수확까지 계절마다 여러 계절제 또는 주기적인 제례를 올리기도 했다. 그 후 유불사상(儒佛思想)이 전래되면서 농경의례는 그와 융합하여 더욱 다양해졌고 풍백(風伯), 우사(雨師), 운사(雲師), 주곡(主穀) 등, 농경의 신격화와 그 사제자(司祭者)의 개념이 등장하였다. 또 역법(曆法)이 시행됨에 따라 세시적(歲時的) 행사와 24절기에 따른 의례, 놀이, 민속, 신앙 등이 나타났고 그런 풍속이 시간이 지남에 따라 고유한 전통과 문화로 정착되었다.

그 같은 여러 농경의례를 계절적으로 분류하면 첫째, 예축(豫祝)행사와 점세적(占歲的)행사 같은 연중행사가 있었다. 대표적인 연중행사로는 궁중과 민간에서 행하던 농점(農占)을 들 수 있다. 농신신앙(農神信仰)에 따른 가장자(假裝者)의 방문행사로는 기호지방(畿湖地方)의 거북놀이와 사자놀이, 중부지방의 탈춤, 영남지방의 광대놀이, 동부와 북부지방의 처용놀이, 중남부의 어떤 집단에 특별히 경비를 쓸 일이 있을 때 풍물을 치고 집집마다 다니며 축원을 해주고 돈과 곡식을 얻는 걸립(乞粒), 옛날에는 호랑이에게 해를 입은 경우가 많았으므로 호식(虎食)을 면하고자 하는 기원에서 유래된 굿거리인 범굿, 등을 들 수 있으며, 전국적으로 분포된 놀이로는 지신밟기와 별신(別神)굿 등이 있다. 점세적(占歲的) 행사로는 먼저 직접적 점세로서 달맞이, 월점(月占)을 비롯하여 횃불놀이, 횃불싸움, 달집태우기 등의 화희(火戲)와 곡물점(穀物占), 우점(牛占), 조복(鳥卜) 등이 있었으며 간접적 점세(占歲)로는 석전(石戰), 삭전(索戰: 줄다리기), 차전(車戰), 거화전(炬火戰) 등이 있었다. 그 밖에도 태양숭배사상에서 비롯되었다고 생각되는 정월 원일(元日)의 차례(茶禮), 세장(歲粧), 세찬(歲饌), 세주(歲酒), 세화(歲畵), 첩계(貼鷄), 호화(虎畵) 같은 농경의례도 있었다. 둘째, 파종과 성장기에 맞춘 의례행사가 있었다. 파종, 이앙 및 성장기의 의례로는 화전놀이, 단오굿, 용제(龍祭: 農神祭), 풋굿(백중놀이라고도 함, 연간 농작물 재배의 핵심적인 활동을 모두 마치고 음력 7월 초중순 무렵 마을 단위로 날을 정하여 하루를 먹고 놀았던 세시풍속), 기우제 등이 있었다. 셋째, 수확기에 맞춘 계절제가 있었다. 이와 관련된 농경의례로는 중하(仲夏)의 유두천신(流頭薦新)과 중추(仲秋)의 추석천신, 초동(初冬)의 고사천신(告祀薦新) 등을 들 수 있다. 이외에도 각 절기에 따르는 백중놀이, 칠석, 중양절(重陽節), 제석(除夕) 등, 많은 의례를 들 수 있으며 지금도 행하는 동제(洞祭), 산신제(山神祭), 서낭제(城隍祭), 용왕제(龍王祭: 水神祭) 등도 농경의례에 속한다.

이상과 같은 여러 제례는 원시종합예술의 형태로 나타났다. 원시종합예술이란 예술의 각 영역이 분화되지 않은 상태로 혼재되어 있었던 상고시대의 집단적 가무(歌舞)형태를 말한다. 상고시대의 예술 활동은 한민족의 문헌적 기록에 남아 있는 것은 없지만 중국인 진수(陳壽)가 편찬한『삼국지(三國志)』위지(魏志) 동이전(東夷傳)에 한민족의 선조들에 대한 기록이 남아 있어 그 일단(一端)을 살펴볼 수 있다. 이 책에 의하면 부여(夫餘)의 영고(迎鼓), 고구려(高句麗)의 동맹(東盟), 예(濊)의 무천(舞天) 등, 하늘에 제사 지내는 의식이 있었는데 그런 의식에서 백성들이 노래 부르고 춤추기를 즐겨하였다고 한다. 이처럼 하늘에 제사를 올리는 의식에서 노래와 춤이 함께 어우러져 있었다는 사실은 시(詩)와 가무(歌舞)의 양식이 각각 분화되기 이전의 원시종합예술 형태로 존재했음을 말해준다. 원시종합예술은 농경생활과 깊은 관련을 맺고 있으며 그 형태가 언제나 집단적이었을 뿐만 아니라 독창적이고 창조적인 면모를 지니고 있었다. 그런 상고시대의 집단적 원시종합예술을 방불케 하는 것으로 지적되는 호남지방의 강강수월래나 영남지방의 쾌지나칭칭나네 같은 민속자료를 근거로 미루어 보건대 그 당시 문학은 원초적인 자연물을 소재로 하여 풍성한 생활감정을 표출하고 있었던 것으로 보인다. 그 같은 원시종합예술은 부족국가 시대를 거쳐 삼국시대에 들어서면서 문학, 음악, 무용 등으로 분화되고 커다란 변화를 거치게 되었다. 삼국시대에 들어와 불교가 전래되고 한문(漢文)이 보급되면서 큰 영향을 끼친 결과로 분석된다. 불교와 한문이라는 두 가지 외래문화를 수용하면서 삼국시대의 선조들은 과거의 집단적 가무(歌舞)보다 개인의 희로애락을 직접적으로 표현하기에 이르렀고 그 결과로 음악과 무용과 문학이 각각 분화되어 개성화된 예술의 영역으로 발전하게 되었던 것이다.

그런 원시종합예술은 자연스럽게 원시미술로 이어졌다. 모든 제례는 화려한 치장과 휘장을 동반했으므로 자연스럽게 미술적 발상과 작품이 동원되었다. 오늘날과 같은 문명사회에 앞서 먼 옛날에 존재했던 원시사회는 태고사회와 근대에 존재하는 미개사회로 나눌 수 있다. 이 중 미술사에서 보다 중요한 것은 태고사회에서 이루어졌던 미술이다. 수십만 년이나 계속되었던 원시시대는 다시 두 개의 작은 시대로 구분할 수 있다. 하나는 인간이 수렵과 채집을 생업으로 삼았던 획득경제시대(시원시대)이며 다음은 아주 초보적 농경과 목축을 이루었던 초기 생산경제시대이다. 이 둘 중 시원시대는 다시 전기(기원전60만~기원전35

만 년경), 중기(기원전 35만~기원전8만 년경), 후기(기원전8만~기원전7000년경)로 세분할 수 있다. 미술적 회화는 시원시대 중기부터 작품으로 인정될 만한 것이 나타나기는 하지만 미술다운 미술을 제작한 연대는 후기에 접어들면서부터였다. 특히 서유럽의 오리냐크(Aurignacian)문화, 마들렌(Madeleine文化) 문화, 러시아 남부의 코스티엥키(Kostiengki) 문화 등은 뛰어난 미술을 창조한 것으로 유명하다.

시원(始元)문화의 회화는 이탈리아와 우랄지방에도 존재하지만 대표적인 것은 프랑스 남부에서 에스파냐 북부에 걸쳐 분포하는 동굴벽화이다. 프랑코-칸타브리아 미술(Franco Cantabrian art)이라 불리는 이 작품은 오리냐크 문화와 마들렌 문화에 비교된다. 이 그림들은 동굴 깊숙한 곳에 있는 성소(聖所)의 벽면이나 천장에 단색 혹은 두 가지 이상의 물감을 사용하여 그린 것으로 종교적인 의례와 밀접한 관련이 있다. 특히 프랑스의 라스코, 퐁드곰을 비롯하여 스페인의 알타미라 같은 동굴군(洞窟群)의 그림들은 널리 알려져 있다. 그 특색은 여러 가지로 나타나는데 첫째는 대상이 거의 엽수(獵獸)에 한정되어 주술사인 듯한 인물을 제외하고는 사람이 전혀 다루어지지 않았다는 점이고, 둘째는 개개의 동물이 독자적으로 묘사되어 있을 뿐 전체적으로 정리된 구도가 아니라는 점이고, 셋째는 동물들이 한결같이 동적인 자세로 생생하게 묘사되어 있다는 점이며, 넷째는 사실화가 아닌 인상화적인 수법이 동원되는 등, 그 화법에서 갖가지 창의성을 발견할 수 있다는 점이다.

또 동(東)에스파냐군(群)으로 호칭되는 회화는 암벽이나 바위 뒤 같은 곳에 그려진 단채화(單彩畵)로서 수렵, 무용, 투쟁 등을 짜임새 있는 구도로 묘사하였는데 그것은 마치 실루엣을 보는 것과 같은 느낌을 준다. 그 연대는 시원시대 말기의 카프사 문화(Capsian culture)기에서 초기

생산경제시대에 걸친 것으로 추정된다. 동에스파냐군에 속하는 이런 회화는 아프리카 북부와 사하라 지방에 많은 영향을 끼쳐 아프리카에서는 전통이 오랫동안 지속되었다. 유럽서부와 동부에 분포하는 시원미술을 중심으로 살펴보면 조상(彫像)의 경우 매머드 상아, 돌이나 점토 등을 재료로 하여 동물의 모양을 나타낸 것도 있지만 비너스상이라고 불리는 나부상(裸婦像)이 그 대부분을 차지한다. 나부상의 조각수법은 얼굴, 팔, 다리 등이 생략된 반면, 유방이나 둔부가 과대하게 표현된 점이 특색이다. 주로 동굴 입구 또는 깊숙한 곳에 있는 성소(聖所)에 여인의 나체상이나 짐승의 모양을 새겨놓은 경우가 많다. 각화(刻畵)는 작은 돌, 순록의 뿔, 뼛조각, 매머드 상아 등에 선각(線刻)으로 묘사한 것이 대부분인데 장중한 느낌의 벽화와는 달리 그 수법은 활달한 데생(dessin) 화(畵)를 연상케 하는 친근감 넘치는 작품이 상당히 많다. 그 밖에 주목되는 공예품으로는 순록의 뿔로 만든 지휘봉을 들 수 있다.

05 경제와 문화

　지금까지 언급한 내용에서도 알 수 있듯 건축이든 그림이든 조각이든 모든 문화적 예술품은 먹고사는 과정에서 생겨난 것이다. 따라서 먹고사는 경제문제는 문화에서도 그 출발점이 된다. 먹고 사는 경제적 활동이 전제될 때 혹은 그런 과정에서 항상 문화는 싹트고 자라났다. 특히 문화는 항상 인간직업군의 최상층에 자리한다. 자연계의 먹이사슬과 비교하면 경제는 생산자인 식물과 같고 사회는 1차 소비자인 초식동물과 같고 정치는 2차 소비자인 육식동물과 같고 문화는 분해자인 미생물과 같다. 세균류는 미세한 단세포 생물이지만 소비자가 배설한 배설물을 섭취하고 분해하여 생산자에게 무기물을 제공하는 역할을 한다. 그런 분해의 대상에서 제외되는 생물은 없다. 사자나 호랑이는 천적이 없는 먹이사슬의 최상층에 자리하지만 죽으면 결국 분해자에 의해 분해되어 무기물로 변한다. 분해자가 만든 그 무기물질은 생산자인 녹색식물이 필요로 하는 영양소가 되어 다시 광합성 작용을 할 수 있도록 한다. 이처럼 분해자에 의해 분해되지 않는 생물은 없다. 더욱이 분해자에 의해 분해된 무기물은 다시 생산의 밑거름이 된다. 마찬가지로 어느 사회를 막론하고 문화에 녹아들지 않는 인간사(

人間事)는 없다. 인간이 살아가는 곳에는 항상 문화가 그림자처럼 따라다닌다. 더욱이 그런 문화는 인간의 고달픔을 활력으로 되살아나게 하여 새로운 생산을 가능하게 하는 원동력이 된다.

문화를 성립시키는 요소들을 보면 문화가 왜 인간직업군의 최상층에 자리하는지를 알 수 있다. 문화요소로는 여러 가지를 들 수 있지만 크게 물질, 기술, 가치, 사회관계, 언어라는 5가지로 나눌 수 있다. 이 다섯 가지 요소들은 독자적인 기능과 작용을 가지면서 내부적으로는 상호의존관계를 가진다. 이를 설명하기 위해 각 요소들을 보다 구체적으로 살펴보자. 인간의 생활은 물질로부터 시작된다. 당장 인간이 살기 위해서는 먹고 입고 자고 해야 하는데 그런 의식주는 모두 물질에 속한다. 그런 물질은 기술이 발전할수록 풍부해지고 발전한다. 그런 기술발전과정에서 인간의 가치관이 성립되고 추구하는 바가 결정된다. 그러면 그런 가치관이 사회 전체적으로 자리 잡게 되고 사회는 그런 가치관에 의해 움직인다. 결혼, 친족관계, 지연적 연결 등은 기술이나 가치와 깊은 관련을 가지면서도 독자적인 법칙을 가지고 있다. 이런 모든 인간행위는 언어를 통해 이루어진다. 물론 그 언어는 소리언어 뿐만 아니라 몸짓언어, 문자언어, 부호언어, 가상언어 등, 모든 언어를 포함한다. 언어는 다른 요소들에 의해 영향을 받기 어려운 성질을 가지면서도 상징화 작용에 의해 문화의 학습과 전달에 큰 역할을 수행한다. 문화는 따로따로 있는 이런 각각의 요소를 자의적으로 끌어 모은 것이 아니다. 각 요소가 유기적으로 통합되어 하나의 전체를 이루며 그 전체가 문화라는 영역으로 승화된 것이다. 인간의 생활은 결국 이런 문화적 요소들을 창출하고 결합하고 재생산하는 과정이라 해도 과언이 아니다. 이런 점에서 문화는 유기체와도 같지만 문화는 가치라는 요소를 가지기 때문에 그것이 통합에 큰 역할을 한다는 점을 감안할 때 미국의 인류학자 크로버(Alfred Louis Kroeber)가 주장하는 문화의 초유기성(超有機性)을 인정하지 않을 수 없다.

문화는 발효음식처럼 세월이 만드는 인간사(人間事)의 모습이라 할 수 있을 만큼 생기는데도 많은 시간이 필요하고 변하는데도 많은 시간이 필요하다. 라틴문화나 이슬람문화를 보더라도 정치와 경제의 체제상의 변혁은 여러 번 있었으나 그 배후에 있는 사람들의 기풍이나 일상생활의 미묘한 측면은 좀처럼 변하지 않았다. 또 문화는 보편성을 가진다. 이질적, 개별적 문화의 범위를 넘어 근친상간(近親相姦)의 금지 등이 인류에게 보편적으로 인정되는 것을 보면 문화는 이질성과 함께 보편성도 갖추고 있는 것으로 생각된다. 이 보편성에 대해서는 아직 충분히 규명되지 않았지만 개별문화가 역사의 과정에서 차례로 붕괴하여도 다른 개별문화가 뒤이어 생겨나는 것은 이러한 보편성이 일정한 역할을 수행하기 때문일 것이다. 이질성만 보면 문화의 상대성이 강조된 나머지 인간성의 존재마저 부정하지 않을 수 없을 것이다.

인류문화는 그런 보편적 통합체로 나타난다. 문화는 지역이나 집단에 따라 고유한 성격을 띠는데 지역적으로 볼 때 비슷한 문화 패턴을 지닌 것을 문화영역 또는 문화권이라 부른다. 문화영역은 문화지역이라고도 하는데 공통된 특정문화의 분포와 문화적 관련이 발견되는 지리적 영역의 테두리를 의미한다. 이 개념은 문화적 유사성과 지리적 분포에 기초하여 분류한다. 문화지역 안의 유사성은 어떤 종족에서 다른 종족으로 문화특질이 전파 또는 모방되는 것에 의해서 생기며 그 선택과정은 그 지역의 자연적 환경특징과 식량획득 방식의 유형에 따라 규정되는 경향이 있다. 이런 문화영역의 개념은 20세기 초를 전후하여 발달된 것으로 독일의 문화인류학자 보아스(Franz Uri Boas)가 박물관에서 민족학적 표본을 정리하던 중 그것들이 몇 개의 영역으로 집중하여 복합적으로 분포되어 있다는 사실을 발견한 데서 시작되었다.

하지만 그가 발견한 문화영역개념을 체계적으로 발전시킨 사람은 보아스의 제자 C.위슬러(Howard C.Whisler)였다. 그는 아메리카 인디언의 각종 요소에 대해서 식량획득, 동물사육과 운수(運輸), 편물(編物), 도기(陶器), 건축, 장식 등의 생활기술과 물질문화 요소의 유사형태에 대한 지리적 분포를 연구하고 사회집단의 분류를 시험한 결과 남북 아메리카에 15개의 문화영역을 설정하였다. 그리고 문화요소가 높은 밀도로 분포하는 지역을 중심으로 문화는 그곳에서 동심원상(同心圓狀)으로 전파된다는 아주 새로운 발견을 하게 되었다. 그 외에도 인류학자 줄리언 스튜어드(Julian Haynes Steward)는 북아메리카에 84개의 문화영역을 설정하고 아메리카 인디언문화의 연구를 발전시켰으며 허스코비츠(Melville Jean Herskovits)도 아프리카를 9개의 문화영역으로 구분하였다.

아메리카문명의 원조는 원주민이었던 인디오(Indio)에서부터 시작된다. 콜럼버스는 신대륙을 동양에 있는 인도의 일부로 착각하여 원주민을 인디오(Indio: 스페인어로 인도인이라는 뜻)라고 불렀는데 훗날 본래의 인도인과 구별하기 위하여 아메리카의 인도인, 즉 아메리카 인디언이라 부르게 되었다. 아메린드(Amerind) 또는 아메린디언(Amerindian)이라고도 한다. 발견 당시의 인구는 아메리카대륙 전체에 약2,200만 명 정도가 있었던 것으로 추정된다. 그 구체적 내역을 보면 북아메리카에 1,000만 명, 중앙아메리카에 300만 명, 남아메리카에 900만 명이다. 하지만 16세기 이후에 일어난 유럽인의 침입은 그들의 인구를 급격히 감소시키고 문화의 파괴도 초래하였다. 또 중앙아메리카와 남아메리카의 중앙 안데스지대에는 유럽인들이 도래하기에 앞서 고도의 원주민문화가 존재하였다. 하지만 멕시코의 아스텍(Azteca)문명과 유카탄반도의 마야문명은 1521년 정복자 코르테스(Hernán Cortés)에 의하여 철저히 파괴되고 안데스지대의 잉카문명은 1532년 곤잘레스(Francisco Pizarro González)에 의하여 파괴되고 되고 말았다. 식민통치이후 중앙아메리카와 남아메리카의 인디언들은 스페인과 포르투갈인들 밑에서 광산이나 대농장의 노예로 혹사당하고 북아메리카의 인디언은 서부개척의 희생자로서 점점 그 수가 감소되었다.

스페인과 포르투갈에 의해 파괴되었던 문명인 라틴아메리카문명 중에서도 대표적인 문명은 마야문명(Maya civilization)이었다. 마야(Maya)는 고대 멕시코 및 과테말라를 중심으로 번성한 인디오 문명 및 이를 이룩한 민족의 명칭이다. 마야문명이 번성한 지방은 3개 지역으로 구분되지만 그 중심을 이룬 곳은 과테말라 북부의 페텐(Peten)지방으로부터 서쪽으로는 멕시코의 타바스코, 동쪽으로는 벨리즈 지방에 이르는 중앙지역이다. 여기에 유카탄반도의 북부지방 및 과테말라의 고지(高地) 차파스 지방으로부터 태평양 연안에 이르는 남부지방 등 2개 지역이 포함된다. 언어연대학적 연구에 의하면 마야어족의 조상은 북아메리카 인디언의 작은 부족으로서 이들이 남진하여 기원전 3000년대 중반 서부 과테말라 고지에 정착했다고 한다. 그 후 1,000년 사이에 이 부족은 두 어족으로 갈라졌는데 하나는 북서로 진출하여 멕시코만 연안의 아스텍 어족을 형성하였고, 다른 하나는 북쪽으로 나아가 페텐(Peten) 저지에서 유카탄지방에 이르러 유카테크어(Yuca Tech language)족이 되었다. 다시 기원전 1000년대 전반에 마야어족의 모체로부터 촐(Chol)어족과 촌탈(skullduggery) 어족이 갈라져 나와 중앙지방의 저지(低

地)에 들어가 북부의 유카테크(Yucatec)어족과 접촉하였다.

영국의 역사가 E. 톰프슨(Edward Palmer Thompson)에 의하면 촐어족이 마야고전문화를 창조했다고 한다. 초기 마야 문명(Maya civilization)에 관한 고고학적 자료는 극히 드물어 과테말라 태평양연안의 오코스(BC1500) 및 콰도로스(BC1000) 문화나 과테말라 고지카미날퓨 유적(Historic Site of Gojikaminalfü)의 알레파로기(期) 및 라스 차루카스 기(期: BC5~6세기경)에서도 이들 문화 다음에 형성된 마야적인 고전적 특징은 볼 수 없다. 그러나 초기 마야의 기원에는 멕시코의 올멕(Olmec) 및 이자파(Izapa) 문화의 영향이 컸다는 학설이 있다. 가장 오래된 마야 문화는 페텐지방 서부의 시에문화(Sie culture)와 북부의 마몬문화(Marmon culture)인데 마몬문화의 연대는 기원전 5세기로 추정되므로 카미날퓨의 라스 차루카스기(Las Charukas期)와 비슷하다. 시에문화는 고전 마야 유적인 알탈드 사크리피시오스(Altald Sacrificios)와 세이발의 하층에서 볼 수 있고 마몬문화는 와샤크툰과 티칼의 하층에서 볼 수 있다. 이 문화에 이어 카미날퓨의 밀라프로레스기(期)와 중부 저지(低地) 마야지대의 차카넬문화에 이르러 마야문화의 기본양식이 확립되었으며 신성문자(神聖文字)의 원형(原型)은 그 뒤 발달된 밀라프로레스기에서 나타났다.

06 도구력 시대의 문화변화

▍정신문명과 물질문명

　정신문명이 물질문명을 바탕으로 성장한다는 사실은 고고학의 연구 과정을 보면 더욱 명백해진다. 고고학은 고대인들이 남긴 유물이나 유적을 발굴함으로써 그 물질적 증거와 고대인들의 상관관계를 통해 과거의 문화와 역사 및 생활방법을 연구하는 학문이다. 즉 고고학은 고대를 연구하되 역사학처럼 문자기록을 가지고 연구하는 것이 아니라 물적 증거를 가지고 연구하는 학문이다. 그러므로 고고학은 비록 그 물적 증거가 고대인들의 모든 사회문화적 측면을 충분히 반영하지 못한다 할지라도 사회적 혹은 생물적 개체로서의 인간이 남긴 그 물적 증거가 여러 비물질적인 측면과 밀접한 관계를 가지면서 변한다는 사실을 전제로 한다. 쉽게 말하면 고대인들이 남겨 놓은 물적 실체 속에 고대인들의 정신적, 문화적 실체가 숨어 있다는 사실을 전제로 한다.

　물질적 실체 속에 비물질적 실체가 숨어 있다는 말은 물질적 생활 속에 정신적 생활이 숨어 있다는 말이며, 경제생활 속에 정치생활이 숨어 있다는 말이다. 왜냐하면 물질은 유형의 경제재인 반면 비물질은 무형의 정치재(政治財)이기 때문이다. 고고학자들은 어떤 경우에도 무형의 정치재를 발굴할 수는 없다. 그들이 발굴할 수 있는 것은 오직 유형의 경제재뿐이다. 고고학자들이 발견하는 고대의 토기, 석기, 패총, 집터, 고인돌, 선돌 같은 유물이나 유적들은 모두 눈에 보이는 유형적 경제재에 속한다. 반면 그 경제재를 통해 그들이 밝히고자 하는 그 당시의 생활상, 사회상, 정치상은 무형적 정치재에 속한다. 따라서 고고학은 고대의 경제재를 통해 고대의 정치재를 찾아내는 학문이라 할 수 있다.

그러면 고고학자들은 왜 유형의 경제재를 발굴함으로써 무형의 정치재를 밝히고자 하는 것일까? 그 길 말고는 고대의 정치재를 밝힐 방법이 없기 때문이다. 인간이 죽으면 인간이 가졌던 무형적 지식, 사상, 신념, 정신은 모두 사라진다. 가장 늦게까지 남는 것은 오직 잘 썩지 않는 유형재뿐이다. 혹자는 우리가 죽은 사람의 사상과 신념과 정신을 알고 있고 이어받고 있기 때문에 무형적 지식, 사상, 신념, 정신도 계속 살아남는다고 말할지 모른다. 그러나 사실은 그렇지 않다. 우리가 죽은 사람의 사상과 신념과 정신을 알고 이어받는 이유는 책이든, 비석이든, 조형물이든 뭔가 그들이 남겨놓은 유형적 실물이 있기 때문이지 결코 그들의 무형적 정신이 남아있기 때문이 아니다.

예를 들어 고대인들의 사고방식이 변했다고 가정해 보자. 그러한 정신적 변화는 당연히 그들의 일상생활을 변화시킬 것이다. 그리고 일상생활이 변하면 일상생활에서 사용하는 물질문화가 변할 것이다. 이것은 빵을 좋아하는 사람은 빵을 담기에 합당한 접시를 만들게 될 것이고 밥과 국을 좋아하는 사람은 그에 합당한 밥그릇과 국그릇을 만들게 될 것과도 같은 이치이다. 종교의 경우도 신앙의 대상이 달라지면 숭배하는 대상이 달라질 것이고 예배하는 장소가 달라질 것이다. 이렇게 정신적 사고의 변화는 물질의 변화를 동반한다. 그러므로 물질문화의 변화상을 추적하면 정신문화의 변화상을 동시에 추적할 수 있다. 고고학이 고대의 물질문화를 통해서 고대의 정신문화를 이해하고자 하는 이유가 바로 여기에 있다.

따라서 고고학의 연구과정은 발굴된 자료가 어떤 과정을 거쳐 지금의 모습으로 남아 있는지를 재구성하고 그렇게 재구성된 물질문화의 잔존물은 전체의 물질문화 속에서 어떤 의미를 차지하며, 또 복원된 물질문화는 당대의 전체 문화 속에서 어떤 방식으로 그 기능을 발휘했는지를 끊임없이 탐구하는 과정이라 할 수 있다. 이러한 연구과정은 물질문화 속에 정신문화가 용해되어 있다는 확신 없이는 생길 수 없는 과정이다. 여기서 앞서도 언급했듯이 물질은 경제로 환치(換置)되고 정치는 정신으로 환치될 수 있으므로 그런 연구과정은 경제환경 속에 정치환경이 용해되어 있다는 사실을 전제로 한다.

경제환경 속에 정치환경이 용해되어 있다는 사실을 가장 극명하게 나타내는 것은 전쟁이다. 동물들의 싸움을 보면 영역다툼과 먹이다툼이 대부분이다. 그런데 영역다툼은 곧 먹이를 확보하기 위한 다툼이므로 동물들의 다툼은 결국 먹이다툼 하나로 귀결된다. 먹이는 생존의 필수기본재로서 경제의 가장 기본이 되는 재화이다. 그 기본적인 경제재를 지키기 위해 동물들은 저마다 여러 가지 독특한 방법으로 자기들의 영역을 표시하고 그 영역을 지키기 위해 목숨을 걸고 싸운다. 정치적 영역에 속하는 동물들의 전쟁은 이렇게 경제적 영역에 속하는 경제재를 지키기 위한 전쟁이다.

인간의 전쟁도 마찬가지이다. 사실상 동물적 생활을 했을 구석기인들의 전쟁은 대부분 생존전쟁이었다. 지금까지 고고학자들이 발굴해 낸 구석기시대의 유물이나 유적을 보면 산악지대에 살았던 사람들은 곰들이 바위굴에서 겨울잠을 자듯 구석기인들도 바위굴에서 생활을 하며 사냥을 했고, 어촌처럼 낮은 곳에 살았던 사람들은 토굴이나 움집을 짓고 패류나 물고기를 잡아먹고 살았다고 한다. 또 그 당시 고대인들은 대부분의 동물들처럼 모계사회를 이루고 살았다고 한다. 동물적 모계사회를 보면 정치행위를 위한 사회집단이 아니라 경제행위를 위한 사회집단임을 금방 알 수 있다. 작은 동물일수록 보다 많은 다수의 개체들이 군집생활을 한다. 개미, 벌, 메뚜기, 모기 같은 작은 동물은 물론이고 바다의 플랑크톤에서부터 새우, 피라미, 멸치 같은 작은 물고기는 모두 군집생활을 한다. 심지어 고래 떼, 상어 떼라는 말이 의미하듯 거대한 물고기들도 군집생활을 한다. 동물들의 그 같은 군집생활은 오직 생존하기 위한 수단이지 정치적 사회를 만들기 위한 수단이 아니다. 생존을 앞세우는 동물들은 그래서 대부분 모계사회를 이루고 살아간다.

고대인들의 모계사회도 그런 동물적 모계사회와 크게 다를 바 없었다. 남자는 수컷이 가지는 책임감과 후손을 남기려는 선천적 감정에 따라 행동했을 뿐 정치적 가장으로서의 권위를 쟁취하려 들지 않았다. 따라서 구석기 사회는 대부분 본능적, 선천적 대립만이 존재했던, 그래서 사실상의 인위적 정치가 없었던 사회였다. 적어도 양식이 문제되기 전까지는 현대적 의미의 정치적 대립과 갈등, 나아가 살육 전쟁은 그리 많지 않았다. 인위적, 의식적, 정치적 대립과 투쟁이 시작된 것은 경제적 물질문명이 발전하면서부터였다. 구석기인들의 군집생활 규모가 늘어나고 그에 따라 양식의 조달이 문제되면서 대립과 투쟁은 시작되었다.

실제로 모든 대립과 갈등의 출발점은 물질이다. 당장 갈등은 갈등

당사자를 전제로 한다. 갈등 당사자는 육신을 가진 물질적 개체이다. 물질적 개체로서의 갈등 당사자가 없으면 갈등은 생기지 않는다. 이렇게 갈등의 출발점은 물질이다. 또 갈등의 핵심은 누가 가치를 가지느냐는 가치 소유에 있다. 가치 있는 그 무엇을 서로가 가지겠다는 욕망이 갈등을 낳는다. 땅을 가지든, 재물을 가지든, 사랑을 가지든 무언가 가치 있는 그 무엇을 누가 가지느냐를 놓고 벌이는 싸움이 바로 대립과 갈등이다. 그 싸움이 단순한 감정적 차원에 머물면 갈등이고 물리적 행동으로 나타나면 전쟁이다. 그래서 갈등의 마지막 해결책은 전쟁이다.

갈등의 마지막 해결책인 전쟁도 물질을 전제로 한다. 전쟁의 역사는 경제적 물질과 정치적 이익이 어떻게 상호작용하는지를 극명하게 보여준다. 일반적으로 전쟁의 역사는 원시전쟁시대, 고대전쟁시대, 근대전쟁시대로 나눌 수 있다. 원시전쟁은 지금으로부터 약50만 년 전의 원시인들 간에 벌어졌던 전쟁이다. 원시인들은 일정한 언어를 사용하여 서로의 의사를 교환하게 된 후부터 집단투쟁을 시작했던 것으로 추정된다. 의사교환이 불가능하면 집단생활 자체가 불가능할 것이기 때문이다. 고대전쟁은 고대문명국 간에 벌어졌던 전쟁이다. 나일강, 유프라테스강 유역에서는 약6,000~10,000년 전, 인더스강과 황하 유역에서는 약4,000~5,000년 전, 페루와 멕시코 등지에서는 약3,000~4,000년 전에 고대문명이 일어났으므로 고대 전쟁은 그 시대에 일어났을 것으로 보인다. 그 시대에는 이미 문자가 사용되었으므로 언어와 문자에 의한 소통이 시작되면서 집단 간의 전쟁은 더욱 잦아졌을 것으로 보인다. 근대전쟁은 인쇄술의 발달, 화약의 발명 및 교통수단의 발전 등으로 근대문명이 싹트기 시작했던 15세기 이후에 벌어졌던 각국 간의 전쟁이다.

  일반적으로 근대전쟁시대는 다시 여명시대, 종교전쟁시대, 전제정치시대, 산업주의시대, 세계대전시대, 그리고 현대로 나누어진다. 여명시대(서기1450~1520년)는 그 당시의 주요 무기였던 칼, 창, 활 등이 화약, 총포 등으로 바뀌고, 기사(騎士), 기병, 민병들이 소총을 휴대한 보병과 교체되었으며, 중세기에 위력을 떨쳤던 성곽, 망루 등의 요새(要塞) 시설이 대포의 발달로 인해서 빛을 잃게 되었던 시대이다. 에스파냐, 스위스 등의 군대에서 처음으로 사용하기 시작했던 화기(火器)가 16세기 초에는 이미 각국 군대의 표준무기가 되었고, 30년 종교전쟁과 전제정치시대에 널리 애용된 용병들의 주무기가 되기도 하였다.

  종교전쟁시대(1520~1648년)와 전제정치시대(1648~1789년)는 용병이 활약했던 시대였다. 또 크롬웰, 루이 14세, 샤를 2세, 구스타프 아돌프 왕 등의 국방근대화 노력에 의해 새로운 상비군이 출현하기에 이르렀다. 더욱이 17세기 중반부터 강력한 포를 탑재한 고속군함이 만들어지기 시작했다. 이 시대에는 화기와 항해술을 이용하여 유럽의 강대국들이 아프리카, 아메리카, 아시아 등지로 세력을 확장하면서 전략적 요충지를 점령하고 앞다투어 식민지를 건설했던 제국주의시대였다.

  산업주의시대(1789~1914년)는 프랑스혁명을 기점으로 하여 시작되었다. 프랑스 혁명전쟁과 연이어 터진 나폴레옹전쟁은 고전적인 전술이나 사회제도를 일변시켰다. 프랑스가 실시한 징병제도는 유럽 제국에서도 널리 채용되었고 그 결과 각국은 군사적 무장을 강화하기에 이르렀다. 특히 산업혁명은 국가주의, 민주주의 및 산업주의와 맞물리면서 무기 분야에서도 급속한 발전을 가져다줌으로써 군비를 촉진시켰다. 그리하여 각국은 더욱 무장하고 더욱 군국화되어갔다. 증기기

관의 발명으로 범선(帆船)은 기선(汽船)으로 바뀌고 미국의 남북전쟁에서는 새로운 군함에 의한 최초의 대규모 전투가 벌어지기도 했다. 19세기 후반에는 공업기술의 발달로 군비는 더욱 기계화되고 화력은 더욱 강력해졌으며 과거의 용병 대신에 자국민으로 편성된 상비군제도가 확립되었다.

세계대전시대(1914~1945년)는 항공기의 출현과 함께 시작되었다. 전투기가 동원됨으로서 육해공 입체작전이 가능해졌고 기술력의 발전으로 각국은 더욱 군비경쟁을 벌이게 되었다. 그 결과 그때까지 세계 최강의 군사력을 자랑했던 영국의 힘이 서서히 약화되면서 18세기 이래 세계 최강의 자리를 지켜왔던 팍스 브리태니카(Pax Britannica) 시대가 종말을 고하게 되었다. 또 제1차 세계대전은 전제정치시대의 잔재인 제국주의의 붕괴를 촉진시켰다. 특히 레닌이 러시아에서 공산혁명을 성공시킴으로서 세계 곳곳에 공산주의 열풍을 일으켰고 제2차 세계대전 이후 세계는 민주진영과 공산진영으로 양분되면서 현재(1945~현재)에 이르렀다.

위에 간단히 약술한 인류의 전쟁사에서도 보듯 전쟁은 전쟁무기의 발달과 함께 더욱 치열해지고 무자비화 되었다. 전쟁무기는 물질이므로 이는 물질문명의 발달과 함께 정치적 전쟁도 치열해졌다는 말이다. 즉 경제적 물질이 앞장서 고도문명을 개척하면 정치적 전쟁도 뒤이어 비례적으로 고도전쟁으로 나타난다. 인류역사를 되돌아보면 실제로 물질적 강대국이 아니었던 국가가 전쟁의 강대국이었던 적은 한 번도 없다. 경제적 물질이 정치적 위상을 좌우하는 이 법칙은 지금까지 한 번도 변한 적이 없는 인류사의 불변 법칙이다.

▮ 물질문명과 물질언어

인간이 남길 수 있는 것은 물질적 요소이지 정신적 요소가 아니다. 구석기인들이 설령 언어를 가지고 있었다 하더라도 그들이 주고받았던 말은 그들이 사라짐과 동시에 함께 사라져 버렸다. 남은 것은 오직 조개무덤과 타제석기라는 물질뿐이다. 그 물질이 남아서 그 시대를 대변하는 것이지 구석기인들이 주고받았던 말들이 남아서 그 시대를 대변하는 것이 아니다. 마찬가지로 부처나 예수의 말이 남아 있는 것이 아니라 수십 세대에 걸쳐 그 말을 전해들은 사람들이 그 말을 기록해 전하고 있는 것이다. 이처럼 입으로 말한 구강언어는 죽고 물질이나 문자로 말한 물질언어는 살아남는다. 이는 영원히 변치 않을 인간세상의 법칙이다.

물론 인간만이 물질언어를 남기는 것은 아니다. 공룡발자국은 공룡이 "나는 여기서 살았다"고 말하며 남긴 물질언어이며 여우굴은 여우가 "나는 여기서 살았다"고 말하며 남긴 물질언어이다. 그러나 인간의 물질언어와 동물의 물질언어 사이에는 한 가지 큰 차이점이 있다. 그 차이점이란 인간은 물질언어를 지식으로 활용하지만 동물들은 활용하지 않는다는 것이다. 인간은 기존지식을 활용하여 새로운 지식을 취득한다.

현대 정보사회는 하루아침에 탄생된 것이 아니라 노예사회, 도구사회 및 산업사회를 거치면서 축적해온 물질문명을 바탕으로 하여 탄생된 것이다. 즉 시대별 물질언어를 바탕으로 하여 발전되어온 것이다. 하지만 동물들은 그런 물질문명, 즉 물질언어를 남기지 않는다. 밀림의 왕자인 사자도 그저 살다가 죽을 뿐이다. 낳고 기른 새끼에게 먹이를 구하는 사냥방법을 가르치는 것 말고는 아무런 물질 문명적 유산도 남기지 않는다. 그렇기 때문에 사자는 수백 세대를 거쳐도 최초의 부모세대와 변함없는 생활을 그대로 이어갈 뿐이다. 바다의 제왕인 고래도 그렇고 산중의 제왕인 호랑이도 그렇다.

물질언어를 남기는 인간은 벽돌을 쌓아서 거대한 탑을 쌓듯 선조들이 남긴 물질적 지식을 차곡차곡 쌓아 새로운 문명을 만들고 새로운 세상을 열어간다. 더욱이 그런 일은 가속적으로 일어난다. 물질적 지식이 쌓일수록 인류의 기술은 빠르게 발전하고 기술이 빠르게 발전하면 그만큼 물질문명도 빠르게 변해간다. 때로는 그런 물질적 성장속도와 그에 부응하는 문화적 성장속도가 일치하지 않아 인간사회에 문제점을 던지기도 한다.

그런 문제점을 심도 있게 파헤친 사람은 미국의 사회학자 윌리엄 오그번(William Fielding Ogburne, 1886~1959)이다. 그는 1922년 출판한 그의 저서 『사회변동론(Social Change)』에서 과학기술의 급속한 발전과 그에 따른 문화부문의 저발전으로 문화지체(cultural lag)현상이 발생한다고 주장하였다. 즉 물질적 변화 속도가 너무 빨라 경제적 물질세계와 비물질적 문화세계 사이에 간극이 벌어짐으로써 비물질적 부분인 정치, 사회, 문화가 심각한 사회적 부조화를 겪게 된다는 것이다.

또 그런 급속한 물질적 변화는 결코 인간의 행복을 보장할 수 없으므로 물질문명에 집착하지 말아야 한다는 주장도 제기되었다. 대표적인 사람은 스웨덴 출신의 언어학자이자 에코페미니스트(Ecofeminist: 생태여성주의자)인 동시에 『오래된 미래: 라다크로부터 배운다(Ancient Futures: Learning from Ladakh)』의 저자인 헬레나 노르베리 호지(Helena Norberg Hodge)이다. 이 책은 그녀가 라다크(Ladakh)에서 16년을 보내면서 경험하고 느낀 바를 적은 책이다. 라다크(Ladākh)는 히말라야산맥의 북서부와 라다크산맥 사이에 있는 산골마을이다. 험준한 산악과 깊은 골짜기, 높은 고원으로 이루어진 이 지역은 춥고 건조하여 유목민이 사는 곳이다. 인도와 파키스탄 사이의 분쟁지역으로 1949년 휴전 때 대부분 인도의 라다크 변경지구에 속하게 되었다. 주민은 대부분 티베트계 라마교도이며 촌락이나 인구가 매우 적고 예로부터 국경은 명확히 확정되어 있지 않았다.

호지(Hodge) 여사는 물질문명의 때가 묻지 않은 그 산골마을 생활을 통해 현대 물질문명을 강하게 비판하고 있다. 현대사회는 겉으로 보기에는 정말 편리하고 이상적인 사회이다. 휴대폰 하나면 세계 어느 구석에 있는 누구와도 통화할 수 있고 비행기를 타면 어디든 하루 만에 갈 수 있다. 그런 빠르고 편한 생활은 현대인들로 하여금 그만큼 빠르고 바쁜 생활을 강요하고 있다. 이에 반해 라다크 사람들은 1년에 4~5개월밖에 일하지 않는다. 그렇다고 라다크 사람들이 자신들을 가난하다고 생각하는 것은 아니다. 오히려 부유하다고 생각한다. 라다크의 한정된 자원을 잘 활용하여 살아가기 때문이다. 이렇게 볼 때 첨단과학기술은 우리의 삶을 풍요롭게 해 주는 것이 아니라 단지 자원을 빨리 쓰도록 해주는 것뿐이다. 실제로 지구인구의 1/3이 지구자원의 2/3를 쓰고 있다. 그녀는 그런 자원낭비를 두고 단지 우리 후손들의 자원을 앞당겨 쓰는 것에 지나지 않는다고 비판한다. 그렇지만 역설적으로 그녀는 라다크의 생활을 현대문명을 비판하는 도구로만 사용할 뿐 영원히 거기서 살고자 하지 않는다. 물질문명을 비판하면서도 물질문명을 벗어날 수 없는 현대인의 모순을 그대로 노출하고 있는 것이다.

물질문명은 이처럼 인간을 붙잡아 놓는 신비한 힘을 지니고 있다.

그래서 물질문명이 있는 곳에는 인류가 있고 인류가 있는 곳에는 물질문명이 있다. 실제로 인간은 단 하루도 물질문명을 벗어나 살 수 없다. 차이점이 있다면 그 물질문명이 고대문명이냐 현대문명이냐는 시대적 차이가 있을 뿐이다. 고대인들은 고대식 물질문명을 이루며 살았고, 현대인들은 현대식 물질문명을 이루고 산다. 그래서 유적이든 유물이든 현대인들은 고대인들이 남겨 놓은 물질문명을 통해 그들의 삶을 추적하고 연구한다. 앞으로 수천 년이 지나 현대가 아마득한 과거가 되면 미래의 인류는 오늘날의 현대인들이 고대를 연구하는 것처럼 현대인들이 남겨 놓은 물질문명을 통해 이미 까마득한 과거가 되어버린 현대를 추적하고 연구할 것이다.

▎정신문화와 물질문화

문화란 한 집단을 구성하고 있는 사람들의 전반적인 삶의 모습이나 행위체계를 총칭한다. 그런 문화는 크게 정신문화와 물질문화로 나누어진다. 어떤 사람들은 문화를 정신문화와 물질문화로 구분하는 것 자체가 실효성이 없다고 주장하기도 한다. 삶의 방식이나 행위체계 속에 이미 모든 이념적, 사회적, 물질적 측면이 망라되어 있기 때문이다. 하지만 물질적 측면과 정신적 측면이 지닌 차이를 보다 심도 있게 이해하고자 하는 사람들은 여전히 물질문화와 정신문화를 나누는 쪽을 선호한다. 물질문화란 인간이 자연환경에 적응하며 살아가는 동안 물질을 바탕으로 이루어 놓는 문화를 의미한다. 기계, 도구, 건조물, 교통수단, 통신수단 등이 여기에 속한다. 이 물질문화는 다시 두 가지 개념으로 세분된다.

첫째 개념은 사람들이 삶을 영위하기 위해서 만들고 사용하는 인공물을 대상으로 하는 개념이다. 같은 용도의 인공물이라 할지라도 민족이나 집단마다 만들고 사용하는 색상, 재질, 제작법, 형태, 크기 등이 다르기 마련이다. 따라서 그런 인공물의 특징을 통하여 그 집단이나 민족의 문화를 이해할 수 있다고 주장한다. 그러나 문화가 달라도 특정한 인공물에 차이가 없는 경우도 있고 같은 용도로 사용하는 인공물에는 차이가 있어도 문화는 별다른 차이가 없는 경우도 있다. 그러므로 첫째 개념은 한계가 있고 따라서 그와 다른 둘째 개념이 성립될 수 있다.

둘째 개념은 인공물의 제작과 사용에 작용하는 사람들의 행위규칙을 의미한다. 이 개념에 의하면 인공물은 문화의 산물인 동시에 문화를 반영한 물질일 뿐이지 문화 그 자체는 아니다. 그러나 동일한 인공물이라도 집단이나 민족에 따라 제작방법과 사용방식이 다를 수 있다. 따라서 인공물의 제작이나 사용에 작용하는 문화적 규칙을 물질문화라고 규정하는 사람들도 있다.

정신문화는 인간의 정신적 활동을 전제로 하는 문화다. 학술, 사상, 종교, 예술, 도덕 등이 여기에 속한다. 정신문화는 다시 민족 고유성과 민족 주체성이 담겨 있는 정신문화로 나눌 수 있다. 한국의 경우 판소리 가락에는 은근과 끈기라는 민족성이 담겨있고 마당극에는 민중들의 삶과 애환이 서려 있으면서도 가식과 허식을 거부하는 민중의 반항정신이 담겨 있고 사물놀이에는 삶에서 오는 고달픔과 분노를 해소하고 하나로 화합하여 미래를 지향하고자 하는 삶의 활력이 담겨있다. 또 한글이 지닌 글자의 활용성과 편의성, 특히 현대적 디지털문화에 가장 적합한 문자라는 평가를 받고 있는 사실을 감안할 때 민족문화의 독창성을 찾아볼 수 있다. 이런 정신문화는 나라가 다르면 다른 문화로 나타난다.

　일본의 정신문화는 집단성과 수용성으로 집약할 수 있다. 농업은 우선 경작을 위한 노동력을 많이 필요로 하고 토지에 대한 농민들의 집착도 매우 강하며 조상 대대로 이어받는 것이 보통이기 때문에 정착성이 강하다는 특징을 가진다. 농민들의 일상생활도 자연과의 밀착성이 강해 전체적으로 보면 자연스럽게 공동체 의식이 조성될 수밖에 없는 특징을 가지고 있다. 그런 환경 속에서 개인적 사고와 행동을 우선시하는 가치를 지향하기는 어려울 것이다. 그런 환경은 자연스럽게 공동체의 일원으로 사고하고 행동하도록 한다. 다른 나라에 비해 일본의 소송건수가 극히 적다는 점에서도 알 수 있듯 일본인들은 내부고발과 다툼을 싫어하고 자기절제에 익숙하다. 그렇게 형성된 일본의 집단주의는 집단 내의 비판적 소수의견이나 개인의 돌출적 행동을 잠재우는 데 일익을 담당하고 집단이 추구하는 공동의 목표만을 절대적 가치로 간주하는 흐름을 정당화해 간다. 일본사회의 전통적 가치라 할 수 있는 그런 집단성과 외래문명에 대한 적극적인 수용성은 향후에도 일본사회의 미래가치로 그 위력을 발휘해 갈 것이다.

　미국문화는 준법정신과 실리추구로 요약된다. 미국인들의 준법정신은 놀랄 만큼 투철하다. 그들에게 법은 곧 공동체가 모여서 지키기로 합의한 사회규약이고 그 규약을 지키는 것은 사회 구성원들의 기본 상식이자 공중도덕에 속한다. 미국에서 법이 잘 지켜지는 이유는 미국이라는 나라가 유럽과는 달리 귀족이나 특권층이 없는 상태에서 시작된 나라이어서 만인이 법 앞에 평등하기 때문이다. 미국에서는 법이 공평하게 적용되기 때문에 아무도 법망을 피해 빠져나가지 못한다. 잠시 불법 주차해놓은 시장이나 주지사의 관용차에도 단속원들이 주저

없이 주차위반 스티커를 발부할 만큼 미국인들의 법 집행은 엄정하다. 반면 동양의 경우 권력층은 초법적인 존재여서 법을 지키는 서민들만 손해를 본다는 의식이 팽배해있고 그러다 보니 법을 무서워하지도 않고 잘 지키지도 않는 경향이 있다. 법 집행 또한 엄정하게 이루어지지 않고 있어 주차위반이나 쓰레기 투기, 침 뱉기나 고성방가처럼 경범죄에 해당되는 것들은 곧잘 무시되곤 한다.

미국사회가 법을 잘 지키는 또 다른 이유는 미국이 실리를 추구하는 상업국가라는 점에서 찾아볼 수 있다. 상업이 주종을 이루는 사회에서는 상호약속과 규약이 대단히 중요하고 따라서 법이 발달하고 잘 지켜지게 된다. 뿐만 아니라 미국인들처럼 개인주의적 성향이 강한 사람들이 모여 사는 사회는 자신들의 권리를 수호하고 타인과 더불어 살기 위해서도 법과 사회규약을 존중하게 된다. 그래서 미국에서는 항의를 표시하는 평화적인 시위는 얼마든지 허용되지만 일단 그 시위가 불법시위로 변질되면 바로 그 순간 경찰의 무자비한 진압이 시작된다. 미국사회에서는 어떤 경우에도 법을 어기는 것이 용납되지 않기 때문이다. 미국에서 경찰은 법의 상징이고 법 집행관이기 때문에 경찰을 폭행하거나 살해하는 것은 곧 법에 대한 도전으로 여겨져 중형을 받게 된다.

그러나 미국인들은 필요하면 기존의 규칙을 유연하게 적용하는 융통성을 발휘한다. 예를 들면 미국인들은 사고 당시의 상황이나 상대방의 설명이 논리적으로 타당하다고 생각되면 법과 규정을 바꾸는 데 주저하지 않는다. 그래서 미국사회에서는 법 집행 전에 언제나 소명의 기회가 부여된다. 미국인들은 원칙을 중요시하지만 상황에 따라서 원칙에 예외를 두어 유연하게 적용한다. 미국의 대도시에서 주행하는 차가 없으면 보행자 신호가 적색일 때도 대부분 횡단보도를 건너가는 것을 볼 수 있는데 그런 경우에서도 미국인들의 유연성을 확인할 수 있다. 미국의 헌법도 마찬가지이다. 미국헌법은 최초에 만든 상태 그대로 남아 있다. 대신 새로운 개정의 필요성이 생기면 그때마다 새로운 수정조항들이 붙는다. 바로 이 점에서 아예 헌법 자체를 통째로 바꾸는 한국의 개헌과는 다르다.

미국의 법은 기본적으로 피고인을 처벌하기 위한 것이라기보다는 보호하기 위한 것이라고 인식된다. 미국에서는 운전자가 술을 마셨거나 마약을 했더라도 살인의도가 없이 사람을 죽였다면 형사처벌이 되지 않는다. 미국문화에서는 미리 계획되었거나 의도적인 사건은 크게 처벌하지만 고의성이 없는 우발적 사고에는 관대하기 때문이다. 동양적 사고와 문화적 차이가 확연히 드러나는 분야는 상공(商工)에 대한 사고방식이다. 상공을 천시했던 동양과는 달리 미국은 기본적으로 상업주의 국가이다. 문화비평가 레슬리 피들러(Leslie A. Fiedler)가 말한 것처럼 미국은 국가의 건국이유 자체부터 상업주의적이다. 미국 독립전쟁의 도화선이 되었던 보스턴 차(茶) 사건은 다름 아닌 영국과의 상업적 마찰로 인해 일어났기 때문이다. 상업정신이 투철한 국가 사람들은 모든 일에 이익 발생을 중요시해서 실리가 없는 일은 잘 하려 들지 않는 단점이 있는 반면 신용과 약속 그리고 상도덕과 사회규약을 잘 지키는 장점도 있다. 비즈니스에서 신용불량이나 거짓말은 치명적이기 때문이다.

또 하나 미국의 중요한 문화는 대중문화에 대한 개념이다. 전통적으로 양반문화가 지배문화였고 중인문화가 부재했던 동양의 경우와는 달리 미국은 대중문화가 주종을 이루는 나라다. 미국인들에게 대중문화는 자기들의 삶 그 자체가 된다. 유럽과 달리 미국에는 소수의 특권층만 향유하는 문화란 존재하지 않는다. 예를 들면 영국의 옥스퍼드나 케임브리지 같은 대학들은 기본적으로 귀족자제들을 위한 교육기관이었다. 그런 영국의 전통과 달리 미국은 주립대학 제도를 만들어 그 주의 주민들은 모두 재정적 부담 없이 고등교육을 받도록 대학을 개방하였다. 또 미국은 슈퍼마켓을 만들어 누구나 그곳에서 모든 상품을 살 수 있도록 했으며 최초로 슈퍼마켓에 책을 진열하고 판매한 나라이기도 하다. 사냥 역시 영국에서는 귀족들의 여흥이었지만 미국에서는 노동자 계급을 포함한 모든 사람이 즐기도록 개방했으며 영국에서는 영주들의 소유인 잔디밭도 미국에서는 누구나 가질 수 있도록 했다.

대중문화는 필연적으로 상업적일 수밖에 없다. 미국인들이 외국에서 수입해 대중화시켜 전 세계에 수출하고 있는 피자, 햄버거, 핫도그 그리고 음악과 공상과학(SF)은 그 대표적인 예가 된다. 이태리에서 수입한 피자, 독일에서 들여온 햄버거와 핫도그, 영국에서 가져온 SF, 그리고 아프리카에 뿌리를 둔 재즈음악을 미국인들은 누구나 쉽게 접근해 즐길 수 있는 대중문화 상품으로 바꾸어 전 세계에 되팔고 있다. 문화비평가들은 바로 그런 친근한 대중성 때문에 미국식 피자나 맥도널드, 미국의 영화나 팝뮤직이 막강한 호소력을 가지고 전 세계로 퍼져나간다고 한다. 그래서 문화비평가들은 미국의 대중문화에는 모든 사람이 좋아하는 민주적이고 평등한 아메리칸드림이 깃들어 있다고 말한다. 또 미국문화는 언어표현 문화(verbal culture)이기 때문에 아무리 친한 사이라도 상대방에 대한 감사나 사과나 애정을 꼭 말이나 글로 표현해야만 한다. 그러므로 말이 따르지 않는 미소는 미국인들에게 오해를 불러일으키기도 한다.

나라를 불문하고 인간생활에서 문화는 항상 최상의 위상을 차지한다. 왜냐하면 문화는 모든 삶의 모습과 행동양식이 수많은 세월을 두고 성장하여 열매처럼 맺어질 때 생겨나는 것이기 때문이다. 따라서 문화가 앞선다는 말은 그 민족의 생존환경과 삶의 질이 앞선다는 말과도 같은 의미를 지닌다. 각국이 문화생활을 중시하고 문화를 일으키기 위해 안간 힘을 쓰는 이유는 이 때문일 것이다.

07 도구력 시대의 문화변화

문화적 측면에서 볼 때 도구력 시대는 한마디로 신으로부터 시작하여 인간으로 끝난 시대였다. 도구력 중기 때까지만 해도 인간에게 있어서 자연의 정복이란 감히 꿈도 꿀 수 없는 불가능한 일이었다. 그들의 삶은 항상 자연의 의지, 즉 신의 의지에 의해 좌우되었다. 그랬기 때문에 신을 모시고 찬양하는 것은 너무도 자연스러운 일이었다. 인류가 최초로 모셨던 신은 샤마니즘적 신이었다. 그들은 산천초목과 일월성신 같은 자연물에도 성령이 깃들어 있으며 인간의 길흉화복은 그런 성령의 마음가짐에 의하여 결정된다고 생각하였다. 그랬기 때문에 그때는 그런 성령과 대화할 수 있는 무당이 민중 생활에 절대적인 영향력을 가졌고 정치적으로는 그런 성령을 통치수단으로 삼는 제정일치시대를 맞게 되었다.

자연물이 신격화된 대표적인 예는 태양이다. 난생설화는 태양숭배 신앙을 잘 나타내고 있다. 한국 고대사에서 유화(柳花)는 태양 빛을 받은 뒤 잉태하여 알을 낳았는데 그 알에서 나온 사람이 주몽이고, 또 혁거세(赫居世)는 알에서 나오면서 빛을 발했기 때문에 성을 밝(朴)이라 했다고 한다. 태양이 신격화된 가장 근본적인 이유는 생산과 연관이 있다. 대부분의 생물은 태양이 있는 낮 동안에 자양분을 생산한다. 고대인들에게 있어서는 특히 태양이 생산의 근원이었다. 새롭게 생겨나는 것은 모두 태양의 영향을 받는 것이었다. 그래서 그들은 만물의 생성은 모두 태양과 관계있다고 생각했던 것이다. 태양은 이처럼 생산의 근원이었으므로 인간에게 행복을 가져다주는 선신(善神)으로 생각되었다. 반면 암흑을 좋아하는 귀신은 인간에게 불행을 가져다주는 악신(惡神)으로 믿어졌다. 그래서 그들은 악신을 물리치고 선신을 불러오는 능력을 가진 주술사를 필요로 하였다. 그런 필요를 충족시킨 사람이 바로 무당이었다. 그들은 노래와 춤으로 제액의식(除厄儀式)인 굿을 하였던 것으로 생각되는데 한국 고대사의 경우 삼한(三韓)의 천군(天君)같은 데서 그 전통을 찾아볼 수 있다. 굿의 궁극적 목적은 물론 경제적 풍요를 기원하는 것이었다. 원시적 종교라 할 수 있는 이런 무격신앙(巫覡信仰)을 일반적으로 샤마니즘(Shamanism)이라고 하는데 도구력 시대 초기에는 그런 무격신앙이 모든 지역에서 공통적으로 발견되고 있다. 이렇게 볼 때 종교는 경제적 풍요라는 궁극적 목적을 달성하기 위한 또 하나의 수단으로 등장했던 것이다.

이집트의 피라미드도 경제적 부귀영화와 관련이 있다. 그러나 그것은 현세적 부귀영화를 위한 것이 아니라 내세적 부귀영화를 위한 것이었다. 대제국을 건설했던 왕들은 현세의 부귀영화를 내세에까지 존속시키고자 하는 욕망을 가지고 있었다. 그러한 인간의 욕망은 영혼불멸사상을 낳고 후장(厚葬)의 풍습으로 나타났다. 이처럼 당시의 파라오들이 가졌던 내세적 부귀영화에 대한 욕망은 그들로 하여금 미이라를 만들고 피라미드를 건설하게 했던 것이다.

종교와 신앙은 또 사회적 결속을 다지는 수단이 되기도 했다. 남아프리카 태생의 사회인류학자 포르테스(Meyer Fortes, 1906~1983)의 연구에 의하면 서부아프리카 종족들 중에는 부계로 10~12세대를 추적해 올라갈 수 있는 사람들이 수없이 많았다고 한다. 그들은 공동체 내에서 자신의 위치를 확실히 하고 사회적 안정을 확보하기 위한 수단으로 조상들에 대한 효를 강조하며 많은 시간을 할애하여 사당을 짓고 기도를 하였다. 예를 들면 탈렌시(Tallensi)족에게는 예언자들에 의해 진술되는 조상들의 족보가 사회정의를 수호하고 도덕적, 종교적 가치를 확립하는 수단이 되었다. 그들은 조상들을 매개체로 하여 문화적 동질성을 확보함으로써 사회적 결속을 다지곤 했다. 다시 말하면 수백 년에 걸쳐 조상 대대로 물려받은 절대적 권위 앞에 굴복하도록 하는 문화는 사회를 통치하는 우수한 방편이 되었던 것이다. 오늘날까지도 남아있는 추장제도는 그러한 세습적 권위를 정당화하는 대표적인 제도이다. 또 조상과 족보는 자신의 소유권을 정당화하는 수단이 되었다. 뉴질랜드 마오리족의 추장이 자기 부족의 토지소유권을 주장하기 위해 뉴질랜드 토지위원회에서 3일 동안 34명에 달하는 자신의 직계 조상들과 그 방계친척들 및 배우자들을 합쳐 약 1,400명의 조상들 이름을 막힘없이 암송했다는 것은 유명한 이야기다. 마오리족 추장은 부족의 토지소유권을 지키기 위해 조상들을 그 수단으로 활용했던 것이다.

인간의 활동은 일반적으로 두 가지 목적을 겨냥하고 있다. 하나는 현재적 생존을 위한 것이고, 다른 하나는 미래적 생존을 위한 것이다. 다른 생물도 그렇지만 인간은 어떤 경우에도 오늘을 살지 않고 내일로 갈 수 없다. 즉 현재라는 길을 통하지 않고는 미래라는 목적지에 도달할 수 없다. 그렇기 때문에 인간의 가장 중요한 목적은 현재를 사는 것이다. 그러나 인간은 현재를 사는데 모든 것을 바치는 것은 아니다. 인간은 단순한 현재를 사는 것이 아니라 미래를 준비하는 현재, 즉 미래적 현재를 산다. 그것은 인간의 선택적 문제가 아닌 인간의 본능적 문제이기도 하다. 현재를 살면서도 미래적 현재를 사는 인간의 대표적인 활동은 자식을 낳고 기르는 것이다. 물론 그것은 인간만의 고유한 특성이 아니라 신이 모든 생물에 부여한 본성이다. 그러므로 인간이 단순히 자식을 낳고 기르는 활동만 한다면 굳이 인간을 미래적 현재를 사는 동물이라고 단정할 수 없다. 인간이 미래적 현재를 사는 동물임은 그 이상의 어떤 활동을 하기 때문이다.

인간의 미래적 활동은 경제와 문화라는 두 가지 분야에서 똑같이 이루어진다. 먼저 경제활동적 측면에서 인간은 다른 동물들이 만들지 않는 생산수단을 만든다. 다른 동물들은 먹이가 필요할 때 오직 자신의 신체만을 이용하여 즉석에서 생산한다. 그러나 인간은 생산에 필요한 도구를 미리 만들고 그 도구를 이용하여 생산한다. 예를 들면 당장 필요한 한 마리의 물고기를 잡기 위해서는 그냥 맨손으로 잡는 것이 시간적으로도 빠르고 체력적으로도 소모가 적을 것이다. 왜냐하면 넓은 그물을 만드는 데는 많은 시간과 노동이 필요하기 때문이다. 그런데도 인간은 많은 시간과 노동을 투입하여 넓은 그물을 만드는 데 주저하지 않는다. 그것은 바로 인간이 다른 동물과는 달리 현재의 노동을 미래적 목적에 연계시키고 있기 때문이다. 인간은 현재의 노동을 미래적 목적에 연계시키는 그 작은 차이 때문에 다른 동물이 이루지 못한 경제적 부를 이루고 만물의 영장이 될 수 있었다.

인간은 문화적 활동을 함에 있어서도 다른 동물들이 사용하지 않는 유형적 수단을 사용한다. 언어, 문자, 그림, 조각, 악보 등은 유형적 수단의 대표적인 것들이다. 다른 동물들은 생존함에 있어서 유전적 지식과 경험적 지식이라는 두 가지 지식만을 이용한다. 그런 지식은 항상 동일한 수준에서 그대로 반복되는 지식이다. 100년 전의 사자도 천부적으로 물려받은 유전적 지식과 어미 사자로 성장하는 동안 자신이 보고 깨달은 경험적 지식만으로 사냥을 했고, 100년 후의 사자도 그러할 것이다. 그러나 인간은 유전적 지식과 경험적 지식이라는 두 가지 동물적 지식 외에 배움을 통해 얻는 학습지식을 하나 더 가지고 있다. 이 학습지식은 인간과 동물을 구분해 주는 가장 분명한 경계선이다. 인간이 다른 동물들을 지배하고 이용할 수 있었던 이유는 배울수록 확대되고 축적되는 학습지식을 획득할 수 있었기 때문이다.

인간은 누구나 물질이라는 유형적 재화와 정신이라는 무형적 재화를 소비하고 살아간다. 인간은 의식주가 해결되지 않아도 살 수 없지만 정신적 욕구가 해결되지 않아도 살 수 없다. 선사시대 이전부터 인간은 그냥 쉬고 잠만 잔 것이 아니라 춤추고 노래하고 제사를 지내는 등, 문화적 재화를 생산하고 소비하면서 살아왔다. 의식주가 건강한 신체를 유지하기 위한 필요조건이라면 문화는 건강한 정신을 유지하기 위한 필요조건이다. 그런데 그런 재화를 생산하기 위해서는 생산수단이 필요하다. 유형적 재화를 생산하기 위해서는 유형적 생산수단이 필요하고 무형적 재화를 생산하기 위해서는 무형적 생산수단이 필요하다. 유형적 생산수단은 도구나 기계 같은 노동수단이고 무형적 생산수단은 언어, 문자, 회화, 음악, 조각 같은 문화수단이다. 그중에서도 문자는 타인의 지식을 자기의 지식으로 만들 수 있는 가장 우수한 문화수단이다. 문자기록을 통하여 인간은 수백 수천년 전의 타인 지식을 자기 지식으로 만들 수 있다. 그림, 조각, 악보 같은 문화수단도 그러하다. 이러한 문화수단들은 현재를 위해 발명된 것이라기보다는 미래를 위해 발명된 것이다. 그런 문화수단들을 발명하는데 혼신을 바쳤던 사람들은 그 문화수단의 혜택을 누리지 못하고 죽어 갔을 것이다. 그러나 그런 문화수단이 있었기 때문에 결국 인간은 수천년에 걸쳐 갈고 닦아진 수많은 타인의 정신적 재산을 자기의 정신적 재산으로 탈바꿈시킬 수 있었다. 만일 인간이 그러한 문화수단을 발명하지 못했더라면 인간은 오늘날과 같은 과학문명을 결코 이룰 수 없었을 것이다. 이처럼 문화수단은 생산수단과 마찬가지로 다른 동물들은 가지고 있지 않는, 오직 인간만이 가지고 있는 정신적 생산수단이다.

가장 오래된 문화수단은 그림과 조각 같은 문양형태다. 세계 각국에서 발견된 고대유물로 판단할 때 인간은 약 3만년 전부터 그런 문화수단을 개발한 것으로 추측된다. 특히 유럽지역에서 발굴된 고대유물들을 보면 인간은 3만년 전에 이미 다양한 생산도구와 개인적 장식품에 예술적 감각을 투영하고 있었던 것으로 보인다. 인간이 문자를 만든 것은 약 5천년 전의 일이었다. 5천년전 동북아프리카와 서남아시아의 일부지역에서는 이미 문자가 이용되고 있었다. 소위 말하는 원문자 시대가 열렸던 것이다.

문자의 발명은 정보전달에 큰 변화를 가져다주었다. 기원전 5000년경 이미 수메르인들은 점토판에 상형문자와 그림문자를 써두었다. 2000자나 되었던 상형문자는 그 후 훨씬 수효가 적은 표음문자인 설형문자로 발전하였다. 수메르인들은 그 설형문자를 이용하여 법전, 달력, 세금, 그리고 중요한 행사 등을 기록하였다. 그러한 문자의 등장으로 드디어 인류역사는 자손만대에 정확히 전달될 수 있었고, 그 결과 역사적 기록이 없었던 선사시대는 끝나고 마침내 기록이 있는 역사시대를 맞게 되었던 것이다.

이집트인들은 일찍부터 나일강가에 무성히 자라고 있었던 파피루스라는 풀을 이용하여 종이를 만들고 그 위에 상형문자(象形文字)를 기록하였다. 현재의 회화를 방불케 하는 상형문자는 적황청록(赤黃靑綠)의 4원색으로 그려져 있다. 특히 그들은 파피루스에 죽은 자의 안녕과 행복을 비는 주문 등을 써서 "사자(死者)의 서(書)"를 두루마리로 만들어 피라미드나 분묘에 부장품으로 넣어 두었다. 그런 상형문자는 표의문자와 표음문자로 되어 있는데 주로 종교에 관련된 문헌에 사용된 신성문자(Hierogliphics)는 초서체로 되어있고 상업거래용으로 사용된 공용문자(Hieratics)와 일반인이 사용하는 상용문자(Dometics)는 민간체로 되어 있다.

또 하나의 우수한 문화수단은 토기였다. 토기는 각 지역에 따라 조금씩 다른 특징을 가지고 있다. 이를 크게 분류하면 동북아시아, 서남아시아, 인도, 중국 등의 농업문화권인 채도문화권과 발틱해에서 시베리아에 이르는 삼림지대의 수렵, 어로 중심의 문화권인 즐문토기 문화권으로 구분된다. 장묘 역시 우수한 문화수단이었다. 고대인들은 장묘를 통해 그들의 고유한 문화를 표출하였다. 지석묘(支石墓: 고인돌)는 청동기시대의 개인묘였다. 때로는 그 길이가 9m에 이르고, 그 무게가 보통 수십 톤에 달하는, 그것도 수 십리 먼 곳에서 운반해 온 거대한 개석(蓋石)을 얹은 지석묘가 만들어 지기도 했다. 그런 묘는 그속에 묻힌 사람이 상당수의 사람을 동원할수 있는 힘의 소유자였음을 의미한다. 그런 힘 있는 자의 권력은 또 그 당대에 그친 것이 아니라 대를 이어 세습된 듯하다. 왜냐하면 지석묘가 한 곳에 적으면 3~4개, 많으면 수십 개씩 무리 지어 있기도 하고 때로는 일직선으로 질서정연하게 나열되어 있기도 한데 그것은 대를 이어 만들어진 것으로 추측되기 때문이다. 그런 지석묘는 처음으로 정치적 지배자가 탄생했음을 나타내는 좋은 상징물이다. 그것은 이미 부족의 족장들은 단순한 부족의 대표자가 아니라 그 부족을 지배하는 권력자가 되었음을 의미하며 따라서 그 부족사회는 단순한 부족집단이 아니라 부족국가였음을 의미한다.

고인돌이나 선돌, 그리고 열석(列石) 등은 태양숭배사상과 그와 연관된 거석문화의 모습을 보여주고 있다. 고대인들이 거석을 숭배했던 것은 당연하다. 고대인들에게는 태양과 거석이 두려움과 경외심의 대상이었다. 태양은 흉풍을 결정하는 절대적 위력을 지니고 있었고 거석의 웅장함과 중압감은 그들을 압도하고도 남았다. 그러므로 원시인들의 삶에 절대적 영향력을 미쳤던 태양과 거석이 원시문화를 결정하는 요인이 되었음은 자연스러운 일이었다.

하지만 문화의 역사는 경제의 역사에 비하면 너무도 그 연륜이 짧다. 지구상에 오스트랄로피테쿠스라는 최초의 원인이 살기 시작한 것은 약 200만년 전이었다. 인간이 살기 시작했다는 말은 경제활동을 시작했다는 말이므로 결국 인간이 경제활동을 시작한 것은 약 200만년 전이라는 말이 된다. 그러나 인간이 문화적 활동을 시작한 것은 약 3만년 전이다. 더욱이 문자라는 현대적 문화수단을 개발한 것은 불과 5천년 밖에 되지 않는다. 이는 그 만큼 인간의 생존이 문화적 활동보다 경제적 활동에 얽매여 있음을 의미하는 것이기도 하다. 실제로 인간의 생존환경은 문화적 환경을 결정하는 토대가 된다. 레드클리프 브라운(Redcliff Brown)이 안다만섬(Andaman Islands) 사람들을 대상으로 하여 연구한 내용을 보면 그 같은 사실을 잘 알 수 있다. 안다만 섬사람들에게는 꿀을 채취하는 것이 중요한 경제적 활동이었다. 따라서 그들은 자연스럽게 꿀을 제공해주는 향기로운 식물들에 관심을 가지게 되었다.

그들에게 있어서는 보다 많은 꿀을 제공해 주는 식물은 가족이고 친구이고 우군이었지만 그렇지 못한 식물은 남이고 적이고 원수였다. 또 그들의 일과와 휴식은 모두 꿀의 채취와 연관되어 있었다.

　이처럼 인간의 생존환경이 인간의 문화적 환경을 규정하는 일은 오늘날에도 변함이 없다. 유목민의 문화는 모두 풍렵(豊獵)과 관련이 있고 농촌의 문화는 모두 풍작(豊作)과 관련이 있으며 어촌의 문화는 모두 풍어(豊魚)와 관련이 있다. 역사가 입증하는 한 가지 분명한 사실은 결코 유목문화가 먼저 성립하고 유목생활이 시작된 것이 아니라 유목민이 먼저 유목생활을 시작함으로 해서 유목문화가 생긴 것이며 또 농경문화가 먼저 성립하고 농경생활이 시작된 것이 아니라 농경민이 먼저 농경생활을 시작함으로 해서 농경문화가 생겼다는 사실이다. 이는 경제생활이 선행됨으로 해서 그에 따른 문화생활이 수반된다는 사실을 말해주는 것이다.

　종교도 문화의 한 영역에 불과하다. 로마는 모든 서구문명을 통폐합하여 로마문명이라는 하나의 통일된 문명으로 거듭나게 한 현장이다. 일찍이 알렉산드 대왕은 이집트문명, 바빌로니아 문명, 페니키아 문명, 헤브루문명, 그리스문명 등을 하나의 경계선 안으로 편입시키는데 성공했다. 로마는 그것을 물려받아 로마제국이라는 거대한 문화의 호수 속에 집어넣어 무려 500여년 간이나 혼합하고 걸러내어 범세계적인 하나의 문화로 빚어내었던 것이다. 그렇게 빚어낸 문화가 바로 기독교문화다. 기독교는 서로마제국이 붕괴한 뒤 그동안 억눌려 있었던 지리적, 인종적, 문화적 이질성이 분출됨에 따라 분리되기 시작하여 6~7세기에는 서로마의 카톨릭과 동로마의 그리스 정교회, 그리고 사라센의 이슬람교로 3분되었다. 그리고 그것은 각기 자신의 특유한 문화를 창출하기 시작했고 그 결과 탄생된 것이 서구의 중세 3대 문화권이다. 제1문화권은 서유럽의 기독교를 중심으로 한 라틴, 게르만 문화권이다. 봉건체제와 장원제도에 의해 완성된 이 문화권은 프랑크왕국과 신성로마제국으로 옮겨가면서 흥망을 거듭해 갔다. 제2문화권은 동로마제국을 중심으로 한 비잔틴 문화권이다. 콘스탄티누스 대제가 콘스탄티노플이라는 동방도시를 건설한 후 그 아들 데오도시우스에 와서 동서(東西)로마가 분리되자 얼마 못가 서(西)로마는 멸망하고 말았지만 동(東)로마는 계속 그 명맥을 유지하면서 로마의 전통과 기독교의 법통을 유지, 발전시켜 갔다. 그 결과 그리스 정교회(Greek orthodox)를 사상적 중심으로 하는 비잔틴문화가 형성되었다. 제3문화권은 마호메트에 의해 창설된 이슬람교를 중심으로 한 사라센 문화권이다. 이 문화권은 지역적으로 고대 오리엔트 문명권에 해당되는 곳으로서 사라센제국이 통치했던 아라비아 세계에서 형성되었던 문화이다. 이 문화권은 고대 이집트와 바빌로니아의 탁월했던 자연과학 문명을 보존하고 발전시켜 갔다. 한편 동양에서는 중국을 중심으로 한 유교문화권이 성립되었는데 그 문화는 위에서 언급한 세 개의 문화와는 그 뿌리가 전혀 다른 이질적인 문화였다.

  자연계를 놓고 볼 때 인간의 육체가 사라지면 정신도 없어질 것임은 당연하다. 그것은 꽃이 사라지면 꽃의 향기가 사라질 것임과도 같다. 마찬가지로 국가의 경제력이 사라지면 국가의 정치력도 함께 사라진다. 이집트의 멸망은 태양신의 멸망을 의미하였고 수메르족의 멸망은 수메르 신의 멸망을 의미하였다. 그러므로 앞으로 기독교 지배권인 서구와 미국이 힘을 잃으면 기독교의 위력도 동시에 잃게 될 것임은 뻔한 이치다.

기독교의 발전사는 이를 입증한다. 476년 오도아케르에 의해서 힘없이 무너진 대제국 서로마가 세계문화사에 유산으로 남긴 것은 기독교라는 위대한 사상체계와 그것을 중심으로 하는 교권체계였다. 예수는 유대에서 태어나 거기서 죽은 인물이다. 그러나 기독교를 하나의 확고한 세계적 보편종교로 만들어 낸 사람은 사도 바울이었으며 그 중심지가 되었던 곳은 로마였다. 로마가 기독교 발전의 중심지가 된 것은 로마야말로 그 당시 기독교라는 보편적 종교를 성장시킬 수 있는 조건을 갖추고 있었기 때문이다. 대부분의 고대문명권이 나름대로의 신앙이나 그에 대응할 만한 철학을 가지고 있었으나 로마는 그렇지 못했다. 세계를 통일했던 만큼 세계의 모든 문화와 문명을 끌어안아야 했던 로마는 그 어떤 특수한 종교나 신념에 집착할 수 없었기 때문에 로마에는 많은 종교와 사상이 난립하고 있었다. 따라서 로마는 비록 정치적으로는 통일된 나라였지만 정신적으로는 전혀 통일되어 있지 않았다. 더욱이 공화정 기간에 번창하였던 원시적 예배의식은 붕괴되어 갔고 황제의 권위도 시민들에게는 더 이상 두려움의 대상이 되지 않았다.

상황이 이렇게 변하자 대중들은 그들의 운명을 맡길 수 있는 초권력적 힘을 지닌 인격신(personal god)을 요구하게 되었고 로마제정 후기의 정치적 무정부 상태와 경제적 참상은 당시 절망한 계층으로 하여금 현세가 아닌 그 어떤 새로운 곳에서 희망을 찾도록 부채질 하였다. 그런 민중의 요구에 부응하여 나타난 것이 바울의 기독교였다. 바울의 기독교는 같은 예수를 교주로 하는 여느 종교와는 달리 대중 속에 깊이 파고드는 훌륭한 조직으로 교세를 확장해 갔다. 그는 구약성서에 충실하여 여성을 제외시켰던 미트라이즘(Mithraism)과는 달리 여성을 조직의 중심으로 받아들였다. 그는 또 사치와 부를 배척함으로써 상층계급의 사치스런 생활에 적개심을 품고 있었던 민중과 노예들을 끌어들였다.

사도 바울은 기독교의 청사진을 만든 기독교의 설계사이며 그 설계에 따라 직접 작업을 한 노동자이기도 한 기독교의 실질적 건설자였다. 성서적으로 예수의 법통을 이어받은 자는 베드로였다. 그러나 그는 민족주의자였기 때문에 그의 활동은 유대인을 중심으로 하는데 그쳐 그의 기독교는 지방적인 유태교의 일파에 불과하였다. 이에 반해 사도 바울은 그의 전도 여행을 통하여 베드로의 민족적이었던 기독교를 세계적인 종교로 만들어 놓았다. 처음 로마 정부는 기독교를 박해할 필요와 의도를 전혀 가지고 있지 않았다. 넓은 땅을 지배했던 로마는 민족 간의 갈등을 예방하기 위해 각지의 여러 종교에 대해 관용적인 자세를 취했다. 그러나 기독교의 교세가 확장되면서 로마 정부는 이를 인류의 공적으로 생각하지 않을 수 없게 되었다. 그것은 정치적 이유 때문이었다. 다른 신을 믿으면 안 된다는 기독교의 유일신 교리가 로마인들로 하여금 황제숭배의식을 거부하게 만들고 또 만인은 똑같은 하나님의 종이라는 기독교 사상에 영향받은 피지배 하층계급들이 귀족계급에 저항하기 시작하자 지배계급은 기독교를 로마법의 도전자로 생각하게 되었던 것이다. 로마 정부가 그런 상황을 인식할 수 있을 만큼 기독교의 교세가 확장된 것이 바로 네로의 집정기(서기54~68년)였다. 그래서 네로는 그 박해자가 되었다.

그렇게 시작된 박해는 그 후 트라야누수 황제(서기 98~117년), 마르쿠스 아우렐리우스 황제(서기161~180년), 발레디우스 황제(서기253~260년), 디오 클레티아누스 황제(서기 284~305년) 시대에 걸쳐 산발적으로 가해졌다. 그중에서도 디오 클레티아누스 황제 때는 그 박해의 정도가 가장 심했으며 그것은 동시에 마지막 박해이기도 했다. 그런데 아이러니컬하게도 그와 같은 극심한 박해는 기독교의 성장을 오히려 촉진하는 결과를 초래했다. 왜냐하면 비참한 사회적, 경제적 상황하에서 절망스럽고 고통스러운 생활을 해야 했던 하층계급에게는 현생에서의 고통스런 삶보다는 축복이 약속된 내세를 위해서, 그리고 그리스도를 위해서 순교하는 것이 훨씬 나은 것으로 생각되었기 때문이다. 그러나 서기 300년경 디오 클레티아누스 황제 이후에는 기독교도의 수가 워낙 많아져 박해의 초점을 잡을 수 없을 정도가 되어 버렸다. 어느덧 로마의 기독교도는 소수자가 아닌 다수자가 되어 버렸던 것이다. 이렇게 되자 어떤 황제나 독재자도 다수자를 외면하고는 그의 권력을 유지할 수 없다는 정치의 일반적 원리에 따라 그때부터 로마의 황제들은 스스로 기독교에 귀의해 가는 과정을 밟게 되었다. 그 과정을 보면 서기 311년에는 갈데리누스 황제(서기305~311년)가 박해령을 취소하였고, 서기 313년에는 콘스탄티누스 대제(서기311~337년)가 밀라노 칙령을 선포하여 기독교를 공인하였다. 콘스탄티누스 대제가 기독교를 공인한 근본적인 목적은 기독교를 이용하여 국력을 통합함으로써 제국의 멸망을 막아 보고자 했던 것이다. 기독교는 그런 목적에 이용되면서 교세가 날로 확장되었다. 특히 서기 325년 니케아 종교회의를 소집하여 삼위일체론을 정통교리로 받아들임으로써 교리문제로 인한 교회의 분란을 해결하게 되자 기독교는 더욱 힘을 발휘하였다. 그렇게 성장한 기독교는 데오도시우스 황제(서기379~395년)의 집정기에 이르러 절정을 맞게 된다. 기독교는 마침내 국가의 보호를 받는 유일 종교로써 국교가 되었다. 그때부터 로마의 전통적인 이교(Paganism: 우상숭배)는 폐기되고 지금까지 박해를 받아왔던 기독교는 오히려 일체의 다른 종교를 이단으로 규정하고 가혹하게 박해하는 가해자의 위치로 돌아서게 되었다.

　기독교의 발전사는 정치의 역할을 다시 한번 일깨워 준다. 정치는 항상 이미 결판난 상황에 끼어들어 이긴 자를 이겼다고 손들어주는 역할만 한다. 정치는 결코 선구자가 아니다. 정치는 비굴한 타협자이며 저속한 현실주의자이다. 정치는 사회변화의 말미에 설 수밖에 없는 태생적 한계 때문에 천만년이 흘러가도 이긴 자를 편들어 주는 비굴한 추인자적 속성을 벗어날 수 없다. 경제의 불변적 속성은 자생성이지만 정치의 불변적 속성은 기생성이다. 정치는 어떤 경우에도 스스로 존속하지 못한다. 정치는 다수가 있는 곳에서만 빌붙어 살 수 있는 다수의 시녀에 불과하다. 거머리가 피를 빨지 않고는 살 방법이 없듯 정치는 다수에 붙어 고혈을 빨지 않으면 살 방법이 없다. 로마가 전성기였을 때 모든 길은 로마로 통한다고 아첨했던 장본인은 바로 정치인들이었다. 영국이 전성기였을 때 해지지 않는 나라라고 아첨했던 장본인도 바로 정치인들이었다. 오늘날 미국이 전성기를 맞자 미국은 세계의 경찰이라고 아첨하고 영어를 국어화 하자고 앞장서는 장본인도 정치인들이다. 만일 내일 한국이 세계를 제패한다면 모든 길은 한국으로 통한다고 아첨하면서 한국어를 세계어로 만들어야 한다고 부르짖을 장본인도 정치인일 것이다.

　역사를 보면 경제적 황금기는 항상 문화적 황금기로 연결되었다. 그리스의 아티카 제국시대가 그랬고 로마의 제정시대가 그랬다. 마찬가지로 유럽의 절대군주들은 식민지를 개척하고 부를 쌓으면서 이른바 르네상스라고 하는 새로운 문화의 황금기를 이루었다. 건축문화 역시 경제를 떠나서 존재할 수 없다. 루이 14세는 중상주의 정책을 통해 획득한 막대한 금은을 동원하여 파리 근교의 베르사이유에 궁전을 지었다. 바실리카 양식, 로마네스크 양식, 고딕양식, 르네상스양식 등으로 표현되는 유럽의 전통적인 건물들은 모두 교회였다. 그러나 베르사이유 궁전의 건립으로 교회가 아닌 왕실의 번영을 의미하는 바로크 양식의 왕궁이 처음으로 세워졌던 것이다. 이는 건축 역시 경제에 종속됨을 의미한다. 교회가 경제권을 장악했을 때는 교회의 건물이, 왕이 경제권을 장악했을 때는 왕궁이, 기업이 경제권을 장악했을 때는 기업사옥이 그 시대의 대표적인 건축양식이 되었다. 베르사이유 궁전은 1661년 루이 14세가 건축가 르보트에게 명령하여 짓기 시작한 이래 약 200년에 걸쳐서 완성되었다. 그 찬란한 궁전에는 왕의 총애를 받고자 하는 많은 귀족들이 몰려들었다. 유럽의 지배자들은 베르사이유 궁전의 웅장함과 하려함에 찬사를 아끼지 않았으며 그들로 하여금 프랑스의 절대주의는 물론이고 베르사이유 궁전을 모방한 궁전을 짓게 한 계기가 되었다. 동시에 프랑스어는 국제어인 동시에 상류사회의 언어가 되었고 프랑스의 매너와 의상은 전 유럽의 상류계층을 위한 표준이 되었다. 프랑스가 패션의 본고장으로 떠오르게 된 것도 바로 그때부터였다.

   중세 전성기 동안 미학은 프랑스 파리뿐만 아니라 영국과 이탈리아에서도 활발했지만 국가별 차이는 크지 않았다. 그러나 연대기 상으로는 상당한 차이를 보이기도 한다. 초기에는 미학이라는 개념이 거의 없었다. 미학은 12세기에 등장하기 시작하여 13세기에 융성하다가 14~15세기에 들어와서는 다소 시들기 시작한다. 이런 점을 감안할 때 중세미학은 12~13세기에 정점을 이루었다고 볼 수 있다.

   미학의 다양성은 미학이 예술적 분야와 철학적 분야라는 양대 산맥에서 비롯되었기 때문이다. 예술적 미학은 시, 음악, 시각예술에 관한 미학이론으로 나눌 수 있다. 중세에는 예술분야 간에 아무런 공통성이 없는 것처럼 각각의 예술분야를 분리해서 생각했다. 당시는 자유예술과 기능예술로 나누는 고전적 분류만으로도 충분했기 때문이다. 보다 구체적인 구분이 있었다면 퀸틸리아누스(Marcus Fabius Quintilianus)를 이어 카시오도로스(Cassiodorus)가 이론적 예술, 실천적 예술, 그리고 제작적 예술로 삼분(三分)한 정도였다. 예술을 창조적인 것과 재현적인 것으로 나눈 플라톤과 아리스토텔레스의 구분은 전혀 차용되지 않았다.

오늘날까지 전해져 오는 중세의 예술구분에 대한 기록으로는 12세기의 저명한 신비주의 수도사이자 스콜라 철학자였던 성 빅토르 후고(Saint Victor Hugh, 서기1097~1141년)의 구분과 롱고 캄포(Campolongo) 및 롱샹 라둘프(Ronchamp Radulf)의 구분이 있다. 후고는 고전시대의 마지막 구분자이고, 라둘프는 새로운 구분의 장을 열었던 인물이다.

후고는 퀸틸리아누스의 구분을 토대로 하여 제작적 예술을 기계적 예술이라 개칭하고 매우 상세하게 다루었다. 거기에 더해 그는 논리적 예술을 네 번째 예술로 추가했다. 이 구분은 보에티우스(Boethius, 서기470~523년) 이래 만연했던 지성화 된 예술개념, 즉 제작과는 거리가 먼 예술을 반영한다. 제작은 솜씨의 개념에 더 가깝다. 미학에 관한 고대적 구분에서 볼 수 있듯 그는 미학자들이 관심을 가질 만한 예술은 여러 부류의 예술 속에 흩어져 있다고 보았다. 음악은 이론적 예술 속에, 수사법은 논리적 예술 속에, 그리고 시각예술은 기계적 예술 속에 포함되어 있다고 보았던 것이다.

후고는 두 가지 새로운 개념을 도입했다. 첫째, 그는 중심적 예술과 부수적 예술을 대비시키면서 예술 간의 위계질서를 인정했다. 건축은 중심적 예술 중 하나였다. 조각과 회화는 건축을 보충하는 부수적 예술이었다. 둘째, 고대의 구분자들과 달리 그는 시를 하나의 예술로서가 아니라 "예술의 부가물(附加物, appendix artium)"로 취급하고 논리적 예술 속에 포함시켰다.

라둘프는 한발 더 나아갔다. 수 세기 동안 되풀이 되어온 옛 구분을 거부하고 새로운 구분의 원리를 채택하면서 그는 예술을 네 가지 영역으로 구분 지웠다. 즉 철학적 영역, 수사학적 영역, 기계적 영역, 그리고 시적 영역이 그것이다. 그는 철학을 모든 학문을 포괄하는 총괄적 학문으로 보고 기계적 예술을 물질적 산물을 낳는 모든 예술이라고 보았다. 또 시를 더 이상 예술적 부가물이 아니라 하나의 독자적인 영역을 가진 독립된 예술로 구분하였다. 즉, 라둘프의 구분은 순수예술을 철학적 범주인 음악, 기계학의 범주인 시각예술, 웅변술의 범주인 수사학, 그리고 시라는 4개 분야로 나누는 구분이기도 했다.

하지만 시가 예술에 포함되었던 시대는 시가 정말로 활성화되었던 시기가 아니었다. 고딕 건축과 스콜라 철학을 낳았던 중세의 절정기에 그와 비견될 만한 시는 나오지 않았다. 대부분의 위대한 종교적 시는 그보다 훨씬 이전에 나왔다. 12~13세기 동안 교회 미사에서 사용되었던 라틴 찬송가들은 대부분 옛날에 나왔던 작품들이었다. 새로운 것에 대한 요구가 없었으므로 새로운 것이 나오지도 않았던 것이다. 그렇게 연속성이 깨어진 것이 중세의 특징이다. 중세에는 연극이 라틴의 전통에서 벗어났던 것처럼 서정시도 종교적인 주제에서 벗어나 있었다.

비종교적인 시가 처음 등장했을 때는 거의 관심을 끌지 못했다. 당시의 비종교적 시는 대부분 돈을 버는 수단으로 삼았던 음유풍자 시인들이나 곡예사들이 지은 시였기 때문이다. 당시 곡예사 시인의 수는 상당히 많았다. 1000년경에는 프랑스에서 곡예사 길드가 생길 정도였다. 곡예사 시인들은 대부분 음유풍자 시인보다 교육도 훨씬 덜 받았고 웃기는 곡예사로서 돈을 벌기 위해 지방의 방언으로 시를 짓곤 했었다. 그들은 서정시뿐만 아니라 서사시와 영웅담까지 다루었다. 하지만 궁정의 연회에서 시를 낭송하는 것이 유행하게 될 때까지 그들은 우리나라의 사당패처럼 천대를 받았다.

중세적 시의 유행은 기사들이 많았던 프로방스에서 음유서정시인(troubadours)이 등장하면서부터였다. 프랑스 북부에서는 그들을 트루베르(trouvères, 음유시인)라 불렀고 독일어 사용지역에서는 민네가수(Minnesänger, 사랑노래를 부르는 가수)라 불렀다. 그들은 봉건제도 하에서의 기사 신분으로써 상당히 높은 계급에 속했고, 그들 중에는 영국의 사자왕 리처드 1세(Richard I)와 신성로마제국 황제 프리드리히 2세(Friedrich II) 같은 군주들도 있었다. 그 결과 수준 높은 고매한 시가 200년 동안 유행했었다. 영국 프와티예(Poitiers)의 백작 기욤(Guillaume de Poitiers) 9세는 11세기 말 이전에 시를 썼고, 리처드 왕은 12세기에, 그리고 프리드리히 왕은 13세기에 각각 시를 썼다.

하지만 13세기에 일어났던 종교전쟁은 그런 시대 풍조에 치명타를 가했다. 마지막 음유서정시인 중의 한 사람이었던 리퀴에르(Riquewihr)는 이렇게 썼다. "노래는 기쁨을 표현해야 하는 것이지만 나는 슬픔에 눌려 있다. 내가 세상에 너무 늦게 나온 것이다." 이런 시인들은 많은 작품을 남겼다. 문헌학자들에 의하면 중세 남프랑스의 음유서정시인들의 시는 2,600편, 프랑스 북부 트루베르의 시는 4,000편이나 알려져 있다고 한다. 그런 시들은 대부분 노래 가사로 사용되었다. 프랑스 마르세이유의 음유서정시인 폴케(Sigmar Polke)는 "음악으로 연결되지 않은 시는 물 없는 방앗간과 같다."고 가 쓴 바 있다. 이런 시들은 주로 이전의 교회용 시와 닮아 있었다. 기도문에서 가져온 반복구를 사용하거나 찬송가를 바탕으로 한 시들도 있었다. 그러나 그런 시들의 주제는 아주 세속적인 것으로써 주로 사랑에 관한 발라드(ballade) 곡들이 많았다.

중세의 시는 삶에 대한 자연스런 감정을 표현하고 있었으므로 방언을 채택하기도 했다. 과거의 시들과는 다르게 신앙적이거나 교훈적인 기능은 없었고, 표현적인 면에서 미적인 기능을 가지고 있었다. 그것은 신비한 시가 아니라 표현적 아름다움을 가진 미적 시였다. 그런 시는 시와 예술을 서로 다른 분야로 보았던 고대의 구분을 뛰어넘는 것이었다.

중세의 연극은 모두 종교적인 것이었다. 중세 연극의 주류였던 신비극은 고대의 그리스 연극처럼 숭배행위에서 나왔다. 그런 신비극은 주로 교회에서 공연되었으며 배우는 사제와 부제 및 성가대원들이 맡았다. 당시는 그런 신비극에 여자 배우들은 없었다. 연극의 내용은 주로 교회 미사, 특히 미사의 문답에서 형식을 따왔고 주제는 그리스도와 성자들의 삶에 관한 것이었다. 그런 연극은 종교적 사상을 구체적인 형식으로 나타내려는 욕구에서부터 비롯되었다. 그랬기 때문에 그것은 연극이 아니라 미사라고 해야 옳을 정도였다. 그런 연극에는 관객이라는 구경꾼은 없고 오직 참여자만 있을 뿐이었다. 배우들이 대사를 읊긴 했지만 미사에서와 마찬가지로 그곳에 모인 모든 사람들이 함께 참여했다. 신비극은 예술로 분류될 수도 있지만 종교적 신앙행위에 속하기도 했다. 미사를 볼 때와 마찬가지로 말뿐만 아니라 음악도 사용되었다. 그랬으므로 순수한 문예적 연극은 아니었다. 순수문

예극은 중세시대에는 전혀 알려져 있지 않았다.

중세의 신비극들은 그리스비극과 관련된 것이면서도 초월적인 면과 구원의 문제를 강조했다는 점에서 그리스비극과는 달랐다. 핵심주제는 초자연적이었으며 그리스비극의 주제가 되었던 인간적인 문제들은 중요시 되지 않았다. 레낭(Renens)은 성서가 중세의 인간과 예술 사이에 끼어들어 인간과 예술이 접근할 수 없는 장벽이 되었다고 말했다.

연극이 세속화된 것은 세속적인 주제를 가진 희극이 등장하기 시작한 중세 말부터였다. 16세기까지는 성직자들이 공연에 참여했으나 그 후부터는 전문적인 배우가 등장하게 되었다. 음유서정 시인들의 서정시처럼 신비극에는 모든 미학이 함축되어 있었다. 음유서정시는 삶의 표현이었고 중세의 연극은 제례의식의 한 형식과도 같았다. 그들은 제례의식과도 같은 신비한 이야기들이 단순한 시보다 우월하다고 여겼다. 하지만 그들은 여전히 고대부터 전해져 온 시론의 주된 사상과 주제를 바탕에 깔고 있었다.

시에 대한 논술들, 즉 포에트리에(poetriae) 혹은 아르테스 포에티케(artes poeticae)라고 불리는 시 예술에 관한 안내서가 많이 나오게 된 시기는 12세기였다. 1035~1123년 사이에 나온 것으로 추정되는 마르보드(Marbod)의 논문『언어의 장식(De ornamentis verborum)』, 12세기에 나온 독일 히르샤우(Hirschau) 콘라트(Conrad)의 논문과 독일 방돔(Vendôme) 마티아스((Mathias)의『시론(Ars versificatoria)』, 그리고 13세기에 나온 요한네스 데 갈란디아갈란디아(Johannes de Garlandia, 1195~1272년)의『새로운 시론(Poetria nova)』, 빈사우프(Visauf)의 고드프리(Godfrey, 1249년생)의『시론(Poetria)』, 멜클리의 제르바즈(Gervase, 1185년생)의『시론(Poetria)』등은 아직까지 전해지고 있다. 이 책들은 대부분 프랑스 오를레앙(Orléans)과 파리에서 나왔다. 그 책들은 고대의 시학과 수사학을 상당 부분 차용하긴 했지만 새로운 통찰력과 사상을 담고 있는 것이었다.

중세동안 언어(sermo, oratio)예술은 일반적으로 산문과 시로 나뉘어져 있었다. 시는 형식뿐 아니라 내용면에서도 산문과는 구별되었다. 당시의 이런 추세는 고대 그리스의 포세이도니오스(Poseidonios)가 내린 시의 정의에서 파생된 것이라 볼 수 있다. 또 마티아스는 운문(versus)을 불필요한 단어가 전혀 없으면서도 아름다운 단어와 생각으로 가득 찬 운율형식의 언설이라고 규정했다. 시에 관한 이런 몇몇 정의들을 고려할 때 중세의 시란 음악적 작곡과 사물의 속성에 대한 알맞은 표현이 가장 본질적인 것으로 간주되고 있음을 알 수 있다.

그러나 시와 산문을 특별히 구별해야 할 때면 이론가들은 흔히 이런 규정을 무시하고 고대 지식인들과 마찬가지로 시는 진실이 담겨있지 않은 창작적 문예장르로 분류했다. 독일 히르샤우(Hirschau)의 콘라트는 시인이란 창작하고(fictor) 형식화하는 사람(formator)인 동시에 진실 대신 허구를 말하는 사람(fro veris falsa)이라고 규정했다.

시와 관련된 중세의 논급은 문학의 세밀한 분류와도 관계가 있다. 요한네스 데 갈란디아(Johannes de Garlandia, 1270~1320)의 『시론(Poetria)』에는 네 가지 구분이 담겨 있었다. 그는 첫째, 언어적 형식의 관점에서 보아 문학을 시와 산문으로 나누었다. 그리고 산문은 다시 기술적 산문과 과학적 산문, 역사적 산문과 서술적 산문, 서간체 산문과 율동적 산문으로 나누었다. 둘째, 작가의 역할이라는 관점에서 보아 문학을 모방문학(imitativum), 서술문학(enarrativum), 혼합문학(mixtum)으로 나누었다. 셋째, 진실의 관점에서 보아 문학을 역사(historia), 논증(argumentum), 우화(fabula)의 세 가지 범주로 나누었는데 이런 구분은 고대에서도 찾을 수 있는 구분이다. 넷째, 표현된 감정의 관점에서 보아 시를 기쁨으로 시작해서 슬픔으로 나아가는 비극과 슬픔에서 기쁨으로 나아가는 희극으로 나누었다.

중세인들은 시란 교훈과 즐거움을 동시에 주는 것으로 이해했다. 고드프리(Godfrey)에 의하면 시란 마음, 귀 그리고 관습이라는 세 가지에 의해 탄생되는 것이라고 한다. 특히 관습은 예술작품을 탄생시키는 데 결정적인 역할을 한다. 문학적 대상은 사람과 시대 그리고 장소에 따라 달라진다고 인식되었다. 그 결과 중세의 시학에 상대주의적 요소가 삽입되기 시작했다. 중세 시학에서는 운문의 멜로디보다는 비유적 표현과 언어의 풍부함 및 선택에 훨씬 더 강조점을 두었다. 그들은 언어의 풍성함과 엄숙함이 시를 산문과 구별시켜주는 중요 요소라 믿었다. 시에서 언어는 고급스런 옷 한 벌과 같이 취급되었다. 중세의 시학은 시가 가지는 그 모든 장식(ornatus)이 시인의 자유로운 창의성에서 나오는 것이 아니라 일정한 규칙에서 나오는 것으로 생각했고 그런 규칙은 성문화될 수 있는 것이었다.

중세의 이론가들은 시인들에게 사고의 진지성, 고결한 마음, 그리고 고대보다 더 중요한 역할을 하게 된 알레고리(Allegory)[5] 등을 요구했다. 그 결과 중세 때는 아주 단순한 단어조차도 문자 본래의 의미를 벗어나 비유적, 정신적 혹은 알레고리적 의미를 가지게 되었다. 중세 시학

---

[5] 알레고리는 무언가 다른 것을 말한다는 의미를 지닌 그리스어 알레고리아(allegoria)를 어원으로 한다. 우유(愚喩), 우의(寓意), 풍유(諷諭)로 불리기도 하는 알레고리는 인물, 행위, 배경 등이 표면적 의미와 이면적 의미를 모두 가지도록 고안된 이야기이다. 예를 들면 『이솝우화』와 같은 동물 우화는 표면적으로는 동물세계를 말하고 있지만 이면적으로는 인간 세계에 대한 풍자와 교훈을 담고 있다.

에서는 흥미를 불러일으키는 색다른 작품이라면 무엇이든 찬사를 받았다. 시적 명민함과 다채롭고 비유적인 언어들이 중요시 되었던 것이다. 시가 가진 음악적 특질과 시각적인 것과의 결합도 중요시 되었다.

중세적 시의 기능은 우선 무언가를 가르쳐주는 것이었고 다음으로는 도덕적 생활에 영향을 미치는 것이었다. 중세 시인들은 시란 영혼을 위로하는 것, 동감을 불러일으키는 것, 순종하도록 격려하는 것, 우울함을 떨쳐버리는 것, 행동하도록 선동하는 것이라고 생각하였다. 또 시는 단순히 즐거움을 주는 것이었다.

▎도구력 시대의 문화적 의의

인류문명은 강을 따라 발생하였다. 인간을 포함한 모든 생물은 적지(適地)생존의 원칙에 따라 생존에 가장 적합한 곳에서부터 삶을 시작한다. 온대 및 아열대 지방의 강가는 인간에게 있어서 가장 적합한 생존조건을 지니고 있었다. 생존의 필수조건인 물과 먹이 그리고 기후라는 3대 조건이 가장 잘 갖추어져 있었기 때문이다. 그러나 생존이 곧 문화의 창조를 가능케 하는 것은 아니다. 생존조건이 너무나 척박한 곳에는 생존은 있어도 문화나 문명은 없다. 예를 들면 미시시피강은 세계에서 가장 긴 강이요 광대한 평원을 지니고 있는 강이지만 문명을 창출하지 못했고 아마존강 또한 문명을 잉태하지 못했다. 이 강들은 인간이 이용하거나 정복하기에는 너무도 험한 환경을 가지고 있었다. 그러나 인간이 이용할 수 있었던 나일강과 티그리스강 및 유프라테스강은 이집트문명과 메소포타미아문명을 낳았고 인더스강과 간지스강은 인도문명을 낳았으며 황하는 중국문명을 낳았다.

이처럼 인간은 강을 중심으로 하여 삶의 터전을 일구었지만 그 강을 둘러싸고 있는 자연조건에 따라 서로 다른 이질적 문명을 창출하였다. 매일같이 자연의 위대함과 신비함을 보고 느끼며 살아야 했던 곳에서는 신비적 문화가 발달하였고, 인간적 투쟁이 그치지 않았던 곳에서는 현실적인 문화가 발달하였다. 그 대표적인 예로 해마다 반복되는 홍수와 가뭄을 이기며 살아야 했던 나일강변과 한편으로는 감당할 수 없는 무더위와 싸워야 했고 또 다른 한편으로는 북쪽 먼 곳에 눈으로 뒤덮인 신비한 고산준령을 보며 살아야 했던 인더스강변에는 초자연적이고 신비적인 문명이 형성되었던 반면 비옥한 농토를 서로 차지하기 위해 처절한 투쟁을 벌여야 했던 메소포타미아강변과 황하강변에서는 인간적이고 현실적인 문명이 형성되었다. 다시 말하면 이집트와 인도의 경우는 특히 종교가 발달하였고, 메소포타미아와 중국의 경우에는 특히 법률과 윤리규범이 더 발달하여 각기 고대문명과 고대국가의 특징을 이루었다. 이집트나 인도의 경우 종교는 정치에 커다란 영향을 미쳤다. 이 시대를 추축(推軸)시대라 하는데 그것은 문자이전의 유구한 세월동안 고민하고 사색한 결과로 얻어진 인류의 지혜가 이 시대 초기에 와서 문자가 발명되고 문장술이 향상되면서 경전이나 성서 같은 종교적 서적들로 결실을 보았기 때문이다. 그 같은 서적들이 출간됨에 따라 고등종교가 탄생하게 되었고 그런 종교를 정치수단으로 활용하여 광대한 영토를 지배하는 전제군주가 등장하게 되었던 것이다.

뿐만아니라 인간경험과 지식이 문자화되어 기록됨에 따라 종교와 사상뿐만 아니라 사회구성원들을 통솔하는데 필요한 법률이 체계화되고 전쟁용 무기가 급속히 개발되어 강력한 전제군주의 등장을 한층 가속화시켰다. 특히 메소포타미아나 중국같이 인간적이고 현실적인 경향이 강한 지역의 고대국가들은 법적, 윤리적 규범을 중심으로 하여 주변국들을 통합시켜 전제군주체제를 확립함으로써 강력한 중앙집권체제를 갖춘 고대국가가 탄생되었다.

고대국가의 전제군주들은 백성들의 기대에 부응하고 권위를 내세우기 위해 대규모 사업을 벌이곤 하였다. 이집트의 경우는 대규모 토목사업을 벌였고 바빌로니아의 경우는 대규모 전쟁을 일으켰다. 제왕들은 그런 대규모 토목사업과 대규모 전쟁을 벌임으로써 한편으로는 민중들을 단합시키고 다른 한편으로는 그들의 절대적 권위를 확립해 갔다. 그리하여 그들은 마침내 백성들로부터 완전히 떨어져 나와 신적 지위에 올라서게 되었던 것이다. 더욱이 제왕들의 권력이 커짐에 따라 아첨 세력 또한 비례적으로 늘어났다. 그들은 온갖 방법으로 왕을 미화하고 추앙하여 제왕을 인간이 아닌 신으로 둔갑시켜 놓았다.

제왕의 신격화가 가속될 수 있었던 것은 인간의 심성 저변에 경외심과 종교심이 깔려 있었기 때문이다. 제왕들은 그러한 인간 본연의 심성을 이용하여 스스로 신과 백성 간의 중개자역할을 담당하든가 아니면 다른 신관을 두어 대행시킴으로써 자신을 신의 위치에 올려놓았다. 그때 까지만 해도 신은 권력의 원천이었을 뿐만 아니라 모든 진선미의 원천이었다. 하지만 왕의 신격화 작업이 완성되자 일반 백성들은 왕을 통해서 신이 가진 권력과 진선미가 지상에 실현되는 것이라는 주장에 아무도 이의를 제기하지 않았다. 그리하여 마침내 제왕은 지상세계를 통치하기 위해 신으로부터 절대권력을 위임받은 인물인 동시에 지상의 모든 진선미를 규정하는 최고의 심판관으로 등장했던 것이다.

일반적으로 고대사회계급은 신으로부터 시작한다. 희랍신화, 로마신화를 비롯해 고대신화가 발달한 이유는 고대가 신성(神性)중심의 시대였기 때문이다. 그런 신성사회에서는 신과의 거리가 가까운 위치에 있느냐 없느냐가 사회계급의 기준이 된다. 신과의 거리가 가장 가까운 곳에 있으면 상층계급이 되고 그로부터 멀리 떨어질수록 하층계급이 된다. 왕은 신과 동격이므로 최고 상층계급이고 왕의 일을 보좌하는 귀족과 관리들은 그 다음 계급이고 물질적 생산과 유통을 전담했던 농공상인들은 하층계급이었다. 하층민들의 일과는 신비의 세계와는 거리가 먼 구체적이고 현실적인 물자를 생산하고 유통하는 일을 담당했으므로 신과는 아주 먼 거리에 있었다. 그러나 현대사회에 들어서면서 신성중심의 사고방식이 인성중심의 사고방식으로 변하면서 상하층계급의 기준은 달라졌다. 즉 신성이 아닌 인성이 판단기준이 되었다. 신분제도가 무너지게 된 원인은 바로 여기에 있다. 신성의 유전이 중시되었던 시대에서 인성의 개발이 중시되는 시대로 변했기 때문이다. 그 결과 인간의 행복에 기여하는 정도에 따라 상하층 계급이 구분되었다. 인간의 행불행을 크게 좌우하면 상층계급이고 인간의 행불행을 적게 좌우하면 하층계급이다. 사회지도층은 사회구성원의 행불행을 크게 좌우하기 때문에 상층계급이고 일반 국민은 적게 좌우하기 때문에 하층계급이다.

  도구력 시대는 신으로부터 시작하여 신으로부터 벗어나려고 몸부림쳤던 시대였다. 고대인들은 신에게 갇혀 살았고 중세인들은 신에게 묶여 살았다. 그때는 오직 신만이 주인이요, 인간은 지위고하를 막론하고 신의 종이었다. 그렇게 인간은 모두 신의 종으로 살았기 때문에 그 시대를 암흑시대라고 한다. 그런 암흑시대를 살았던 사람들이 신대륙을 개척하고 자연을 정복하기 시작한 것은 신으로부터 벗어 나려는 소리 없는 저항이었다. 그런 저항은 르네상스라는 새로운 사상과 문화를 탄생시켰다. 르네상스는 신의 사슬로부터 벗어나 자유로운 인간으로 되돌아오고자 했던 운동이었고 신에게 빼앗겼던 인간을 다시 찾아오는 운동이었다. 더욱이 그것은 신에게 빼앗겼던 경제적 재화를 인간이 되찾아 오고자 하는 운동이기도 했다.

그런 르네상스는 신으로부터 독립된 절대왕권을 성립시키는 결정적인 계기가 되었다. 절대왕권을 성립시킨 일등공신은 경제력이었다. 르네상스라는 인간회복운동은 신의 경제력을 약화시키는 결과를 초래했고 경제력을 잃어버린 신은 이미 세속민을 통제할 힘을 잃어버리고 말았다. 그 힘없는 신을 밀어내고 그 자리에 대신 앉은 사람이 바로 절대군주였다. 절대군주는 고대와 중세에 걸쳐 신이 그랬던 것처럼 경제력을 확보함으로써 신민을 지배하기 시작했다. 경제를 장악하는 것은 하늘이 내린 천부적 본능을 장악하는 것이다. 왜냐하면 경제가 궁극적으로 문제 삼는 것은 생존 본능이기 때문이다. 절대군주는 경제를 장악함으로써 인간사회에서 가장 위대한 힘인 본능적 힘을 장악했던 것이다. 이렇게 도구력 시대는 신이 장악했던 경제력을 절대군주가 장악하는 변화의 과정이었고 동시에 그것은 신의 세상을 인간의 세상으로 바꾸어 놓는 변화의 과정이기도 했다.

| 도구력 시대의 문화추구목표

도구력 시대는 신에서 시작해 신으로 끝난 시대라 할 수 있다. 신을 떠난 생활은 꿈도 꿀 수 없었고, 신의 계시에 불복하는 일 역시 꿈도 꿀 수 없었다. 당시의 신은 만병통치약이었고 못하는 일이 없는 무한한 능력자였다. 좋은 일이 있어도 신에게 감사했고, 나쁜 일이 있어도 신에게 사죄했다. 기독교가 로마의 국교가 되면서 그런 신의 위상은 더욱 높아지고 확고해졌다. 모든 길이 로마로 통했던 것에 못지않을 만큼 모든 길은 신으로 통했다. 이렇게 도구력 시대의 연장선상이었던 중세는 신에 파묻혀 객관적 우주와 세상을 보지 못했던 시대였으므로 중세를 암흑시대라 한다.

  신이라는 장막으로 가려진 그런 암흑시대 동안 모든 인간 행위는 신과 함께 시작되고 신과 함께 끝났을 것임은 자명하다. 따라서 도구력 시대의 문화 역시 신과 더불어 생기고 사라지고 했다. 신을 모시는 각종 신전이 들어서고 신을 찬양하는 교회음악, 신을 주인공으로 하는 교회미술, 신을 믿고 받드는 교회 건축물들이 이 시대에 들어와 집중적으로 생겨난 것은 이를 대변하고도 남는다. 이렇게 도구력 시대는 신이라는 환상에 사로잡혀 인간 자신을 잃어버렸던 시대였다. 중세 중후반에 접어들면서 인간 자신을 되찾는 르네상스운동이 일어났던 이유가 바로 여기에 있었다.

제6장
결론

인간사회는 일정한 법칙에 따라 변해왔다. 그 법칙은 출발점인 경제행위에서 시작하여 종착점인 문화행위에 이르는 과정을 반복하는 동안 생기는 법칙이다. 인간의 삶에서 경제행위보다 앞서는 행위는 없다. 산모가 죽어도 우유라는 경제적 물질이 있는 한 그 아기는 산다. 아기의 생존에 필요한 것은 우유라는 물질적 양식이지 결코 사랑 혹은 지식이라는 정신적 양식이 아니다. 이는 대물적 행위인 경제가 앞서고 대인적 행위인 정치가 뒤선다는 사실을 입증한다. 인간은 그처럼 무엇보다 먼저 먹어야 산다. 먹기 위해 양식을 생산하는 행위는 경제적 행위이다. 하지만 인간은 혼자 사는 것이 아니라 최소한 가족 및 이웃과 함께 살므로 가족 및 이웃 간의 협력과 단합이 무척 중요하다. 가족 및 이웃과 함께 살기 위해서는 필연적으로 사회라는 집단을 이루기 마련이고, 그런 사회가 형성되면 범죄, 갈등, 차별대우 같은 사회적 문제가 발생하게 된다. 집단 속에서 생기는 그런 행위는 모두 사회적 행위이다. 그런 사회적 문제가 생기면 이를 해결하기 위해 서로의 행동을 규제하는 법을 만들고 행동에 제재를 가하게 되며 그런 제재를 가하고 감독하는 지도자를 선정하게 된다. 그런 행위는 바로 정치적 행위이다. 그러나 인간은 누구도 제재당하기를 원치 않으므로 정치인은 화합과 단결을 강조하게 된다. 그런 화합과 단결의 우수한 수단은 공통분모를 가지는 것이다. 따라서 생활 속에서 공통분모를 찾고 만들어내는 데 집중하게 된다. 관혼상제는 그런 공통분모를 만드는 우수한 수단이다. 피부색과 얼굴 생김새가 동일하다는 사실만으로도 친밀감이 느껴지듯 살아가는 모습이 동일하다는 것은 서로를 밀착하게 하는 좋은 요소가 된다. 관혼상제처럼 그런 공통분모를 찾고 만드는 행위는 문화적 행위이다. 이렇게 인간의 사회활동은 경제문제에서 시작하여 자연스럽게 사회문제, 정치문제로 이어지고 마지막으로 문화문제로 이어진다.

인간사회는 그런 변화의 법칙 속에서 변천되어왔다. 최초의 인간사회는 동물적 가족사회였다. 고대원시가족사회에는 오직 가장과 가족 구성원만 있었기 때문에 정치가 전혀 중요하지 않았다. 그저 천부적인 부모와 자식 관계만 있었을 뿐 정치적 관계는 형성되지도 않았고 존재하지도 않았다. 가장인 아버지는 자식들에게 먹을 수 있는 초목의 종류와 채집 방법을 가르쳐주고 사냥하는 방법도 가르쳐 주었다. 그런 원시가족사회를 유지하고 사는 동안 원시인들에 있어서 가장 문제가 되었던 것은 풍부한 양식의 확보와 가족의 건강이었다. 그러나 양식의 확보는 쉽지 않았다. 날씨가 따뜻한 봄과 여름 동안에는 주로 채집과 사냥을 했지만 종종 폭풍이 몰아치고 폭우가 쏟아져 그런 생업 활동은 평탄치 않았다. 특히 장마가 계속되고 태풍이 불면 목숨마저 위험했다. 또 채집이 불가능한 겨울이 되면 야생짐승들을 주로 사냥했지만 그것은 더욱 쉽지 않았다. 어떤 때는 맹수에게 물려 죽기도 했고, 또 어떤 때는 눈보라가 폭풍처럼 몰아쳐 허탕 치는 날도 있었다. 그러나 그런 날에도 불구하고 인간은 살기 위해 생산을 계속해야만 했고, 특히 보다 풍요롭게 살기 위해서는 보다 많은 생산을 해야만 했다.

인간은 지구 땅에 출현한 이래 한 번도 그런 보다 많은 생산을 추구하지 않은 적이 없다. 보다 잘 살고 싶어 하는 욕구는 기술개발의 추구로 나타났고, 기술개발은 생산력을 높여 주었다. 보다 많은 생산은 보다 풍요로운 경제생활을 보장해주었으므로 그런 추구는 당연한 것이었다. 그 당연한 추구의 결과 생산력이 변하면 인간의 경제적 생활도 자연스럽게 변한다. 이렇게 기술혁명은 경제혁명으로 이어진다. 기술혁명이 가져다주는 생산혁명에 의해 경제생활이 풍요로워지면 인간의 사회적 생활모습도 변하게 된다. 당장 경제가 좌우하는 의식주 생활부터 달라진다. 경제생활 중에서도 가장 중요한 요소는 식(食)생활이다. 동물이나 인간이 음식을 먹거나 마시는 목적은 영양소와 만족감을 얻는 것이다. 인간이 먹는 음식에는 주로 탄수화물, 단백질, 지방, 무기질 등의 영양소와 물이 포함되어 있으며 그런 음식은 동물과 식물, 또는 버섯 같은 균류나 알코올 같은 발효물로 만들어진다. 원시인류는 도구가 생기기 이전까지 짐승들을 사냥하기가 무척 힘들었으므로 육식보다는 초식이 절대적 비중을 차지했다. 그러나 돌칼, 돌창, 돌도끼 같은 생산도구가 생기면서 사냥은 한결 쉬워졌고 따라서 육식의 비중은 늘어났다. 그런 육식의 증가는 먹거리의 변화로 끝나는 것이 아니었다. 육식이 증가하면서 단백질의 섭취가 늘어나자 인류의 신체발육 속도도 그에 비례하여 크게 늘어났다. 도구와 사냥이 밀접한 관계를 가지듯 신체발육과 사냥도 밀접한 관계를 가진다. 몸집이 커지고 완력이 강해지면 사냥의 성공률도 높아지기 때문이다. 도구가 생산력을 증가시키면 증가된 생산력은 신체발육을 증가시키고 다시 신체발육은 생산력을 증가시키는 상호작용을 했던 것이다. 도구의 사용은 그런 거대한 상호작용바퀴의 출발점이었다.

   식생활 다음으로 중요한 것은 의(依)생활이다. 옷의 기원이 무엇이건 옷의 착용은 인간이 동물과 구분되는 또 하나의 획기적인 사건이었다. 지금까지도 옷을 입는 동물은 없다. 인간은 옷을 입기 시작하면서 자연환경에 보다 쉽게 적응하고 외부위험으로부터 자신을 보호할 수 있게 되었음은 확실하다. 또 옷을 입으면서부터 생활환경도 달라져 갔다. 옷은 맨손으로 만들기 어려운 것이므로 옷을 만들기 위해서는 도구가 필요했다. 옷의 재료가 되는 짐승의 털가죽을 얻기 위해서도 털가죽을 벗길 수 있는 도구가 필요했고 섬유질의 나무껍질을 벗기기 위해서도 도구가 필요했다. 이렇게 도구의 발달은 의생활의 발달을 촉진시켰고, 반대로 의생활의 발달은 도구의 발달을 촉진시켰다. 인간의 문명은 그렇게 모든 생활요소들이 상호작용하면서 발전해 왔다.

　식생활과 의생활 다음으로 중요한 것은 주(住)생활이다. 고대인들은 동굴주거로부터 주생활을 시작한 것으로 알려지고 있다. 동굴주거란 자연 그대로의 동굴을 이용하거나 혹은 약간의 손질을 가하여 살았던 장소로서 혈거(穴居)라고도 한다. 자연동굴주거의 역사는 구석기시대까지 거슬러 올라간다. 그러나 동굴주거가 본격적으로 시작된 시기는 중기구석기시대로 짐작된다. 왜냐하면 간빙기의 추위를 피하는 데도 도움이 되었을 것이고, 비바람과 맹수의 습격으로부터 스스로를 방어하는데도 편리하였기 때문이다. 신석기시대 이후에는 자연동굴보다 인공동굴이 많이 이용되었던 것으로 추측된다. 신석기시대는 이미 어느 정도 도구가 발달되고 공동생활이 증가했으므로 집단거주의 필요성이 제기되었을 것이기 때문이다. 하지만 시간이 흐르고 집단적 사회생활이 더욱 확산되면서 점점 더 큰 마을을 이루게 되자 동굴주거는 서서히 퇴락하고 움막과 촌락이 들어서기 시작했다. 오늘날의 주택은 그런 과정을 거쳐 발달해온 것이다. 이 같은 의식주 생활은 각각 독립적으로 이뤄지는 것이 아니라 상호 밀접한 관련성을 지닌다. 음식을 조리하고 먹는 일도, 옷을 만들고 입는 일도 주거생활을 떠나서 이루어질 수 없다. 쉬고 잠자고 아기를 낳고 기르고 가족끼리 대화하고 즐거운 시간을 보내는 일상생활 또한 주거를 떠나서 생각할 수 없다. 이처럼 식생활과 의생활은 주생활과 떨어질 수 없는 필연적 연관관계를 가진다.

  일반적으로 주거생활은 개인 및 가족단위의 생활을 전제로 하지만 그 속에는 사회적인 생활요소가 공존하고 있다. 전체적인 사회생활을 떠나서 개인생활은 이루어질 수 없기 때문이다. 그러므로 개인의 주거생활은 개인이라는 단편적 개념이 아닌 사회라는 전체적 개념을 바탕으로 이루어지고 또 이루어져야 한다. 여러 사람들과 어울려 사는 사회가 형성되면 사람들은 너도 나도 보다 품질 좋은 옷을 입으려 할 것이고, 보다 맛있는 음식을 먹으려 할 것이고, 보다 좋은 집에 살고자 할 것이다. 그런 자연스러운 욕구의 발로는 해당 분야 산업을 자극할 것이고, 자극받은 해당분야산업은 소비자의 변화된 고급화 욕구에 맞추어 새로운 제품을 생산해 갈 것이다. 그렇게 소비자의 고급화 욕구에 맞추어 모든 경제적 실물이 고급화되면 전반적인 사회생활의 모습이 과거와는 전혀 다른 새로운 모습으로 바뀌어 간다. 경제혁명은 그렇게 사회혁명으로 이어진다.

  사회혁명으로 이어지는 소비의 고급화가 자리를 잡게 되면 생활 전반에 걸쳐 삶의 모습이 달라지므로 국가는 달라진 생활모습에 맞는 법령을 정비하고 제도를 개선할 필요가 있다. 따라서 정치의 모습이 바뀌어 가기 시작한다. 당장 국민의 정치의식이 강하게 발동한다. 한쪽이 너무 잘 살고 다른 한쪽이 너무 못살면 처음부터 비교대상이 되지 않기 때문에 평등의식이 크게 싹트지 않는다. 하지만 생활수준이 비슷해지고 교육수준, 문화수준이 비슷해지면 평등의식이 싹트기 시작하고, 지배와 피지배에 대한 저항이 강해지기 시작한다. 그런 저항의식의 고조는 자연스럽게 정치적 투쟁으로 나타난다. 인류역사를 보면 새로운 정치적 제도와 관습이 정착한 이면에는 항상 경제적 생활의 혁명적 변화라는 기저가 깔려 있었다. 봉건제도가 무너지고 자본주의가 자리 잡게 된 이면에도 산업혁명에 의한 경제생활의 혁명적 변화라는 모태가 자리 잡고 있었다.

경제혁명에서 시작된 변화의 바람은 사회혁명을 거쳐 정치혁명으로 이어진다. 경제가 실물생활의 출발점이라면 정치는 정신생활의 출발점이다. 그러므로 경제혁명으로 실물적인 사회모습이 달라지면 이번에는 정신혁명의 출발점인 정치모습이 변해간다. 가난할 때의 생각과 부유할 때의 생각이 달라지듯 실물변화는 항상 정신변화를 동반하기 때문이다. 경제가 변하면 지배와 피지배라는 정치적 개념도 달라진다. 고대정치는 신분을 전제로 하는 지배와 피지배였다. 따라서 상위 신분은 하위 신분을 노예로 부릴 수 있었다. 그러나 현대정치는 평등을 전제로 하는 지배와 피지배이다. 누구든 사회적 상호관계에서 발생하는 지배와 피지배는 받아도 인신적 지배와 피지배는 받지 않는다. 경제적 풍요가 그만큼 정치적 평등을 가져왔기 때문이다.

경제, 사회, 정치가 변하면 마지막으로 문화가 변한다. 정치적으로 새로운 법과 제도가 생기면 자연스럽게 거기에 맞는 문화활동이 왕성해지고 따라서 새로운 문화적 전통과 관습이 뿌리를 내리게 된다. 보다 잘살게 되었을 때 배부른 자가 찾는 문화적 대상은 보다 즐겁고 재미있는 일이다. 노래하고 춤추는 음주가무, 여행이나 운동 같은 취미생활, 아름다운 음악을 듣고 재미있는 연극을 구경하고 멋진 그림과 공예품을 감상하는 예술 활동 등은 정신적 환희를 안겨주는 즐거움이다. 경제생활이 풍요로워지면 사람들은 즐거움의 대상이 되는 그런 일들을 추구하게 된다. 정신적 즐거움을 추구하는 그런 활동을 한 마디로 묶으면 문화생활이라 할 수 있다. 이는 경제혁명, 사회혁명, 정치혁명을 거쳐 문화혁명이 완성된다는 사실을 의미한다. 즉 실물혁명의 출발점인 경제혁명은 실물생활인 사회모습의 변화로 이어지고, 정신혁명의 출발점인 정치는 정신생활인 문화예술의 변화로 이어진다. 그런 변화의 고리는 다시 출발점인 경제로 되돌아간다. 인간의 궁극적 목표는 보다 풍요로운 경제생활이기 때문이다. 물론 현실세계는 반드시 경제혁명-사회혁명-정치혁명-문화혁명의 과정을 순차적으로 밟아가면서 변하는 것이 아니라 서로 맞물리면서 앞뒤 순서를 구분하기 힘들 정도로 동시적 변화과정을 겪어가지만 근본적인 변화의 틀이 그런 고리를 이루고 있음은 부인할 수 없다.

인류생활이 시작된 이래 이런 변화의 법칙을 떠나 사회가 변천되어 온 역사는 없다. 그런데 앞서 설명한 것처럼 그런 네(4)개의 고리를 압축하면 경제와 사회는 대물적(代物的) 분야로 합칠 수 있고, 정치와 문화는 대인적(代人的) 분야로 합칠 수 있으므로 이를 다시 크게 나누면 결국 경제와 정치의 변천, 즉 정경(政經) 변천의 법칙이 된다. 지금까지 필자가 적은 모든 글은 하늘이 정한 그런 정경변천의 법칙을 논한 것이므로 이 책의 제목을 『정경천법(政經天法)』이라 하게 되었다. (제3권으로 계속)

정경천법(政經天法)
제2권 도구력 시대

초판 1쇄   2025년 11월 25일

지은이	손영일
발행인	김재홍
교정/교열	김혜린
디자인	박효은
마케팅	이연실

발행처	도서출판지식공감
등록번호	제2019-000164호
주소	서울특별시 영등포구 경인로82길 3-4 센터플러스 1117호 (문래동1가)
전화	02-3141-2700
팩스	02-322-3089
홈페이지	www.bookdaum.com
이메일	jisikwon@naver.com

값	30,000원
ISBN	979-11-5622-957-5 04100
	979-11-5622-797-7 04100(세트)

ⓒ 손영일 2025, Printed in South Korea.

- 이 책은 저작권법에 따라 보호받는 저작물이므로 무단전재와 무단복제를 금지하며, 이 책 내용의 전부 또는 일부를 이용하려면 반드시 저작권자와 도서출판지식공감의 서면 동의를 받아야 합니다.
- 파본이나 잘못된 책은 구입처에서 교환해 드립니다.